Ihr Vorteil als Käufer dieses Buches

Auf der Bonus-Webseite zu diesem Buch finden Sie zusätzliche Informationen und Services. Dazu gehört auch ein kostenloser **Testzugang** zur Online-Fassung Ihres Buches. Und der besondere Vorteil: Wenn Sie Ihr **Online-Buch** auch weiterhin nutzen wollen, erhalten Sie den vollen Zugang zum **Vorzugspreis**.

So nutzen Sie Ihren Vorteil

Halten Sie den unten abgedruckten Zugangscode bereit und gehen Sie auf **www.galileocomputing.de**. Dort finden Sie den Kasten **Die Bonus-Seite für Buchkäufer**. Klicken Sie auf **Zur Bonus-Seite/Buch registrieren**, und geben Sie Ihren **Zugangscode** ein. Schon stehen Ihnen die Bonus-Angebote zur Verfügung.

Ihr persönlicher **Zugangscode**: u27c-xj5e-brtm-i6dg

Heiko Böck

NetBeans Platform 7
Rich-Client-Entwicklung mit Java

Galileo Press

Liebe Leserin, lieber Leser,

in diesem umfassenden Handbuch zeigt Ihnen Heiko Böck, wie Sie Rich-Client-Applikationen in Java mit NetBeans Platform 7 entwickeln. Ausgehend von einem Überblick über die Architektur der NetBeans Platform und der Rich-Client-Anwendung, geht der Autor detailliert auf alle Werkzeuge und Hilfsmittel ein, welche die NetBeans Platform für die Anwendungsentwicklung bereithält. Er zeigt Ihnen außerdem, wie Sie mit verschiedenen APIs die Möglichkeiten der NetBeans IDE erweitern können, Datenbanksysteme und Web Services in Ihre Anwendungen integrieren und die Java Enterprise Edition zusammen mit der NetBeans Platform nutzen. Dabei geht er bewusst kleinschrittig vor, damit Sie problemlos einzelne Themen nachschlagen oder auch überspringen können.

Wenn Sie sowohl mit NetBeans als auch mit Eclipse entwickeln wollen, lesen Sie in Kapitel 38, »Eclipse IDE und die NetBeans Platform«, nach, wie Sie mithilfe von Maven in der Eclipse IDE NetBeans-Platform-Anwendungen entwickeln können. Allen, die ab sofort ganz auf NetBeans setzen und von Eclipse umsteigen wollen, sei das Kapitel 39, »Von Eclipse zu NetBeans«, empfohlen.

Den Code aller im Buch verwendeten Beispiele finden Sie auf der Bonus-Seite zum Buch, wo Sie ihn herunterladen und die Beispiele nachvollziehen können. Melden Sie sich unter *www.galileo-press.de/bonus-seite* an und geben Sie anschließend den Zugangscode, den Sie ganz vorn im Buch finden, in die Maske ein.

Dieses Buch wurde mit großer Sorgfalt geschrieben, lektoriert und produziert. Sollten sich dennoch Fehler eingeschlichen haben, so wenden Sie sich bitte an mich. Ihre freundlichen Anmerkungen und Ihre Kritik sind immer willkommen!

Ihre Anne Scheibe
Lektorat Galileo Computing

anne.scheibe@galileo-press.de
www.galileocomputing.de
Galileo Press · Rheinwerkallee 4 · 53227 Bonn

Auf einen Blick

TEIL I	**Basics & Concepts:** Grundlagen der NetBeans Platform	25
TEIL II	**Look & Feel:** Entwicklung von Benutzeroberflächen	153
TEIL III	**Fix & Fertig:** Verwenden der NetBeans Platform Standard Module	283
TEIL IV	**Use & Extend:** Advanced APIs der NetBeans Platform & IDE	335
TEIL V	**Server & Databases:** Enterprise-Anwendungen und die NetBeans Platform	365
TEIL VI	**Pack & Ship:** Anpassen, ausliefern und aktualisieren von Anwendungen	467
TEIL VII	**Test & Tooling:** Entwickeln und testen von NetBeans-Platform-Anwendungen	501
TEIL VIII	**Play & More:** Entwicklung eines MP3-Managers als Beispiel für eine NetBeans-Platform-Anwendung	603

Der Name Galileo Press geht auf den italienischen Mathematiker und Philosophen Galileo Galilei (1564–1642) zurück. Er gilt als Gründungsfigur der neuzeitlichen Wissenschaft und wurde berühmt als Verfechter des modernen, heliozentrischen Weltbilds. Legendär ist sein Ausspruch *Eppur si muove* (Und sie bewegt sich doch). Das Emblem von Galileo Press ist der Jupiter, umkreist von den vier Galileischen Monden. Galilei entdeckte die nach ihm benannten Monde 1610.

Lektorat Judith Stevens-Lemoine, Anne Scheibe
Korrektorat Friederike Daenecke, Zülpich
Cover Barbara Thoben, Köln
Titelbilder oben links: © nyul, fotolia.com; oben rechts: © Peter Galbraith, fotolia.com; unten rechts: © Sebastian Duda, fotolia.com
Typografie und Layout Vera Brauner
Herstellung Maxi Beithe
Satz SatzPro, Krefeld
Druck und Bindung Bercker Graphischer Betrieb, Kevelaer

Dieses Buch wurde gesetzt aus der Linotype Syntax Serif (9,25/13,25 pt) in FrameMaker. Gedruckt wurde es auf chlorfrei gebleichtem Offsetpapier.

Gerne stehen wir Ihnen mit Rat und Tat zur Seite:
anne.scheibe@galileo-press.de bei Fragen und Anmerkungen zum Inhalt des Buches
service@galileo-press.de für versandkostenfreie Bestellungen und Reklamationen
britta.behrens@galileo-press.de für Rezensions- und Schulungsexemplare

Bibliografische Information der Deutschen Nationalbibliothek
Die Deutsche Nationalbibliothek verzeichnet diese Publikation in der Deutschen Nationalbibliografie; detaillierte bibliografische Daten sind im Internet über *http://dnb.d-nb.de* abrufbar.

ISBN 978-3-8362-1731-6

© Galileo Press, Bonn 2011
2., aktualisierte und erweiterte Auflage 2011

Das vorliegende Werk ist in all seinen Teilen urheberrechtlich geschützt. Alle Rechte vorbehalten, insbesondere das Recht der Übersetzung, des Vortrags, der Reproduktion, der Vervielfältigung auf fotomechanischem oder anderen Wegen und der Speicherung in elektronischen Medien. Ungeachtet der Sorgfalt, die auf die Erstellung von Text, Abbildungen und Programmen verwendet wurde, können weder Verlag noch Autor, Herausgeber oder Übersetzer für mögliche Fehler und deren Folgen eine juristische Verantwortung oder irgendeine Haftung übernehmen. Die in diesem Werk wiedergegebenen Gebrauchsnamen, Handelsnamen, Warenbezeichnungen usw. können auch ohne besondere Kennzeichnung Marken sein und als solche den gesetzlichen Bestimmungen unterliegen.

Inhalt

Vorwort 19

TEIL I Basics & Concepts: Grundlagen der NetBeans Platform

1 Einführung 27

1.1 Was ist ein Rich-Client? 27
1.2 Was ist eine Rich-Client-Plattform? 28
1.3 Vorteile einer Rich-Client-Plattform 29
1.4 Eigenschaften der NetBeans Platform 30

2 Aufbau der NetBeans Platform 33

2.1 Die NetBeans-Platform-Architektur 33
2.2 Die NetBeans Platform Distribution 36
2.3 Der NetBeans Runtime Container 38
2.4 Das NetBeans Classloader System 40
    2.4.1 Der Module Classloader 41
    2.4.2 Der System Classloader 41
    2.4.3 Der Original Classloader 42

3 Das NetBeans Module System 43

3.1 Die Struktur eines Moduls 44
3.2 Die Konfigurationsdatei 44
3.3 Die Manifest-Datei 46
    3.3.1 Attribute 46
    3.3.2 Beispiel 52
3.4 Die Layer-Datei 52
    3.4.1 Reihenfolge von Ordnern und Dateien 54
    3.4.2 Dateitypen 55
    3.4.3 Attributwerte 58
    3.4.4 Zugriff auf System Filesystem 59
3.5 Module erstellen 60
3.6 Versionen und Abhängigkeiten 63
    3.6.1 Versionierung 64
    3.6.2 Definition von Abhängigkeiten 65
3.7 Lebenszyklus 68

	3.8	Die Module Registry	72
	3.9	Bibliotheken verwenden	73
		3.9.1 Das Library Wrapper Module	73
		3.9.2 Bibliothek einem Modul hinzufügen	76
	3.10	Module wiederverwenden	77

4 Das OSGi Framework — 81

4.1	OSGi und die NetBeans Platform	81
4.2	OSGi Bundle Format	82
4.3	Neue OSGi Bundles erstellen	84
4.4	Lebenszyklus eines Bundles	85
4.5	Vorhandene OSGi Bundles integrieren	86
4.6	NetBeans Platform in OSGi Runtime Container	86

5 Das Lookup-Konzept — 89

5.1	Services und Extension Points		90
	5.1.1	Schnittstelle des Service definieren	91
	5.1.2	Lose Bereitstellung eines Service	91
	5.1.3	Verschiedene Service Provider bereitstellen	93
	5.1.4	Verfügbarkeit des Service sicherstellen	94
5.2	Globale Services		94
5.3	Service Provider registrieren		97
	5.3.1	Annotation	97
	5.3.2	Die Service Provider Configuration-Datei	98
	5.3.3	Der Services-Folder	100
5.4	Intermodulkommunikation		101
5.5	Dynamisches Lookup		109
5.6	Java Service Loader		110

6 Aktionen — 113

6.1	AlwaysEnabled-Aktionen	115
6.2	Callback-Aktionen	118
6.3	ContextAware-Aktionen	123

7 Daten und Dateien — 129

7.1	Die File Systems API		130
	7.1.1	Das File Object	131
	7.1.2	Erstellen	131

	7.1.3	Umbenennen	132
	7.1.4	Löschen	132
	7.1.5	Verschieben	132
	7.1.6	Lesen und Schreiben von Dateien	133
	7.1.7	Überwachen von Veränderungen	134
7.2	Die Data Systems API		135
	7.2.1	Das Data Object	136
	7.2.2	Context Interfaces implementieren	138
	7.2.3	Context Interfaces verwenden	140
	7.2.4	Context Interfaces dynamisch bereitstellen	141
	7.2.5	Die Data Object Factory	143
	7.2.6	Data Object manuell erstellen	145

8 Tipps und Tricks 147

8.1	Lebenszyklus der NetBeans Platform		147
	8.1.1	Tasks beim Starten der Platform	147
	8.1.2	Tasks beim Beenden der Platform	148
	8.1.3	Neustart der Platform	149
8.2	Logging		149
	8.2.1	Logger	150
	8.2.2	LogManager	150
	8.2.3	Konfiguration	151
	8.2.4	Fehlermeldungen	152

TEIL II Look & Feel: Entwicklung von Benutzeroberflächen

9 Menubar und Toolbar 155

9.1	Menubar		155
	9.1.1	Menü und Menüeintrag erstellen und positionieren	156
	9.1.2	Separator einfügen	159
	9.1.3	Vorhandene Menüeinträge ausblenden	160
	9.1.4	Shortcuts und Mnemonics	160
	9.1.5	Eigene Menubar erstellen	162
9.2	Toolbar		163
	9.2.1	Toolbar und Toolbar-Aktionen erstellen	163
	9.2.2	Toolbar-Konfigurationen	164
	9.2.3	Anpassung durch den Benutzer	166
	9.2.4	Eigene Toolbars erstellen	167
	9.2.5	Eigene Steuerelemente verwenden	167

10 Window System ... 171

- 10.1 Konfiguration ... 173
- 10.2 Fenster – Top Component ... 173
  - 10.2.1 Top Component erstellen ... 174
  - 10.2.2 Verhalten ... 178
  - 10.2.3 Zustände ... 179
  - 10.2.4 Kontextmenü ... 181
  - 10.2.5 Persistenz ... 183
  - 10.2.6 Registry ... 183
- 10.3 Docking Container – Mode ... 185
  - 10.3.1 Mode erstellen ... 185
  - 10.3.2 Direktes Docken ... 188
  - 10.3.3 Anpassung eines Modes ... 188
- 10.4 Gruppieren von Fenstern – Top Component Group ... 189
  - 10.4.1 Verhalten einer Top Component Group ... 189
  - 10.4.2 Eine Top Component Group erstellen ... 190
- 10.5 Verwaltung – Window Manager ... 191
- 10.6 Multi Views ... 193

11 Statusbar und Progressbar ... 199

- 11.1 Statusbar ... 199
  - 11.1.1 Statusbar verwenden ... 199
  - 11.1.2 Statusbar erweitern ... 200
  - 11.1.3 Benachrichtigungen ... 201
- 11.2 Progressbar ... 203
  - 11.2.1 Fortschritt einzelner Aufgaben anzeigen ... 203
  - 11.2.2 Den Fortschritt von mehreren zusammengehörenden Aufgaben anzeigen ... 205
  - 11.2.3 Eine Progressbar in eine eigene Komponente integrieren ... 208

12 Nodes & Explorer ... 209

- 12.1 Nodes API ... 209
  - 12.1.1 Node-Klassen ... 210
  - 12.1.2 Node-Container ... 211
  - 12.1.3 Node-Icons ... 212
  - 12.1.4 Node-Kontextmenü ... 212

	12.1.5	Event-Handling	213
	12.1.6	Beispiel	214
12.2	Explorer API		219

13 Dialoge und Wizards ... 225

13.1	Standarddialoge		225
	13.1.1	Hinweisdialog	227
	13.1.2	Abfragedialog	228
	13.1.3	Eingabedialog	228
13.2	Eigene Dialoge		229
	13.2.1	Hinweise darstellen	229
	13.2.2	Beispiel	230
13.3	Wizards		232
	13.3.1	Architektur eines Wizards	232
	13.3.2	Panels erstellen	234
	13.3.3	Einen Wizard aus Panels erstellen	242
	13.3.4	Event Handling	244
	13.3.5	Wizard vorzeitig beenden	246
	13.3.6	Zusätzliche Überprüfung der Daten	246
	13.3.7	Iteratoren	247

14 Visual Library ... 249

14.1	Aufbau der Visual Library API		249
14.2	Die Widget-Klassen		250
	14.2.1	Abhängigkeiten	253
	14.2.2	Rahmen	253
	14.2.3	Layout	254
14.3	Ereignisse und Aktionen		255
14.4	Die Scene – das Wurzelelement		261
	14.4.1	Satellite View	262
	14.4.2	Exportieren einer Scene	263
14.5	ObjectScene – Model-View Relation		264
14.6	Graphen		266
14.7	VMD – Visual Mobile Designer		270

15 Tipps und Tricks ... 273

15.1	Desktop-Features	273
15.2	System-Tray-Integration	274

15.3 Asynchrones Initialisieren von GUI-Komponenten 276
15.4 Undo/Redo 279

TEIL III Fix & Fertig: Verwenden der NetBeans Platform Standard Module

16 Hilfesystem 285

16.1 Erstellen und Hinzufügen eines Helpsets 285
    16.1.1 module-hs.xml 287
    16.1.2 module-map.xml 288
    16.1.3 module-toc.xml 288
    16.1.4 module-idx.xml 288
    16.1.5 Hilfeseiten 289
16.2 Links in Hilfeseiten einfügen 289
    16.2.1 Links auf externe Webseiten 289
    16.2.2 Links auf andere Hilfeseiten 290
16.3 Kontextsensitive Hilfe 291
16.4 Öffnen des Hilfesystems 293

17 Output Window 295

17.1 Ausgaben erstellen 295
17.2 Aktionen hinzufügen 297
17.3 Hyperlinks ausgeben und einfügen 297

18 Navigator 299

19 Properties 305

19.1 Eigenschaften bereitstellen 306
19.2 Benutzerdefinierter Eigenschaftseditor 309

20 Optionen und Einstellungen 311

20.1 Options-Panels erstellen 312
20.2 Options-Panel und Container registrieren 316
    20.2.1 Das Primary Panel 317
    20.2.2 Das Secondary Panel 318
    20.2.3 Der Secondary Panel Container 319

	20.3	Options-Panels direkt öffnen	320
	20.4	Einstellungen verwalten	321

21 Palette 323

	21.1	Palette-Einträge über eine Layer-Datei	324
	21.2	Palette mit eigenen Nodes aufbauen	326
		21.2.1 Node-Klassen	326
		21.2.2 Palette erstellen und hinzufügen	330
		21.2.3 Drag&Drop-Funktionalität	331

TEIL IV Use & Extend: Advanced APIs der NetBeans Platform & IDE

22 Palette API 337

	22.1	Palette Items definieren und registrieren	338
	22.2	Palette Controller erstellen und registrieren	340
	22.3	Bestehende Palette erweitern	342

23 Task List API 343

	23.1	Scanner implementieren	344
	23.2	Scanner und Group registrieren	346

24 Quick Search API 349

	24.1	Einen Quick Search Provider implementieren	350
	24.2	Einen Quick Search Provider registrieren	352
	24.3	Quick Search UI integrieren	352
	24.4	Vorhandene Search-Provider-Kategorien ausblenden	353

25 Auto Update Services API 355

	25.1	Automatisches Update im Hintergrund	356
		25.1.1 Updates suchen	356
		25.1.2 Updates installieren und neu starten	358
		25.1.3 Installation automatisch starten	360
	25.2	Module automatisch deaktivieren	362

TEIL V Server & Databases: Enterprise-Anwendungen und die NetBeans Platform

26 Java DB 367

26.1 Einbinden der Java DB 367
26.2 Treiber registrieren 368
26.3 Eine Datenbank erstellen und verwenden 368
26.4 Datenbank herunterfahren 370
26.5 Eine Datenbank mithilfe der NetBeans IDE entwickeln 371
    26.5.1 Java DB-System einrichten und starten 372
    26.5.2 Treiber für Java DB-Server in Ihre Anwendung integrieren 372
    26.5.3 Datenbank erstellen und konfigurieren 372
    26.5.4 Zugriff auf die Datenbank aus Ihrer Anwendung heraus ... 373
    26.5.5 Tabellenstruktur ermitteln und Tabellenstrukturen importieren 374
26.6 Beispielanwendung 374
    26.6.1 Konfiguration, Zugriff und Beenden 374
    26.6.2 Datenmodelle und Datenzugriffsmodul 377
    26.6.3 Repräsentation und Bearbeitung der Daten 381

27 Hibernate 389

27.1 Einbinden der Hibernate-Bibliotheken 390
27.2 Die Struktur der Beispielanwendung 391
27.3 Hibernate konfigurieren 393
27.4 Objekte auf Relationen abbilden 394
27.5 SessionFactory und Sessions 396
27.6 Objekte speichern und laden 398

28 Java Persistence API 401

28.1 Hibernate und die Java Persistence API 402
28.2 Java-Persistence-Konfiguration 402
28.3 Entitätsklassen 403
28.4 EntityManagerFactory und EntityManager 405
28.5 Objekte speichern und laden 407

29 MySQL und EclipseLink ... 409

- 29.1 MySQL-Datenbank einrichten ... 410
- 29.2 MySQL Treiber einbinden ... 412
- 29.3 EclipseLink einbinden ... 412
- 29.4 Entitäten aus einem Datenbankschema erstellen ... 413
- 29.5 Anwendung zusammenbauen und testen ... 414

30 Web Services ... 415

- 30.1 Web Service Client erstellen ... 415
- 30.2 Web Service verwenden ... 417

31 Die Java Enterprise Edition und die NetBeans Platform ... 423

- 31.1 Persistent Entities ... 424
- 31.2 Enterprise Java Beans ... 426
- 31.3 Web Service ... 429
- 31.4 Web Service Client ... 432
- 31.5 Die NetBeans-Platform-Anwendung ... 433

32 RESTful Web Services ... 437

- 32.1 Web Application erstellen ... 437
- 32.2 Persistent Entity erstellen ... 438
- 32.3 Einen RESTful Web Service erstellen ... 440
- 32.4 Die NetBeans-Platform-Anwendung einrichten ... 441
- 32.5 RESTful Web Service Client ... 442

33 Authentifizierung und Multi-User-Login ... 447

- 33.1 Login-Dialog ... 447
- 33.2 Directory Server ... 449
  - 33.2.1 Testumgebung einrichten ... 450
  - 33.2.2 Benutzerdaten einrichten ... 451
- 33.3 Authentifizierung ... 452
  - 33.3.1 JNDI ... 453
  - 33.3.2 JAAS ... 455
- 33.4 Anpassung der Anwendung ... 458
  - 33.4.1 System Filesystem ... 459
  - 33.4.2 Das Module-System ... 462

TEIL VI Pack & Ship: Anpassen, ausliefern und aktualisieren von Anwendungen

34 Internationalisierung und Lokalisierung 469

- 34.1 Textkonstanten in Quelltexten 469
- 34.2 Textkonstanten in der Manifest-Datei 471
- 34.3 Internationalisierung von Hilfeseiten 472
- 34.4 Andere Ressourcen internationalisieren 474
  - 34.4.1 Grafiken 474
  - 34.4.2 Beliebige Dateien 474
  - 34.4.3 Verzeichnisse, Dateien und Attribute in der Layer-Datei 475
- 34.5 Verwaltung und Bereitstellung von lokalisierten Ressourcen 476

35 Anwendung anpassen und verpacken 479

- 35.1 Branding 479
  - 35.1.1 Name, Icons und Splash Screen 479
  - 35.1.2 Window-System-Verhalten 480
  - 35.1.3 Resource Bundles 481
- 35.2 Kommandozeilenparameter 483
  - 35.2.1 Parameter-Übersicht 483
  - 35.2.2 Parameter während der Entwicklung festlegen 484
- 35.3 Distribution erstellen 485
  - 35.3.1 Installer Package 485
  - 35.3.2 ZIP-Distribution 486
  - 35.3.3 Java Web Start Package 487
  - 35.3.4 Mac OS X-Applikation 487

36 Update einer NetBeans-Platform-Anwendung 489

- 36.1 Der Auto Update Service 489
- 36.2 Das NBM-Paket 490
- 36.3 Update Center 494
- 36.4 Bereitstellung eines Sprachpakets 495
- 36.5 Konfiguration und Installation auf der Client-Seite 496
  - 36.5.1 Neues Update Center 498
  - 36.5.2 Automatische Installation von Updates 499

TEIL VII Test & Tooling: Entwickeln und testen von NetBeans-Platform-Anwendungen

37 Maven und die NetBeans Platform ... 503
- 37.1 Grundlagen und Struktur eines Maven-Projekts ... 503
  - 37.1.1 Die Parent-POM-Datei ... 504
  - 37.1.2 Die Module-POM-Datei ... 505
  - 37.1.3 Maven Repositories ... 506
- 37.2 Maven-Projekte in der NetBeans IDE ... 507
  - 37.2.1 NetBeans Platform Application erstellen ... 508
  - 37.2.2 NetBeans-Platform-Module erstellen ... 509
  - 37.2.3 Abhängigkeiten hinzufügen ... 509
- 37.3 Maven-Projekte ohne NetBeans IDE ... 511
  - 37.3.1 Eine NetBeans Platform Application erstellen ... 511
  - 37.3.2 NetBeans-Platform-Module erstellen ... 515
  - 37.3.3 Packages freigeben ... 517
  - 37.3.4 Abhängigkeiten hinzufügen ... 517
  - 37.3.5 Anwendung erstellen und ausführen ... 518

38 Eclipse IDE und die NetBeans Platform ... 521
- 38.1 Eclipse IDE einrichten ... 521
- 38.2 NetBeans Platform Application erstellen ... 522
- 38.3 NetBeans-Platform-Module erstellen ... 524
- 38.4 Abhängigkeiten hinzufügen ... 526
- 38.5 Anwendung erstellen und ausführen ... 526

39 Von Eclipse zu NetBeans ... 529
- 39.1 Die NetBeans IDE ... 529
  - 39.1.1 Wo finde ich was? ... 529
  - 39.1.2 Bedienung ... 530
- 39.2 Vom Eclipse-Plugin zum NetBeans-Modul ... 530
  - 39.2.1 Terminologie und Wizards ... 530
  - 39.2.2 Der Plugin-Lebenszyklus und seine Ereignisse ... 531
  - 39.2.3 Plugin-Informationen ... 533
  - 39.2.4 Images ... 535
  - 39.2.5 Ressourcen ... 535
  - 39.2.6 Einstellungen ... 536
  - 39.2.7 Anwendungslebenszyklus ... 537
  - 39.2.8 Views und Editors ... 538

40 IntelliJ IDEA und die NetBeans Platform ... 539
- 40.1 Voreinstellungen ... 539
- 40.2 Erstellung einer NetBeans Platform Application ... 540
- 40.3 Abhängigkeiten definieren ... 543
- 40.4 Anwendung erstellen und ausführen ... 543

41 NetBeans Swing GUI Builder ... 545
- 41.1 Aufbau des GUI Builders ... 545
  - 41.1.1 Editor ... 546
  - 41.1.2 Palette ... 546
  - 41.1.3 Inspector ... 547
  - 41.1.4 Properties ... 548
- 41.2 Komponenten und Layout ... 549
  - 41.2.1 Forms ... 549
  - 41.2.2 Design-Strategie ... 549
  - 41.2.3 Ausrichtung und Verankerung ... 550
- 41.3 Komponenten anpassen ... 551
  - 41.3.1 Text und Variablenname ... 551
  - 41.3.2 Anwendungsspezifischer Code ... 551
- 41.4 Aktionen ... 552
- 41.5 Beans Binding ... 554
  - 41.5.1 Tabelle an Datenquelle binden ... 555
  - 41.5.2 Detailansicht an Tabelle binden ... 561
  - 41.5.3 Binding Listener ... 563
  - 41.5.4 Validator ... 563
  - 41.5.5 Converter ... 565

42 Testen von NetBeans-Platform-Anwendungen ... 567
- 42.1 Modultests ... 567
  - 42.1.1 Generelle Tests ... 568
  - 42.1.2 Testen in der NetBeans-Runtime-Container-Umgebung ... 574
  - 42.1.3 Lookup und Service Tests ... 576
  - 42.1.4 System-Filesystem-Tests ... 578
  - 42.1.5 Testabdeckung prüfen ... 581
- 42.2 Funktionale GUI-Tests ... 581
  - 42.2.1 Testumgebung einrichten ... 582

	42.2.2	Testfall implementieren	583
	42.2.3	Testabdeckung prüfen	587
42.3		Konfiguration bei Maven-Projekten	587
	42.3.1	Modultests	588
	42.3.2	Funktionale Tests	589
	42.3.3	Testabdeckung	590

43 Debugging mit der NetBeans IDE ... 593

43.1	Debugging-Fenster	593
43.2	Breakpoints	594
43.3	Variablen	597
43.4	Remote Debugging	598
43.5	Debugging steuern	599
43.6	Aufrufhierarchie	600
43.7	Heap Walking	601

TEIL VIII Play & More: Entwicklung eines MP3-Managers als Beispiel für eine NetBeans-Platform-Anwendung

44 Beispielprojekt: MP3-Manager ... 605

44.1		Entwurf	605
44.2		Die NetBeans Platform Application erstellen	608
44.3		MP3-Unterstützung	608
	44.3.1	Das JMF-Modul erstellen	608
	44.3.2	MP3-Plugin registrieren	609
	44.3.3	MP3 File Type	610
44.4		ID3-Support	612
	44.4.1	Die ID3 API	613
	44.4.2	ID3-Editor	615
44.5		Media Library	618
44.6		Services	620
44.7		Der MP3-Player	620
	44.7.1	Service Interface	620
	44.7.2	Der Service Provider	623
	44.7.3	Wiedergabe von MP3-Dateien	628
	44.7.4	Benutzeroberfläche	629
44.8		Die Playlist	633
	44.8.1	Node View	634
	44.8.2	Node-Container	635

Inhalt

	44.8.3		Top Component	635
	44.8.4		Drag & Drop	640
	44.8.5		Speichern der Playlist	643

Anhang 649

A.1	Die wichtigsten Platform Extension Points	649
A.2	Die DTDs der wichtigsten Konfigurationsdateien	650
	A.2.1 Filesystem	650
	A.2.2 Mode-Definition	651
	A.2.3 Zuordnung von Top Component zu Mode	653
	A.2.4 Top Component-Gruppendefinition	654
	A.2.5 Zuordnung von Top Component zu Gruppe	655
	A.2.6 Toolbar-Definition und -Konfiguration	656
	A.2.7 Palette Item-Definition	656

Index 659

Vorwort

Mit diesem Werk halten Sie das aktuellste und umfassendste Handbuch zur Swing-basierten Rich-Client-Plattform **NetBeans Platform 7** in Ihren Händen. Das Thema Rich-Client-Plattformen ist hochaktuell. Zu den Hauptvertretern gehören neben der NetBeans Platform auch die Eclipse RCP. Die Entwicklung dieser beiden Plattformen wurde vor allem durch die beiden IDEs von NetBeans und Eclipse vorangetrieben, die auf den entsprechenden Plattformen basieren und selbst eine Rich-Client-Anwendung darstellen. Während die Eclipse RCP mit SWT und JFace vermehrt auf eigene Ansätze und Konzepte setzt, basiert die NetBeans Platform vollständig auf der Java API mit AWT und Swing und integriert die Konzepte der Java Standard Edition.

Rich-Client-Plattformen werden in erster Linie aufgrund stetig steigender Anforderungen an Anwendungen und ihre Architektur und Flexibilität eingesetzt. Ein großer Faktor ist dabei die erhöhte Produktivität und die Flexibilität, ein Produkt für einen bestimmten Einsatzzweck ausstatten und an einen Markt anpassen zu können. Dies spielt natürlich gerade bei größeren und professionellen Anwendungen eine große Rolle.

Meiner Meinung nach lohnt sich dank der umfassenden Unterstützung, wie sie die NetBeans IDE in der Tat bietet, bei clientseitigen Anwendungen fast aller Größenordnungen der Einsatz einer Rich-Client-Plattform – und sei es eine noch so kleine Anwendung. Schon allein durch die Ausführungsumgebung und erst recht durch die zahlreichen APIs, die praktische Lösungen für die bei der Client-Anwendungsentwicklung häufig auftretenden Problemstellungen und Herausforderungen bieten. Diese Lösungen sind dabei sehr anwendungs- und praxisnah und erhöhen die Produktivität in hohem Maße.

Diese Annahme fußt allerdings auf einer Grundbedingung: dem versierten Umgang mit den Konzepten der Rich-Client-Plattform. Dem Anwendungsentwickler sollten zumindest die wichtigsten Kernpunkte vertraut sein, denn nur so können die realen Vorteile in gesteigerte Produktivität und erhöhte Qualität der Software umgesetzt werden.

Die vermeintliche Komplexität der Plattform-Konzepte ist einer der Hauptgründe, warum sich Rich-Client-Plattformen noch nicht als Quasi-Standard bei der Client-Anwendungsentwicklung durchgesetzt haben. Tatsächlich hat ein Entwickler zu Beginn den Eindruck, vor einem »Berg« von APIs und Konzepten zu stehen. Sind diese jedoch erst einmal erlernt bzw. verstanden, so ergeben sich immense – und zu Beginn vielleicht nicht erahnte – Synergien und Erleichterungen, welche die anfängliche Lernphase schnell wieder ausgleichen.

Die NetBeans IDE setzt mit ihren umfangreichen, hilfreichen und vor allem leicht zu bedienenden Wizards alles daran, dem Entwickler den Einstieg und auch den täglichen Einsatz zu erleichtern. Dabei spielt natürlich auch eine große Rolle, dass sämtliche APIs und Konzepte auf den APIs und Konzepten der Java Standard Edition aufsetzen. Dies macht den Umgang mit ihnen schnell vertraut und ermöglicht auch eine Wiederverwendung von bestehenden Komponenten.

Neuheiten

Die NetBeans Platform 7 wartet mit zahlreichen Neuerungen auf. Eine wesentliche Neuheit ist die Einführung von **Annotations**. So werden z. B. Aktionen, die nun von keiner speziellen Klasse mehr ableiten müssen, über Annotations registriert und können dabei auch einem Menü oder einer Toolbar hinzugefügt werden. Auch Top Components, für die bisher jeweils zwei separate Konfigurationsdateien angelegt werden mussten, werden nun über Annotations registriert und der NetBeans Platform bekanntgemacht. Durch die Verwendung von Annotations können deklarative Informationen nun direkt und dezentral bereitgestellt werden. Annotations sind gut dokumentiert und werden durch den Editor bzw. den Compiler geprüft. So können Informationen leichter bereitgestellt und potentielle Fehleingaben in XML vermieden werden. Außerdem stehen die Informationen genau dort, worauf sie sich beziehen, und es müssen somit auch keine Extra-Dateien verwaltet werden. Dies erleichtert auch das Refactoring und fördert die Unabhängigkeit der NetBeans Platform von der NetBeans IDE. Zu beachten gilt es, dass aus den Annotations zur Compile-Zeit die notwendigen Konfigurationsdateien bzw. -einträge erstellt werden. Das heißt, Sie müssen nicht zwingend Annotations verwenden, sondern können auch wie bisher die entsprechend notwendige Konfiguration manuell erstellen. Ob Sie Annotations verwenden oder nicht, ist letztendlich eine Frage der Philosophie bzw. hängt auch von der Projektgröße und Ihren speziellen Bedürfnissen ab. Sicherlich kann man in Annotations auch Nachteile sehen. So liegen die Meta-Informationen in den Source-Dateien und sind verstreut. Eine zentrale XML-Datei lässt sich eventuell leichter überblicken und anpassen.

Zu den wesentlichen Neuerungen zählt sicherlich auch die Unterstützung von **OSGi**-Bundles. So können innerhalb der NetBeans Platform 7 nun neben NetBeans-Modulen auch OSGi-Bundles parallel ausgeführt werden. Dazu wird wahlweise das OSGi-Framework Felix oder Equinox in die NetBeans Platform integriert. Auch ist es möglich, die NetBeans-Platform-Module in OSGi-Bundles zu konvertieren. Diese Neuerung ermöglicht damit die Wiederverwendung zahlreicher vorhandener OSGi-Bundles.

Als Neuheit kann auch die Out-of-the-Box-Unterstützung von **Maven** bezeichnet werden. So können NetBeans-Platform-Anwendungen nun vollständig mit Maven entwickelt werden. Durch das NetBeans-Maven-Plugin und die Bereitstellung aller NetBeans-Platform-Module in einem öffentlichen Maven Repository steht damit der Verwendung der NetBeans Platform außerhalb der NetBeans IDE nichts mehr im Wege.

Aufbau des Buches

Dieses Buch richtet sich an Java-Entwickler, die Client-Anwendungen auf Basis der NetBeans Platform entwickeln wollen. Dabei werden keinerlei Vorkenntnisse im Bereich Rich-Client-Plattformen vorausgesetzt. Vorrangiges Ziel dieses Buchs ist die praxisnahe Vermittlung der Grundideen und Funktionalitäten der NetBeans Platform. Dabei will ich Ihnen die sehr gute Unterstützung der NetBeans IDE für die Entwicklungsphase Ihrer Anwendung sowie die Schnittstellen und Vorteile der NetBeans Platform näher bringen und Sie so für den weiterführenden Einsatz motivieren. Dabei wird sich Ihnen (hoffentlich) die Frage aufdrängen, warum Sie Ihre bisherigen Anwendungen nicht auf Basis einer Rich-Client-Plattform entwickelt haben. Oder aber es kommt Ihnen die Erkenntnis, von welchen zahlreichen Vorteilen Sie in der Vergangenheit hätten profitieren können.

Die einzelnen Kapitel sind so gestaltet, dass sie weitestgehend unabhängig voneinander sind, um Ihnen so die Möglichkeit zu geben, direkt in einzelne Kapitel einzusteigen und Ihnen ein optimales Handbuch für die Entwicklung von Rich-Client-Anwendungen auf Basis der NetBeans Platform zur Verfügung zu stellen. Um die Kapitel übersichtlich zu halten und den Direkteinstieg zu ermöglichen, werden die Erklärungen innerhalb des Buchs gezielt durch kleine Beispiele ohne größeren Bezug zu einer Gesamtanwendung erläutert. Am Ende des Buchs werde ich Ihnen dann die Erstellung einer kompletten Rich-Client-Anwendung – vom Entwurf über die Erstellung des Grundgerüstes bis hin zur Implementierung der Anwendungslogik – tutorialartig am Beispiel eines MP3-Managers zeigen. In diese Anwendung werden wir unter anderem das Java Media Framework wie auch das Java-DB-Datenbanksystem integrieren.

Sämtliche Beispiele und Erläuterungen in diesem Buch basieren auf Java 6 und NetBeans 7. Das Java Development Kit (JDK 6) können Sie sich unter *http://java.oracle.com* und NetBeans 7 unter *http://netbeans.org* herunterladen. Die Beispiele finden Sie jeweils als komplettes NetBeans-Projekt auf der Bonus-Seite dieses Buches.

In **Teil I** dieses Buches gehe ich auf die grundlegenden Eigenschaften und Konzepte der NetBeans Platform ein. Sie erfahren zunächst, wie ein Rich-Client definiert ist, welche Eigenschaften eine Rich-Client-Plattform im Allgemeinen aufweist und welche speziellen Vorteile Ihnen die NetBeans Platform bietet. Grundlegend ist auch die Modulbasiertheit, sodass ich im ersten Teil sowohl auf das NetBeans-Module-System als auch auf das OSGi-Framework eingehen werde. Die zentralen Themen Lookup, Aktionen sowie Datenverwaltung runden den ersten Teil mit jeweils einem Kapitel ab.

Teil II widmet sich ganz der Entwicklung von Benutzeroberflächen. Neben der Menubar, Toolbar, Statusbar und Progressbar geht es vor allem auch um das Window System. Durch dessen Unterstützung können Sie auf einfache Weise Ihre eigenen Fenster implementieren und verwalten. In Verbindung mit der im ersten Teil beschriebenen Datenverwaltung lernen Sie in einem separaten Kapitel das flexible Node-Konzept zusammen mit der Explorer API kennen. In diesem Teil beschäftigen wir uns außerdem mit der Entwicklung von Dialogen und Wizards sowie der Verwendung der mächtigen Visual Library API.

In **Teil III** richten wir unseren Blick auf die Standard-Module der NetBeans Platform, die ohne größeren Aufwand direkt verwendet werden können. Dazu zählen das Hilfesystem, das Output Window, der Navigator, das Properties-Fenster, der Options-Dialog sowie das Palette-Modul. Wie Sie sich diese zunutze machen können, erläutere ich Ihnen jeweils in einem eigenen Kapitel.

In **Teil IV** geht es um die Verwendung von sehr nützlichen APIs der NetBeans Platform und der NetBeans IDE. Sie sind nämlich nicht allein auf die Module der NetBeans Platform beschränkt. Ein Kapitel soll Ihnen die Verwendung der Palette API, ein weiteres den Einsatz der Tasklist API näher bringen. Außerdem schauen wir uns in diesem Teil die Quick Search API und die Auto Update Services API anhand von praxisnahen Beispielen näher an.

Mit **Teil V** möchte ich die NetBeans Platform in den Kontext von Datenbanken und JEE-Anwendungen stellen. Zunächst verwenden wir die Java DB als clientseitige Datenbanklösung innerhalb einer NetBeans-Platform-Anwendung. Den Zugriff auf Datenbanken erleichtern wir uns in einem folgenden Kapitel durch den Einsatz von Hibernate. Ihre Anwendung muss jedoch keinesfalls von einem speziellen ORM-Framework abhängig sein. Wie Sie zu diesem Zwecke die Java Persistence API (JPA) in Ihre Anwendung integrieren, erläutere ich Ihnen in einem weiteren Kapitel. Als Alternative zu Java DB und Hibernate gehe ich in einem Kapitel auf die MySQL-Datenbanklösung in Verbindung mit EclipseLink ein. Das Thema Web Services betrachten wir in diesem Teil von verschiedenen Seiten. Zum einen geht es um die Nutzung von beliebig bereitgestellten Web Services mittels SOAP, zum anderen um die Anbindung von serverseitigen JEE-

Anwendungen mithilfe von SOAP- und REST-basierten Web Services. Fragen zur Authentifizierung von Anwendern und zur spezifischen Anpassung der Anwendung soll ein abschließendes Kapitel in diesem Teil beantworten.

In **Teil VI** erfahren Sie, welche Möglichkeiten Ihnen die NetBeans Platform zum Thema Internationalisierung und Lokalisierung bietet. Außerdem geht es um das Branding der NetBeans Platform sowie das Verpacken der gesamten Anwendung als auslieferbare Einheit. In einem weiteren Kapitel lernen Sie den Update-Mechanismus der NetBeans Platform kennen, mit dem Sie Ihre Anwendung auch nach Auslieferung auf einfache und transparente Weise aktualisieren können.

Teil VII dieses Buches soll Ihnen die verschiedenen Entwicklungs- und Testwerkzeuge der NetBeans Platform bzw. NetBeans IDE näher bringen. Zunächst geht es um die Implementierung von NetBeans-Platform-Anwendungen mithilfe des Maven-Build-Systems. In einem weiteren Kapitel erfahren Sie, wie Sie mithilfe von Maven NetBeans-Platform-Anwendungen auch innerhalb der Eclipse IDE entwickeln können. Zudem soll ein Kapitel den Umstieg von der Eclipse IDE auf die NetBeans IDE in Bezug auf die Entwicklung von NetBeans-Platform-Anwendungen erleichtern. Neben der NetBeans und Eclipse IDE kann auch IntelliJ IDEA zur Entwicklung von NetBeans-Platform-Anwendungen eingesetzt werden. Für die effiziente Entwicklung von Benutzeroberflächen stellt die NetBeans IDE einen mächtigen GUI Builder zur Verfügung. Wie Sie diesen verwenden und wie Sie Ihre Anwendung testen und debuggen können, erfahren Sie in jeweils einem Kapitel.

Teil VIII rundet dieses Handbuch mit einem voll funktionsfähigen Beispiel ab. Dabei entwickeln wir Schritt für Schritt eine MP3-Manager-Anwendung. So können nochmals einige der zuvor beschriebenen Konzepte und Technologien sehr praxisnah nachvollzogen werden.

Danksagung

An dieser Stelle möchte ich vor allem meiner Frau Anne danken. Sie war es, die mich stets unterstützt, ermutigt und mir den Rücken freigehalten hat.

Vielen Dank auch an meine Lektorin Judith Stevens-Lemoine sowie deren Assistentin Anne Scheibe für die sehr nette und professionelle Zusammenarbeit.

Dank gebührt auch den zahlreichen Menschen, dabei vor allem meiner Familie, die mich immer wieder in meiner Arbeit bestärkt und ihr volles Vertrauen in mich gesetzt haben.

Heiko Böck

TEIL I Basics & Concepts

Grundlagen der
NetBeans Platform

Dieses Kapitel führt in die Thematik der Rich-Client-Entwicklung ein. Dabei erfahren Sie, was ein Rich-Client ist und was eine Rich-Client-Plattform ausmacht. Außerdem stelle ich Ihnen die Vorteile und Eigenschaften der NetBeans Platform im Überblick vor.

1 Einführung

1.1 Was ist ein Rich-Client?

In einer Client-Server-Architektur wird die Bezeichnung Rich-Client für einen Client verwendet, bei dem die eigentliche Verarbeitung der Daten vor Ort auf dem Client vollzogen wird. Der Client stellt auch die grafische Benutzeroberfläche zur Verfügung. Meist handelt es sich bei einem Rich-Client um eine Anwendung, die durch Module und Plugins erweiterbar ist. So kann dieser Rich-Client nicht nur ein Problem lösen, sondern auch noch artverwandte oder gar artfremde Probleme.

Rich-Clients werden in den meisten Fällen auf Basis eines Frameworks entwickelt. Diese bieten ein Grundgerüst, auf dem sich der Benutzer seine Module (logisch zusammengehörende Anwendungsbestandteile) selbst zusammenstellen kann. Idealerweise können fremde Lösungen (z. B. von verschiedenen Anbietern) innerhalb eines Rich-Clients zusammenarbeiten, sodass alle Module wie aus einem Guss erscheinen. Softwareentwickler und -anbieter können aber auch mit einer Rich-Client-Plattform sogenannte Rich-Client-Distributionen aus bestimmten Modulen bündeln und bestimmten Benutzergruppen fertig zur Verfügung stellen.

Darüber hinaus hat ein Rich-Client den Vorteil, dass er einfach verteilbar und aktualisierbar ist, zum Beispiel durch eine automatische Online-Update-Funktionalität im Client selbst oder durch einen Mechanismus, der es erlaubt, den Rich-Client über das Internet zu starten (z. B. **Java Web Start**).

Die Eigenschaften eines Rich-Clients im Überblick:

- flexible und modulare Anwendungsarchitektur
- Plattformunabhängigkeit

- Anpassungsfähigkeit an den Benutzer
- sowohl Online- als auch Offline-Arbeiten möglich
- einfache Verteilung an die Benutzer
- einfache Aktualisierung des Clients

1.2 Was ist eine Rich-Client-Plattform?

Eine Rich-Client-Plattform ist eine Anwendungs-Laufzeitumgebung – eine Basis für Desktop-Anwendungen. Die meisten Desktop-Anwendungen haben ähnliche Anforderungen. Dazu gehören u. a. Menüs, Toolbars, Statusbar, Progress-Visualisierung, Verwaltung von Dateien, Verwaltung von Einstellungen, Speichern und Laden von benutzerspezifischen Daten und Einstellungen, Splash-Screen, About-Dialog, Internationalisierung, Hilfesystem etc. Für diese und weitere typische Anforderungen an Client-Anwendungen stellt eine Rich-Client-Plattform ein Framework zur Verfügung, mit dessen Hilfe diese Anforderungen schnell und einfach umgesetzt werden können.

Die Konfigurier- und Erweiterbarkeit einer Anwendung steht bei einem solchen Framework im Vordergrund. So können z. B. die Menüeinträge einer Anwendung deklarativ in einer Textdatei beschrieben werden; das Menü wird dann vom Framework automatisch erstellt. Somit wird der Quelltext um einiges schlanker und übersichtlicher, der Entwickler kann sich auf die eigentliche Anwendungslogik konzentrieren, und das Menü ist maximal konfigurierbar.

Der wohl wichtigste Aspekt einer Rich-Client-Plattform ist ihre Architektur. Anwendungen auf Basis einer Rich-Client-Plattform werden in Form von Modulen geschrieben, d. h., einzelne logisch zusammengehörende Anwendungsbestandteile werden in einem Modul gekapselt. Ein Modul wird deklarativ beschrieben und von der Plattform automatisch geladen. Es ist also keine explizite Einbindung eines Moduls im Quelltext erforderlich. Auf diese Weise entsteht eine relativ lose Kopplung zwischen den einzelnen Modulen, wodurch die dynamische Erweiterbarkeit einer Anwendung und die Austauschbarkeit einzelner Komponenten einer Anwendung enorm vereinfacht werden. So ist es auch sehr leicht möglich, benutzer- oder domänenspezifische Anwendungen zusammenzustellen.

Eine Rich-Client-Plattform soll also dem Entwickler die Arbeit abnehmen, die nichts mit der direkten Anwendungslogik zu tun hat, und soll dem Entwickler eine wohldefinierte und moderne Anwendungsarchitektur zur Verfügung stellen.

1.3 Vorteile einer Rich-Client-Plattform

Neben der modularen Architektur, die Ihnen eine Rich-Client-Architektur bietet und somit implizit für eine robuste und wartbare Anwendung sorgt, unterstützt eine Rich-Client-Plattform Sie auch enorm bei der Entwicklung Ihrer Anwendungslogik. Diese und einige weitere Vorteile, von denen Sie profitieren, wenn Sie Ihre Anwendung auf Basis einer Rich-Client-Plattform entwickeln, möchte ich Ihnen nachfolgend im Überblick darstellen.

▸ **Verkürzung der Entwicklungszeit**
Eine Rich-Client-Plattform stellt zahlreiche APIs für Desktop-Anwendungen zur Verfügung, die den Entwickler z. B. beim Fenster- und Menü-Management oder bei der Einstellungsverwaltung unterstützen. Durch die Wiederverwendung zahlreicher Komponenten kann sich der Entwickler vollständig auf die Geschäftslogik der Anwendung konzentrieren.

▸ **Konsistenz der Benutzeroberfläche**
Die Benutzbarkeit einer Anwendung ist eine wichtige Anforderung an alle Anwendungen, vor allem wenn es sich um professionelle Programme handelt. Eine Rich-Client-Plattform stellt ein Framework für die Oberflächengestaltung zur Verfügung, das die Aspekte Konsistenz, Zugänglichkeit und Benutzbarkeit vollständig berücksichtigt.

▸ **Aktualisierung einer Anwendung**
Mithilfe einer Rich-Client-Plattform ist es sehr leicht möglich, neue oder aktualisierte Module schnell zu verteilen. Dadurch müssen nicht alle Kunden der Anwendung durch den Hersteller dazu bewegt werden, auf neue Versionen der Anwendung umzustellen. Die Updates können modulweise verteilt und installiert werden, wodurch unterschiedliche Funktionen durch unabhängige Entwicklungsteams erstellt und ausgeliefert werden können. Durch den modularen Aufbau können Entwicklungen, die noch nicht fertiggestellt sind, andere, fertiggestellte Module nicht in ihrer Auslieferung behindern.

▸ **Plattformunabhängigkeit**
Rich-Client-Plattformen basieren auf internationalen Standards und wiederverwendbaren Komponenten. Dadurch sind Java-Anwendungen, die auf ihnen basieren, automatisch auf einer Vielzahl von Systemen, wie z. B. Windows oder Linux, lauffähig, sofern eine Implementation der Java Runtime Environment vorhanden ist. Da sich die Anforderungen und das Umfeld für die Anwendungen ständig ändern, ist es wichtig, dass eine Anwendung so entworfen wird, dass sie erweiterbar und für viele Zielsysteme verfügbar ist. Dies alles leistet die Rich-Client-Plattform und spart somit Zeit und Kosten.

Anwendungen, die auf einer Rich-Client-Plattform basieren, benötigen keine weiteren Bibliotheken oder Komponenten außer der Java Runtime Environment.

- **Wiederverwendbarkeit und Planungssicherheit**
  Rich-Client-Plattformen stellen eine Reihe von Funktionen und Modulen zur Verfügung, die für die eigenen Anwendungen genutzt werden können. Sollten einige nicht Ihren Anforderungen entsprechen, so können Sie diese Module als Basis nutzen und um Ihre eigenen Aspekte erweitern oder ändern. Da zu den meisten Plattformen auch der Quelltext zur Verfügung gestellt wird, kann notfalls auch die Plattform geändert oder weiterentwickelt werden. Dies bedeutet Planungssicherheit und Freiheit.

1.4 Eigenschaften der NetBeans Platform

Die **NetBeans Platform** bietet Ihnen neben den generellen Vorteilen einer Rich-Client-Plattform zahlreiche Frameworks und einige Raffinessen, die Sie sich für Ihre Anwendung zunutze machen können. Einige wichtige Frameworks, die die Haupteigenschaften der NetBeans Platform ausmachen, stelle ich Ihnen hier im Überblick vor:

- **Framework für die Oberflächengestaltung**
  Fenster, Menüs, Toolbars und andere Komponenten werden von der Plattform zur Verfügung gestellt. Dadurch können Sie sich auf die eigentlichen Aktionen konzentrieren, und der erstellte Code wird schlanker, besser und enthält weniger Fehler. Das komplette Oberflächen-System, das die NetBeans Platform bietet, basiert zu 100 % auf **AWT/Swing** und kann somit wie gewohnt um eigene Komponenten erweitert werden.

- **Datei-Editor**
  Der mächtige NetBeans Editor, der in der NetBeans IDE Verwendung findet, kann durch die eigene Anwendung genutzt werden. Die Werkzeuge und Funktionalitäten des Editors lassen sich schnell und einfach erweitern und an die Anforderungen der Anwendung anpassen.

- **Einstellungsverwaltung**
  In fast jeder Anwendung ist eine Verwaltung von benutzer- und anwendungsspezifischen Einstellungen nötig. Dazu stellt die NetBeans Platform ein Framework zur Verfügung, mit dem Sie kinderleicht Ihre eigenen Optionsdialoge in optisch ansprechender Form in Ihre Anwendung integrieren und die Einstellungen abspeichern können.

- **Das Wizard Framework**
  Die NetBeans Platform bietet Ihnen einfache Werkzeuge, um erweiterbare, anwenderfreundliche Assistenten zu erstellen, die den Anwender durch komplexe Sachverhalte leiten.

- **Dateisysteme**
  Der Zugriff auf Dateien und Ordner beruht auf der Abstraktion eines dateibasierten Datenzugriffs. Dateien können im NetBeans-Konzept lokale Dateien, entfernte Dateien auf einem FTP-Server, in einem CVS Repository oder in einer Datenbank oder aber auch ein Element in einer XML-Datei sein. Durch seine Abstraktion ist der Zugriff auf Dateien für alle anderen Module transparent, d. h., diese müssen sich nicht um den eigentlichen Datenzugriff kümmern, sondern können dies über die API der Plattform realisieren.

- **Framework für die Datenverwaltung und -repräsentation**
  Basierend auf der im vorherigen Abschnitt beschriebenen Abstraktion von Dateien und gespeicherten Daten, stellt die NetBeans Platform ein Framework zur Verfügung, mit dem Daten mit spezifischen Aktionen bzw. Funktionen versehen werden können. Teil des Frameworks ist es auch, die Daten und deren Aktionen entsprechend in der Benutzeroberfläche darzustellen und zu verwalten.

- **Zentrale Service-Verwaltung**
  Mit dem Lookup-Konzept stellt die NetBeans Platform eine zentrale Service-Verwaltung bereit. Diese ermöglicht die voneinander unabhängige Bereitstellung und Nutzung von bestimmten Diensten, die innerhalb einer Anwendung zur Verfügung stehen sollen. Dieses Konzept ist von zentraler Bedeutung, da hiermit eine lose Kopplung von Anwendungsbestandteilen realisiert werden kann. Und dies stellt eines der wesentlichen Ziele dar, die durch die Verwendung der NetBeans Platform verfolgt werden.

- **Internationalisierung**
  Die NetBeans Platform stellt Klassen und Methoden zur Verfügung, mit deren Hilfe sämtliche Ressourcen internationalisiert werden können. So können z. B. Textkonstanten leicht in Properties-Dateien ausgelagert werden. Um das Laden von Textkonstanten oder auch Icons entsprechend der Länder- und Spracheinstellung kümmert sich vollständig die Plattform.

- **Hilfesystem**
  Mit dem Standard **JavaHelp System** bietet die NetBeans Platform ein zentrales System zur Integration und Darstellung von Hilfeseiten für den Benutzer. Dabei können die einzelnen Anwendungsmodule ihre eigenen Seiten dem Hilfesystem hinzufügen. Darüber hinaus beinhaltet die NetBeans Platform ein Konzept und eine API, mit deren Hilfe sich eine kontextsensitive Hilfe realisieren lässt.

In diesem Kapitel erfahren Sie, wie die NetBeans Platform aufgebaut ist und woraus sie besteht. Außerdem werden wir uns in diesem Kapitel anschauen, was die NetBeans Platform am Laufen hält.

2   Aufbau der NetBeans Platform

Um Ihnen einen Überblick darüber zu verschaffen, wie eine Rich-Client-Anwendung aufgebaut wird und wie die Interaktion zwischen der eigentlichen Anwendung, die Sie implementieren möchten, und der Plattform erfolgt, gehe ich in diesem Kapitel zunächst auf die Architektur der NetBeans Platform ein. Anschließend stelle ich Ihnen die einzelnen Bestandteile der **Platform Distribution** vor, erkläre Ihnen, welchen Aufgabenteil der **NetBeans Runtime Container** übernimmt, wie das **NetBeans Classloader System** aufgebaut ist und wozu es dient.

2.1   Die NetBeans-Platform-Architektur

Die Größe und Komplexität von modernen Anwendungen nimmt stetig zu. Dabei müssen vor allem professionelle Anwendungen sehr flexibel sein, um Anforderungen leicht und schnell umsetzen zu können. Dies macht es erforderlich, eine Anwendung in einzelne Bestandteile aufzuteilen. Dabei ist jeder einzelne Bestandteil ein Teil einer modularen Architektur. Die einzelnen Bestandteile sollen unabhängig sein, sollen wohldefinierte Schnittstellen zur Verfügung stellen, die von anderen Teilen der Anwendung benutzt werden können, und sollen die Funktionalitäten anderer Teile verwenden können.

Das Aufteilen einer Anwendung in Module, also in logisch zusammengehörende Bestandteile, verbessert das Design einer Anwendung enorm. Demgegenüber wäre eine monolithische Anwendung, in der jede Klasse auf die andere zugreifen kann, wesentlich unflexibler und vor allem auch um einiges schlechter wartbar. Zwar besteht die Möglichkeit, einzelne Klassen vor einem Zugriff von außen zu schützen, jedoch ist diese Beschränkung auf Klassenebene bei den meisten Anwendungen viel zu klein. Genau diesen Kernpunkt der modernen Client-Anwendungsentwicklung geht die NetBeans Platform mit ihren Konzepten und Strukturen an und unterstützt Sie dadurch bei der Entwicklung und Konzeptionierung einer modularen und flexiblen Anwendung.

Das Grundkonzept der NetBeans Platform basiert auf Modulen. Ein Modul ist dabei eine Sammlung von Klassen mit einer Beschreibung, welche Schnittstellen dieses Modul anderen Modulen zur Verfügung stellt und welche Module es selbst zu seiner Ausführung benötigt. Die komplette Plattform selbst und auch die darauf basierende Anwendung sind in Module aufgeteilt. Diese werden vom Kern der Plattform, dem **NetBeans Runtime Container,** dynamisch und automatisch geladen, ausgeführt und verwaltet (siehe Abbildung 2.1).

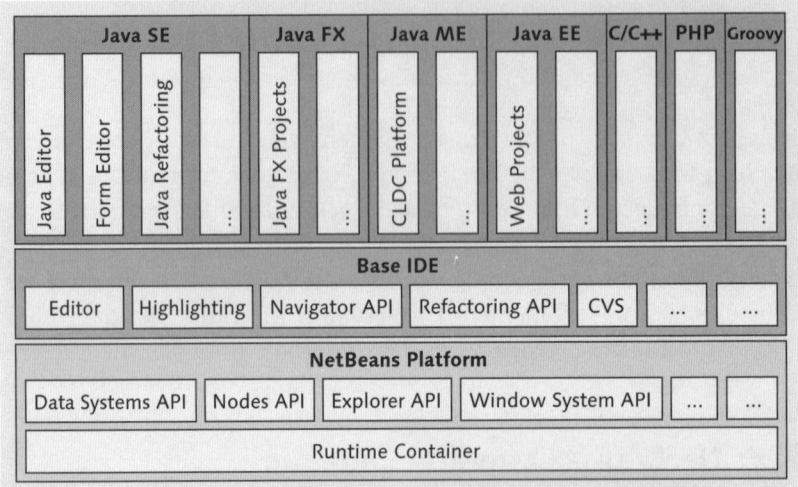

Abbildung 2.1   Konzeptioneller Aufbau der NetBeans IDE

So ist auch die NetBeans IDE selbst ein sehr gutes Beispiel für eine modulare Rich-Client-Anwendung. Die Funktionalitäten und Eigenschaften, die eine IDE ausmachen, wie z. B. der **Java Language Support** oder die Code-Editor-Funktionalität, basieren in Form von Modulen auf der NetBeans Platform. Das bringt den großen Vorteil, dass sie stets um weitere Module erweitert oder auch benutzerspezifisch angepasst werden kann, indem bestimmte Module, die nicht gebraucht werden, deaktiviert oder deinstalliert werden.

Damit diese Modularität erreicht werden kann, stellt die NetBeans Platform Mechanismen und Konzepte zur Verfügung, mit denen Module zum einen von anderen Modulen dynamisch erweitert werden können und zum anderen miteinander kommunizieren können, ohne dabei unbedingt voneinander abhängig zu sein. Die Plattform unterstützt also eine lose Kopplung von Modulen.

Damit eine bestmögliche Kapselung der Module erreicht werden kann, die für ein modulares System notwendig ist, stellt die NetBeans Platform ein eigenes **Classloader System** zur Verfügung. Jedes Modul wird durch einen eigenen Classloader geladen und stellt somit eine eigene abgeschlossene Einheit dar.

Dadurch kann ein Modul explizit seine Packages freigeben, deren Funktionalität es anderen Modulen zur Verfügung stellen möchte.

Um die Funktionalitäten anderer Module zu benutzen, können Module Abhängigkeiten aufeinander definieren. Diese Abhängigkeiten werden deklarativ in einer Manifest-Datei beschrieben und werden durch den **NetBeans Runtime Container** überprüft und aufgelöst, wodurch sich eine Anwendung stets in einem konsistenten Zustand befindet. Für diese lose Kopplung spielt vor allem das deklarative Konzept der Plattform eine große Rolle. Das heißt, es wird so viel wie möglich in Beschreibungs- und Konfigurationsdateien festgelegt, um somit eine feste Verdrahtung im Quelltext zu vermeiden. Ein Modul wird durch eine Manifest-Datei und durch XML-Dateien beschrieben und muss der Plattform somit nicht explizit hinzugefügt werden. Anhand von XML-Dateien weiß die Plattform, welche Module vorhanden sind und von wo und unter welcher Bedingung diese geladen werden sollen.

Die Plattform selbst besteht aus einem Satz von Kernmodulen, die zum Start der Anwendung und zur Verwaltung der Module und der Fenster dienen. Weiterhin bietet die Plattform zahlreiche API- und **Service Provider Interface**-(SPI-)Module, mit denen die Anwendungsentwicklung stark vereinfacht wird. Dazu zählen z. B. die **Actions API**, die bereits häufig benötigte Aktionsklassen zur Verfügung stellt, die mächtige **Nodes API** oder die **Options SPI,** mit deren Hilfe leicht eigene Optionsdialoge erstellt und integriert werden können. Daneben gibt es auch komplette Anwendungsmodule, wie z. B. das **Output Window-** oder **Favorites-**Modul (siehe Abbildung 2.2).

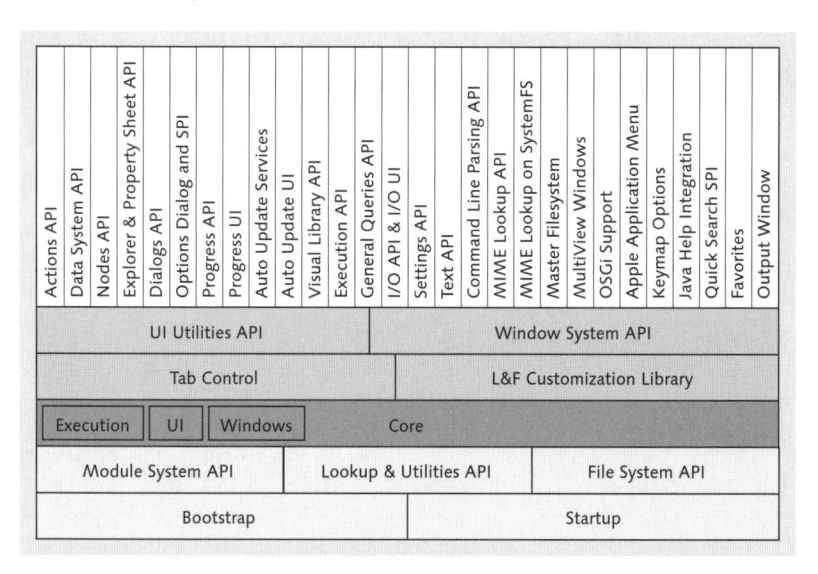

Abbildung 2.2 Die NetBeans-Platform-Architektur

2.2 Die NetBeans Platform Distribution

Im Normalfall brauchen Sie die NetBeans Platform nicht separat herunterzuladen, da diese bereits Bestandteil der NetBeans IDE ist, die selbst ja auch eine Rich-Client-Anwendung ist. Wenn Sie eine Distribution Ihrer Anwendung erstellen, wird die Plattform aus der NetBeans IDE heraus extrahiert. Sie haben jedoch die Möglichkeit, der NetBeans IDE mehrere Plattformen hinzuzufügen. Dazu können Sie die **NetBeans Platform Distribution** separat auf der offiziellen NetBeans-Webseite unter *http://netbeans.org/features/platform* herunterladen. Schauen wir uns die wesentlichen Bestandteile der NetBeans Platform Distribution genauer an:

- Die Module `org-netbeans-bootstrap`, `org-netbeans-core-startup`, `org-openide-filesystems`, `org-openide-modules`, `org-openide-util` und `org-openide-util-lookup` bilden den **NetBeans Runtime Container**. Dieser ist der Kern der Plattform und ist für den Ablauf aller anderen Module zuständig.

- Die NetBeans Platform unterstützt auch OSGi. Die dafür notwendigen Module sind: `org-netbeans-libs-felix`, `org-netbeans-core-osgi`, `org-netbeans-core-netigso` und `org-netbeans-libs-osgi`.

- Die Module `org-netbeans-core`, `org-netbeans-core-execution`, `org-netbeans-core-ui`, `org-netbeans-core-windows` stellen Basisfunktionalitäten für die API-Module zur Verfügung.

- `org-netbeans-core-output2` ist ein fertiges Anwendungsmodul, das als zentrales Ausgabefenster genutzt werden kann.

- Das Modul `org-netbeans-core-multiview` ist ein Framework für **MultiView Windows**, wie z. B. die des **Form Editors**, und stellt dafür eine API zur Verfügung.

- Das Modul `org-openide-windows` beinhaltet die **Window System API**, die wohl meistbenutzte API. Darin enthalten sind Basisklassen für die Entwicklung von Fenstern und u. a. auch der Window Manager, über den Sie Zugriff auf und Informationen über alle vorhandenen Fenster bekommen.

- Die Update-Funktionalität einer Anwendung wird durch das Modul `org-netbeans-modules-autoupdate-services` implementiert. Dieses Modul stellt die komplette Funktionalität für das Auffinden, Herunterladen und Installieren von Modulen zur Verfügung. Das Modul `org-netbeans-modules-autoupdate-ui` stellt den **Plugin Manager** bereit, mit dem der Benutzer Module und Updates verwalten und steuern kann.

- Mit dem `org-netbeans-modules-favorites`-Modul kann man beliebige Dateien und Verzeichnisstrukturen anzeigen. Dabei kann auf deren Aktionen über die **Data Systems API** Einfluss genommen werden.

- Das `org-openide-actions`-Modul stellt eine Reihe von häufig benutzten Aktionen (wie z. B. Kopieren, Ausschneiden oder Drucken) zur Verfügung, deren Funktionalität kontextsensitiv implementiert werden kann.
- `org-openide-loaders` ist ein sehr mächtiges Modul und enthält u. a. die **Data Systems API** zur Erstellung von Dataloadern, die mit bestimmten Dateitypen verknüpft werden können und für diese Datenobjekte erstellen. Diesen Datenobjekten kann auf einfache Weise ein spezielles Verhalten hinzugefügt werden.
- Die **Nodes API** des Moduls `org-openide-nodes` ist ein sehr zentrales Konzept der NetBeans Platform. Nodes können z. B. in einer **Explorer View** angezeigt werden und können dabei Aktionen und **Property Sheets für** Datenobjekte bereitstellen.
- Das `org-openide-explorer`-Modul bietet ein Framework zur Erstellung von Explorer Views, wie sie z. B. in der Projects- oder Files–Ansicht der NetBeans IDE verwendet werden.
- Das `org-netbeans-modules-editor-mimelookup`-Modul bietet eine API zum Auffinden von MIME-Type-spezifischen Einstellungen, Services und anderen Objekten sowie eine SPI, um eigene MIME-Type-spezifische Data Provider zu implementieren. Das `org-netbeans-modules-editor-mimelookup-impl`-Modul ist eine spezielle Implementation dieser SPI, die für das Auffinden von Objekten in der Verzeichnisstruktur des **System Filesystem** zuständig ist.
- `org-netbeans-modules-javahelp` beinhaltet die JavaHelp-Runtime-Bibliothek und stellt der **Modules API** eine Implementation zur Verfügung, die es den Anwendungsmodulen ermöglicht mit der JavaHelp-Technologie ihre eigenen Helpsets zu integrieren.
- Die **QuickSearch SPI** zur Implementation und Bereitstellung von eigenen Providern befindet sich im Modul `org-netbeans-spi-quicksearch`.
- Das Master-Filesystem-Modul `org-netbeans-modules-masterfs` stellt ein zentrales Wrapper-Filesystem zur Verfügung.
- Das Modul `org-netbeans-modules-options-api` bietet einen Optionsdialog und eine SPI, um leicht eigene Optionspanel hinzuzufügen.
- Mit dem Modul `org-netbeans-api-progress` können lange laufende Aufgaben zentral verwaltet werden. Das Modul `org-netbeans-modules-progress-ui` stellt dazu eine Visualisierung zur Verfügung, mit der es auch möglich ist, einzelne Aufgaben abzubrechen.
- `org-netbeans-modules-queries` stellt eine allgemeine Abfrage-API zur Verfügung, mit der Module Informationen über Dateien abfragen können. Darüber hinaus steht eine SPI zur Verfügung, um eigene Abfrage-Implementationen bereitzustellen.

- `org-netbeans-modules-sendopts` stellt eine **Command Line Parsing API** und **SPI** zur Verfügung, mit der eigene Handler für Kommandozeilenargumente registriert werden können.
- Das `org-netbeans-modules-settings`-Modul stellt eine API zur Speicherung von modulspezifischen Einstellungen in einem benutzerdefinierten Format zur Verfügung. Weiterhin stellt es einige nützliche Einstellungsformate zur Verfügung.
- In `org-openide-awt` befindet sich die **UI Utilities API**, die verschiedene Hilfsklassen für die Gestaltung der Benutzeroberfläche bereitstellt.
- Im Modul `org-openide-dialogs` befindet sich eine API für das Anzeigen von Standard- und anwendungsspezifischen Dialogen. Außerdem befindet sich in diesem Modul das **Wizard Framework**.
- `org-openide-execution` stellt eine API zur Ausführung von lange andauernden asynchronen Tasks zur Verfügung.
- `org-openide-io` stellt eine API und SPI für die Ein- und Ausgabe von Daten bereit. Dieses Modul stellt auch eine Standardimplementation zur Verfügung, mit der auf das **Output Window**-Modul geschrieben werden kann.
- Die Text-API im Modul `org-openide-text` stellt eine Erweiterung der `javax.swing.text`-API zur Verfügung.
- Die Module `org-netbeans-swing-plaf` und `org-netbeans-swing-tabcontrol` sind für die Anpassung des Look & Feels und der Darstellung der Tabs verantwortlich, und das Modul `org-jdesktop-layout` ist ein Wrapper-Modul der **Swing Layout Extensions Library**.
- Die **Visual Library API** wird durch das Modul `org-netbeans-api-visual` bereitgestellt.

Weiterhin ist es natürlich auch möglich, die hier aufgeführten Module durch Module aus der IDE-Distribution zu ergänzen.

2.3 Der NetBeans Runtime Container

Die Basis der NetBeans Platform und deren modularen Architektur bildet der NetBeans Runtime Container. Dieser besteht aus den folgenden fünf Modulen:

- **Bootstrap** – Dieses Modul wird initial ausgeführt. Es führt alle registrierten Kommandozeilen-Handler aus, erzeugt einen Boot-Classloader, der das Startup-Modul lädt, und führt dieses dann aus.
- **Startup** fährt die Anwendung hoch, indem es das **Module System** und das **File System** initialisiert.

- Die **Module System API** ist für die Verwaltung der Module und deren Einstellungen und Abhängigkeiten zuständig.
- Die **File System API** stellt ein virtuelles Dateisystem zur Verfügung, das den plattformunabhängigen Zugriff ermöglicht. Es wird hauptsächlich zum Laden von Ressourcen der Module verwendet.
- Die **Lookup & Utilities API** stellt zentrale Basiskomponenten bereit, die u. a. für die Interkommunikation der Module verwendet wird. Damit die **Lookup API** auch unabhängig von der NetBeans Platform verwendet werden kann, befindet sich diese in einem eigenständigen Modul.

Die in Abbildung 2.3 dargestellten Pfeile zeigen die Abhängigkeiten dieser fünf Basismodule.

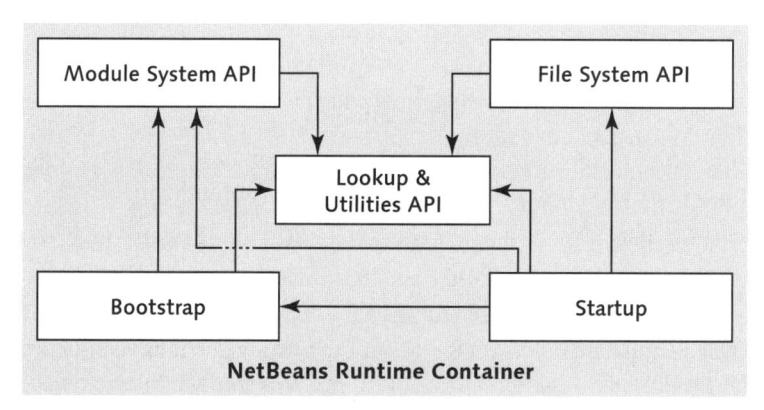

Abbildung 2.3   NetBeans Runtime Container

Dieser Container ist die minimale Form einer Rich-Client-Anwendung und kann als solcher ohne weitere Module direkt ausgeführt werden. Er würde sich natürlich gleich nach dem Hochfahren wieder beenden, da keine weiteren Aufgaben anstehen. Interessant ist an dieser Stelle auch, dass Sie auf dieser Basis nicht nur Anwendungen mit umfangreicher Benutzeroberfläche erstellen, sondern diesen Runtime Container auch für eine modulare Kommandozeilen-Anwendung verwenden können.

Beim Starten des Runtime Containers findet dieser alle verfügbaren Module und erzeugt daraus eine interne Registry. Ein Modul wird gewöhnlich erst in den Speicher geladen, wenn es benötigt wird. Es wird zunächst also lediglich als vorhanden registriert. Ein Modul hat jedoch die Möglichkeit, Aufgaben beim Start zu erledigen. Dies geschieht durch einen **Module Installer**, doch dazu später mehr in Abschnitt 3.7. Der Runtime Container ermöglicht auch das dynamische Laden, Entladen, Installieren und Deinstallieren von Modulen zur Laufzeit. Diese Funktionalität ist gerade für die Aktualisierung einer Anwendung durch den

Anwender (mit der Auto-Update-Funktion) oder für das Deaktivieren von nicht benötigten Modulen innerhalb einer Anwendung notwendig.

Für das vollständige Verständnis für den Ablauf einer Rich-Client-Anwendung sei hier noch gesagt, dass das Bootstrap-Modul, das als Erstes ausgeführt wird, von einem plattformspezifischen Launcher gestartet wird, der auch für das Auffinden der Java Runtime Environment zuständig ist. Dieser Launcher ist ebenfalls Bestandteil der NetBeans Platform und ist z. B. im Falle des Betriebssystems Windows eine *.exe*-Datei.

2.4 Das NetBeans Classloader System

Das NetBeans Classloader System ist Bestandteil des NetBeans Runtime Containers und Voraussetzung für die Kapselung der Module und den Aufbau einer modularen Architektur. Dieses System besteht aus drei verschiedenen Typen von Classloadern: dem **Module Classloader**, dem **System Classloader** und dem **Original Classloader**. Die meisten Klassen werden durch den Module Classloader geladen. Nur in bestimmten Fällen, z. B. wenn auf Ressourcen aus den Modulen heraus zugegriffen werden soll, wird der System Classloader verwendet. Der Original Classloader lädt Ressourcen aus dem Klassenpfad des Launcher der Anwendung. Der Module Classloader und der System Classloader sind **Multi-Parent Classloader**. Diese können also nicht wie gewöhnlich nur einen, sondern beliebig viele Classloader als Parent haben. Die Zusammenhänge zwischen den einzelnen Classloader-Typen sind in Abbildung 2.4 dargestellt.

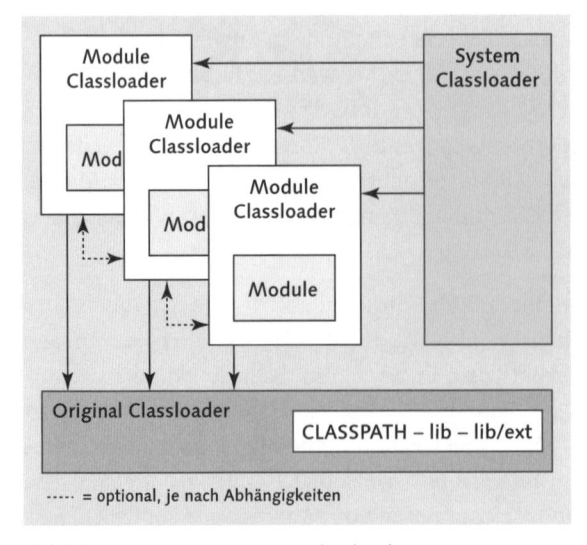

Abbildung 2.4 Das NetBeans Classloader System

2.4.1 Der Module Classloader

Für jedes Modul, das beim **Module System** registriert ist, wird eine Instanz des Module Classloader erzeugt, womit jedes Modul seinen eigenen Namensraum erhält. Hauptsächlich lädt dieser Classloader Klassen aus dem Modul **JAR-Archiv**, wobei dieser auch in der Lage ist, von mehreren Archiven zu laden, was z. B. bei **Library Wrapper Modules** oft vorkommt, dazu aber später mehr in Abschnitt 3.9.

Der Original Classloader ist implizit einer der Parent-Classloader eines jeden Module Classloader, der in der Liste der Parents an erster Stelle steht. Weitere Parents sind die Classloader sämtlicher Module, zu denen eine Abhängigkeit besteht. Wie Abhängigkeiten definiert werden, beschreibe ich in Abschnitt 3.6.

Dieser **Multi-Parent Module Classloader** ermöglicht es somit, dass Klassen aus anderen Modulen geladen werden, ohne dass sich dabei die Namensräume der beiden Module in die Quere kommen. Denn das Laden der Klasse wird nicht selbst vorgenommen, sondern an die Parent-Classloader delegiert. Außer für die Klassen aus dem Modul JAR-Archiv ist dieser Classloader auch für das Laden des **Locale Extension Archive** (siehe Kapitel 34, »Internationalisierung und Lokalisierung«) aus dem Unterverzeichnis *locale* und des **Patch Archive** aus dem Unterverzeichnis *patches* zuständig, sofern diese vorhanden sind.

2.4.2 Der System Classloader

Der System Classloader ist standardmäßig (wie auch der Module Classloader) ein Multi-Parent Classloader. Er besitzt alle instanziierten Module Classloader als Parents. Somit ist es also theoretisch möglich, mit diesem Classloader alles zu laden, was sich innerhalb eines Moduls befindet, jedoch empfiehlt es sich aus Gründen der Kapselung, diesen nur zu verwenden, wenn es unbedingt nötig ist.

Zugriff auf den System Classloader erhalten Sie auf zwei verschiedenen Wegen: zum einen über das Lookup, auf dessen Mechanismus ich später noch ausführlich eingehe, und zum anderen über den Context Classloader des aktuellen Threads – dies ist nämlich standardmäßig (sofern Sie keinen anderen Context Classloader explizit gesetzt haben) der System Classloader.

```
ClassLoader cl = (ClassLoader)
    Lookup.getDefault().lookup(ClassLoader.class);
```

oder

```
ClassLoader cl = Thread.currentThread().getContextClassLoader();
```

2.4.3 Der Original Classloader

Der Original (Application) Classloader wird durch den Launcher der Anwendung erzeugt und lädt Klassen und andere Ressourcen vom originalen **CLASSPATH** und zusätzlich auch aus dem *lib*-Verzeichnis und dessen Unterverzeichnis *ext*. Wird ein JAR-Archiv nicht als Modul erkannt (hat es also keine gültigen Manifest-Informationen), wird es nicht an das Module System übergeben. Solche Ressourcen werden auch stets zuerst gefunden, sollte die gleiche Ressource hier und im Modul JAR-Archiv existieren (die vom Modul bereitgestellte Ressource wird in solch einem Fall ignoriert). Dies ist z. B. für das Branding eines Moduls oder die Bereitstellung von mehreren Sprachvarianten eines Moduls notwendig.

Auch hier gilt wieder, dass dieser Classloader nicht zum Laden sämtlicher Ressourcen verwendet werden sollte. Vielmehr wird er für Ressourcen verwendet, die in der frühen Startphase verfügbar sein müssen, so z. B. die Look&Feel-Klassen.

In diesem Kapitel gehe ich auf das NetBeans Module System ein, das als zentraler Bestandteil des Runtime Containers für das Laden und die Verwaltung aller Module einer Anwendung zuständig ist. Dabei erfahren Sie, wie ein Modul strukturiert ist, wie es mit anderen Modulen in Verbindung stehen kann, wie es in die Plattform integriert wird und wie sein Lebenszyklus verfolgt und beeinflusst werden kann.

3 Das NetBeans Module System

Das **NetBeans Module System** ist für die komplette Verwaltung aller Module zuständig. Es ist also für Aufgaben wie z. B. das Erzeugen der Classloader, das Laden der Module oder das Aktivieren und Deaktivieren von Modulen verantwortlich. Bei der Konzipierung des NetBeans Module Systems wurden so weit wie möglich Standard-Java-Technologien wiederverwendet. Die Grundidee des Modulformats wurde dem Java Extension-Mechanismus entnommen. Die grundlegenden Ideen hinter dieser **Package Versioning Specification** werden dazu verwendet, Abhängigkeiten zwischen Anwendungsmodulen und Abhängigkeiten von Systemmodulen zu beschreiben und zu verwalten.

Basiseigenschaften, wie die Beschreibung eines Moduls und die Abhängigkeiten von einem anderen Modul, werden in einer Manifest-Datei beschrieben. Diese verwendet das Standard-Manifest-Format mit zusätzlichen NetBeans-spezifischen Attributen. Das Java Activation Framework sowie JDK-interne Funktionen, wie etwa die Unterstützung von ausführbaren JAR-Archiven, wurden als Modell für die Modulspezifikation verwendet. Die meisten Module benötigen außer den Attributen in der Manifest-Datei keinen speziellen Installationscode, d. h., sie werden vollkommen deklarativ der Plattform hinzugefügt. Eine XML-Datei, die *layer.xml*-Datei, stellt anwendungsspezifische Informationen bereit und definiert über diese Datei die Integration eines Moduls in die Plattform. In dieser Datei wird also alles spezifiziert, was ein Modul der Plattform hinzufügen möchte. Das reicht von Aktionen über Menüeinträge bis hin zu Services, um hier nur einige zu nennen.

3.1 Die Struktur eines Moduls

Ein Modul ist ein einfaches JAR-Archiv, das gewöhnlich aus folgenden Teilen besteht:

- Manifest-Datei (*manifest.mf*)
- Layer-Datei (*layer.xml*)
- Anwendungsklassen
- Ressourcen wie Icons, Properties Bundles, Helpsets etc.

Dabei ist lediglich die Manifest-Datei obligatorisch, durch die sich ein Modul identifiziert. Bei allen anderen Inhalten kommt es ganz darauf an, welche Aufgabe Ihr Modul erfüllen soll. Stellt das Modul z. B. eine Bibliothek dar, ist in vielen Fällen keine Layer-Datei erforderlich.

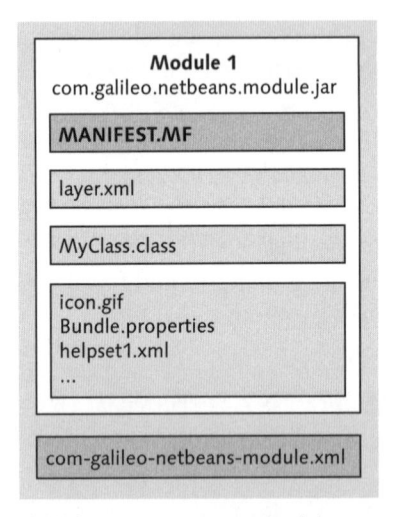

Abbildung 3.1 NetBeans-Modul

Außerdem gehört zu jedem Modul eine XML-Konfigurationsdatei (*com-galileo-netbeans-module.xml*), die sich außerhalb des JAR-Archivs befindet. Diese Datei wird als Erstes durch das Module System gelesen, d. h., durch diese Datei wird ein Modul der Plattform bekannt gegeben.

3.2 Die Konfigurationsdatei

Jedes Modul wird durch eine XML-Konfigurationsdatei, die sich außerhalb des Moduls im Verzeichnis *config/Modules* eines Clusters befindet, dem Module System bekannt gegeben. Dieses Verzeichnis wird beim Start der Anwendung vom

Module System ausgelesen, und anhand dieser Informationen werden die Module dann geladen. In dieser Konfigurationsdatei wird neben Modulnamen, Version und Speicherort des Moduls auch definiert, ob und in welcher Weise ein Modul geladen wird. Diese Datei hat folgende Struktur:

```xml
<module name="com.galileo.netbeans.module">
   <param name="autoload">false</param>
   <param name="eager">false</param>
   <param name="enabled">true</param>
   <param name="jar">
      modules/com-galileo-netbeans-module.jar</param>
   <param name="reloadable">false</param>
   <param name="specversion">1.0</param>
</module>
```

Listing 3.1 Modul-Konfigurationsdatei – com-galileo-netbeans-module.xml

Ob ein Modul geladen wird und es somit der Anwendung zur Verfügung steht, wird durch das `enabled`-Attribut festgelegt. Es gibt drei verschiedene Arten, die bestimmen, zu welchem Zeitpunkt ein Modul geladen werden soll. Ist der Wert der beiden Attribute `autoload` und `eager` gleich `false`, dann ist ein Modul vom Typ **Regular**, steht hingegen einer der beiden Werte auf `true`, ist es ein **Autoload-** oder ein **Eager**-Typ. Von welchem Typ ein Modul ist, kann in den PROPERTIES eines Moduls unter API-VERSIONING eingestellt werden (siehe Abbildung 3.7). Standardmäßig wird der **Regular**-Modus verwendet.

- **Regular**
  Die meisten Anwendungsmodule sind vom Typ **Regular**. Sie werden beim Start der Anwendung geladen. Die Startzeit der Anwendung wird also um die Zeit zur Initialisierung des Moduls verlängert. Es ist also sinnvoll, dass die Initialisierungsphase des Moduls sehr kurz ist. Im Normalfall ist es aber ohnehin nicht erforderlich, beim Start des Moduls etwas auszuführen, da viele Aufgaben deklarativ definiert werden können.

- **Autoload**
  Diese Module werden erst geladen, wenn sie von einem anderen Modul benötigt werden. Autoload-Module entsprechen also dem Prinzip des **Lazy-Loadings**. Dieser Modus wird gewöhnlich für diejenigen Module verwendet, die als Bibliotheken fungieren.

- **Eager**
  Module vom Typ **Eager** werden nur geladen, wenn alle Abhängigkeiten erfüllt sind. Dies ist eine weitere Möglichkeit, die Startzeit zu minimieren. Ist z. B. ein Modul X von den Modulen A und B abhängig, die aber gar nicht verfügbar sind, ist es natürlich auch nicht sinnvoll, Modul X zu laden.

3.3 Die Manifest-Datei

Jedes Modul, das innerhalb der NetBeans Platform ablaufen soll, besitzt eine Manifest-Datei. Diese Datei ist eine textuelle Beschreibung eines Moduls und seiner Umgebung. Die Manifest-Datei wird vom Module System beim Laden eines Moduls als Erstes ausgelesen. Als NetBeans-Modul erkannt wird ein Modul, wenn in der Manifest-Datei das Attribut `OpenIDE-Module` vorhanden ist. Dies ist das einzige obligatorische Attribut. Sein Wert kann ein beliebiger Bezeichner sein (typischerweise wird dafür der **Code Name Base** des Moduls verwendet, also z. B. *com.galileo.netbeans.module*), daher kann es auch zu keinen Konflikten zwischen Modulen kommen, die von verschiedenen Entwicklern erstellt wurden. Dieser Bezeichner wird zur eindeutigen Identifizierung eines Moduls verwendet, die z. B. für Upgrades oder die Definition von Abhängigkeiten notwendig ist.

3.3.1 Attribute

Allgemeine Beschreibung

Im Folgenden sind häufig verwendete Manifest-Attribute angeführt, mit denen ein Modul textuell beschrieben und deren Integration in die Plattform festgelegt werden kann.

- **OpenIDE-Module**
  Mit diesem Attribut wird dem Modul ein eindeutiger Name gegeben, und es dient dazu, vom Module System als Modul erkannt zu werden. Die Angabe dieses Attributs ist obligatorisch.
  `OpenIDE-Module: com.galileo.netbeans.module`

- **OpenIDE-Module-Name**
  Gibt einen darstellbaren Namen des Moduls an, der auch im **Plugin Manager** angezeigt wird.
  `OpenIDE-Module-Name: My First Module`

- **OpenIDE-Module-Short-Description**
  Eine kurze Beschreibung der Funktionalität, die das Modul bietet.
  ```
  OpenIDE-Module-Short-Description:
      This is a short description of my first module
  ```

- **OpenIDE-Module-Long-Description**
  Mit diesem Attribut kann die Funktionalität eines Moduls genauer beschrieben werden. Dieser Text wird ebenfalls im Plugin Manager angezeigt. Somit ist es sinnvoll, dieses Attribut stets zu verwenden, um den Benutzer über die Eigenschaften des Moduls zu informieren.

```
OpenIDE-Module-Long-Description:
    Here you can put a longer description with more than one
    sentence. You can explain the capability of your module.
```

- **OpenIDE-Module-Display-Category**
  Module können mit diesem Attribut zu einer virtuellen Gruppe zusammengefasst und so dem Benutzer als funktionale Einheit präsentiert werden.
  ```
  OpenIDE-Module-Display-Category: My Modules
  ```
- **OpenIDE-Module-Install**
  Um Aktionen zu bestimmten Zeitpunkten des Modul-Lebenszyklus auszuführen, kann mit diesem Attribut eine Module-Installer-Klasse (siehe dazu Abschnitt 3.7, »Lebenszyklus«) registriert werden.
  ```
  OpenIDE-Module-Install:
      com/galileo/netbeans/module/Installer.class
  ```
- **OpenIDE-Module-Layer**
  Dies ist eines der wichtigsten Attribute. Damit wird der Pfad der Layer-Datei (siehe dazu Abschnitt 3.4, »Die Layer-Datei«) spezifiziert, mit der die Integration eines Moduls in die Plattform beschrieben wird.
  ```
  OpenIDE-Module-Layer:
      com/galileo/netbeans/module/layer.xml
  ```
- **OpenIDE-Module-Public-Packages**
  Um das Prinzip der Kapselung zu unterstützen, kann auf Klassen in anderen Modulen standardmäßig nicht zugegriffen werden. Mit diesem Attribut können Packages explizit als öffentlich deklariert werden, um so anderen Modulen den Zugriff darauf zu gewähren. Dies ist vor allem bei Bibliotheken notwendig.
  ```
  OpenIDE-Module-Public-Packages:
      com.galileo.netbeans.module.actions.*,
      com.galileo.netbeans.module.util.*
  ```
- **OpenIDE-Module-Friends**
  Wenn nur bestimmten Modulen der Zugriff auf die Packages, die mit dem `OpenIDE-Module-Public-Packages`-Attribut als öffentlich deklariert wurden, gewährt werden soll, können diese hier angegeben werden.
  ```
  OpenIDE-Module-Friends:
      com.galileo.netbeans.module2,
      com.galileo.netbeans.module3
  ```
- **OpenIDE-Module-Localizing-Bundle**
  Hier kann eine Properties-Datei definiert werden, die zur Lokalisierung der Text-Attribute dient.
  ```
  OpenIDE-Module-Localizing-Bundle:
      com/galileo/netbeans/module/Bundle.properties
  ```

Versionen und Abhängigkeiten

Mit folgenden Attributen können verschiedene Versionen und Abhängigkeiten definiert werden. Eine detaillierte Beschreibung der Anwendung und der gesamten Funktionalität dieser Attribute finden Sie in Abschnitt 3.6, »Versionen und Abhängigkeiten«.

- **OpenIDE-Module-Module-Dependencies**
  Mit diesem Attribut werden die Abhängigkeiten zwischen den Modulen definiert. Dabei kann auch die Version angegeben werden, die mindestens benötigt wird.
  ```
  OpenIDE-Module-Module-Dependencies:
     org.openide.util > 6.8.1,
     org.openide.windows > 6.5.1
  ```

- **OpenIDE-Module-Package-Dependencies**
  Ein Modul kann auch von einem bestimmten Package abhängig sein. Solch eine Abhängigkeit wird mit diesem Attribut definiert.
  ```
  OpenIDE-Module-Package-Dependencies:
     com.galileo.netbeans.module2.gui > 1.2
  ```

- **OpenIDE-Module-Java-Dependencies**
  Benötigt ein Modul eine bestimmte Java-Version, kann sie mit diesem Attribut gefordert werden.
  ```
  OpenIDE-Module-Java-Dependencies: Java > 1.5
  ```

- **OpenIDE-Module-Specification-Version**
  Dieses Attribut gibt die Specification Version des Moduls an. Diese wird gewöhnlich im **Dewey-Decimal**-Format angegeben.
  ```
  OpenIDE-Module-Specification-Version: 1.2.1
  ```

- **OpenIDE-Module-Implementation-Version**
  Dieses Attribut gibt die Implementation Version des Moduls an. Dies ist normalerweise ein Zeitstempel. Jedenfalls sollte sich diese Nummer mit jeder Änderung des Moduls ändern.
  ```
  OpenIDE-Module-Implementation-Version: 200701190920
  ```

- **OpenIDE-Module-Build-Version**
  Dieses Attribut hat lediglich optionalen Charakter und wird vom Module System ignoriert. Typischerweise wird hiermit ein Datumsstempel angegeben.
  ```
  OpenIDE-Module-Build-Version: 20070305
  ```

- **OpenIDE-Module-Module-Dependency-Message**
  Hier kann ein Text definiert werden, der dem Benutzer angezeigt wird, wenn eine Modul-Abhängigkeit nicht realisiert werden kann. In manchen Fällen kann es ganz normal sein, dass ein Bezug nicht gelingt, dann ist es wünschens-

wert, dem Benutzer eine hilfreiche Nachricht anzuzeigen, wo er die benötigten Bezüge herstellen kann oder warum die Modul-Abhängigkeit nicht benötigt wird.

```
OpenIDE-Module-Module-Dependency-Message:
    The module dependency is broken. Please go to the
    following URL and download the module.
```

▶ **OpenIDE-Module-Package-Dependency-Message**
Die mit diesem Attribut definierte Nachricht wird angezeigt, wenn ein notwendiger Bezug auf ein Package nicht gelingt.

```
OpenIDE-Module-Package-Dependency-Message:
    The package dependency is broken. The reason could be…
```

▶ **OpenIDE-Module-Deprecated**
Damit können Sie ein veraltetes Modul markieren, das nicht mehr unterstützt wird. Dem Benutzer des Moduls wird so eine Warnung in den Log-Ausgaben der Anwendung angezeigt.

```
OpenIDE-Module-Deprecated: true
```

▶ **OpenIDE-Module-Deprecation-Message**
Mit diesem Attribut können Sie noch optionale Informationen hinzufügen, die zusammen mit der Deprecated-Warnung in den Log-Ausgaben angezeigt werden. Damit können Sie dem Benutzer beispielsweise mitteilen, welches Modul er stattdessen verwenden sollte. Beachten Sie, dass diese Meldung nur dann angezeigt wird, wenn das Attribut `OpenIDE-Module-Deprecated` auf `true` gesetzt ist.

```
OpenIDE-Module-Deprecation-Message:
    Module 1 is deprecated, use Module 3 instead.
```

Service-Interfaces und -Implementationen

Mit den folgenden Attributen können Sie Abhängigkeiten auf bestimmte Service-Provider-Interfaces und Implementationen definieren. Weiterführende Informationen zu diesem Thema finden Sie in Kapitel 5, »Das Lookup-Konzept«.

▶ **OpenIDE-Module-Provides**
Mit diesem Attribut kann ein Service Interface angegeben werden, zu welchem dieses Modul einen Service Provider bereitstellt.

```
OpenIDE-Module-Provides:
    com.galileo.netbeans.spi.ServiceInterface
```

▶ **OpenIDE-Module-Requires**
Hier kann ein Service Interface angegeben werden, für das das Modul einen Service Provider benötigt. Dabei ist es egal, von welchem Modul eine Implementation des Interfaces zur Verfügung gestellt wird.

```
OpenIDE-Module-Requires:
    org.openide.windows.IOProvider
```

- **OpenIDE-Module-Needs**

  Dieses Attribut ist eine abgeschwächte Version des Require-Attributs und erfordert keine bestimmte Reihenfolge der Module. Dies kann bei API-Modulen hilfreich sein, die eine bestimmte Implementation benötigen.

  ```
  OpenIDE-Module-Needs:
      org.openide.windows.IOProvider
  ```

- **OpenIDE-Module-Recommends**

  Mithilfe dieses Attributs können Sie eine optionale Abhängigkeit realisieren. Ist ein Modul vorhanden, das z. B. eine `java.sql.Driver`-Implementation bereitstellt, so wird dieses auch aktiviert, und der Zugriff wird ermöglicht. Ist hingegen kein Provider dieses Tokens vorhanden, so kann das Modul, das die optionale Abhängigkeit definiert hat, dennoch ausgeführt werden.

  ```
  OpenIDE-Module-Recommends:
      java.sql.Driver
  ```

- **OpenIDE-Module-Requires-Message**

  Wie bei den beiden vorherigen Attributen kann hier eine Nachricht definiert werden, die angezeigt wird, wenn ein benötigtes Token nicht gefunden wird.

  ```
  OpenIDE-Module-Requires-Message:
      The required service provider is not available. For more
      information go to the following website.
  ```

> **Betriebssystemabhängige Module**
>
> Das Manifest-Attribut `OpenIDE-Module-Requires` ermöglicht es Ihnen, betriebssystemabhängige Module zu definieren. Mit diesem Attribut wird das Vorhandensein eines bestimmten Tokens verlangt. Folgende Tokens stehen zur Verfügung:
>
> - org.openide.modules.os.Windows
> - org.openide.modules.os.Linux
> - org.openide.modules.os.Unix
> - org.openide.modules.os.PlainUnix
> - org.openide.modules.os.MacOSX
> - org.openide.modules.os.OS2
> - org.openide.modules.os.Solaris
>
> Das Module System stellt sicher, dass die Tokens nur auf den jeweiligen Betriebssystemen verfügbar sind.

> Um z. B. ein Modul bereitzustellen, das bei einem Windows-System automatisch vom Module System aktiviert und bei allen anderen automatisch deaktiviert wird, setzen Sie den Typ des Moduls auf *Eager* und fügen folgenden Eintrag der Manifest-Datei hinzu:
> `OpenIDE-Module-Requires: org.openide.modules.os.Windows`

Sichtbarkeit

Mit den folgenden Attributen können Sie Einfluss auf die Sichtbarkeit eines Moduls im Plugin Manager nehmen. So können Sie Module verbergen, die für den Endanwender Ihrer Anwendung nicht von Bedeutung sind.

- **AutoUpdate-Show-In-Client**
  Dieses Attribut bestimmt, ob ein Modul im Plugin Manager angezeigt wird oder nicht. Es kann auf `true` oder `false` gesetzt werden.
  `AutoUpdate-Show-In-Client: true`

- **AutoUpdate-Essential-Module**
  Mit diesem Attribut können Sie Module kennzeichnen, die fester Bestandteil Ihrer Anwendung sind. Ein so gekennzeichnetes Modul kann dann im Plugin Manager durch den Benutzer nicht deaktiviert oder deinstalliert werden. Es kann auf `true` oder `false` gesetzt werden.
  `AutoUpdate-Essential-Module: true`

In Verbindung mit diesen beiden Attributen wurden sogenannte **Kit**-Module eingeführt. Jedes im Plugin Manager sichtbare Modul (`AutoUpdate-Show-In-Client: true`) wird als Kit-Modul behandelt. Alle Module, auf die das Kit-Modul eine Abhängigkeit definiert, werden in der gleichen Weise behandelt, mit der Ausnahme von nicht-sichtbaren Modulen, die noch zu anderen Kit-Modulen gehören. Das heißt, wird ein Kit-Modul im Plugin Manager deaktiviert, so werden alle abhängigen Module ebenfalls deaktiviert.

Auf diese Weise können Sie Wrapper-Module erstellen, um logisch zusammengehörende Module dem Endanwender als eine Einheit darzustellen. Dazu können Sie ein leeres Modul erstellen, in dem das `AutoUpdate-Show-In-Client`-Attribut auf `true` gesetzt ist, und definieren dann Abhängigkeiten auf alle Module, die zu diesem Kit-Modul gehören sollen. In diesen Modulen setzen Sie dann das Attribut `AutoUpdate-Show-In-Client` auf `false`, damit diese nicht separat angezeigt werden.

3.3.2 Beispiel

Nachfolgend sehen Sie eine Manifest-Datei mit einigen typischen Attributen:

```
OpenIDE-Module: com.galileo.netbeans.module
OpenIDE-Module-Public-Packages: -
OpenIDE-Module-Module-Dependencies:
   com.galileo.netbeans.module2 > 1.0,
   org.jdesktop.layout/1 > 1.4,
   org.netbeans.core/2 = 200610171010,
   org.openide.actions > 6.5.1,
   org.openide.awt > 6.9.0,
OpenIDE-Module-Java-Dependencies: Java > 1.6
OpenIDE-Module-Implementation-Version: 200701100122
OpenIDE-Module-Specification-Version: 1.3
OpenIDE-Module-Install: com/galileo/netbeans/module/Install.class
OpenIDE-Module-Layer: com/galileo/netbeans/module/layer.xml
OpenIDE-Module-Localizing-Bundle:
   com/galileo/netbeans/module/Bundle.properties
OpenIDE-Module-Requires:
   org.openide.windows.IOProvider,
   org.openide.modules.ModuleFormat1
```

Listing 3.2 Beispiel einer Manifest-Datei

3.4 Die Layer-Datei

Neben der Manifest-Datei eines Moduls, mit der im Wesentlichen die Schnittstellen und die Umgebung eines Moduls beschrieben werden, gibt es noch die **Layer**-Datei. Diese ist die zentrale Konfigurationsdatei, in der praktisch alles definiert wird, was ein Modul der Plattform hinzufügen möchte. Die Layer-Datei bildet sozusagen die Schnittstelle zwischen Modul und Plattform und beschreibt deklarativ die Integration eines Moduls in die Plattform. Das Vorhandensein einer solchen Datei wird zunächst in der Manifest-Datei durch das Attribut `OpenIDE-Module-Layer` bekannt gegeben. Hierbei wird der Pfad der Datei definiert, wobei als Dateiname gewöhnlich *layer.xml* verwendet wird.

`OpenIDE-Module-Layer:` com/galileo/netbeans/module/layer.xml

Diese Datei ist wie ein hierarchisches Dateisystem aus Ordnern, Dateien und Attributen aufgebaut. Beim Start der Anwendung werden alle vorhandenen Layer-Dateien zu einem virtuellen Dateisystem zusammengefasst. Dies ist das sogenannte **System Filesystem**, das die Laufzeitkonfiguration der NetBeans Platform darstellt (siehe Abbildung 3.2).

3.4 Die Layer-Datei

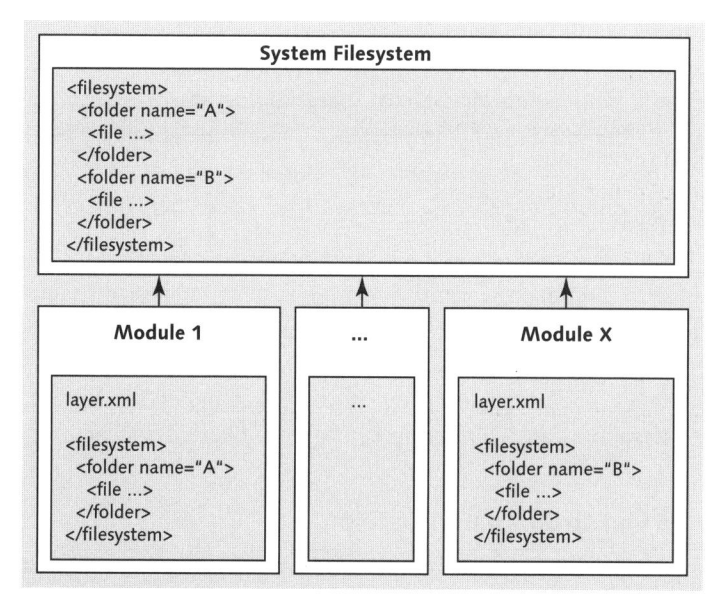

Abbildung 3.2 System Filesystem

In dieser Layer-Datei gibt es bestimmte Standard-Folder. Sie werden von verschiedenen Modulen definiert und sind deren Extension Points. So gibt es z. B. den Standard-Folder Menu, der wie folgt aussieht:

```
<folder name="Menu">
   <folder name="Edit">
      <file name="MyAction.shadow">
         <attr name="originalFile"
               stringvalue="Actions/Edit/com-galileo-
                  netbeans-module-MyAction.instance"/>
      </file>
   </folder>
</folder>
```

Listing 3.3 Standard-Folder der Layer-Datei

In diesem Beispiel wird dem Menü EDIT die Aktionsklasse MyAction hinzugefügt. Über die genaue Syntax müssen Sie sich an dieser Stelle noch keine Gedanken machen, darauf komme ich in den späteren Kapiteln im Kontext der jeweiligen Standard-Folder zu sprechen. Hier soll es zunächst nur um den prinzipiellen Aufbau der Layer-Datei gehen. Darüber hinaus bietet die NetBeans Platform praktische Unterstützung für die Arbeit mit der Layer-Datei. Dies zeige ich Ihnen im folgenden Kapitel, wenn wir unser erstes Modul erstellt haben. Ein Verzeichnis mit den wichtigsten Extension Points finden Sie außerdem im Anhang.

Auf diese Art und Weise kann nun jedes Modul in seiner eigenen Layer-Datei z. B. der Menubar Einträge hinzufügen oder neue Toolbars anlegen. Dadurch, dass die Layer-Dateien der einzelnen Module im **System Filesystem** zusammengefasst werden, wird so der Inhalt der kompletten Menubar zusammengefügt. Das Window System, das für die Erzeugung der Menubar zuständig ist, muss nun nur im System Filesystem den Folder Menu auslesen und erhält den Inhalt der kompletten Menubar.

Dieses System Filesystem trägt auch wesentlich dazu bei, dass Module zur Laufzeit hinzugefügt oder entfernt werden können. Denn auf dieses System Filesystem können Listener registriert werden. Genau dies tut z. B. auch das Window System. Tritt nun eine Veränderung durch ein hinzugekommenes Modul auf, kann das Window System bzw. die Menubar selbst seinen Inhalt aktualisieren.

3.4.1 Reihenfolge von Ordnern und Dateien

Die Reihenfolge, in der die Einträge aus der Layer-Datei gelesen werden und somit z. B. in der Menubar dargestellt werden, kann durch ein Positions-Attribut wie folgt festgelegt werden:

```xml
<filesystem>
  <folder name="Menu">
    <folder name="Edit">
      <file name="CopyAction.shadow">
        <attr name="originalFile" stringvalue="Actions/Edit/
            org-openide-actions-CopyAction.instance"/>
        <attr name="position" intvalue="10"/>
      </file>
      <file name="CutAction.shadow">
        <attr name="originalFile" stringvalue="Actions/Edit/
            org-openide-actions-CutAction.instance"/>
        <attr name="position" intvalue="20"/>
      </file>
    </folder>
  </folder>
</filesystem>
```

Listing 3.4 Festlegen der Reihenfolge von Einträgen in der Layer-Datei

Damit würde die Copy- vor der Cut-Aktion dargestellt werden. Natürlich können Sie mit diesem Attribut wenn nötig auch die Reihenfolge von folder-Elementen festlegen. Wie hier im Beispiel werden in der Praxis Positionen mit größerem Abstand gewählt. Dies erleichtert das spätere Einfügen von zusätzlichen Einträgen. Sollte ein und dieselbe Position doppelt vergeben sein, so wird beim Ausführen der Anwendung eine Warnmeldung in den Log-Ausgaben protokolliert.

Für die einfache und übersichtliche Positionierung des Layer-Inhalts stellt uns die NetBeans IDE in der Projektansicht einen Layer-Tree zur Verfügung, in dem sämtliche Einträge der Layer-Dateien angezeigt werden. Dort kann die Reihenfolge per Drag & Drop festgelegt werden. Die entsprechenden Einträge in der Layer-Datei werden von der IDE vorgenommen. Wo genau Sie diesen Layer-Tree finden, sehen Sie bereits im nächsten Abschnitt 3.5, »Module erstellen«, nachdem wir unser erstes Modul erstellt haben. Bei der Erstellung von Aktionen mit dem Wizard (siehe Kapitel 6, »Aktionen«) der NetBeans IDE können Sie dort bereits die Reihenfolge einer Aktion festlegen. Die entsprechenden Attribute werden dann vom Wizard erzeugt.

Wenn Sie die Position von Einträgen über den Layer-Tree verändern, werden Ihrer Layer-Datei einige Einträge hinzugefügt, die die standardmäßig festgelegte Position der von der Verschiebung betroffenen Einträge überschreiben. Die Position eines Eintrags, also auch die eines Eintrags eines NetBeans Platform-Moduls, überschreiben Sie folgendermaßen:

```
<attr name="Menu/Edit/CopyAction.shadow/position" intvalue="15"/>
```

Vor dem Attributnamen `position` geben Sie also den vollständigen Pfad des betroffenen Eintrags an.

3.4.2 Dateitypen

Innerhalb des System Filesystem stehen Ihnen verschiedene Dateitypen zur Verfügung. Diese werden Ihnen bei der Entwicklung Ihrer Anwendung an einigen Stellen wiederbegegnen, so z. B. bei der Registrierung von Aktionen und Menüeinträgen in der Layer-Datei. Zwei häufig verwendete Dateitypen möchte ich Ihnen in den beiden nachfolgenden Abschnitten etwas näher erläutern.

.instance-Dateien

Dateien vom Typ *.instance* im System Filesystem bezeichnen Objekte, von denen Instanzen erzeugt werden können. Der Dateiname gibt dabei den vollständigen Klassennamen eines Java-Objektes an (z. B. *com-galileo-netbeans-module-MyClass.instance*), das einen Standardkonstruktor oder eine statische Methode zum Erzeugen einer Instanz besitzt.

```
<filesystem>
    <file name="com-galileo-netbeans-module-MyClass.instance"/>
</filesystem>
```

Eine Instanz kann mithilfe der **File Systems** und **Data Systems API** folgendermaßen erzeugt werden:

```
FileObject o = FileUtil.getConfigFile(name);
DataObject d = DataObject.find(o);
InstanceCookie c = d.getLookup.lookup(InstanceCookie.class);
c.instanceCreate();
```

Wenn Sie wollen, dass eine Instanz einen etwas handlicheren Namen erhält, können Sie den vollständigen Klassennamen auch mit dem `instanceClass`-Attribut festlegen. Sie können so einen wesentlich kürzeren Namen verwenden:

```
<file name="MyClass.instance">
    <attr name="instanceClass"
          stringvalue="com.galileo.netbeans.module.MyClass"/>
</file>
```

Hat Ihre Klasse keinen parameterlosen Standardkonstruktor, so können Sie Ihre Instanz auch über eine statische Methode erzeugen lassen, die Sie mit dem `instanceCreate`-Attribut definieren:

```
<file name="MyClass.instance">
    <attr name="instanceCreate" methodvalue=
          "com.galileo.netbeans.module.MyClass.getDefault"/>
</file>
```

Dabei wird der `getDefault()`-Methode das `FileObject` des Eintrags übergeben, sofern Sie dies in der Signatur der Factory-Methode angeben. Über dieses `FileObject` können Sie dann z. B. die von Ihnen selbst definierten Attribute auslesen. Nehmen wir an, Sie wollen den Pfad eines Icons oder einer anderen Ressource in der Layer-Datei als Attribut definieren:

```
<file name="MyClass.instance">
    <attr name="instanceCreate" methodvalue=
          "com.galileo.netbeans.module.MyClass.getDefault"/>
    <attr name="icon" urlvalue="nbres:/com/galileo/icon.gif"/>
</file>
```

Die `getDefault()`-Methode, mit der eine Instanz der `MyClass`-Klasse erzeugt wird, könnte dann z. B. so aussehen:

```
public static MyClass getDefault(FileObject obj) {
    URL url = (URL) obj.getAttribute("icon");
    ...
    return new MyClass(...);
}
```

Wie Sie sehen, habe ich den Pfad mit einem `urlvalue`-Attributtyp spezifiziert. Daher bekommen wir direkt eine URL-Instanz geliefert. Neben den Attributtypen `stringvalue`, `methodvalue` und `urlvalue`, die Sie bisher kennengelernt haben, existieren noch einige weitere. Diese werden wir uns in Abschnitt 3.4.3, »Attributwerte«, genauer ansehen.

Anstatt wie oben gezeigt über ein `InstanceCookie` können Sie auch ganz geschickt eine oder vor allem auch mehrere Instanzen eines bestimmten Typs über ein `Lookup` erzeugen lassen. Dabei erzeugen wir das `Lookup` für einen bestimmten Ordner aus dem System Filesystem. Mit der `lookup()`- oder `lookupAll()`-Methode können wir uns dann direkt eine oder auch mehrere Instanzen (sofern mehrere definiert wurden) liefern lassen.

```
Lookup lkp = Lookups.forPath("MyFolder");
Collection<? extends MyClass> c = lkp.lookupAll(MyClass.class);
```

Solch ein `Lookup` wollen wir in Abschnitt 10.2, »Fenster – Top Component«, verwenden, um das Kontextmenü einer **Top Component** mit eigenen Aktionen aus der Layer-Datei zu erweitern.

Damit das `Lookup` möglichst effizient arbeiten kann und nicht zuerst jedes Objekt instanziieren muss, um herauszufinden, von welcher Basisklasse diese Klasse erbt oder welche Interfaces sie implementiert, können Sie die Basisklasse oder ein Interface mit dem `instanceOf`-Attribut in der Layer-Datei selbst angeben. So ist das `Lookup` unmittelbar in der Lage, nur von den gewünschten Objekttypen Instanzen zu erzeugen.

Wenn die Klasse `MyClass` aus dem vorherigen Eintrag z. B. das `MyInterface`-Interface implementiert, können wir den Eintrag wie folgt ergänzen:

```
<file name="com-galileo-netbeans-module-MyAction.instance">
   <attr name="instanceOf" stringvalue=
      "com.galileo.netbeans.module.MyInterface"/>
</file>
```

shadow-Dateien

.shadow-Dateien sind eine Art Verknüpfung oder Verweis auf eine *.instance*-Datei. Sie werden vor allem dann eingesetzt, wenn Singleton-Instanzen von Objekten verwendet werden, wie z. B. bei Aktionen. Diese werden im `Actions`-Folder mit einer *.instance*-Datei definiert; ein Eintrag im Folder `Menu` oder `Toolbars` kann dann auf diese Aktion mit einer *.shadow*-Datei verweisen. Eine *.shadow*-Datei kann sowohl auf Dateien im System Filesystem verweisen als auch auf Dateien auf einem Datenträger. Auf diese Art speichert z. B. das *Favorites*-

Modul seine Einträge. Der Pfad zur *.instance*-Datei wird durch das Attribut `originalFile` angegeben.

```
<folder name="Actions">
  <folder name="Window">
    <file name="com-galileo-netbeans-module-MyAction.instance"/>
  </folder>
</folder>
<folder name="Menu">
  <folder name="Window">
    <file name="MyAction.shadow">
      <attr name="originalFile" stringvalue="Actions/Window/
                  com-galileo-netbeans-module-MyAction.instance"/>
    </file>
  </folder>
</folder>
```

Listing 3.5 Verknüpfung einer .shadow- mit einer .instance-Datei

3.4.3 Attributwerte

In den meisten Fällen werden Dateieinträge im System Filesystem durch Attribute ergänzt. Dabei können diese sehr unterschiedliche Bedeutungen haben. So wird mit einem Attribut z. B. der Name einer registrierten Aktion festgelegt. An anderer Stelle können wiederum mit Attributen Klassennamen oder Factory-Methoden angegeben werden. Damit diese verschiedenen Attributwerte entsprechend ausgelesen und behandelt werden können, stellt das System Filesystem eine Reihe von Typen zur Verfügung, mit denen die Attributwerte bereitgestellt werden können. Die gebräuchlichsten Typen und deren jeweilige Bedeutung sind in Tabelle 3.1 dargestellt. Alle Typen können Sie der Filesystem DTD entnehmen (siehe Anhang).

Typ	Bedeutung/Verwendung
`intvalue`	Angabe von Zahlenwerten, z. B. für die Positionierung von Dateien und Ordnern mit dem `position`-Attribut
`boolvalue`	Angabe von `true` oder `false`, z. B. für die Definition mit dem `asynchronous`-Attribut, das angibt, ob eine Aktion asynchron ausgeführt werden soll
`stringvalue`	Angabe von Textkonstanten, z. B. für die Benennung einer Aktion
`urlvalue`	Hiermit können Sie Pfade spezifizieren, z. B. für die Angabe eines Icons einer Aktion in der Form `nbres:/com/galileo/netbeans/module/icon.gif`

Tabelle 3.1 Typen von Attributwerten und deren Bedeutung

Typ	Bedeutung/Verwendung
methodvalue	Hiermit können Sie eine Factory-Methode angeben, mit der eine Klasse instanziiert werden soll. Hierzu geben Sie den *Code Name Base*, den Klassennamen und die Methode in folgender Form an: com.galileo.netbeans.module.MyClass.getDefault.
newvalue	Diesen Typ verwenden Sie, wenn eine Klasse mit deren Standardkonstruktor instanziiert werden soll. Auch hier müssen Sie den Klassennamen mit Code Name Base angeben: com.galileo.netbeans.module.MyClass.
bundlevalue	Bei Verwendung dieses Typs wird der Attributwert aus einem Properties Bundle gelesen. Dies ist z. B. bei Namen von Aktionen sehr hilfreich. So können Sie Textkonstanten auslagern, damit diese einfacher lokalisiert werden können. Auf den vollständigen Namen des Bundle folgt der Key, getrennt durch das #-Symbol: com.galileo.netbeans.Bundle#CTL_MyFirstAction.

Tabelle 3.1 Typen von Attributwerten und deren Bedeutung (Forts.)

Eine Factory-Methode, die Sie mit dem methodvalue-Typ angeben können, kann verschiedene Signaturen aufweisen:

```
static MyClass factoryMethod();
static MyClass factoryMethod(FileObject fo);
static MyClass factoryMethod(FileObject fo, String attrName);
static MyClass factoryMethod(Map attrs);
static MyClass factoryMethod(Map attrs, String attrName);
```

Mit dem FileObject-Parameter erhalten Sie auf einfache Weise Zugriff auf den entsprechenden Eintrag im System Filesystem. Über dieses Objekt können Sie dann auch auf die zugehörigen Attribute zugreifen (vgl. Abschnitt 3.4.2, »Dateitypen«). Direkt erhalten Sie die Attribute, wenn Sie eine Map als Parameter Ihrer Factory-Methode verwenden.

3.4.4 Zugriff auf System Filesystem

Es ist natürlich auch möglich, dass Ihr eigenes Modul Ordner, Dateien und Attribute aus der Layer-Datei verwendet, um anderen Modulen Extension Points zur Verfügung zu stellen. Zugriff auf das System Filesystem zum Auslesen von Einträgen erhalten Sie über folgenden Aufruf:

```
FileUtil.getConfigRoot();
```

Dieser Aufruf liefert Ihnen die Wurzel des System Filesystem als `FileObject`. Von diesem aus können Sie auf den gesamten Inhalt zugreifen. Wenn Sie Zugriff auf einen bestimmten Pfad im System Filesystem haben möchten, können Sie auch folgende Methode verwenden:

`FileUtil.getConfigFile(String path);`

Wie Sie eigene Einträge in der Layer-Datei definieren, diese auslesen können und somit anderen Modulen einen Extension Point zur Verfügung stellen, zeige ich Ihnen in Abschnitt 10.2, »Fenster – Top Component«, anhand eines praktischen Beispiels.

3.5 Module erstellen

Nachdem Sie nun den Aufbau und die Inhalte eines Moduls kennengelernt haben, ist es jetzt an der Zeit, dass wir unser erstes Modul erstellen. Einen guten Einstieg in die Modul-Entwicklung bieten auch die Beispielanwendungen, die die NetBeans IDE bereits mitbringt. Der Einfachheit halber wollen wir vorerst aber nur ein einzelnes Modul konzipieren.

Damit wir das Modul einfacher ausführen und testen, Abhängigkeiten zu anderen eigenen Modulen und Bibliotheken definieren (siehe Abschnitt 3.6.2, »Definition von Abhängigkeiten«) und später eine eigenständige Rich-Client-Distribution erstellen können (siehe Kapitel 35, »Anwendung anpassen und verpacken«), erstellen wir zunächst eine **NetBeans Platform Application**.

Die NetBeans IDE stellt uns einen Wizard zur Verfügung, mit dem wir ein **NetBeans Platform Application**-Projekt anlegen können. Starten Sie die NetBeans IDE, und wählen Sie dann den Menüpunkt FILE • NEW PROJECT... aus. Im nun erscheinenden Dialog werden Ihnen auf der linken Seite verschiedene Projektkategorien angezeigt (siehe Abbildung 3.3). Wählen Sie hier NETBEANS MODULES. Auf der rechten Seite wählen Sie dann den Projekttyp NETBEANS PLATFORM APPLICATION aus.

Auf der nächsten Seite geben wir der Anwendung noch einen Namen, z. B. *My Application*, und wählen den Ort aus, an dem das Projekt gespeichert werden soll. Die restlichen Felder können Sie so lassen, wie sie sind. Klicken Sie dann auf die FINISH-Schaltfläche, um das NetBeans Platform Application-Projekt anzulegen.

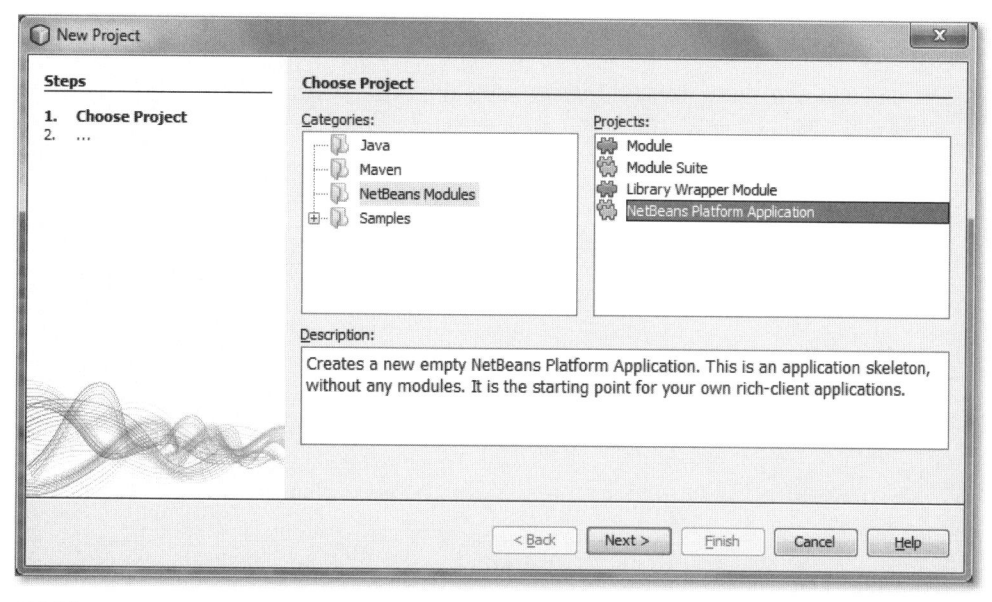

Abbildung 3.3 Ein neues NetBeans Platform Application-Projekt anlegen

Jetzt können wir unser erstes Modul erstellen. Dafür steht ebenfalls ein Wizard zur Verfügung. Rufen Sie dazu wiederum den Menüpunkt FILE • NEW PROJECT... auf. Wählen Sie die Kategorie NETBEANS MODULES und auf der rechten Seite den Projekttyp MODULE aus. Klicken Sie auf die Schaltfläche NEXT, um auf der nächsten Seite einen Projektnamen zu vergeben. Geben Sie hier z. B. `My Module` ein, selektieren Sie die Option ADD TO MODULE SUITE, und wählen Sie aus der Liste die zuvor erstellte NetBeans Platform Application aus. Auf der letzten Seite definieren Sie den CODE NAME BASE und einen Modul-Namen (siehe Abbildung 3.4). Für das LOCALIZING BUNDLE können Sie den Standardwert übernehmen. Der Vollständigkeit halber aktivieren wir die Option GENERATE XML LAYER, um eine Layer-Datei erstellen zu lassen. Sofern diese nicht benötigt wird, kann sie auch noch zu einem späteren Zeitpunkt einfach, zusammen mit dem entsprechenden Eintrag in der Manifest-Datei, wieder gelöscht werden. Drücken Sie anschließend die FINISH-Taste, um das Modul durch den Wizard erzeugen zu lassen.

Wenn Sie sich das erstellte Modul in der Projektansicht ansehen, sehen Sie dort den Ordner *Source Packages*. In diesem befinden sich im Moment nur die Dateien *Bundle.properties* und *layer.xml*. Die Datei *Bundle.properties* stellt ein Localizing Bundle für die Lokalisierung der Manifest-Informationen bereit.

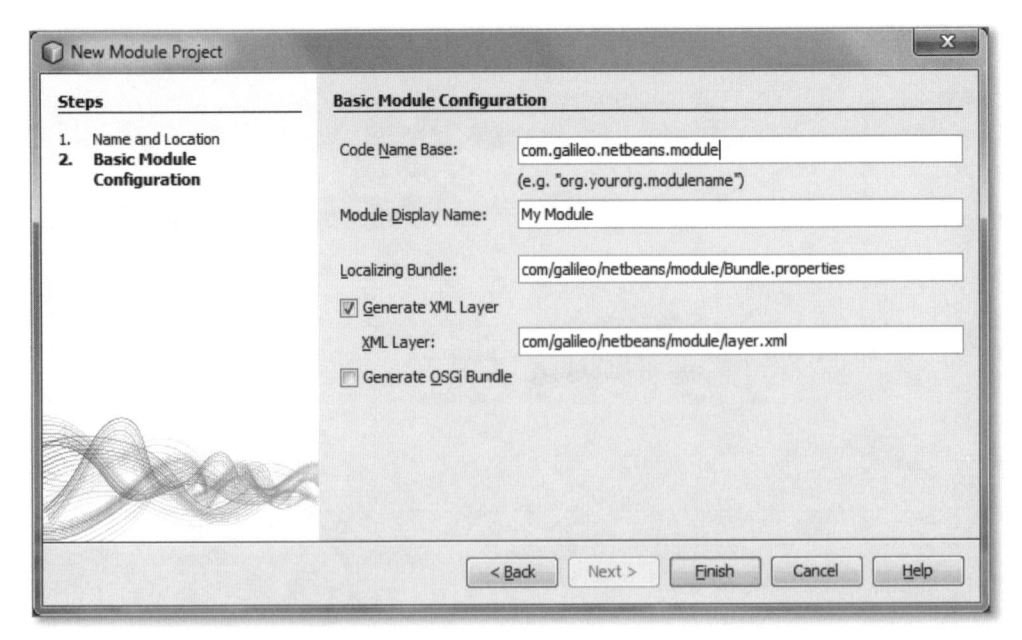

Abbildung 3.4 Neues Modul konfigurieren

Für die *layer.xml*-Datei steht Ihnen eine spezielle Ansicht zur Verfügung. Das ist der sogenannte **Layer Tree**, den Sie im Ordner *Important Files* finden. Dieser bietet Ihnen zwei verschiedene Ansichten. Zum einen ist dies der Ordner *<this layer>*: In diesem wird nur der Inhalt Ihrer Layer-Datei dargestellt. Die zweite Ansicht ist der Ordner *<this layer in context>*: In diesem werden die Einträge der Layer-Dateien der Module, die zu Ihrer NetBeans Platform Application gehören, und die aller Plattform-Module angezeigt. Diese Ansicht repräsentiert also das System Filesystem, wie es der Plattform zur Laufzeit zur Verfügung steht.

In dieser Ansicht werden die Einträge des jeweiligen Moduls, in dem Sie den Ordner betrachten, fett dargestellt. So erhalten Sie schon mal einen Überblick über die wichtigsten Standard-Folder und können auch direkt Einträge verschieben, löschen oder hinzufügen. Weiterhin finden Sie im Ordner *Important Files* die Manifest-Datei, die ebenfalls durch den Wizard erstellt wurde (siehe Abbildung 3.5).

Sie können bereits jetzt das erstellte Modul als Rich-Client-Anwendung starten. Rufen Sie dazu den Menüpunkt RUN • RUN MAIN PROJECT [F6] auf, oder den Menüpunkt RUN des Kontextmenüs Ihres NetBeans Platform Application-Projekts.

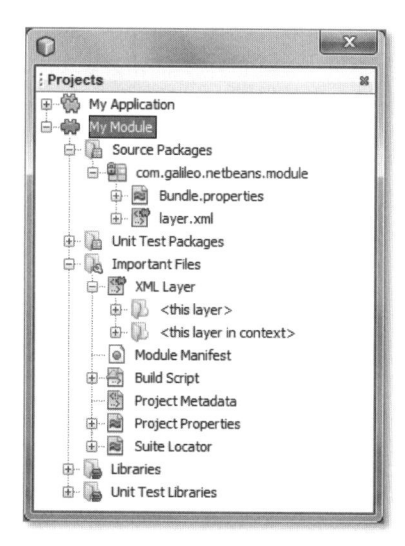

Abbildung 3.5 Das Modul in der Projektansicht

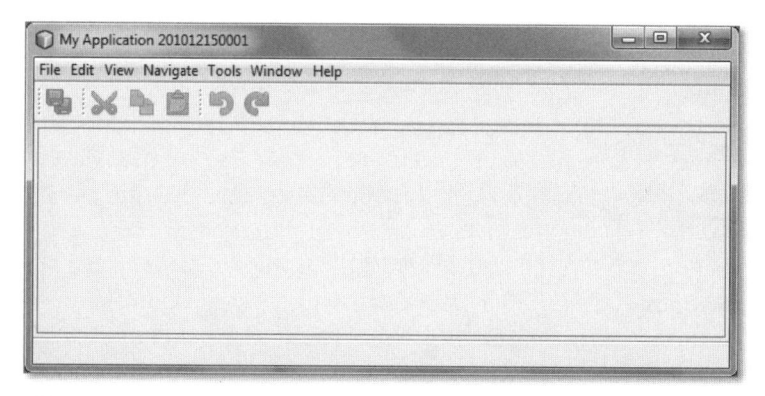

Abbildung 3.6 Das Grundgerüst Ihrer NetBeans-Platform-Anwendung

In wenigen Schritten haben wir so das Grundgerüst einer NetBeans-Platform-Anwendung angelegt. In den folgenden Kapiteln werden wir unser Modul nach und nach mit Funktionalitäten, wie z. B. Fenstern und Menüeinträgen, ausstatten und werden so die Rich-Client-Anwendung bereichern.

3.6 Versionen und Abhängigkeiten

Damit ein modulares System konsistent und wartbar bleibt, ist es unerlässlich, dass Module beschreiben, welche anderen Module sie verwenden und benötigen. Dafür bietet die NetBeans Platform die Möglichkeit, Abhängigkeiten auf andere Module zu definieren. Erst durch die Definition einer Abhängigkeit wird einem Modul der Zugriff auf ein anderes Modul vom Module System gestattet. Abhängigkeiten werden in der Manifest-Datei eines Moduls definiert. Diese Informationen werden dann beim Laden eines Moduls durch das Module System ausgewertet und überprüft.

3.6.1 Versionierung

Um die Kompatibilität zwischen Abhängigkeiten zu gewährleisten, können Sie Versionen definieren. Es gibt die **Major Release Version**, die **Specification Version** und die **Implementation Version**. Diese Versionierung basiert auf der **Java Package Versioning Specification** und bildet die Grundlage der Definition von Abhängigkeiten. Sie können die einzelnen Versionen in den Eigenschaften Ihres Modul-Projekts über PROPERTIES • API VERSIONING (siehe Abbildung 3.7) definieren und editieren.

In diesem Fenster können Sie zunächst die **Major Release Version** definieren. Diese wird verwendet, um inkompatible Änderungen zur vorhergehenden Version eines Moduls zu kennzeichnen. Diese Version wird mit einem Slash an die Modulkennung angehängt, was zu folgendem Manifest-Eintrag führt:

```
OpenIDE-Module: com.galileo.netbeans.module/1
```

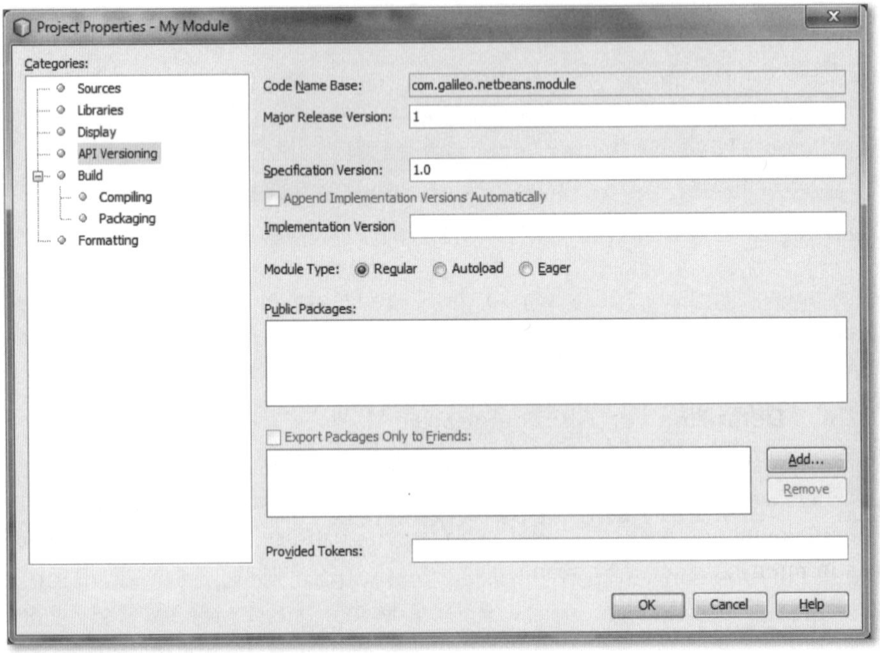

Abbildung 3.7 Modul-Versionen bestimmen

Die wichtigste Version ist die **Specification Version**. Diese wird im **Dewey-Decimal-Format** definiert:

`OpenIDE-Module-Specification-Version:` 1.0.4

Die **Implementation Version** ist ein frei definierbarer Text. Hier wird typischerweise ein Zeitstempel mit Datum und Uhrzeit verwendet. So ist sichergestellt, dass diese eindeutig ist. Wird sie in den Eigenschaften nicht angegeben, fügt die NetBeans IDE die Implementation Version beim Erstellen eines Moduls automatisch mit dem aktuellen Zeitstempel hinzu:

`OpenIDE-Module-Implementation-Version:` 200701231820

Wenn Sie hingegen selbst eine Implementation Version definieren, fügt die NetBeans IDE das Attribut `OpenIDE-Module-Build-Version` mit dem aktuellen Zeitstempel hinzu.

Unter PUBLIC PACKAGES werden Ihnen alle Packages Ihres Moduls angezeigt. Hier aktivieren Sie das Kontrollkästchen für die Packages, deren Inhalte Sie anderen Modulen zur Verfügung stellen möchten. Hier legen Sie somit die API Ihres Moduls fest. Die aktivierten Packages werden im Modul-Manifest wie folgt aufgelistet:

```
OpenIDE-Module-Public-Packages:
    com.galileo.netbeans.module.*,
    com.galileo.netbeans.module.model.*
```

Um den Zugriff auf die freigegebenen Packages einzuschränken (um so z. B. sicherzustellen, dass nur Ihre eigenen Module auf Klassen dieser Packages zugreifen dürfen), können Sie sogenannte **Friends** definieren. Diese Friends können Sie unterhalb der Liste der Public Packages festlegen. Sie werden dann ebenfalls in der Manifest-Datei aufgelistet:

```
OpenIDE-Module-Friends:
    com.galileo.netbeans.module2,
    com.galileo.netbeans.module3
```

3.6.2 Definition von Abhängigkeiten

Auf Basis dieser verschiedenen Versionen können nun exakte Abhängigkeiten definiert werden. Dabei gibt es drei verschiedene Arten von Abhängigkeiten: Ein Modul kann von einem Modul, von einem Package oder auch von einer bestimmten Java-Version abhängen.

> **Ohne Abhängigkeit kein Zugriff**
>
> Um Klassen aus einem anderen Modul zu verwenden, also auch aus den NetBeans Platform-Modulen, müssen Sie zunächst eine Abhängigkeit definieren, wie es im Folgenden beschrieben wird. Wenn Sie also in Ihrem Modul eine Klasse aus der NetBeans Platform nutzen möchten und der Code-Editor meldet einen Fehler, dass er diese Klasse nicht finden kann, liegt dies meist daran, dass Sie keine Abhängigkeit zum entsprechenden Modul definiert haben, das die Klasse bereitstellt.

Abhängigkeit zu einem Modul

Modul-Abhängigkeiten können Sie ebenfalls in den Eigenschaften Ihres Projektes über PROPERTIES • LIBRARIES hinzufügen und editieren.

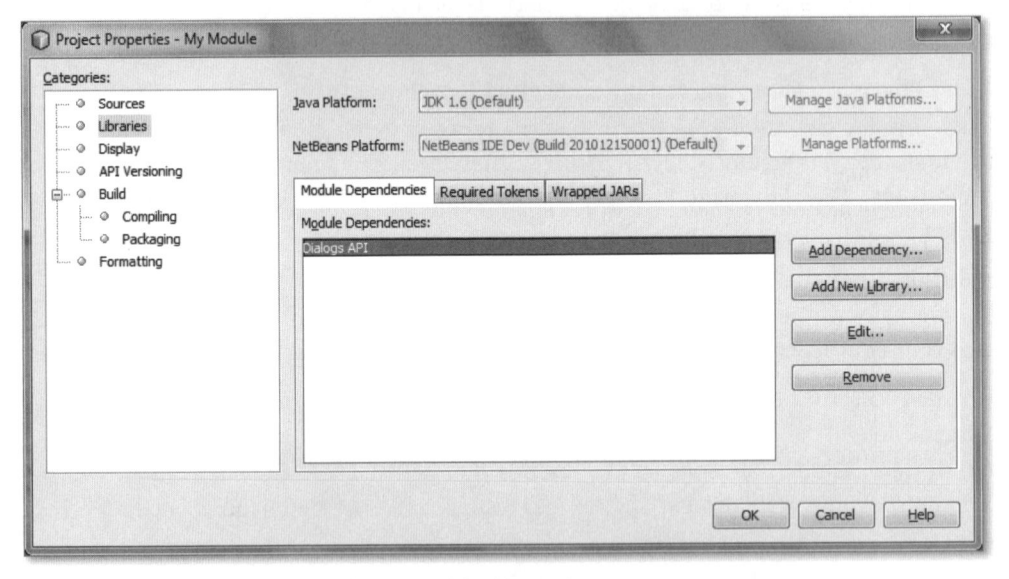

Abbildung 3.8 Definition von Modul-Abhängigkeiten

In diesem Fenster können Sie über die Schaltfläche ADD DEPENDENCY... Module der Liste mit den Abhängigkeiten hinzufügen. Das NetBeans Module System bietet verschiedene Varianten, wie Sie Ihre Abhängigkeit in Verbindung mit einer bestimmten Version definieren können.

Bei der ersten und zugleich einfachsten Variante wird keine Version verlangt. Das heißt, es muss lediglich irgendeine Version dieses Moduls vorhanden sein. Jedoch ist dies nicht gerade die empfehlenswerte Variante; nach Möglichkeit sollten Sie stets eine Version angeben:

```
OpenIDE-Module-Module-Dependencies:
    com.galileo.netbeans.module2
```

Außerdem haben Sie die Möglichkeit, eine bestimmte Specification Version zu verlangen. Hier muss das Modul z. B. in der Version 7.1 oder höher vorliegen. Das ist die gebräuchlichste Art der Definition von Abhängigkeiten:

```
OpenIDE-Module-Module-Dependencies:
    org.openide.dialogs > 7.1
```

Wenn ein Modul, zu dem Sie eine Abhängigkeit definieren möchten, eine Major Release Version besitzt, müssen Sie diese ebenfalls mit einem Slash nach dem Modulnamen angeben:

```
OpenIDE-Module-Module-Dependencies:
    org.netbeans.modules.options.api/1 > 1.5
```

Zusätzlich haben Sie noch die Möglichkeit, einen bestimmten Bereich einer Major Release Version zu definieren:

```
OpenIDE-Module-Module-Dependencies:
    com.galileo.netbeans.module3/2-3 > 3.1.5
```

Um eine engere Bindung zu einem anderen Modul herzustellen, ist es zuletzt noch möglich, eine **Implementation Dependency** zu setzen. Der Hauptunterschied und der Grund für die Verwendung dieser Art von Abhängigkeit liegt darin, dass es durch eine Implementation Dependency möglich ist, auf alle Packages des Moduls zuzugreifen, unabhängig davon, ob diese freigegeben worden sind oder nicht. Eine solche Abhängigkeit sollten Sie also sehr sorgsam und nur wenn unbedingt notwendig einsetzen, da sie dem Prinzip der Kapselung und der Definition von APIs entgegensteht. Damit das Module System dennoch die Konsistenz der Module gewährleisten kann, muss die Abhängigkeit auf die exakte Implementation Version des Moduls definiert werden. Denn diese Version sollte sich bei jeder Änderung eines Moduls ändern.

```
OpenIDE-Module-Module-Dependencies:
    com.galileo.netbeans.module2 = 200702031823
```

Selektieren Sie Ihre Abhängigkeit in der Liste (siehe Abbildung 3.8), und klicken Sie dann auf die Schaltfläche EDIT... Im folgenden Fenster können Sie die in Abbildung 3.9 gezeigten Varianten von Abhängigkeiten einstellen.

Abhängigkeit zu einem Java Package

NetBeans bietet Ihnen auch die Möglichkeit, eine Abhängigkeit zu einem bestimmten Java Package in einer bestimmten Version zu definieren. Solch eine Abhängigkeit müssen Sie direkt in der Manifest-Datei festlegen:

```
OpenIDE-Module-Package-Dependencies:
    javax.sound.midi.spi > 1.4
```

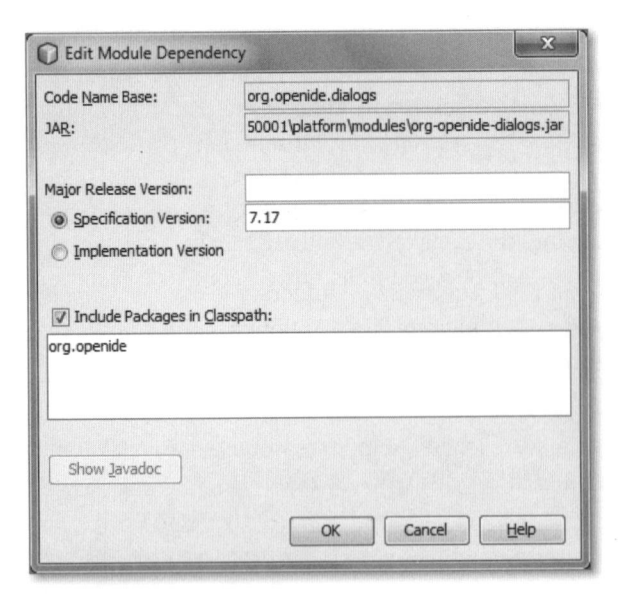

Abbildung 3.9 Editieren der Modul-Abhängigkeit

Abhängigkeit zu einer bestimmten Java-Version

Wenn Ihr Modul von einer bestimmten Java-Version abhängt, also z. B. Java 6 benötigt, können Sie dies ebenfalls spezifizieren. Sie können dies in den Modul-Eigenschaften unter PROPERTIES • SOURCES mit dem SOURCE LEVEL einstellen.

Außerdem haben Sie sogar die Möglichkeit, eine bestimmte Version der Java Virtual Machine anzufordern:

```
OpenIDE-Module-Java-Dependencies: Java > 1.6 VM > 1.0
```

Sie können sowohl eine exakte Version mit dem Gleichheitszeichen oder eine Version, die größer oder gleich der spezifizierten ist, mit dem Größerzeichen verlangen.

3.7 Lebenszyklus

Um den Lebenszyklus eines Moduls zu verfolgen und auf bestimmte Ereignisse reagieren zu können, besteht die Möglichkeit, einen sogenannten **Module Installer** zu implementieren. Dazu stellt die **Module System API** die Klasse `ModuleInstall` zur Verfügung, von der wir unsere **Module Installer**-Klasse ableiten. Dabei können die Methoden der gewünschten Ereignisse überschrieben werden. Folgende Methoden bzw. Ereignisse stehen zur Verfügung:

- `validate()` – diese Methode wird aufgerufen, bevor ein Modul installiert oder geladen wird. In dieser Methode können also bei Bedarf bestimmte Startbedingungen, wie z. B. die Überprüfung eines Lizenzschlüssels eines Moduls, überprüft werden. Sollten diese Bedingungen nicht erfüllt sein und soll das Modul nicht geladen oder installiert werden, kann eine `IllegalStateException` ausgelöst werden. Durch diese Exception wird das Laden oder Installieren des Moduls verhindert.
- `restored()` – diese Methode wird immer dann aufgerufen, wenn ein installiertes Modul geladen wird. Hier können also Aktionen beim Start eines Moduls ausgeführt werden.
- `uninstalled()` – wird ein Modul aus der Anwendung entfernt, wird diese Methode aufgerufen.
- `closing()` – bevor ein Modul beendet wird, wird diese Methode aufgerufen. Hier haben Sie somit die Möglichkeit, zu prüfen, ob das Modul bereit zum Beenden ist oder ob es noch Aktivitäten auszuführen hat. Ist der Rückgabewert `false`, wird das Modul und auch die gesamte Anwendung nicht beendet, denn vor dem Beenden wird zunächst bei allen Modulen diese Methode aufgerufen, und nur, wenn alle Module `true` zurückgeliefert haben, wird die Anwendung beendet. So können Sie hier z. B. dem Benutzer einen Dialog anzeigen, der fragt, ob er die Anwendung wirklich beenden will.
- `close()` – sind alle Module bereit zum Beenden, wird diese Methode aufgerufen. Hier können Sie also Aktionen vor dem endgültigen Beenden eines Moduls ausführen.

> **Sparsame Verwendung des Module Installers**
>
> Bei der Verwendung dieser Methoden sollten Sie sich jedoch stets darüber Gedanken machen, ob die gewünschte Aktion nicht über einen deklarativen Weg erfolgen kann. Dies gilt vor allem für die Methoden `validate()` und `restored()`. Hier müssen Sie bedenken, dass die Aktionen, die in diesen Methoden ausgeführt werden, die Startzeit der gesamten Anwendung beeinflussen. Ein Beispiel hierfür ist z. B. das Registrieren von Services; diese können über die Layer-Datei oder über den Java Extension-Mechanismus (siehe dazu Kapitel 5, »Das Lookup-Konzept«) registriert werden. Auf diese Weise werden sie erst bei ihrer ersten Verwendung geladen und verlangsamen den Start der Anwendung nicht.

Nachfolgend sehen Sie das Gerüst einer **Module Installer**-Klasse:

```
public class Installer extends ModuleInstall {
    public void validate() throws IllegalStateException {
        // e. g. check for a license key and throw an
```

```
        // IllegalStateException if this is not valid.
    }
    public void restored() {
        // called when the module is loaded.
    }
    public void uninstalled() {
        // called when the module is deinstalled.
    }
    public boolean closing() {
        // called to check if the module can be closed.
    }
    public void close() {
        // called before the module will be closed.
    }
}
```

Listing 3.6 Gerüst einer Module Installer-Klasse

Möchten Sie einen bestimmten Zustand der Module Installer-Klasse über mehrere Sitzungen beibehalten, können Sie die Methoden readExternal() und writeExternal() des Externalizable-Interfaces überschreiben, das von der ModuleInstall-Klasse implementiert wird. Darin können Sie dann Ihre gewünschten Daten abspeichern und laden. Dabei ist es empfehlenswert, dass Sie in den überschriebenen Methoden zunächst die Methoden der Basisklasse aufrufen.

Damit das Module System nun beim Start der Anwendung weiß, ob ein Modul einen Module Installer bereitstellt und wo dieser sich befindet, wird dieser in der Manifest-Datei registriert:

```
OpenIDE-Module-Install:
    com/galileo/netbeans/module/Installer.class
```

Nun wollen wir unseren ersten Module Installer erstellen. Die NetBeans IDE stellt uns dafür einen Wizard zur Verfügung, mit dem die Erzeugung denkbar einfach ist. Rufen Sie dazu FILE • NEW File... auf, und wählen Sie im folgenden Dialog in der Kategorie MODULE DEVELOPMENT den Dateityp INSTALLER / ACTIVATOR aus (siehe Abbildung 3.10).

Drücken Sie die NEXT-Schaltfläche, um auf der folgenden Seite mit FINISH den Wizard abzuschließen. Dieser erstellt die **Module Installer**-Klasse im gewünschten Package und registriert diese in der Manifest-Datei. Sie müssen nun nur noch die gewünschten Methoden dieser Klasse überschreiben. Beispielsweise können Sie die closing()-Methode überschreiben, um dem Benutzer beim Beenden der

Anwendung einen Dialog anzuzeigen, der fragt, ob er die Anwendung tatsächlich beenden will. Dies könnten Sie wie folgt implementieren:

```java
import org.openide.DialogDisplayer;
import org.openide.NotifyDescriptor;
import org.openide.modules.ModuleInstall;
public class Installer extends ModuleInstall {
   public boolean closing() {
      NotifyDescriptor d = new NotifyDescriptor.Confirmation(
         "Do you really want to exit the application?",
         "Exit",
         NotifyDescriptor.YES_NO_OPTION);
      if (DialogDisplayer.getDefault().notify(d)
         == NotifyDescriptor.YES_OPTION) {
         return true;
      } else {
         return false;
      }
   }
}
```

Listing 3.7 Dialog beim Beenden der Anwendung anzeigen

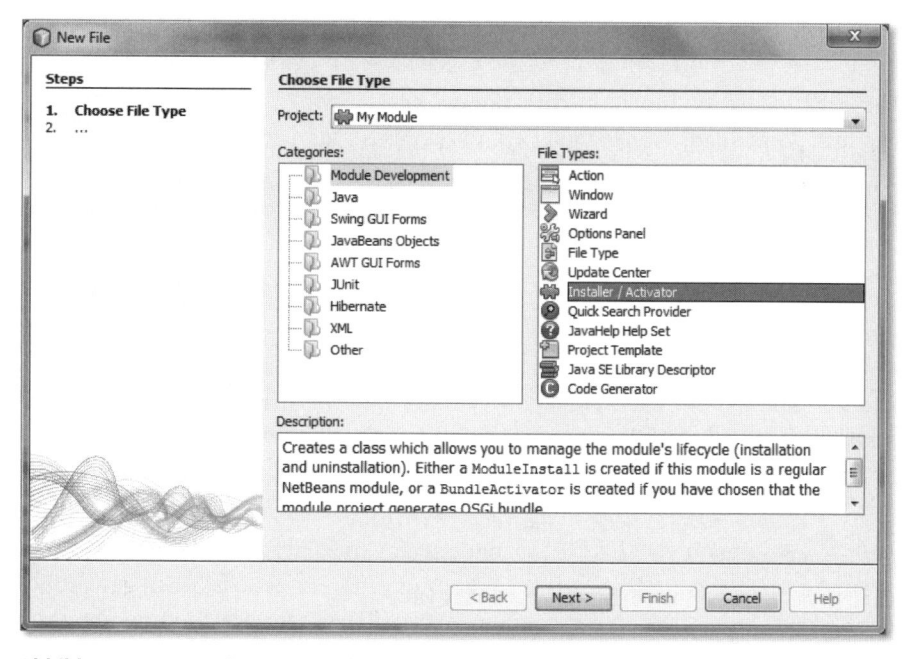

Abbildung 3.10 Erstellen eines Module Installers

Beachten Sie, dass Sie dem Modul eine Abhängigkeit zur *Dialogs API* hinzufügen müssen, um die NetBeans-Dialogunterstützung nutzen zu können. Wie Sie eine Abhängigkeit definieren können, sehen Sie in Abschnitt 3.6.2, »Definition von Abhängigkeiten«, und Informationen zur Dialogs API finden Sie in Kapitel 13, »Dialoge und Wizards«.

Um diese neue Funktionalität gleich zu testen, rufen Sie wiederum RUN • RUN MAIN PROJECT F6 auf. Beim Beenden der Anwendung wird Ihnen dann der Dialog angezeigt, und Sie können wählen, ob Sie die Anwendung beenden wollen oder nicht.

3.8 Die Module Registry

Zwar sollten sich Module normalerweise nicht um andere Module kümmern müssen oder über deren Existenz Bescheid wissen, jedoch ist es in einigen Fällen wünschenswert, eine Liste aller vorhandenen Module zu erhalten. Das Module System instanziiert dazu für jedes Modul ein Objekt der Klasse `ModuleInfo`, in der sämtliche Informationen über ein Modul gespeichert sind. Diese `ModuleInfo`-Objekte werden zentral im Lookup bereitgestellt und können von dort aus abgerufen werden. Dies geschieht folgendermaßen:

```
Collection<? extends ModuleInfo> modules =
    Lookup.getDefault().lookupAll(ModuleInfo.class);
```

Diese Klasse stellt Ihnen Informationen bereit, wie z. B. den Namen eines Moduls, Versionen, Abhängigkeiten, aktueller Status (aktiv oder inaktiv) oder auch von diesem Modul zur Verfügung gestellte Service-Implementationen. Sie können mit der `getAttribute()`-Methode auch weitere Informationen aus der Manifest-Datei auslesen.

Um über Veränderungen benachrichtigt zu werden, können Sie zum einen auf ein bestimmtes `ModuleInfo`-Objekt einen `PropertyChangeListener` registrieren, um sich über das Ein- und Ausschalten eines Moduls informieren zu lassen. Zum anderen können Sie auch einen `LookupListener` registrieren, um so über das Installieren und Deinstallieren von Modulen informiert zu sein. Ein solcher Listener könnte folgendermaßen eingerichtet werden:

```
Lookup.Result<ModuleInfo> result =
    Lookup.getDefault().lookupResult(ModuleInfo.class);
result.addLookupListener(new LookupListener() {
    public void resultChanged(LookupEvent lookupEvent) {
        Collection<? extends ModuleInfo> c = result.allInstances();
        System.out.println("Available modules: " + c.size());
```

```
        }
    });
    result.allItems(); // initialize the listener
```

Listing 3.8 Auf Veränderungen im Module System reagieren

3.9 Bibliotheken verwenden

Bei der Entwicklung von Rich-Client-Anwendungen kommt es häufig vor, dass Sie externe Bibliotheken in Form eines JAR-Archivs innerhalb Ihrer Anwendung verwenden möchten. Da die gesamte Anwendung auf Basis von Modulen entwickelt wird, wäre es natürlich nun wünschenswert, dass auch solch eine externe Bibliothek innerhalb der Anwendung als Modul verfügbar wäre. Dies hat den großen Vorteil, dass Sie zu dieser Bibliothek Abhängigkeiten definieren können – was natürlich die Konsistenz einer Anwendung fördert. Außerdem können Sie mehrere JAR-Archive bündeln, und Sie müssen die JAR-Archive nicht mehr wie bei einer gewöhnlichen Anwendung auf den Klassenpfad setzen.

3.9.1 Das Library Wrapper Module

Um das zu erreichen, können Sie ein **Library Wrapper Module** erstellen. Dafür stellt die NetBeans IDE einen speziellen Projekttyp und Wizard zur Verfügung. Um ein neues Library-Wrapper-Projekt anzulegen, gehen Sie auf File • New Project..., und im folgenden Dialog wählen Sie die Kategorie NetBeans Modules und den Projekttyp Library Wrapper Module aus (siehe Abbildung 3.11).

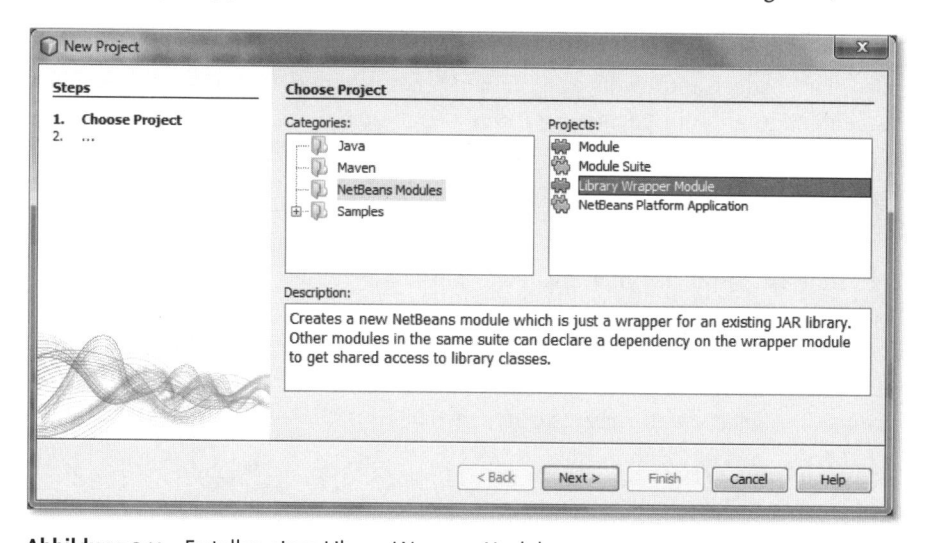

Abbildung 3.11 Erstellen eines Library Wrapper Module

Drücken Sie die Next-Schaltfläche, um auf der nächsten Seite die gewünschten JAR-Archive auszuwählen. Sie können ein oder auch mehrere Archive auswählen (für eine Mehrfachauswahl müssen Sie die Taste Strg gedrückt halten). Zudem haben Sie noch die Möglichkeit, dem Modul eine Lizenzdatei hinzuzufügen. Im nächsten Schritt können Sie einen Projektnamen, den Speicherort des Projektes und die Module-Suite-Zugehörigkeit festlegen. Drücken Sie erneut Next, um zum letzten Schritt, der **Basic Module Configuration,** zu gelangen (siehe Abbildung 3.12).

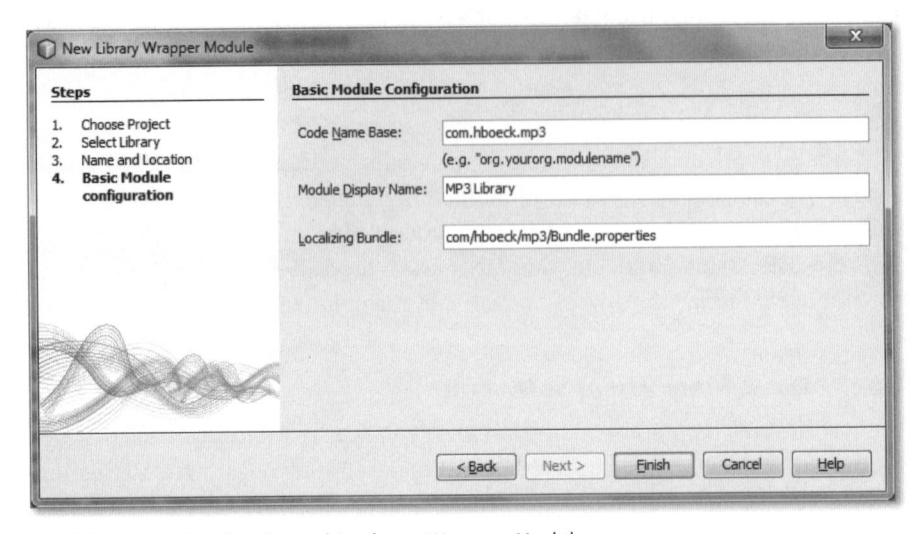

Abbildung 3.12 Konfigurieren des Library Wrapper Module

Hier können Sie den Code Name Base festlegen. Gewöhnlich ist dieses Feld bereits mit dem vom Wizard automatisch aus dem ausgewählten JAR-Archiv ausgelesenen Code Name Base ausgefüllt. Ferner können Sie dem Modul einen Namen geben und ein **Localizing Bundle** (siehe dazu Abschnitt 3.3, »Die Manifest-Datei«) definieren, mit dem die Modul-Manifest-Informationen lokalisiert werden. Durch einen abschließenden Klick auf die Finish-Schaltfläche wird das Projekt erzeugt.

Wenn Sie sich nun das neu angelegte Library Wrapper Module im Projects-Fenster ansehen und dazu den *Source Packages*-Ordner öffnen, sehen Sie, dass sich hier nur die *Bundle.properties*-Datei der Manifest-Datei befindet. Die Bibliothek, die durch dieses Modul gekapselt wird, wurde in das Verzeichnis *release/modules/ext* des Projektordners kopiert.

Damit Sie nun verstehen, wie so ein Library Wrapper Module funktioniert, betrachten wir die zugehörende Manifest-Datei. Diese finden Sie in der Projektstruktur im Ordner *Important Files*. Beachten Sie jedoch, dass die nachfolgend abgebildeten Manifest-Informationen nicht unmittelbar in der Manifest-Datei enthalten sind. Einige Informationen, wie z. B. die **Public Packages**, werden erst beim Erstellen des Moduls geschrieben (wenn Sie BUILD PROJECT aufrufen). Wenn Sie also das vollständige Manifest sehen möchten, müssen Sie das Modul erstellen und dann die Manifest-Datei aus dem erzeugten Modul-JAR-Archiv öffnen (dieses befindet sich im Verzeichnis *build/cluster/modules* Ihrer NetBeans Platform Application). Welche Packages freigegeben sind, können Sie auch über die Properties Ihres Library Wrapper Module unter API VERSIONING einsehen. Dort können Sie auch nachträglich noch Packages aus der Liste PUBLIC PACKAGES entfernen.

```
Manifest-Version: 1.0
Ant-Version: Apache Ant 1.7.0
Created-By: 1.6.0-b105 (Sun Microsystems Inc.)
OpenIDE-Module: com.hboeck.mp3
OpenIDE-Module-Public-Packages:
   com.hboeck.mp3.*,
   com.hboeck.mp3.id3.*,
   ...
OpenIDE-Module-Java-Dependencies: Java > 1.4
OpenIDE-Module-Specification-Version: 1.0
OpenIDE-Module-Implementation-Version: 101211
OpenIDE-Module-Localizing-Bundle:
   com/hboeck/mp3/Bundle.properties
OpenIDE-Module-Requires: org.openide.modules.ModuleFormat1
Class-Path: ext/com-hboeck-mp3.jar
```

Listing 3.9 Manifest-Datei eines Library Wrapper Module

Hier wurden vom Wizard nun zwei wichtige Dinge vorgenommen. Zum einen hat er alle Packages der Bibliothek mit dem Attribut `OpenIDE-Module-Public-Packages` als öffentlich zugänglich markiert. Dies ist natürlich sinnvoll, da eine Bibliothek ja von anderen Modulen verwendet werden soll. Und zweitens hat der Wizard die Bibliothek, die sich in der Distribution im Verzeichnis *ext/* befindet, mit dem Attribut `Class-Path` auf den Klassenpfad des Moduls gesetzt. Somit können die Klassen der Bibliothek durch den Module Classloader geladen werden. Dem Library Wrapper Module wurde automatisch der Typ *Autoload* (siehe Abschnitt 3.2, »Die Konfigurationsdatei«) zugewiesen, und es wird somit erst geladen, wenn es benötigt wird.

3.9.2 Bibliothek einem Modul hinzufügen

Aus Gründen der Wartbarkeit und der klaren Strukturierung einer Anwendung ist es natürlich ratsam, wenn Sie die von Ihnen verwendeten Bibliotheken stets als Library Wrapper Module ausführen, wie Sie das im vorhergehenden Abschnitt gesehen haben. In manchen Fällen kann es jedoch erwünscht sein, dass eine Bibliothek einem bestehenden Modul (einem eigenen Anwendungsmodul) hinzugefügt werden kann. Dies geht recht einfach und funktioniert im Prinzip ähnlich wie bei einem Library Wrapper Module.

Öffnen Sie dazu die Eigenschaften des gewünschten Moduls über PROPERTIES im Kontextmenü. In der Kategorie LIBRARIES, in der auch Abhängigkeiten auf andere Module definiert werden, finden Sie auf der rechten Seite das Register WRAPPED JARs. Dort können Sie über die Schaltfläche ADD JAR die gewünschte Bibliothek hinzufügen.

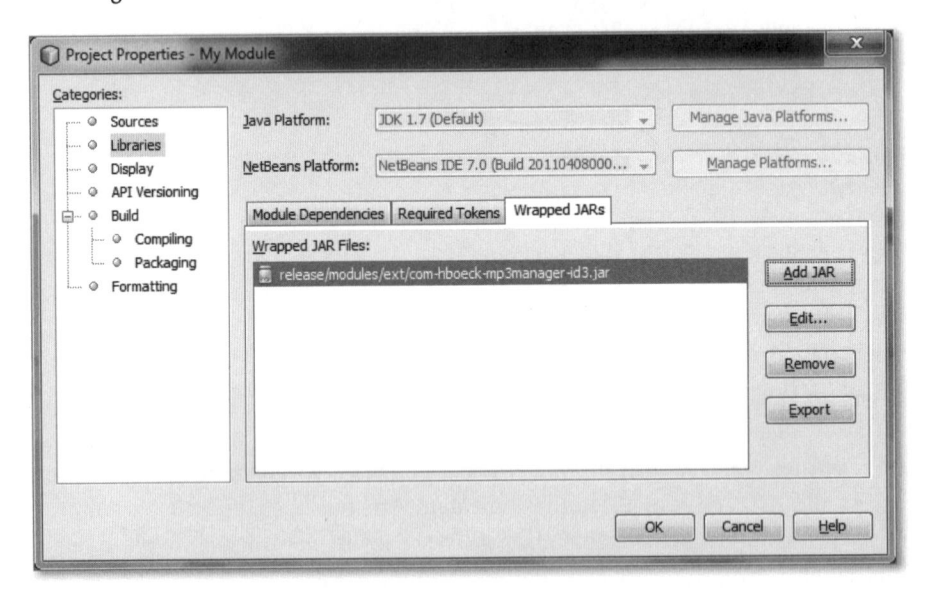

Abbildung 3.13 Bibliotheken hinzufügen

Dabei wird der Datei *Project Metadata* für jede Bibliothek ein `class-path-extension`-Eintrag hinzugefügt. Dabei ist der mit dem `runtime-relative-path`-Attribut definierte Pfad der Pfad, in dem sich die Bibliothek in der Distribution befindet (dorthin wird es beim Erstellen des Moduls automatisch kopiert). Mit dem `binary-origin`-Attribut wird der Ort spezifiziert, an dem das Original der Bibliothek liegt. Wie Sie sehen, ist dies dasselbe Verzeichnis wie bei den Library Wrapper Modules.

```xml
<class-path-extension>
    <runtime-relative-path>
        ext/com-hboeck-mp3.jar</runtime-relative-path>
    <binary-origin>
        release/modules/ext/com-hboeck-mp3.jar</binary-origin>
</class-path-extension>
```

Listing 3.10 Project-Metadata-Datei mit Class-Path-Extension

Durch diesen Eintrag in der Project-Metadata-Datei wird nun beim Erstellen des Moduls die Bibliothek in das Verzeichnis *ext/* kopiert, und dem Manifest des Moduls wird der Eintrag `Class-Path: ext/com-hboeck-mp3.jar` hinzugefügt. Im Unterschied zu einem Library Wrapper werden hier aber nicht die Packages der Bibliothek freigegeben. Somit können diese nur von diesem Modul verwendet werden (was in den meisten Fällen ja auch der Grund für das direkte Hinzufügen der Bibliothek ist und also auch nicht freigegeben werden sollte). Sie haben allerdings die Möglichkeit, auch die Packages der Bibliothek als öffentlich zu definieren, wie dies bei einem Library Wrapper Module automatisch erfolgt.

> **Wann verwende ich welche Variante?**
>
> Bitte bedenken Sie, dass Sie allein aufgrund der Modularität und Wartbarkeit wann immer möglich ein Library Wrapper Module von einer Bibliothek erstellen und auf das direkte Hinzufügen von Bibliotheken möglichst verzichten sollten.
>
> In aller Regel sollten Sie Ihre Bibliothek nur dann einem Modul direkt hinzufügen, wenn die Bibliothek nur von diesem Modul verwendet wird und ohnehin beabsichtigt ist, dass die Bibliothek stets zusammen mit dem Modul ausgeliefert und bereitgestellt wird.
>
> Zusätzlich sollten Sie beachten, dass Sie mit dem `Class-Path` nicht die gleiche Bibliothek aus zwei verschiedenen Modulen laden, dies könnte zu einem unvorhergesehenen Verhalten führen. Sie sollten auch nicht versuchen, mit dem Class-Path-Attribut auf Modul-JAR-Archive oder auf Bibliotheken aus dem NetBeans-*lib/*-Verzeichnis zu referenzieren.

3.10 Module wiederverwenden

Bei nicht allzu großen Anwendungen erstellen Sie in der Regel ein **NetBeans Platform Application-Projekt**. Die gesamte Logik der Anwendung fügen Sie diesem Projekt dann in Form von Modulen hinzu. Wenn Sie nun aber z. B. im Team eine große Unternehmensanwendung implementieren möchten, kann es zweckmäßig sein, die Anwendung in mehrere Teile zu zerlegen, die jeweils aus einer

Anzahl von Modulen bestehen. Zu diesem Zweck bietet die NetBeans IDE die Möglichkeit, einem Projekt ein einzelnes Modul oder sogar ein komplettes Cluster (Ordner mit NetBeans-Modulen) als Abhängigkeit hinzuzufügen. Wenn Sie nun z. B. eine Reihe von Basismodulen entwickeln, deren Funktionalität Sie in mehreren Anwendungen wiederverwenden möchten, verwenden Sie dazu am einfachsten eine **Module Suite**. Eine Module Suite erstellen Sie über FILE • NEW PROJECT... • NETBEANS MODULES. Innerhalb dieser können Sie Ihre Basismodule gekapselt von speziellen Anwendungsmodulen entwickeln und testen. Wenn Sie den Build-Vorgang Ihrer Module Suite starten, werden alle Module in einem Cluster abgelegt. Dieses Cluster können Sie dann wie folgt einem anderen NetBeans Platform-Projekt hinzufügen: Rufen Sie PROPERTIES • LIBRARIES der gewünschten Anwendung auf. Dort finden Sie die Schaltfläche ADD CLUSTER... (siehe Abbildung 3.14), mit der Sie das Cluster der Module Suite mit den Basismodulen auswählen können.

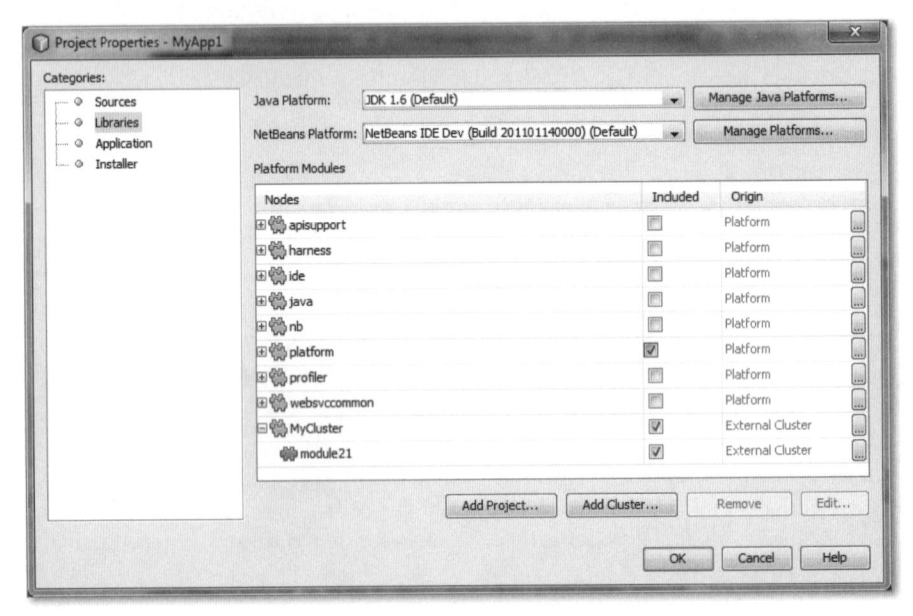

Abbildung 3.14 Hinzufügen eines kompletten Clusters, um externe Module wiederverwenden zu können

Sofern Sie kein richtiges Cluster ausgewählt haben, fordert die NetBeans IDE Sie dazu auf, die gewünschten Module des Ordners auszuwählen, und erstellt dann aus diesen ein entsprechendes Cluster. Das heißt, Sie können aus einem Ordner mit Modulen von der NetBeans IDE automatisch ein Cluster erstellen lassen.

Über die beschriebene Möglichkeit der Wiederverwendung von Modulen können Sie nun von verschiedenen NetBeans-Platform-Anwendungen heraus auf weitere NetBeans-Module zugreifen. So können Sie z. B. Ihre generischen Module zentral und unabhängig von speziellen Anwendungen implementieren.

> **Module Suite vs. NetBeans Platform Application**
>
> In diesem Buch soll es primär um die Entwicklung von eigenständigen Anwendungen auf Basis der NetBeans Platform gehen. Daher verwenden wir durchgängig den Projekttyp *NetBeans Platform Application*, wenn wir in einem der folgenden Kapitel eine Anwendung erstellen wollen. Bei diesem Projekttyp stehen standardmäßig nur die NetBeans Platform Modules zur Verfügung, da es eben eine eigenständige Anwendung werden soll und nicht eine Erweiterung der NetBeans IDE. Dennoch haben Sie die Möglichkeit, auf jegliche Module der NetBeans IDE zuzugreifen. Gehen Sie dazu auf PROPERTIES • LIBRARIES Ihres NetBeans Platform Application-Projekts. Dort können Sie die gewünschten Module aktivieren. Nur auf Module, die an dieser Stelle aktiviert sind, können Ihre eigenen Module dann auch Abhängigkeiten definieren. Unter PROPERTIES • LIBRARIES können Sie jederzeit zwischen einer NetBeans Platform Application und einer Module Suite wechseln. Der Branding Support und das Erstellen eines Installers stehen Ihnen logischerweise nur bei einer NetBeans Platform Application zur Verfügung.

Das von der OSGi Alliance spezifizierte OSGi Framework stellt wie das NetBeans Module System ein Komponentenmodell zur Verfügung.

4 Das OSGi Framework

Das OSGi Framework stellt eine modulare Ausführungsumgebung zur Verfügung. Eine Anwendung auf Basis des OSGi Frameworks wird in Form von Modulen, den sogenannten **Bundles**, entwickelt. Das heißt, das OSGi Framework ist mit dem Module System der NetBeans Platform vergleichbar. Ein OSGi Bundle entspricht dem Prinzip eines NetBeans Modules. Durch seine Standardisierung durch ein Konsortium an Firmen hat das OSGi Framework große Verbreitung gefunden und wurde inzwischen als JSR 291 im Rahmen des **Java Community Process** als offizielles dynamisches Komponentenmodell für Java angenommen.

In diesem Kapitel möchte ich jedoch nicht auf die Einzelheiten des OSGi Frameworks eingehen (Informationen dazu finden Sie in der einschlägigen Fachliteratur), sondern möchte die Möglichkeiten von OSGi in Verbindung mit der NetBeans Platform aufzeigen.

4.1 OSGi und die NetBeans Platform

Um der Bedeutung von OSGi, gerade für Unternehmen, gerecht zu werden, wurde die NetBeans Platform dahingehend erweitert, dass nun auch OSGi Bundles innerhalb einer NetBeans-Platform-Anwendung ausgeführt werden können. Wichtig ist dabei, dass die Bundles nicht durch das NetBeans Module System, sondern durch einen integrierten OSGi Runtime Container (**Felix** oder **Equinox**) ausgeführt werden. Das heißt, Sie können hybride Anwendungen entwickeln, in denen NetBeans Modules und OSGi Bundles parallel laufen. Dabei ist es die Aufgabe einer speziellen Adapterschicht, die Verbindung zwischen beiden Modulsystemen herzustellen. So können NetBeans Modules auch Abhängigkeiten auf OSGi Bundles definieren und deren Inhalte nutzen. Umgekehrt ist dies ebenso möglich.

Weiter ist es möglich, dass Sie eine gesamte NetBeans-Platform-Anwendung innerhalb eines OSGi Runtime Containers ausführen. Dazu werden beim Erstellen der Anwendung, alle NetBeans-Platform-Module in OSGi Bundles konvertiert. Die NetBeans IDE bringt sowohl dafür als auch für die Erstellung von Bundles die entsprechende Unterstützung mit. Die Möglichkeit der Interaktion beider Systeme sowie die Konvertierung von NetBeans Modules in OSGi Bundles und umgekehrt wird dadurch begünstigt, dass sich beide Modulsysteme sehr ähneln.

4.2 OSGi Bundle Format

In Kapitel 3, »Das NetBeans Module System« haben Sie den grundsätzlichen Aufbau eines NetBeans Modules kennengelernt. Dabei ging es vor allem um die Manifest-Datei. In dieser werden die Eigenschaften und Schnittstellen eines Moduls definiert. Ein OSGi Bundle wird ebenfalls durch eine Manifest-Datei beschrieben. Die meisten Attribute, die dabei verwendet werden, entsprechen einem Attribut des NetBeans Module Systems.

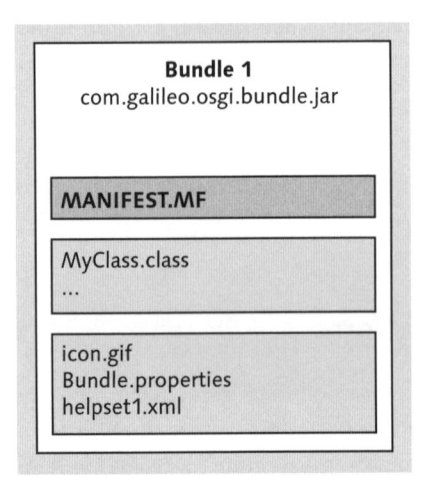

Abbildung 4.1 Bestandteile eines OSGi Bundles

In Tabelle 4.1 sind die wichtigsten NetBeans-Module-Attribute mit den jeweils gleichbedeutenden OSGi-Bundle-Attributen aufgeführt.

NetBeans-Module-Attribut	OSGi-Bundle-Attribut
OpenIDE-Module	Bundle-SymbolicName
OpenIDE-Module-Name	Bundle-Name

Tabelle 4.1 Gegenüberstellung der Attribute von NetBeans Modules und OSGi Bundles

NetBeans-Module-Attribut	OSGi-Bundle-Attribut
OpenIDE-Module-Specification-Version	Bundle-Version
OpenIDE-Module-Public-Packages	Export-Package
OpenIDE-Module-Module-Dependencies	Require-Bundle
OpenIDE-Module-Localizing-Bundle	Bundle-Localization
OpenIDE-Module-Install	Bundle-Activator
OpenIDE-Module-Java-Dependencies	Bundle-RequiredExecutionEnvironment

Tabelle 4.1 Gegenüberstellung der Attribute von NetBeans Modules und OSGi Bundles (Forts.)

In den nachfolgenden beiden Listings 4.1 und 4.2 ist jeweils die Manifest-Datei eines einfachen NetBeans Modules und eines gleich aufgebauten OSGi Bundles dargestellt. Sie erkennen, dass die Unterschiede beider Dateien nur unwesentlich sind.

```
OpenIDE-Module: com.galileo.netbeans.module
OpenIDE-Module-Specification-Version: 1.0
OpenIDE-Module-Name: My Module
OpenIDE-Module-Localizing-Bundle:
   com/galileo/netbeans/module/Bundle.properties
OpenIDE-Module-Install:
   com/galileo/netbeans/module/Installer.class
OpenIDE-Module-Public-Packages: com.galileo.netbeans.module.api.*
OpenIDE-Module-Module-Dependencies:
   com.galileo.netbeans.library > 1.0
OpenIDE-Module-Java-Dependencies: Java > 1.6
```

Listing 4.1 Manifest-Datei eines NetBeans Modules

```
Bundle-SymbolicName: com.galileo.osgi.bundle
Bundle-Version: 1.0
Bundle-Name: My Bundle
Bundle-Localization: com/galileo/osgi/bundle/Bundle
Bundle-Activator: com.galileo.osgi.bundle.Installer
Export-Package: com.galileo.osgi.bundle.api
Require-Bundle:
   com.galileo.netbeans.library;bundle-version="[1.0,100)"
Bundle-RequiredExecutionEnvironment: JavaSE-1.6
```

Listing 4.2 Manifest-Datei eines OSGi Bundles

Bei der Definition eines Localizing-Bundles mit dem Attribut `OpenIDE-Module-Localizing-Bundle` bzw. `Bundle-Localization` ist zu beachten, dass bei einem OSGi Bundle die Dateiendung nicht angegeben wird. Bei der Definition einer Abhängigkeit zu einem anderen Modul bzw. Bundle mit dem Attribut `Require-Bundle` geben Sie die benötigte Version mit `bundle-version` an. Für die Definition einer Mindestanforderung an die Ausführungsumgebung können Sie bei einem OSGi Bundle mit dem Attribut `Bundle-RequiredExecutionEnvironment` eine Liste von Tags angeben. Um Java 6 vorauszusetzen, verwenden Sie `JavaSE-1.6`. Weitere Tags sind z. B. `J2SE-1.5` oder `OSGi/Minimum-1.1`.

4.3 Neue OSGi Bundles erstellen

Die Erstellung eines neuen OSGi Bundles innerhalb der NetBeans IDE ist denkbar einfach. Sie verwenden dazu den Wizard für die Erstellung eines NetBeans Modules, geben hierbei aber an, dass es ein OSGi-konformes Bundle werden soll.

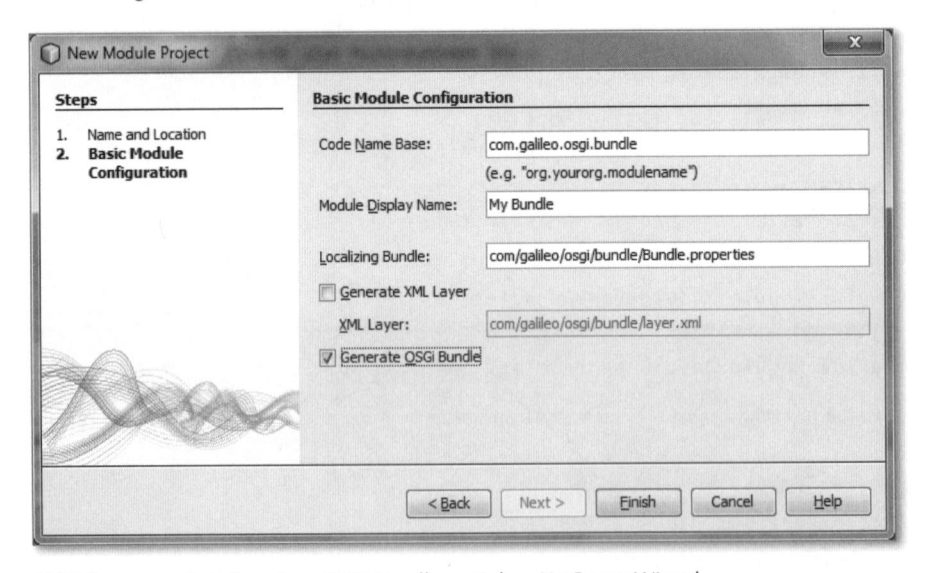

Abbildung 4.2 Erstellen eines OSGi Bundles mit dem NetBeans Wizard

Wählen Sie also über FILE • NEW PROJECT... in der Kategorie NETBEANS MODULES den Typ MODULE aus. Unter BASIC MODULE CONFIGURATION aktivieren Sie dann die Option GENERATE OSGI BUNDLE (siehe Abbildung 4.2). Die weitere Verwendung des Moduls bzw. Bundles ist dann völlig transparent. Das heißt, Sie können in gewohnter Weise Abhängigkeiten definieren oder dem Bundle mit dem NetBeans Wizard Features hinzufügen. Interessant ist vor allem, dass Sie auch einem

OSGi Bundle eine Layer-Datei hinzufügen können. Diese wird ebenfalls wie die Layer-Dateien der NetBeans Modules in das System File System integriert.

Zu beachten ist, dass OSGi Bundles innerhalb einer NetBeans Platform Application nicht durch das NetBeans Module System, sondern tatsächlich durch einen OSGi Container, standardmäßig die **Apache Felix OSGi Implementation**, ausgeführt wird. Beachten Sie, dass dazu die folgenden Module in der Ihrer Platform Application aktiviert und damit inkludiert sind:

- OSGi Specification
- Apache's Felix OSGi Implementation
- NetBeans OSGi Integration

4.4 Lebenszyklus eines Bundles

Ähnlich einem Module Installer für ein NetBeans Module, den Sie bereits in Kapitel 3, »Das NetBeans Module System«, kennengelernt haben, stellt auch das OSGi Framework eine Möglichkeit für OSGi Bundles zur Verfügung, mit der auf bestimmte Ereignisse des Lebenszyklus eines Bundles Einfluss genommen werden kann. Eine solche Klasse wird **Activator** genannt, sie implementiert das Interface BundleActivator. Dieses stellt die Methoden start() und stop() zur Verfügung.

```
import org.osgi.framework.BundleActivator;
import org.osgi.framework.BundleContext;
public class Activator implements BundleActivator {
    public void start(BundleContext c) throws Exception {
    }
    public void stop(BundleContext c) throws Exception {
    }
}
```

Listing 4.3 Activator-Klasse für ein OSGi Bundle

Sie können sich eine solche Klasse mit demselben NetBeans Wizard erstellen, mit dem auch ein Module Installer erstellt werden kann. Wenn Sie diesen Wizard über FILE • NEW FILE • MODULES DEVELOPMENT • INSTALLER / ACTIVATOR für ein OSGi Bundle aufrufen, so wird automatisch eine Activator-Klasse erstellt.

4.5 Vorhandene OSGi Bundles integrieren

Ein wesentlicher Vorteil, den die Unterstützung von OSGi Bundles durch die NetBeans Platform bietet, liegt sicherlich in der Wiederverwendbarkeit von bereits bestehenden Komponenten, die als OSGi Bundle vorliegen.

Auf einfachste Weise können Sie ein ganzes Verzeichnis an Bundles, ein sogenanntes Cluster, einer Platform Application hinzufügen. Rufen Sie dazu im Properties-Dialog des entsprechenden Projekts die Kategorie Libraries aus. Dort, wo Sie auch die von der NetBeans Platform selbst bereitgestellten Module auswählen können, können Sie über die Schaltfläche Add Cluster ... Bundles hinzufügen. Wählen Sie im folgenden Dialog das entsprechende Verzeichnis aus. Der Wizard wird Sie darauf hinweisen, dass es sich noch nicht um ein Cluster handelt. Wenn Sie auf Next klicken, wird der Wizard alle JAR-Dateien (Bundles und auch Modules) des Verzeichnisses auflisten. Sie können dann die gewünschten Bundles auswählen (siehe Abbildung 4.3) und durch Finish den Wizard beenden.

Abbildung 4.3 Bundle Cluster erstellen und importieren

Auf die so hinzugefügten Bundles können Sie nun wie gewohnt aus Ihren Modulen heraus Abhängigkeiten definieren und die Bundles nutzen.

4.6 NetBeans Platform in OSGi Runtime Container

In den vorangegangenen Abschnitten ging es darum, OSGi Bundles innerhalb der (genauer gesagt parallel zur) NetBeans Platform auszuführen. Dabei wurden die NetBeans Platform Modules weiterhin vom NetBeans Module System ausgeführt. Wenn Sie jetzt aber eine reine OSGi-basierte Anwendung entwickeln möchten, können Sie sich auch die gesamte NetBeans Platform als OSGi Bundles erstellen lassen.

Rufen Sie dazu aus dem Kontextmenü Ihrer NetBeans Platform Application OSGI • BUILD BUNDLES auf. Damit wird die gesamte Anwendung, d. h. alle notwendigen NetBeans Platform Modules und Ihre eigens erstellten Module, als OSGi-konforme Bundles im Verzeichnis *build/osgi* erstellt. Weiterhin können Sie Ihre Anwendung, direkt aus der NetBeans IDE heraus, im OSGi Runtime Container *Felix* ausführen lassen. Rufen Sie dazu aus dem Kontextmenü OSGI • RUN IN FELIX auf. Damit werden die Bundles automatisch erstellt und mit Felix gestartet.

Das Lookup-Konzept ist ein ebenso bedeutendes wie einfaches Konzept, das an sehr vielen Stellen innerhalb der NetBeans Platform Anwendung findet. Es ist universell nutzbar, sodass Sie es effizient in Ihren Anwendungsmodulen einsetzen können. Wie dieses Konzept funktioniert und wie die typischen Anwendungsfälle aussehen, zeige ich Ihnen in diesem Kapitel.

5 Das Lookup-Konzept

Das **Lookup** ist eine zentrale Komponente und ein weit verbreitetes Konzept innerhalb der NetBeans Platform. Seine Aufgabe ist es, Instanzen von Objekten zu verwalten. Vereinfacht gesagt ist das Lookup eine Map, bei der als Schlüssel Class-Objekte verwendet werden, und die Werte sind Instanzen der Class-Objekte.

Der wesentliche Gedanke, der hinter dem Lookup steht, ist die **Entkopplung von Komponenten**. Das Lookup bietet also eine Art Kommunikation zwischen Modulen, die in einem komponentenbasierten System, wie es Anwendungen auf Basis der NetBeans Platform sind, eine wichtige und zentrale Rolle spielt. Module können über das Lookup sowohl Objekte bereitstellen als auch Objekte aufsuchen und verwenden.

> **Allzweckwaffe: Lookup**
>
> Das Lookup-Konzept ist im Modul *Lookup API* implementiert. Es stellt Ihnen eine sehr einfache und übersichtliche Schnittstelle zur Verfügung. Das Lookup API-Modul findet an sehr vielen Stellen (oft auch indirekt) innerhalb der NetBeans Platform Verwendung und stellt einen Grundpfeiler des modularen Konzepts der NetBeans Platform dar. **Übrigens**: Das Lookup API-Modul arbeitet vollkommen eigenständig und besitzt keinerlei Abhängigkeiten zu anderen Modulen. Das heißt, Sie können das Lookup API-Modul in jeder beliebigen Java-Anwendung verwenden, auch wenn diese nicht auf Basis der NetBeans Platform entwickelt worden ist.

Der Vorteil des Lookups ist dessen Typsicherheit, die dadurch erreicht wird, dass Class-Objekte statt Strings als Schlüssel verwendet werden. Somit wird bereits durch den Schlüssel festgelegt, von welchem Typ die gelieferte Instanz ist. Es kann somit nur eine Instanz angefordert werden, deren Typ dem Modul bekannt ist, wodurch die Anwendung robuster wird. Fehler wie etwa eine `ClassCastException` können dann nicht auftreten. Das Lookup ist auch in der Lage, für einen Schlüssel, also einen bestimmten Typ, mehrere Instanzen zu verwalten. Diese zentrale Verwaltung von konkreten Instanzen kann für verschiedene Zwecke genutzt werden. Das Lookup kann zum Auffinden von Service Providern genutzt werden, wobei dabei **deklaratives Hinzufügen** und **Lazy Loading** von Instanzen ermöglicht wird. Außerdem können über das Lookup Instanzen von einem Modul zum anderen »weitergereicht« werden, ohne dass sich die Module kennen müssen. Somit wird eine Art Intermodulkommunikation ermöglicht. Auch kontextsensitive Aktionen lassen sich mittels der Lookup-Komponente realisieren.

Um ein naheliegendes Missverständnis auszuräumen: Innerhalb einer Anwendung kann es auch mehrere Lookups geben. Das zumeist verwendete Lookup ist ein globales, das von der NetBeans Platform standardmäßig zur Verfügung gestellt wird. Weiterhin gibt es Komponenten, wie z. B. Top Components, die ihr eigenes Lookup haben, dies sind dann lokale Lookups. Wie Sie in Abschnitt 5.4 und 5.5 sehen werden, können Sie auch eigene Lookups erstellen und Ihre eigenen Komponenten mit einem Lookup ausstatten.

Das Lookup-Konzept ist recht einfach und dennoch sehr effizient und praktisch. Haben Sie das Prinzip erst einmal verstanden, können Sie es in vielen Bereichen einsetzen. In den nachfolgenden Abschnitten will ich Ihnen die Verwendung des Lookups in seinen Hauptanwendungsgebieten zeigen.

5.1 Services und Extension Points

Eine der Hauptanwendungen des Lookups ist das Aufsuchen und Bereitstellen von Services. Dabei übernimmt das Lookup die Aufgabe des dynamischen **Service Locators** und ermöglicht somit die Trennung von **Service Interface** und **Service Provider**. Ein Modul kann also eine Funktionalität nutzen, ohne deren Implementation zu kennen. Dadurch entsteht eine lose Kopplung zwischen den Modulen.

Mithilfe des Lookups und eines Service Interfaces lassen sich auch sehr schön **Extension Points** für grafische Komponenten erstellen. Ein gutes Beispiel dafür ist die Statusbar der NetBeans Platform. Diese definiert das Interface `StatusLineElementProvider`. Über dieses Interface und die **Service Provider Registration** lässt sich die Statusbar beliebig um eigene Komponenten erweitern (ein Beispiel dazu finden Sie in Abschnitt 11.1), ohne dass die Statusbar die Komponenten kennen oder in Abhängigkeit zu diesen stehen muss.

Damit Services dynamisch und flexibel bereitgestellt und auch ausgetauscht werden können, werden diese dem Lookup deklarativ anstatt direkt im Quelltext hinzugefügt. Dazu stehen Ihnen zwei Möglichkeiten zur Verfügung. Sie können Ihre Implementierung eines Services mit einer *Service Provider Configuration*-Datei im Verzeichnis *META-INF/services* hinzufügen oder aber über die Layer-Datei Ihres Moduls. Diese beiden Varianten der Registrierung zeige ich Ihnen in Abschnitt 5.3.

Die NetBeans Platform stellt ein globales Lookup zur Verfügung, das Sie mit der statischen Methode `Lookup.getDefault()` erhalten. Dieses globale Lookup ist in der Lage, Services zu finden und zu liefern, die über eine der beiden deklarativen Möglichkeiten registriert wurden. Dabei ist es auch möglich, dass für einen Service mehrere Implementationen registriert werden. Dadurch, dass Services deklarativ registriert werden, können sie vom Lookup genau dann erstellt werden, wenn sie das erste Mal angefordert werden. Genau dies versteht man unter **Lazy Loading**.

Damit Sie sich das Prinzip der Bereitstellung und Verwendung von Services besser vorstellen können und einen praktischen Bezug bekommen, wollen wir nun ein Beispiel anhand einer Suchliste für MP3-Dateien erstellen.

5.1.1 Schnittstelle des Service definieren

Modul A sei ein Modul, das dem Benutzer eine Oberfläche zur Verfügung stellt, auf der er mit bestimmten Suchkriterien nach MP3-Dateien suchen kann. Die Suchresultate werden in einer Liste angezeigt. Damit nun dieses Modul unabhängig vom verwendeten Suchalgorithmus bleibt und wir die Möglichkeit haben, mehrere Suchvarianten dynamisch zur Verfügung zu stellen, und diese auch austauschen können, spezifizieren wir in Modul A lediglich ein **Service Interface** `Mp3Finder`, das die Schnittstelle für die Suche von MP3-Dateien festlegt. Die eigentliche Suchlogik wird in einem separaten Modul B implementiert und deklarativ zur Verfügung gestellt.

5.1.2 Lose Bereitstellung eines Service

Modul B sei ein **Service Provider** und stelle eine Implementation des Interfaces `Mp3Finder` bereit. Hier im Beispiel nehmen wir an, dass dieses Modul in einer Datenbank nach MP3-Dateien sucht. Auf diese Weise können jetzt beliebig viele Service Provider bereitgestellt werden. Diese können sich dabei in diesem Modul oder auch in verschiedenen Modulen befinden. Damit die Service Provider-Klasse `Mp3DatabaseFinder` das Interface `Mp3Finder` von Modul A implementieren kann, muss Modul B eine Abhängigkeit von Modul A definieren. Modul A, also die Suchliste, benötigt aber keine Abhängigkeit zu Modul B, da das Lookup den Service Provider anhand des Interfaces liefert. Somit ist Modul A vollkommen unabhängig von der Implementation des Service und kann diesen transparent verwenden.

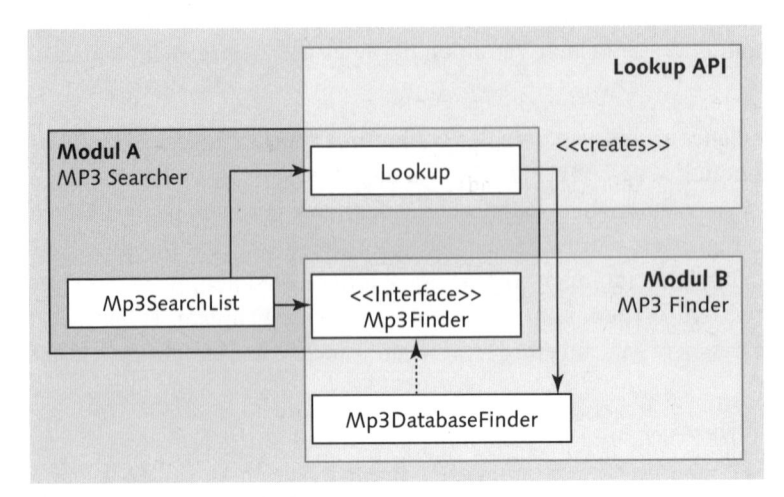

Abbildung 5.1 Service-Lookup-Muster

In Modul A spezifizieren wir das Service Interface `Mp3Finder` und implementieren die Benutzerschnittstelle zum Suchen und Darstellen von MP3-Dateien. Um einen Service Provider zu erhalten, müssen Sie dem Lookup lediglich ein `Class`-Objekt des Interfaces `Mp3Finder` übergeben, das Ihnen dann eine Instanz liefert. Das Interface `Mp3Finder` stellt somit einen **Extension Point** von Modul A dar, für den Sie beliebige andere Module registrieren können.

```
public interface Mp3Finder {
   public List<Mp3FileObject> find(String search);
}
public class Mp3SearchList {
   public void doSearch(String search) {
      Mp3Finder finder =
         Lookup.getDefault().lookup(Mp3Finder.class);
      List<Mp3FileObject> list = finder.find(search);
   }
}
```

Listing 5.1 Modul A – MP3 Searcher

Modul B stellt einen Service Provider bereit, der nach MP3-Dateien in einer Datenbank sucht. Dazu implementiert dieser das Interface `Mp3Finder`, das von

Modul A spezifiziert wurde. Modul B ist somit eine **Extension** von Modul A am **Extension Point** Mp3Finder. Damit der Service Provider vom Lookup gefunden werden kann, muss dieser noch registriert werden. Dazu verwenden wir die ServiceProvider-Annotation.

```
import org.openide.util.lookup.ServiceProvider;
...
@ServiceProvider(service = Mp3Finder.class)
public class Mp3DatabaseFinder implements Mp3Finder {
    public List<Mp3FileObject> find(String search) {
        // search in database for mp3 files
    }
}
```

Listing 5.2 Modul B – MP3 Finder

5.1.3 Verschiedene Service Provider bereitstellen

Jetzt wäre es natürlich wünschenswert, wenn wir mehrere verschiedene MP3-Suchdienste zur Verfügung stellen und verwenden könnten. Dies kann denkbar einfach realisiert werden. Dazu implementieren wir einfach weitere Service Provider, die das Interface Mp3Finder implementieren. Auch diese müssen wiederum über eine Annotation registriert werden. Eine solche Implementation könnte z. B. folgende sein:

```
import org.openide.util.lookup.ServiceProvider;
...
@ServiceProvider(service = Mp3Finder.class)
public class Mp3FilesystemFinder implements Mp3Finder {
    public List<Mp3FileObject> find(String search) {
        // search in local filesystem for mp3 files
    }
}
```

Damit wir alle Services verwenden können, müssen wir jetzt noch das Auffinden der Services über das Lookup anpassen. Anstatt mit der lookup()-Methode nur nach einem Service zu suchen, lassen wir uns mit der Methode lookupAll() alle verfügbaren Services anzeigen und rufen dann die find()-Methode aller gelieferten Services auf:

```
public class Mp3SearchList {
    public void doSearch(String search) {
        Collection<? extends Mp3Finder> finder =
            Lookup.getDefault().lookupAll(Mp3Finder.class);
```

```
        List<Mp3FileObject> list = new ArrayList<Mp3FileObject>();
        for(Mp3Finder f : finder) {
           list.addAll(f.find(search));
        }
    }
}
```

5.1.4 Verfügbarkeit des Service sicherstellen

Nun würde ein Suchmodul dem Benutzer natürlich wenig nutzen, wenn kein Service verfügbar ist, der nach MP3-Dateien sucht. Damit Modul A sicherstellen kann, dass mindestens ein Service verfügbar ist, stellt das NetBeans Module System die zwei Attribute `OpenIDE-Module-Provides` und `OpenIDE-Module-Requires` zur Verfügung, mit denen in der Manifest-Datei eines Moduls ein Service bereitgestellt und verlangt werden kann (diese und weitere Attribute der Manifest-Datei werden ausführlich in Kapitel 3 beschrieben).

In der Manifest-Datei von Modul A verlangen wir das Vorhandensein von mindestens einem `Mp3Finder`-Service Provider durch folgenden Eintrag:

`OpenIDE-Module-Requires: com.galileo.netbeans.modulea.Mp3Finder`

Damit das Module System beim Laden der Module weiß, dass Modul B den Service `Mp3Finder` zur Verfügung stellt, fügen wir der Manifest-Datei von Modul B folgenden Eintrag hinzu:

`OpenIDE-Module-Provides: com.galileo.netbeans.modulea.Mp3Finder`

Sollte kein Modul diesen Eintrag in der Manifest-Datei aufweisen, ist also kein Service Provider vorhanden, würde das Module System einen Fehler melden und Modul A nicht laden.

5.2 Globale Services

Globale Services, also Services, die von mehreren Modulen verwendet werden und von denen meistens nur ein Service Provider vorhanden ist, werden typischerweise als abstrakte (Singleton-)Klassen implementiert. So können sie ihre Implementierungen selbst verwalten, und falls kein Service Provider vorhanden ist, können sie eine eigene Standard-Implementation (meist als Inner Class) liefern. Dies hat den großen Vorteil, dass der Benutzer stets eine Referenz auf einen Service Provider und nie einen `null`-Wert zurückgeliefert bekommt.

Als Beispiel wäre ein MP3-Player-Service denkbar, der von verschiedenen anderen Modulen, wie z. B. einer Suchliste oder einer Playlist, verwendet werden soll. Die Implementation des Players soll aber austauschbar sein.

```
public abstract class Mp3Player {
   public abstract void play(Mp3FileObject mp3);
   public abstract void stop();
   public static Mp3Player getDefault() {
      Mp3Player player =
         Lookup.getDefault().lookup(Mp3Player.class);
      if(player == null) {
         player = new DefaultMp3Player();
      }
      return player;
   }
   private static class DefaultMp3Player extends Mp3Player {
      public void play(Mp3FileObject mp3) {
         // send file to an external player or
         // provide own player implementation or
         // show a message that no player is available
      }
      public void stop() {}
   }
}
```

Listing 5.3 MP3-Player als globaler Service im Modul MP3 Services

Dieser Service, der als abstrakte Klasse ausgeführt ist, spezifiziert zum einen durch die abstrakten Methoden seine Schnittstellen und stellt zugleich mit der statischen Methode `getDefault()` einen Service Provider zur Verfügung. Dies hat vor allem den großen Vorteil, dass die Anwendungen, die den Service nutzen, sich nicht um die Lookup API kümmern müssen. So bleibt die Anwendungslogik schlanker und unabhängiger.

Diese abstrakte Klasse sollte sich idealerweise in einem Modul befinden, das zum Standardumfang der Anwendung gehört (hier im Beispiel ist dies das Modul MP3 Services). Der Service Provider, also die Klassen, die das tatsächliche Abspielen der MP3-Datei innerhalb der Anwendung realisieren, können in einem separaten Modul gekapselt werden. Dies ist hier im Beispiel die Klasse `MyMp3Player`, deren Grundgerüst wir nachfolgend erstellen und die wir Modul C hinzufügen wollen.

5 | Das Lookup-Konzept

```
public class MyMp3Player extends Mp3Player {
   public void play(Mp3FileObject mp3) {
      // play file
   }
   public void stop() {
      // stop player
   }
}
```

Listing 5.4 MP3-Player Service Provider im Modul MP3 Player

Der Service Provider `MyMp3Player` muss nun nur noch registriert werden. Dazu können wir die `ServiceProvider`-Annotation verwenden (siehe Abschnitt 5.3.1), die folgendermaßen aussieht:

```
@ServiceProvider (service = Mp3Player.class)
public class MyMp3Player extends Mp3Player { ...
```

Die Zusammenhänge und die Abhängigkeiten der Module sind in Abbildung 5.2 dargestellt.

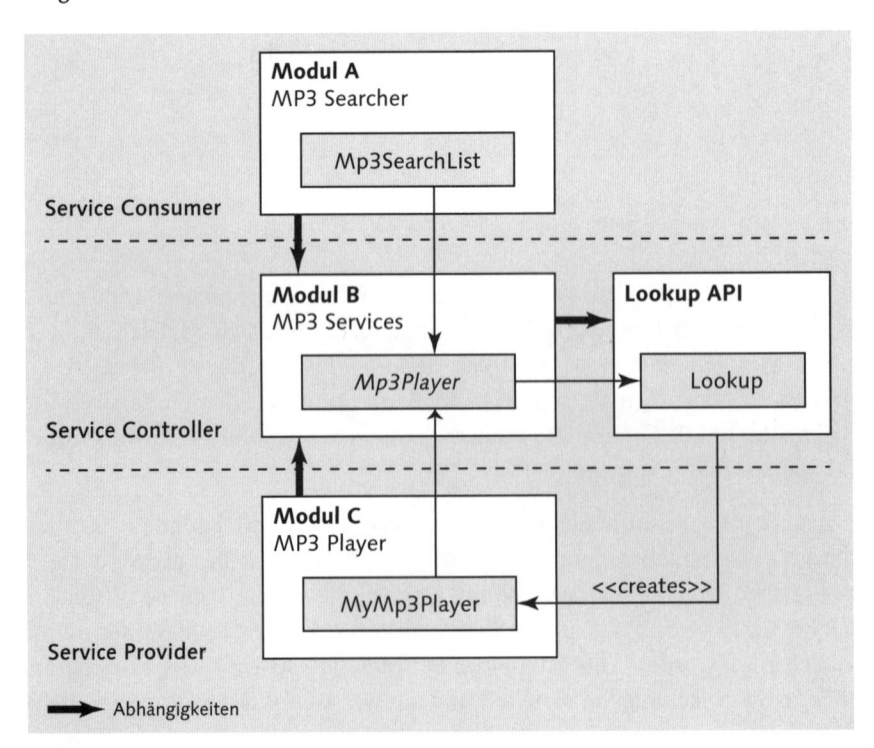

Abbildung 5.2 Abhängigkeiten und Zusammenhänge von globalem Service, Service Provider und Anwendungsmodul

Gute Beispiele für globale Services innerhalb der NetBeans Platform sind z. B. auch die Klassen `StatusDisplayer` oder `IOProvider`. Die Klasse `IOProvider` bietet Zugriff auf das **Output**-Fenster. Der Service Provider, der also die Ausgaben tatsächlich auf das Output-Fenster schreibt, befindet sich in der separaten Klasse `NbIOProvider` in einem eigenen Modul. Ist dieses Modul vorhanden und ist der Service Provider registriert, wird dessen Implementation von der Methode `IOProvider.getDefault()` geliefert. Ist das Modul hingegen nicht verfügbar, wird die Standard-Implementation geliefert, die die Ausgaben auf die Standardausgabe (`System.out` und `System.err`) schreibt.

5.3 Service Provider registrieren

Damit Service Provider einem System dynamisch und flexibel hinzugefügt werden können – also auch dann noch, wenn eine Anwendung bereits ausgeliefert wurde –, und erst dann geladen werden, wenn sie auch wirklich benötigt werden, werden diese deklarativ, also über Konfigurationsdateien, registriert.

Services, die innerhalb einer auf der NetBeans Platform basierten Anwendung bereitgestellt und über das Lookup verfügbar sein sollen, können auf verschiedene Arten registriert und somit dem System bekannt gemacht werden. Diese verschiedenen Möglichkeiten stelle ich Ihnen nachfolgend vor.

5.3.1 Annotation

Für die Registrierung eines Service Providers stellt die **Lookup API** die `ServiceProvider`-Annotation bereit. Dies ist die einfachste und zugleich transparenteste Art, Ihre Provider-Klasse dem Lookup bekannt zu machen. Dabei wird beim Erstellen Ihrer Anwendung automatisch eine **Service Provider Configuration**-Datei angelegt, wie ich Sie Ihnen in Abschnitt 5.3.2 zeigen werde. Wenn Sie also keine Annotations verwenden möchten, können Sie direkt zu diesem Abschnitt springen. Die Attribute dieser Annotation erläutere ich Ihnen anhand eines Beispiels in Listing 5.5.

```
import com.galileo.netbeans.mp3object.Mp3FileObject;
import java.util.List;
import org.openide.util.lookup.ServiceProvider;

@ServiceProvider(
    service = Mp3Finder.class,
    path = "Mp3FinderServices",
```

```
    position = 10,
    supersedes={"com.galileo.netbeans.module.DefaultMp3Finder"})
public class Mp3DatabaseFinder implements Mp3Finder {
    @Override
    public List<Mp3FileObject> find(String what){
        ...
    }
}
```

Listing 5.5 Registrierung eines Service Provider mit der ServiceProvider Annotation

In Listing 5.5 wird mit der ServiceProvider-Annotation die Klasse Mp3DatabaseFinder als Implementation des Service Mp3Finder registriert. Einziges Pflicht-Attribut ist das service-Attribut, womit Sie bestimmen, welchen Service Sie bereitstellen möchten. Mit dem position-Attribut können Sie die Reihenfolge beeinflussen, in der mehrere Service Provider vom Lookup geliefert werden. Mit supersedes können Sie eine Liste von bereits registrierten Service Providern angeben, die durch diese Registrierung ersetzt werden. Auf diese Weise können Sie z. B. eine registrierte Standard-Implementation eines Service entfernen. Zuletzt bleibt noch das path-Attribut. Hiermit können Sie einen Namen bzw. einen ganzen Pfad (z. B. *MyServices/Mp3Services*) angeben, unter dem die Service Provider Configuration-Datei angelegt wird. Dabei wird dann statt *META-INF/services* das Verzeichnis *META-INF/namedservices* verwendet. Für das in Listing 5.5 dargestellte Beispiel würde die Configuration-Datei dann im Verzeichnis *META-INF/namedservices/Mp3FinderServices* abgelegt werden. Somit ist die Implementation für ein Lookup zugänglich, das Sie mit Lookups.forPath() erzeugen lassen.

5.3.2 Die Service Provider Configuration-Datei

Service Provider können auch mittels einer **Service Provider Configuration-**Datei registriert werden. Eine solche wird nämlich bei Verwendung der ServiceProvider-Annotation im Hintergrund erzeugt. Diese Variante ist Teil der Java **JAR File Specification**. Eine Service Provider Configuration-Datei benennt mit ihrem Namen einen Service und listet mit ihrem Inhalt alle Service Provider auf. Diese Datei muss sich im Verzeichnis *META-INF/services* befinden, das im *src/*-Verzeichnis eines Moduls – oder mit anderen Worten – auf dem Klassenpfad eines Moduls liegen muss.

src/META-INF/services/com.galileo.netbeans.module.Mp3Finder

```
com.galileo.netbeans.module.Mp3DatabaseFinder
com.galileo.netbeans.module.Mp3FilesystemFinder
```

In diesem Beispiel werden zwei Service Provider für den Service, also das Interface oder die abstrakte Klasse, `Mp3Finder` registriert. Das globale Lookup, also das Standard-Lookup (`Lookup.getDefault()`) kann die im Verzeichnis *META-INF/services* vorhandenen Services auffinden und die jeweiligen Provider instanziieren. Dazu ist es wichtig, dass jeder Service Provider einen Standard-Konstruktor besitzt. Wie in Abschnitt 5.3.1 bereits beschrieben wurde, können Sie Ihre Service-Implementation auch unter einem bestimmten Namen veröffentlichen und dadurch schneller zugänglich machen. Dazu erstellen Sie die Configuration-Datei im *META-INF/namedservices*-Verzeichnis. Unterordner dieses Verzeichnisses geben dabei den Namen an, also z. B. *META-INF/namedservices/Mp3FinderServices*. Die dort registrierten Services erhalten Sie über ein mit `Lookups.forPath("Mp3FinderServices")` erstelltes Lookup.

Auf Basis der Spezifikation der Service Provider Configuration-Datei stellt die NetBeans Platform zwei Erweiterungen zur Verfügung, mit denen es möglich ist, vorhandene Service Provider zu entfernen und die Reihenfolge der Service Provider zu beeinflussen. Damit die Datei aber weiterhin mit der Java-Spezifikation konform ist, wird den Erweiterungen das Kommentarzeichen »#« vorangestellt. Somit werden diese Zeilen von der JDK-Implementation ignoriert.

Entfernen eines Service Providers

Es ist möglich, einen Service Provider, der von einem anderen Modul registriert wurde, zu entfernen. Dies kann z. B. dazu verwendet werden, die Standard-Implementation eines Service der NetBeans Platform durch eine eigene Implementation zu ersetzen.

Einen Service Provider können Sie durch folgenden Eintrag in Ihrer Service Provider Configuration-Datei entfernen. Dabei können Sie dann gleichzeitig Ihren eigenen Provider angeben:

```
# remove the other implementation (by prefixing the line with #-)
#-org.netbeans.core.ServiceImpl
# provide my own
com.galileo.netbeans.module.MyServiceImpl
```

Reihenfolge der Service Provider

Die Reihenfolge, in der die Service Provider vom Lookup zurückgeliefert werden, kann durch eine Positionsangabe für jeden einzelnen Providereintrag gesteuert werden.

Dies ist z. B. notwendig für die bestimmte Platzierung von zusätzlichen Komponenten in der Statusbar (siehe dazu Abschnitt 11.1) oder aber auch um sicherzustellen, dass die eigene Implementation vor der Plattform-Implementation aufgerufen wird. Es sind auch negative Werte erlaubt. Dabei sorgt die NetBeans Platform dafür, dass eine Instanz mit kleinerer Nummer vor der mit einer größeren Nummer geliefert wird. Dazu wird der Service Provider Configuration-Datei Folgendes hinzugefügt:

```
com.galileo.netbeans.module.MyServiceImpl
#position=20
com.galileo.netbeans.module.MyImportantServiceImpl
#position=10
```

Dabei ist es empfehlenswert, die Positionswerte – wie hier im Beispiel – in größeren Abständen zu vergeben. Das spätere Einfügen weiterer Implementierungen ist so leichter möglich.

5.3.3 Der Services-Folder

Eine weitere Möglichkeit, einen Service Provider bereitzustellen, ist die Registrierung über den Services-Folder in der Layer-Datei eines Moduls.

```xml
<folder name="Services">
    <folder name="Mp3Services">
        <file name="com-galileo-netbeans-module-
            Mp3DatabaseFinder.instance">
            <attr name="instanceOf" stringvalue="com.galileo.
                netbeans.module.Mp3Finder"/>
        </file>
    </folder>
</folder>
```

Listing 5.6 Registrieren von Service Providern in der Layer-Datei

Wird ein Service Provider über das Standard-Lookup verlangt, sucht dieses im Services-Folder und dessen Unterverzeichnissen nach Instanzen, die mit dem verlangten Service Interface übereinstimmen. Das heißt, die Services können beliebig in eigenen Foldern, wie hier im Beispiel im Folder Mp3Services, gruppiert werden.

Im Unterschied zur Registrierung über eine Service Provider Configuration-Datei, bei der der Service Provider stets einen Standard-Konstruktor besitzen muss, können Sie hier mit dem instanceCreate-Attribut eine statische Methode angeben, mit der der Service Provider erzeugt werden kann. Angenommen, der zuvor erstellte Provider `Mp3DatabaseFinder` verfügt über eine statische Methode `getDefault()`, die eine Instanz zurückliefert, dann kann folgendes Attribut hinzugefügt werden:

```
<attr name="instanceCreate" methodvalue="com.galileo.netbeans.
   module.Mp3DatabaseFinder.getDefault"/>
```

Somit wird der Service Provider nicht durch den Standard-Konstruktor, sondern durch die statische Methode `getDefault()` erzeugt (ausführliche Informationen zu diesem Attribut und den damit in Verbindung stehenden *.instance*-Dateien finden Sie in Abschnitt 3.4.2).

Auch bei der Registrierung über den `Services`-Folder haben Sie die Möglichkeit, vorhandene Service Provider zu entfernen und die Reihenfolge der Provider festzulegen. In beiden Fällen sind das Standardeigenschaften der Layer-Datei. Entfernen können Sie einen Service Provider durch das Anfügen von `_hidden` an seinen Namen, wie das z. B. auch bei Menüeinträgen vorgenommen wird (siehe Abschnitt 9.1.3).

```
<file name="com-galileo-netbeans-module-ServImp.instance_hidden">
```

Die Reihenfolge, in der die Service Provider geliefert werden, können Sie durch die Verwendung des `position`-Attributs festlegen, so wie auch bei anderen Einträgen der Layer-Datei vorgegangen wird (siehe dazu Abschnitt 3.4.1).

```
<folder name="Services">
   <file name="com-galileo-netbeans-module-ServImp.instance">
      <attr name="position" intvalue="10"/>
   </file>
   <file name="com-galileo-netbeans-module-ServImp2.instance">
      <attr name="position" intvalue="20"/>
   </file>
</folder>
```

In diesem Beispiel wird durch die `position`-Attribute festgelegt, dass der Service Provider `ServImp` vor `ServImp2` ausgegeben wird.

5.4 Intermodulkommunikation

Neben dem globalen Lookup, das von der NetBeans Platform zur Verfügung gestellt wird und Zugriff auf alle registrierten Services bietet, besteht die Möglichkeit, dass Sie Ihre eigenen Komponenten mit einem lokalen Lookup ausstatten. Die **Lookup API** bietet neben einer Factory zum Erzeugen eigener Lookups auch die Möglichkeit, auf Veränderungen in einem Lookup zu reagieren. Mit der Klasse `ProxyLookup` können Sie außerdem einen Proxy für mehrere Lookups erstellen. Diese Funktionalität der Lookup API und SPI wollen wir im Folgenden dazu nutzen, eine Kommunikation zwischen Komponenten verschiedener Module zu realisieren, ohne dass diese in Abhängigkeit zueinander stehen müssen.

Ein typischer Anwendungsfall für die Kommunikation von lose gekoppelten Modulen ist die Darstellung von Detailinformationen eines ausgewählten Objektes, wobei die Auswahl des Objektes und die Darstellung der Informationen von verschiedenen Modulen aus erfolgen sollen. Als Beispiel können Sie sich wieder eine Liste vorstellen, in der die Suchresultate von MP3-Dateien dargestellt werden. Wählt man nun einen Eintrag in dieser Liste aus, soll der selektierte Eintrag über ein Lookup zur Verfügung gestellt werden, sodass andere auf diesen Eintrag zugreifen und die entsprechenden Informationen darstellen können.

Es handelt sich hier also gewissermaßen um ein **Observer-Muster**. Das Modul, das die Objekte bereitstellt, also die Suchliste, ist das Subject, und das Modul, das die Informationen darstellt, ist ein Observer. Es können somit beliebig viele Module vorhanden sein, die die Daten bzw. Detailinformationen in entsprechender Form darstellen können. Der Vorteil ist wieder die lose Kopplung der Module: Sie sind vollständig unabhängig voneinander. Der einzige gemeinsame Nenner ist das jeweils zur Verfügung gestellte Objekt, dessen Informationen verarbeitet werden sollen. Diese lose Kopplung wird erreicht, indem sich der Observer nicht direkt beim Subject registriert, sondern bei einer Proxy-Komponente.

In Abbildung 5.3 ist das Beispiel dargestellt, das wir nachfolgend implementieren werden. Dabei befinden sich die beiden angezeigten Fenster jeweils in einem eigenen Modul und sind nicht voneinander abhängig. Das heißt, die Module könnten beliebig ausgetauscht bzw. neue und andere können hinzugefügt werden.

Die Struktur dieses Konzeptes ist in Abbildung 5.4 dargestellt. Die Klasse `Mp3SearchList` in Modul A stellt eine Liste mit Suchergebnissen dar. Ein Eintrag der Suchergebnisse wird durch die Klasse `Mp3FileObject` repräsentiert, die sich in einem separaten Modul befindet, da diese Klasse gewissermaßen den kleinsten gemeinsamen Nenner aller beteiligten Module darstellt. Wird nun ein Eintrag aus der Liste selektiert, wird diese aktuelle `Mp3FileObject`-Instanz im lokalen Lookup bereitgestellt.

Intermodulkommunikation | **5.4**

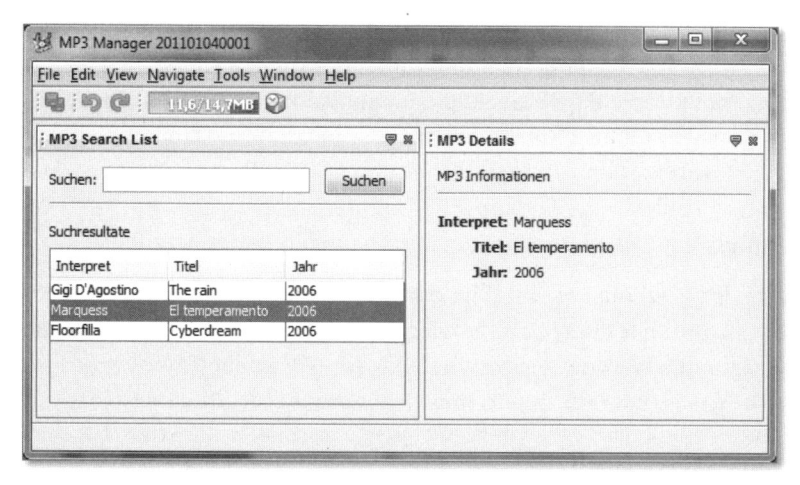

Abbildung 5.3 Typisches Anwendungsbeispiel, bei dem Daten zwischen zwei Modulen ausgetauscht werden sollen, ohne dass diese voneinander abhängen.

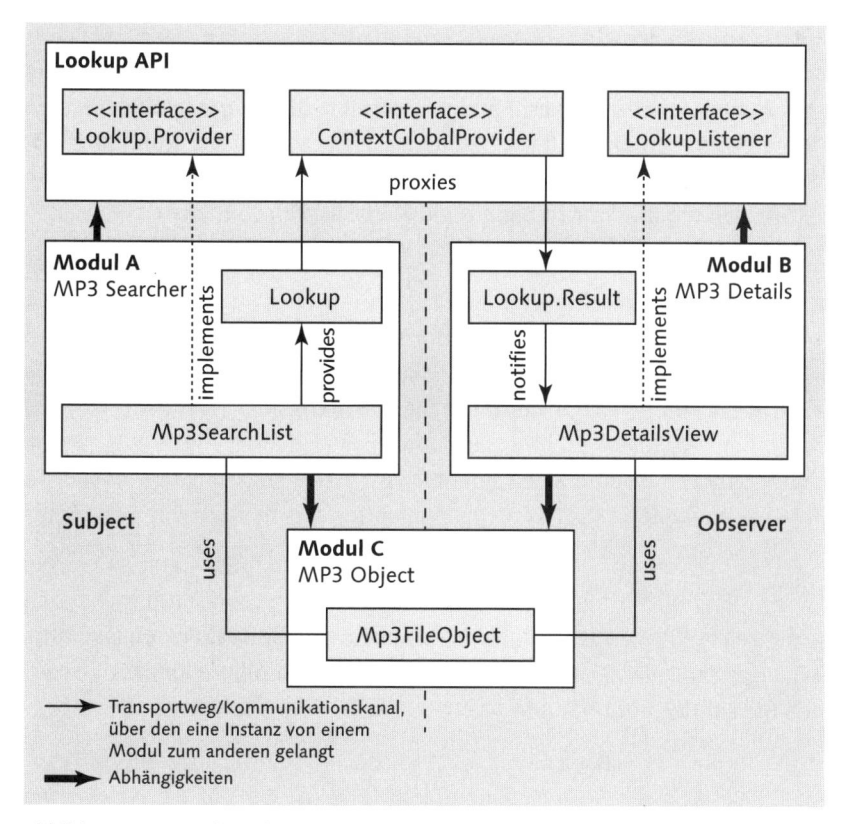

Abbildung 5.4 Struktur des Intermodulkommunikationskonzeptes mit einem lokalen Lookup über eine Proxy-Komponente zur Entkopplung von Subject und Observer

Für die Entkopplung von Modul A und B benötigten wir einen zentralen Vermittler, d. h. eine Proxy-Komponente – im Bild durch das Interface ContextGlobalProvider dargestellt –, der das lokale Lookup von Modul A Modul B zur Verfügung stellt, das ja die aktuell selektierte Instanz beinhaltet. Damit nun diese zentrale Proxy-Komponente auf das lokale Lookup der Klasse Mp3SearchList zugreifen kann, spezifiziert die Lookup API das Interface Lookup.Provider. Dieses Interface muss von der Klasse Mp3SearchList implementiert werden.

Über die Methode getLookup() kann dann das lokale Lookup zur Verfügung gestellt werden. Das Lookup.Provider-Interface wird von der Klasse TopComponent, von der ja alle im NetBeans Window System darstellbaren Fenster abgeleitet werden (so auch die Klasse Mp3SearchList), bereits implementiert.

Das NetBeans Window System stellt uns praktischerweise eine Instanz der zentralen Proxy-Komponente zur Verfügung. Das ist die Klasse GlobalActionContextImpl. Diese liefert ein Proxy-Lookup, das Zugriff auf das lokale Lookup der Klasse TopComponent hat, auf der gerade der Fokus liegt. An dieses Lookup gelangen wir ganz einfach über die statische Hilfsmethode Utilitites.actionsGlobalContext(). Somit müssen wir uns um die ContextGlobalProvider-Instanz überhaupt nicht kümmern und bekommen direkt das globale Proxy-Lookup geliefert. Wenn Sie an dieser Stelle noch tiefer einsteigen und sich mit diesem Konzept genauer befassen möchten, lohnt sich sicher auch ein Blick in den Quelltext der genannten Methoden und Klassen.

Die Klasse Mp3DetailsView verschafft sich also Zugriff auf das lokale Lookup von Mp3SearchList über den Aufruf von Utilities.actionsGlobalContext(). Von diesem globalen Proxy-Lookup erzeugen wir nun ein Lookup.Result für den Typ Mp3FileObject. Ein Objekt der Klasse Lookup.Result stellt eine Untermenge eines Lookups für einen ganz bestimmten Typ zur Verfügung. Der große Vorteil ist dabei, dass auf Änderungen in dieser Untermenge über ein LookupListener reagiert werden kann. Meine Komponente wird also benachrichtigt, sobald in Mp3SearchList ein anderes Mp3FileObject selektiert wurde oder wenn das Fenster von Mp3SearchList nicht mehr im Fokus steht und somit z. B. keine MP3-Detailinformationen angezeigt werden sollen.

Nachfolgend sehen Sie die Klassen dieser Beispielanwendung. Dabei sind nur die jeweils wichtigsten Teile der Klassen abgebildet. Das komplette, lauffähige Projekt finden Sie auf der Bonus-Seite.

Zunächst haben wir die Klasse Mp3SearchList, die ein Fenster darstellt und deshalb von der Basisklasse TopComponent ableitet. Damit wir auf das Selektieren eines Eintrags aus der Ergebnisliste reagieren können, implementieren wir das ListSelectionListener-Interface. Als private Datenelemente haben wir ein

Datenmodell, das die Daten der Tabelle verwaltet. Zu Demonstrationszwecken habe ich hier ein einfaches Datenmodell angelegt, das in seinem Konstruktor exemplarisch drei Objekte der Klasse Mp3FileObject erzeugt und hinzufügt. Diese Daten würden natürlich gewöhnlich vom Suchalgorithmus geliefert werden. Das zweite private Datenelement ist eine InstanceContent-Instanz. Über dieses Objekt haben wir die Möglichkeit, den Inhalt unseres lokalen Lookups dynamisch zu verändern. Im Konstruktor von Mp3SearchList erstellen wir dann mit der Klasse AbstractLookup unser lokales Lookup, dem wir das InstanceContent-Objekt übergeben. Mit der Methode associateLookup() wird das lokale Lookup gesetzt, sodass es von der getLookup()-Methode geliefert wird.

In der Methode valueChanged(), die aufgerufen wird, wenn ein Datensatz in der Tabelle selektiert wird, holen wir uns den selektierten Datensatz aus dem Datenmodell, verpacken diesen in eine Collection und übergeben diese unserer InstanceContent-Instanz, die sich ja im Lookup befindet. Auf diese Weise liegt das selektierte Element stets im lokalen Lookup.

```java
public class Mp3SearchList extends TopComponent
   implements ListSelectionListener {
   private Mp3SearchListModel model = new Mp3SearchListModel();
   private InstanceContent content = new InstanceContent();
   public Mp3SearchList() {
      initComponents();
      searchResults.setModel(model);
      searchResults.getSelectionModel().
         addListSelectionListener(this);
      associateLookup(new AbstractLookup(content));
   }
   public void valueChanged(ListSelectionEvent event) {
      if(!event.getValueIsAdjusting()) {
         Mp3FileObject mp3 =
            model.getRow(searchResults.getSelectedRow());
         content.set(Collections.singleton(mp3), null);
      }
   }
}
```

Listing 5.7 Mp3SearchList stellt die Suchergebnisse in einer Tabelle dar und fügt den jeweils selektierten Datensatz dem Lookup hinzu.

5 | Das Lookup-Konzept

Das Datenmodell `Mp3SearchListModel` der Tabelle mit den Suchergebnissen ist hier exemplarisch sehr klein und einfach gehalten. Im Konstruktor werden direkt drei Objekte vom Typ `Mp3FileObject` erzeugt.

```
import javax.swing.table.AbstractTableModel;
...
public class Mp3SearchListModel extends AbstractTableModel {
   private String[] columns = {"Interpret", "Titel", "Jahr"};
   private List<Mp3FileObject> data =
      new ArrayList<Mp3FileObject>();
   public Mp3SearchListModel() {
      data.add(new Mp3FileObject(
         "Gigi D'Agostino", "The rain", "2006"));
      data.add(new Mp3FileObject(
         "Marquess", "El temperamento", "2006"));
      data.add(new Mp3FileObject(
         "Floorfilla", "Cyberdream", "2006"));
   }
   public Mp3FileObject getRow(int row) {
      return data.get(row);
   }
   @Override
   public Object getValueAt(int row, int col) {
      Mp3FileObject mp3 = data.get(row);
      switch(col) {
         case 0: return mp3.getArtist();
         case 1: return mp3.getTitle();
         case 2: return mp3.getYear();
      }
      return "";
   }
}
```

Listing 5.8 Vereinfachtes Datenmodell, das die Daten für die Ergebnisliste verwaltet und bereitstellt.

Die Klasse `Mp3DetailsView` ist das Fenster, das die Informationen des in `Mp3SearchList` selektierten Eintrags darstellt. Damit wir über die Veränderungen im Lookup benachrichtigt werden, wenn also ein anderer Eintrag selektiert wurde, implementieren wir das `LookupListener`-Interface.

Als privates Datenelement existiert ein `Lookup.Result`, mit dem wir die Möglichkeit haben, auf Veränderungen eines ganz bestimmten Typs – hier `Mp3FileObject` – im Lookup zu reagieren. Wird das Fenster in der Anwendung geöffnet, wird die Methode `componentOpened()` aufgerufen. In dieser holen wir uns das Lookup der Proxy-Komponente, die stets an das lokale Lookup der gerade aktiven `TopComponent` delegiert. Dies erreichen wir über die Methode `Utilities.actionsGlobalContext()`. Auf dieses Proxy-Lookup erstellen wir nun unser `Lookup.Result` für den Typ `Mp3FileObject` und registrieren darauf einen `LookupListener`.

Liegt der Fokus nun auf einer `TopComponent`, die in ihrem lokalen Lookup eine oder mehrere Instanzen von diesem Typ bereithält, wird die Methode `resultChanged()` aufgerufen. In dieser müssen wir dann nur noch die Instanzen auslesen und können die Informationen entsprechend darstellen.

```java
public class Mp3DetailsView extends TopComponent
    implements LookupListener {
  private Lookup.Result<Mp3FileObject> result = null;
  public Mp3DetailsView() {
    initComponents();
  }
  public void componentOpened() {
    result = Utilities.actionsGlobalContext().
        lookupResult(Mp3FileObject.class);
    result.addLookupListener(this);
  }
  public void resultChanged(LookupEvent event) {
    Collection<? extends Mp3FileObject> mp3s =
      result.allInstances();
    if(!mp3s.isEmpty()) {
      Mp3FileObject mp3 = mp3s.iterator().next();
      artist.setText(mp3.getArtist());
      title.setText(mp3.getTitle());
      year.setText(mp3.getYear());
    }
  }
}
```

Listing 5.9 Im Fenster Mp3DetailsView werden die Informationen des in Mp3SearchList selektierten Mp3FileObject angezeigt.

5 | Das Lookup-Konzept

Die Daten, die von `Mp3SearchList` bereitgestellt und von `Mp3DetailsView` dargestellt werden, befinden sich in der Klasse `Mp3FileObject`. Diese Klasse sollte sich für eine optimale Kapselung und Wiederverwendung in einem separaten Modul befinden, wie das hier mit Modul C der Fall ist. Damit die Module A und B Zugriff auf diese Klasse haben, müssen diese eine Abhängigkeit auf Modul C beinhalten. Wird die Klasse `Mp3FileObject` ausschließlich von Modul A bereitgestellt, wäre es auch denkbar, sie in Modul A zu verschieben.

```java
public class Mp3FileObject {
   private String artist;
   private String title;
   private String year;
   public Mp3FileObject(String artist,
                        String title,
                        String year) {
      this.artist = artist;
      this.title  = title;
      this.year   = year;
   }
   public String getArtist() {
      return this.artist;
   }
   public String getTitle() {
      return this.title;
   }
   public String getYear() {
      return this.year;
   }
}
```

Listing 5.10 Mp3FileObject stellt die Daten zur Verfügung.

Als Proxy-Komponente verwenden wir hier im Beispiel das von der NetBeans Platform zur Verfügung gestellte globale Proxy-Lookup, das an das lokale Lookup der jeweils aktiven `TopComponent` delegiert. In Abbildung 5.4 wird dies durch das Interface `ContextGlobalProvider` dargestellt. An die Stelle dieses globalen Proxy-Lookups der Plattform könnte auch problemlos eine eigene Implementation treten. Diese muss lediglich das lokale Lookup der Komponente, die die Daten bereitstellt, also das Subject, den Observer-Komponenten zugänglich machen.

5.5 Dynamisches Lookup

In Abschnitt 5.4 haben wir einen typischen Anwendungsfall für das Lookup behandelt. Dabei haben Sie gelernt, wie Sie einem Lookup über ein InstanceContent-Objekt Instanzen Ihrer eigenen Klassen hinzufügen. In diesem Abschnitt möchte ich Ihnen nun zeigen, wie Sie mit einer kleinen Hilfsklasse sich die Lookup API für ganz generelle Anwendungszwecke zunutze machen können. Wir erstellen dazu eine eigene Lookup-Klasse auf Basis der AbstractLookup-Klasse. Diese soll zentral zur Verfügung stehen und wird deshalb mit einem Singleton-Pattern implementiert.

```java
import org.openide.util.lookup.AbstractLookup;
import org.openide.util.lookup.InstanceContent;
public class DynamicLookup extends AbstractLookup {
   private static DynamicLookup lookup = new DynamicLookup();
   private InstanceContent content = new InstanceContent();
   private DynamicLookup() {
   }
   public void add(Object instance) {
      content.add(instance);
   }
   public void remove(Object instance) {
      content.remove(instance);
   }
   public static DynamicLookup getDefault(){
      return lookup;
   }
}
```

Listing 5.11 Dynamisches Lookup, dem zentral Objekte hinzugefügt werden können, die auch wieder entfernt werden können.

Diese einfache Lookup-Klasse beinhaltet das InstanceContent-Objekt, das Sie bereits in Abschnitt 5.4 verwendet haben, selbst und verwaltet damit die Objekte, die Sie hinzufügen möchten. Mit der getDefault()-Methode liefern wir die zentrale Instanz des dynamischen Lookups. Mit den beiden Methoden add() und remove() können Sie von beliebiger Stelle aus Objekte hinzufügen und auf diese zugreifen. So entsteht auf einfache Weise eine multidirektionale Kommunikation.

Natürlich besteht auch bei diesem Lookup die Möglichkeit, einen Listener (`LookupListener`) zu registrieren (siehe Abschnitt 5.4), um damit z. B. auf das Vorhandensein eines bestimmten Objekts zu reagieren.

5.6 Java Service Loader

Die Java API (ab Version 6) stellt mit der Klasse `ServiceLoader` eine Art Lookup zur Verfügung. Die Klasse `ServiceLoader` kann Service Provider laden, die über das *META-INF/services*-Verzeichnis registriert wurden. Sie entspricht somit in der Funktion dem NetBeans Standard Lookup, das Sie über `Lookup.get-Default()` laden können. Ein **Service Loader** wird stets für einen speziellen Klassentyp über das `Class`-Objekt des Service Interfaces oder der abstrakten Service-Klasse angelegt. Erzeugen können Sie einen Service Loader mit einer statischen Methode. In Abhängigkeit davon, mit welchem Classloader die Service Provider geladen werden sollen, stehen Ihnen drei verschiedene Methoden zur Verfügung.

Standardmäßig werden Service Provider über den Context Classloader des aktuellen Threads geladen. Innerhalb der NetBeans Platform ist dies der System Classloader (Informationen zum NetBeans Classloader System finden Sie in Abschnitt 2.4), d. h., es können Service Provider aus allen Modulen geladen werden. Dafür erzeugen Sie den Service Loader wie folgt:

```
SeviecLoader<Mp3Finder> s = ServiceLoader.load(Mp3Finder.class);
```

Um Service Provider über einen speziellen Classloader zu laden, also z. B. über den Module Classloader, damit nur Service Provider aus Ihrem eigenen Modul geladen werden, können Sie folgende Methode zum Erzeugen Ihres Service Loaders verwenden:

```
ServiceLoader<Mp3Finder> s = ServiceLoader.load(
    Mp3Finder.class, this.getClass().getClassLoader());
```

Darüber hinaus haben Sie die Möglichkeit, einen Service Loader zu erstellen, der nur installierte Service Provider lädt, d. h. Service Provider, deren JAR-Archiv sich im Verzeichnis *lib/ext* oder im systemweiten, plattformspezifischen Extension-Verzeichnis befindet. Service Provider auf dem Klassenpfad werden ignoriert. Diesen Service Loader erstellen Sie wie folgt:

```
ServiceLoader<Mp3Finder> s = ServiceLoader.loadInstalled(
    Mp3Finder.class);
```

Abrufen können Sie die Service Provider über einen Iterator. Dieser lädt die Provider dann dynamisch, also erst, wenn sie erfragt werden. Die geladenen Provider werden in einem internen Cache gehalten. Der Iterator liefert zunächst die Service Provider aus dem Cache, die durch einen früheren Aufruf bereits geladen wurden. Erst dann werden die verbleibenden, noch nicht geladenen Provider ausgegeben. Den internen Cache können Sie mit der Methode reload() löschen. Somit werden alle Service Provider erneut geladen.

```
Iterator<Mp3Finder> i = s.iterator();
if(i.hasNext()) {
   Mp3Finder finder = i.next();
}
```

Kann ein Provider nicht instanziiert werden, entspricht er nicht dem angegebenen Typ oder ist die Configuration-Datei fehlerhaft, so wird ein ServiceConfigurationError ausgelöst.

Ein wichtiger und zentraler Bestandteil jeder Anwendung sind Aktionen. In diesem Kapitel lernen Sie, wie Sie verschiedene Typen von Aktionen erstellen und registrieren können. Dazu stelle ich Ihnen das Action Framework der NetBeans Platform vor, das die Entwicklung und Integration Ihrer Aktionsklassen enorm erleichtert.

6 Aktionen

Die Aktionsbehandlung der NetBeans Platform basiert auf dem **Swing Action Framework**. Letztendlich beruht somit jede Aktion auf dem Swing-Interface ActionListener bzw. Action. Der Nutzen der NetBeans Platform liegt darin, dass diese für verschiedene, wiederkehrende Typen von Aktionen eine Infrastruktur bereitstellt. Mussten Sie bisher je nach Aktionstyp von einer speziellen Klasse ableiten, so weisen nun alle Aktionen seit NetBeans Platform 7 eine einheitliche Form auf. Alle müssen nur noch das ActionListener-Interface implementieren. Abgesehen davon, dass somit die Aktionen leichter wiederverwendbar sind, ist die Implementation von Aktionen für Sie als Entwickler noch transparenter geworden. Die Fleißarbeit erledigt die NetBeans Platform im Hintergrund.

> **Enorm vereinfacht: Aktionen in NetBeans Platform 7**
> Sie implementieren nur noch ihre Aktionslogik über ein ActionListener-Interface. Meta-Informationen, wie etwa die ID, den Namen oder das Icon ihrer Aktion, fügen Sie einfach über Annotations hinzu. Den Rest erledigt die NetBeans Platform für Sie.

Es können nicht nur rudimentäre Aktionsklassen erstellt werden, die ihre Logik gekapselt ausführen (**AlwaysEnabled**). Vielmehr können auch Aktionen erstellt werden, die an dynamisch bereitgestellte Aktionen weiterleiten (**Callback**), oder Aktionen, die einen bestimmten Kontext in ihre Logik mit einbeziehen können (**ContextAware**). In Abbildung 6.1 sehen Sie diese drei hauptsächlichen Aktionstypen nochmals in der Übersicht mit ihren wesentlichen Merkmalen.

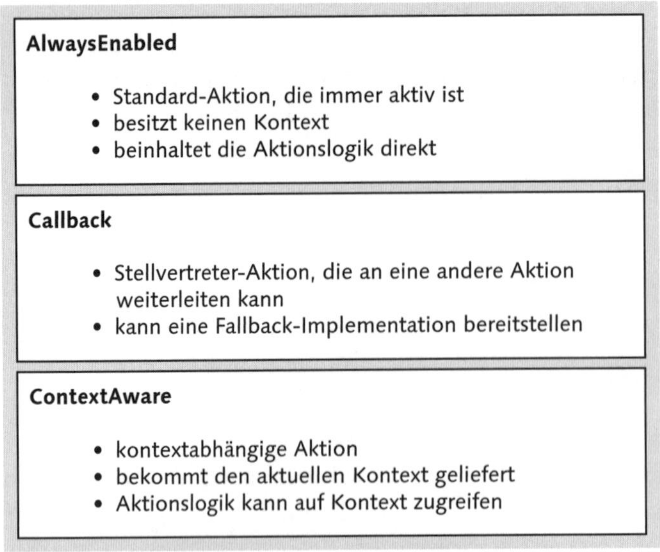

AlwaysEnabled

- Standard-Aktion, die immer aktiv ist
- besitzt keinen Kontext
- beinhaltet die Aktionslogik direkt

Callback

- Stellvertreter-Aktion, die an eine andere Aktion weiterleiten kann
- kann eine Fallback-Implementation bereitstellen

ContextAware

- kontextabhängige Aktion
- bekommt den aktuellen Kontext geliefert
- Aktionslogik kann auf Kontext zugreifen

Abbildung 6.1 Verschiedene Aktionstypen innerhalb der NetBeans Platform

Die Registrierung von Aktionen erfolgt zentral in der Layer-Datei Ihres Moduls im Standard-Folder Actions. Auf diese zentrale Registratur kann dann von anderen Stellen aus referenziert werden. Dies hat den großen Vorteil, dass die Aktionen an verschiedenen Stellen mehrfach verwendet werden können, also z. B. in der Menubar, in der Toolbar und im Anwendungsmodul selbst in Verbindung mit einem Steuerelement. Dabei wird aber von der Plattform nur eine Instanz der Aktionsklasse erzeugt. Ein weiterer Grund für die zentrale Deklaration der Aktionen ist die Möglichkeit der benutzerspezifischen Anpassung der Toolbar. Denn so können dem Benutzer alle zur Verfügung stehenden Aktionen angezeigt und vom Benutzer beliebig den Toolbars zugeordnet werden. Entfernt der Benutzer einen Eintrag der Toolbar, geht die Aktion aber nicht verloren, da nur die Referenz zur Aktion gelöscht wird und nicht die Aktion selbst.

Um die Registrierung und Zuordnung von Aktionen zu vereinfachen bringt die NetBeans Platform 7 eine weitere Neuerung mit sich. Anstelle der manuellen Registration und Zuordnung in der Layer-Datei, werden nun Annotations verwendet. Aus diesen Informationen werden dann beim Erstellen der Anwendung die entsprechenden Layer-Einträge automatisch generiert. Dennoch sind Sie nicht dazu gezwungen, Annotations zu verwenden. Sie können auch weiterhin die Layer-Einträge selbst direkt in der Layer-Datei erstellen.

Wie Sie Aktionen auf einfache Weise erstellen, wie diese aufgebaut sind und wie Sie diese über Annotations oder durch einen manuellen Layer-Eintrag registrieren, erläutere ich Ihnen in den nachfolgenden Abschnitten. Dabei verwenden wir den von der NetBeans IDE bereitgestellten Wizard zur Erstellung von Aktionsklassen. Sie werden aber sehen, dass die Aktionsklassen derart einfach sind, dass Sie nicht unbedingt auf den Wizard angewiesen sind.

6.1 AlwaysEnabled-Aktionen

Wählen Sie FILE • NEW FILE... • MODULE DEVELOPMENT • ACTION, um den Wizard zur Erstellung einer neuen Aktionsklasse aufzurufen. Im ersten Schritt können Sie den Typ der Aktion auswählen. Dabei haben Sie die Wahl zwischen einer stets aktivierten (ALWAYS ENABLED) und bedingt aktivierten Aktion (CONDITIONALLY ENABLED). Wir wollen eine Aktion erstellen, die dem Benutzer immer zur Verfügung steht, und wählen deshalb ALWAYS ENABLED. Im nächsten Schritt können Sie dann Ihre Aktionsklasse in die Menubar und Toolbar integrieren und auch einen Shortcut festlegen (siehe Abbildung 6.2). An dieser Stelle soll es uns aber nur um die Aktionen selbst gehen, sodass wir diese Optionen deaktivieren und lediglich die zu erstellende Aktion einer bestehenden oder einer neuen Kategorie zuordnen.

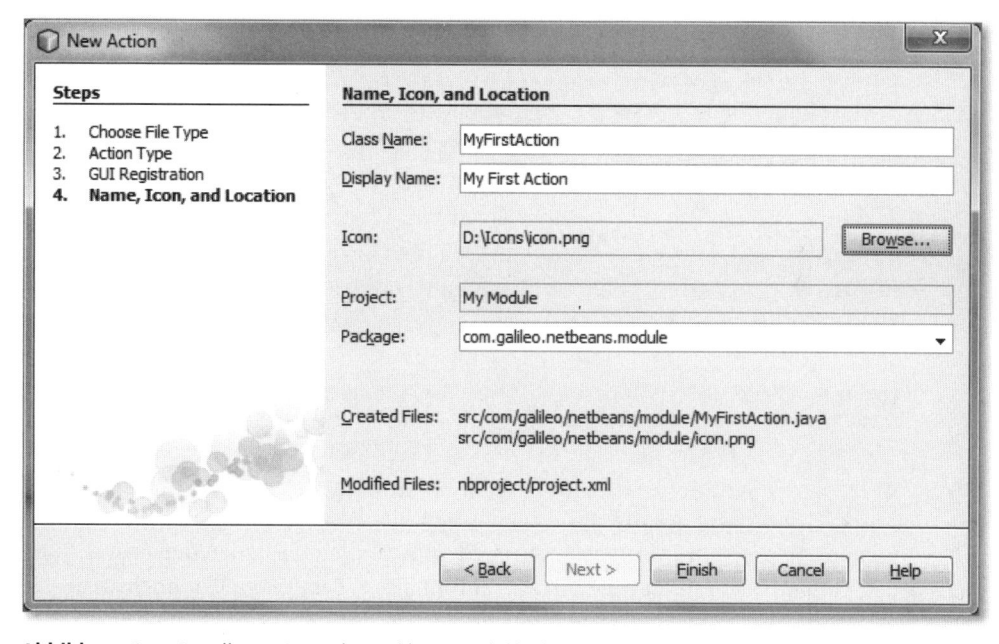

Abbildung 6.2 Erstellung einer Aktionsklasse mithilfe des NetBeans Wizards

Klicken Sie auf die Schaltfläche NEXT, um zum letzten Schritt zu gelangen. Dort können Sie den Namen der Aktionsklasse und den Namen festlegen, der im

Menü angezeigt werden soll. Weiterhin können bzw. müssen Sie ein Icon für die Aktion auswählen. Dieses Icon sollte typischerweise 16 × 16 Pixel groß sein. Da der Benutzer die Möglichkeit hat, die Toolbar in zwei verschiedenen Größen darzustellen, sollten Sie das gleiche Icon noch in der Größe 24 × 24 Pixel bereitstellen. Dieses müssen Sie aber nicht extra auswählen, sondern es muss lediglich im gleichen Ordner liegen und den gleichen Dateinamen mit angehängter 24 tragen. Heißt das Icon mit 16 × 16 Pixel z. B. *icon.gif*, muss das Icon mit 24 × 24 Pixel *icon24.gif* heißen. Darüber hinaus können Sie die Icons *icon_pressed.gif*, *icon_disabled.gif*, *icon_rollover.gif* für die entsprechenden Zustände bereitstellen. Klicken Sie anschließend auf FINISH, um den Wizard abzuschließen und die Aktionsklasse generieren zu lassen. Sehen wir uns nun die Aktionsklasse an:

```java
import java.awt.event.ActionEvent;
import java.awt.event.ActionListener;
import org.openide.awt.ActionID;
import org.openide.awt.ActionRegistration;
import org.openide.awt.ActionReferences;

@ActionID(
    id = "com.galileo.netbeans.MyFirstAction",
    category = "File")

@ActionRegistration(
    displayName = "#CTL_MyFirstAction",
    iconBase = "com/galileo/netbeans/icon.gif")

@ActionReferences({})
public final class MyFirstAction implements ActionListener {
    public void actionPerformed(ActionEvent e) {
        // TODO implement action body
    }
}
```

Listing 6.1 Beispiel einer Aktionsklasse, wobei die Zuordnung und die Bereitstellung von Meta-Infos über Annotations erfolgt

Als Erstes muss mit der `ActionID`-Annotation dafür gesorgt werden, dass jede Aktion einen eindeutigen Bezeichner aufweist. Dies erfolgt durch die Angabe einer eindeutigen Zeichenkette mit dem `id`-Parameter. Damit die ID auch wirklich eindeutig ist, empfiehlt es sich, den Klassennamen in Verbindung mit deren Code Name Base zu verwenden. Zudem muss die Aktion einer Kategorie zugeordnet werden. Dies kann entweder eine bereits bestehende oder aber eine neue Kategorie sein.

Mit der `ActionRegistration`-Annotation wird die Aktion unter dem mit der `ActionID` angegebenen Bezeichner registriert. Der Anzeigename wird durch die Angabe des Keys `#CTL_MyFirstAction` aus der *Bundle.properties*-Datei gelesen. Dies hat den Vorteil, dass der Name leicht lokalisiert, also an eine andere Sprache angepasst werden kann. Außerdem wird ein Icon mit dem `iconBase`-Parameter spezifiziert.

Die `ActionReferences`-Annotation, die vom Wizard automatisch erstellt wird, ignorieren wir an dieser Stelle. Damit wird eine Aktion einem Menü oder einer Toolbar zugeordnet. Darauf gehe ich in Kapitel 9, »Menubar und Toolbar«, ein.

Die Aktionsklasse selbst ist denkbar einfach. Lediglich die `actionPerformed()`-Methode des `ActionListener`-Interfaces muss implementiert werden. Mit dieser Methode soll die von Ihnen beabsichtigte Aktion ausgeführt werden.

Wie ich bereits zu Beginn des Kapitels angesprochen habe, ist die Registrierung von Aktionen mittels Annotations zwar die standardmäßige Vorgehensweise, dennoch müssen Sie diese nicht verwenden. Sie können ebenso gut Ihre Aktionen durch entsprechende Einträge in der Layer-Datei selbst der NetBeans Platform bekannt machen. Denn auch bei der Verwendung von Annotations geschieht im Prinzip nichts anderes – nur dass eben diese Einträge beim Erstellen Ihrer Anwendung automatisch aus den Informationen der Annotations erstellt werden. Für die Registrierung einer AlwaysEnabled-Aktionsklasse ohne Annotations erstellen Sie folgendes `.instance`-Element im `Actions`-Folder:

```
<file name="com-galileo-netbeans-MyFirstAction.instance">
  <attr name="displayName" bundlevalue=
    "com.galileo.netbeans.Bundle#CTL_MyFirstAction"/>
  <attr name="iconBase"
    stringvalue="com/galileo/netbeans/icon.gif"/>
  <attr name="instanceCreate"
    methodvalue="org.openide.awt.Actions.alwaysEnabled"/>
  <attr name="delegate"
    newvalue="com.galileo.netbeans.MyFirstAction"/>
</file>
```

Listing 6.2 Registrierung einer AlwaysEnabled-Aktion durch einen direkten Eintrag in der Layer-Datei

Die Attribute mit den zu den Annotations-Parametern korrespondierenden Namen entsprechen natürlich auch deren Bedeutung. In Tabelle 6.1 möchte ich Ihnen diese und weitere notwendige Attribute und deren Werte erläutern.

Attribut	Bedeutung
displayName	Name, unter dem die Aktion z. B. im Menü angezeigt wird (*stringvalue*). Kann auch aus einer *Bundle.properties*-Datei gelesen werden (*bundlevalue*).
iconBase	Pfad zu einem Icon, das z. B. im Menü oder in der Toolbar verwendet wird
instanceCreate	Gibt eine Factory-Methode an, die die Aktion erzeugen soll. Für eine AlwaysEnabled-Aktion ist dies: org.openide.awt.Actions.alwaysEnabled
delegate	Gibt die Implementation Ihrer Aktion an, aus der die oben genannte Factory-Methode die eigentliche Aktion erstellt.

Tabelle 6.1 Attribute eines .instance-Elements zur Registrierung einer AlwaysEnabled-Aktion

Zusätzlich zu diesen Attributen stehen Ihnen noch zwei weitere Attribute zur Verfügung, die Sie optional verwenden können. Diese sind in Tabelle 6.2 dargestellt.

Attribut	Bedeutung
noIconInMenu	Legt fest, dass im Menu kein Icon angezeigt wird – also auch kein Platzhalter, wenn Sie kein Icon mit iconBase angegeben haben.
asynchronous	Kann auf true oder false gesetzt werden. So können Sie Ihre Aktion auf einfache Weise asynchron ausführen lassen. Das heißt, die Aktion wird außerhalb des Event Dispatch Threads ausgeführt und blockiert damit nicht die GUI.

Tabelle 6.2 Optionale Attribute eines .instance-Elements zur Registrierung einer AlwaysEnabled-Aktion

6.2 Callback-Aktionen

Eine Callback-Aktion unterscheidet sich von einer AlwaysEnabled-Aktion dadurch, dass sie an eine andere, typischerweise kontextabhängige, Aktion delegieren kann. Eine Callback-Aktion beinhaltet also typischerweise keine Aktionslogik, sondern delegiert an einen sogenannten **Action Performer**. Für den Fall, dass kein Action Performer vorhanden ist, können Sie innerhalb der Callback-Aktion eine sogenannte Fallback-Implementation hinzufügen.

Callback-Aktionen werden vornehmlich für globale Aktionen verwendet, d. h. für Aktionen, die je nach Kontext verschiedenen Logiken folgen. Dies sind z. B.

Aktionen wie Suchen, Kopieren oder Einfügen. Solche globalen Aktionen werden auch bereits zahlreich von der Actions API der NetBeans Platform angeboten. Action Performer werden über eine Java-`ActionMap` zur Verfügung gestellt. Dabei wird in dieser Map der Action Performer zusammen mit dem Key der Callback-Aktion registriert. Über eine `ActionMap` verfügen standardmäßig alle Klassen, die von `JComponent` ableiten – so auch die NetBeans-Platform-Basisklasse `TopComponent`, die für Fenster verwendet wird, die innerhalb einer NetBeans-Platform-Anwendung dargestellt werden sollen (dazu mehr in Kapitel 10, »Window System«). Diese `ActionMap` wird über ein Lookup zur Verfügung gestellt.

Die Aufgabe einer Callback-Aktionsklasse ist es nun, im globalen Proxy-Lookup nachzuschauen, ob dort eine `ActionMap` vorhanden ist, und, wenn ja, zu prüfen, ob dort ein Action Performer für die eigene Aktion registriert wurde. Ist dies der Fall, werden die Aktionsrepräsentanten, also Menu- oder Toolbar-Einträge, automatisch aktiviert. Steht hingegen kein Action Performer und auch keine Fallback-Implementation zur Verfügung, werden sie deaktiviert.

Für die Erstellung einer Callback-Aktion stellt Ihnen die NetBeans IDE keinen speziellen Wizard zur Verfügung. Möchten Sie eine Callback-Aktion mit Fallback-Implementation erstellen, verwenden Sie einfach den Wizard für eine Always-Enabled-Aktionsklasse – wie in Abschnitt 6.1, »AlwaysEnabled-Aktionen«, beschrieben. Sie müssen dann lediglich der `ActionRegistration`-Annotation einen zusätzlichen Parameter hinzufügen. Noch einfacher geht es, wenn Sie keine Fallback-Implementation wünschen, dann wird lediglich der Key mit der `ActionID`- und `ActionRegistration`-Annotation versehen. Eine Klasse ist dann überhaupt nicht mehr notwendig.

Nachfolgend soll eine Aktion mit Fallback-Implementation zum Aktualisieren erzeugt werden. Diese soll in Abhängigkeit davon, auf welchem Fenster der Fokus liegt, eine unterschiedliche Aktion ausführen. Erstellen Sie also mit dem Wizard für eine AlwaysEnabled-Aktion eine Aktionsklasse mit dem Namen `RefreshAction`, und fügen Sie sie einem Menü und einer Toolbar hinzu. Die Klasse, die in Listing 6.3 bereits um den `key`-Parameter erweitert wurde, sollte dann folgendermaßen aussehen:

```
import java.awt.event.ActionEvent;
import java.awt.event.ActionListener;
import org.openide.awt.ActionRegistration;
import org.openide.awt.ActionReference;
import org.openide.awt.ActionReferences;
import org.openide.awt.ActionID;
@ActionID(
    category = "File",
```

```
        id = "com.galileo.netbeans.RefreshAction")
@ActionRegistration(
    iconBase = "com/galileo/netbeans/icon.gif",
    displayName = "#CTL_RefreshAction"
    key = "RefreshAction")
@ActionReferences({
    @ActionReference(path = "Menu/File", position = 900),
    @ActionReference(path = "Toolbars/File", position = 300)
})
public final class RefreshAction implements ActionListener {
    public void actionPerformed(ActionEvent e) {
        // TODO fallback implementation
    }
}
```

Listing 6.3 Callback-Aktion mit Fallback-Implementation

Der einzige Unterschied zu einer AlwaysEnabled-Aktion besteht darin, dass eine Callback-Aktion den zusätzlichen Parameter `key` verwendet. Sie können damit einen beliebigen Bezeichner vergeben, über den ein Action Performer angebunden wird.

Die Klasse `RefreshAction` selbst dient als Fallback-Implementation. Wenn Sie eine solche nicht benötigen, brauchen Sie nur einen Key wie folgt zu annotieren:

```
@ActionID(
    category = "File",
    id = "com.galileo.netbeans.RefreshAction")
@ActionRegistration(
    iconBase = "com/galileo/netbeans/icon.gif",
    displayName = "#CTL_RefreshAction")
public static final String REFRESH_ACTION = "RefreshAction";
```

Listing 6.4 Callback-Aktion ohne Fallback-Implementation

Wenn Sie die Anwendung nun starten, und es steht weder eine Fallback-Implementation noch ein Action Performer zur Verfügung, so ist die Aktion sowohl im Menü als auch in der Toolbar deaktiviert. Wie Sie einen Action Performer bereitstellen können, möchte ich Ihnen im Folgenden nur konzeptionell erläutern, da ich hier ein Fenster voraussetze, das von der Klasse `TopComponent` ableitet, das wir aber erst in Abschnitt 10.2, »Fenster – Top Component«, erstellen werden.

Sobald wir es angelegt haben, können Sie diese Aktionsklasse dann auch praktisch ausprobieren.

```
public final class MyTopComponent extends TopComponent {
   public MyTopComponent() {
      ...
      getActionMap().put("RefreshAction",
                     new AbstractAction() {
         public void actionPerformed(ActionEvent event) {
            // refresh content of top component
         }
      });
   }
}
```

Listing 6.5 Registrierung eines Action Performers für eine Callback-Aktion

Über die Methode `getActionMap()`, die von der Klasse `JComponent` definiert wird, lassen wir uns die Action Map unserer Top Component geben und fügen eine Instanz der Aktions-Implementation in Verbindung mit dem Key der `RefreshAction` hinzu. Die mit der Klasse `AbstractAction` erzeugte Aktion ist nun unser Action Performer im Kontext von `MyTopComponent`. In die Action Map können Sie jegliche Aktionsklasse einfügen, die das `Action`-Interface implementiert. Sobald nun das Fenster `MyTopComponent` im Fokus liegt, wird die `RefreshAction` aktiv, und bei Betätigung der Aktion wird die von `MyTopComponent` bereitgestellte `actionPerformed()`-Methode ausgeführt. Für das umfassende Verständnis ist es sinnvoll, wenn Sie wissen, wie nun eine Callback-Klasse an die Action Performer herankommt. Allein durch Hinzufügen in die Action Map steht der Action Performer nämlich der `RefreshAction`-Klasse noch nicht zur Verfügung. Es fehlt die Verbindung zwischen diesen beiden Teilen. Diese Verbindung übernimmt das Lookup-Konzept, d. h. ein lokales Lookup der Top Component und ein globales Proxy-Lookup, das der Callback-Aktion den Zugriff auf das lokale Lookup ermöglicht. Die Top Component muss also dafür sorgen, dass sich ihre Action Map in ihrem Lookup befindet, nur so kann eine Callback-Aktion einen Action Performer auffinden. Standardmäßig befindet sich die Action Map bereits im lokalen Lookup der Top Component, sodass Sie sich nicht weiter darum kümmern müssen – lediglich dann, wenn Sie ein anderes lokales Lookup mit der Methode `associateLookup()` setzen oder die `getLookup()`-Methode überschreiben. Dann müssen Sie darauf achten, dass Sie die Action Map wieder hinzufügen. An dieser

Stelle möchte ich es aber bei dieser Übersicht belassen. Weitere Informationen zum Lookup-Konzept der NetBeans Platform in Verbindung mit Beispielen finden Sie in Kapitel 5, »Das Lookup-Konzept«.

Auf diese Weise sind Sie nun in der Lage, einer Callback-Aktion beliebig viele Action Performer hinzuzufügen, die dann je nach aktuellem Kontext automatisch ausgeführt werden. Und vielleicht haben Sie sich schon gefragt, wie Sie die von der NetBeans Actions API zur Verfügung gestellten Aktionen, wie z. B. die `CopyAction`-, `CutAction`- oder `DeleteAction`-Klassen, die zumeist bereits in das Menü integriert sind, verwenden können. Diese Klassen sind alle Callback-Aktionen und können von Ihnen allein durch Bereitstellen eines Action Performers – wie zuvor anhand der Klasse `RefreshAction` beschrieben – genutzt werden.

Möchten Sie für Ihre Callback-Aktion keine Annotations verwenden, so können Sie diese auch über den in Listing 6.6 dargestellten Eintrag im Folder `Actions` der Layer-Datei selbst registrieren.

```
<file name="com-galileo-netbeans-RefreshAction.instance">
  <attr name="displayName"
    bundlevalue="com.galileo.netbeans.Bundle#CTL_RefreshAction"/>
  <attr name="iconBase"
    stringvalue="com/galileo/netbeans/icon.gif"/>
  <attr name="instanceCreate"
    methodvalue="org.openide.awt.Actions.callback"/>
  <attr name="fallback"
    methodvalue="org.openide.awt.Actions.alwaysEnabled"/>
  <attr name="delegate"
    newvalue="com.galileo.netbeans.RefreshAction"/>
  <attr name="key" stringvalue="RefreshAction"/>
</file>
```

Listing 6.6 Registrierung einer Callback-Aktion durch einen direkten Eintrag in der Layer-Datei

Die Attribute `displayName` und `iconBase` entsprechen den in Abschnitt 6.1, »AlwaysEnabled-Aktionen«, dargestellten Attributen einer AlwaysEnabled-Aktion. Die für eine Callback-Aktion speziellen Attribute sind in Tabelle 6.3 aufgeführt und erläutert. Die optionalen Attribute einer AlwaysEnabled-Aktion aus Tabelle 6.2 stehen Ihnen bei einer Callback-Aktion ebenso zur Verfügung.

Attribut	Bedeutung
instanceCreate	Gibt eine Factory-Methode an, die die Aktion erzeugen soll. Für eine Callback-Aktion ist dies: org.openide.awt.Actions.callback
fallback	Gibt entweder eine Factory-Methode an (methodvalue), die die Fallback-Aktion erstellt, oder aber direkt die Fallback-Aktion als Action-Instanz (newvalue).
delegate	Gibt die Fallback-Implementation an (newvalue), aus der die oben genannte Factory-Methode die Fallback-Aktion erstellt.
key	Schlüssel, mit dem ein Action Performer in einer Action Map registriert wird
surviveFocusChange	optionales Attribut, das festlegt, ob die Aktion auch dann noch aktiv ist (wenn sie zuvor aufgrund eines bestimmten Kontexts aktiviert worden ist), wenn der Fokus nicht mehr auf dem Kontext liegt

Tabelle 6.3 Attribute eines .instance-Elements zur Registrierung einer Callback-Aktion

6.3 ContextAware-Aktionen

Aktionen vom Typ **ContextAware** arbeiten auf einem bestimmten Kontext. Speziell an diesem Aktionstyp ist, dass solche Aktionen nur dann aktiv sind, wenn auch der entsprechende Kontext in der Anwendung aktiv ist. Ein Kontext kann z. B. eine geöffnete Datei sein. Der Kontext wird durch die NetBeans Platform automatisch an die Aktion übergeben, sodass diese eine entsprechende Aktion auf dem Kontext ausführen kann, wie z. B. das Editieren einer Datei. Typischerweise erfolgt die Verbindung des Kontexts und der Aktion über ein sogenanntes **Context Interface** (bisher auch **Cookie** genannt), das vom Kontext implementiert wird.

Im folgenden Beispiel wollen wir eine Node-Klasse als Kontext verwenden. Ein Node ist die Repräsentation bestimmter Daten. Praktisch gesehen kann also ein Node z. B. eine in einer Baumstruktur dargestellte oder in einem Editor geöffnete Datei sein. Mehr zu diesem Konzept, das innerhalb der NetBeans Platform häufig Verwendung findet, erfahren Sie in den Kapiteln 7, »Daten und Dateien« und 12, »Nodes & Explorer«.

Für die Erstellung einer ContextAware-Aktion können Sie wieder den Action Wizard (FILE • NEW FILE... • MODULE DEVELOPMENT • ACTION) verwenden. In diesem Fall wählen Sie jedoch den Typ CONDITIONALLY ENABLED aus. Hierbei geben Sie das Context Interface an und wählen aus, ob die Aktion auch dann aktiv sein soll, wenn mehrere Instanzen des Context Interfaces vorhanden sind. Für dieses Beispiel verwenden wir das Context Interface Editable und wählen, dass die Aktion nur auf einer Kontext-Instanz arbeiten soll. Auf der folgenden Seite des Wizards kann dann die Integration der Aktion in die Menu- und Toolbar vorgenommen werden (siehe auch Abschnitt 6.1, »AlwaysEnabled-Aktionen«). Nach Fertigstellung des Wizards sollte Ihre Aktionsklasse etwa folgendermaßen aussehen:

```java
import java.awt.event.ActionListener;
import java.awt.event.ActionEvent;
import org.netbeans.api.actions.Editable;
import org.openide.awt.ActionID;
import org.openide.awt.ActionRegistration;
import org.openide.awt.ActionReferences;

@ActionID(
    category = "Edit",
    id = "com.galileo.netbeans.MyContextAction")
@ActionRegistration(
    iconBase = "com/galileo/netbeans/icon.gif",
    displayName = "#CTL_MyContextAction")
@ActionReferences({})
public final class MyContextAction implements ActionListener {
    private final Editable context;
    public MyContextAction(Editable context) {
        this.context = context;
    }
    public void actionPerformed(ActionEvent ev) {
        // do something with context
        context.edit();
    }
}
```

Listing 6.7 Aktionsklasse vom Typ ContextAware, die aktiv wird, wenn eine Instanz des Context Interfaces Editable vorhanden ist

Wenn Sie sich nun die erstellte Aktionsklasse ansehen, fällt schnell auf, dass diese sich kaum von einer AlwaysEnabled-Aktion unterscheidet. In gleicher Weise also wird eine ContextAware-Aktion mit den Annotations ActionID und ActionRegistration registriert. Der einzige und entscheidende Unterschied liegt in der Implementation. Eine ContextAware-Aktion verfügt im Gegensatz zu einer

AlwaysEnabled-Aktion über einen Konstruktor, der als Parameter den gewünschten Kontext geliefert bekommt. Auf diesen Kontext können Sie dann in der `actionPerformed()`-Methode zugreifen.

Wenn Sie bei Erstellung der Aktion (oder auch im Nachhinein) bestimmen, dass die Aktion auch bei einer Mehrzahl von Context-Instanzen aktiv sein soll, wird einfach eine Liste von Context-Instanzen an den Konstruktor übergeben. Bei der Registrierung sind keine weiteren Parameter anzugeben. Lediglich folgender Abschnitt ändert sich:

```
private final List<Editable> context;
public MyContextAction(List<Editable> context) {
    this.context = context;
}
```

Was wir jetzt noch benötigen, ist ein Node, bei dem die Aktion aktiv wird. Als Beispiel habe ich hier die Klasse `MyNode` ohne weitere Logik angelegt, die von der `Node`-Subklasse `AbstractNode` ableitet. In einer realen Anwendung könnte eine solche Node-Klasse wie bereits erwähnt z. B. eine Datei von einem ganz bestimmten Typ repräsentieren. Hier soll die Klasse aber lediglich das Zusammenspiel einer ContextAware-Aktion mit einem bestimmten Kontext verdeutlichen.

In unserer Aktionsklasse haben wir festgelegt, dass der Node das Interface `Editable` implementieren muss; dies müssen wir also an dieser Stelle tun. Dieses Context Interface spezifiziert die Methode `edit()`, die wir hier mit einer leeren Implementation anlegen. Die Methode wird später von der Aktionsklasse aufgerufen und stellt somit die kontextabhängige Aktionslogik dar. Die Actions API stellt Ihnen eine Reihe weiterer häufig verwendeter Context Interfaces (wie z. B. `Openable` oder `Closable`) zur Verfügung. Da Sie dennoch nicht auf ein bestimmtes Super Interface angewiesen sind, können Sie jedes beliebige Interface als Context Interface verwenden.

```
import org.netbeans.api.actions.Editable;
import org.openide.nodes.AbstractNode;
import org.openide.nodes.Children;

public class MyNode extends AbstractNode implements Editable {
    public MyNode() {
        super(Children.LEAF);
    }
```

```
   public void edit() {
      // edit something depend on the data, this node represents
   }
}
```

Listing 6.8 Node, der das Context Interface »Editable« implementiert und damit den Kontext der Aktion darstellt

Nun müssen Sie nur noch in Ihrer Top Component (dies könnte z. B. ein Datei-Editor sein, in dem die Datei geöffnet ist, die durch den Node repräsentiert wird) den aktiven Node setzen, also z. B. dann, wenn Sie eine Datei geöffnet haben. Dazu müssen wir den Node dem lokalen Lookup der Top Component hinzufügen:

```
public final class MyTopComponent extends TopComponent {
   public MyTopComponent() {
      MyNode node = new MyNode();
      ...
      associateLookup(Lookups.fixed(node, getActionMap()));
   }
}
```

Listing 6.9 Den aktiven Node setzen, wodurch dann die Aktion aktiv wird, sofern das entsprechende Context Interface von diesem Node implementiert wird

Wenn nun der Fokus innerhalb Ihrer Anwendung auf dieser Top Component liegt, sorgt die NetBeans Platform dafür, dass das lokale Lookup (in dem sich nun eine MyNode-Instanz befindet) als globaler Kontext der Aktion zur Verfügung steht. Ist dies der Fall, so wird auch die Aktion in der Menübar und/oder Toolbar automatisch durch die NetBeans Platform aktiviert.

Abschließend möchte ich Ihnen auch für eine ContextAware-Aktion zeigen, wie Sie eine solche Aktionsklasse ohne Annotations durch einen direkten Eintrag in der Layer-Datei registrieren können.

```
<file name="com-galileo-netbeans-MyContextAction.instance">
   <attr name="displayName" bundlevalue=
      "com.galileo.netbeans.Bundle#CTL_MyContextAction"/>
   <attr name="iconBase"
      stringvalue="com/galileo/netbeans/icon.gif"/>
   <attr name="instanceCreate"
      methodvalue="org.openide.awt.Actions.context"/>
   <attr name="delegate"
      methodvalue="org.openide.awt.Actions.inject"/>
```

```
    <attr name="injectable"
      stringvalue="com.galileo.netbeans.MyContextAction"/>
    <attr name="type"
      stringvalue="org.netbeans.api.actions.Editable"/>
    <attr name="selectionType" stringvalue="EXACTLY_ONE"/>
</file>
```

Listing 6.10 Registrierung einer ContextAware-Aktion durch einen direkten Eintrag in der Layer-Datei

Die Attribute `displayName` und `iconBase` entsprechen den in Abschnitt 6.1, »AlwaysEnabled-Aktionen«, dargestellten Attributen einer AlwaysEnabled-Aktion. Die für eine ContextAware-Aktion speziellen Attribute sind in Tabelle 6.4 aufgeführt und erläutert. Die optionalen Attribute einer AlwaysEnabled-Aktion aus Tabelle 6.2 stehen Ihnen bei einer ContextAware-Aktion ebenso zur Verfügung.

Attribut	Bedeutung
instanceCreate	Gibt eine Factory-Methode an, die die Aktion erzeugen soll. Für eine ContextAware-Aktion ist dies: org.openide.awt.Actions.context
delegate	Die hier angegebene Methode org.openide.awt.Actions.inject der Actions API sorgt dafür, dass dem Konstruktor Ihrer Aktion der Kontext übergeben wird.
injectable	Damit geben Sie Ihre eigene Aktionsklasse an, die registriert werden soll.
type	Mit diesem Attribut geben Sie das gewünschte Context Interface an.
selectionType	Legt fest, ob die Aktion nur eine (EXACTLY_ONE) oder mehrere (ANY) Kontext-Instanzen erwartet.
surviveFocusChange	Optionales Attribut, das festlegt, ob die Aktion auch dann noch aktiv ist (wenn sie zuvor aufgrund eines bestimmten Kontexts aktiviert worden ist), wenn der Fokus nicht mehr auf dem Kontext liegt.

Tabelle 6.4 Attribute eines .instance-Elements zur Registrierung einer ContextAware-Aktion

In diesem Kapitel zeige ich Ihnen die Konzepte und APIs zur Verwaltung und Bearbeitung von Daten. Damit können Sie Daten jeglicher Art professionell verarbeiten und darstellen. Diese werden auch von der NetBeans Platform selbst für die internen Daten, wie z. B. das System Filesystem, durchgängig benutzt.

7 Daten und Dateien

Die NetBeans Platform stellt ein sehr umfangreiches Konzept für die Erstellung, Verwaltung, Bearbeitung und Präsentation von Daten zur Verfügung. Dieses Konzept umfasst im Wesentlichen die **File Systems API** und die **Data Systems API**. Hinzu kommen die **Nodes API** und die **Explorer API**. Dabei befindet sich jede dieser APIs auf einer eigenen Abstraktionsebene. Zusammen mit den konkreten Daten außerhalb der NetBeans Platform-Anwendung lässt sich dieses System in vier Schichten aufteilen (siehe Abbildung 7.1).

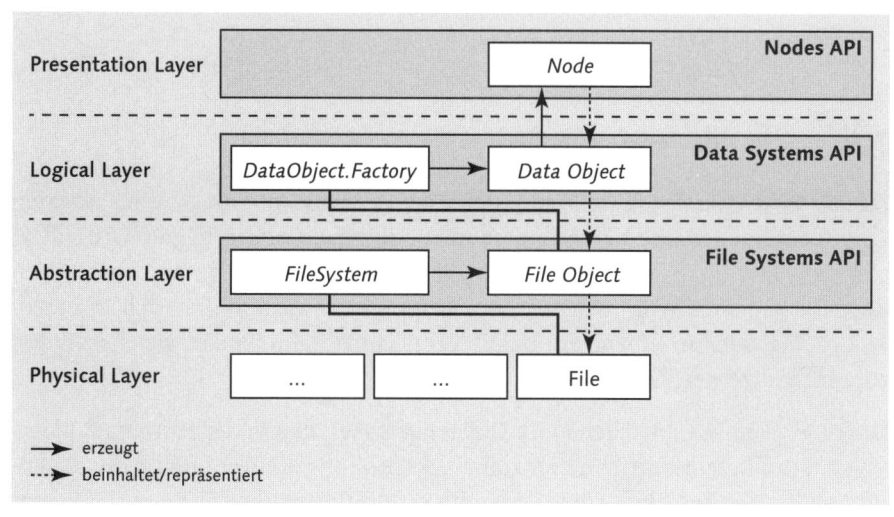

Abbildung 7.1 Architektur für die Verwaltung von Daten und Dateien innerhalb der NetBeans Platform

Ein System von Daten wird zunächst durch die Klasse `FileSystem` abstrahiert. Dabei können die darunter liegenden physikalischen Daten in jeglicher Form vorliegen. Es kann sich also z. B. um ein lokales Dateisystem, ein Dateisystem in

Form einer XML-Datei (so ist auch das **System Filesystem** aufgebaut, siehe dazu Abschnitt 3.4, »Die Layer-Datei«) oder aber auch in Form einer JAR-Datei handeln. Es muss lediglich für die gewünschte Form eine Implementation der abstrakten FileSystem-Klasse bereitgestellt werden. Auf diese Weise abstrahiert die **File Systems API** von den konkreten Daten und stellt sie innerhalb der Anwendung in einem virtuellen Dateisystem zur Verfügung. Somit kann der Zugriff vollkommen unabhängig von der Datenherkunft erfolgen.

Die abstrahierten Daten auf dem Abstraction Layer in Form einer FileObject-Klasse besitzen noch keine Informationen darüber, welche Art von Daten sie verwalten. Diese Schicht enthält also keine datenspezifische Logik. Aufbauend auf dieser Schicht befindet sich die **Data Systems API** im Logical Layer. Dort befinden sich Objekte, die Daten von einem ganz bestimmten Typ repräsentieren. Diese Objekte bauen auf der DataObject-Klasse auf.

Dabei existiert für jeden gewünschten Datentyp eine DataObject.Factory, die für das Erzeugen der Objekte zuständig ist. Die oberste Schicht in diesem Konzept bildet die **Nodes API**. Diese befindet sich auf dem Presentation Layer. Ein Node ist also für die typspezifische Repräsentation der Daten an der Oberfläche zuständig. Ein Node repräsentiert dabei ein DataObject, das selbst für die Erzeugung des Nodes zuständig ist. Wie Sie Ihre Daten mithilfe von Nodes und Explorer darstellen können werde ich Ihnen in Kapitel 12, »Nodes & Explorer«, näherbringen.

7.1 Die File Systems API

Die NetBeans Platform stellt mit der **File Systems API** einen transparenten Zugriff auf Dateien und Verzeichnisse zur Verfügung. Dabei erfolgt der Zugriff so abstrakt, dass unabhängig davon, ob die Daten z. B. in Form eines virtuellen XML-Dateisystems (wie dem System Filesystem) vorliegen oder sich in einem JAR-Archiv oder in einem normalen Verzeichnis befinden, in gleicher Weise zugegriffen werden kann.

Die generellen Schnittstellen eines Dateisystems werden in der abstrakten Klasse FileSystem beschrieben. Die abstrakte Klasse AbstractFileSystem implementiert einige der Aufgaben eines Dateisystems und dient somit als Basisklasse für spezielle Dateisystem-Implementationen. Von dieser Klasse leiten die konkreten Implementationen LocalFileSystem, JarFileSystem und XMLFileSystem ab. Die Klasse MultiFileSystem stellt einen Proxy für mehrere Dateisysteme dar. Dabei wird sie meistens als Basisklasse genutzt.

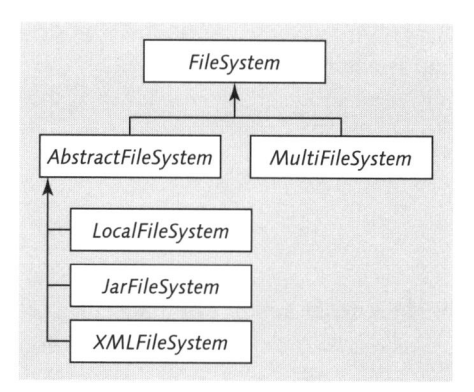

Abbildung 7.2 Klassenhierarchie der Dateisysteme

7.1.1 Das File Object

Daten innerhalb eines Dateisystems, also Verzeichnisse und Dateien, werden durch die Klasse `FileObject` dargestellt. Dies ist eine abstrakte Wrapper-Klasse für die `File`-Klasse der Java Platform. Die Implementation eines `FileObject` wird jeweils vom konkreten Dateisystem bereitgestellt. Neben den Standard-Dateioperationen bietet die Klasse `FileObject` auch die Möglichkeit, Veränderungen von Dateien oder Verzeichnissen zu überwachen. In den folgenden Abschnitten werde ich Ihnen die Operationen der Klasse `FileObject` beschreiben.

7.1.2 Erstellen

Möchten Sie ein `FileObject` für eine bestehende Datei in Ihrem lokalen Dateisystem erstellen, können Sie dies über die Hilfsklasse `FileUtil` erreichen:

```
FileObject obj = FileUtil.toFileObject(new File("C:/file.txt"));
```

Wenn Sie ein `FileObject` aus einem konkreten `FileSystem`-Objekt erzeugen wollen, können Sie dies durch Angabe des vollständigen Pfades mit der Methode `findResource()` vornehmen:

```
FileSystem fs = ...
FileObject obj = fs.findResource("folder/file");
```

Das Erstellen von neuen Dateien oder Verzeichnissen auf Basis eines `File`-Objekts funktioniert so:

```
File file   = new File("E:/newfolder/newfile.txt");
File folder = new File("E:/newfolder2");
FileObject fo1 = FileUtil.createData(file);
FileObject fo2 = FileUtil.createFolder(folder);
```

Haben Sie bereits ein Verzeichnis in Form eines `FileObject`, können Sie in dessen Filesystem eine Datei oder ein Verzeichnis wie folgt erstellen:

```
FileObject folder    = ...
FileObject file      = folder.createData("newfile.txt");
FileObject subfolder = folder.createFolder("newfolder");
```

7.1.3 Umbenennen

Möchten Sie eine Datei oder ein Verzeichnis umbenennen, müssen Sie zunächst durch ein `FileLock`-Objekt sicherstellen, dass das `FileObject` nicht gerade von jemand anderem bearbeitet wird. Diesen `FileLock` geben Sie nach dem Umbenennen in einem `finally`-Block wieder frei:

```
FileObject myfile = ...
FileLock lock = null;
try {
   lock = myfile.lock();
} catch (FileAlreadyLockedException e) {
   return;
}
try {
   myfile.rename(lock, "newfilename", myfile.getExt());
} finally {
   lock.releaseLock();
}
```

7.1.4 Löschen

Das Löschen von Dateien oder Verzeichnissen ist denkbar einfach, denn die Methode `delete()` kümmert sich selbst um das Reservieren und Freigeben eines `FileLock`. Somit benötigen Sie zum Löschen lediglich folgende Zeile:

```
FileObject myfile = ...
myfile.delete();
```

Außerdem steht Ihnen noch eine Variante der `delete()`-Methode zur Verfügung, der Sie einen eigenen `FileLock` – analog zum Umbenennen eines `FileObject` – übergeben können.

7.1.5 Verschieben

Ein `FileObject` können Sie nicht wie ein `File` durch Umbenennen verschieben. Die `FileUtil`-Klasse stellt Ihnen für das Verschieben eines `FileObject` die

Methode `moveFile()` zur Verfügung, die die Datei oder das Verzeichnis in ein Zielverzeichnis kopiert, die Quelle löscht und dabei automatisch die benötigten `FileLock`-Objekte reserviert und wieder freigibt.

```
FileObject fileToMove = ...
FileObject destFolder = ...
FileUtil.moveFile(fileToMove, destFolder, fileToMove.getName());
```

7.1.6 Lesen und Schreiben von Dateien

Lesen und Schreiben von einem `FileObject` können Sie wie in Java üblich über Streams. Die `FileObject`-Klasse stellt Ihnen dafür den `InputStream` und `OutputStream` zur Verfügung. Diese verpacken wir zum einfachen und performanten Lesen in einen `BufferedReader` und zum Schreiben in einen `PrintWriter`:

```
FileObject myFile = ...
BufferedReader input = new BufferedReader(
   new InputStreamReader(myFile.getInputStream()));
try {
   String line = null;
   while((line = input.readLine()) != null) {
      // process the line
} finally {
   input.close();
}

PrintWriter output = new PrintWriter(
   myFile.getOutputStream());
try {
   output.println("the new content of myfile");
} finally {
   output.close();
}
```

Listing 7.1 Lesen und Schreiben von einem FileObject

Optional können Sie der Methode `getOutputStream()` einen eigenen `FileLock` übergeben.

Für das einfache Lesen eines textbasierten `FileObject` bietet Ihnen die `FileObject`-Klasse selbst zwei einfache Methoden an. Entweder können Sie sich mit der Methode `asText()` den kompletten Inhalt der Datei auf einmal liefern lassen oder mit der Methode `asLines()` eine Liste mit den einzelnen Zeilen abrufen. Beiden Methoden können Sie alternativ ein spezielles Encoding (z. B. UTF-8) als Parameter mitgeben.

```
FileObject myFile = ...
for (String line : fo.asLines()) {
   // process the line
}
```

7.1.7 Überwachen von Veränderungen

Die Klasse `FileObject` ermöglicht es Ihnen, auf die Veränderung von Daten innerhalb eines Filesystems zu reagieren, indem Sie für diesen Fall einen `FileChangeListener` registrieren können.

```
File file = new File("E:/NetBeans/file.txt");
FileObject fo = FileUtil.toFileObject(file);
fo.addFileChangeListener(new FileChangeListener(){
   public void fileFolderCreated(FileEvent fe) {
   }
   public void fileDataCreated(FileEvent fe) {
   }
   public void fileChanged(FileEvent fe) {
   }
   public void fileDeleted(FileEvent fe) {
   }
   public void fileRenamed(FileRenameEvent fre) {
   }
   public void fileAttributeChanged(FileAttributeEvent fae) {
   }
});
```

Listing 7.2 Auf Veränderungen eines Datenobjektes reagieren

Die Methoden `fileFolderCreated()` und `fileDataCreated()`, die beim Erstellen eines Verzeichnisses oder einer Datei aufgerufen werden, ergeben natürlich nur dann Sinn, wenn es sich bei dem überwachten `FileObject` um ein Verzeichnis handelt. Bei Veränderung einer Datei wird das Ereignis stets für die Datei selbst und das Elternverzeichnis ausgelöst, d. h., Sie werden über die Veränderung von Dateien auch dann benachrichtigt, wenn Sie das Elternverzeichnis überwachen. Wenn Sie sich nicht für alle Ereignisse des `FileChangeListener`-Interfaces interessieren, können Sie stattdessen auch die Adapter-Klasse `FileChangeAdapter` verwenden.

> **Nur interne Ereignisse werden überwacht**
>
> Beachten Sie, dass Sie natürlich nur über Ereignisse informiert werden können, die innerhalb Ihrer Anwendung auf dem konkreten `FileObject` ausgeführt werden. Nicht informiert werden Sie, wenn Sie z. B. eine Datei außerhalb der Anwendung im Windows-Explorer umbenennen.

Die Klassen `FileSystem`, `FileObject` und `FileUtil` bieten Ihnen noch zahlreiche weitere, sehr hilfreiche Methoden an. Hier lohnt also auf alle Fälle ein genauer Blick in die Dokumentation der **File Systems API**.

7.2 Die Data Systems API

Die **Data Systems API** stellt eine logische Schicht zur Verfügung, die auf der **File Systems API** aufbaut. Während ein `FileObject` seine Daten ungeachtet des Typs verwaltet, ist ein `DataObject` ein Wrapper für ein `FileObject` von einem ganz bestimmten Typ.

Ein `DataObject` erweitert also ein `FileObject` um typspezifische Eigenschaften und Funktionalitäten. Diese Funktionalitäten werden durch Interfaces oder abstrakte Klassen, die sogenannten **Context Interfaces**, spezifiziert, und ihre Implementationen werden vom `DataObject` über das lokale Lookup zur Verfügung gestellt. Durch diesen Mechanismus können die Fähigkeiten eines `DataObject` dynamisch und flexibel angepasst und von außen abgerufen werden. Da ein `DataObject` den Typ seiner verwalteten Daten kennt, ist es in der Lage, die Daten entsprechend darzustellen, d. h., ein `DataObject` ist für die Erzeugung eines `Node`, der die Daten entsprechend an der Benutzeroberfläche repräsentiert, selbst zuständig. Erzeugt wird ein `DataObject` durch eine spezielle `DataObject.Factory`, die für genau einen Datentyp zuständig ist.

Am besten können Sie sich den Zusammenhang des Systems anhand eines Beispiels vorstellen. Dabei wird sehr gut ersichtlich, wie die APIs der drei verschiedenen Schichten zusammenarbeiten und aufeinander aufbauen. An dieser Stelle nimmt uns die NetBeans IDE einige Arbeit ab und stellt hier einen Wizard zur Verfügung.

Diesen Wizard wollen wir nun verwenden, um einem Modul ein Data Object für MP3-Dateien hinzuzufügen. Wählen Sie dazu FILE • NEW FILE… und in der Kategorie MODULE DEVELOPMENT den Dateityp FILE TYPE aus. Zunächst können Sie den MIME Type festlegen. Dort geben wir für unser Beispiel `audio/mpeg` ein. Erkannt werden soll der Dateityp anhand der Dateiendung. Für XML-Dateien haben Sie auch die Möglichkeit, dass der Typ des Inhalts anhand des Wurzelelements erkannt wird. Wir wollen, dass die Dateien anhand der Endung *mp3* erkannt werden, und tragen dies entsprechend ein (siehe Abbildung 7.3). Optional können Sie auch mehrere Dateiendungen angeben, jeweils getrennt durch ein Komma. Das würde z. B. bei MPEG-Videodateien Sinn ergeben, wenn Sie `mpg`, `mpeg` eintragen.

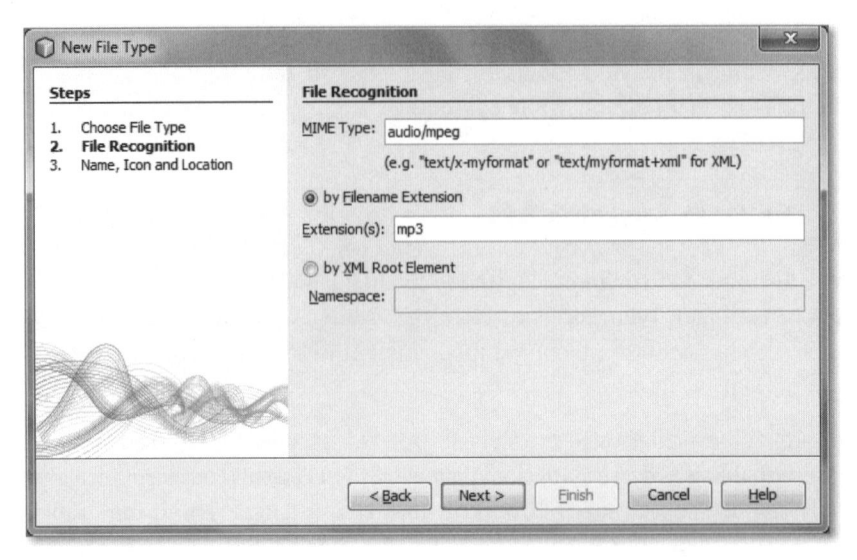

Abbildung 7.3   Erstellen eines neuen File Types für MP3-Dateien mit dem NetBeans Wizard

Klicken Sie auf die Next-Schaltfläche, um zur letzten Seite zu gelangen. Dort tragen Sie als Class Name Prefix `Mp3` ein und können noch ein beliebiges Icon der Größe 16 × 16 Pixel auswählen. Klicken Sie anschließend auf die Schaltfläche Finish, damit die Data Object-Klasse vom Wizard erstellt wird.

7.2.1   Das Data Object

Prinzipiell wird ein Data Object durch die abstrakte Klasse `DataObject` spezifiziert. Als Basisklasse wird aber typischerweise die Subklasse `MultiDataObject` verwendet. Zum einen implementiert diese bereits die meisten der abstrakten Methoden von `DataObject`, wodurch die eigene Data-Object-Klasse sehr klein bleibt, und zum anderen kann ein Multi Data Object, wie der Name schon erahnen lässt, ein oder auch mehrere File Objects beinhalten. Ein Data Object hat stets ein File Object, das als **Primary File** bezeichnet wird. Ein Multi Data Object kann darüber hinaus optional ein oder mehrere weitere File Objects beinhalten, die als **Secondary Files** bezeichnet werden. Secondary Files kommen typischerweise bei zusammengehörigen Dateien zum Einsatz, wie z. B. beim Form-Editor, bei dem die Dateien *myform.java*, *myform.form*, *myform.class* durch ein Data Object repräsentiert werden. Dabei ist die Datei *myform.java* das Primary File, und die Dateien *myform.form* und *myform.class* sind die Secondary Files. Ein File Object innerhalb eines Data Objects wird durch die Klasse `MultiDataObject.Entry` verwaltet, wobei meistens die Subklasse `FileEntry` verwendet wird. Über diese Klasse werden die Standard-Dateioperationen wie das Verschieben oder Löschen ausgeführt. Sehen Sie sich die Klasse `Mp3DataObject` an, die vom Wizard erstellt wurde:

```java
import java.io.IOException;
import org.openide.filesystems.FileObject;
import org.openide.loaders.DataNode;
import org.openide.loaders.DataObjectExistsException;
import org.openide.loaders.MultiDataObject;
import org.openide.loaders.MultiFileLoader;
import org.openide.nodes.Node;
import org.openide.nodes.Children;
import org.openide.util.Lookup;

public class Mp3DataObject extends MultiDataObject {
    public Mp3DataObject(FileObject pf, MultiFileLoader loader)
        throws DataObjectExistsException, IOException {
        super(pf, loader);
    }
    protected Node createNodeDelegate() {
        return new DataNode(this, Children.LEAF, getLookup());
    }
    public Lookup getLookup() {
        return getCookieSet().getLookup();
    }
}
```

Listing 7.3 Data-Object-Klasse für ein File Object vom Typ MP3. Diese Klasse stellt die Logik für die MP3-Daten zur Verfügung.

Wie Sie bereits wissen, wird ein Data Object im Normalfall von einer Data Object Factory erzeugt. Diese Factory ist für die Erzeugung eines ganz bestimmten Data-Object-Typs zuständig. Der Konstruktor der `Mp3DataObject`-Klasse erhält als Parameter sowohl das Primary File, das die tatsächliche MP3-Datei beinhaltet bzw. repräsentiert, als auch die Factory-Instanz in Form eines `MultiFileLoader`-Objekts, die für dieses Data Object zuständig ist. Diese Parameter geben wir einfach an den Basisklassen-Konstruktor weiter, der die Verwaltung dafür übernimmt.

Da einem Data Object der Typ seiner Daten bekannt ist, kümmert es sich auch um die Erstellung eines entsprechenden Nodes, der zur Darstellung des Data Objects auf der Benutzeroberfläche verwendet wird. Dies erledigen wir mit der Methode createNodeDelegate(), die eine Instanz der Node-Klasse DataNode erzeugt und zurückliefert. Dies ist die Schnittstelle zur **Nodes API**, die sich auf dem Presentation Layer befindet (siehe dazu Abbildung 7.1). Dazu kommen wir in Kapitel 12, »Nodes & Explorer«.

Der Hauptunterschied zwischen einem File Object und einem Data Object besteht ja darin, dass ein Data Object weiß, welche Daten es beinhaltet. Das heißt, ein Data Object zeichnet sich dadurch aus, dass es Eigenschaften und Funktionalitäten für diesen Typ von Daten – in unserem Fall eine MP3-Datei – bereitstellen kann.

Die Funktionalitäten, die ein Data Object für seine Daten bietet, werden durch Interfaces oder abstrakte Klassen beschrieben. Dies sind die Context Interfaces. Instanzen dieser Schnittstellen werden vom Data Object in einem lokalen Lookup verwaltet. Dadurch, dass die Schnittstellen nicht zwangsläufig von DataObject selbst implementiert werden, sondern über das Lookup verwaltet werden, ist ein Data Object in der Lage, seine Funktionalitäten dynamisch zur Verfügung zu stellen. Das heißt, zur Laufzeit kann es z. B. eine Schnittstelle zum Stoppen einer gerade abgespielten MP3-Datei anbieten, die aber nur so lange zur Verfügung steht, wie die MP3-Datei abgespielt wird. Zudem ist es auf diese Weise möglich, ein Data Object flexibel um weitere Funktionalitäten zu erweitern. Einen typsicheren Zugriff auf diese Schnittstellen bietet das Lookup per se.

Somit ist das Grundgerüst unseres Mp3DataObject erst einmal fertiggestellt. Der Konstruktor erhält von der entsprechenden Factory das zu verwaltende File Object aus dem darunter liegenden Abstraction Layer, und das Data Object liefert einen Repräsentanten für den darüber liegenden Presentation Layer und gibt zuletzt seine Funktionalitäten der Umgebung über ein Lookup preis. Die Basisklassen DataObject und MultiDataObject stellen Ihnen zahlreiche Methoden für die Verwendung eines Data Objects zur Verfügung. Hier kann also ein Blick in die API-Dokumentation sehr nützlich sein.

7.2.2 Context Interfaces implementieren

Zunächst spezifizieren wir die Funktionalität, die unser Mp3DataObject erhalten soll, mit einem Interface. Dies nennen wir hier PlayInterface, und wir spezifizieren damit die Methode play(), mit der das entsprechende Mp3DataObject abgespielt werden kann:

```
public interface PlayInterface {
   public void play();
}
```

Dann benötigen wir natürlich eine Implementation der gewünschten Funktionalität, die wir durch das Context Interface spezifiziert haben. Denkbar wäre, dass wir das Interface direkt durch die Klasse Mp3DataObject implementieren. Besser ist es aber, wenn wir dies durch eine separate Klasse, eine **Support**-Klasse, erledigen. Dadurch kann die Funktionalität dem Mp3DataObject flexibel hinzugefügt und auch wieder aus ihm entfernt werden. Außerdem können so auch mehrere Context Interfaces semantisch gruppiert werden, und die Mp3DataObject-Klasse bleibt sehr schlank.

```
public class PlaySupport implements PlayInterface {
   private Mp3DataObject mp3 = null;
   public PlaySupport(Mp3DataObject mp3) {
      this.mp3 = mp3;
   }
   public void play() {
      System.out.println(
         "Play: " + mp3.getPrimaryFile().getName());
   }
}
```

Erforderlich ist jetzt lediglich noch, eine Instanz dieser Support-Klasse dem Lookup der Mp3DataObject-Klasse hinzufügen. Dies erreichen wir über die Methode getCookieSet().assign() und geben dabei an, dass diese vom Typ PlayInterface ist. Hier könnten Sie natürlich auch PlaySupport.class angeben, jedoch sind wir auf diese Weise unabhängig von der Implementation.

```
public class Mp3DataObject extends MultiDataObject {
   public Mp3DataObject(FileObject pf, MultiFileLoader loader)
      throws DataObjectExistsException, IOException {
      super(pf, loader);
      getCookieSet().assign(PlayInterface.class,
                     new PlaySupport(this));
   }
}
```

Damit haben wir in drei Schritten unser Mp3DataObject um eine Funktionalität erweitert, die von außen über das lokale Lookup verwendet werden kann, das über getLookup() verfügbar ist.

7.2.3 Context Interfaces verwenden

Zuletzt bleibt die Frage zu klären, wie Sie auf die Funktionalitäten eines Data Objects zugreifen können. Diese Frage möchte ich Ihnen anhand einer Context-Aware-Aktionsklasse beantworten. Dazu erstellen wir mit dem Wizard eine neue Klasse über FILE • NEW FILE... • MODULE DEVELOPMENT • ACTION. Als Context verwenden wir nun `Mp3DataObject`. Dadurch erreichen wir, dass die Aktion nur dann aktiv wird, wenn ein `Mp3DataObject`, d. h. dessen Node, selektiert ist. Wie Sie bereits aus Abschnitt 6.3, »ContextAware-Aktionen«, wissen, wird dem Konstruktor einer ContextAware-Klasse der Context übergeben:

```
public final class MyContextAction implements ActionListener {
    private final Mp3DataObject context;
    public MyContextAction(Mp3DataObject context) {
        this.context = context;
    }
    public void actionPerformed(ActionEvent ev) {
        // do something with context
        PlayInterface p =
            context.getLookup().lookup(PlayInterface.class);
        p.play();
    }
}
```

Ist nun ein `Mp3DataObject` in Ihrer Anwendung ausgewählt, so wird die Context-Aware-Aktion automatisch durch die NetBeans Platform aktiv. In der `actionPerformed()`-Methode können Sie dann auf den Context, also die die `Mp3DataObject`-Instanz, zugreifen. Wie Sie bereits wissen, werden die Eigenschaften des Data Objects in einem Lookup verwaltet. Also holen wir uns dieses Lookup und lassen uns mit der `lookup()`-Methode die Implementation des `PlayInterface` liefern. Auf diese Weise haben Sie nun Zugriff auf die Implementation der `PlaySupport`-Klasse und können deren Methoden ausführen.

Testen können wir das Ganze sehr gut mit dem *Favorites*-Modul. Stellen Sie dazu sicher, dass in Ihrer NetBeans Platform Application unter PROPERTIES • LIBRARIES im Cluster *platform* das Modul *Favorites* aktiviert ist. Starten Sie dann Ihre Anwendung, und öffnen Sie das FAVORITES-Fenster über WINDOW • FAVORITES. Klicken Sie mit der rechten Maustaste in das Fenster, und wählen Sie ADD TO FAVORITES... Wählen Sie im Auswahldialog dann eine MP3-Datei oder ein Verzeichnis mit MP3-Dateien aus, und klicken Sie auf ADD, um den ausgewählten Eintrag dem *Favorites*-Fenster hinzuzufügen. Die so dargestellten MP3-Dateien werden durch eine `DataNode`-Instanz repräsentiert, die vom `Mp3DataObject` selbst erzeugt wurde, das selbst wiederum durch einen Data Loader erzeugt wurde, und zwar zu dem Zeitpunkt, an dem Sie die MP3-Dateien dem *Favorites*-Fenster hinzugefügt haben.

Wenn Sie nun eine MP3-Datei auswählen und die Aktion ausführen, so sehen Sie anhand der Ausgabe der `play()`-Methode, dass Sie über die Context Class dieser Aktion Zugriff auf die jeweils selektierte Datei haben.

7.2.4 Context Interfaces dynamisch bereitstellen

Anhand eines Beispiels zeige ich Ihnen nun, wie Sie die zur Laufzeit der Anwendung von einem `Mp3DataObject` bereitgestellten Funktionalitäten ändern und damit auch implizit die dem Benutzer zur Verfügung stehenden Aktionen steuern können. Zuvor haben wir ein Context Interface und eine Support-Klasse für das Abspielen einer MP3-Datei erstellt. Nun wollen wir dasselbe noch für das Stoppen einer MP3-Datei anlegen. Außerdem setzen wir die Support-Klassen und mit der Methode `playing()` den aktuellen Abspielstatus des `Mp3DataObject`.

```
public interface PlayInterface {
   public void play();
}
public class PlaySupport implements PlayInterface {
   private Mp3DataObject mp3 = null;
   public PlaySupport(Mp3DataObject mp3) {
      this.mp3 = mp3;
   }
    public void play() {
       System.out.println("play");
       mp3.playing(true);
    }
}
public interface StopInterface {
   public void stop();
}
public class StopSupport implements StopInterface {
   private Mp3DataObject mp3 = null;
   public StopSupport(Mp3DataObject mp3) {
      this.mp3 = mp3;
   }
   public void stop() {
      System.out.println("stop");
```

```
        mp3.playing(false);
    }
}
```

Listing 7.4 Context Interfaces und Support-Klassen für das Abspielen eines Mp3DataObject

Im Konstruktor erzeugen wir die beiden Support-Klassen. Zunächst können wir davon ausgehen, dass die MP3-Datei nicht abgespielt wird, und fügen somit den PlaySupport mit der assign()-Methode dem Lookup hinzu. In der playing()-Methode, die von den Support-Klassen mit entsprechendem Parameter aufgerufen wird, ändern wir die im Lookup vorhandenen Context Interfaces. Wird die Datei gerade abgespielt, entfernen wir alle Instanzen des Typs PlayInterface, indem wir der assign()-Methode nur den Typ und keine Instanzen übergeben, und fügen eine Instanz von StopInterface hinzu. Wird die Datei gestoppt, erfolgt das Ganze umgekehrt.

```
public class Mp3DataObject extends MultiDataObject {
    private PlaySupport playSupport = null;
    private StopSupport stopSupport = null;
    public Mp3DataObject(FileObject pf, MultiFileLoader loader)
        throws DataObjectExistsException, IOException {
        super(pf, loader);
        playSupport = new PlaySupport(this);
        stopSupport = new StopSupport(this);
        getCookieSet().assign(PlayInterface.class, playSupport);
    }
    public synchronized void playing(boolean value) {
        if(value) {
            getCookieSet().assign(PlayInterface.class);
            getCookieSet().assign(StopInterface.class, stopSupport);
        } else {
            getCookieSet().assign(StopInterface.class);
            getCookieSet().assign(PlayInterface.class, playSupport);
        }
    }
}
```

Listing 7.5 Instanzen von Context Interfaces dynamisch hinzufügen und entfernen

Damit das Beispiel vollständig ist, benötigen wir noch zwei Aktionsklassen, mit denen Sie die MP3-Datei starten und stoppen können. Dies sollten zwei Context-Aware-Klassen sein, die PlayInterface und StopInterface als Context verwenden. Die Menü- oder Toolbar-Einträge werden dann automatisch aktiviert oder deaktiviert – in Abhängigkeit davon, welches Context Interface bzw. welche Support-Klasse gerade von der selektierten MP3-Datei bereitgestellt wird.

```
public final class PlayAction implements ActionListener {
   private final PlayInterface context;
   public PlayAction(PlayInterface context) {
      this.context = context;
   }
   @Override
   public void actionPerformed(ActionEvent ev) {
      context.play();
   }
}
public final class StopAction implements ActionListener {
   private final StopInterface context;
   public StopAction(StopInterface context) {
      this.context = context;
   }
   @Override
   public void actionPerformed(ActionEvent ev) {
      context.stop();
   }
}
```

Listing 7.6 Kontextsensitive Aktionen, die dann aktiv sind, wenn das selektierte Mp3DataObject eine Instanz des entsprechenden Context Interfaces bereitstellt

7.2.5 Die Data Object Factory

Data Objects werden durch eine Data Object Factory erzeugt. Dabei ist eine Factory für genau einen Dateityp zuständig. Den Typ einer Datei kann eine Factory entweder anhand der Dateiendung oder aber über ein XML-Root-Element erkennen. Factorys werden in der Layer-Datei registriert und von der NetBeans Platform automatisch erzeugt. Diese verwaltet alle existierenden Factorys und kann dann für den jeweiligen Dateityp die entsprechende finden. Eine Factory wird durch das Interface DataObject.Factory spezifiziert. Eine Implementation stellt die Klasse MultiFileLoader dar, die standardmäßig verwendet wird (siehe das vorherige Beispiel).

Die Factory, die für die Erzeugung von Data Objects vom Typ Mp3DataObject zuständig ist, wurde ebenfalls vom NetBeans Wizard in der Layer-Datei registriert. Ein Blick in die Layer-Datei verrät uns, wie solch eine Factory-Registrierung aufgebaut ist:

```xml
<folder name="Loaders">
   <folder name="audio">
      <folder name="mpeg">
         <folder name="Factories">
            <file name="Mp3DataLoader.instance">
               <attr name="SystemFileSystem.icon" urlvalue=
                "nbresloc:/com/galileo/netbeans/module/mp3.png"/>
               <attr name="dataObjectClass" stringvalue=
                "com.galileo.netbeans.module.Mp3DataObject"/>
               <attr name="instanceCreate" methodvalue=
                "org.openide.loaders.DataLoaderPool.factory"/>
               <attr name="mimeType" stringvalue="audio/mpeg"/>
            </file>
         </folder>
      </folder>
   </folder>
</folder>
```

Listing 7.7 Registrierung einer Data Object Factory in der Layer-Datei

Im Standard-Folder Loaders werden entsprechend des definierten MIME Types (hier im Beispiel ist es audio/mpeg) Subfolder angelegt. Darunter befindet sich der Standard-Folder Factories, innerhalb dessen unsere spezielle Data Object Factory mit dem Namen Mp3DataLoader.instance registriert ist. Mit dem Attribut SystemFileSystem.icon wird ein Icon für diesen Dateityp spezifiziert. Mit den Attributen mimeType und dataObjectClass legen wir fest, für welchen Datentyp welcher Data Object-Typ durch die Factory erzeugt werden soll.

Das heißt, an dieser Stelle wird nur der MIME Type, nicht aber die Dateiendung festgelegt. Diese Festlegung wird aber ebenfalls in der Layer-Datei im Standard-Folder Services/MIMEResolver vorgenommen. Die nun registrierte spezielle Factory für unsere Mp3DataObject-Klasse wird letztendlich durch die Methode DataLoaderPool.factory() erzeugt.

Bei Erstellung des MP3 File Types zu Beginn dieses Kapitels hat der NetBeans Wizard neben der Mp3DataObject-Klasse noch die Datei *Mp3Resolver.xml* angelegt. Darin ist festgelegt, dass dem MIME Type audio/mpeg die Dateiendung *.mp3* zugeordnet ist:

```
<!DOCTYPE MIME-resolver PUBLIC
   "-//NetBeans//DTD MIME Resolver 1.0//EN"
   "http://www.netbeans.org/dtds/mime-resolver-1_0.dtd">
```

```
<MIME-resolver>
   <file>
      <ext name="mp3"/>
      <resolver mime="audio/mpeg"/>
   </file>
</MIME-resolver>
```

Listing 7.8 MIME Resolver-Datei

Diese Datei wird ebenfalls in der Layer-Datei registriert. Dazu dient der bereits erwähnte Standard-Folder `Services/MIMEResolver`:

```
<folder name="Services">
   <folder name="MIMEResolver">
      <file name="Mp3Resolver.xml" url="Mp3Resolver.xml">
         <attr name="displayName" bundlevalue=
            "com.galileo.netbeans.module.Bundle
            #Services/MIMEResolver/Mp3Resolver.xml"/>
      </file>
   </folder>
</folder>
```

Listing 7.9 Registrierung eines MIME Types

7.2.6 Data Object manuell erstellen

Im Normalfall muss ein Data Object nicht explizit erzeugt werden, sondern wird von einer Factory bei Bedarf erzeugt. Dennoch haben Sie die Möglichkeit, mit der statischen `find()`-Methode der `DataObject`-Klasse ein `DataObject` für ein gegebenes `FileObject` zu erzeugen:

```
FileObject myFile = ...
try {
   DataObject obj = DataObject.find(myFile);
} catch(DataObjectNotFoundException ex) {
   // no loader available for this file type
}
```

Dabei wird das `FileObject` übergeben, für dessen Dateityp eine Factory gesucht wird. Wird diese gefunden, so erzeugt sie ein `DataObject` und gibt dieses zurück. Andernfalls wird eine `DataObjectNotFoundException` ausgelöst, falls für diesen Dateityp keine Factory registriert wurde.

In diesem Kapitel möchte ich Ihnen hilfreiche Schnittstellen, Klassen und Konzepte der NetBeans Platform zeigen, die Sie allgemein einsetzen können.

8 Tipps und Tricks

8.1 Lebenszyklus der NetBeans Platform

Die NetBeans Platform bietet Ihnen verschiedene Möglichkeiten, auf bestimmte Events des Lebenszyklus zu reagieren und diese selbst auszulösen.

8.1.1 Tasks beim Starten der Platform

Um beim Starten Ihrer Anwendung asynchrone Aufgaben auszuführen, bietet Ihnen die NetBeans Platform den Extension Point WarmUp:

```
<folder name="WarmUp">
 <file name="com-galileo-netbeans-module-MyWarmUpTask.instance"/>
</folder>
```

Zu diesem Extension Point können Sie in Ihrer Layer-Datei beliebige Instanzen registrieren, die das Interface Runnable implementieren:

```
public class MyWarmUpTask implements Runnable {
   public void run() {
      // do something on application startup
   }
}
```

Beachten Sie, dass Sie hier keine kritischen Aufgaben ausführen, die z. B. als Startbedingung für ein Modul benötigt werden. Denn diese Aufgaben werden asynchron zum Start der Anwendung ausgeführt, wodurch Sie keinerlei Garantie über deren Ausführungszeitpunkt und Fertigstellung haben. In solch einem Fall sollten Sie dann besser auf einen **Module Installer** (siehe Abschnitt 3.7, »Lebenszyklus«) zurückgreifen.

8.1.2 Tasks beim Beenden der Platform

Beim Beenden einer NetBeans Platform-Anwendung werden sämtliche benutzerspezifischen Einstellungen, also etwa die geöffneten Top Components, die Größe des Anwendungsfensters, die Toolbars etc. im Benutzerverzeichnis gesichert. Zusätzlich werden sämtliche Module, die einen **Module Installer** (siehe Abschnitt 3.7, »Lebenszyklus«) implementieren, über das Herunterfahren informiert bzw. werden zunächst gefragt, ob die Anwendung auch beendet werden kann. Die Anwendung wird also nicht nur einfach beendet, sondern ordentlich heruntergefahren.

Im Normalfall wird eine Anwendung über das Menü oder über die Schließen-Schaltfläche in der Titelleiste beendet. In manchen Fällen kann es jedoch vorkommen, dass Sie die Anwendung aus einem bestimmten Kontext heraus beenden wollen. Dies ist z. B. dann der Fall, wenn Sie bei einem Login-Dialog bei der Eingabe von falschen Daten die Anwendung beenden wollen. In solch einem Fall dürfen bzw. können Sie nicht – wie sonst bei einer Java-Anwendung üblich – Ihre Anwendung über `System.exit()` beenden. Für das Herunterfahren einer Anwendung spezifiziert die **Utilities API** den globalen Service `LifecycleManager`.

Das NetBeans Core-Modul stellt dafür einen Service Provider zur Verfügung, der für die Ausführung der zu Beginn genannten Aufgaben zuständig ist. Diese Standard-Implementation des `LifecycleManager` erhalten Sie über die `getDefault()`-Methode. Ihre Anwendung beenden Sie also mit folgendem Aufruf:

```
LifecycleManager.getDefault().exit();
```

Da dieser `LifecycleManager` als Service implementiert ist, haben Sie weiterhin die Möglichkeit, eine eigene Implementation dieser abstrakten Klasse zur Verfügung zu stellen, was aber nicht heißt, dass die Standard-Implementation der NetBeans Platform nicht mehr zur Verfügung steht. Sie müssen sie lediglich selbst aufrufen. Auf diese Weise ist es möglich, beim Beenden der Anwendung eigene Aufgaben auszuführen. Das nachfolgende Beispiel demonstriert, wie Sie die Standard-Implementation aufrufen können, nachdem Sie Ihre eigenen Aufgaben ausgeführt haben, um dann die Anwendung sauber herunterzufahren.

```
import org.openide.LifecycleManager;
public class MyLifecycleManager extends LifecycleManager {
    @Override
    public void saveAll() {
        for(LifecycleManager manager :
            Lookup.getDefault().lookupAll(LifecycleManager.class)) {
```

```
            if(manager != this) { /* eigene Instanz überspringen */
                manager.saveAll();
            }
        }
    }
    @Override
    public void exit() {
        // do application specific shutdown tasks
        for(LifecycleManager manager :
            Lookup.getDefault().lookupAll(LifecycleManager.class)) {
            if(manager != this) { /* eigene Instanz überspringen */
                manager.exit();
            }
        }
    }
}
```

Listing 8.1 Eigene LifecycleManager-Implementation, die die Standard-Implementation aufruft

Diese Implementation müssen wir nun als Service Provider registrieren. Wichtig ist dabei, dass wir eine Position angeben, um sicherzustellen, dass unsere eigene Implementation zuerst vom Lookup geliefert wird und somit auch zuerst aufgerufen wird. Wenn wir dies nicht tun, wird nur der Standard-Lifecycle-Manager ausgeführt. Wir registrieren die Klasse über die folgende Annotation:

```
@ServiceProvider(service=LifecycleManager.class, position=1)
```

8.1.3 Neustart der Platform

Mithilfe des Lifecycle Managers der NetBeans Platform können Sie Ihre Anwendung nicht nur beenden, sondern auch neu starten. Dazu bietet die LifecycleManager-Klasse die Methode markForRestart() an. Wird diese vor dem Beenden aufgerufen, so wird ein Neustart realisiert:

```
LifecycleManager.getDefault().markForRestart();
LifecycleManager.getDefault().exit();
```

8.2 Logging

Ein Thema, dem vielfach wenig Beachtung geschenkt wird, das aber dennoch sehr wichtig ist und auch sehr hilfreich sein kann, ist das Thema Logging. Dabei geht es um das Protokollieren von Status-, Warn- und Fehlermeldungen. Das Logging der NetBeans Platform basiert auf der **Java Logging API**.

8.2.1 Logger

Log-Ausgaben werden mit der Logging API mithilfe eines `Logger`-Objekts protokolliert. Dabei werden typischerweise für verschiedene Komponenten jeweils einzelne `Logger`-Instanzen verwendet. Mithilfe der Factory-Methode `getLogger()` erhalten Sie eine Instanz eines Loggers. Es besteht auch die Möglichkeit, einen globalen Logger zu verwenden, dennoch sollten Sie – wann immer es möglich und sinnvoll ist – einen benannten, für Ihre Komponente spezifischen Logger verwenden. Dadurch lassen sich die verschiedenen Logger dediziert ein- und ausschalten. Dies kann z. B. die Fehlersuche deutlich erleichtern. Einen benannten Logger beziehen Sie über folgenden Aufruf:

```
Logger log = Logger.getLogger(MyClass.class.getName());
```

Dabei wird als Name typischerweise der vollständige Name der Klasse verwendet, die die Log-Ausgaben erzeugt. Diesen erhalten Sie über die `Class`-Methode `getName()`. Existiert bereits ein Logger für diesen Namen, wird dieser zurückgeliefert. Den globalen Logger erhalten Sie mit dem Namen `Logger.GLOBAL_LOGGER_NAME`.

Mit den `log()`-Methoden der `Logger`-Klasse können Sie Ihre Meldungen mit einem bestimmten `Level` protokollieren. Folgende Log-Levels stehen Ihnen dabei zur Verfügung: `FINEST, FINER, FINE, CONFIG, INFO, WARNING, SEVERE`. Zur einfacheren Verwendung können Sie auch die Methoden `finest()`, `finer()`, `fine()`, `config()`, `info()`, `warning()` oder `severe()` verwenden, die die übergebene Nachricht mit dem entsprechenden Level protokollieren.

8.2.2 LogManager

Die **Java Logging API** spezifiziert einen zentralen `LogManager`. Dieser Manager verwaltet einen hierarchischen Namensraum, in dem sämtliche benannten Logger gespeichert werden. Deshalb ist es auch sinnvoll, wenn wir für die Namen der Logger den vollständigen Klassennamen verwenden, der die hierarchische Package-Struktur beinhaltet. Zugriff auf diesen Manager erhalten Sie mit:

```
LogManager manager = LogManager.getDefault();
```

Der `LogManager` stellt Ihnen die Namen sämtlicher Logger bereit. So können Sie auch den Namen eines NetBeans Platform Loggers ermitteln, dessen Level Sie z. B. zum Debugging anpassen möchten. Eine Liste aller Logger erhalten Sie folgendermaßen:

```
LogManager manager = LogManager.getLogManager();
for(String name : Collections.list(manager.getLoggerNames())) {
   System.out.println(name);
}
```

8.2.3 Konfiguration

Neben den Loggern selbst verwaltet der Manager auch noch Konfigurationsdaten, die er initial aus der Datei *lib/logging.properties* aus dem Java Platform-Verzeichnis lädt. Wenn Sie spezielle Konfigurationsdaten aus einer eigenen Datei laden wollen, können Sie deren Dateinamen mit der Systemeigenschaft `java.util.logging.config.file` definieren. Es ist sogar möglich, dass Sie Ihre Konfigurationsdaten z. B. aus einer Datenbank beziehen. Dazu implementieren Sie eine eigene Klasse, die die Daten aus der Datenbank extrahiert. Diese Klasse registrieren Sie dann mit der Systemeigenschaft `java.util.logging.config.class`, wodurch sie automatisch instanziiert wird. Innerhalb dieser Klasse stellen Sie dem `LogManager` die Konfigurationsdaten in Form eines `InputStream` mit der `LogManager`-Methode `readConfiguration(InputStream)` zur Verfügung.

In der Konfigurationsdatei können Sie `Handler`-Implementationen registrieren, die die Logs z. B. auf die Konsole ausgeben (`ConsoleHandler`) oder in eine Datei schreiben (`FileHandler`). Zugleich können Sie auch eigene Implementationen registrieren, wie etwa den Handler der NetBeans Platform, der Fehler- oder Warnmeldungen grafisch anzeigt. Das Logging System verfügt über einen sogenannten Root-Logger, an den alle anderen Logger standardmäßig ihre Logs weiterleiten. Für diesen Root-Logger registrieren Sie einen Handler mit folgender Eigenschaft:

```
handlers = java.util.logging.ConsoleHandler
```

Mehrere Handler listen Sie einfach durch Kommata getrennt auf. Das Weiterleiten der Logs an den Root-Logger können Sie aber auch mit folgendem Eintrag unterbinden:

```
<logger name>.useParentHandlers = false
```

In diesem Fall können bzw. müssen Sie einen Handler speziell für diesen Logger definieren, um Log-Ausgaben zu erhalten.

```
<logger name>.handlers = java.util.logging.FileHandler
```

Wichtig ist bei der Konfiguration zuletzt noch der Log-Level. Mit diesem bestimmen Sie, welche Art von Logs protokolliert werden. So können Sie z. B. bei der Fehlersuche einfach Statusmeldungen ausblenden und sich nur Warn- und Fehlermeldungen anzeigen lassen. Sie können den Log-Level zum einen global definieren mit der Eigenschaft:

`.level = WARNING`

oder aber auch für einzelne Logger überschreiben, indem Sie einfach den Namen des Loggers voranstellen:

`<logger name>.level = INFO`

Sämtliche Konfigurationsdaten können Sie nicht nur in der Konfigurationsdatei, sondern auch als Systemeigenschaften definieren. Dabei können Sie diese entweder zur Laufzeit mit dem `System.setProperty()` festlegen, wobei Sie allerdings beachten sollten, dass Sie die Methode `readConfiguration()` des `LogManager` aufrufen, damit die neuen Daten auch angewandt werden. Oder Sie legen die Konfiguration bereits beim Start der Anwendung mittels Kommandozeilenparameter fest. Wenn Sie während der Entwicklungsphase Ihre Anwendung aus der NetBeans IDE heraus starten, können Sie die Startparameter in der Datei PROJECT PROPERTIES Ihrer Platform Application unter IMPORTANT FILES mit der Eigenschaft `run.args.extra` festlegen. Zum Beispiel:

`run.args.extra` = `-J-Dcom.galileo.netbeans.myclass.level=INFO`

Bei einer Distribution Ihrer Anwendung können Sie Kommandozeilenparameter mit der Eigenschaft `default_options` in der Datei *etc/<application>.conf* festlegen.

8.2.4 Fehlermeldungen

Die NetBeans Platform implementiert und registriert einen speziellen Log Handler, der protokollierte Fehlermeldungen zusätzlich dem Benutzer mithilfe eines Dialogs anzeigt. Dazu verwenden Sie entweder den Log-Level `SEVERE` oder `WARNING` und übergeben die `Exception` direkt an die `log()`-Methode.

```
Logger logger = Logger.getLogger(MyClass.class.getName());
try {
   ...
} catch(Exception e) {
   logger.log(Level.SEVERE, null, e);
   // oder
   logger.log(Level.WARNING, null, e);
}
```

TEIL II **Look & Feel**

Entwicklung von Benutzeroberflächen

In diesem Kapitel geht es um die Menubar und die Toolbar einer NetBeans-Platform-Anwendung. Dabei erfahren Sie, wie das Menü aufgebaut ist, wie Sie eigene Toolbars anlegen können und vor allem, wie einfach Sie Ihre Aktionen einer Toolbar oder einem Menü hinzufügen können.

9 Menubar und Toolbar

Im Anwendungsfenster einer NetBeans-Platform-Anwendung werden neben Ihren eigenen Fenstern, einer Statusbar und einer Progressbar standardmäßig auch eine Menubar und mehrere Toolbars verwaltet. In den nachfolgenden Abschnitten möchte ich Ihnen zeigen, wie Sie die Menubar und Toolbar verwenden können.

> **Enorm vereinfacht: Menüs und Toolbars mit NetBeans Platform 7**
>
> Das Erstellen und Registrieren von Menüs, Menüeinträgen und Toolbar-Aktionen ist mit der NetBeans Platform 7 deutlich vereinfacht worden. In Verbindung mit den in Kapitel 6, »Aktionen«, vorgestellten Annotations für Aktionen können auf einfache Weise Menüeinträge und Toolbar-Aktionen erstellt werden.

9.1 Menubar

Die Menubar einer Anwendung, die auf der NetBeans Platform basiert, wird von der Plattform selbst aus dem System Filesystem aufgebaut. Dabei werden die einzelnen Menüs und Menüeinträge in den Layer-Dateien der Module definiert. So hat jedes Modul die Möglichkeit, seine Einträge der Menubar deklarativ hinzuzufügen.

Mit der NetBeans Platform 7 ist dies nun noch einfacher möglich. Sie müssen lediglich die Aktion implementieren, die ausgeführt werden soll, wenn ein Menüeintrag durch den Benutzer ausgewählt wird. Diese Aktion wird mit Annotations versehen. Aus diesen Annotations werden dann automatisch die entsprechenden Layer-Einträge erzeugt. Wie Sie Aktionsklassen erstellen und diese annotieren, haben Sie bereits in Kapitel 6, »Aktionen«, gesehen. In diesem Abschnitt geht es darum, wie Sie Aktionen in die Menubar integrieren können.

9.1.1 Menü und Menüeintrag erstellen und positionieren

Wenn Sie eine Aktion mit dem Action Wizard der NetBeans IDE erstellen (siehe Kapitel 6, »Aktionen«), können Sie ganz bequem per GUI diese Aktion einem Menü zuordnen und an gewünschter Stelle positionieren. Um zu wissen, was dabei im Hintergrund geschieht, um nachträgliche Änderungen durchführen zu können oder aber auch, um ohne die Unterstützung der NetBeans IDE auszukommen, erläutere ich Ihnen nachfolgend die Vorgehensweise, wie Sie Menüeinträge für Ihre eigenen Aktionen erstellen.

Als Beispiel wollen wir dem Menü EDIT einen Menüeintrag hinzufügen. Dazu verwenden wir die einfache Aktionsklasse aus Abschnitt 6.1, »AlwaysEnabled-Aktionen«. Dort haben wir die Aktion noch keinem Menu und keiner Toolbar zugeordnet. Die vom Action Wizard automatisch erzeugte ActionReferences-Annotation haben wir zunächst ignoriert. Genau diese benötigen wir nun, um eine Aktion einem Menü zuzuordnen.

```
@ActionID(
    category = "Edit",
    id = "com.galileo.netbeans.module.MyFirstAction")
@ActionRegistration(
    iconBase = "com/galileo/netbeans/module/icon.png",
    displayName = "#CTL_MyFirstAction")
@ActionReferences({
    @ActionReference(
        path = "Menu/Edit",
        position = 1200)
})
public final class MyFirstAction implements ActionListener {
    public void actionPerformed(ActionEvent e) {
        // TODO implement action body
    }
}
```

Listing 9.1 Aktion mittels Annotations einem Menü zuordnen

In Listing 9.1 sehen Sie, dass es sich bei der ActionReferences-Annotation um eine Liste von Zuordnungen handelt. Eine Zuordnung erfolgt durch die ActionReference-Annotation. Hierbei wird mit dem path-Attribut spezifiziert, wo die Aktion angezeigt werden soll. Menu ist dabei ein Standard-Folder im System Filesystem, in dem die komplette Menubar Ihrer Anwendung verwaltet wird. Mit dem auf Menu/ folgenden Namen wird das Menü bestimmt. In diesem Beispiel wird die Aktion im EDIT-Menü angezeigt. Den Namen des Menüeintrags liefert die Aktion selbst. Dies ist der mit `displayName` festgelegte Wert. Zudem geben Sie mit dem `position`-Attribut die Position Ihrer Aktion innerhalb des Menüs an.

Sehen wir uns nun in Listing 9.2 an, was diese Annotation bewirkt. In der Layer-Datei wird dadurch nämlich beim Erstellen der Software ein entsprechender Eintrag generiert. Wenn Sie keine Annotations verwenden möchten, können Sie diesen Eintrag auch selbst erstellen und auf diese Weise ebenfalls Ihre Aktion einem Menü zuordnen.

```
<filesystem>
  <folder name="Menu">
    <folder name="Edit">
      <file name="MyFirstAction.shadow">
        <attr name="originalFile"
          stringvalue="Actions/Edit/com-galileo-netbeans-module-
                        MyFirstAction.instance"/>
        <attr name="position" intvalue="1200"/>
      </file>
    </folder>
  </folder>
</filesystem>
```

Listing 9.2 Aktion einem Menü zuordnen durch direkten Layer-Eintrag

Im Standard-Folder `Menu` haben wir das Menü `Edit` mit dem `folder`-Element angelegt, und mit dem `file`-Element wird der Menüeintrag hinzugefügt. Mit dem Attribut `originalFile` erfolgt nun die Referenzierung auf die Aktionsklasse, die im Standard-Folder `Actions` definiert sein muss. Dadurch, dass das Module System alle Layer-Dateien zusammenführt, werden die Menüeinträge aller Module, die unterhalb des Folders `Edit` stehen, im Menü EDIT dargestellt. Ein Menü wird also einfach durch die Definition mit dem `folder`-Element erstellt.

Somit haben Sie Ihren ersten Menüeintrag erstellt. Dabei sind wir bisher davon ausgegangen, dass das Menü EDIT bereits vorhanden ist. Dies muss aber nicht sein. Denn Menüs müssen Sie nicht explizit anlegen: Diese werden von der NetBeans Platform automatisch erstellt. Auf diese Weise können Sie auch ganz einfach beliebig geschachtelte Menüs erstellen. So wäre es z. B. denkbar, die obige Aktion in ein Untermenü von EDIT zu verschieben. Dazu müssen Sie lediglich das `path`-Attribut der `ActionReference`-Annotation modifizieren:

```
@ActionReference(
    path = "Menu/Edit/My Submenu",
    position = 1200)
```

In der Layer-Datei führt dies zu einem zusätzlichen Folder My Submenu, der den Inhalt des Submenüs darstellt:

```
<folder name="Menu">
  <folder name="Edit">
    <folder name="My Submenu">
      <file name="MyFirstAction.shadow">
        <attr name="originalFile"
          stringvalue="Actions/Edit/com-galileo-netbeans-module-
                          MyFirstAction.instance"/>
        <attr name="position" intvalue="1200"/>
      </file>
    </folder>
  </folder>
</folder>
```

Listing 9.3 Erstellen eines Untermenüs

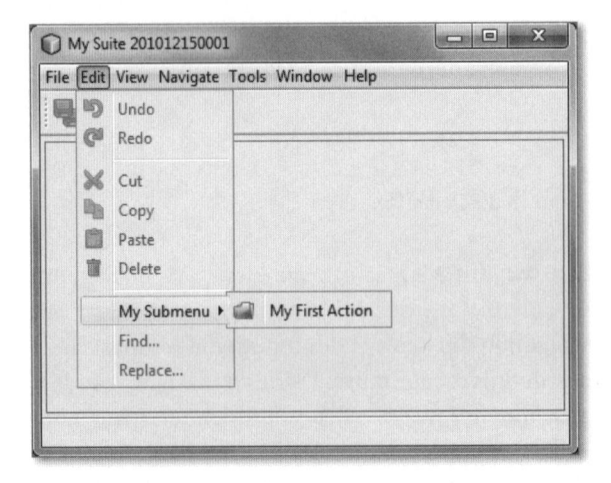

Abbildung 9.1 Menü – Untermenü – Menüeintrag

Die Reihenfolge von Menüs und Menüeinträgen können Sie im Layer-Tree (siehe Abschnitt 3.4, »Die Layer-Datei«) bereits vor dem Ausführen Ihrer Anwendung betrachten. In den obigen Beispielen haben Sie gesehen, wie Sie die Position eines Menüeintrags durch das position-Attribut (entweder mit der Action-Reference-Annotation oder direkt in der Layer-Datei) festlegen können. Da Menüs und Untermenüs implizit beim Erstellen eines Menüeintrags angelegt werden, können Sie die Reihenfolge nicht per Annotation bestimmen. Wenn Sie also ein neues Menü oder Untermenü anlegen und dieses an einer bestimmten Stelle positionieren wollen, müssen Sie das Menü vor Verwendung in der Layer-Datei anlegen. Dort können Sie die Position wie folgt bestimmen. Weitere Informationen dazu finden Sie auch in Abschnitt 3.4.1, »Reihenfolge von Ordnern und Dateien«.

```xml
<folder name="Menu">
  <folder name="Edit">
    <folder name="My Submenu">
      <attr name="position" intvalue="800"/>
    </folder>
  </folder>
</folder>
```

Listing 9.4 Festlegen der Position eines Menüs oder Untermenüs

9.1.2 Separator einfügen

Separatoren, die zwischen den Menüeinträgen angezeigt werden sollen, können Sie bei der Definition eines Menüeintrags mit der `ActionReference`-Annotation festlegen. Dazu stehen die Attribute `separatorBefore` und `separatorAfter` zur Verfügung. Herbei geben Sie deren absolute Position an. Um also vor unserem Beispiel-Menüeintrag aus Listing 9.1 einen Separator einzufügen, erweitern wir die Annotation der Aktion wie folgt:

```java
@ActionReference(
    path = "Menu/Edit",
    position = 1200,
    separatorBefore = 1190)
```

Listing 9.5 Separator einfügen mittels Annotation-Attribut

Weiterhin steht Ihnen auch hier die Möglichkeit zur Verfügung, Separatoren direkt in der Layer-Datei zu definieren. Analog zum vorhergehenden Beispiel würde der Layer-Eintrag wie folgt aussehen:

```xml
<folder name="Menu">
  <folder name="Edit">
    <folder name="My Submenu">
      <file name="MyFirstAction.shadow"> ... </file>
      <file name="MyFirstAction-separatorBefore.instance">
        <attr name="instanceCreate"
              newvalue="javax.swing.JSeparator"/>
        <attr name="position" intvalue="1190"/>
      </file>
    </folder>
  </folder>
</folder>
```

Listing 9.6 Separator einfügen durch Layer-Eintrag

9.1.3 Vorhandene Menüeinträge ausblenden

Sie haben auch die Möglichkeit, vorhandene Menüs oder Menüeinträge auszublenden, die entweder von Plattform-Modulen stammen oder auch von anderen Anwendungsmodulen hinzugefügt worden sind. Dies ist durch den Layer-Tree sehr leicht möglich. Öffnen Sie dazu den Ordner IMPORTANT FILES • XML LAYER • <THIS LAYER IN CONTEXT> in Ihrem Modul. Dort werden nicht nur die von Ihnen definierten Einträge angezeigt, sondern auch die Einträge von anderen Modulen Ihrer Anwendung oder von Plattform-Modulen. Unterhalb des Ordners MENU BAR sehen Sie alle Menüs und Menüeinträge. Wählen Sie hier den gewünschten Eintrag aus, und löschen Sie ihn über das Kontextmenü. Dieser Eintrag wird nun aber nicht richtig gelöscht, sondern wird nur in Ihrer Layer-Datei auf unsichtbar gesetzt. Nehmen wir an, Sie haben das Menü VIEW und den Menüeintrag EDIT • FIND... gelöscht, dann werden folgende Einträge Ihrer Layer-Datei hinzugefügt:

```
<folder name="Menu">
  <folder name="View_hidden"/>
  <folder name="Edit">
    <file
       name="org-openide-actions-FindAction.shadow_hidden"/>
  </folder>
</folder>
```

Listing 9.7 Ausblenden von Menüeinträgen

Es wird also dem entsprechenden Eintrag das Suffix `_hidden` angehängt. Wenn Sie nun einen gelöschten bzw. ausgeblendeten Eintrag wieder hinzufügen möchten, müssen Sie ihn nur aus Ihrer Layer-Datei entfernen.

9.1.4 Shortcuts und Mnemonics

Shortcuts werden zentral in der Layer-Datei definiert und verwaltet, wofür der Standard-Folder `Shortcuts` existiert. Dabei wird mit dem `file`-Element der Shortcut definiert, und als Attribut wird auf eine Aktionsklasse aus dem zentralen `Actions`-Folder referenziert. Ein Shortcut wird also nicht für einen Menüeintrag, sondern für eine Aktion erstellt. Ein Shortcut besteht aus einem oder mehreren Modifiern und einem Identifier, die durch ein Minuszeichen voneinander getrennt werden.

```
modifier-identifier
```

Dabei kommen als Modifier folgende Tasten in Frage, die durch einen Buchstaben (Code) in der Layer-Datei repräsentiert werden:

- C – [Ctrl]/[Strg]
- A – [Alt]
- S – [⇧]
- M – [Cmd]/[Meta]

Darüber hinaus gibt es noch zwei Wildcard-Codes, die die Plattformunabhängigkeit der Shortcuts sicherstellen. Diese sollten auch vorzugsweise verwendet werden:

- D – [Ctrl]/[Strg] oder [Cmd]/[Meta] (bei Macintosh)
- O – [Alt] oder [Ctrl] (bei Macintosh)

Als Identifier kommen alle Konstanten infrage, die durch die Java-Klasse KeyEvent definiert werden – so z. B. KeyEvent.VK_M, es muss lediglich die Vorsilbe VK_ weggelassen werden. Der Identifier würde also M heißen.

Wie bereits zu Beginn des Abschnitts erwähnt, werden Shortcuts zwar in der Layer-Datei verwaltet, dennoch können Sie diese auf einfache Weise über eine ActionReference-Annotation erstellen. Das heißt, die Erstellung eines Shortcuts erfolgt analog zur Erstellung eines Menüeintrags. Um z. B. den Shortcut [Strg]+[M] für die Aktion MyFirstAction zu verwenden, fügen wir folgende Annotation hinzu:

```
@ActionID(
    category = "Edit",
    id = "com.galileo.netbeans.module.MyFirstAction")
@ActionRegistration(
    iconBase = "com/galileo/netbeans/module/icon.png",
    displayName = "#CTL_MyFirstAction")
@ActionReferences({
    @ActionReference(path = "Menu/Edit", position = 100),
    @ActionReference(path = "Shortcuts", name = "D-M")
})
public final class MyFirstAction implements ActionListener {
    ...
}
```

Listing 9.8 Definition eines Shortcuts mittels Annotations

Diese Annotation führt zu einem Layer-Eintrag in der in Listing 9.9 gezeigten Form. Das heißt, auch bei der Definition von Shortcuts haben Sie die Möglichkeit, auf einen direkten Layer-Eintrag zurückzugreifen, sofern Sie keine Annotations verwenden möchten, die natürlich die bevorzugte Variante darstellen.

```
<folder name="Shortcuts">
  <file name="D-M.shadow">
    <attr name="originalFile" stringvalue="Actions/Edit/
        com-galileo-netbeans-module-MyFirstAction.instance"/>
  </file>
</folder>
```

Listing 9.9 Definition von Shortcuts in der Layer-Datei

In diesem Zusammenhang kann es ganz hilfreich sein, wenn Sie sich die Javadocs der Funktionen `Utilities.keyToString()` und `Utilities.stringToKey()` anschauen. Diese werden zum Kodieren der Shortcuts verwendet. Im Folgenden sind einige mögliche Beispielkombinationen aufgelistet. Wenn Sie die Schreibweise für eine bestimmte Taste nicht genau kennen, können Sie auch den Action Wizard verwenden (siehe Kapitel 6, »Aktionen«).

Shortcut	Eintrag in der Layer-Datei
Strg + +	`<file name="D-PLUS.shadow">`
Strg + ⇧ + S	`<file name="DS-S.shadow">`
F3	`<file name="F3.shadow">`
Alt + ↵	`<file name="O-ENTER.shadow">`
Alt + O	`<file name="O-O.shadow">`
Alt + ⇧ + S	`<file name="OS-S.shadow">`

Tabelle 9.1 Beispiele für Shortcuts und die korrespondierenden Einträge in der Layer-Datei

Mnemonics werden direkt im Namen einer Aktion durch das Voranstellen eines Ampersand (&) eingefügt. Dies kann sowohl in der Aktionsklasse als auch in einer Properties-Datei erfolgen:

`CTL_OpenMyWindow=Open MyWind&ow`

Beachten Sie, dass die Mnemonics nur angezeigt werden, wenn Sie die Taste Alt gedrückt halten.

9.1.5 Eigene Menubar erstellen

Wenn Sie eine eigene Menubar für die Verwendung innerhalb eines Moduls erstellen möchten, können Sie sich dafür sehr gut die NetBeans APIs zunutze machen. Die **Data Systems API** stellt nämlich mit der Klasse `MenuBar` eine Subklasse der `JMenubar`-Klasse zur Verfügung, die in der Lage ist, ihren Inhalt aus einem `DataFolder`-Objekt zu erstellen. Sie können Ihr eigenes Menü also wie das Standard-Menü in der Layer-Datei Ihres Moduls definieren.

Es muss nun nur noch ein `DataFolder`-Objekt erstellt werden. Dazu verschaffen wir uns mit der Methode `FileUtil.getConfigFile()` Zugriff auf den Root-Folder unseres Menüs, der in diesem Beispiel `MyModuleMenu` heißt. Mit der statischen Methode `findFolder()` erstellen wir dafür ein `DataFolder`-Objekt und übergeben dies direkt dem `MenuBar`-Konstruktor.

```
FileObject menu = FileUtil.getConfigFile("MyModuleMenu");
MenuBar    bar  = new MenuBar(DataFolder.findFolder(menu));
```

Listing 9.10 Eigene Menubar erstellen, die ihren Inhalt aus dem System Filesystem liest

9.2 Toolbar

9.2.1 Toolbar und Toolbar-Aktionen erstellen

Der Toolbar können Sie in gleicher Weise wie der Menubar Aktionen hinzufügen. Sie können sowohl vorhandene Toolbars verwenden als auch beliebig viele eigene anlegen, um so Ihre Toolbar-Buttons zu gruppieren. Toolbars werden im Standard-Folder `Toolbars` in der Layer-Datei definiert. Wie in Abschnitt 9.1, »Menubar«, beschrieben, verwenden wir die `ActionReference`-Annotation, um einer Toolbar eine Aktion hinzuzufügen. Im Beispiel aus Listing 9.11 wollen wir wiederum die Aktionsklasse `MyFirstAction` der Toolbar hinzufügen:

```
@ActionID(
    category = "Edit",
    id = "com.galileo.netbeans.module.MyFirstAction")
@ActionRegistration(
    iconBase = "com/galileo/netbeans/module/icon.png",
    displayName = "#CTL_MyFirstAction")
@ActionReferences({
    @ActionReference(
        path = "Toolbars/MyToolbars",
        position = 100)
})
public final class MyFirstAction implements ActionListener {
    public void actionPerformed(ActionEvent e) {
        // TODO implement action body
    }
}
```

Listing 9.11 Hinzufügen einer Aktion zu einer Toolbar über Annotations

Wie Sie in Listing 9.11 sehen, unterscheidet sich eine Toolbar-Aktion von einem Menüeintrag nur durch die entsprechende Pfadangabe. Bei einem Menüeintrag wird mit der `ActionReference`-Annotation eine Referenz auf die Aktion im Standard-Folder `Menu` angelegt, wohingegen bei einer Toolbar-Aktion der Standard-Folder `Toolbars` verwendet wird. Zu beachten ist, dass Sie bei einer Toolbar-Aktion die Aktionsklasse mithilfe des `iconBase`-Attributs mit einem entsprechenden Icon versehen.

Analog zur Menubar führt eine solche Annotation zu einem automatisch erzeugten Layer-Eintrag. Wenn Sie keine Annotations verwenden möchten, können Sie Ihre Toolbar-Aktionen auch durch direkte Einträge in die Layer-Datei einer Toolbar hinzufügen. Ein zu Listing 9.9 passender Eintrag würde wie folgt aussehen:

```
<folder name="Toolbars">
  <folder name="MyToolbar">
    <file name="MyFirstAction.shadow">
      <attr name="originalFile" stringvalue="Actions/Edit/
            com-galileo-netbeans-module-MyFirstAction.instance"/>
    </file>
  </folder>
</folder>
```

Listing 9.12 Hinzufügen einer Aktion zu einer Toolbar über direkten Layer-Eintrag.

9.2.2 Toolbar-Konfigurationen

Welche Toolbars in welcher Reihenfolge und Position dargestellt werden, wird in einer Toolbar-Konfiguration im XML-Format gespeichert. Die dazugehörige DTD finden Sie im Anhang. Die Toolbars, die die NetBeans Platform standardmäßig mit sich bringt, sind durch die Konfigurationsdatei *Standard.xml* im **Core-UI-Modul** definiert. Diese sieht folgendermaßen aus:

```
<Configuration>
   <Row>
      <Toolbar name="File"/>
      <Toolbar name="Clipboard"/>
      <Toolbar name="UndoRedo"/>
      <Toolbar name="Memory"/>
   </Row>
</Configuration>
```

Listing 9.13 Standard-Plattform-Toolbar-Konfiguration – Standard.xml

Sie haben die Möglichkeit, eigene Konfigurationen zu erstellen, können diese zur Laufzeit dynamisch setzen und somit Ihre Toolbars kontextabhängig ein- und ausblenden.

Wir erstellen uns nun eine eigene Konfiguration, in der wir die zuvor erstellte Toolbar mit dem Namen `MyToolbar` und die Standard-Toolbar `Edit` anzeigen wollen. Die Toolbar `File` hingegen soll ausgeblendet werden. Die Konfiguration könnte dann so aussehen:

```xml
<!DOCTYPE Configuration PUBLIC
  "-//NetBeans IDE//DTD toolbar//EN"
  "http://www.netbeans.org/dtds/toolbar.dtd">
<Configuration>
  <Row>
    <Toolbar name="UndoRedo"/>
    <Toolbar name="MyToolbar"/>
  </Row>
  <Row>
    <Toolbar name="File" visible="false"/>
  </Row>
</Configuration>
```

Listing 9.14 Eigene Toolbar-Konfiguration

Diese neu erstellte Konfiguration können Sie unter einem beliebigen Namen abspeichern. Um die Konfiguration nun der Plattform bekannt zu machen, hängen wir diese in der Layer-Datei ein. Dabei geben wir mit dem `url`-Attribut den Speicherort der Konfiguration relativ zur Layer-Datei an:

```xml
<folder name="Toolbars">
   <file name="MyToolbarConfig.xml"
         url="toolbars/MyToolbarConfig.xml"/>
</folder>
```

Listing 9.15 Toolbar-Konfiguration registrieren

Jetzt müssen Sie in Ihrem Quelltext an der gewünschten Stelle nur noch eine Zeile einfügen, um die Konfiguration zu aktivieren und die gewünschten Toolbars einzublenden. Dazu stellt das **UI Utilities**-Modul eine praktische API zur Verfügung:

```
ToolbarPool.getDefault().setConfiguration("MyToolbarConfig");
```

Dieser Aufruf könnte z. B. dann erfolgen, wenn ein Fenster aktiviert wird, um dem Benutzer eine kontextabhängige Toolbar anzuzeigen. Dies wollen wir in Kapitel 10, »Window System«, auch gleich einrichten, wenn wir unser erstes Fenster erstellt haben.

Die Klasse `ToolbarPool` ist für die Verwaltung von Toolbars zuständig, die im System Filesystem registriert wurden. Mit der `getDefault()`-Methode bekommen Sie das vom System erzeugte `ToolbarPool`-Objekt geliefert, das sich um die Toolbars kümmert, die im Standard-Folder `Toolbars` definiert wurden. Sie haben zudem auch die Möglichkeit, ein eigenes `ToolbarPool`-Objekt zu erzeugen, das Toolbars verwaltet, die in einem eigenen Folder definiert wurden. Dazu muss dem Konstruktor lediglich ein `DataFolder`-Objekt übergeben werden. Wie das funktioniert, zeige ich Ihnen in Abschnitt 9.2.4, »Eigene Toolbars erstellen«.

Die Klasse `ToolbarPool` bietet Ihnen einige nützliche Funktionen:

Methode	Funktionalität
`findToolbar(` 　　`String name)`	Liefert eine bestimmte Toolbar zurück.
`getToolbars()`	Gibt Ihnen alle in diesem Pool verfügbaren Toolbars zurück.
`getConfiguration()`	Hiermit können Sie sich den Namen der gerade aktiven Konfiguration geben lassen.
`getConfigurations()`	Diese Methode liefert ein Array mit allen zur Verfügung stehenden Konfigurationen.
`setConfiguration(` 　　`String c)`	Ändert die aktuelle Toolbar-Konfiguration.
`setPreferredIconSize(` 　　`int s)`	Damit können Sie die Icon-Größe der Toolbar-Buttons festlegen. Unterstützt werden die Werte 16 und 24 Pixel.

Tabelle 9.2 Nützliche Methoden der ToolbarPool-Klasse

9.2.3 Anpassung durch den Benutzer

In Ihrer Anwendung wird durch einen Rechtsklick auf die Toolbars ein Kontextmenü angezeigt, mit dem der Benutzer einzelne Toolbars ein- und ausblenden kann. Außerdem können die Toolbars über CUSTOMIZE... zur Laufzeit vom Anwender konfiguriert werden. Per Drag & Drop können einzelne Aktionen hinzugefügt oder entfernt werden.

Abbildung 9.2 Benutzerspezifisches Einrichten der Toolbars

9.2.4 Eigene Toolbars erstellen

Wie auch bei der Menubar (siehe Abschnitt 9.1.5, »Eigene Menubar erstellen«) haben Sie hier die Möglichkeit, Ihre eigene Toolbar bzw. einen Pool von Toolbars zu erstellen. Diese Toolbars können Sie dann z. B. innerhalb Ihrer Top Component verwenden. Dazu bietet die `ToolbarPool`-Klasse wie die `Menubar`-Klasse einen Konstruktor an, dem Sie ein `DataFolder`-Objekt übergeben können, das einen Folder von Toolbars im System Filesystem repräsentiert. Sie können Ihre Toolbars also genauso definieren, wie Sie das auch bei den Standard-Toolbars machen.

```
FileObject   tbs  = FileUtil.getConfigFile("MyToolbars");
ToolbarPool pool = new ToolbarPool(DataFolder.findFolder(tbs));
```

Listing 9.16 Eigene Toolbars erstellen, die ihren Inhalt aus dem System Filesystem lesen

Weiterführende Informationen darüber, welche Komponenten Sie den Toolbars über das System Filesystem hinzufügen können, finden Sie in der API-Dokumentation der Klasse `ToolbarPool`.

9.2.5 Eigene Steuerelemente verwenden

Standardmäßig werden Ihre Aktionen mit einem Icon in der Toolbar dargestellt. Darüber hinaus können Sie Ihre Toolbar-Aktionen auch mit einem speziellen Steuerelement, wie etwa mit einer Combobox, ausstatten. Es bedarf dazu keiner speziellen Aktionsklasse. Sie können, wie in den vorherigen Abschnitten, eine Standard-Aktion verwenden. Anstatt das `ActionListener`-Interface zu implementieren, muss diese Klasse allerdings von `AbstractAction` erben. Damit die Aktion ihr spezielles Steuerelement der Platform bereitstellen kann, implementieren wir das `Presenter.Toolbar`-Interface. Außerdem macht es Sinn, einen Standardkonstruktor für die Initialisierung des Steuerelements zu implementieren.

Combobox in Toolbar

Als Beispiel möchte ich Ihnen eine Aktionsklasse zeigen, die eine Combobox als Steuerelement hat, mit der Sie z. B. einen Zoom einstellen können.

```
@ActionID(
    category = "View",
    id = "com.galileo.netbeans.module.MyComboboxAction")
@ActionRegistration(displayName = "#CTL_MyComboboxAction")
@ActionReferences({
    @ActionReference(path="Toolbars/MyToolbar")
})
public final class MyComboboxAction extends AbstractAction
    implements Presenter.Toolbar {
    JComboBox box =
        new JComboBox(new String[]{"100%", "200%"});
    public MyComboboxAction() {
        box.setMaximumSize(box.getPreferredSize());
        box.setAction(this);
    }
    @Override
    public void actionPerformed(ActionEvent e) {
        System.out.print("Adjust zoom to: ");
        System.out.println(box.getSelectedItem());
    }
    @Override
    public Component getToolbarPresenter() {
        return box;
    }
}
```

Listing 9.17 Benutzerspezifisches Steuerelement für eine Toolbar-Aktion

Die Aktionsklasse wird wie gehabt mit den Annotations registriert und einer Toolbar zugewiesen. Als privates Datenelement fügen wir unser eigenes Steuerelement hinzu. Im Konstruktor setzen wir die maximale Breite der Combobox auf die bevorzugte Breite, um zu verhindern, dass die Combobox den gesamten Platz in der Toolbar einnimmt. Ganz wichtig ist die Verbindung von Steuerelement und Aktion. Dies erreichen wir durch die `setAction()`-Methode der Combobox, der wir die Referenz auf unsere eigene Klasse mit dem `this`-Operator übergeben. Wird nun die Combobox angeklickt, wird diese Aktion ausgeführt. Zuletzt müssen Sie nur noch die `getToolbarPresenter()`-Methode implementieren und mit dieser die Combobox zurückliefern. So wird statt der Standardschaltfläche die von uns erzeugte Combobox angezeigt.

Dropdown-Menü in der Toolbar

Für die Erstellung einer Dropdown-Schaltfläche mit Popup-Menü (siehe Abbildung 9.3) stellt die NetBeans Platform eine spezielle Factory-Klasse zur Verfügung. Eine solche Schaltfläche können Sie in der gleichen Weise wie die zuvor gezeigte Combobox in die Toolbar integrieren. Zunächst also erstellen wir eine Aktionsklasse und fügen diese einer Toolbar hinzu. Diese muss von der Klasse `AbstractAction` erben, um das `Toolbar.Presenter`-Interface implementieren zu können. In der `getToolbarPresenter()`-Methode erzeugen wir dann ein Popup-Menü, das wir mit Aktionen aus der Layer-Datei befüllen, lassen durch die Methode `DropDownButtonFactory.createDropDownButton()` die entsprechende Schaltfläche erzeugen und geben diese zurück.

```
@ActionID(
    category = "File",
    id = "com.galileo.netbeans.module.MyDropDownButton")
@ActionRegistration(
    iconBase = "com/galileo/netbeans/module/icon.png",
    displayName = "#CTL_MyDropDownButton")
@ActionReferences({
    @ActionReference(path = "Toolbars/File", position = 300)
})
public final class MyDropDownButton
    extends AbstractAction implements Presenter.Toolbar {

    final String EXTENSION_POINT = "MyDropDownActions";
    JPopupMenu popup = new JPopupMenu();

    @Override
    public void actionPerformed(ActionEvent e) { }

    @Override
    public Component getToolbarPresenter() {
        for (Action a: Utilities.actionsForPath(EXTENSION_POINT))
            popup.add(a);
```

```
        return DropDownButtonFactory.createDropDownButton(
            ImageUtilities.loadImageIcon(
                "com/galileo/netbeans/module/icon.png", false),
            popup);
    }
}
```

Listing 9.18 Erstellen einer Dropdown-Schaltfläche

Wenn Sie nun den Quelltext in Listing 9.18 betrachten, sehen Sie, dass nur wenige Zeilen notwendig sind, um eine flexibel erweiterbare Dropdown-Schaltfläche mit Popup-Menü zu erstellen. Dazu trägt neben der Factory-Methode, die die Schaltfläche erstellt, vor allem auch die actionsForPath()-Methode der Utilities-Klasse bei. Diese liefert Ihnen eine Liste aller unter einem bestimmten Folder registrierten Aktionen. Diese können Sie dort standardmäßig mit einer ActionReference-Annotation registrieren, also in der Form:

```
@ActionReference(path = "MyDropDownActions", position = 100)
public final class MyDropDownAction1 implements ActionListener
```

Damit wird die Aktion MyDropDownAction1 im System Filesystem unter dem Folder MyDropDownActions registriert – genau in der gleichen Weise, wie wenn Sie eine Aktion der Menubar oder der Toolbar hinzufügen. Sie sehen also, dass das System Filesystem nicht nur für Standard-Komponenten wie die Menubar oder Toolbar gut ist, sondern, dass Sie es sich auch für Ihre eigenen Komponenten zunutze machen können.

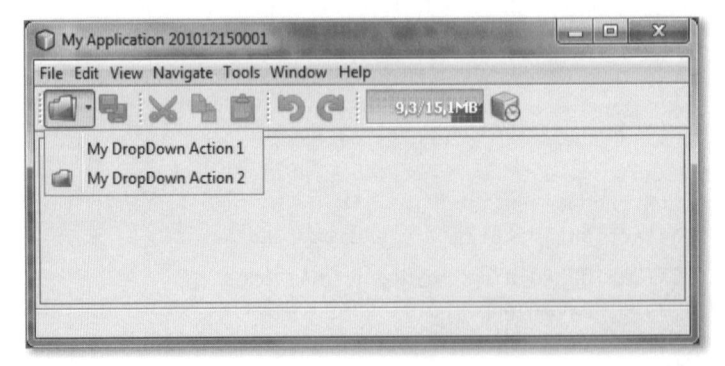

Abbildung 9.3 Dropdown-Schaltfläche mit Popup-Menü in der Toolbar

Einen zentralen Bestandteil der grafischen Benutzeroberfläche stellt sicherlich das NetBeans Platform Window System dar. Damit implementieren und verwalten Sie Ihre anwendungsspezifische GUI in einzelnen Fenstern.

10 Window System

Das **Window System** ist ein von der NetBeans Platform zur Verfügung gestelltes Framework, das für die Darstellung und Verwaltung der Fenster einer Anwendung zuständig ist und dabei dem Benutzer Funktionen zur individuellen Gestaltung seiner Arbeitsoberfläche bietet.

> **Enorm vereinfacht: Fenster mit NetBeans Platform 7**
>
> Die Registrierung von Fenstern erfolgt nun durch Annotations. Auf diese Weise ist die Entwicklung von NetBeans-Platform-Anwendungen nicht nur einfacher, sondern auch unabhängiger von der NetBeans IDE geworden.

Der prinzipielle Aufbau des visuellen Window System ist dokumentenorientiert, d. h., zentral können im sogenannten Editor-Bereich mehrere Dokumente in Form von Tabs dargestellt werden. Um diesen Editor-Bereich herum können in verschiedenen Bereichen, den View-Bereichen, diverse Fenster angeordnet werden. Dies sind typischerweise Hilfsfenster, die Funktionen für die Bearbeitung des Dokuments bereitstellen. Dies sind am Beispiel der NetBeans IDE z. B. die Projektstruktur, ein Eigenschaftsfenster oder ein Ausgabefenster, die um den Editor-Bereich angeordnet sind.

Standardmäßig werden alle Fenster innerhalb des NetBeans-Hauptanwendungsfensters dargestellt. Zudem haben Sie die Möglichkeit, einzelne Fenster über das Kontextmenü oder durch Herausziehen aus dem Anwendungsfenster herauszulösen (**Dock/Undock**), wie Sie das z. B. in Abbildung 10.2 anhand des PROJECTS-Fensters sehen. So ist es möglich, die Fenster flexibel anzuordnen. Gerade auch beim Einsatz von mehreren Monitoren kann die Verwendung der sogenannten **Floating Windows** sehr praktisch sein.

10 | Window System

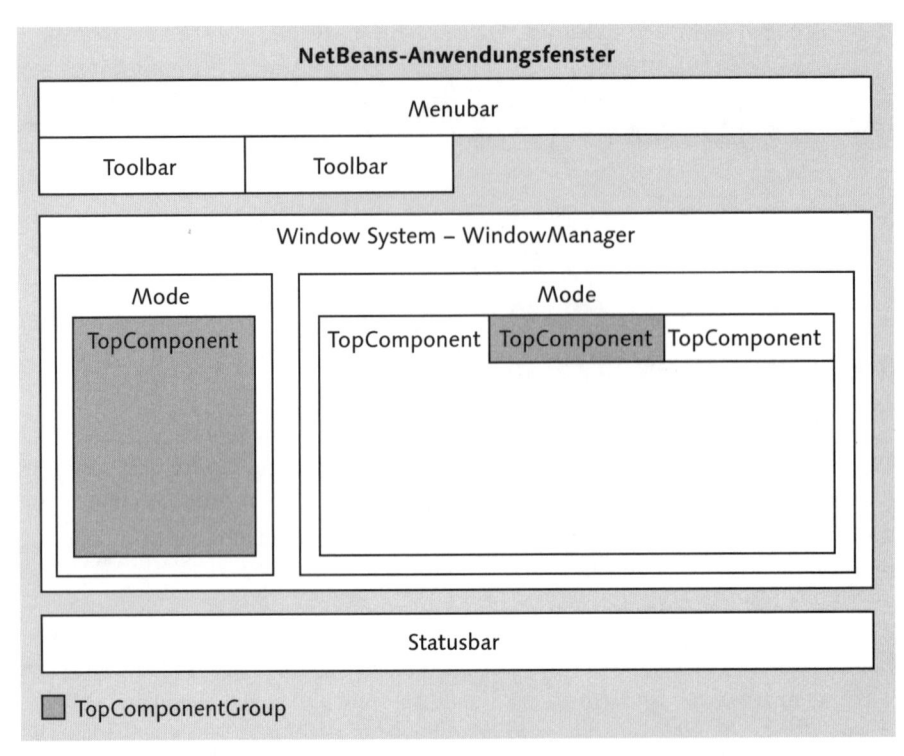

Abbildung 10.1 Struktur des NetBeans-Anwendungsfensters

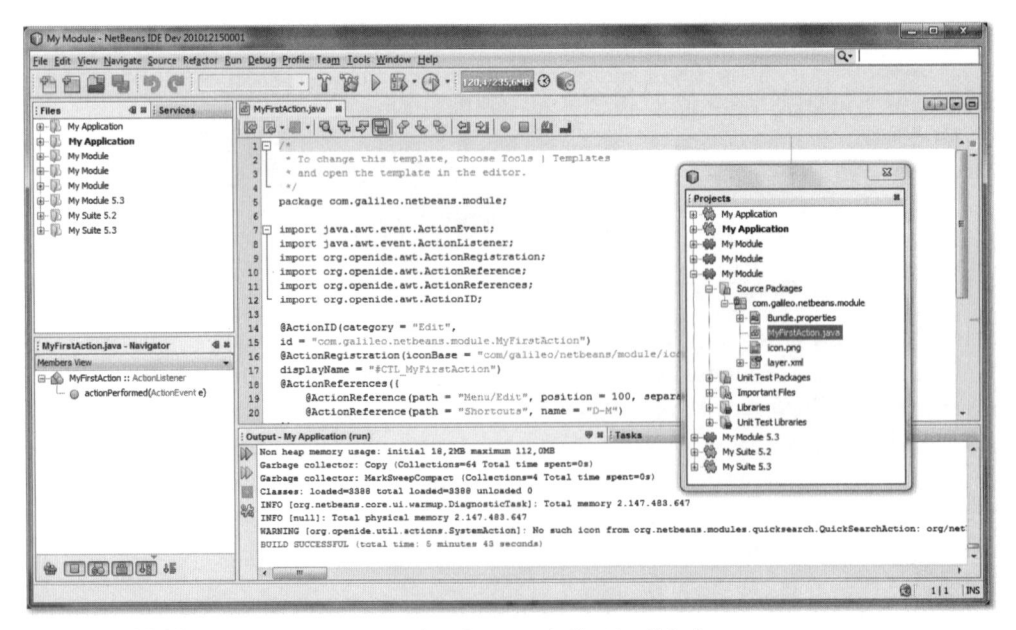

Abbildung 10.2 NetBeans Window System mit Floating Windows

Das Window System besteht aus Modes. Ein Mode ist ein Container, in dem Fenster, die von der Klasse `TopComponent` abgeleitet sind, registerartig dargestellt werden können. Alle dargestellten Fenster werden vom Window Manager verwaltet. Zudem ist es möglich, Fenster zu gruppieren. Der gesamte Aufbau des Window Systems, also welche Modes zur Verfügung stehen, welche Fenster in welchem Mode dargestellt werden, welche Fenster zu welcher Gruppe gehören etc., wird deklarativ in der Layer-Datei beschrieben. Diese Informationen stehen dem Window System also ebenfalls über das System Filesystem zur Verfügung. Auf die einzelnen Bestandteile des Window Systems gehe ich in den folgenden Kapiteln ein. Dort zeige ich Ihnen, wie Sie diese in Ihrem Modul verwenden können.

10.1   Konfiguration

Ein Modul definiert und konfiguriert seine Fenster, Modes und Gruppen in der Layer-Datei in den Foldern `Components`, `Modes` und `Groups` im Standard-Folder `Windows2`. Auf diese Weise kann ein Modul seine zur Verfügung gestellten Fenster definieren, zuordnen und gruppieren. Dies ist quasi die Standardkonfiguration, die ein Modul vorgeben kann und die so vom Window System verwendet wird, wenn ein Modul zum ersten Mal geladen wird.

Wenn nun der Benutzer zur Laufzeit an der Oberfläche Änderungen vornimmt, also z. B. ein Fenster in einen anderen Mode verschiebt oder ein Fenster einer Gruppe schließt, werden diese Einstellungen im Benutzerverzeichnis in der gleichen Form beim Beenden der Anwendung im Verzeichnis *config/Windows2Local* abgespeichert. Bei einem erneuten Starten der Anwendung werden dann diese Einstellungen zuerst gelesen. Nur wenn im Benutzerverzeichnis keine Konfigurationsdaten vorliegen (so wie das beim erstmaligen Starten einer Anwendung der Fall ist), werden die definierten Einstellungen aus der Layer-Datei übernommen.

10.2   Fenster – Top Component

Für das Erstellen von Fenstern, die in die NetBeans Platform integriert werden sollen, stellt die **Window System API** die Klasse `TopComponent` zur Verfügung. Dies ist eine Subklasse der Java-Klasse `JComponent`, und sie bietet optimale Unterstützung für die Interaktion eines Fensters mit dem Window System. Eine Top Component existiert stets innerhalb eines Modes, kann somit gedockt werden, wird automatisch vom Window Manager verwaltet und über bestimmte Ereignisse des Lebenszyklus informiert.

10.2.1 Top Component erstellen

Zur Erstellung einer Top Component stellt uns die NetBeans IDE einen praktischen Wizard zur Verfügung, der das komplette Grundgerüst erstellt. Rufen Sie dazu FILE • NEW FILE... auf, und wählen Sie in der Kategorie MODULE DEVELOPMENT den Dateityp WINDOW aus. Auf der folgenden Seite, BASIC SETTINGS, können Sie eine Reihe von Einstellungen für Ihre Top Component vornehmen.

Zunächst bestimmen Sie die WINDOW POSITION, also den Mode, in dem Ihre Top Component angezeigt werden soll. Hier können Sie zunächst nur einen der Modes auswählen, die Ihnen die NetBeans Platform bietet. Sie können diesen aber später durch einen eigens definierten Mode ersetzen. Zudem können Sie auf dieser Wizard-Seite das Verhalten der zu erstellenden Top Component individuell bestimmen. Die Bedeutung dieser Optionen erläutere ich Ihnen in Abschnitt 10.2.2, »Verhalten«.

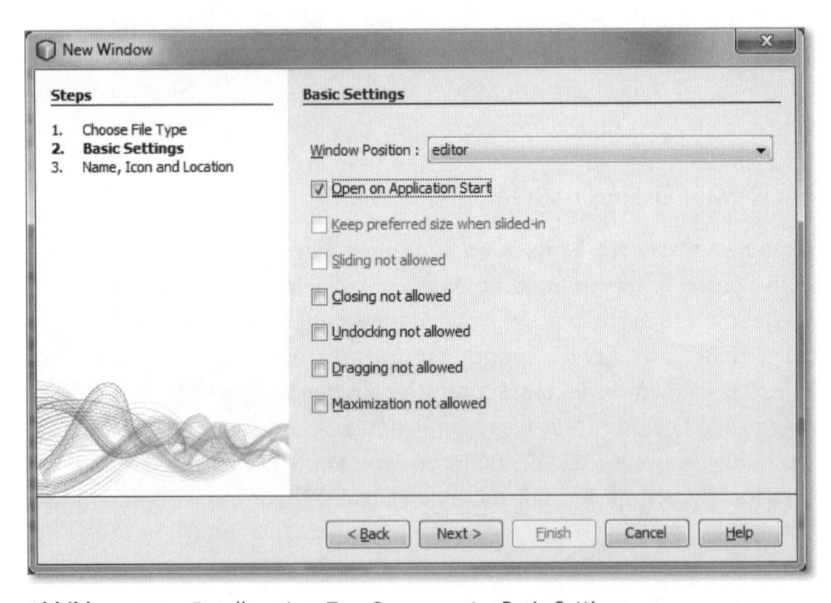

Abbildung 10.3 Erstellen einer Top Component – Basic Settings

Klicken Sie auf NEXT, um auf die letzte Seite des Wizards zu gelangen. Dort können Sie noch ein Präfix für den Klassennamen festlegen und ein Icon für die Top Component auswählen (siehe Abbildung 10.4).

Klicken Sie auf FINISH, um den Wizard zu beenden und die Top Component erstellen zu lassen. Der Wizard hat für uns bereits alles Nötige erledigt. Sie können nun die Top Component mit dem Form-Editor bearbeiten und mit der gewünschten Funktionalität ausstatten. Mit RUN • RUN MAIN PROJECT können Sie das Ganze dann testen.

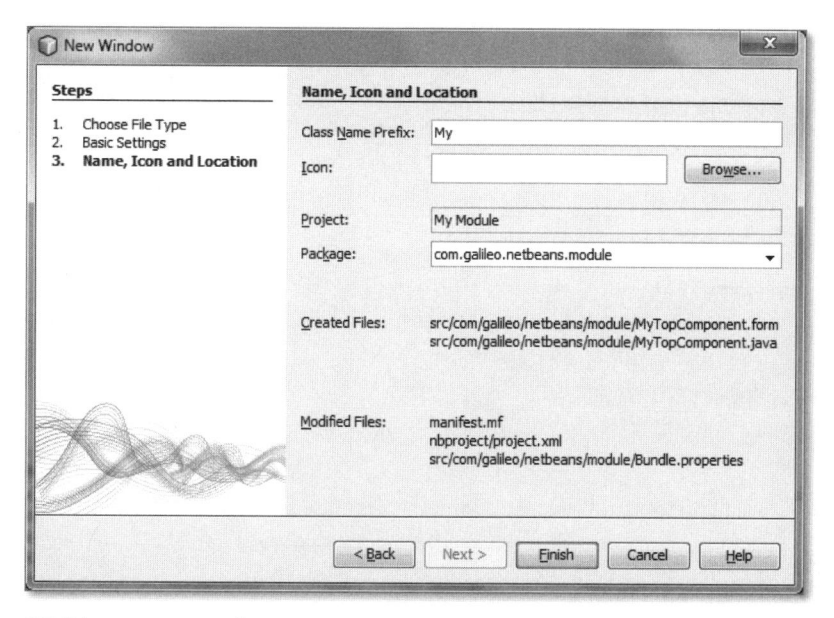

Abbildung 10.4 Erstellen einer Top Component – Name, Icon and Location

Betrachten wir nun die Klasse, die vom Wizard erstellt worden ist. Diese ist mit einer Reihe von Annotations versehen, deren Bedeutung ich Ihnen im Folgenden näherbringen möchte.

```
import org.openide.util.NbBundle;
import org.openide.windows.TopComponent;
import org.netbeans.api.settings.ConvertAsProperties;
import org.openide.awt.ActionID;
import org.openide.awt.ActionReference;


@ConvertAsProperties(
    dtd = "-//com.galileo.netbeans.module//My//EN",
    autostore = false)
@TopComponent.Description(
    preferredID = "MyTopComponent",
    iconBase = "com/galileo/netbeans/module/icon.png",
    persistenceType = TopComponent.PERSISTENCE_ALWAYS)
@TopComponent.Registration(
    mode = "editor",
    openAtStartup = true)
@ActionID(
    category = "Window",
    id = "com.galileo.netbeans.module.MyTopComponent")
```

```
@ActionReference(
    path = "Menu/Window" /*, position = 333 */)
@TopComponent.OpenActionRegistration(
    displayName = "#CTL_MyAction",
    preferredID = "MyTopComponent")
public final class MyTopComponent extends TopComponent {
    public MyTopComponent() {
        initComponents();
        setName(NbBundle.getMessage(
            MyTopComponent.class, "CTL_MyTopComponent"));
        setToolTipText(NbBundle.getMessage(
            MyTopComponent.class, "HINT_MyTopComponent"));
    }
    ...
}
```

Listing 10.1 Grundgerüst einer Top Component mit Annotations

Mit der Annotation `TopComponent.Description` wird die Top Component mit grundsätzlichen Informationen versehen. Dazu zählen ein eindeutiger Bezeichner (`preferredID`), der Pfad zu einem Icon (`iconBase`) und die Festlegung, ob die Top Component abgespeichert werden soll oder nicht (`persistenceType`). Die hierzu zur Verfügung stehenden Möglichkeiten erläutere ich Ihnen in Abschnitt 10.2.5, »Persistenz«.

Mit der `TopComponent.Registration`-Annotation fügen wir die Top Component einem Mode hinzu. Der mit dem Attribut `mode` festgelegte Mode muss bereits existieren. Sie können entweder einen durch die NetBeans Platform vordefinierten Mode auswählen oder aber selbst einen erstellen. Was Sie dazu tun müssen, erfahren Sie in Abschnitt 10.2.3, »Zustände«. Mit dem `openAtStartup`-Attribut können Sie festlegen, ob Ihre Top Component beim Start der Anwendung bereits automatisch geöffnet werden soll. Zuletzt steht Ihnen das optionale Attribut `position` zur Verfügung, um die Reihenfolge von mehreren Top Components innerhalb eines Modes zu bestimmen.

Mit der Annotation `TopComponent.OpenActionRegistration` führt die NetBeans Platform abermals eine Menge an Arbeit im Hintergrund durch. Diese Annotation führt dazu, dass in der Layer-Datei eine Aktion zum Öffnen der annotierten Top Component registriert wird. Dabei ist interessant, dass nicht nur die Registrierung, sondern auch die Bereitstellung der Aktion automatisch erfolgt. Das heißt, in Ihrem Modul existiert gar keine entsprechende Aktionsklasse mehr. Diese wird anhand der übergebenen Parameter durch die Factory-Methode

`TopComponent.openAction()` im Hintergrund erzeugt. Mit dem `displayName`-Attribut definieren Sie den Namen der Aktion. Durch die Verwendung des #-Symbols können Sie einen Key für eine Textkonstante aus einem Properties Bundle bestimmen (siehe auch Kapitel 6, »Aktionen«). Mit dem `preferredID`-Attribut legen Sie auf eine sehr einfache Weise fest, ob von Ihrer Top Component nur eine oder auch mehrere Instanzen erzeugt werden können. Verwenden Sie an dieser Stelle den bereits zuvor definierten Bezeichner Ihrer Top Component, so wird nur eine Singleton-Instanz erzeugt. Wenn Sie das Attribut weglassen, wird bei jeder Betätigung der Aktion eine neue Instanz der Top Component geöffnet.

In Verbindung mit der `TopComponent.OpenActionRegistration`-Annotation stehen die beiden Attribute `ActionID` und `ActionReference`. Mit `ActionID` wird, wie in Kapitel 6, »Aktionen«, beschrieben, die Öffnen-Aktion mit einer Kategorie und einem eindeutigen Bezeichner versehen. Mit der `ActionReference`-Annotation legen Sie fest, in welchem Menü an welcher Stelle die Aktion angezeigt werden soll (siehe auch Abschnitt 9.1, »Menubar«).

Obwohl die beschriebene Verwendung der Annotations zur Registrierung einer Top Component eine enorme Vereinfachung darstellt, möchte ich Ihnen auch an dieser Stelle nicht vorenthalten, dass Sie nicht zwingend Annotations nutzen müssen. Sie haben auch hier die Möglichkeit, die notwendigen Informationen direkt in der Layer-Datei zu spezifizieren. In der Layer-Datei wird die Top Component zunächst im Standard-Folder `Windows2/Components` definiert. Die Zuordnung zu einem Mode erfolgt im Standard-Folder `Windows2/Modes`.

```
<folder name="Windows2">
    <folder name="Components">
        <file name="MyTopComponent.settings"
              url="MyTopComponentSettings.xml"/>
    </folder>
    <folder name="Modes">
        <folder name="editor">
            <file name="MyTopComponent.wstcref"
                  url="MyTopComponentWstcref.xml"/>
        </folder>
    </folder>
</folder>
```

Listing 10.2 Definition und Zuordnung einer Top Component in der Layer-Datei

Für die Definition einer Top Component im Folder `Windows2/Components` ist eine **Settings**-Datei erforderlich. In dieser steht der vollständige Klassenname der Top Component. Damit ist das Window System in der Lage, eine Instanz der Top Component zu erzeugen.

```
<!DOCTYPE settings PUBLIC
 "-//NetBeans//DTD Session settings 1.0//EN"
 "http://www.netbeans.org/dtds/sessionsettings-1_0.dtd">
<settings version="1.0">
    <instance class="com.galileo.netbeans.module.MyTopComponent"/>
</settings>
```

Listing 10.3 Settings-Datei für das deklarative Hinzufügen einer Top Component

Die Zuordnung einer Top Component zu einem Mode erfolgt durch eine sogenannte **Top Component Reference**-Datei. In dieser wird der eindeutige Bezeichner der Top Component angegeben. Außerdem wird durch das `opened`-Attribut des `state`-Elements festgelegt, ob das Fenster beim Start der Anwendung geöffnet ist.

```
<!DOCTYPE tc-ref PUBLIC
 "-//NetBeans//DTD Top Component in Mode Properties 2.0//EN"
 "http://www.netbeans.org/dtds/tc-ref2_0.dtd">
<tc-ref version="2.0" >
    <tc-id id="MyTopComponent"/>
    <state opened="true"/>
</tc-ref>
```

Listing 10.4 Top Component Reference-Datei für die Zuordnung zu einem Mode

Wenn Sie diesen deklarativen Weg statt der Annotations gewählt haben, sollten Sie letztendlich noch die beiden Methoden `preferredID()` und `getPersistenceType()` Ihrer Top Component-Klasse überschreiben und damit die entsprechenden Werte zurückliefern.

10.2.2 Verhalten

Eine Top Component kann durch eine Reihe von Eigenschaften in ihrem Verhalten angepasst werden. Die Einstellung dieser Eigenschaften können Sie bereits bei Erstellung mit dem NetBeans Window Wizard vornehmen. Aber auch nachträglich können diese Eigenschaften, die im Konstruktor einer Top Component gesetzt werden, leicht angepasst werden.

Eigenschaft	Beschreibung
CLOSING_DISABLED	Die Top Component kann durch den Benutzer nicht geschlossen werden. Das Schließen-Symbol und der Menüeintrag im Kontextmenü sind ausgeblendet.
DRAGGING_DISABLED	Das Drag & Drop der Top Component ist deaktiviert. Das heißt, die Top Component kann in keinen anderen Mode verschoben werden.
MAXIMIZATION_DISABLED	Die Top Component kann nicht maximiert werden. Ein entsprechender Eintrag im Kontextmenü ist ausgeblendet.
SLIDING_DISABLED	Deaktiviert das Minimieren einer Top Component zum Rand hin. Sowohl die Minimieren-Schaltfläche als auch der Kontextmenüeintrag sind ausgeblendet. Diese Eigenschaft steht bei einer Top Component im Editor-Mode nicht zur Verfügung.
UNDOCKING_DISABLED	Ein Undocken der Top Component ist somit nicht möglich. Das heißt, das Fenster kann durch Ziehen nicht herausgelöst werden. Auch der entsprechende Kontextmenüeintrag ist deaktiviert.
KEEP_PREFERRED_SIZE _WHEN_SLIDED_IN	Die Top Component wird in der ursprünglichen Größe eingeblendet. Diese Eigenschaft steht bei einer Top Component im Editor-Mode nicht zur Verfügung.

Tabelle 10.1 Eigenschaften einer Top Component, die anwendungsspezifisch angepasst werden können

Diese Eigenschaften können mit einem vorangestellten PROP_ mit folgender Methode innerhalb einer Top Component gesetzt werden, z. B. so:

```
putClientProperty(
    TopComponent.PROP_CLOSING_DISABLED,
    Boolean.TRUE);
```

10.2.3 Zustände

Eine Top Component kann verschiedene Zustände haben.

Zustand	Bedingung
opened	Eine Top Component befindet sich im Zustand opened, wenn diese in einem Mode innerhalb des Window System in Form eines Tab angezeigt wird.

Tabelle 10.2 Verschiedene Zustände einer Top Component

Zustand	Bedingung
closed	Die Top Component ist im Zustand closed, wenn sie geschlossen bzw. noch gar nicht geöffnet wurde. Eine Top Component existiert aber auch dann noch, wenn diese geschlossen wurde.
visible	Wenn eine Top Component in ihrem Mode selektiert ist bzw. sich an oberster Stelle befindet, ist diese im Zustand visible.
invisible	Wird eine Top Component in einem Mode von einer anderen überdeckt, geht sie in den Zustand invisible über.
active	Im Zustand active ist eine Top Component, wenn der Fokus auf ihr oder auf einer ihrer Komponenten liegt. In diesem Zustand stellt die Top Component den Global Selection Context dar.
inactive	Eine Top Component, die keinen Fokus hat, befindet sich im Zustand inactive.

Tabelle 10.2 Verschiedene Zustände einer Top Component (Forts.)

Über den Eintritt in einen bestimmten Zustand wird eine Top Component vom Window Manager durch den Aufruf der Methoden benachrichtigt, die in Tabelle 10.3 aufgeführt sind. Wenn Ihr Fenster also in einem bestimmten Zustand eine Aktion ausführen soll, überschreiben Sie nur die entsprechende Methode.

Zustand	Funktion
opened	protected void **componentOpened()**
closed	protected void **componentClosed()**
visible	protected void **componentShowing()**
invisible	protected void **componentHidden()**
active	protected void **componentActivated()**
inactive	protected void **componentDeactivated()**

Tabelle 10.3 Methoden der verschiedenen Zustände

In Abschnitt 9.2, »Toolbar«, haben Sie erfahren, wie man Toolbar-Konfigurationen erstellen und diese dazu verwenden kann, um anwendungsspezifische Toolbars anzuzeigen. Um diese nun in Abhängigkeit der gerade aktiven Top Component für den Benutzer einzublenden, verwenden wir zwei der vorhergehenden Methoden, die uns über den Zustand der Top Component informieren:

```
public class MyTopComponent extends TopComponent {
   private String origConfig = "Standard";
   private String myConfig   = "MyToolbarConfig";
```

```
   protected void componentActivated() {
      origConfig = ToolbarPool.getDefault().getConfiguration();
      ToolbarPool.getDefault().setConfiguration(myConfig);
   }
   protected void componentDeactivated() {


      ToolbarPool.getDefault().setConfiguration(origConfig);
   }
}
```

Listing 10.5 Toolbars kontextabhängig ein- und ausblenden

Wenn die Top Component im Fokus liegt, wird die Methode componentActivated() aufgerufen. In dieser aktivieren wir zunächst die aktuelle Konfiguration, um diese nachher wiederherstellen zu können. Dann setzen wir unsere eigene Toolbar-Konfiguration MyToolbarConfig, die wir in Abschnitt 9.2.2, »Toolbar-Konfigurationen«, erstellt haben. Wird eine andere Top Component durch den Benutzer selektiert, verliert diese hier den Fokus und die Methode componentDeactivated() wird aufgerufen. In dieser Methode setzen wir einfach wieder die ursprüngliche Konfiguration ein, um die vorherigen Toolbars wiederherzustellen.

10.2.4 Kontextmenü

Wenn Sie mit der rechten Maustaste auf die Titelleiste einer Top Component klicken, wird Ihnen ein Kontextmenü mit Aktionen wie z. B. UNDOCK WINDOW oder CLOSE WINDOW angezeigt. Diese Aktionen liefert die Klasse TopComponent mit der Methode getActions(). Um diesem Kontextmenü eigene Aktionen hinzuzufügen, können Sie diese Methode überschreiben. Dabei wäre es natürlich praktisch, wenn diese Aktionen deklarativ hinzugefügt werden könnten. In Abschnitt 3.4, »Die Layer-Datei«, habe ich davon gesprochen, dass es auch möglich ist, eigene Folder und somit Extension Points in der Layer-Datei zu definieren. Genau dies wollen wir hier nutzen. Wir definieren unsere Aktionen in der Layer-Datei und lesen sie in der getActions()-Methode bei Bedarf aus:

```
public class MyTopComponent extends TopComponent {
   private List<Action> ca = null;
   @Override
   public Action[] getActions() {
      if (ca == null) {
         ca = new ArrayList<Action>(
```

```
        Arrays.asList(super.getActions()));
      ca.add(null); /* add separator */
      Lookup lkp = Lookups.forPath("ContextActions/MyTC");
      ca.addAll(lkp.lookupAll(Action.class));
    }
    return ca.toArray(new Action[ca.size()]);
  }
}
```

Listing 10.6 Kontextmenü-Aktionen aus der Layer-Datei auslesen

Zunächst rufen wir in `getActions()` die Methode der Basisklasse auf, um dem Kontextmenü auch die Standardaktionen hinzuzufügen. Mithilfe der `Lookups.forPath()`-Methode können wir auf einfachste Weise ein Lookup für unseren selbst definierten Folder `ContextActions/MyTC` erstellen. Mit der `lookupAll()`-Methode ermitteln wir dann sämtliche dort registrierten Aktionen, die das `Action`-Interface implementieren. Ein `null`-Wert wird von der Plattform beim Erzeugen des Menüs automatisch durch einen Separator ersetzt. Die zusammengestellte Liste von Aktionen liefern wir als Array zurück. Jetzt müssen Sie im genannten Folder nur noch Referenzen auf die eigentlichen Aktionsdefinitionen (normalerweise im Standard-Folder `Actions`) erstellen. Sie können diese Referenzen entweder elegant über eine Annotation in der jeweiligen Aktionsklasse selbst oder durch einen direkten Eintrag in der Layer-Datei realisieren. Die notwendige Annotation würde folgendermaßen aussehen:

```
@ActionReference(path = "ContextActions/MyTC")
```

Der entsprechende Eintrag in der Layer-Datei im selbst definierten Folder könnte z. B. so aussehen:

```
<folder name="ContextActions">
  <folder name="MyTC">
    <file name="MyAction1.shadow">
      <attr name="originalFile" stringvalue="Actions/Edit/
            com-galileo-netbeans-module-MyAction1.instance"/>
    </file>
    <file name="MyAction2.shadow">
      <attr name="originalFile" stringvalue="Actions/Edit/
            com-galileo-netbeans-module-MyAction2.instance"/>
    </file>
  </folder>
</folder>
```

Listing 10.7 Kontextmenü-Aktionen in der Layer-Datei definieren

Auf diese Weise haben wir nun einen Extension Point geschaffen. Andere Module können dem Kontextmenü unserer Top Component ganz einfach Aktionen hinzufügen, indem sie diese in ihrer Layer-Datei im Folder Context-Actions/MyTC definieren. Das Kontextmenü kann also flexibel und beliebig auch von anderen Modulen ohne jegliche Abhängigkeit erweitert werden.

10.2.5 Persistenz

Das Window System ist in der Lage, die geöffneten Top Components beim Beenden der Anwendung zu speichern und beim erneuten Öffnen wiederherzustellen. Es gibt jedoch auch Anwendungsfälle, in denen das Speichern einer Top Component gar nicht erwünscht ist. Ob eine Top Component abgespeichert werden soll oder nicht, wird über den Wert bestimmt, den die Methode getPersistenceType() liefert. Diesen Wert können Sie mit dem persistenceType-Attribut der TopComponent.Description-Annotation festlegen. Wenn Sie hingegen keine Annotations verwenden, müssen Sie dazu die besagte Methode überschreiben. Es stehen Ihnen die in Tabelle 10.4 aufgeführten Konstanten zur Verfügung.

Konstante	Eigenschaft
PERSISTENCE_ALWAYS	Die Top Component wird immer abgespeichert.
PERSISTENCE_ONLY_OPENED	Die Top Component wird nur dann abgespeichert, wenn sie in einem Mode geöffnet war.
PERSISTENCE_NEVER	Die Top Component wird nicht gespeichert.

Tabelle 10.4 Mögliche Persistenztypen einer Top Component

Beim Speichern und Laden einer Top Component werden dann die Methoden writeProperties() und readProperties() durch das Window System aufgerufen. Sie können diese Methoden nutzen, um Ihre Top Component-spezifischen Daten abzuspeichern bzw. zu laden. Hierzu bekommen Sie als Parameter jeweils ein Properties-Objekt übergeben. Die dort abgelegten Daten werden in Form einer XML-Datei durch die NetBeans Platform im Benutzerverzeichnis abgelegt und von dort wieder geladen.

10.2.6 Registry

Sämtliche Top Components des NetBeans Window System werden in einer Registry zentral verwaltet. Deren Schnittstellen werden durch das Interface

`TopComponent.Registry` spezifiziert. Eine Instanz dieser Registry erhalten Sie entweder direkt über die Klasse `TopComponent` mit dem Aufruf:

`TopComponent.Registry registry = TopComponent.getRegistry();`

oder über den Window Manager:

```
TopComponent.Registry registry =
    WindowManager.getDefault().getRegistry();
```

Diese Registry liefert Ihnen z. B. die gerade aktivierten Top Components mit `getActivated()` oder alle geöffneten mit `getOpened()`. Darüber hinaus haben Sie die Möglichkeit, einen `PropertyChangeListener` auf die Registry zu registrieren, um so z. B. global auf die Zustände der Top Components zu reagieren (siehe Tabelle 10.5).

Property	Bedingung
PROP_ACTIVATED	Wenn eine Top Component aktiviert wird
PROP_TC_CLOSED	Wenn eine Top Component geschlossen wurde
PROP_TC_OPENED	Wenn eine Top Component geöffnet wurde

Tabelle 10.5 Global auf die Zustände der Top Components reagieren

Im folgenden Beispiel wird der Registry ein Listener hinzugefügt, der reagiert, wenn eine Top Component geöffnet wird:

```
public class MyTopComponent
    extends TopComponent implements PropertyChangeListener {
    public MyTopComponent() {
        TopComponent.Registry reg =
            TopComponent.getRegistry();
        reg.addPropertyChangeListener(
            WeakListeners.propertyChange(this, reg));
    }
    public void propertyChange(PropertyChangeEvent evt) {
        if(evt.getPropertyName().equals(
            TopComponent.Registry.PROP_OPENED))
            // Top Component opened
    }
}
```

Listing 10.8 Veränderung der Top-Component-Zustände global verfolgen

10.3 Docking Container – Mode

Das gesamte Window System der NetBeans Platform besteht aus Bereichen, in denen mehrere Komponenten in Form von Tabs gedockt dargestellt werden können. Dies sind die bereits zu Beginn angesprochenen Editor- und View-Bereiche. Ein solcher Bereich wird als **Mode** bezeichnet. Ein Mode ist dabei aber keine darstellbare Komponente, sondern agiert als Controller und Container für die Komponenten, die in ihm dargestellt werden. Dies sind Komponenten vom Typ TopComponent, wie wir sie im vorhergehenden Abschnitt kennengelernt haben. Ein Mode wird durch das Interface Mode der **Window System API** spezifiziert.

10.3.1 Mode erstellen

Ein Mode ist kein fest vorgegebener Bereich, sondern kann durch eine XML-Datei individuell definiert werden. Einige wichtige Bereiche, wie z. B. der zentrale Editor-Bereich oder der Bereich, in dem bei der NetBeans IDE typischerweise die Projektansicht dargestellt wird, werden bereits von den NetBeans Platform-Modulen definiert. Sie können aber auch beliebig eigene Modes definieren und hinzufügen. Eine Mode-Konfigurationsdatei hat folgenden Aufbau:

```
<!DOCTYPE mode PUBLIC
 "-//NetBeans//DTD Mode Properties 2.3//EN"
 "http://www.netbeans.org/dtds/mode-properties2_3.dtd">
<mode version="2.3">
   <module name="com.galileo.netbeans.module" spec="1.0"/>
   <name    unique="MyMode"/>
   <kind    type="view"/>
   <state   type="joined"/>
   <constraints>
      <path orientation="vertical" number="0" weight="0.2"/>
      <path orientation="horizontal" number="0" weight="1.0"/>
   </constraints>
   <empty-behavior permanent="true"/>
</mode>
```

Listing 10.9 Mode-Konfigurationsdatei – MyMode.wsmode

Zunächst definieren Sie mit dem module-Element, zu welchem Modul dieser Mode gehört. Das wichtigste Element ist das name-Element, dessen Wert ein eindeutiger Bezeichner sein und zudem mit dem Dateinamen in Groß- und Kleinschreibung übereinstimmen muss. Außerdem können Sie mit dem kind-Element festlegen, in welcher Weise der Mode seine Komponenten darstellt. Es gibt drei verschiedenen Arten: `editor`, `view` und `sliding`. In Abbildung 10.5 sehen Sie das Erscheinungsbild der drei verschiedenen Typen anhand der NetBeans IDE.

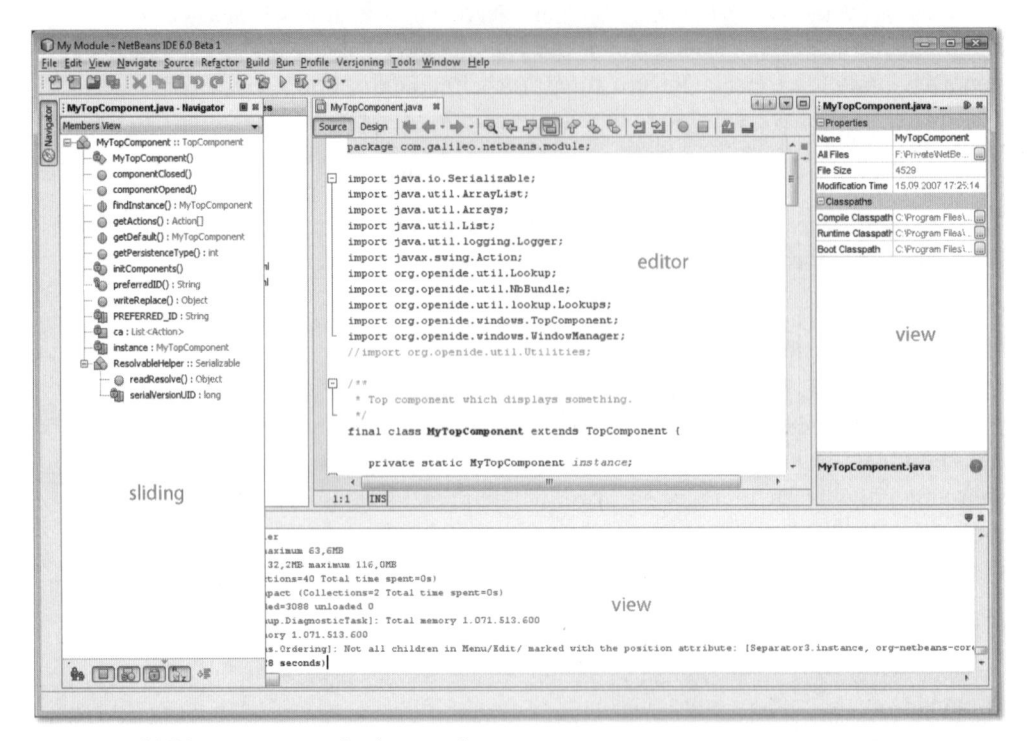

Abbildung 10.5 Verschiedene Mode-Typen

Ein Mode vom Typ `editor` ist meist zentral in einer Anwendung angeordnet. Dies ist standardmäßig der `Editor Mode`, der bereits vom Core-Windows-Modul durch eine *.wsmode*-Datei spezifiziert wird, wie auch der Name des Modes unschwer erkennen lässt. Die Top Components, die um diesen Editor-Mode herum angeordnet werden, werden typischerweise in einem Mode vom Typ `view` dargestellt.

Diese Fenster werden oft auch Helper-Windows genannt, da sie Funktionen bereitstellen, die zur Bearbeitung von z. B. einem Dokument bereitstellen. Neben der unterschiedlichen Darstellung der Tabs unterscheiden sich die Modes vom Typ `editor` und `view` auch dadurch, dass der `editor`-Typ in der rechten oberen Ecke Steuerelemente für eine leichtere Navigation zwischen Dokumenten bzw. den Top Components aufweist.

Zudem existiert noch der Mode vom Typ `sliding`. Das Window System bietet Ihnen die Möglichkeit, Top Components an den linken, rechten oder unteren Rand des Anwendungsfensters zu verschieben bzw. sie zu minimieren. Dies kann oft bei Fenstern sehr hilfreich sein, die Sie nur sehr selten oder sporadisch benötigen. Wenn Sie nun mit der Maus über die Schaltfläche der minimierten Top Component fahren, öffnet sie sich über den geöffneten Fenstern und verschwindet beim Verlassen der Schaltfläche automatisch wieder. Diese so dargestellten Fenster befinden sich in einem Mode vom Typ sliding.

Ein Mode vom Typ sliding kann noch das Element slidingSide definieren. Dies legt fest, an welchem Rand (links, rechts oder unten) sich der Mode befinden soll. Dabei sind folgende Werte zulässig:

- `<slidingSide side="left"/>`
- `<slidingSide side="right"/>`
- `<slidingSide side="bottom"/>`

Das Element state bestimmt, ob der Mode gedockt im Anwendungsfenster oder ungedockt in einem separaten Fenster platziert wird. Die möglichen Werte sind joined für den gedockten Modus und separated für die ungedockte Darstellung. Wenn Sie z. B. eine Top Component undocken, wird diese in einen separated-Mode verschoben.

Mit dem constraints-Element können Sie die Größe und Position des Modes in Relation zu den anderen Modes festlegen. Der Mode, der mit obigem Beispiel definiert wird, würde sich z. B. im Anwendungsfenster oben befinden. Wenn Sie ihn hingegen am unteren Rand platzieren wollen, sollten Sie das Attribut number auf eine höhere Zahl, wie z. B. 30, setzen. Da diese Nummer die Position aller Modes regelt, ist es bei der Platzierung eigener Modes oft hilfreich, wenn Sie sich die Konfigurationsdateien der vordefinierten Modes der Plattform ansehen. Einige davon befinden sich im **Core-UI**-Modul.

Diese Konfigurationsdatei fügen wir jetzt über die Layer-Datei unseres Moduls der Plattform hinzu. Dazu referenzieren wir die *.wsmode*-Datei im Folder Windows2/Modes.

```
<folder name="Windows2">
   <folder name="Modes">
      <file name="MyMode.wsmode" url="MyMode.wsmode"/>
      <folder name="MyMode">
         <file name="MyTopComponent.wstcref"
               url="MyTopComponentWstcref.xml"/>
      </folder>
   </folder>
</folder>
```

Listing 10.10 Einbindung eines neuen Modes in der Layer-Datei

Über die vorhin vom Wizard erstellte Top Component Reference-Datei können wir die Top Component dem neuen Mode zuordnen. Wie Sie sehen, können Sie durch die deklarative Zuordnung die Anordnung Ihrer Komponenten flexibel ändern.

Eine Top Component kann durch einen Doppelklick auf ihre Titelleiste im Anwendungsfenster maximiert werden. Standardmäßig werden dann alle anderen Komponenten in einen Sliding Mode verschoben. Wenn Sie jedoch verhindern wollen, dass Ihre Komponente an den Rand verschoben wird, und erreichen wollen, dass diese an ihrem Platz verbleibt, können Sie folgendes Attribut der entsprechenden Top-Component-Reference-Datei (.*wstcref*) anhängen:

```
<docking-status maximized-mode="docked">
```

10.3.2 Direktes Docken

Sie haben auch die Möglichkeit, eine Top Component direkt in einen bestimmten Mode zu docken:

```
TopComponent tc = new MyTopComponent();
Mode m = WindowManager.getDefault().findMode("explorer");
if(m != null)
    m.dockInto(tc);
tc.open();
tc.requestActive();
```

Listing 10.11 Top Component programmatisch einem bestimmten Mode hinzufügen

Hierzu verwenden wir die `findMode()`-Methode der `WindowManager`-Klasse. Anhand des eindeutigen Namens wird der Mode zurückgeliefert, sofern dieser existiert. Mit der Methode `dockInto()` können Sie dann Ihre Instanz einer Top Component direkt in den Mode docken.

10.3.3 Anpassung eines Modes

Weiterhin hat natürlich der Benutzer die Möglichkeit, die Top Components zur Laufzeit in andere Modes zu verschieben oder die Größe eines Modes zu ändern. Diese geänderten Daten werden im Benutzerverzeichnis gespeichert und von dort beim erneuten Start der Anwendung wieder geladen. Nur wenn dort keine Daten vorhanden sind, werden die Einstellungen aus der Layer-Datei und den Konfigurationsdateien Ihres Moduls geladen. Daher ist es auch oft hilfreich, ein CLEAN & BUILD PROJECT auszuführen, wenn Sie während der Entwicklung Änderungen an den verschiedenen Konfigurationsdateien vornehmen.

10.4 Gruppieren von Fenstern – Top Component Group

Des Öfteren werden für bestimmte Aufgaben mehrere Fenster gleichzeitig benötigt, jedoch nur für eine spezielle Situation. Dies ist z. B. beim Erstellen einer GUI innerhalb des NetBeans IDE der Fall. Hier werden das Inspector-, das Paletten- und das Properties-Fenster angezeigt. Verlässt man den Form-Editor-Modus, werden diese Fenster wieder ausgeblendet. Dazu bietet uns die NetBeans Platform die Möglichkeit, Top Components zu einer Gruppe zusammenzufassen, um diese gemeinsam ein- und ausblenden zu können. Die **Window System API** bietet hierfür das Interface `TopComponentGroup` an. Eine Gruppe ändert jedoch das Layout der Fenster nicht, also die Anordnung und Größe der Modes, sondern ist nur für das Öffnen und Schließen einer Gruppe von Fenstern zuständig.

10.4.1 Verhalten einer Top Component Group

Gruppen verwalten ihre Fenster entsprechend den Einstellungen des Benutzers, wodurch sich folgende Fälle ergeben:

- Wird eine Gruppe geöffnet, wenn keines der Fenster bereits geöffnet war, werden alle Fenster geöffnet, bei denen das Attribut `open=true` gesetzt ist.
- Wird eine Gruppe geschlossen und war keines der Fenster vor dem Öffnen der Gruppe bereits geöffnet, werden alle Fenster mit dem Attribut `close=true` geschlossen.
- Wird eine Gruppe geschlossen und war eines der Fenster bereits vor dem Öffnen der Gruppe geöffnet, werden nur die Fenster geschlossen, bei denen das Attribut `close=true` ist und die vor dem Öffnen der Gruppe nicht geöffnet waren. Das heißt, die Fenster, die der Benutzer vor dem Öffnen der Gruppe selbst geöffnet hat, bleiben geöffnet.
- Wird ein Fenster einer Gruppe durch den Benutzer geschlossen, wird beim Schließen der Gruppe das Attribut `open=false` gesetzt. Somit wird dieses Fenster beim erneuten Öffnen der Gruppe nicht mehr mit geöffnet.
- Öffnet hingegen der Benutzer ein Fenster einer Gruppe, das er zuvor geschlossen hat, wird das `open`-Attribut wieder auf `true` gesetzt, sodass bei einem erneuten Öffnen der Gruppe das Fenster wieder mit geöffnet wird.

Der Benutzer hat also die Möglichkeit, auf den Inhalt einer Gruppe Einfluss zu nehmen. Diese beschriebenen Fälle klingen vielleicht noch etwas verwirrend. Am besten verstehen Sie diese Gruppen-Logik, wenn Sie es direkt ausprobieren.

10.4.2 Eine Top Component Group erstellen

Gruppen werden mit einer **Group Configuration**-Datei definiert und in der Layer-Datei eines Moduls im Folder `Windows2/Groups` der Plattform bekannt gemacht. Diese Datei hat folgenden Aufbau:

```
<!DOCTYPE group PUBLIC
 "-//NetBeans//DTD Group Properties 2.0//EN"
 "http://www.netbeans.org/dtds/group-properties2_0.dtd">
<group version="2.0">
    <module name="com.galileo.netbeans.module" spec="1.0"/>
    <name unique="MyGroup"/>
    <state opened="false"/>
</group>
```

Listing 10.12 Group Configuration – MyGroup.wsgrp

Mit dem optionalen `module`-Attribut geben Sie den Namen des Moduls an, dem diese Gruppe angehört. Mit dem `name`-Attribut legen Sie einen eindeutigen Bezeichner fest, der auch mit dem Dateinamen übereinstimmen muss. Das `state`-Attribut gibt an, ob die Gruppe gerade geöffnet ist oder nicht. Nun legen wir die Gruppe in der Layer-Datei an und referenzieren dabei auf die **Group Configuration**-Datei:

```
<folder name="Windows2">
   <folder name="Groups">
      <file name="MyGroup.wsgrp" url="MyGroup.wsgrp"/>
      <folder name="MyGroup">
         <file name="MyTopComponent.wstcgrp"
               url="MyTopComponent.wstcgrp"/>
      </folder>
   </folder>
</folder>
```

Listing 10.13 Einbindung einer Gruppe in der Layer-Datei

Wie Sie sehen, habe ich bereits unsere erste Top Component der neu angelegten Gruppe hinzugefügt. Dies geschieht über eine **Group Reference Configuration**-Datei (*.wstcgrp*), in der das Verhalten der Top Component innerhalb der Gruppe festgelegt wird.

```
<!DOCTYPE tc-group PUBLIC
 "-//NetBeans//DTD Top Component in Group Properties 2.0//EN"
 "http://www.netbeans.org/dtds/tc-group2_0.dtd">
<tc-group version="2.0">
```

```
    <module name="com.galileo.netbeans.module" spec="1.0"/>
    <tc-id id="MyTopComponent"/>
    <open-close-behavior open="true" close="true"/>
</tc-group>
```

Listing 10.14 Group Reference Configuration – MyTopComponent.wstcgrp

In dieser Datei wird auf die Top Component, die in der Layer-Datei im Folder Windows2/Components mit einer *.settings*-Datei definiert sein muss (wie das beim Erstellen einer Top Component mit dem Wizard automatisch vorgenommen wird, siehe dazu 10.2.1, »Top Component erstellen«), über deren eindeutigen Bezeichner verwiesen. Ferner wird hier das Verhalten des Fensters bezüglich Öffnen und Schließen festgelegt. Dies sind die Attribute, von denen ich bereits im vorhergehenden Abschnitt gesprochen habe.

Für jedes Fenster, das Sie nun der Gruppe hinzufügen möchten, müssen Sie solch eine Datei erstellen und einen entsprechenden Eintrag im Folder Ihrer Gruppe in der Layer-Datei vornehmen. Verwendet werden kann die Gruppe ganz leicht über den Window Manager. Dieser stellt Ihnen eine Methode zum Auffinden einer Gruppe zur Verfügung:

```
TopComponentGroup group =
   WindowManager.getDefault().findTopComponentGroup("MyGroup");
if(group != null) { /* group found */
   group.open();
}
```

Listing 10.15 Öffnen und Schließen einer Top Component Group

10.5 Verwaltung – Window Manager

Der Window Manager ist die zentrale Komponente des Window Systems. Er verwaltet Modes, Fenster und Gruppen und stellt dafür eine API für den Zugriff auf die von ihm verwalteten Komponenten zur Verfügung. Sehr nützlich sind dabei die Methoden zum Auffinden von Komponenten:

Methode	Beschreibung
findMode(String name)	Finden eines Modes anhand seines Namens
findMode(TopComponent tc)	Finden des Modes, in dem eine bestimmte Top Component gedockt ist

Tabelle 10.6 Methoden zum Auffinden von Komponenten des Window Systems

Methode	Beschreibung
findTopComponent(String id)	Auffinden einer Top Component anhand ihrer eindeutigen ID
findTopComponentID(TopComponent tc)	Ermitteln der eindeutigen ID einer bestimmten Top Component
findTopComponentGroup(String name)	Finden einer Top Component Group anhand ihres Namens

Tabelle 10.6 Methoden zum Auffinden von Komponenten des Window Systems (Forts.)

Dem Window Manager kann auch ein `PropertyChangeListener` hinzugefügt werden, um so z. B. über das Aktivieren eines Modes informiert zu werden. Außerdem stellt er über die Methode `getModes()` ein Set aller im Window System verfügbaren Modes zur Verfügung. Zugriff auf das Hauptanwendungsfenster erhalten Sie über folgenden Aufruf:

```
Frame main = WindowManager.getDefault().getMainWindow();
```

Die Architektur der Window-System-Klassen ist in Abbildung 10.6 zusammengefasst.

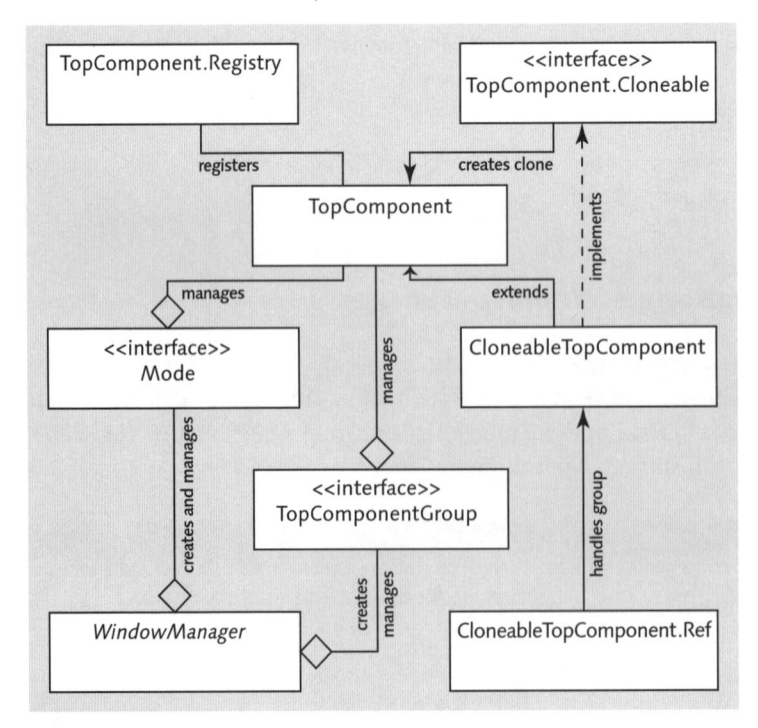

Abbildung 10.6 NetBeans-Window-System-Architektur

10.6 Multi Views

Mit der **Multi Views API** und **SPI** sind Sie in der Lage, eine Top Component intern in mehrere Container bzw. Komponenten aufzuteilen. Dabei wird sie typischerweise – wie schon der Name suggeriert – dafür verwendet, verschiedene Ansichten für ein Datenobjekt zu realisieren. Das bekannteste Beispiel dafür ist der NetBeans Form-Editor, bei dem zwischen der **Source-** und **Design**-Ansicht gewechselt werden kann. Beiden Ansichten liegen dabei die gleiche *.java-* und *.form*-Datei zugrunde. Jedoch ist dies nicht zwingend erforderlich, d. h., Sie können in die Container beliebige Komponenten integrieren, die völlig unabhängig voneinander sind und auch verschiedene Daten darstellen können.

Die **Multi Views SPI** kann somit als universelles Framework verwendet werden. Über die von einer Multi View Top Component bereitgestellte Schaltflächen-Leiste können Sie zwischen den einzelnen Views umschalten. Eine View, die eine beliebige JComponent sein kann, verfügt außerdem über eine Toolbar, die neben den Schaltflächen dargestellt wird (siehe Abbildung 10.7).

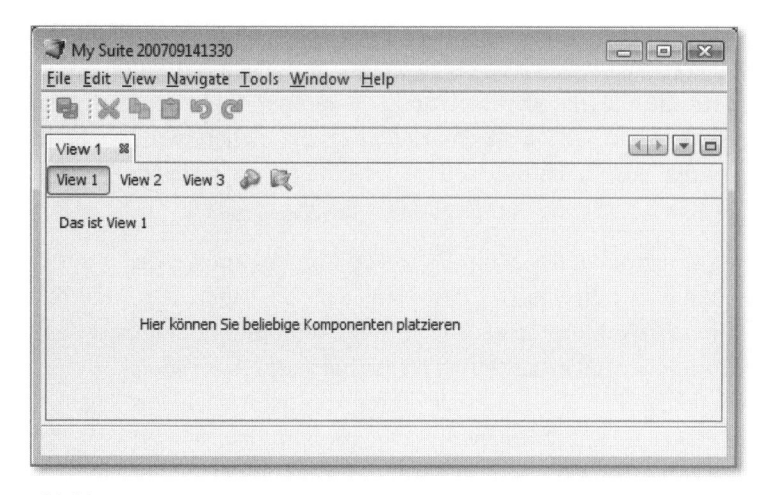

Abbildung 10.7 Multi View Top Component mit drei Views/Komponenten

Jede View besteht aus einer eigenständigen Komponente, die eine Subklasse von JComponent sein muss. Typischerweise wird als Basisklasse JPanel verwendet. Sie können aber genauso gut die Klasse TopComponent nutzen, wodurch Sie bereits vorhandene Fenster integrieren können. Damit eine Komponente als View in einer Multi View Top Component verwendet werden kann, muss sie das Interface MultiViewElement implementieren. Die Bedeutung der von diesem Interface spezifizierten Methoden möchte ich Ihnen anhand eines einfachen Beispiels erklären.

```java
public class MultiViewPanel1 extends JPanel
   implements MultiViewElement {
  private JToolBar toolbar = new JToolBar();
  private MultiViewElementCallback callback = null;
  public MultiViewPanel1() {
     initComponents();
     toolbar.add(new Panel1ToolbarAction1());
     toolbar.add(new Panel1ToolbarAction2());
  }
```

Damit eine View Zugriff auf die Top Component hat, in die sie eingebettet ist, bekommt Sie initial mit der Methode `setMultiViewCallback()` ein `MultiView-ElementCallback` geliefert. Über dieses Objekt können Sie sich z. B. die Multi View Top Component liefern lassen oder aber – wie Sie gleich noch sehen werden – den Namen selbiger anpassen. Damit wir dieses Callback-Objekt in unserer Klasse verwenden können, speichern wir es als privates Datenelement.

Die Instanz der View liefern Sie mit der Methode `getVisualRepresentation()`. Diese Methode wird bei jedem Aktivieren der View aufgerufen, weshalb Sie die Komponente in dieser Methode nicht erzeugen sollten. Normalerweise liefern Sie mit `this` einfach die aktuelle Komponente. Die Toolbar der jeweiligen View liefern Sie mit der Methode `getToolbarRepresentation()`. Diese wird ebenfalls wiederholt aufgerufen. Also auch hier sollten Sie eine bereits erzeugte Toolbar liefern.

Die Aktionen im Kontextmenü der Multi View Top Component werden von der jeweils aktiven View bereitgestellt. Dies erreichen Sie über die Methode `getActions()`. Zunächst sollten Sie sich in dieser Methode die Standard-Aktionen einer Top Component über das `MultiViewElementCallback`-Objekt liefern lassen. Anschließend können Sie natürlich diesen Aktionen auch Ihre eigenen hinzufügen. Mit `getLookup()` können Sie ein Lookup liefern, das Teil des Lookups der Multi View Top Component wird und somit auch Teil des globalen Kontexts ist.

```java
  public void setMultiViewCallback(MultiViewElementCallback c) {
     callback = c;
  }
  public JComponent getVisualRepresentation() {
     return this;
  }
  public JComponent getToolbarRepresentation() {
     return toolbar;
  }
```

```java
public Action[] getActions() {
   if(callback != null) {
      return callback.createDefaultActions();
   } else {
      return new Action[]{};
   }
}
public Lookup getLookup() {
   return Lookups.singleton(this);
}
```

Folgende Methoden dürften Ihnen bereits von der Klasse `TopComponent` her bekannt vorkommen. Über diese Methoden werden Sie über die verschiedenen Zustände der View und der Multi View Top Component informiert. In unserem Beispiel wollen wir z. B. den Titel der Top Component dynamisch mit dem Namen der View versehen, wenn die View geöffnet oder aktiviert wird. Den Titel können wir über das `MultiViewElementCallback`-Objekt mit der Methode `updateTitle()` anpassen.

```java
public void componentOpened() {
   callback.updateTitle("View 1");
}
public void componentClosed() {}
public void componentShowing() {}
public void componentHidden() {}
public void componentActivated() {
   callback.updateTitle("View 1");
}
public void componentDeactivated() {}
```

Jede View kann ihre eigene Undo/Redo-Unterstützung über die Methode `getUndoRedo()` anbieten. Wie Sie Undo/Redo mithilfe der NetBeans API implementieren können, erfahren Sie in Abschnitt 15.4, »Undo/Redo«. Wollen Sie hingegen keine Unterstützung anbieten, können Sie `UndoRedo.NONE` liefern.

```java
public UndoRedo getUndoRedo() {
   return UndoRedo.NONE;
}
```

Zuletzt müssen Sie noch die Methode `canCloseElement()` implementieren. Diese Methode wird beim Schließen der Multi View Top Component von allen Views aufgerufen. Nur wenn alle Views `CloseOperationState.STATE_OK` liefern, wird die Top Component geschlossen. Sollte Ihre View nicht unmittelbar geschlossen werden können, weil z. B. geänderte Daten noch nicht gesichert sind, müssen Sie ein `CloseOperationState`-Objekt liefern, das Sie mit der Methode `MultiViewFactory.createUnsafeCloseState()` erzeugen können. Allerdings macht dies nur dann Sinn, wenn Sie eine `CloseOperationHandler`-Implementation bereitstellen, die Sie beim Erzeugen der Multi View Top Component übergeben können. Denn dieser Handler ist für die Auswertung der `CloseOperationState`-Objekte aller Views zuständig. In diesem Handler können Sie dem Benutzer dann z. B. einen Dialog anzeigen.

```java
    public CloseOperationState canCloseElement() {
       return CloseOperationState.STATE_OK;
    }
}
```

Für die Erzeugung und Beschreibung einer View-Komponente benötigen Sie noch pro View eine `MultiViewDescription`. Der hauptsächliche Zweck dieser Klasse ist die Erzeugung der grafischen View-Komponente, die erst bei Bedarf mit der Methode `createElement()` erzeugt wird. Diese Methode wird nur einmal aufgerufen, wenn der Benutzer die View zum ersten Mal öffnet. Mit der Methode `getPersistenceType()` können Sie die Multi View Top Component dazu veranlassen, dass sie gespeichert wird. Dabei verwenden Sie die Konstanten der `TopComponent`-Klasse, die wir bereits in Abschnitt 10.2.1, »Top Component erstellen«, behandelt haben.

```java
public class MultiViewPanel1Description
   implements MultiViewDescription, Serializable{
   public MultiViewElement createElement() {
      return new MultiViewPanel1());
   }
   public String preferredID() {
      return "PANEL_1";
   }
   public int getPersistenceType() {
      return TopComponent.PERSISTENCE_NEVER;
   }
   public String getDisplayName() {
      return "View 1";
   }
   public Image getIcon() {
      return null;
   }
```

```
    public HelpCtx getHelpCtx() {
        return HelpCtx.DEFAULT_HELP;
    }
}
```

Listing 10.16 Beschreibung und Factory einer View

Zuletzt bleibt noch die Erzeugung einer Multi View Top Component aus den einzelnen von Ihnen bereitgestellten Views. Dafür bietet die **Multi Views SPI** eine Factory an. Dies ist die Klasse `MultiViewFactory`, die Methoden enthält, mit denen wir je nach Anwendungszweck entweder eine `TopComponent` oder eine `CloneableTopComponent` erzeugen können.

```
MultiViewDescription dsc[] = {
    new MultiViewPanel1Description(),
    new MultiViewPanel2Description(),
    new MultiViewPanel3Description()};
TopComponent tc = MultiViewFactory.createMultiView(dsc, dsc[0]);
tc.open();
```

Wir erstellen zunächst ein Array mit den Instanzen der `MultiViewDescription`-Klassen unserer Views. Dieses Array übergeben wir dann der Methode `createMultiView()`. Als zweiten Parameter legen wir die initial aktive View fest. Optional können Sie als dritten Parameter eine Implementation des zuvor angesprochenen `CloseOperationHandler` übergeben, der für die Verarbeitung der `CloseOperationState`-Objekte zuständig ist, die beim Schließen der Multi View Top Component von den Views mit der Methode `canCloseElement()` erzeugt werden. Die so erzeugte Multi View Top Component müssen wir dann nur noch mit der Methode `open()` öffnen und anzeigen.

Damit Sie auch Zugriff von außen auf die Views haben, können Sie mit der statischen Methode `MultiViews.findMultiViewHandler()` einen `MultiViewHandler` für eine Multi View Top Component erzeugen. Über diesen Handler können Sie sich dann z. B. die gerade selektierte View oder auch alle vorhandenen Views liefern lassen.

In das Anwendungsfenster der NetBeans Platform sind neben der Menubar, der Toolbar und dem Window System auch eine Statusbar und eine Progressbar integriert.

11 Statusbar und Progressbar

Die Statusbar ermöglicht Ihnen zum einen die einfache Ausgabe von Infos an den Benutzer Ihrer Anwendung, gleichzeitig steht Ihnen aber auch die Möglichkeit offen, die Statusbar um eigene Komponenten zu erweitern. Neben der Statusbar ist eine Progressbar integriert, die in der Lage ist, mehrere Aufgaben gleichzeitig zu verwalten und darzustellen. Wie Sie diese beiden Komponenten verwenden können, erfahren Sie in den folgenden Abschnitten.

11.1 Statusbar

In das Anwendungsfenster der NetBeans Platform ist bereits eine Statusbar integriert. Den Zugriff auf diese Statusbar ermöglicht die abstrakte Klasse `StatusDisplayer`. Mit der `getDefault()`-Methode bekommen wir die Standardimplementation der Statusbar geliefert (sofern keine andere bereitgestellt ist, ist dies die Standard NetBeans Platform Statusbar). Es ist also auch möglich, dass Sie eine eigene Implementation der Statusbar bereitstellen (wie Sie eine eigene Implementation für einen Service wie die Statusbar erstellen, erfahren Sie in den Abschnitten 5.3, »Service Provider registrieren«, und 5.4, »Intermodulkommunikation«).

11.1.1 Statusbar verwenden

Mit der Methode `setStatusText()` können Sie einen Text über die Statusbar ausgeben:

```
StatusDisplayer.getDefault().setStatusText("my first status");
```

Zu dieser Methode gibt es eine Variante, bei der Sie durch einen zusätzlichen Parameter die Wichtigkeit des angezeigten Texts bestimmen können. Das heißt, die Statusnachricht wird so lange angezeigt, bis eine neue Nachricht mit gleicher oder höherer Wichtigkeit gesetzt wird. Zudem haben Sie die Möglichkeit, die

Nachricht selbst zu löschen. Dazu liefert die `setStatusText()`-Methode einen Handle zurück:

`StatusDisplayer.Message setStatusText(String t,int importance)`

Über diesen Handle in Form einer `StatusDisplayer.Message`-Instanz können Sie mit der Methode `clear(int timeInMillis)` die entsprechende Nachricht nach einer parametrierbaren Anzahl Millisekunden löschen.

Um auf Veränderungen (Änderung des Texts) der Statusbar zu reagieren, können Sie mit der Methode `addChangeListener()` auch einen `ChangeListener` registrieren.

Wenn Sie die Statusbar verwenden möchten, müssen Sie sicherstellen, dass Ihr Modul eine Abhängigkeit auf das **UI Utilities**-Modul definiert.

11.1.2 Statusbar erweitern

Wenn Sie nun die Statusbar, auf der noch ausreichend Platz ist, erweitern möchten, können Sie dies ganz einfach erreichen. Dazu stellt Ihnen die **UI Utilities API** das Service Interface `StatusLineElementProvider` zur Verfügung. Dieses Interface spezifiziert die Methode `getStatusLineElement()`, mit der Sie die Komponente liefern, die der Statusbar hinzugefügt werden soll.

Hinzufügen können Sie Ihre Implementation mit der `ServiceProvider`-Annotation. Weitere Informationen darüber, wie ein Service Provider seine Implementation zur Verfügung stellen kann, finden Sie in Abschnitt 5.4, »Intermodulkommunikation«. Dort ist auch beschrieben, wie Sie die Position Ihrer Komponente in der Statusbar festlegen können. In einem Beispiel soll nun der Statusbar eine Uhr hinzugefügt werden:

```java
import org.openide.awt.StatusLineElementProvider;
public class MyStatusLineClock
    implements StatusLineElementProvider {
  private static final DateFormat format =
    DateFormat.getTimeInstance(DateFormat.MEDIUM);
  private static JLabel time = new JLabel(
    " " + format.format(new Date()) + " ");
  private JPanel panel = new JPanel(new BorderLayout());
  public MyStatusLineClock() {
    Timer t = new Timer(1000, new ActionListener() {
      public void actionPerformed(ActionEvent event) {
        time.setText(" " + format.format(new Date()) + " ");
      }
```

```
        });
        t.start();
        panel.add(new JSeparator(SwingConstants.VERTICAL),
                BorderLayout.WEST);
        panel.add(time, BorderLayout.CENTER);
    }
    public Component getStatusLineElement() {
        return panel;
    }
}
```

Listing 11.1 Statusbar um eine Uhr erweitern

Nun müssen wir die Implementation nur noch bekannt machen, damit sie von der Statusbar gefunden werden kann. Dazu fügen wir der Klasse folgende Annotation hinzu:

```
import org.openide.util.lookup.ServiceProvider
@ServiceProvider(service = StatusLineElementProvider.class)
public class MyStatusLineClock
    implements StatusLineElementProvider { ... }
```

Somit wird unsere Uhr deklarativ dem Lookup hinzugefügt und kann dadurch von der Statusbar gefunden werden, die dann unsere Komponente hinzufügt.

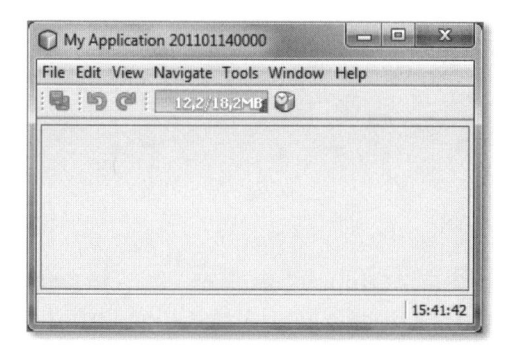

Abbildung 11.1 Erweitern der Statusbar um eigene Komponenten

11.1.3 Benachrichtigungen

Neben der Anzeige von statischem Text auf der linken Seite der Statusbar haben Sie noch die Möglichkeit, auf der rechten Seite Benachrichtigungen in Form einer Sprechblase anzeigen zu lassen (siehe Abbildung 11.2). Damit können Nachrichten dem Anwender nicht nur auffälliger dargestellt werden, dieser hat gleichzeitig die Möglichkeit, durch einen Klick auf die Nachricht eine Aktion auszulösen.

Diese Art von Benachrichtigung verwendet z. B. der Plugin Manager, wenn aktualisierte Module heruntergeladen bzw. installiert werden können. So kann ein Anwender durch einen Klick den Vorgang direkt starten.

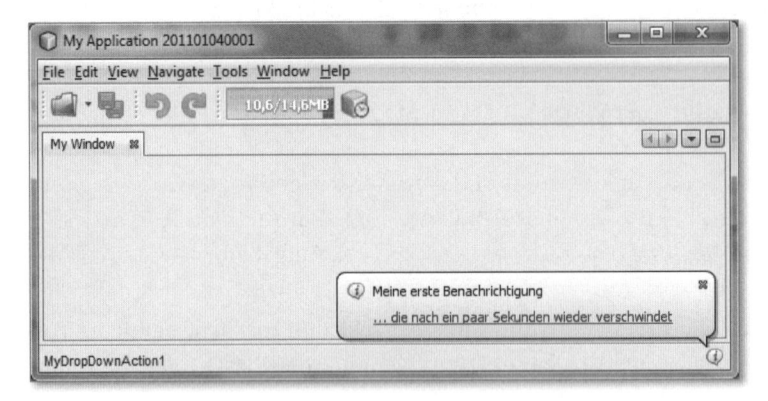

Abbildung 11.2   Benachrichtigungen in Form einer Sprechblase in der NetBeans Platform Statusbar anzeigen

Die angezeigte Sprechblase wird nach wenigen Sekunden wieder ausgeblendet. In der Statusbar bleibt das Icon aber weiterhin erhalten, sodass der Anwender auch später noch die Möglichkeit hat, die Benachrichtigung aufzurufen.

```
Notification noti = NotificationDisplayer.getDefault().notify(
    "Meine erste Benachrichtigung...",
    ImageUtilities.loadImageIcon(
        "com/galileo/netbeans/module/info16.png", true),
    "... die nach ein paar Sekunden wieder verschwindet",
    Lookups.forPath("NotificationActions").
        lookup(ActionListener.class));
```

Listing 11.2   Anzeigen einer Benachrichtigung in der Statusbar

Sie übergeben an die `notify()`-Methode (siehe Listing 11.2) einen Titel, ein Icon, eine Detailbeschreibung und eine Aktion (im Beispiel wird eine Aktion über das Lookup aus dem System Filesystem verwendet). Soll keine Aktion zur Verfügung stehen, können Sie stattdessen einfach `null` übergeben. Optional können Sie mit `NotificationDisplayer.Priority` die Priorität der Nachricht festlegen. Es stehen Ihnen die Werte `HIGH`, `LOW`, `NORMAL` und `SILENT` zur Verfügung. Dabei bedeutet `SILENT`, dass lediglich das Icon in der Statusbar angezeigt wird. Erst durch Klicken auf dieses Icon erscheint die Sprechblase. Wenn die Nachricht aus mehr als nur einem String bestehen soll, können Sie mit einer Variante der `notify()`-Methode auch eine `JComponent`-Instanz sowohl für die Detailbeschreibung in der Sprechblase als auch für die Anzeige in der Benachrichtigungsliste erzeugen.

Die Nachricht bleibt so lange in der Statusbar in der Benachrichtigungsliste sichtbar, bis sie durch den Anwender geschlossen wird. Zudem haben Sie die Möglichkeit, über den Handle `Notification`, den die `notify()`-Methode als Rückgabewert liefert, mit der `clear()`-Methode die Benachrichtigung zu schließen.

11.2 Progressbar

In die NetBeans Statusbar ist bereits standardmäßig eine Progressbar integriert. Diese können Sie über die **Progress API** verwenden. Zur Auswahl stehen Klassen zur Visualisierung des Fortschritts von einfachen Aufgaben sowie zur Überwachung von mehreren Aufgaben, deren Fortschritt Sie als Gesamtes darstellen können. Dabei können Sie den Fortschritt der einzelnen Aufgaben über einen Monitor überwachen.

11.2.1 Fortschritt einzelner Aufgaben anzeigen

Es gibt drei verschiedene Darstellungsvarianten, die Sie in Abhängigkeit von den Informationen über die auszuführende Aufgabe einstellen können:

- eine begrenzt fortschreitende Anzeige mit prozentualer Angabe der Fertigstellung, wenn Ihnen die Anzahl der Arbeitsschritte der Aufgabe bekannt ist
- eine begrenzt fortschreitende Anzeige mit Angabe der verbleibenden Sekunden bis zur Fertigstellung, wenn Ihnen die Anzahl an Arbeitsschritten und die Dauer der Aufgabe bekannt sind
- eine unbegrenzt laufende Anzeige für Aufgaben, bei denen Ihnen weder die Arbeitsschritte noch die Dauer bis zur Fertigstellung bekannt sind

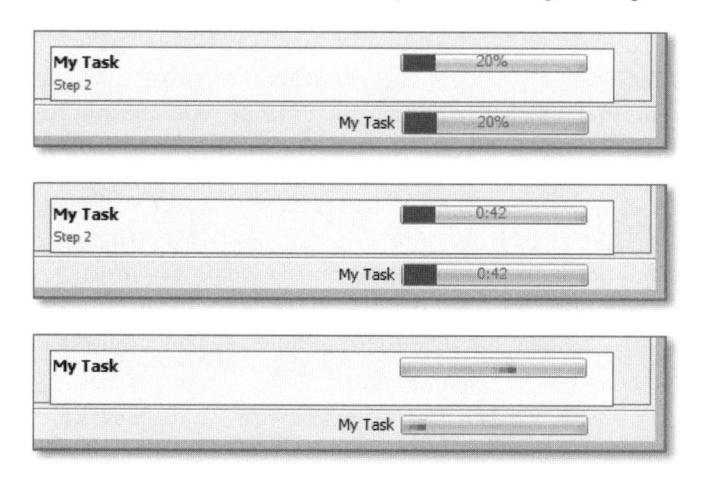

Abbildung 11.3 Verschiedene Arten der Fortschrittsanzeige

Zur einfachen Verwendung bietet sich die `ProgressHandleFactory` an. Mit ihr können Sie sich eine `ProgressHandle`-Instanz für eine bestimmte Aufgabe erstellen, über die die Fortschrittsanzeige gesteuert werden kann.

```java
Runnable run = new Runnable() {
    public void run() {
        ProgressHandle p =
            ProgressHandleFactory.createHandle("My Task");
        p.start(100);
            // do some work
        p.progress("Step 1", 10);
            // do next work
        p.progress(100);
        p.finish();
    }
};
Thread t = new Thread(run);
t.start(); // start the task and progress visualisation
```

Listing 11.3 Verwendung der Progressbar für einzelne Tasks

Methode	Darstellung
`start()`	Mit diesem Aufruf läuft die Fortschrittsanzeige unbegrenzt bis zum Aufruf der `finish()`-Methode.
`start(int workunits)`	Hiermit wird die Fertigstellung der Aufgabe in Prozent angezeigt.
`start(int workunits, long sec)`	Hiermit wird die noch verbleibende Zeit in Sekunden dargestellt.

Tabelle 11.1 Methoden zum Start der verschiedenen Darstellungsvarianten

Durch die folgenden Methoden können Sie auch zwischen der unbegrenzt laufenden und der begrenzten Fortschrittsanzeige mit Prozent- oder Sekundenanzeige während der Laufzeit wechseln:

Methode	Beschreibung
`switchToDeterminate(int workunits)`	Wechsel auf die begrenzte Anzeige mit prozentualer Angabe der Fertigstellung
`switchToDeterminate(int workunits, long estimate)`	Wechsel auf die begrenzte Anzeige mit den noch verbleibenden Sekunden
`switchToIndeterminate()`	Wechsel in den unbegrenzten Modus

Tabelle 11.2 Methoden zum Wechseln der Darstellungsvariante

> **Aufgaben stets in einem separaten Thread ausführen**
>
> Häufig wird bei der Verwendung von Progressbars der Fehler begangen, die eigentliche Aufgabe im Event Dispatch Thread, der für die Aktualisierung der GUI zuständig ist, auszuführen. Durch die auszuführende Aufgabe wird dieser Thread dann aber blockiert, wodurch die Progressbar erst gar nicht angezeigt wird, da dieser Schritt bereits abgeschlossen ist, bis der Event Dispatch Thread wieder mit der Aktualisierung der GUI zum Zuge kommt. Für die separate Ausführung Ihrer Aufgabe können Sie z. B. die `SwingWorker`-Klasse der Java API verwenden, deren Funktionsweise ich Ihnen anhand der asynchronen Initialisierung in Abschnitt 15.3, »Asynchrones Initialisieren von GUI-Komponenten«, zeigen werde. Nützliche Funktionen stellt Ihnen in diesem Zusammenhang auch die Klasse `ProgressUtils` zur Verfügung.

Die `ProgressHandleFactory` bietet verschiedene Methoden an, um ein `ProgressHandle` zu erzeugen. Einer davon kann eine Implementation des Service Interfaces `Cancellable` übergeben werden, wodurch der Benutzer die Möglichkeit hat, die Aufgabe durch eine Schaltfläche abzubrechen, die neben der Progressbar dargestellt wird.

`createHandle(String displayName, Cancellable allowToCancel)`

Mit der Methode `suspend(String message)` können Sie die Fortschrittsanzeige auch anhalten und eine entsprechende Meldung anzeigen.

11.2.2 Den Fortschritt von mehreren zusammengehörenden Aufgaben anzeigen

Die Progress API bietet noch eine erweiterte Form der Fortschrittsüberwachung. Mit der `AggregateProgressFactory` kann ein `AggregateProgressHandle` erstellt werden, der den Fortschritt mehrerer Aufgaben zusammenführt und gemeinsam durch eine Progressbar darstellt. Hierfür wird noch die Klasse `ProgressContributor` benötigt, von der jede Aufgabe eine Instanz besitzt, über die sie ihren aktuellen Fortschritt dem `AggregateProgressHandle` mitteilen kann.

Das folgende Beispiel soll Ihnen die Verwendung dieser Art der Fortschrittsanzeige erläutern. Hierbei wollen wir eine Liste verschiedener Aufgaben erstellen, also auch mit verschieden langer Abarbeitungsdauer, und ihren Fortschritt in einer Progressbar anzeigen lassen.

Dazu erstellen wir nun zunächst die abstrakte Klasse `AbstractTask`, die von der Klasse `Thread` erbt. Somit können wir die Liste der Aufgaben parallel abarbeiten. Es ist aber auch möglich, dass Sie nicht von `Thread` ableiten und die Aufgaben sequenziell starten. Diese abstrakte Klasse soll sich um die Erstellung und die Verwaltung der Klasse `ProgressContributor` kümmern, über die eine Aufgabe den aktuellen Fortschritt bekannt gibt.

```java
public abstract class AbstractTask extends Thread {
   protected ProgressContributor p = null;
   public AbstractTask(String id) {
      p = AggregateProgressFactory.createProgressContributor(id);
   }
   public ProgressContributor getProgressContributor() {
      return p;
   }
}
```

Mit der Klasse `MyTask` erstellen wir nun eine exemplarische Aufgabe, die zehn Arbeitsschritte bis zur Fertigstellung benötigt. Wir müssen hier nur noch die Methode `run()` implementieren, in der wir die Aufgabe ausführen und den Fortschritt bekannt geben.

```java
public class MyTask extends AbstractTask {
   public MyTask(String id) {
      super(id);
   }
   public void run() {
      p.start(10);
      //do some work
      p.progress(5);
      //do some work
      p.progress(10);
      p.finish();
   }
}
```

Die Klasse `MyTask2` ist eine weitere Beispielaufgabe, die zu ihrer Fertigstellung mehr Arbeitsschritte benötigt als die Klasse `MyTask1`.

```java
public class MyTask2 extends AbstractTask {
   public MyTask2(String id) {
      super(id);
   }
   public void run() {
      p.start(30);
      //do another work
      p.progress(2);
      //do another work
      p.progress(15);
      p.finish();
   }
}
```

In der Klasse `MyProgram` befinden sich nun eine Liste mit den Aufgaben und die Methode `processTaskList()` zum Starten der Aufgaben. Im Konstruktor legen wir beispielhaft drei Aufgaben an und fügen diese unserer Aufgabenliste hinzu. Durch Aufrufen der Methode `processTaskList()`, die z. B. von einer Schaltfläche aufgerufen werden könnte, wird ein Array für die `ProgressContributor` angelegt, und diese wird bei allen Aufgaben der Liste erfragt und dem Array hinzugefügt.

Dieses Array übergeben wir mit der Methode `createHandle()` an die `AggregateProgressFactory`, die uns einen `AggregateProgressHandle` erzeugt. Wenn wir diesen Handle nun starten, wird die Progressbar angezeigt und nimmt Fortschrittsmeldungen der Aufgaben entgegen. Jetzt müssen nur noch die Aufgaben gestartet werden. Die Progressbar wird automatisch beendet, wenn die letzte Aufgabe abgeschlossen wurde.

```java
public class MyProgram {
   private List<AbstractTask> tasks =
      new ArrayList<AbstractTask>();
   public MyProgram() {
      tasks.add(new MyTask("Task1"));
      tasks.add(new MyTask2("Task2"));
      tasks.add(new MyTask2("Task3"));
   }
   public void processTaskList() {
      ProgressContributor cps[] =
         new ProgressContributor[tasks.size()];
      int i = 0;
      for(AbstractTask task : tasks) {
         cps[i] = task.getProgressContributor();
         i++;
      }
      AggregateProgressHandle aph =
         AggregateProgressFactory.createHandle(
            "MyTasks", // displayed name
            cps,       // progress contributors
            null,      // not canceable
            null);     // no output
      aph.start();
      for(AbstractTask task : tasks) {
         task.start();
      }
   }
}
```

Listing 11.4 Ausführen einer Liste von Aufgaben

Wenn Sie über die einzelnen Ereignisse aller Aufgaben informiert werden wollen, können Sie der `AggregateProgressHandle`-Instanz einen Monitor übergeben. Dazu müssen Sie lediglich das Interface `ProgressMonitor` an gewünschter Stelle implementieren und eine Instanz davon dem `AggregateProgressHandle` übergeben.

```
public class MyProgressMonitor implements ProgressMonitor {
   public void started(ProgressContributor pc) {
      System.out.println(pc.getTrackingId() + " started");
   }
   public void progressed(ProgressContributor pc) {
      System.out.println(pc.getTrackingId() + " progressed");
   }
   public void finished(ProgressContributor pc) {
      System.out.println(pc.getTrackingId() + " finished");
   }
}
AggregateProgressHandle aph = AggregateProgressFactory.create...
aph.setMonitor(new MyProgressMonitor());
```

Listing 11.5 Ereignisse einzelner Aufgaben über einen Monitor überwachen

11.2.3 Eine Progressbar in eine eigene Komponente integrieren

Um die Fortschrittsanzeige in eine eigene Komponente zu integrieren, bietet Ihnen sowohl die `ProgressHandleFactory` als auch die `AggregateProgressFactory` drei Methoden an, mit denen Sie sich das Label mit dem Namen der Aufgabe, das Label mit den Details und den Fortschrittsbalken für einen bestimmten `ProgressHandle` oder `AggregateProgressHandle` ausgeben lassen können:

```
JLabel      createMainLabelComponent(ProgressHandle ph)
JLabel      createDetailLabelComponent(ProgressHandle ph)
JComponent  createProgressComponent(ProgressHandle ph)
```

Mit der Nodes und Explorer API stellt die NetBeans Platform ein universelles Framework zur Darstellung unterschiedlichster Daten bereit.

12 Nodes & Explorer

In Kapitel 7 haben Sie bereits erfahren, dass die NetBeans Platform ein sehr umfangreiches Konzept für die Erstellung, Verwaltung, Bearbeitung und Präsentation von Daten zur Verfügung stellt. Dort haben wir uns mit der **File Systems API** und **Data Systems API** befasst. An dieser Stelle soll es nun um die Präsentation der Daten in Form von Nodes gehen. Nodes können mit Aktionen versehen werden und in einer Explorer-Ansicht dargestellt werden. Ein Node ist also für die typspezifische Repräsentation der Daten an der Oberfläche zuständig. Ein `Node` repräsentiert dabei ein `DataObject`, das selbst für die Erzeugung des Nodes zuständig ist (siehe Kapitel 7).

12.1 Nodes API

Die **Nodes API** ist die dritte und oberste Schicht im **NetBeans Resource Management System**. Dabei kommt der **Nodes API** die Aufgabe der grafischen Repräsentation von Daten zu. In enger Verbindung steht die **Explorer API**, die für die Darstellung und Verwaltung von Nodes eingesetzt wird. Ein Node wird dazu verwendet, Daten an der grafischen Benutzeroberfläche zu repräsentieren und dem Benutzer Aktionen, Funktionalitäten und Eigenschaften bereitzustellen.

Dabei muss ein Node aber nicht zwangsläufig Daten repräsentieren, sondern kann auch für beliebige andere Zwecke eingesetzt werden. So kann sich hinter einem Node z. B. auch lediglich eine Aktion verbergen, die bei einem Doppelklick auf den Node ausgeführt wird. Außerdem enthält ein Node typischerweise keine Logik, sondern stellt vielmehr einen grafischen Proxy dar, der die Benutzerinteraktionen an Aktionsklassen und an sein verwaltetes Datenobjekt delegiert.

12.1.1 Node-Klassen

Die generellen Schnittstellen und Eigenschaften werden mit der abstrakten Basisklasse Node beschrieben. Sämtliche Subklassen von Node können in einer Explorer View verwaltet und angezeigt werden. Welche Möglichkeiten Ihnen dabei zur Verfügung stehen, zeige ich Ihnen in Abschnitt 12.2, »Explorer API«.

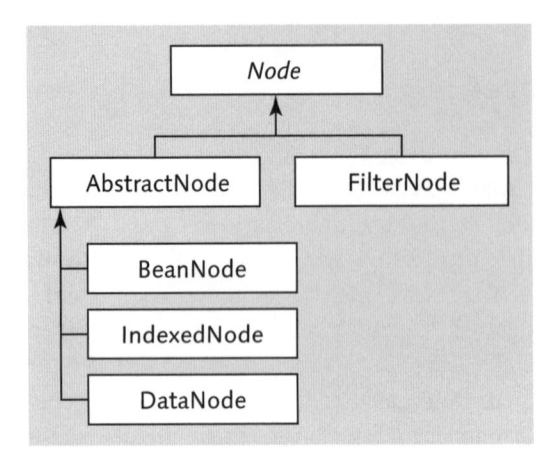

Abbildung 12.1 Hierarchie der Node-Basisklassen

Von Node leiten die beiden Klassen AbstractNode und FilterNode ab. Die Klasse AbstractNode stellt die einfachste Form eines Nodes dar, indem sie die abstrakten Methoden der Basisklasse mit einer Standard-Implementation versieht. Von dieser Klasse können Sie also direkt eine Instanz erzeugen.

Mit der Klasse FilterNode kann ein Proxy-Node realisiert werden, der seine Methodenaufrufe an den Original-Node delegiert. Diese Art von Node wird also typischerweise dann verwendet, wenn ein Datensatz an mehreren Stellen visualisiert werden soll. Die Klasse BeanNode wird für die Repräsentation einer Java-Bean verwendet.

Mit der Klasse IndexedNode können die Kind-Elemente des Nodes über einen Index sortiert werden. Zuletzt gibt es noch die Subklasse DataNode, die wohl auch die am häufigsten verwendete ist. Mit dieser Art von Node werden Data Objects repräsentiert. Im einfachsten Fall wird diese Klasse direkt verwendet – so wie auch beim **MP3 File Type** in Kapitel 7. Instanziiert wird diese Klasse durch die Methode createNodeDelegate() des Mp3DataObject, das für die Bereitstellung eines entsprechenden Nodes selbst zuständig ist.

Dem Konstruktor wird neben der Referenz auf das Data Object das Lookup des Mp3DataObject mit übergeben. Über dieses kann ein Data Object seine Aktionen gewissermaßen an die Oberfläche bringen bzw. dem Benutzer bereitstellen. So holt sich beispielsweise eine Aktion, die auf dem Node ausgeführt wird, die Eigenschaften des Nodes über die `getLookup()`-Methode und bekommt damit das Lookup des darunter liegenden Data Objects. Der Node reicht das Lookup also nur durch.

Ein Node selbst kann aber ebenso wie ein Data Object Funktionalitäten in Form von Context Interfaces besitzen und bereitstellen. Diese werden – genauso wie bei einem Data Object – mit dem Node über `getCookieSet().assign()` assoziiert und auch über die `getLookup()`-Methode von außen abgerufen. In diesem Fall darf dem Node-Konstruktor natürlich kein Lookup übergeben werden, da dieser das eigene Lookup verwendet.

Wenn ein Node kein Data Object anzeigen soll, sondern etwas Spezielles, so wie bei einem Root-Node etwa, dann erstellen Sie dazu Ihre eigene Node-Klasse, die direkt von `AbstractNode` ableitet. Mithilfe dieser Basisklasse implementieren wir auch die Folder-Nodes im nachfolgenden Beispiel in Abschnitt 12.1.2, »Node-Container«.

12.1.2 Node-Container

Jeder Node besitzt ein `Children`-Objekt, das ein Container für Child-Nodes, also untergeordnete Nodes, darstellt. Dieser Container ist dabei für das Hinzufügen, Entfernen und die Strukturierung der Child-Nodes zuständig. Jeder in diesem Container befindliche Node bekommt den Node, der Besitzer des Containers ist, als Parent. Für die Nodes – wie in unserem Fall beim `DataNode` des `Mp3DataObject` – die keine untergeordneten Nodes besitzen, kann mit `Children.LEAF` ein leerer Container übergeben werden.

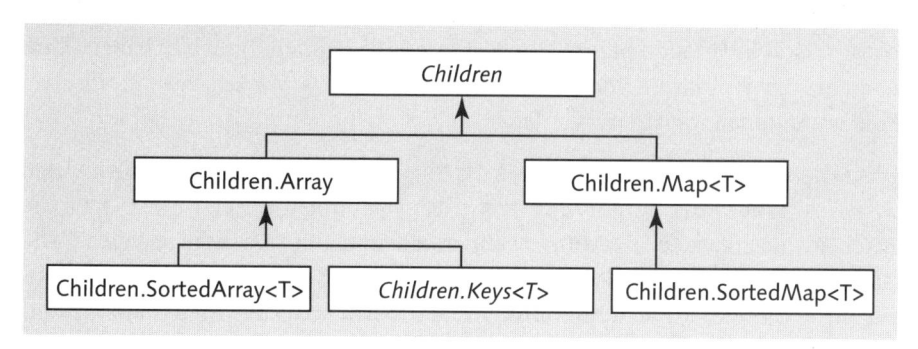

Abbildung 12.2 Hierarchie der verschiedenen Children-Container-Klassen

Von der abstrakten Basisklasse `Children`, von der normalerweise nicht direkt abgeleitet werden sollte, existieren mehrere Varianten. Die Gebräuchlichste ist die Klasse `Children.Keys<T>`, wobei zumeist eine 1:1-Beziehung zwischen Key und Node besteht. Im nachfolgenden Beispiel ist der Key für ein Node ein **File Object**. Wir verwenden die Klasse aber nicht direkt, sondern leiten stattdessen von der Klasse `ChildFactory` ab und lassen daraus mit der Factory-Methode `Children.create()` ein `Children`-Objekt erzeugen. Dies ermöglicht es Ihnen auf einfache Weise, die Child-Nodes im Hintergrund erzeugen zu lassen, sofern dies sonst die GUI zu lange blockieren würde.

12.1.3 Node-Icons

Mit der Methode `setIconBaseWithExtension()` setzen wir den Pfad zu einem Satz von Icons, die für einen Node angezeigt werden – in Abhängigkeit von seinem aktuellen Zustand. Mit dieser Methode geben Sie den Basisnamen von vier verschiedenen Icons an. Geben Sie also z. B. *com/galileo/netbeans/module/icon.png* an, werden automatisch folgende Icons gefunden, die von Ihnen bereitgestellt werden sollten:

- *com/galileo/netbeans/module/icon.png*
- *com/galileo/netbeans/module/iconOpen.png*
- *com/galileo/netbeans/module/icon32.png*
- *com/galileo/netbeans/module/iconOpen32.png*

12.1.4 Node-Kontextmenü

Ein Node stellt dem Benutzer ein Kontextmenü zur Verfügung, über das kontextabhängige Aktionen angeboten werden können. Ein `DataNode` erhält seine Einträge bzw. Aktionen für sein Kontextmenü von der Factory seines verwalteten Data Objects. Die Node-Klasse wiederum stellt die Aktionen über die `getActions()`-Methode bereit. Wie Sie bereits in Kapitel 7 gesehen haben, können dazu im Standard-Folder `Loaders` unterhalb eines MIME-Type-spezifischen Folders Aktionen registriert werden.

Lautet der MIME Type wie in Kapitel 7 z. B. `audio/mpeg`, so werden die Aktionen in `Loaders/audio/mpeg/Actions` registriert. Natürlich können Sie hierzu die Mechanismen der **Actions API** verwenden, die in Kapitel 6 beschrieben sind. Die Aktionen werden automatisch ausgelesen und dem Kontextmenü des Node hinzugefügt. Um dies zu verdeutlichen, greife ich nochmals das **MP3 Data Object**-Beispiel aus Kapitel 7 auf. Um dort die Aktion `PlayAction` dem Node-Kontextmenü des `Mp3DataObject` hinzuzufügen, braucht es nur folgende zusätzliche Annotation:

```
@ActionReferences({
    ...
```

```
    @ActionReference(
        path = "Loaders/audio/mpeg/Actions",
        position = 50, separatorAfter=60)
})
public final class PlayAction implements ActionListener { ...
```

Damit taucht nun die Play-Funktionalität auch im Kontextmenü einer MP3-Datei auf – natürlich mit der in Kapitel 7 implementierten Kontextsensitivität (siehe dazu auch Kapitel 6). Das heißt: Wird die Datei gerade abgespielt, so ist die Play-Aktion auch im Kontextmenü deaktiviert.

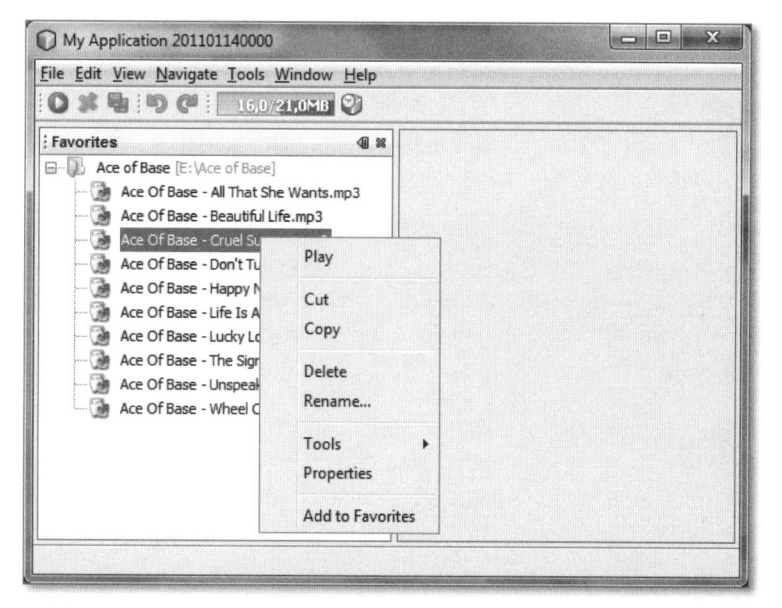

Abbildung 12.3 Hinzufügen von Aktionen zum Kontextmenü eines Nodes

Mit der Methode `getPreferredAction()` liefert ein Node die Aktion, die bei einem Doppelklick ausgeführt wird. Wird diese Methode nicht überschrieben, wird die erste Aktion aus dem Array von `getActions()` verwendet.

12.1.5 Event-Handling

Um auf die Events eines Nodes zu reagieren, können Sie sowohl einen `PropertyChangeListener` als auch einen `NodeListener` installieren. Mit dem `PropertyChangeListener` können Sie die Propertys überwachen, die ein Node mit der Methode `getPropertySet()` liefert. Mit dem `NodeListener` können Sie sich über interne Node-Veränderungen, wie z. B. den Namen, den Parent-Node oder auch die Child-Nodes, informieren lassen. Dazu stellt die Node-Klasse eine

Reihe von öffentlichen **Property Keys** zur Verfügung, wie z. B. PROP_NAME oder PROP_LEAF. Tabelle 12.1 zeigt, welche Methoden der NodeListener bietet.

Methode	Event
childrenAdded(NodeMemberEvent evt)	Wird ausgelöst, wenn Child-Nodes hinzugefügt werden.
childrenRemoved(NodeMemberEvent evt)	Wird ausgelöst, wenn Child-Nodes entfernt werden.
childrenReordered(NodeReorderEvent evt)	Wird ausgelöst, wenn sich die Sortierung der Child-Nodes ändert.
nodeDestroyed(NodeEvent evt)	Wird ausgelöst, wenn der überwachte Node selbst gelöscht wird.
propertyChange(PropertyChangeEvent evt)	Tritt bei Veränderung der Node-Eigenschaften, wie z. B. dem Namen, auf.

Tabelle 12.1 Methoden des NodeListener-Interfaces

Wenn Sie nicht über sämtliche Events informiert werden wollen bzw. diese nicht implementieren wollen, können Sie statt dem NodeListener-Interface auch die Adapter-Klasse NodeAdapter verwenden.

12.1.6 Beispiel

Anhand eines Beispiels möchte ich Ihnen zeigen, wie Sie die **Nodes API** dazu nutzen, Ihre eigenen Node-Klassen zu erstellen, und wie Sie damit einen Children-Container aufbauen. Dabei sehen Sie auch, dass sich hinter Nodes längst nicht nur Dateien verbergen müssen. In diesem Beispiel sollen die Nodes zur Repräsentation von Aktionen in einer Baumstruktur verwendet werden, wobei wir den Inhalt über die Layer-Datei definieren wollen. So kann der Inhalt flexibel angepasst werden, und vor allem bieten wir dadurch anderen Modulen einen Extension Point an. Für die Darstellung der Nodes in einer Baumstruktur verwenden wir die **Explorer API**, auf die ich im nächsten Abschnitt zu sprechen komme. Das fertige Beispiel soll ein Explorer-Fenster ergeben, wie Sie es in Abbildung 12.4 sehen.

Den Inhalt des Explorer-Fensters legen wir in einem eigenen Folder in der Layer-Datei fest, den wir Explorer nennen wollen. Dieser Folder stellt also den Extension Point unseres Fensters bzw. Moduls dar. Dort können in beliebigen Sub-Foldern Aktionen registriert werden, die in der Baumstruktur unseres Explorer-Fensters durch Nodes repräsentiert werden. Der Inhalt der Layer-Datei, passend zum Beispiel in Abbildung 12.4, sieht folgendermaßen aus:

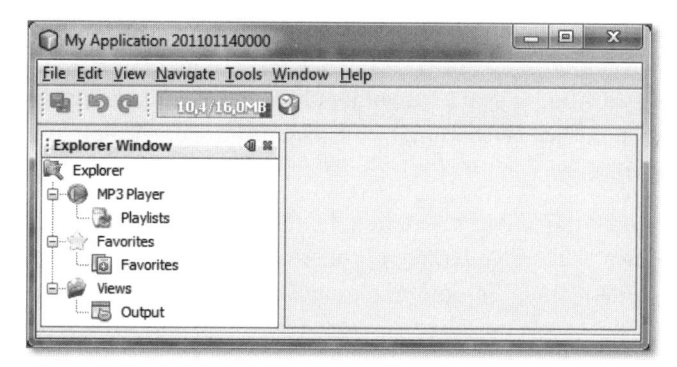

Abbildung 12.4 Beispiel für die Verwendung von Nodes und Explorer Views

```xml
<folder name="Explorer">
  <attr name="icon"
        stringvalue="com/galileo/netbeans/module/explorer.png"/>
  <folder name="MP3 Player">
    <attr name="icon"
          stringvalue="com/galileo/netbeans/module/player.png"/>
    <file name="PlaylistAction.shadow">
      <attr name="originalFile" stringvalue="Actions/Edit/com-
          galileo-netbeans-module-PlaylistAction.instance"/>
    </file>
  </folder>
  <folder name="Views">
    <attr name="icon"
          stringvalue="com/galileo/netbeans/module/views.png"/>
    <file name="OutputAction.shadow">
      <attr name="originalFile" stringvalue="Actions/Window/
          org-netbeans-core-io-ui-IOWindowAction.instance"/>
    </file>
  </folder>
  <folder name="Favorites">
    <attr name="icon"
          stringvalue="com/galileo/netbeans/module/favorites.png"/>
    <file name="FavoritesAction.shadow">
      <attr name="originalFile" stringvalue="Actions/Window/
          org-netbeans-modules-favorites-View.instance"/>
    </file>
  </folder>
</folder>
```

Listing 12.1 Extension Point in der Layer-Datei. Alle Einträge im Folder »Explorer« werden im Explorer-Fenster angezeigt.

Sie sehen, dass die Aktionen an dieser Stelle mittels shadow-Files registriert werden und so auf bereits registrierte Aktionen referenzieren. Zudem wollen wir über das selbst definierte Attribut icon einem Folder ein Icon zuordnen können. Die Referenzen können natürlich auch durch eine entsprechende Annotation (siehe Kapitel 6) erstellt werden.

Um diese Struktur mit Nodes darstellen zu können, benötigen wir für die Folder und für die Aktionen jeweils eine Node-Klasse und eine Child-Factory-Klasse. Beginnen wir mit der Node-Klasse, die den Inhalt eines Folders darstellt. Diese nennen wir ExplorerFolderNode und leiten sie von der Node-Standard-Implementation AbstractNode ab. Somit benötigen wir zunächst nichts weiter als einen Konstruktor. Dem Konstruktor dieses Nodes übergeben wir das FileObject, das einen Folder-Eintrag aus der Layer-Datei repräsentiert, sowie ein Children-Objekt, das für die Erzeugung der Child-Elemente zuständig ist. Dieses Objekt übergeben wir an den Basisklassen-Konstruktor. Dann setzen wir noch den Namen und den Icon-Basispfad des Nodes mit den Werten aus der Layer-Datei:

```
import org.openide.filesystems.FileObject;
import org.openide.nodes.AbstractNode;
import org.openide.nodes.Children;
public class ExplorerFolderNode extends AbstractNode {
    public ExplorerFolderNode(FileObject node, Children ch) {
        super(ch);
        setDisplayName(node.getName());
        String iconBase = (String) node.getAttribute("icon");
        if(iconBase != null) {
            setIconBaseWithExtension(iconBase);
        }
    }
}
```

Listing 12.2 Node-Klasse für die Repräsentation eines Folders

Für das Children-Objekt erstellen wir eine ChildFactory-Klasse, die ExplorerFolderFactory heißen soll. Die Nodes sollen anhand eines FileObject erstellt werden, d. h., wir leiten von ChildFactory<FileObject> ab.

```
import org.openide.filesystems.FileObject;
import org.openide.nodes.ChildFactory;
import org.openide.nodes.Children;
import org.openide.nodes.Node;
```

```
public class ExplorerFolderFactory
   extends ChildFactory<FileObject> {
   private FileObject folder = null;
   public ExplorerFolderFactory(FileObject folder) {
      this.folder = folder;
   }
   @Override
   protected boolean createKeys(List<FileObject> toPopulate) {
      toPopulate.addAll(Arrays.asList(folder.getChildren()));
      return true;
   }
   @Override
   protected Node createNodeForKey(FileObject key) {
      return new ExplorerFolderNode(key,
         Children.create(new ExplorerChildFactory(key), false));
   }
}
```

Listing 12.3 Child Factory für Elemente des Typs ExplorerFolderNode

Dem Konstruktor der in Listing 12.3 dargestellten Factory-Klasse übergeben wir das `FileObject` des Parent-Nodes, denn alle Einträge, die sich unterhalb dieses Nodes befinden, wollen wir ja hier laden und verwalten. Die Methode `createKeys()` wird automatisch aufgerufen, wenn der Parent-Node geöffnet wird. Das heißt, die Child-Nodes werden somit erst bei Bedarf erzeugt. Darin lesen wir alle untergeordneten Folder aus und fügen diese der Liste `toPopulate` hinzu, die von der `ChildFactory`-Klasse verwaltet wird. Für jeden in dieser Methode hinzugefügten Key wird dann die Methode `createNodeForKey()` aufgerufen. Dort erstellen wir also das `ExplorerFolderNode`-Objekt. Ein solches wiederum soll nun die Aktionen beinhalten, also übergeben wir diesem eine `ExplorerChildFactory`-Instanz, deren Implementation wir uns – im Kontext mit der `ExplorerLeafNode`-Klasse – nachfolgend ansehen.

```
import org.openide.awt.Actions;
import org.openide.nodes.AbstractNode;
import org.openide.nodes.Children;
public class ExplorerLeafNode extends AbstractNode {
   private Action action = null;
   public ExplorerLeafNode(Action action) {
      super(Children.LEAF);
      this.action = action;
```

```
      setDisplayName(Actions.cutAmpersand(
         (String)action.getValue(Action.NAME)));
   }
   @Override
   public Action getPreferredAction() {
      return action;
   }
   @Override
   public Image getIcon(int type) {
      ImageIcon img =
         (ImageIcon) action.getValue(Action.SMALL_ICON);
      if(img != null) {
         return img.getImage();
      } else {
         return null;
      }
   }
}
```

Listing 12.4 Node-Klasse für die Repräsentation einer Aktion

Die in Listing 12.4 dargestellte Node-Klasse, die jeweils eine Aktion repräsentieren soll, leiten wir ebenfalls von `AbstractNode` ab. Der Konstruktor bekommt die eigentliche Aktion von der Child-Factory geliefert. Diese Nodes sollen natürlich keine weiteren Child-Nodes mehr haben. Also übergeben wir mit `Children.LEAF` einen leeren Container. Wir setzen zudem den Namen und das Icon des Nodes. Die `getPreferredAction()`-Methode überschreiben wir, um damit die hinter diesem Node liegende Aktion zu liefern. Damit wird bei einem Doppelklick auf diesen Node auch tatsächlich die entsprechende Aktion ausgeführt.

Schauen wir uns nun in Listing 12.5 an, wie diese Art von Nodes durch die Klasse `ExplorerChildFactory` erzeugt werden.

```
import org.openide.filesystems.FileObject;
import org.openide.nodes.ChildFactory;
import org.openide.nodes.Node;
import org.openide.util.lookup.Lookups;
public class ExplorerChildFactory extends ChildFactory<Action> {
   private FileObject folder = null;
   public ExplorerChildFactory(FileObject folder) {
      this.folder = folder;
   }
```

```
    @Override
    protected boolean createKeys(List<Action> toPopulate) {
        for(Action action : Lookups.forPath(folder.getPath()).
                                    lookupAll(Action.class)) {
            toPopulate.add(action);
        }
        return true;
    }
    @Override
    protected Node createNodeForKey(Action key) {
        return new ExplorerLeafNode(key);
    }
}
```

Listing 12.5 Child Factory für Elemente des Typs ExplorerLeafNode

Die Child-Elemente vom Type `ExplorerLeafNode` sollen über eine Action-Instanz als Key erzeugt werden, also leiten wir von `ChildFactory<Action>` ab. Dem Konstruktor übergeben wir das entsprechende Parent-Element in Form einer `FileObject`-Instanz. In der `createKeys()`-Methode greifen wir nun auf das Parent-Element zu und erstellen uns dafür ein Lookup. So gelangen wir auf sehr elegante Weise an alle dort registrierten Aktionen heran. Mit der `createNodeForKey()`-Methode erstellen wir dann letztendlich das Node-Objekt für die Aktion.

In diesem Abschnitt haben Sie gesehen, wie Sie Ihre eigenen Node-Klassen implementieren und Instanzen davon erzeugen lassen können. Mit diesen Klassen sind wir in der Lage, die in der Layer-Datei definierte Struktur komplett abzubilden. Um die Nodes nun in einer Baumstruktur in einem Fenster darstellen zu können, benötigen wir noch eine View. Diesen Teil der Darstellung von Nodes übernimmt die **Explorer API**. Dazu möchte ich Ihnen im folgenden Abschnitt eine kurze Einführung geben und dann anschließend das hier begonnene Beispiel fertigstellen.

12.2 Explorer API

Mithilfe der **Explorer API** können Sie Ihre Nodes in verschiedenen Varianten grafisch darstellen und verwalten. Dazu stellt die API einen Satz von Explorer Views zur Verfügung, mit denen Sie Ihre Nodes in typischen Strukturen darstellen können. Die Klassenhierarchie dieser Views sehen Sie in Abbildung 12.5. Die

Klasse `ChoiceView` stellt ihre Nodes z. B. in einer Combobox dar, die Klasse `MenuView` tut dies in einer beliebig tiefen Menüstruktur.

Die am häufigsten verwendete View – die Ihnen von der Darstellungsform her wohl am bekanntesten ist – ist die `BeanTreeView`, die ihre Nodes in einer Baumstruktur anzeigt. Diese Views sind neben der Darstellung der Nodes und der Verarbeitung von Aktionen (wie z. B. für das Ausschneiden, Einfügen, Löschen oder Drag & Drop von Nodes) auch für das Anzeigen des Kontextmenüs eines Nodes zuständig, dessen Aktionen die View über die Methode `getActions()` eines Nodes erhält.

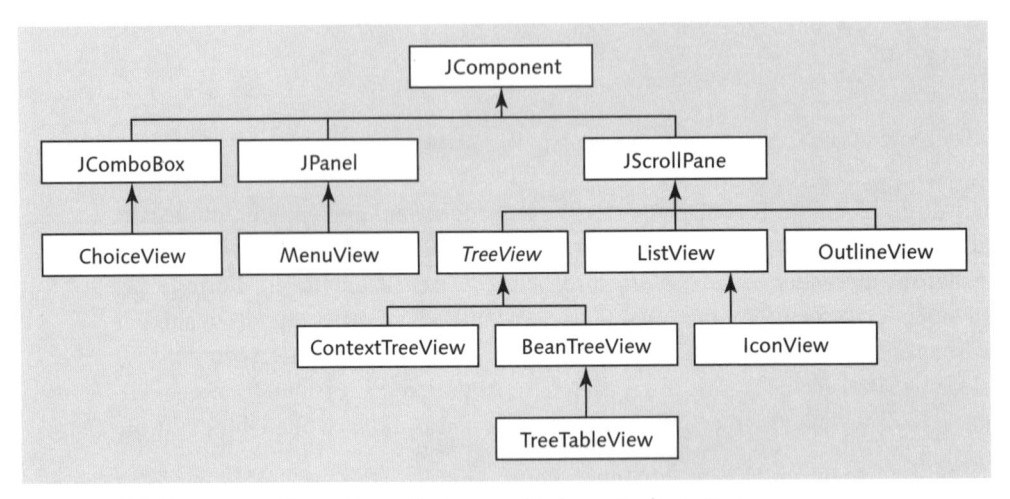

Abbildung 12.5 Klassenhierarchie der verschiedenen Explorer Views

Die Verwaltung einer Explorer View wird stets von der Klasse `ExplorerManager` übernommen. Eine Instanz dieses Managers muss von der Komponente bereitgestellt werden, die die Explorer View beinhaltet. In den meisten Fällen ist dies ihre Top Component. Bemerkenswert ist dabei, dass der Manager nicht mit der View verbunden werden muss, denn die View sucht automatisch nach einem Manager in der Komponentenhierarchie, also in den Eltern-Komponenten.

Damit dieser Manager gefunden werden kann, muss die Eltern-Komponente das Interface `ExplorerManager.Provider` implementieren. Dieses Interface spezifiziert die Methode `getExplorerManager()`, über die die View den Manager ermittelt. Dabei können mehrere verschiedene Views denselben Manager verwenden.

Eine der Hauptaufgaben des Explorer Managers ist das Überwachen der Selektion von Nodes in einer View. Der Manager stellt uns stets den selektierten Node und dessen Lookup zur Verfügung.

Damit dieser aktuelle Kontext von außen (also von einer Aktionsklasse, einer anderen Top Component oder gar einem anderen Modul) zugänglich ist, gehen wir wie folgt vor: Mit der Hilfsklasse `ExplorerUtils` können wir mit der Methode `createLookup()` ein Lookup erstellen, das stets den vom Explorer Manager gelieferten selektierten Node (oder auch mehrere) und dessen Lookup repräsentiert. Dieses so erzeugte Lookup definieren wir mit der `associateLookup()`-Methode als lokales Lookup unserer Top Component. Es ist somit von außen über das globale Proxy-Lookup (das Sie über den Aufruf `Utilities.actionsGlobal-Context()` erhalten) erreichbar.

Im vorhergehenden Abschnitt 12.1, »Nodes API«, haben wir für das Explorer-Beispiel die nötigen Node- und Child-Factory-Klassen erstellt. Was jetzt noch fehlt, ist ein Fenster mit einer Explorer View, die die Nodes darstellen kann. Anhand dieses noch fehlenden Schritts möchte ich Ihnen die Verwendung einer View und des Managers erläutern.

Zunächst habe ich mit dem Window Wizard der NetBeans IDE die Top Component `ExplorerTopComponent` erzeugt. Diese versehen wir nun mit einem Explorer Manager. Dazu müssen wir das Interface `ExplorerManager.Provider` implementieren und eine Instanz des `ExplorerManager` als privates Datenelement anlegen.

Mit der Methode `getExplorerManager()` liefern wir diesen Manager zurück. Im nächsten Schritt fügen wir der Top Component eine `BeanTreeView` hinzu. Dies erreichen Sie am einfachsten, indem Sie mit dem Form-Editor eine **Scroll Pane** auf das Fenster ziehen und in den Propertys in der Kategorie CODE bei CUSTOM CREATION CODE `new BeanTreeView()` eintragen. Dann müsste Ihre `initComponents()`-Methode wie hier im Beispiel aussehen.

Wie bereits erwähnt, findet die View den Explorer Manager von selbst, Sie müssen also keine weiteren Schritte unternehmen, um die View und den Manager zu verbinden. Jede View bzw. jeder Manager basiert auf einem Wurzelelement, von dem alle anderen Nodes ausgehen. Dieses setzen wir in der Methode `initTree()` mit `setRootContext()`, der wir eine Instanz unserer Node-Klasse `ExplorerFolderNode` übergeben.

Von diesem Node geht die Erzeugung aller anderen Nodes aus. Diesen Node erzeugen wir natürlich nur dann, wenn der Folder `Explorer` im System Filesystem vorhanden ist, d. h., wenn irgendein Modul in seiner Layer-Datei dem Folder `Explorer` einen Eintrag hinzugefügt hat.

```
public final class ExplorerTopComponent extends TopComponent
    implements ExplorerManager.Provider {
```

```java
    private static final String ROOT_NODE = "Explorer";
    private final ExplorerManager manager = new ExplorerManager();
    public ExplorerTopComponent() {
        initComponents();
        initTree();
        initActions();
        associateLookup(
            ExplorerUtils.createLookup(manager, getActionMap())); 
    }
    private JScrollPane jScrollPane1;
    private void initComponents() {
        jScrollPane1 = new BeanTreeView();
        setLayout(new BorderLayout());
        add(jScrollPane1, BorderLayout.CENTER);
        ...
    }
    private void initTree() {
        FileObject root = FileUtil.getConfigFile(ROOT_NODE);
        if(root != null) { /* folder found */
            manager.setRootContext(
                new ExplorerFolderNode(root, Children.create(
                new ExplorerFolderFactory(root), false)));
        }
    }
    private void initActions() {
        CutAction cut = SystemAction.get(CutAction.class);
        getActionMap().put(cut.getActionMapKey(),
            ExplorerUtils.actionCut(manager));
        CopyAction copy = SystemAction.get(CopyAction.class);
        getActionMap().put(copy.getActionMapKey(),
            ExplorerUtils.actionCopy(manager));
        PasteAction paste = SystemAction.get(PasteAction.class);
        getActionMap().put(paste.getActionMapKey(),
            ExplorerUtils.actionPaste(manager));
        DeleteAction delete = SystemAction.get(DeleteAction.class);
        getActionMap().put(delete.getActionMapKey(),
            ExplorerUtils.actionDelete(manager, true));
    }
    public ExplorerManager getExplorerManager() {
        return manager;
    }
```

```
   protected void componentActivated() {
      ExplorerUtils.activateActions(manager, true);
   }
   protected void componentDeactivated() {
      ExplorerUtils.activateActions(manager, false);
   }
}
```

Listing 12.6 Explorer-Fenster, das die Nodes mit einer BeanTreeView darstellt. Verwaltet werden die Nodes von einem Explorer Manager.

Im nächsten Schritt verbinden wir in der Methode `initActions()` die Standardaktionen Ausschneiden, Kopieren, Einfügen und Löschen, die von der Plattform zur Verfügung gestellt werden, mit den Aktionen des Explorer Managers. Diese Aktionen des Explorer Managers liefert uns die `ExplorerUtils`-Klasse, die wir über den Action Map Key in der Action Map unserer Top Component registrieren.

Damit die jeweils selektierten Nodes einer View über das Lookup der Top Component erreichbar sind, erzeugen wir mit der Methode `ExplorerUtils.createLookup()` ein Proxy-Lookup, das uns den jeweils selektierten Node mit dessen Lookup bereitstellt. Dieses Proxy-Lookup definieren wir als lokales Lookup unserer Top Component mit der Methode `associateLookup()`.

Damit die zuvor in der Action Map registrierten Aktionen auch aktiv sind, muss sich die Action Map ebenfalls im Lookup der Top Component befinden. Diese können wir praktischerweise direkt der Methode `createLookup()` mit übergeben, die dafür sorgt, dass die Action Map ebenfalls über das Proxy-Lookup verfügbar ist.

Um Ressourcen zu sparen, können wir in den Methoden `componentActivated()` und `componentDeactivated()`, die bei Aktivierung und Deaktivierung unseres Fensters aufgerufen werden, die Listener der Explorer-Manager-Aktionen, die wir zuvor mit den Systemaktionen verbunden haben, ein- und ausschalten. So werden diese z. B. nicht über Ereignisse in der Zwischenablage benachrichtigt, wenn das Fenster gar nicht aktiv ist.

An dieser Stelle möchte ich Sie auch auf die umfangreichen und vor allem leicht verständlichen Beispiele und Tutorials auf der NetBeans-Webseite unter *http://netbeans.org/kb/trails/platform.html* hinweisen. Gerade zum Thema Nodes, Explorer und **Property Sheet API** finden Sie dort sehr interessante Beispiele.

Für die Erstellung von Dialogen und Wizards stellt Ihnen die NetBeans Platform eine professionelle API zur Verfügung. Mit ihr legen Sie nicht nur schnell einfache Standard-Dialoge an, sondern Sie können auch komplexe, an Ihre speziellen Bedürfnisse angepasste Dialoge erstellen. Zudem können Sie mit übersichtlichen Wizards den Benutzer durch komplexe Sachverhalte führen.

13 Dialoge und Wizards

Die **Dialogs API** hilft Ihnen bei der Erstellung und Anzeige von Dialogen und Wizards. Die Dialoge basieren auf der Java-Klasse `Dialog`. Mithilfe der **Dialogs API** können Sie sowohl Standarddialoge als auch individuelle Dialoge entsprechend Ihren Anforderungen erstellen. Dabei bietet sie eine optimale Unterstützung für die Integration in das NetBeans Window System und auch in das Hilfesystem. Wizards können als eine Art spezielle Dialoge angesehen werden und sind daher Teil der **Dialogs API**.

13.1 Standarddialoge

Mit der Klasse `NotifyDescriptor` können Sie die Eigenschaften eines Standarddialogs festlegen. Sie können eine Nachricht in Form eines `String`, eines `Icon` oder auch einer `Component` übergeben, die mit dem Dialog dargestellt werden soll. Durch ein Array können Sie auch mehrere Nachrichten übergeben. Zudem können Sie den Typ der Nachricht spezifizieren, wodurch Sie Einfluss auf das im Dialog angezeigte Symbol haben. Den Typ können Sie über vordefinierte Konstanten der Klasse `NotifyDescriptor` festlegen, die in Tabelle 13.1 aufgelistet sind.

Konstante	Nachrichtentyp/Symbol
`PLAIN_MESSAGE`	Mit dieser Konstante wird die Nachricht neutral ohne Symbol angezeigt.
`INFORMATION_MESSAGE`	Hiermit wird das standardmäßige Hinweissymbol angezeigt.

Tabelle 13.1 Konstanten zur Festlegung des Nachrichtentyps

Konstante	Nachrichtentyp/Symbol
QUESTION_MESSAGE	Hiermit wird das Fragesymbol dargestellt.
WARNING_MESSAGE	Hiermit wird ein Warnschild angezeigt.
ERROR_MESSAGE	Diese Konstante können Sie für das Anzeigen eines Fehlers verwenden.

Tabelle 13.1 Konstanten zur Festlegung des Nachrichtentyps (Forts.)

Welche Schaltflächen auf dem Dialog angezeigt werden, legen Sie über einen Optionstyp fest. Hier stehen Ihnen die in Tabelle 13.2 dargestellten Konstanten zur Verfügung.

Konstante	Schaltflächen
DEFAULT_OPTION	Hierdurch werden die Standardschaltflächen entsprechend des Dialogtyps angezeigt. Bei einem Hinweisdialog wird z. B. nur die OK-Schaltfläche angezeigt, bei einem Eingabedialog werden hingegen OK und Cancel angezeigt.
OK_CANCEL_OPTION	OK- und Cancel-Schaltfläche
YES_NO_OPTION	Yes- und No-Schaltfläche
YES_NO_CANCEL_OPTION	Yes-, No- und Cancel-Schaltfläche

Tabelle 13.2 Konstanten zur Festlegung der Optionsschaltflächen

Zusätzlich können Sie dem Konstruktor oder der Methode setAdditionalOptions() ein Object-Array übergeben, dessen Komponenten in Form von JButton-Objekten den Schaltflächen des Dialogs hinzugefügt werden. Typischerweise übergeben Sie hier String-Objekte, Sie können aber auch Component- oder Icon-Objekte verwenden. Möchten Sie hingegen auf die Standardschaltflächen verzichten und nur die eigenen Optionen nutzen, können Sie die Methode setOptions() verwenden oder die Optionen dem Konstruktor übergeben. Auch hier können Sie die Klassen String, Component und Icon verwenden.

```
NotifyDescriptor d = new NotifyDescriptor(
    "Text",  // Anzuzeigende Nachricht / Komponente
    "Titel", // Dialogtitel
    NotifyDescriptor.OK_CANCEL_OPTION,    // Schaltflächen
    NotifyDescriptor.INFORMATION_MESSAGE, // Symbol
    null,   // Eigene Schaltflächen als Object[]
    null);  // Zusätzliche Schaltflächen als Object[]
```

Diese so erzeugte Dialogbeschreibung übergeben wir nun der Methode notify() der Klasse DialogDisplayer, die für das Erstellen und Anzeigen des Dialogs verantwortlich ist und die uns nach Beendigung des Dialogs den Rückgabewert liefert. Der `DialogDisplayer` ist als globaler Service ausgelegt, dessen Provider wir über die Methode `getDefault()` vom Lookup geliefert bekommen.

```
Object retval = DialogDisplayer.getDefault().notify(d);
```

Welcher Button vom Benutzer angeklickt wurde, können Sie über den Vergleich mit den in Tabelle 13.3 aufgelisteten Konstanten ermitteln.

Konstante	Aktion
OK_OPTION	wenn der OK-Button angeklickt wurde
YES_OPTION	wenn der Yes-Button angeklickt wurde
NO_OPTION	wenn der No-Button angeklickt wurde
CANCEL_OPTION	wenn der Cancel-Button angeklickt wurde
CLOSED_OPTION	wenn der Dialog ohne Klick auf einen Button geschlossen wurde

Tabelle 13.3 Konstanten, die als Rückgabewerte verwendet werden

Für die gängigsten Arten von Dialogen stellt die **Dialogs API** drei Subklassen von `NotifyDescriptor` zur Verfügung, sodass Sie nur wenige Parameter definieren müssen. Diese Klassen schauen wir uns in den nachfolgenden Abschnitten mit Beispielen genauer an.

13.1.1 Hinweisdialog

Einen Dialog zur Anzeige eines Hinweises können Sie mit der Klasse `NotifyDescriptor.Message` erstellen. Dem Konstruktor können Sie den anzuzeigenden Text übergeben, optional auch den Nachrichtentyp. Standardmäßig wird der Dialog mit dem Hinweissymbol angezeigt, wie Sie es in Abbildung 13.1 sehen.

```
NotifyDescriptor nd = new NotifyDescriptor.Message("Hinweis");
```

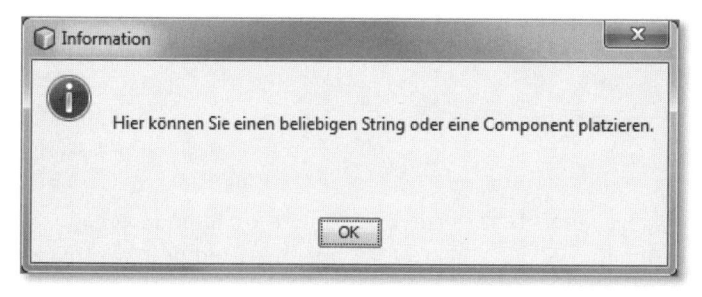

Abbildung 13.1 Hinweisdialog

13.1.2 Abfragedialog

Soll der Benutzer mit einem Dialog auf eine Frage antworten können, können Sie dazu die Klasse `NotifyDescriptor.Confirmation` verwenden. Dafür stehen Ihnen eine Reihe von Konstruktoren zur Verfügung, mit denen Sie je nachdem die Nachricht, den Titel, den Nachrichten- und Optionstyp festlegen können.

```
NotifyDescriptor d = new NotifyDescriptor.Confirmation(
    "Hier können Sie einen beliebigen String oder eine ...",
    "Das ist eine Frage");
```

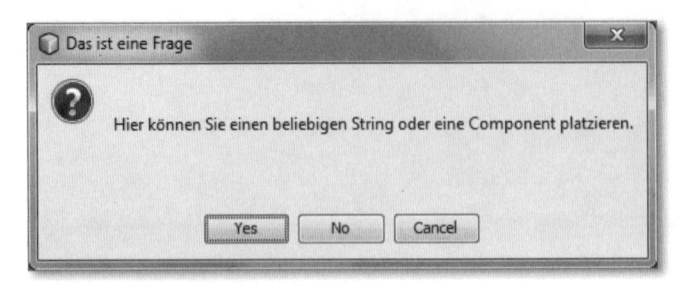

Abbildung 13.2 Abfragedialog

13.1.3 Eingabedialog

Einen Eingabedialog können Sie ganz einfach mit der Klasse `Notify-Descriptor.InputLine` realisieren. Dabei können Sie den Titel und auch den Text festlegen, der vor der Eingabezeile angezeigt werden soll. Optional ist es möglich, den Options- und Nachrichtentyp anzupassen, um so die gewünschten Schaltflächen und ein Symbol anzuzeigen.

```
NotifyDescriptor d = new NotifyDescriptor.InputLine(
    "Vor- und Nachname: ",
    "Bitte geben Sie Ihren Namen ein");
```

Abbildung 13.3 Eingabedialog

Den vom Benutzer eingegebenen Text erhalten Sie über die Methode `getInputText()`. Außerdem können Sie das Eingabefeld mit der Methode `setInputText()` mit einem Wert vorbelegen.

13.2 Eigene Dialoge

Individuellere Dialoge können Sie mit einem `DialogDescriptor` erzeugen. Diese Klasse ist eine Erweiterung von `NotifyDescriptor`. Dabei können Sie ein anzuzeigendes `Component`-Objekt übergeben, die Modalität des Dialogs festlegen und einen `ActionListener` definieren, um auf das Anklicken der Schaltflächen zu reagieren. Zudem können Sie auch ein `HelpCtx` übergeben, mit dem Sie die ID einer Hilfeseite angeben können, wodurch automatisch eine Hilfe-Schaltfläche auf dem Dialog angezeigt wird. Für diesen `DialogDescriptor` erzeugen Sie ein `Dialog`-Objekt mit der Methode `createDialog()` von `DialogDisplayer`. Oder Sie zeigen den Dialog direkt mit der Methode `notify()` oder `notifyLater()` an.

13.2.1 Hinweise darstellen

Wenn Sie eigene Dialoge erstellen, um damit z. B. bestimmte Daten vom Benutzer abzufragen, können Sie wie bei einem Wizard (siehe Abschnitt 13.3, »Wizards«) dem Benutzer Hinweise hierzu anzeigen. Die von der **Dialogs API** automatisch integrierte Hinweiszeile kann bei Bedarf mit der Methode `createNotificationLineSupport()` ihre `NotifyDescriptor`-Instanz erzeugen lassen. Damit wird die Hinweiszeile in Form einer `NotificationLineSupport`-Instanz am unteren Rand des Dialogs erstellt. Informationen können Sie in dieser Zeile über die folgenden Methoden ausgeben:

- `setInformationMessage(String msg)`
- `setWarningMessage(String msg)`
- `setErrorMessage(String msg)`

Diese Methoden setzen auch jeweils ein entsprechendes Icon vor den angezeigten Hinweistext. Mit den entsprechenden `get`-Methoden können Sie den jeweils angezeigten Hinweis auch auslesen. Entfernen können Sie einen dargestellten Hinweis mit der Methode `clearMessages()`.

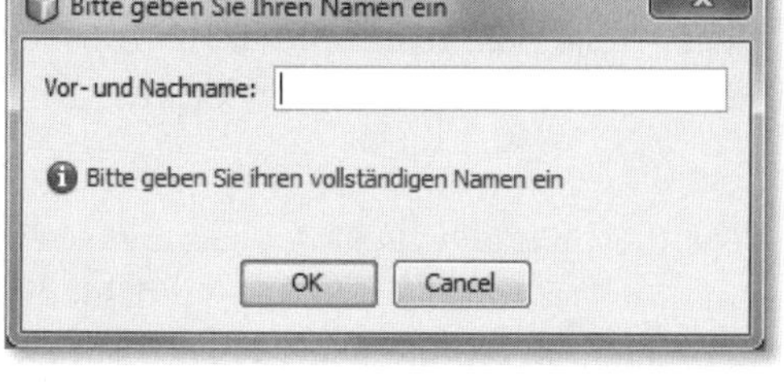

Abbildung 13.4 Dialog mit integrierter Hinweiszeile

13.2.2 Beispiel

In einem Beispiel möchte ich Ihnen zeigen, wie Sie einen Login-Dialog mithilfe eines `DialogDescriptor` realisieren können. Wichtig ist dabei, dass der Dialog beim Start der Anwendung angezeigt wird und die Anwendung so lange blockiert, bis das Login erfolgreich durchgeführt werden konnte. Dafür stehen Ihnen zwei verschiedene Möglichkeiten zur Verfügung, die ich Ihnen ebenfalls zeigen möchte.

Wie zu Beginn angesprochen, können Sie einem `DialogDescriptor` eine `Component` übergeben, die im Dialog angezeigt wird. Dies wollen wir dazu nutzen, zwei Textfelder in den Dialog zu integrieren, über die der Benutzer seinen Namen und sein Passwort eingeben kann. Dieses Panel stellt den eingegebenen Namen und das Passwort über die Methode `getUsername()` und `getPassword()` zur Verfügung. Damit der Dialog auch beim Start der Anwendung angezeigt wird, benötigen wir einen Module Installer (siehe Abschnitt 3.7, »Lebenszyklus«), in dessen `restored()`-Methode wir dann den `DialogDescriptor` erzeugen und den Login-Dialog anzeigen.

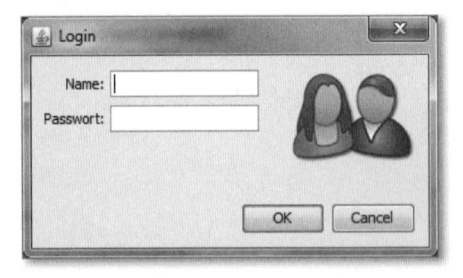

Abbildung 13.5 Login-Dialog, der mit einem DialogDescriptor und einem zusätzlichen Panel erzeugt wurde.

Da wir den Dialog asynchron ausführen müssen, weil der Dialog sonst mitten in der Initialisierungsphase angezeigt würde, ist es erforderlich, einen `ActionListener` zu registrieren, um reagieren zu können, wenn der Benutzer auf die Schaltfläche klickt. In der `actionPerformed()`-Methode können wir dann den Login-Vorgang ausführen. Ist dieser nicht erfolgreich, beenden wir die Anwendung über den `LifecycleManager` (siehe Abschnitt 8.1, »Lebenszyklus der NetBeans Platform«).

Um auf das Anklicken der Schließen-Schaltfläche in der rechten oberen Ecke zu reagieren, registrieren wir einen `PropertyChangeListener`, in dem wir dann die Anwendung herunterfahren. Damit der Dialog nun unmittelbar nach der Initialisierungsphase, also direkt nach dem Splash-Screen, angezeigt wird, verwenden wir die `notifyLater()`-Methode.

```java
public class Installer extends ModuleInstall
   implements ActionListener {
   private LoginPanel panel = new LoginPanel();
   private DialogDescriptor d = null;
   @Override
   public void restored() {
      d = new DialogDescriptor(panel, "Login", true, this);
      d.setClosingOptions(new Object[]{});
      d.addPropertyChangeListener(new PropertyChangeListener() {
         public void propertyChange(PropertyChangeEvent e) {
            if(e.getPropertyName().equals(
                                 DialogDescriptor.PROP_VALUE)
            && e.getNewValue()==DialogDescriptor.CLOSED_OPTION) {
               LifecycleManager.getDefault().exit();
            }
         }
      });
      DialogDisplayer.getDefault().notifyLater(d);
   }
   public void actionPerformed(ActionEvent event) {
      if(event.getSource() == DialogDescriptor.CANCEL_OPTION) {
         LifecycleManager.getDefault().exit();
      } else {
         if(!SecurityManager.login(panel.getUsername(),
                              panel.getPassword())) {
            panel.setInfo("Benutzername oder Passwort falsch");
         } else {
            d.setClosingOptions(null);
         }
      }
   }
}
```

Listing 13.1 Login-Dialog, der beim Start der Anwendung angezeigt wird und so lange blockiert, bis das Login erfolgreich ist

Es gibt noch eine weitere Möglichkeit, wie Sie den Dialog anzeigen können. Und zwar können Sie auch die notify()-Methode verwenden, die in einem separaten Thread ausgeführt wird, sobald die Anwendung bereit ist. Dies erreichen Sie durch die Methode invokeWhenUIReady() des WindowManager. Der Unterschied zu notifyLater() ist dabei, dass der Dialog erst angezeigt wird, wenn auch das Anwendungsfenster vollständig geladen ist.

```
WindowManager.getDefault().invokeWhenUIReady(new Runnable(){
    public void run() {
        DialogDisplayer.getDefault().notify(d);
    }
});
```

Letztendlich können Sie natürlich auch komplett eigene Dialoge bauen, die Sie von `JDialog` ableiten. Dafür können Sie den von der NetBeans IDE bereitgestellten Wizard nutzen, den Sie über File • New File... • Swing GUI Forms • JDialog Form aufrufen können. Wenn Sie das Anwendungsfenster für den Dialog als Parent benötigen, erhalten Sie dies über den Window Manager:

```
Frame f = WindowManager.getDefault().getMainWindow();
```

13.3 Wizards

Die **Dialogs API** beinhaltet neben dem Support für Dialoge auch ein **Wizard Framework**, mit dem Sie Assistenten erzeugen können, die den Benutzer durch einen bestimmten Sachverhalt mit meist mehreren Schritten leiten. Diese Wizards kennen Sie bereits von der NetBeans IDE, die dort z. B. für die Erstellung eines Fensters oder einer Aktion eingesetzt werden. Sie müssen für jeden Schritt ein Panel zur Verfügung stellen, das für die jeweilige Datenerfassung zuständig ist.

Die gesamte Koordination wird vom Wizard Framework übernommen. Für die Erstellung des Grundgerüstes eines Wizards stellt die NetBeans IDE selbst einen Wizard zur Verfügung. Diesen wollen wir auch gleich für ein Beispiel verwenden, anhand dessen ich Ihnen die Möglichkeiten der Gestaltung von Wizards und vor allem ihre Architektur zeigen möchte.

In diesem Beispiel wollen wir einen Wizard für die Erstellung einer Playlist erzeugen. Dabei soll dieser Wizard zwei Schritte beinhalten: Im ersten kann der Benutzer die Beschreibung der Playlist festlegen, wie Sie es in Abbildung 13.6 sehen, und im zweiten kann er Musiktitel auswählen, die der Playlist hinzugefügt werden sollen.

13.3.1 Architektur eines Wizards

Grundsätzlich beschrieben und konfiguriert wird ein Wizard durch einen `WizardDescriptor`. Dies ist eine Subklasse der Klasse `DialogDescriptor`. Diese Klasse kennen Sie bereits aus dem vorhergehenden Abschnitt. Sie ist selbst eine Subklasse von `NotifyDescriptor`. Dieser `WizardDescriptor` beinhaltet und verwaltet alle Panels und ist für zentrale Aufgaben wie die Steuerung der Aktionsschaltflächen und die Darstellung des Inhaltsverzeichnisses zuständig.

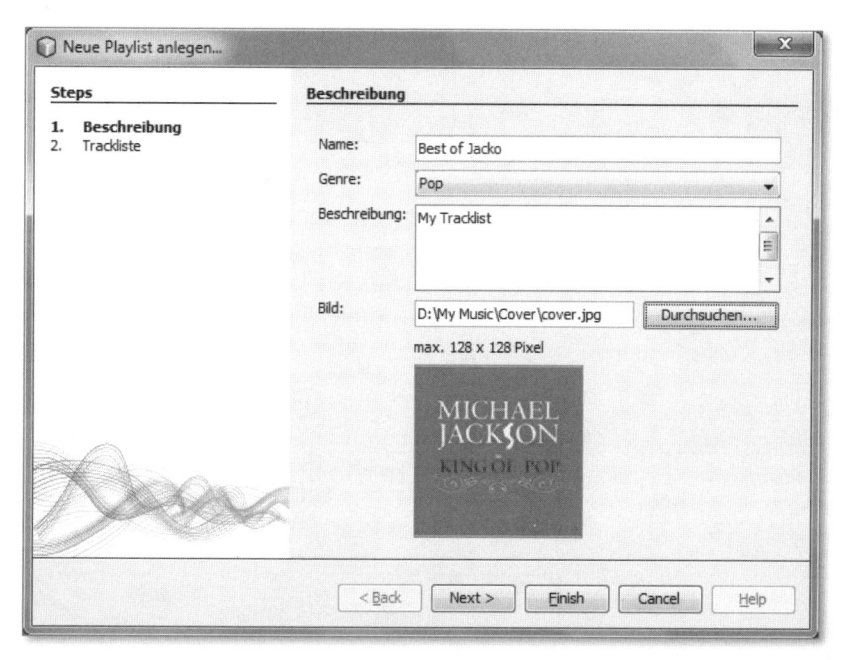

Abbildung 13.6 Erste Seite des Wizard-Beispiels zur Erstellung einer Playlist

Ein `WizardDescriptor` nimmt also die Rolle des Controllers für den gesamten Wizard ein. Typischerweise stellt der `WizardDescriptor` auch das Datenmodell dar, in dem die über die einzelnen Wizard-Schritte hinweg gesammelten Daten als Propertys abgespeichert werden. Sie können aber auch Ihr eigenes Datenmodell zur Verfügung stellen.

Für jeden Schritt im Wizard muss ein Panel bereitgestellt werden. Ein Panel wird typischerweise aus zwei Klassen aufgebaut: zum einen aus einer Klasse, die die GUI implementiert (das ist das sogenannte Visual-Panel, das im Normalfall von der Klasse `JPanel` abgeleitet wird), und zum anderen aus einer Klasse, die Verwaltungs- und Validierungsfunktionen übernimmt.

Dies ist das sogenannte Wizard-Panel, das von der Klasse `WizardDescriptor.Panel<Data>` abgeleitet wird. Diese Klasse erzeugt das Visual-Panel bei Bedarf und stellt es zur Verfügung. Im Sinne des MVC-Musters stellt das Visual-Panel die View und das Wizard-Panel den Controller dar. Das Visual-Panel soll nur die reine Implementation der Oberfläche beinhalten und stellt die vom Benutzer eingegebenen Daten über `get`-Methoden zur Verfügung. Es soll keine Anwendungslogik und vor allem keinerlei Wizard-spezifische Klassen oder Aufrufe umfassen. So ist das Panel vollständig wiederverwendbar und kann leicht auch außerhalb des Wizards eingesetzt werden. Das Panel ist auf diese Weise z. B. für einen Dialog zum späteren Editieren einer Playlist verwendbar. Den Zusammenhang von `WizardDescriptor`, `WizardPanel` und `VisualPanel` sehen Sie in Abbildung 13.7.

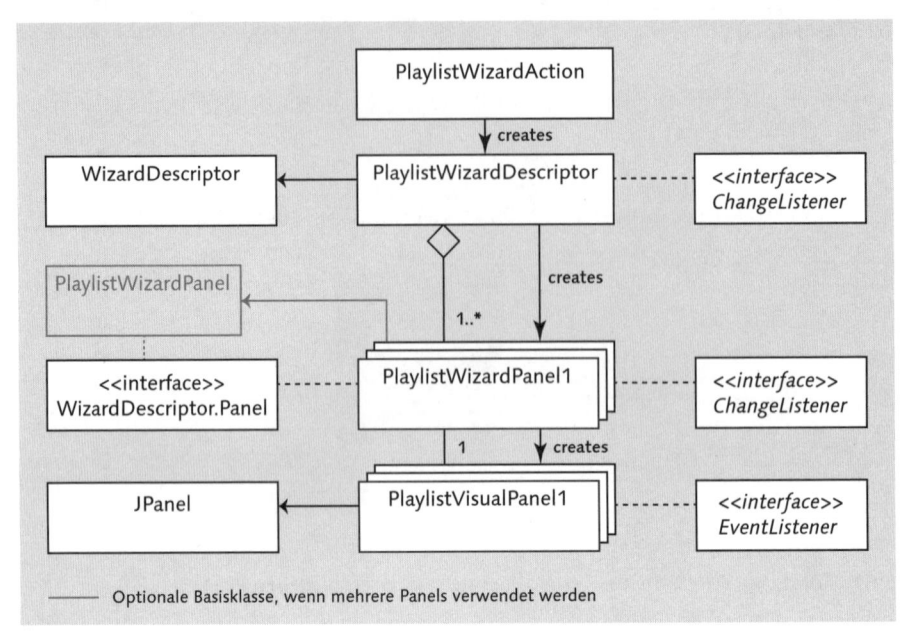

Abbildung 13.7 Architektur eines Wizards

13.3.2 Panels erstellen

Das Grundgerüst der Panels können wir uns von der NetBeans IDE erstellen lassen. Rufen Sie dazu FILE • NEW FILE... auf, und wählen Sie in der Kategorie MODULE DEVELOPMENT den Dateityp WIZARD aus. Wählen Sie auf der nächsten Seite den Registration Type CUSTOM, und setzen Sie die WIZARD STEP SEQUENCE auf STATIC. Als Anzahl von Panels geben Sie 2 ein. Auf der letzten Seite können Sie noch ein Präfix für die Klassennamen festlegen. Für das Beispiel nutzen wir hier das Präfix `Playlist`. Klicken Sie anschließend auf den FINISH-Button. Damit erzeugt die IDE das Grundgerüst zweier Panels mit jeweils einem Visual- und einem Wizard-Panel. Allerdings werden wir den Inhalt einiger vordefinierter Methoden ändern.

Zunächst legen wir die Oberfläche des ersten Panels – das ist die Klasse `PlaylistVisualPanel1` – im **NetBeans Form**-Editor an. Hier fügen wir einige Felder hinzu, mit denen der Benutzer die Playlist beschreiben kann. Der Benutzer soll der Playlist einen Namen geben, ein Genre auswählen, eine Beschreibung hinzufügen und ein Bild zuordnen können. Das fertige Panel soll dann in etwa wie in Abbildung 13.6 aussehen, wobei das Panel dort bereits im Wizard dargestellt ist. Ein Panel ist eine gewöhnliche Swing-Komponente, die von der Klasse `JPanel` ableitet, wobei folgende Punkte für die Implementation wichtig sind:

- Für jede Eigenschaft, die wir vom Benutzer erfragen, definieren wir eine öffentliche Property-Konstante. Dies sind hier die Konstanten für den Namen der Playlist, das Genre, die Beschreibung und das Bild. Diese Konstanten benötigen wir später vor allem zum Abspeichern und Abrufen der eingegebenen Daten im Datenmodell.

- Jedem Feld, dessen Inhalt überwacht werden soll, fügen wir im Konstruktor einen Listener hinzu. In unserem Beispiel wollen wir sicherstellen, dass der Benutzer einen Namen von mindestens drei Zeichen eingibt, dass das ausgewählte Bild eine maximale Größe von 128 × 128 Pixel hat, und wenn der Benutzer kein Bild ausgewählt hat, soll eine Warnmeldung angezeigt werden. Deshalb registrieren wir für die beiden Textfelder `playlistName` und `imagePath` einen `DocumentListener`.

  Wichtig ist, dass wir die Methode `getName()` überschreiben. Damit liefern wir den Namen des Panels, der in der Kopfzeile des Wizards angezeigt wird.

- Für jedes Feld fügen wir noch eine `get`-Methode hinzu, über die das Wizard-Panel dann die vom Benutzer eingegebenen Daten abrufen kann.

- In den `DocumentListener`-Methoden `changedUpdate()`, `insertUpdate()` und `removeUpdate()` benachrichtigen wir mit der Methode `firePropertyChange()` alle registrierten `PropertyChangeListener`. Auf die Interaktion zwischen den drei Schichten eines Wizards komme ich aber im nächsten Abschnitt genauer zu sprechen.

Im Folgenden sehen Sie einen Ausschnitt aus der Visual-Panel-Klasse `PlaylistWizardPanel`, wobei Sie erkennen können, dass das Panel völlig frei von irgendwelcher Wizard-Logik ist. Den gesamten Quelltext dieser Klasse wie auch des kompletten Beispielprojektes finden Sie auf der Bonus-Seite.

```java
public final class PlaylistVisualPanel1 extends JPanel
    implements DocumentListener {
  public static final String PROP_PLAYLIST_NAME = "playlist";
  public static final String PROP_GENRE        = "genre";
  public static final String PROP_DESCRIPTION  = "description";
  public static final String PROP_IMAGE_PATH   = "imagePath";
  public PlaylistVisualPanel1() {
    initComponents();
    playlistName.getDocument().addDocumentListener(this);
    imagePath.getDocument().addDocumentListener(this);
  }
```

```java
    public String getName() {
        return NbBundle.getMessage(PlaylistWizardPanel.class,
                            "Panel1.Name");
    }
    public String getPlaylistName() {
        return playlistName.getText();
    }
    public String getGenre() {
        return (String)genre.getSelectedItem();
    }
    public String getDescription() {
        return description.getText();
    }
    public String getImagePath() {
        return imagePath.getText();
    }
    public void changedUpdate( DocumentEvent e ) {
        if (playlistName.getDocument() == e.getDocument()) {
            firePropertyChange(PROP_PLAYLIST_NAME, 0, 1);
        } else if(imagePath.getDocument() == e.getDocument()) {
            firePropertyChange(PROP_IMAGE_PATH, 0, 1);
        }
    }
}
```

Listing 13.2 Visual-Panel der ersten Wizard-Seite

Sehen wir uns die Bestandteile des zugehörigen Wizard-Panels an, das den Controller des Visual-Panels darstellt. Diese Klasse implementiert das Interface `WizardDescriptor.Panel<Data>`, das die Schnittstelle eines Wizard-Panels spezifiziert. Dabei können Sie als Template eine Klasse angeben, die als Datenmodell verwendet werden soll. Sofern Sie kein spezielles, eigenes Datenmodell benötigen, wird hier typischerweise die Klasse `WizardDescriptor` verwendet. Außerdem implementieren wir einen `PropertyChangeListener`, mit dem wir auf die Veränderungen im Visual-Panel reagieren können.

Ein Wizard-Panel hat einen Status, es kann gültig oder ungültig sein. Dies hängt von Ihren individuellen Anforderungen ab. In unserem Fall ist das Panel erst dann gültig, wenn der Benutzer einen Namen von mindestens drei Zeichen eingegeben hat. Diesen Status speichern wir mit dem privaten Datenelement `isValid`.

```
import java.beans.PropertyChangeEvent;
import java.beans.PropertyChangeListener;
import javax.swing.event.ChangeEvent;
import javax.swing.event.ChangeListener;
import javax.swing.event.EventListenerList;
import org.openide.WizardDescriptor;
...
public class PlaylistWizardPanel1 implements
    WizardDescriptor.Panel<WizardDescriptor>,
    PropertyChangeListener {
    private PlaylistVisualPanel1 view  = null;
    private WizardDescriptor     model = null;
    private boolean isValid = false;
    private ResourceBundle bundle =
        NbBundle.getBundle(PlaylistWizardPanel1.class);
```

Die Methode `getComponent()` ist eine Factory-Methode, mit der wir das Visual-Panel dann erzeugen, wenn es benötigt wird. Diese Methode wird vom `WizardDescriptor` aufgerufen, wenn das Panel im Wizard zum ersten Mal dargestellt werden soll. Somit müssen nicht alle Panels direkt beim Start eines Wizard erzeugt werden, was das Antwortzeitverhalten gerade bei Wizards mit mehreren Seiten erheblich verbessert.

Verwenden Sie die `getComponent()`-Methode also sehr sorgsam. Rufen Sie sie z. B. nicht in der `getName()`-Methode auf, die bereits beim Anlegen des Wizards aufgerufen wird.

Nach dem Erzeugen des Visual-Panels setzen wir noch ein paar Eigenschaften, mit denen wir die Anzeige im Wizard beeinflussen können. Mit `PROP_CONTENT_SELECTED_INDEX` geben wir die Nummer dieses Panels an, das im Inhaltsverzeichnis hervorgehoben dargestellt wird, sodass der Benutzer weiß, bei welchem Schritt er sich gerade befindet.

Die Eigenschaft `PROP_AUTO_WIZARD_STYLE` setzen wir auf `true`, damit das Panel mit den Wizard-typischen Komponenten, wie Inhaltsverzeichnis und Kopfzeile, angezeigt wird. Setzen wir diese Eigenschaft auf `false`, werden nur das Panel und die Schaltflächen angezeigt. Dies ergibt z. B. bei Wizards mit nur einem Panel Sinn. Mit `PROP_CONTENT_DISPLAYED` und `PROP_CONTENT_NUMBERED` bestimmen wir, dass auf der linken Seite die Namen und Nummern der Panels sichtbar sind.

```
    public PlaylistVisualPanel1 getComponent() {
        if (view == null) {
            view = new PlaylistVisualPanel1();
```

```
            view.putClientProperty(
                WizardDescriptor.PROP_CONTENT_SELECTED_INDEX,
                new Integer(0));
            view.putClientProperty(
                WizardDescriptor.PROP_AUTO_WIZARD_STYLE
                Boolean.TRUE);
            view.putClientProperty(
                WizardDescriptor.PROP_CONTENT_DISPLAYED,
                Boolean.TRUE);
            view.putClientProperty(
                WizardDescriptor.PROP_CONTENT_NUMBERED,
                Boolean.TRUE);
        }
        return view;
    }
```

Mit der Methode `getName()` liefern wir den Namen, der in der Kopfzeile des Wizards angezeigt werden soll. Mit der Methode `getHelp()` liefern wir zunächst `HelpCtx.DEFAULT_HELP` zurück. Dadurch wird die Hilfe-Taste im Wizard deaktiviert. Wollen Sie zu Ihrem Panel eine Hilfe anbieten, können Sie ein `HelpCtx`-Objekt zurückliefern. Weitere Informationen zur `HelpCtx`-Klasse und zum NetBeans-Hilfesystem finden Sie in Kapitel 16, »Hilfesystem«.

Den bereits angesprochenen Status eines Panels, ob seine Daten also gültig sind oder nicht, liefern wir mit der Methode `isValid()`. Diese Methode wird vom `WizardDescriptor` beim Aufschalten des Panels und bei Benachrichtigung über den `ChangeListener` aufgerufen. Nur wenn diese Methode den Wert `true` liefert, wird die Next- oder Finish-Schaltfläche des Wizards aktiviert.

Die `setMessage()`-Methode ist eine Hilfsmethode, mit der wir dem Benutzer einen Hinweis anzeigen können. Diese Hinweiszeile wird vom Wizard bereits standardmäßig zur Verfügung gestellt und unterhalb eines Panels im Wizard-Fenster angezeigt. Repräsentiert wird diese Zeile durch die Klasse `NotificationLineSupport`. Zugriff können wir uns über die `getNotificationLineSupport()`-Methode des `WizardDescriptor` verschaffen.

Den Text setzen wir mit der Methode `setErrorMessage()`. Wird damit ein Text gesetzt und liefert die Methode `isValid()` den Wert `false`, wird zudem ein Fehlersymbol dargestellt. Liefert die Methode `isValid()` hingegen den Wert `true`, wird nur ein Warnschild dargestellt. Wollen Sie generell ein Warnschild oder aber ein Infoschild darstellen, können Sie die Methoden `setWarningMessage()` bzw. `setInformationMessage()` verwenden.

```java
public String getName() {
   return bundle.getString("Panel1.Name");
}
public HelpCtx getHelp() {
   return HelpCtx.DEFAULT_HELP;
}
public boolean isValid() {
   return isValid;
}
private void setMessage(String message) {
   model.getNotificationLineSupport().
      setInformationMessage(message);
}
```

Über die Methoden `readSettings()` und `storeSettings()` erhalten wir das Datenmodell. Der Typ des übergebenen Datenmodells hängt vom angegebenen Template ab, das Sie mit dem Interface spezifiziert haben. In unserem Fall ist das die Klasse `WizardDescriptor`.

Die Methode `readSettings()` wird aufgerufen, wenn das Panel aufgeschaltet wird. Hier können Sie z. B. Werte aus einem vorherigen Panel auslesen. Wir registrieren hier auf das Visual-Panel einen `PropertyChangeListener`, über den wir über die Benutzerereignisse informiert werden. Diesen registrieren wir deshalb erst hier, um sicherzustellen, dass der `WizardDescriptor` verfügbar ist.

Die `storeSettings()`-Methode wird beim Verlassen des Panels aufgerufen. Hier wollen wir also die vom Benutzer eingegebenen Werte im `WizardDescriptor` über die im Visual-Panel definierten Property-Namen abspeichern. Auf diese Weise werden die Daten gewissermaßen von Panel zu Panel weitergegeben und können nach Abschluss des Wizards direkt aus dem `WizardDescriptor` ausgelesen werden.

```java
public void readSettings(WizardDescriptor model) {
   this.model = model;
   getComponent().addPropertyChangeListener(this);
}
public void storeSettings(WizardDescriptor model) {
   model.putProperty(PlaylistVisualPanel1.PROP_PLAYLIST_NAME,
               getComponent().getPlaylistName());
   model.putProperty(PlaylistVisualPanel1.PROP_GENRE,
               getComponent().getGenre());
   model.putProperty(PlaylistVisualPanel1.PROP_DESCRIPTION,
               getComponent().getDescription());
```

```
            model.putProperty(PlaylistVisualPanel1.PROP_IMAGE_PATH,
                        getComponent().getImagePath());
        }
```

Beim Visual-Panel habe ich bereits davon gesprochen, dass wir die vom Benutzer eingegebenen Daten überprüfen wollen. Genauer gesagt wollen wir sicherstellen, dass der Benutzer einen Namen von mindestens drei Zeichen eingibt und dass das ausgewählte Bild eine Größe von 128 Pixeln in Breite und Höhe nicht übersteigt.

Damit wir über die Veränderungen im Visual-Panel informiert werden – d. h., wenn der Benutzer einen Namen eingibt oder ein Bild auswählt –, haben wir in der `readSettings()`-Methode einen `PropertyChangeListener` auf das Visual-Panel registriert. Dazu müssen wir die Methode `propertyChange()` implementieren. In dieser können wir dann die Überprüfung der Daten vornehmen. Dies erreichen wir mit der Methode `checkValidity()`. Diese prüft die jeweiligen Kriterien, gibt gegebenenfalls eine Meldung aus und liefert den entsprechenden Rückgabewert.

Über diese Veränderung müssen wir nun nur noch den übergeordneten `WizardDescriptor` informieren, sodass dieser die Schaltflächen entsprechend aktivieren oder deaktivieren kann. Der Benutzer kann also erst zum nächsten Schritt weitergehen, wenn die eingegebenen Daten vom Wizard-Panel validiert worden sind und dem `WizardDescriptor` gemeldet wurde, dass die Daten gültig sind. Dies erledigen wir durch die Methode `fireChangeEvent()`.

```java
        public void propertyChange(PropertyChangeEvent event) {
            boolean oldState = isValid;
            isValid = checkValidity();
            fireChangeEvent(this, oldState, isValid);
        }
        private boolean checkValidity() {
            if(getComponent().getPlaylistName().trim().length() < 3) {
                setMessage(bundle.getString("Panel1.Error1"));
                return false;
            } else if(getComponent().getImagePath().length() != 0) {
                ImageIcon img = new ImageIcon(
                    getComponent().getImagePath());
                if(img.getIconHeight()>128 || img.getIconWidth()>128) {
                    setMessage(bundle.getString("Panel1.Error2"));
                    return false;
                }
            } else if(getComponent().getImagePath().length() == 0) {
                setMessage(bundle.getString("Panel1.Warning1"));
```

```
        return true;
    }
    setMessage(null);
    return true;
}
```

Damit ein `WizardDescriptor` sich auch bei einem Wizard-Panel registrieren kann, schreibt das Interface `WizardDescriptor.Panel` die beiden Methoden `addChangeListener()` und `removeChangeListener()` vor. Diese implementieren wir an dieser Stelle.

Mit der Methode `fireChangeEvent()` informieren wir alle registrierten Listener. Aus Effizienzgründen prüfen wir hier aber zunächst, ob sich der Status des Panels auch geändert hat, sodass wir den `WizardDescriptor` nur bei Veränderung informieren. Sollte Ihr Panel stets einen gültigen Status haben, wenn also die Methode `isValid()` stets `true` zurückliefert, können Sie die Methoden auch mit einer leeren Implementation versehen. Die Methode `fireChangeEvent()` würde in diesem Fall dann sogar komplett entfallen. Dies ist z. B. beim zweiten Panel unseres Beispiels der Fall, das immer den Wert `true` liefert.

```
    private final EventListenerList listeners =
        new EventListenerList();
    public void addChangeListener(ChangeListener l) {
        listeners.add(ChangeListener.class, l);
    }
    public void removeChangeListener(ChangeListener l) {
        listeners.remove(ChangeListener.class, l);
    }
    protected final void fireChangeEvent(
        Object source, boolean oldState, boolean newState) {
        if(oldState != newState) {
            ChangeEvent ev = new ChangeEvent(source);
            for (ChangeListener listener :
                    listeners.getListeners(ChangeListener.class)) {
                listener.stateChanged(ev);
            }
        }
    }
}
```

> **Generalisierung bei mehreren Panels**
>
> Besteht Ihr Wizard aus mehreren Panels, ist es ratsam, dass Sie eine Basisklasse bilden, die sich um die Listener-Logik kümmert und auch Hilfsmethoden wie die `setMessage()`-Methode bereitstellt. Dieses Basis-Panel implementiert das Interface `WizardDescriptor.Panel<Data>`, sodass Sie Ihre konkreten Panels nur noch von der Basisklasse ableiten müssen. Diese Option ist auch in Abbildung 13.7 berücksichtigt.

13.3.3 Einen Wizard aus Panels erstellen

Bisher haben Sie den Aufbau eines Panels, das einen Schritt innerhalb eines Wizards darstellt, kennengelernt und haben dabei gesehen, wie die Aufgaben von **View** und **Controller** verteilt und vor allem klar getrennt werden. Jetzt fehlt lediglich noch ein kleiner Schritt bis zur Fertigstellung des kompletten Wizards.

Ein Wizard wird durch die Klasse `WizardDescriptor` repräsentiert. Diese verwaltet die einzelnen Panels. Eine Möglichkeit ist nun, dass Sie Ihre Panels selbst instanziieren und diese einem `WizardDescriptor` übergeben. So geht z. B. auch die Aktionsklasse vor, die von der NetBeans IDE automatisch beim Erstellen der Panels erzeugt wurde. Aus Gründen der Kapselung, der klareren Strukturierung und der Wiederverwendung empfiehlt es sich, einen eigenen Wizard-Descriptor zu erzeugen, der von `WizardDescriptor` ableitet. So kann sich diese Klasse selbst um die Erzeugung der Panels und um ihre Eigenschaften kümmern. Auf der Ebene der Aktionsklassen, die einen Wizard starten, muss dann nur noch eine Instanz des Wizard-Descriptors erstellt werden und kann direkt dem `DialogDisplayer` übergeben werden. Somit kann Ihr Wizard völlig transparent aufgerufen werden.

Für unser Beispiel erstellen wir dazu die Klasse `PlaylistWizardDescriptor`, die wir von `WizardDescriptor` ableiten. Mit der Methode `setPanelsAndSettings()` übergeben wir dem Descriptor unsere beiden Panels, die wir als private Datenelemente halten. Die Panels müssen mit einer Iterator-Instanz übergeben werden. Eine solche Iterator-Klasse ist für die Reihenfolge der Panels zuständig. Wir verwenden hier den standardmäßigen `ArrayIterator`. Als zweiten Parameter müssen wir `setPanelsAndSettings()` noch ein Datenmodell zuweisen, das den Panels über die Methoden `readSettings()` und `storeSettings()` übergeben wird. In diesem Datenmodell wollen wir die mit dem Wizard erfassten Daten speichern. Hier übergeben wir mit `this` eine Referenz auf unseren `PlaylistWizardDescriptor`, den wir ja als Datenmodell verwenden möchten. Zuletzt müssen wir nur noch ein paar Konfigurationsarbeiten vornehmen.

```java
public class PlaylistWizardDescriptor extends WizardDescriptor {
   private PlaylistWizardPanel1 p1 = new PlaylistWizardPanel1();
   private PlaylistWizardPanel2 p2 = new PlaylistWizardPanel2();
   public PlaylistWizardDescriptor() {
      List<Panel<WizardDescriptor>> panels =
         new ArrayList<Panel<WizardDescriptor>>();
      panels.add(p1);
      panels.add(p2);
      this.setPanelsAndSettings(
         new ArrayIterator<WizardDescriptor>(panels), this);
      this.setTitleFormat(new MessageFormat("{0}"));
      this.setTitle(NbBundle.getMessage(
           PlaylistWizardDescriptor.class,
           "Wizard.Name"));
      putProperty(WizardDescriptor.PROP_CONTENT_DATA,
         new String[]{panel1.getName(), panel2.getName()});
      putProperty(WizardDescriptor.PROP_AUTO_WIZARD_STYLE,
         Boolean.TRUE);
      putProperty(WizardDescriptor.PROP_CONTENT_DISPLAYED,
         Boolean.TRUE);
      putProperty(WizardDescriptor.PROP_CONTENT_NUMBERED,
         Boolean.TRUE);
   }
}
```

Listing 13.3 Wizard-Descriptor, der die Panels zu einem Wizard zusammenfügt

Noch einfacher als der Wizard-Descriptor selbst wird die Aktionsklasse, die den Wizard starten soll. Hier müssen wir nur eine einfache Instanz der PlaylistWizardDescriptor-Klasse erzeugen und diese direkt der Methode createDialog() übergeben, die Sie ja bereits aus Abschnitt 13.2, »Eigene Dialoge«, kennen. Sie erzeugt ein Dialog-Objekt, das unseren Wizard beinhaltet und das wir wie gewohnt mit der setVisible()-Methode anzeigen lassen.

Nach Beendigung des Wizards können wir über die Methode getValue() des Descriptors ermitteln, auf welche Schaltfläche der Benutzer geklickt hat. Der wichtigste Punkt ist nun die Auswertung der Daten. Da der Descriptor selbst unser Datenmodell darstellt, können wir aus diesem direkt die Daten auslesen. Dies erreichen wir am besten mit der Methode getProperties(), die uns eine Map mit allen gespeicherten Propertys liefert.

```
@ActionID(
    category = "Tools",
    id = "com.galileo.netbeans.module.PlaylistWizardAction")
@ActionRegistration(
    displayName = "#CTL_PlaylistWizardAction",
    iconBase = "com/galileo/netbeans/module/wizard.png")
@ActionReference(path = "Menu/Tools", position = 1200)
public final class PlaylistWizardAction
    implements ActionListener {
    @Override
    public void actionPerformed(ActionEvent e) {
        PlaylistWizardDescriptor descriptor =
            new PlaylistWizardDescriptor();
        Dialog dialog =
            DialogDisplayer.getDefault().createDialog(descriptor);
        dialog.setVisible(true);
        dialog.toFront();
        if(descriptor.getValue()==WizardDescriptor.FINISH_OPTION) {
            Map<String, Object> props = descriptor.getProperties();
            //Create the playlist with the data stored in props
        }
    }
}
```

Listing 13.4 Aktionsklasse, die den Wizard erzeugt und aufruft

13.3.4 Event Handling

In diesem Abschnitt möchte ich Ihnen nochmals das Konzept der Interaktion zwischen den drei Schichten Wizard-Descriptor, Wizard-Panel und Visual-Panel im Überblick erläutern und zeigen, wie Ereignisse und Benachrichtigungen empfangen und verarbeitet werden. Im Sequenzdiagramm in Abbildung 13.8 sind die beiden Szenarien »Initialisierung des Wizards« und »Interaktion beim Auftreten einer Benutzereingabe« dargestellt.

Mit der `actionPerformed()`-Methode der Aktionsklasse, die den Wizard starten soll, wird eine Instanz des Descriptors `PlaylistWizardDescriptor` erzeugt. Dieser Descriptor wiederum generiert seine Panels und registriert für sie jeweils einen `ChangeListener`, damit er benachrichtigt werden kann, wenn sich der Status eines Panels geändert hat. Dann holt sich der Descriptor die Visual-Panels über die `getComponent()`-Methode der Wizard-Panels. Diese Methode erzeugt bei Bedarf das Visual-Panel und registriert für dieses einen `PropertyChangeListener`, um über Änderungen durch den Benutzer informiert zu werden. Der Wizard-Descriptor beobachtet also den Status seiner Panels über einen `ChangeListener`. Die Panels selbst, überwachen den Zustand der Visual-Panels über einen `PropertyChangeListener`.

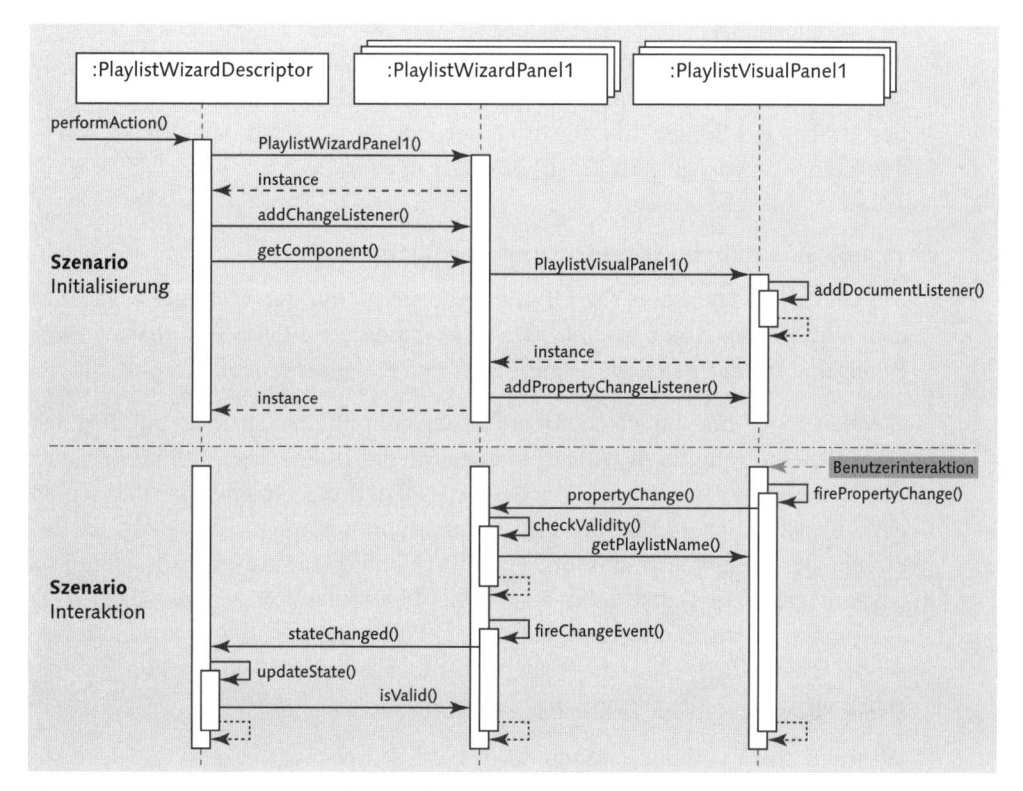

Abbildung 13.8 Interaktion der drei verschiedenen Ebenen

Gibt nun der Benutzer im Wizard Daten in ein Feld ein, das von der View mit einem Listener überwacht wird, löst diese ein `PropertyChangeEvent` aus und benachrichtigt somit das Wizard-Panel, dass sich die Daten geändert haben. Dieses holt sich die Daten über die `get`-Methoden, führt dann eine Überprüfung aus und kann in Abhängigkeit davon seinen Status setzen.

Hat sich der Status geändert, löst es ein `ChangeEvent` aus und benachrichtigt somit den Wizard-Descriptor, der daraufhin den Status des Panels überprüft, indem er dessen `isValid()`-Methode aufruft. In Abhängigkeit von diesem Wert ist der Wizard-Descriptor dann in der Lage zu entscheiden, welche Schaltflächen des Wizards aktiviert und deaktiviert werden müssen.

13.3.5 Wizard vorzeitig beenden

Je nach Anwendungsfall kann es notwendig oder günstig sein, wenn der Benutzer einen Wizard bereits vorzeitig beenden kann. Im Normalfall wird die FINISH-Schaltfläche erst beim letzten Panel aktiv. Um aber zu erreichen, dass der Wizard bei einem anderen als dem letzten Panel beendet werden kann, können Sie beim entsprechenden Panel das Interface WizardDescriptor.FinishablePanel implementieren. Dies spezifiziert die Methode isFinishPanel(), mit der Sie den Wert true zurückliefern können, wenn der Wizard beendet werden kann. In unserem Beispiel wäre es z. B. denkbar, dass das erste Panel dieses Interface implementiert, sodass der Benutzer bereits nach der Eingabe der Daten den Wizard beenden kann, ohne der Playlist Tracks hinzufügen zu müssen.

13.3.6 Zusätzliche Überprüfung der Daten

Die Gültigkeit der Daten eines Panels gibt dieses mit der Methode isValid() dem Wizard-Descriptor bekannt. Diese Methode wird beim Aufschalten eines Panels und bei der Benachrichtigung über den ChangeListener aufgerufen.

Wenn Sie noch eine zusätzliche Überprüfung beim Weiterschalten bzw. Beenden eines Panels durchführen wollen, können Sie das Interface WizardDescriptor.ValidatingPanel implementieren. Dies spezifiziert die Methode validate(), in der Sie ausführlichere Überprüfungen durchführen können. Ein Fehler, der bei dieser Überprüfung erkannt wird, wird durch eine WizardValidationException bekannt gegeben. Dabei kann dem Konstruktor dieser Exception-Klasse eine JComponent übergeben werden, auf der der Fokus liegen soll, um so dem Benutzer die fehlerhafte Stelle anzuzeigen. Außerdem kann eine Fehlermeldung mitgegeben werden, die im Wizard angezeigt wird.

Während die validate()-Methode des WizardDescriptor.ValdiatingPanel-Interfaces synchron im Event Dispatch Thread ausgeführt wird und deshalb keine langen Überprüfungen durchführen sollte, da währenddessen die gesamte Oberfläche gesperrt ist, können Sie mit dem Interface WizardDescriptor.AsynchronousValidatingPanel asynchrone Überprüfungen durchführen. Dabei wird die validate()-Methode automatisch in einem separaten Thread ausgeführt. Dadurch bleibt die Oberfläche verfügbar, und der Benutzer hat die Möglichkeit, den Vorgang über die CANCEL-Schaltfläche zu unterbrechen.

Da diese Methode nicht im Event Dispatch Thread ausgeführt wird, sollten Sie aber nicht auf GUI-Komponenten zugreifen, um etwa die Daten auszulesen. Dazu spezifiziert das Interface die Methode prepareValidation() – die im Event Dispatch Thread aufgerufen wird –, in der Sie sich die Daten von der GUI holen können und somit auch sicherstellen können, dass die Daten nicht mehr geändert werden. Auf diesen Daten können Sie dann mit der validate()-Methode Ihre Überprüfungen durchführen.

13.3.7 Iteratoren

In einem Wizard-Descriptor werden die Panels intern durch einen Iterator verwaltet. Dieser Iterator ist für die Reihenfolge der Panels zuständig. Die Schnittstellen eines solchen Iterators werden durch das Interface WizardDescriptor.Iterator beschrieben.

Eine Standard-Implementation dieses Interfaces bietet die Klasse WizardDescriptor.ArrayIterator, die ihre Panels in sequenzieller Reihenfolge liefert. Diese Klasse wird auch verwendet, wenn Sie Ihre Panels der WizardDescriptor-Klasse als Array übergeben. Wenn Sie nun dem Benutzer die Möglichkeit geben wollen, in Abhängigkeit von den ausgewählten oder eingegebenen Daten einen oder mehrere Schritte des Wizards zu überspringen, können Sie dem WizardDescriptor eine eigene Iterator-Implementation zuweisen, die sich um diese dynamische Reihenfolge der Panels kümmert. Das Grundgerüst eines solchen Iterators können Sie sich auch von der NetBeans IDE erstellen lassen. Als wir zu Beginn die Panels für das Playlist-Wizard-Beispiel mit der IDE erstellt haben, haben wir beim Punkt WIZARD STEP SEQUENCE die Option STATIC verwendet. Wenn Sie hingegen an dieser Stelle die Option DYNAMIC verwenden, erstellt Ihnen die IDE eine Iterator-Klasse.

Auf Basis des WizardDescriptor.Iterator-Interfaces existieren noch ein paar Erweiterungen. So können Sie mit dem WizardDescriptor.InstantiatingIterator-Interface mit der Methode instantiate() ein Set von Objekten erzeugen. Eine Erweiterung stellt das Interface WizardDescriptor.AsynchronousInstantiatingIterator dar, dessen instantiate()-Methode asynchron außerhalb des Event Dispatch Threads ausgeführt wird, wenn der Benutzer auf die FINISH-Schaltfläche klickt.

Zuletzt haben Sie noch die Möglichkeit, mithilfe des Interfaces WizardDescriptor.ProgressInstantiatingIterator dem Benutzer beim Beenden des Wizards, während die instantiate()-Methode aufgerufen wird, eine Progressbar anzuzeigen. Die instantiate()-Methode wird dazu in einem separaten Thread ausgeführt und bekommt einen ProgressHandle übergeben. Über diesen können Sie dann wie bei der normalen Progressbar (siehe Abschnitt 11.2, »Progressbar«) ihren Status anzeigen.

Die Visual Library ist ein mächtiges Framework zur Erstellung von graphenorientierten Benutzeroberflächen. In diesem Kapitel möchte ich Ihnen deren Verwendung anhand praktischer Beispiele näherbringen.

14 Visual Library

Die NetBeans **Visual Library API** ist eine generische Bibliothek zur Visualisierung verschiedenster Strukturen. Vor allem ist die Bibliothek für graphenorientierte Darstellungsformen geeignet. Die **Visual Library API** gehört zum Standardumfang der NetBeans Platform und wird durch die NetBeans IDE selbst auch in zahlreichen Modulen und Bereichen verwendet, so z. B. zur visuellen Modellierung von Midlets einer JME-Anwendung, wie Sie es in Abbildung 14.1 sehen. Damit Sie die API des Visual Library-Moduls nutzen können, müssen Sie lediglich eine Abhängigkeit – in den PROPERTIES Ihres Moduls unter LIBRARIES – auf dieses Modul definieren, wie Sie es bereits von anderen Modulen kennen.

14.1 Aufbau der Visual Library API

Die Komponenten der Visual Library API werden wie bei Swing baumartig aufgebaut und verwaltet. Die Basisklasse sämtlicher grafischer Komponenten ist die Klasse `Widget`. Wenn Sie Abbildung 14.1 betrachten, so sind sowohl die drei Komponenten **Mobile Device**, **form** und **loginScreen** als auch die Kanten, mit denen die Komponenten verbunden sind, Widgets.

Ein Widget kann auch ein Container für weitere Widgets sein. Jedes Widget hat eine Position, die relativ zum Eltern-Widget angegeben wird. Die Basisklasse `Widget` ist für die Darstellung des Rahmens und des Hintergrunds eines Widgets zuständig und verwaltet Eigenschaften wie z. B. die Farbe und die Transparenz.

Wie ein Swing Container verfügt auch ein Widget über ein bestimmtes Layout, das für die Positionierung ihrer Child-Widgets zuständig ist. Widgets können auch voneinander abhängen, um so über deren Veränderung benachrichtigt zu werden. Mit einem Widget kann auch eine Reihe von Aktionen verbunden werden, die bei bestimmten Benutzerereignissen ausgeführt werden.

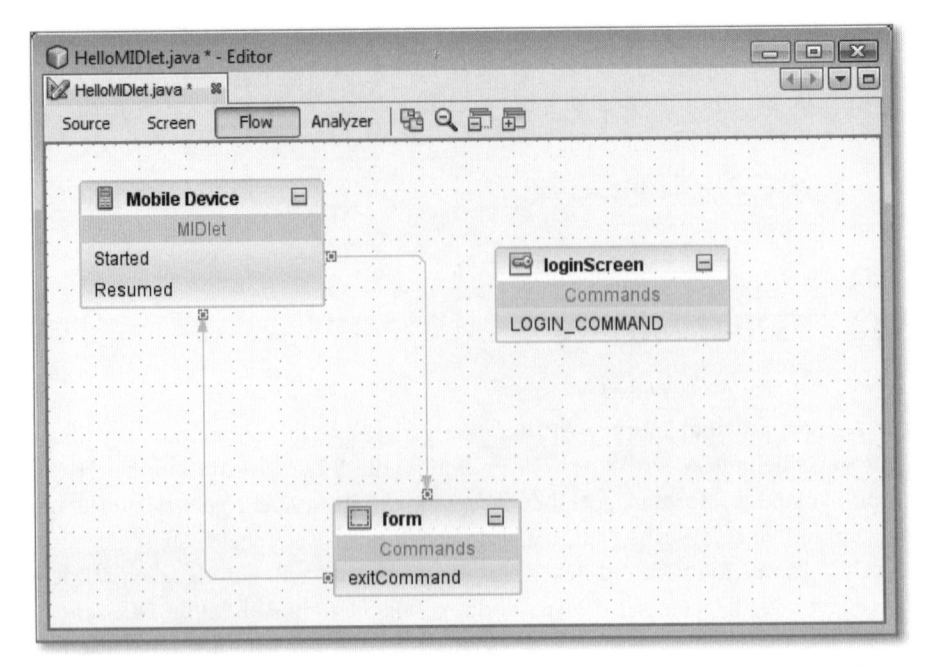

Abbildung 14.1 Visuelle Modellierung graphenorientierter Darstellungsformen mithilfe der Visual Library API

14.2 Die Widget-Klassen

Sämtliche grafischen Komponenten der Visual Library API gehen auf die Klasse Widget zurück, die die Basisfunktionalitäten und Eigenschaften, wie z. B. Layout, Hintergrund oder Schriftart, verwaltet und bereitstellt. Ein Widget ist also ein grafisches Primitiv, das der Klasse JComponent in Swing entspricht.

Von Widget leiten zahlreiche Klassen ab, die für den jeweiligen Einsatzzweck eine Widget-Implementation bereitstellen. Diese Vererbungshierarchie ist in Abbildung 14.2 dargestellt. In Tabelle 14.1 sind die Bedeutungen dieser verschiedenen Widget-Klassen aufgelistet. Auf die Wichtigsten davon gehe ich in den folgenden Abschnitten noch genauer ein. Eine erschöpfende Darstellung dieser Klassen finden Sie in der Dokumentation zur Visual Library API, zu der Sie über die JavaDoc-Seite der Visual Library gelangen.

Tabelle 14.1 gibt Ihnen eine Übersicht über die Eigenschaften und Funktionalitäten der einzelnen Widget-Implementationen.

14.2 Die Widget-Klassen

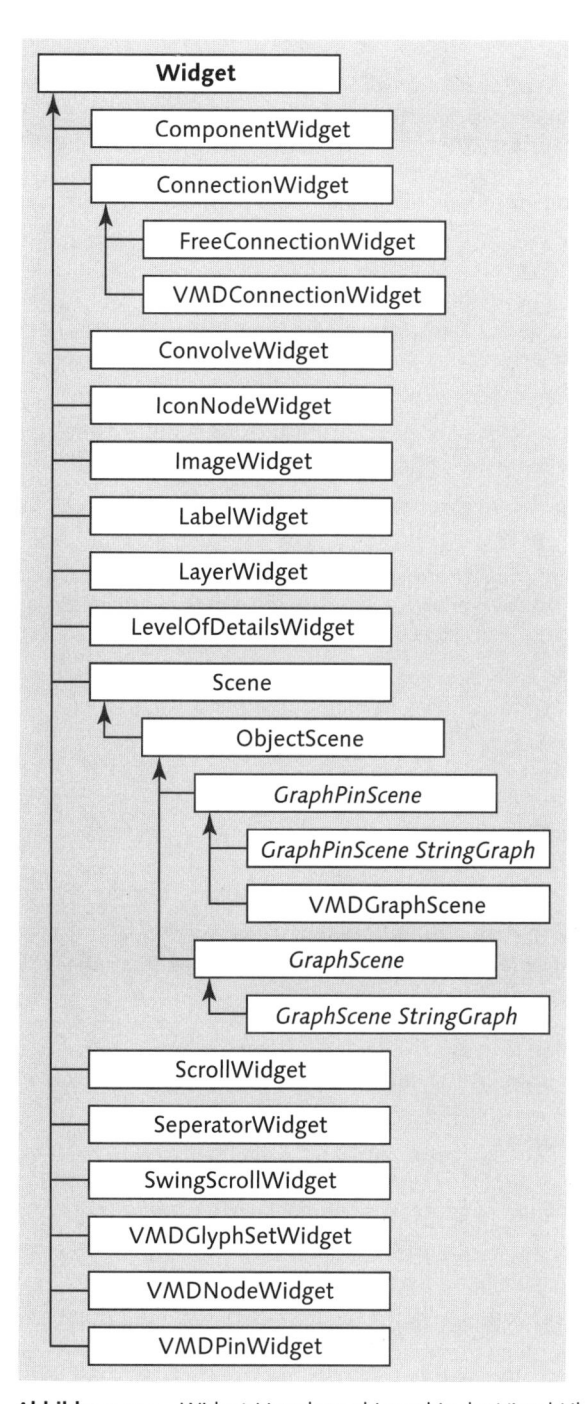

- **Widget**
  - ComponentWidget
  - ConnectionWidget
    - FreeConnectionWidget
    - VMDConnectionWidget
  - ConvolveWidget
  - IconNodeWidget
  - ImageWidget
  - LabelWidget
  - LayerWidget
  - LevelOfDetailsWidget
  - Scene
    - ObjectScene
      - GraphPinScene
        - GraphPinScene StringGraph
        - VMDGraphScene
      - GraphScene
        - GraphScene StringGraph
  - ScrollWidget
  - SeperatorWidget
  - SwingScrollWidget
  - VMDGlyphSetWidget
  - VMDNodeWidget
  - VMDPinWidget

Abbildung 14.2 Widget-Vererbungshierarchie der Visual Library API

Klasse	Beschreibung
ComponentWidget	Mithilfe eines ComponentWidget können AWT/Swing-Komponenten innerhalb einer Scene verwendet werden. Dabei dient dieses Widget gewissermaßen als Platzhalter und ist für die Darstellung und Aktualisierung der Komponente zuständig.
ConnectionWidget	Ein ConnectionWidget dient zur Verbindung von zwei Positionen, die durch Anker ermittelt werden. Dabei ist es sowohl für die Darstellung der Verbindungslinie als auch der Kontroll- und Endpunkte und der Anker zuständig. Kontrollpunkte, die von einem Router ermittelt werden, legen den Weg einer Verbindungslinie fest.
ConvolveWidget	Ein ConvolveWidget wendet einen Convolve-Filter auf ein Kindelement an.
ImageWidget	Mit einem ImageWidget kann ein Bild innerhalb einer Scene dargestellt werden.
LabelWidget	Mit diesem Widget kann ein Text repräsentiert werden. Dabei kann der Text in vier verschiedenen horizontalen und vertikalen Ausrichtungen dargestellt werden.
LayerWidget	Ein LayerWidget ist ein transparentes Widget, dessen Funktion einer JGlassPane ähnlich ist. Eine Scene benutzt z. B. mehrere solcher Layer zur Organisation von verschiedenen Typen von Widgets.
LevelOfDetails-Widget	Ein LevelOfDetailsWidget dient lediglich als Container, dessen Child-Widgets in Abhängigkeit des Zoom-Faktors der Scene dargestellt werden.
Scene	Das Scene-Widget ist das Wurzelelement einer aktuellen Hierarchie von darzustellenden Widgets. Es ist dabei für die Steuerung und Repräsentation des gesamten Bereichs zuständig. Diese Klasse stellt die View der Scene in Form einer JComponent-Instanz zur Verfügung, die dann in beliebige Swing-Komponenten eingebettet werden kann. Diese wichtige Klasse sehen wir uns in Abschnitt 14.4, »Die Scene – das Wurzelelement«, noch genauer an.
ScrollWidget	Ein ScrollWidget ist ein scrollbarer Container, dessen Funktionalität einer JScrollPane entspricht. Die Scrollbars werden dabei nur dann dargestellt, wenn sie auch benötigt werden.
SeparatorWidget	Dieses Widget stellt einen Separator dar, dessen Stärke und Ausrichtung eingestellt werden kann.
SwingScrollWidget	Dieses Widget stellt ebenfalls wie ScrollWidget einen scrollbaren Bereich dar, jedoch wird hier als Scrollbar die Klasse JScrollBar verwendet.

Tabelle 14.1 Die Bedeutungen der verschiedenen Widget-Subklassen

Klasse	Beschreibung
IconNodeWidget	Ein IconNodeWidget stellt sowohl ein Bild als auch ein Label dar, das wahlweise unterhalb oder rechts neben dem Bild platziert werden kann.

Tabelle 14.1 Die Bedeutungen der verschiedenen Widget-Subklassen (Forts.)

14.2.1 Abhängigkeiten

Zwischen einzelnen Widgets können Abhängigkeiten definiert werden. Dadurch sind Sie in der Lage, auf die Veränderung der Position oder der Größe anderer Widgets zu reagieren. Diese Abhängigkeit wird durch einen Listener realisiert, der auf dem Widget registriert wird. Dazu stellt die Klasse Widget die beiden Methoden addDependency() und removeDependency() zur Verfügung, mit denen Listener registriert und auch wieder entfernt werden können. Ein Listener wird durch das Interface Widget.Dependency spezifiziert. Dabei muss der Listener die Methode revalidateDependency() implementieren, die vom jeweiligen Widget bei Veränderung der Position oder der Größe aufgerufen wird. In dieser Methode sollten Sie die revalidate()-Methode Ihres Widgets aufrufen, also das Widget, das von einem anderen abhängig ist.

14.2.2 Rahmen

Jedes Widget verfügt über einen Rahmen. Standardmäßig ist dies ein leerer Rahmen, der durch die Klasse EmptyBorder repräsentiert wird. Einen anderen Rahmen können Sie mit der Methode setBorder() festlegen. Spezifiziert wird ein Rahmen durch das Interface Border. Diese Schnittstelle wird von zahlreichen Border-Klassen implementiert. Dies sind neben der EmptyBorder-Klasse auch die Klassen LineBorder, BevelBorder, DashedBorder, ImageBorder, ResizeBorder, RoundedBorder und SwingBorder.

Ein ResizeBorder fügt Ihrem Widget an den Rändern acht Punkte hinzu, die für die Veränderung der Größe verwendet werden. Über die Klasse SwingBorder können Sie auch jede beliebige Swing javax.swing.border.Border-Implementation verwenden. Zuletzt steht Ihnen noch die CompositeBorder-Klasse zur Verfügung, der Sie eine beliebige Anzahl der genannten Border-Instanzen übergeben können, um so mehrere verschiedene Rahmen zu kombinieren.

Erzeugt werden die Rahmen allerdings nicht direkt, sondern über eine Factory. Dies ist die Klasse BorderFactory, die Ihnen zahlreiche Methoden bereitstellt, mit denen Sie die genannten Rahmenarten in verschiedenen Varianten erstellen können. Sie können die von dieser Factory gelieferten Instanzen auch für mehrere Widgets gleichzeitig verwenden. Wenn Sie also für mehrere Widgets dieselbe Rahmenart nutzen möchten, müssen Sie nur eine Instanz davon erzeugen.

14.2.3 Layout

Ein Widget hat – wie auch ein Swing Container – ein spezielles Layout, das von einem Layout Manager verwaltet bzw. festgelegt wird. Ein Layout wird durch das Interface Layout spezifiziert und ist für die Anordnung der Child-Widgets zuständig. Vier verschiedene Varianten von Layouts stehen Ihnen zur Verfügung. Diese erzeugen Sie über die LayoutFactory-Klasse und fügen diese mit der Methode setLayout() einem Widget hinzu.

- **AbsoluteLayout**
  Beim AbsoluteLayout werden die Child-Widgets entsprechend der Koordinaten angeordnet, die mit getPreferredLocation() geliefert werden. Die Größe der Child-Widgets entspricht den Ausmaßen, die mit getPreferredBounds() bereitgestellt werden. Liefern die beiden Methoden null, wird die Position (0, 0) oder die Größe (0, 0, 0, 0) verwendet. Dieses Layout wird standardmäßig von einem Widget benutzt. Erzeugt wird dieses Layout mit:

  ```
  Layout al = LayoutFactory.createAbsoluteLayout();
  ```

- **FlowLayout**
  Das FlowLayout ordnet seine Widgets in aufeinanderfolgender Reihenfolge in horizontaler oder vertikaler Richtung an. Dabei kann zwischen den vier verschiedenen Anordnungen Oben-Links, Mitte, Unten-Rechts und Blocksatz gewählt werden. Außerdem kann der Abstand zwischen den einzelnen Widgets festgelegt werden. Die Größe der Widgets entspricht dem Wert, den getPreferredBounds() liefert. Für die Erzeugung dieses Layouts stehen Ihnen folgende Methoden bereit; dabei können Sie wahlweise noch die Ausrichtung als LayoutFactory.SerialAlignment-Typ und den Abstand mit übergeben:

  ```
  Layout hfl = LayoutFactory.createHorizontalFlowLayout();
  Layout vfl = LayoutFactory.createVerticalFlowLayout();
  ```

- **CardLayout**
  Bei einem CardLayout wird stets nur das aktive Widget dargestellt, das durch die Methode setActiveCard() festgelegt wird. Dieses aktive Widget wird in der Größe von getPreferredBounds() angezeigt. Alle anderen Widgets werden in der Größe (0, 0, 0, 0), also praktisch unsichtbar, dargestellt. Das gerade aktive Widget ermitteln Sie mit der Methode getActiveCard(). Erzeugen können Sie das Layout mit:

  ```
  Layout cl = LayoutFactory.createCardLayout();
  ```

Das aktive Widget legen Sie mit folgendem Aufruf fest:

`LayoutFactory.setActiveCard(Widget parent, Widget act);`

Auf ein anderes Widget können Sie mithilfe der `SwitchCardAction` umschalten.

▶ **OverlayLayout**

Das `OverlayLayout` ermittelt den minimalen Bereich, der alle Child-Widgets enthält. Sowohl das Widget, das dieses Layout beinhaltet, als auch sämtliche Child-Widgets werden auf die Größe dieses ermittelten Bereichs gesetzt und dabei übereinander angeordnet. Das letzte Child-Widget wird an oberster Stelle angezeigt. Sie erzeugen dieses Layout wie folgt:

`Layout ol = LayoutFactory.createOverlayLayout();`

14.3 Ereignisse und Aktionen

Zwar kennt ein Widget seine Position und Größe und weiß auch über seinen Inhalt Bescheid, jedoch enthält ein Widget keine Informationen zu seinem Verhalten. Das Verhalten eines Widgets wird durch Aktionen beeinflusst, die einem Widget beliebig hinzugefügt werden können. Diese Aktionen werden durch das Interface `WidgetAction` spezifiziert, das zahlreiche Ereignismethoden definiert. Diese Methoden werden bei den entsprechenden Ereignissen, wie z. B. dem Drücken einer Maustaste, von demjenigen Widget aufgerufen, dem die Aktion zugeordnet ist. Die Implementation der Aktionsklasse kann dann das gewünschte Verhalten ausführen, wie z. B. das Bewegen eines Widgets durch Drag & Drop.

Wie auch die Rahmen oder Layouts werden die Aktionen über eine Factory erzeugt. Dies ist die Klasse `ActionFactory`. Verwaltet werden die Aktionen innerhalb eines Widgets durch die Klasse `WidgetAction.Chain`. Diese Klasse empfängt die Benutzerereignisse und leitet diese an die entsprechenden Aktionen weiter, die von ihr verwaltet werden. Jedes Widget verfügt über eine Instanz dieser Klasse, auf die Sie mit der Methode `getActions()` Zugriff erhalten. Mit den Methoden `addAction()` und `removeAction()` der `WidgetAction.Chain`-Klasse können Sie dann Aktionen Ihrem Widget hinzufügen oder auch wieder entfernen.

Einige der Factory-Methoden der `ActionFactory`-Klasse benötigen als Parameter einen Provider. Ein Provider implementiert ein spezifisches Verhalten einer Aktion. In manchen Fällen, wie z. B. bei der `EditAction`, muss eine Provider-Implementation angegeben werden, die die Funktionalität implementiert, die bei einem Doppelklick auf das entsprechende Widget ausgeführt wird. Bei anderen Aktionen, wie z. B. der `MoveAction`, können Sie einen Provider optional angeben, sofern Sie eine vom Standardverhalten abweichende Funktionalität wünschen.

Diese Provider werden durch ein jeweils spezielles Interface, wie z. B. `Edit-Provider` oder `HoverProvider`, spezifiziert.

Der eigentliche Vorteil bzw. Zweck der Verwaltung der Aktionen eines Widgets in einer `WidgetAction.Chain`-Klasse liegt in der Möglichkeit der Gruppierung. In manchen Anwendungsfällen möchten Sie vielleicht nur bestimmte Aktionen für eine `Scene` zulassen. Es sollen z. B. nur Widgets bewegt, nicht aber editiert werden können. Diesen aktuellen Status einer `Scene` legen Sie mit der Methode `setActiveTool()` der `Scene`-Klasse fest.

Die `Widget`-Klasse kann nun für verschiedene Zustände eine separate `WidgetAction.Chain`-Instanz verwalten. Zuvor haben wir uns Zugriff auf die Aktionen über die `getActions()`-Methode verschafft. Diese hat die standardmäßige `WidgetAction.Chain`-Instanz geliefert, die dann verwendet wird, wenn kein Status gesetzt ist (`setActiveTool(null)`). Um nun aber eine Instanz für einen ganz bestimmten Status zu erhalten, können Sie eine Variante der `getActions(String tool)`-Methode verwenden, der Sie den Namen des Status übergeben, zu dem Sie eine `WidgetAction.Chain`-Instanz erhalten möchten.

- **AcceptAction**
  Diese Aktion wird für die Behandlung von Drag&Drop-Operationen verwendet. Dabei muss bei der Erzeugung der Aktion eine `AcceptProvider`-Implementation angegeben werden. Das `AcceptProvider`-Interface spezifiziert die Methode `isAcceptable()`, mit der Sie festlegen, ob eine Drop-Operation auf diesem Widget zugelassen wird, und die Methode `accept()`, mit der Sie die Drop-Operation durchführen.

  `ActionFactory.createAcceptAction(AcceptProvider p);`

- **ActionMapAction**
  Diese Aktion erstellt ein Kontextmenü, das durch einen Rechtsklick auf Ihr Widget angezeigt wird. Dabei haben Sie die Möglichkeit, die Aktion über die Standardmethode ohne Parameter zu erzeugen, wobei dann die Aktionen für das Menü aus der `ActionMap` der Scene View entnommen werden. Zudem haben Sie die Möglichkeit, der Methode eine eigene `InputMap` und `ActionMap` zu übergeben, die für die Erstellung des Menüs verwendet werden sollen.

  `ActionFactory.createActionMapAction();`

  `ActionFactory.createActionMapAction(InputMap i, ActionMap a);`

- **AddRemoveControlPointAction**
  Diese Aktion kann nur für `FreeConnectionWidget`-Widgets verwendet werden. Mit ihr können Sie durch einen Doppelklick auf eine Verbindungslinie Kontrollpunkte hinzufügen bzw. entfernen. Dabei können Sie optional die zu verwendende Sensitivität angeben.

```
ActionFactory.createAddRemoveControlPointAction();
ActionFactory.createAddRemoveControlPointAction(
    double createSensitivity,
    double deleteSensitivity);
```

- **MoveAction / AlignWithMoveAction**
  Mit der `MoveAction` kann ein Widget per Drag & Drop bewegt werden. Beachten Sie dabei, dass diese Aktion nur dann funktioniert, wenn das Parent-Widget ein `AbsoluteLayout` besitzt. Ähnlich der `MoveAction` verhält sich auch die `AlignWithMoveAction`. Im Unterschied dazu wird hier jedoch zusätzlich eine Ausrichtung an anderen Widgets vorgenommen. An welchen Widgets eine Ausrichtung erfolgen bzw. überprüft werden soll, können Sie entweder durch eine Liste mittels einer `AlignWithWidgetCollector`-Instanz oder aber durch ein `LayerWidget` festlegen. Im zweiten Fall wird eine Ausrichtung für sämtliche Child-Widgets des Layers überprüft.

```
ActionFactory.createMoveAction();

ActionFactory.createMoveAction(
    MoveStrategy            strategy,
    MoveProvider            provider);

ActionFactory.createAlignWithMoveAction(
    AlignWithWidgetCollector collector,
    LayerWidget              interactionLayer,
    AlignWithMoveDecorator   decorator);

ActionFactory.createAlignWithMoveAction(
    LayerWidget              collectionLayer,
    LayerWidget              interactionLayer,
    AlignWithMoveDecorator   decorator);
```

- **ResizeAction / AlignWithResizeAction**
  Mit der `ResizeAction` können Sie die Größe Ihres Widgets verändern. Zusätzlich führt die `AlignWithResizeAction` eine Überprüfung der Ausrichtung an anderen Widgets durch. Widgets, an denen eine Ausrichtung überprüft werden soll, übergeben Sie entweder mit einer `AlignWithWidgetCollector`-Instanz oder einem `LayerWidget`.

```
ActionFactory.createResizeAction();

ActionFactory.createResizeAction(
    ResizeStrategy            strategy,
    ResizeProvider            provider);

ActionFactory.createResizeAction(
    ResizeStrategy            strategy,
    ResizeControlPointResolver resolver,
    ResizeProvider            provider);
```

```
ActionFactory.createAlignWithResizeAction(
    AlignWithWidgetCollector   collector,
    LayerWidget                interactionLayer,
    AlignWithMoveDecorator     decorator);
ActionFactory.createAlignWithResizeAction(
    LayerWidget                collectionLayer,
    LayerWidget                interactionLayer,
    AlignWithMoveDecorator     decorator);
```

- **ZoomAction / CenteredZoomAction**

  Mit diesen Aktionen können Sie mit dem Scroll-Rad den Zoom einer ganzen Scene verändern. Diese Aktionen fügen Sie also keinem Widget, sondern direkt einer Scene hinzu.

  ```
  ActionFactory.createZoomAction();
  ActionFactory.createZoomAction(double zoom, boolean animated);
  ActionFactory.createCenteredZoomAction(double zoomMultiplier);
  ```

- **ConnectAction / ExtendedConnectAction / ReconnectAction**

  Mit einer `ConnectAction` verbinden Sie zwei Widgets mithilfe eines `ConnectionWidgets`. Hinzugefügt wird diese Aktion dem Widget, von dem aus die Verbindung erzeugt werden soll. Mit einer `ConnectProvider`-Instanz nehmen Sie eine Überprüfung der Start- und Ziel-Widgets für eine gewünschte Verbindung vor und können dann diese Verbindung herstellen. Optional können Sie mit einem `ConnectDecorator` ein benutzerspezifisches Verbindungselement angeben. Bei der `ExtendedConnectAction` kann eine Verbindung nur dann hergestellt werden, solange [Strg] gedrückt wird. Diese Aktion ist für die Fälle gedacht, in denen es zu Konflikten mit anderen Aktionen kommt – so z. B., wenn Sie gleichzeitig die `ConnectAction` und die `MoveAction` verwenden wollen. In diesen Fällen verwenden Sie die `ExtendedConnectAction`.

  ```
  ActionFactory.createConnectAction(
      LayerWidget        interactionLayer,
      ConnectProvider    provider);
  ActionFactory.createConnectAction(
      ConnectDecorator   decorator,
      LayerWidget        interactionLayer,
      ConnectProvider    provider);
  ActionFactory.createExtendedConnectAction(
      LayerWidget        interactionLayer,
      ConnectProvider    provider);
  ActionFactory.createExtendedConnectAction(
      ConnectDecorator   decorator,
  ```

```
        LayerWidget           interactionLayer,
        ConnectProvider       provider);
ActionFactory.createReconnectAction(
    ReconnectProvider     provider);
ActionFactory.createReconnectAction(
    ReconnectDecorator    decorator,
    ReconnectProvider     provider);
```

- **CycleFocusAction / CycleObjectSceneFocusAction**
  Hiermit können Sie mit der Tabulator-Taste den Fokus zwischen Widgets einer Scene verschieben. Dies kann sowohl vorwärts als auch rückwärts erfolgen. Bei der `CycleFocusAction` legen Sie das Verhalten, also das nächste oder vorhergehende zu fokussierende Widget, mit einem `CycleFocusProvider` fest. Bei der `CycleObjectSceneFocusAction`, die auf eine `ObjectScene` angewandt werden kann, ergibt sich die Reihenfolge der Fokussierung anhand des Rückgabewerts von `getIdentityCode()`.

  ```
  ActionFactory.createCycleFocusAction(CycleFocusProvider p);
  ```

  ```
  ActionFactory.createCycleObjectSceneFocusAction();
  ```

- **EditAction / InplaceEditorAction**
  Um ein Widget bei einem Doppelklick zu editieren, fügen Sie diesem eine `EditAction` hinzu. Das Verhalten, das dadurch ausgelöst werden soll, implementieren Sie durch einen `EditProvider`. Ferner haben Sie auch die Möglichkeit, einen Inplace-Editor bereitzustellen, der bei einem Doppelklick angezeigt werden soll. Dafür verwenden Sie die `InplaceEditorAction`, wobei der Editor eine beliebige `JComponent`-Subklasse sein kann. Bei einem `IconNodeWidget` oder `LabelWidget` ist dies z. B. typischerweise ein `JTextField`.

  ```
  ActionFactory.createEditAction(
      EditProvider          provider);
  ActionFactory.createInplaceEditorAction(
      InplaceEditorProvider provider);
  ActionFactory.createInplaceEditorAction(
      TextFieldInplaceEditor editor);
  ActionFactory.createInplaceEditorAction(
      TextFieldInplaceEditor editor,
      EnumSet                expansionDirections);
  ```

- **ForwardKeyEventsAction**
  Mithilfe dieser Aktion können Sie Tastaturereignisse an andere Widgets weiterleiten.

  ```
  ActionFactory.createForwardKeyEventsAction(
      Widget forwardToWidget,
      String forwardToTool);
  ```

14 | Visual Library

▶ **HoverAction**
Mit der `HoverAction` können Sie reagieren, wenn der Mauszeiger über Ihr Widget bewegt wird. Wie sich Ihr Widget bei einem solchen Ereignis verhalten soll, legen Sie mit einem `HoverProvider` oder `TwoStateHoverProvider` fest.

`ActionFactory.createHoverAction(HoverProvider p);`

`ActionFactory.createHoverAction(TwoStateHoverProvider p);`

▶ **MoveControlPointAction / FreeMoveControlPointAction / OrthogonalMoveControlPointAction**
Diese Aktionen dienen dem Verschieben von Kontrollpunkten der Verbindungslinie eines `ConnectionWidget`. Die `OrthogonalMoveControlPointAction` wird für ein `ConnectionWidget` mit einem `OrthogonalSearchRouter` verwendet. Bei der `FreeMoveControlPointAction` bestehen keinerlei Restriktionen bei der Verschiebung der Punkte.

`ActionFactory.createMoveControlPointAction(`
  `MoveControlPointProvider provider);`

`ActionFactory.createFreeMoveControlPointAction();`

`ActionFactory.createOrthogonalMoveControlPointAction();`

▶ **PanAction**
Mit der `PanAction` können Sie durch Drücken der mittleren Maustaste die View einer Scene durch Bewegen der Maus verschieben, sofern sich die View in einer `JScrollPane` befindet. Diese Aktion wird also einer Scene hinzugefügt.

`ActionFactory.createPanAction();`

▶ **PopupMenuAction**
Verwenden Sie die `PopupMenuAction`, wenn Sie ein Widget mit einem Kontextmenü versehen möchten. Dazu müssen Sie einen `PopupMenuProvider` implementieren, mit dem Sie eine `JPopupMenu`-Instanz liefern.

`ActionFactory.createPopupMenuAction(`
  `PopupMenuProvider provider);`

▶ **SelectAction / RectangularSelectAction**
Die `SelectAction` ist der `EditAction` ähnlich, jedoch wird hier das Ereignis bereits bei einem einfachen Mausklick ausgeführt. Die Logik-Implementation für das Klick-Ereignis stellen Sie mit einem `SelectProvider` bereit, mit dem Sie auch festlegen können, ob ein Widget überhaupt selektiert werden darf. Die `RectangularSelectAction` wird gewöhnlich einer `ObjectScene` oder einem `LayerWidget` hinzugefügt, bei der Sie Widgets durch das Aufziehen eines Rechtecks selektieren.

```
ActionFactory.createSelectAction(SelectProvider provider);
ActionFactory.createRectangularSelectAction(
    ObjectScene                scene,
    LayerWidget                interactionLayer);
ActionFactory.createRectangularSelectAction(
    RectangularSelectDecorator decorator,
    LayerWidget                interactionLayer,
    RectangularSelectProvider  provider);
```

- **SwitchCardAction**
  Diese Aktion benötigen Sie für das Umschalten zwischen Widgets, die sich in einem `CardLayout` befinden.

  ```
  ActionFactory.createSwitchCardAction(Widget cardLayoutWidget);
  ```

14.4 Die Scene – das Wurzelelement

Wie Sie bereits wissen, werden die Komponenten der Visual Library API, also die Widgets, in einer hierarchischen Baumstruktur angeordnet und verwaltet. Das heißt, Widgets können wiederum andere Widgets aufnehmen.

Den Container für alle folgenden Elemente, also das Wurzelelement der Baumhierarchie, stellt die Klasse `Scene` dar, die selbst ein Widget ist (siehe Abbildung 14.2). Grafisch repräsentiert wird eine Scene durch eine View, die eine einfache `JComponent`-Instanz ist. Diese wird dann typischerweise einer `JScrollPane` hinzugefügt. Als Erstes müssen Sie also stets eine Scene erstellen, der Sie dann je nach Anwendungszweck weitere Widgets in hierarchischer Anordnung hinzufügen können, wie folgender Codeausschnitt verdeutlichen soll:

```
import org.netbeans.api.visual.action.ActionFactory;
import org.netbeans.api.visual.action.WidgetAction;
import org.netbeans.api.visual.widget.ImageWidget;
import org.netbeans.api.visual.widget.LayerWidget;
import org.netbeans.api.visual.widget.Scene;
...
public final class SceneTopComponent extends TopComponent {
    private JScrollPane scenePane = new JScrollPane();
    private Scene sc = new Scene();
    public SceneTopComponent() {
        scenePane.setViewportView(sc.createView());
        LayerWidget layer1 = new LayerWidget(sc);
        sc.addChild(layer1);
```

```
    ImageWidget w1 = new ImageWidget(sc, ImageUtilities.
        loadImage("com/galileo/netbeans/module/node.gif"));
    layer1.addChild(w1);
    ImageWidget w2 = new ImageWidget(sc, ImageUtilities.
        loadImage("com/galileo/netbeans/module/node.gif"));
    layer1.addChild(w2);
    LayerWidget layer2 = new LayerWidget(sc);
    sc.addChild(layer2);
    ImageWidget w3 = new ImageWidget(sc, ImageUtilities.
        loadImage("com/galileo/netbeans/module/node2.gif"));
    layer2.addChild(w3);
    WidgetAction ma = ActionFactory.createMoveAction();
    w1.getActions().addAction(ma);
    w2.getActions().addAction(ma);
    w3.getActions().addAction(ma);
  }
}
```

Listing 14.1 Erstellen einer Scene und Hinzufügen von Widgets

Die Scene haben wir als privates Datenelement erstellt. Mit der `createView()`-Methode erstellen Sie für diese Scene eine View, die vom Typ `JComponent` ist und somit in beliebige Swing-Container eingebettet werden kann. Damit die Scene bzw. die View nicht auf eine bestimmte Größe beschränkt ist, fügen wir dieser einer `JScrollPane` hinzu.

Der Scene können Sie nun hierarchisch Widgets beifügen. Dafür erstellen wir zunächst ein `LayerWidget`, das wie eine `JGlassPane` agiert, der wir dann zwei `ImageWidgets` hinzufügen. Zur Verdeutlichung der Gruppierung und Anordnung von Widgets erstellen wir eine weitere `LayerWidget`-Instanz und ergänzen ebenfalls ein `ImageWidget`. Die `ImageWidgets` fügen wir also jeweils einem `LayerWidget` hinzu, die wiederum der Scene zugeordnet werden. Damit die Widgets innerhalb der Scene bewegt werden können, fügen wir dieser noch eine `MoveAction`-Instanz hinzu, die Sie mit der `ActionFactory` erstellen und anschließend mehrfach verwenden können. Dieses Beispiel sehen Sie in Abbildung 14.3.

14.4.1 Satellite View

Um bei größeren Scenes die Übersicht zu behalten und schnell navigieren zu können, stellt Ihnen eine Scene eine Übersicht in Form einer interaktiven `JComponent` zur Verfügung. Dies ist eine **Satellite View**. Diese erzeugen Sie mit der Methode `createSatelliteView()`. Wenn die View Ihrer Scene in eine

JScrollPane eingebettet und dabei die Scene größer als der Anzeigebereich ist, können Sie durch den in der Übersicht angezeigten grauen Rahmen (siehe Abbildung 14.3) auf einfache Weise in Ihrer Scene navigieren und damit den angezeigten Bereich in der View beeinflussen.

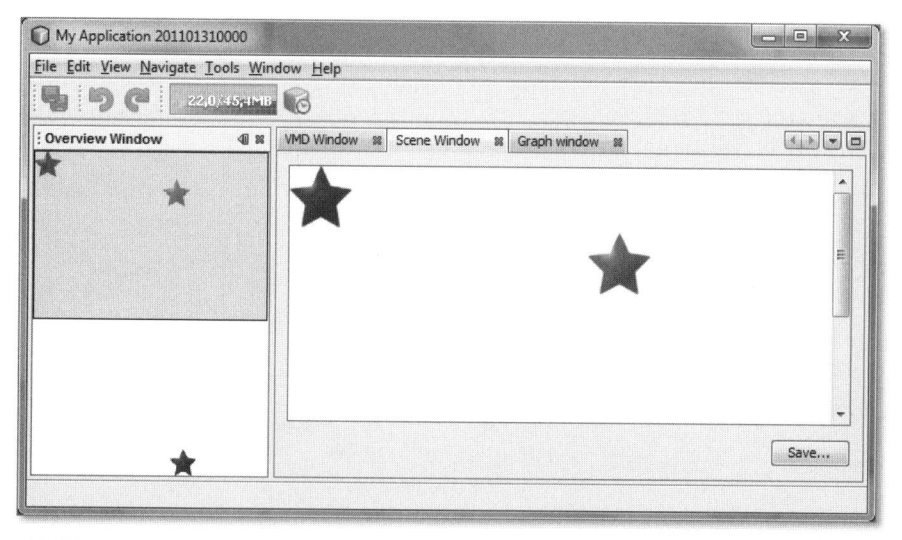

Abbildung 14.3 Für eine Scene kann eine Übersicht erstellt werden, die gleichzeitig zur Navigation verwendet werden kann.

14.4.2 Exportieren einer Scene

In wenigen Schritten können Sie Ihre mit der Visual Library API erstellte Scene mithilfe von Java-Bordmitteln als Bild in eine PNG-Datei exportieren. Dazu erzeugen wir zunächst ein BufferedImage-Objekt, in das wir die Bilddaten schreiben können. Die Größe dieser Image-Instanz legen wir durch die aktuelle Größe der View der gewünschten Scene fest, damit wir auch sicher sein können, dass der gesamte Inhalt abgespeichert wird. Von diesem Objekt holen wir uns dann einen Graphics2D-Kontext, über den wir die Daten in den Puffer des BufferedImage-Objekts schreiben können. Diesen Kontext müssen wir dann nur noch der paint()-Methode der Scene übergeben, die dann ihren Inhalt statt auf den Bildschirm in den Puffer der BufferedImage-Instanz schreibt. Danach geben wir den Kontext auf, damit die Ressourcen wieder freigegeben werden können. Mit einem JFileChooser fordern wir den Benutzer zur Eingabe eines Dateinamens auf, dem wir wenn nötig noch die entsprechende Endung anhängen. Ist dies geschehen, bemühen wir die ImageIO-Klasse, die nach einem ImageWriter für PNG-Dateien sucht und diesen dazu verwendet, die Daten des BufferedImage-Objekts in die ausgewählte Datei zu schreiben.

```java
private Scene sc = new Scene();
public void exportScene() {
    BufferedImage img = new BufferedImage(
        sc.getView().getWidth(),
        sc.getView().getHeight(),
        BufferedImage.TYPE_4BYTE_ABGR);
    Graphics2D graphics = img.createGraphics();
    sc.paint(graphics);
    graphics.dispose();
    JFileChooser chooser = new JFileChooser();
    chooser.setFileFilter(new FileNameExtensionFilter(
        "Portable Network Graphics (.png)", "png"));
    if(chooser.showSaveDialog(sc.getView()) ==
                            JFileChooser.APPROVE_OPTION) {
        File f = chooser.getSelectedFile();
        if (!f.getName().toLowerCase().endsWith(".png")) {
            f = new File(f.getParentFile(), f.getName() + ".png");
        }
        try {
            ImageIO.write(img, "png", file);
        } catch (IOException e) {
            Logger.getLogger(getName()).warning(e.toString());
        }
    }
}
```

Listing 14.2 Exportieren einer Scene in eine PNG-Datei

14.5 ObjectScene – Model-View Relation

Die Visual Library API stellt mit Ihren Komponenten lediglich eine View bereit. Das heißt, ein Widget besitzt lediglich Informationen über die Art und Weise der Darstellung von Daten oder des Datenflusses. Was ein Widget aber nicht besitzt, ist ein Datenmodell. Hierbei kommt nun die Klasse ObjectScene ins Spiel, die eine Erweiterung der Scene-Klasse darstellt.

Die Funktion bzw. Erweiterung dieser Klasse besteht darin, eine Abbildung von einer View, also einem Widget, und einem dazugehörenden Datenmodell vorzunehmen, das ein beliebiges Objekt sein kann. Die Klasse ObjectScene stellt dazu Methoden bereit, mit denen einem Datenmodell ein oder mehrere Widgets zugeordnet werden können. Außerdem besteht die Möglichkeit, für ein registriertes Widget das Datenmodell oder für ein Datenmodell das Widget zu ermitteln.

Neben der Abbildung von Datenmodell und Widgets hält die Klasse `ObjectScene` auch Informationen über den aktuellen Zustand eines Widgets oder eines Datenmodells bereit, der durch die Klasse `ObjectState` repräsentiert wird.

Die Datenmodelle werden intern in einer `Map` gespeichert. Zur Identifikation und zu Vergleichszwecken wird die Methode `equals()` der Datenmodelle verwendet. Sie sollten also sicherstellen, dass Ihr Datenmodell eine sinnvolle Implementation dieser Methode enthält. Beachten Sie außerdem, dass jedes Datenmodell aufgrund der eindeutigen Identifizierung nur einmal hinzugefügt werden kann. Wenn sich also das Datenmodell `d1` in einer `ObjectScene` befindet und Sie fügen ein zweites `d2` hinzu, für das `d1.equals(d2) == true` gilt, wird eine Exception ausgelöst.

In Tabelle 14.2 sind die wichtigsten Methoden der Klasse `ObjectScene` und deren Aufgaben aufgelistet.

Methode	Beschreibung

`void addObject(`
`    Object model,`
`    Widget... widgets)`
	Mit der `addObject()`-Methode fügen Sie Ihrer Scene ein oder mehrere Widgets und das zugehörige Datenmodell hinzu.

`void removeObject(` `    Object model)`	Entfernen können Sie ein Datenmodell mit der `removeObject()`-Methode. Beachten Sie, dass hierbei nicht das zugehörige Widget entfernt wird. Dies entfernen Sie separat mit der `removeChild()`-Methode.
`Object findObject(` `    Widget widget)`	Um das zu einem bestimmten Widget gehörende Datenmodell zu finden, verwenden Sie die `findObject()`-Methode.
`Widget findWidget(` `    Object model)`	Diese Methode ist das Pendant zu `findObject()` und findet das Widget zu einem gegebenen Datenmodell.
`List<Widget> findWidgets(` `    Object model)`	Sind einem Modell mehrere Widgets zugeordnet, können diese mit `findWidgets()` abgerufen werden.
`ObjectState getObjectState(` `    Object model)`	Den aktuellen Status eines Modells erhalten Sie mit der `getObjectState()`-Methode. Wenn sich der Status eines Datenmodells ändert, wird der Status des Widgets entsprechend angepasst. Umgekehrt gilt dies allerdings nicht. Den Status eines Widgets ermitteln Sie mit der `getState()`-Methode.

Tabelle 14.2 Die wichtigsten Methoden der Klasse »ObjectScene«

14.6 Graphen

Um die Erstellung von Graphen, d. h. die Erstellung von Knoten und zugehörigen Kanten, zu erleichtern, stellt die API auf Basis der im vorherigen Abschnitt vorgestellten Klasse ObjectScene die Klassen GraphScene und GraphPinScene bereit. Für diese Klassen will ich Ihnen im Folgenden ein Beispiel zeigen, anhand dessen auch die praktische Bedeutung der Klasse ObjectScene nochmals verdeutlicht werden soll.

Sowohl die Klasse GraphScene als auch GraphPinScene sind abstrakte Klassen, deren Aufgabe lediglich die Verwaltung der Datenmodelle und Widgets ist. Die Erzeugung der Widgets obliegt den Subklassen, die diese in Abhängigkeit vom Datenmodell erzeugen können. Dies wird durch die abstrakten attach-Methoden erreicht, die von den Subklassen überschrieben werden müssen. Die Typen der Datenmodelle werden über Templates festgelegt und können dabei für Nodes (Knoten), Edges (Kanten) und Pins jeweils unterschiedlich sein. Im einfachsten Fall, wie hier im Beispiel, verwenden wir den Typ String. Für die Knoten und Kanten müssen wir jeweils ein separates LayerWidget erstellen und fügen diese der Scene hinzu.

```
public class MyGraphPinScene
    extends GraphPinScene<String, String, String> {
    private LayerWidget mainLayer;
    private LayerWidget connectionLayer;
    public MyGraphPinScene() {
        mainLayer = new LayerWidget(this);
        addChild(mainLayer);
        connectionLayer = new LayerWidget(this);
        addChild(connectionLayer);
    }
```

Die attachNodeWidget()-Methode ist für die Erstellung eines Nodes zuständig. Dafür verwenden wir hier im Beispiel die IconNodeWidget-Klasse. Sie könnten natürlich genauso die Klasse ImageWidget nutzen. Mit der IconNodeWidget-Klasse können wir aber geschickt die zugehörigen Pins mitverwalten. Dazu wollen wir deren LabelWidget verwenden, auf das wir mit der Methode getLabelWidget() Zugriff erhalten. Damit die Pins richtig angeordnet und dargestellt werden können, definieren wir für dieses Widget ein FlowLayout. Damit der Node bewegt werden kann, fügen wir diesem noch eine MoveAction-Instanz hinzu. Zuletzt fügen wir den Node dem mainLayer hinzu und liefern ihn zurück.

```
protected Widget attachNodeWidget(String node) {
    IconNodeWidget widget = new IconNodeWidget(this);
    widget.setImage(ImageUtilities.
        loadImage("com/galileo/netbeans/module/node.gif"));
    widget.getLabelWidget().setLayout(LayoutFactory.
        createHorizontalFlowLayout(
            LayoutFactory.SerialAlignment.JUSTIFY, 5));
    widget.getActions().addAction(
        ActionFactory.createMoveAction());
    mainLayer.addChild(widget);
    return(widget);
}
```

Die `attachEdgeWidget()`-Methode ist für die Erstellung einer Kante zuständig. Dafür wollen wir die `ConnectionWidget`-Klasse benutzen. Damit die Kanten nicht einfach geradlinig von einem Knoten zum anderen gezogen werden und damit eventuell andere Knoten oder Kanten kreuzen, verwenden wir einen Router. Einem Router können wir eine Reihe von `LayerWidget`s übergeben, deren Widgets nicht gekreuzt werden sollen. Entsprechend ermittelt der Router dann für die Kanten einen Pfad, sodass es möglichst zu keinen Kreuzungen kommt. Einen solchen Router können wir mit der `RouterFactory` erstellen. Die so konfigurierten Kanten fügen wir dem `connectionLayer` hinzu und liefern diese zurück.

```
protected Widget attachEdgeWidget(String edge) {
    ConnectionWidget widget = new ConnectionWidget(this);
    widget.setTargetAnchorShape(AnchorShape.TRIANGLE_FILLED);
    widget.setRouter(RouterFactory.createOrthogonalSearchRouter
        (mainLayer, connectionLayer));
    connectionLayer.addChild(widget);
    return widget;
}
```

Mit der Methode `attachPinWidget()` werden Pins erstellt. Ein Pin ist ein Ein- oder Ausgangspunkt eines Knotens (Node), mit dem eine Kante verbunden werden kann (die roten Punkte in Abbildung 14.4 stellen die Pins dar). Ein Pin wird also einem Node zugeordnet, der mehrere Pins besitzen kann. Als Parameter bekommen wir das Datenmodell für den Pin und für den Node übergeben, dem der Pin hinzugefügt werden soll. Mithilfe der `findWidget()`-Methode können wir das Widget des Nodes ermitteln. Ihm können wir dann den erstellten Pin hinzufügen.

```
    protected Widget attachPinWidget(String node, String pin) {
        ImageWidget widget = new ImageWidget(this, ImageUtilities.
            loadImage("com/galileo/netbeans/module/pin.gif"));
        IconNodeWidget n = (IconNodeWidget) findWidget(node);
        n.getLabelWidget().addChild(widget);
        return widget;
    }
```

Zuletzt müssen wir noch die Methoden attachEdgeSourceAnchor() und attachEdgeTargetAnchor() überschreiben. Mit diesen wird der Start- und Endpunkt einer Kante (Edge) festgelegt. Dabei ermitteln wir zunächst mit der findWidget()-Methode den Pin, mit dem die Kante verbunden werden soll. Für diesen Pin erstellen wir dann mit der AnchorFactory einen Ankerpunkt und fügen diesen der Kante hinzu, die wir ebenfalls mit der findWidget()-Methode ermittelt haben.

```
    protected void attachEdgeSourceAnchor(
        String edge, String oldPin, String pin) {
        ConnectionWidget c = (ConnectionWidget) findWidget(edge);
        Widget widget = findWidget(pin);
        Anchor a = AnchorFactory.createRectangularAnchor(widget);
        c.setSourceAnchor(a);
    }
    protected void attachEdgeTargetAnchor(
        String edge, String oldPin, String pin) {
        ConnectionWidget c = (ConnectionWidget) findWidget(edge);
        Widget widget = findWidget(pin);
        Anchor a = AnchorFactory.createRectangularAnchor(widget);
        c.setTargetAnchor(a);
    }
}
```

Listing 14.3 Implementation einer GraphPinScene-Klasse

Analog könnten Sie natürlich auch eine Implementation für die Klasse GraphScene erstellen, die über keine Pins verfügt. Dort werden die Kanten statt mit einem Pin direkt mit dem Knoten (Node) verbunden. Die Vorteile der soeben erstellten Implementation kommen nun bei der Verwendung zum Tragen. Wie bei einer einfachen Scene erstellen wir eine Instanz und fügen deren View einer JScrollPane hinzu. Was Ihnen aber nun erspart bleibt, ist die Erstellung der einzelnen Widgets. Sie übergeben lediglich das Datenmodell, das in unserem Fall hier nur ein String ist, an die Methoden addNode(), addPin() oder addEdge().

Diese rufen dann intern die von uns implementierten attach-Methoden zum Erstellen der Widgets auf und erstellen die Abbildung des Widgets auf das übergebene Datenmodell.

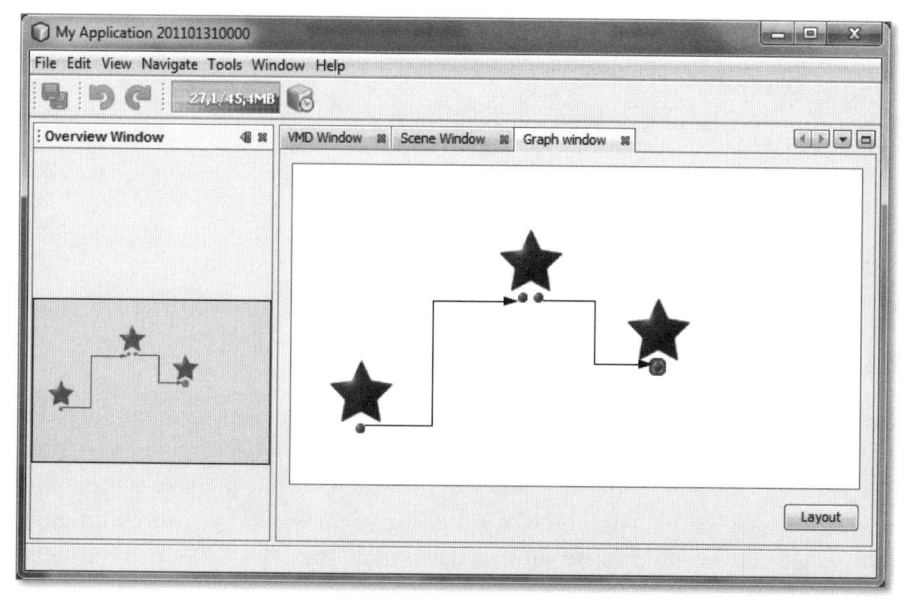

Abbildung 14.4 Beispiel für die Erstellung eines Graphen mithilfe einer GraphPinScene-Implementation

```
import org.netbeans.api.visual.graph.layout.GridGraphLayout;
import org.netbeans.api.visual.layout.LayoutFactory;
import org.netbeans.api.visual.layout.SceneLayout;
...
public final class GraphTopComponent extends TopComponent {
    public GraphTopComponent() {
        MyGraphPinScene scene = new MyGraphPinScene();
        scenePane.setViewportView(scene.createView());
        scene.addNode("Node 1");
        scene.addNode("Node 2");
        scene.addNode("Node 3");
        scene.addPin("Node 1", "p1");
        scene.addPin("Node 2", "p2");
        scene.addPin("Node 2", "p3");
        scene.addPin("Node 3", "p4");
        scene.addEdge("Edge 1");
        scene.addEdge("Edge 2");
        scene.setEdgeSource("Edge 1", "p1");
```

```
        scene.setEdgeTarget("Edge 1", "p2");
        scene.setEdgeSource("Edge 2", "p3");
        scene.setEdgeTarget("Edge 2", "p4");
        GridGraphLayout<String, String> layout =
            new GridGraphLayout<String, String>();
        SceneLayout sceneLayout =
            LayoutFactory.createSceneGraphLayout(scene, layout);
        sceneLayout.invokeLayout();
    }
}
```

Listing 14.4 Verwendung einer GraphPinScene

14.7 VMD – Visual Mobile Designer

Noch einfacher gestaltet sich die Implementation von Graphen mithilfe der VMD-Klassen. VMD steht dabei für **Visual Mobile Designer** und kennzeichnet die Klassen, die von selbigem verwendet werden. Diese Klassen stellen eine GraphPinScene-Implementation bereit, wie Sie es im vorherigen Abschnitt gesehen haben. Neben der Scene gibt es dazu auch spezielle Klassen für Knoten (Nodes), Kanten (Edges) und Pins, die somit ein einheitliches Design bieten. Sie müssen sich also um keinerlei Implementationsdetails – wie die Erstellung der Widgets, das Festlegen des Layouts oder eines Routers – kümmern und können direkt die benötigten Elemente hinzufügen. Ein VMDGraphScene verfügt bereits über vier Layer und auch über Aktionen, wie Zoom, Panning oder Selektieren. Wir wollen nochmals das einfache Beispiel mit den drei Knoten von oben aufgreifen und dies mit einer VMDGraphScene realisieren.

```
import org.netbeans.api.visual.vmd.VMDGraphScene;
import org.netbeans.api.visual.vmd.VMDNodeWidget;
import org.netbeans.api.visual.vmd.VMDPinWidget;
...
public final class VMDTopComponent extends TopComponent {
    private VMDGraphScene scene = new VMDGraphScene();
    public VMDTopComponent() {
        VMDGraphScene scene = new VMDGraphScene();
        scenePane.setViewportView(scene.createView());
        VMDNodeWidget n1 = (VMDNodeWidget)scene.addNode("Node 1");
        n1.setNodeName("Node 1");
        VMDNodeWidget n2 = (VMDNodeWidget)scene.addNode("Node 2");
        n2.setNodeName("Node 2");
```

```
        VMDNodeWidget n3 = (VMDNodeWidget)scene.addNode("Node 3");
        n3.setNodeName("Node 3");
        VMDPinWidget p1 =
            (VMDPinWidget)scene.addPin("Node 1","Pin 1");
        p1.setPinName("Pin 1");
        VMDPinWidget p2 =
            (VMDPinWidget)scene.addPin("Node 2","Pin 2");
        p2.setPinName("Pin 2");
        VMDPinWidget p3 =
            (VMDPinWidget)scene.addPin("Node 2","Pin 3");
        p3.setPinName("Pin 3");
        VMDPinWidget p4 =
            (VMDPinWidget)scene.addPin("Node 3","Pin 4");
        pin4.setPinName("Pin 4");
        scene.addEdge("Edge 1");
        scene.setEdgeSource("Edge 1", "Pin 1");
        scene.setEdgeTarget("Edge 1", "Pin 2");
        scene.addEdge("Edge 2");
        scene.setEdgeSource("Edge 2", "Pin 3");
        scene.setEdgeTarget("Edge 2", "Pin 4");
    }
}
```

Listing 14.5 Erstellen eines Graphen mithilfe der VMD-Klassen

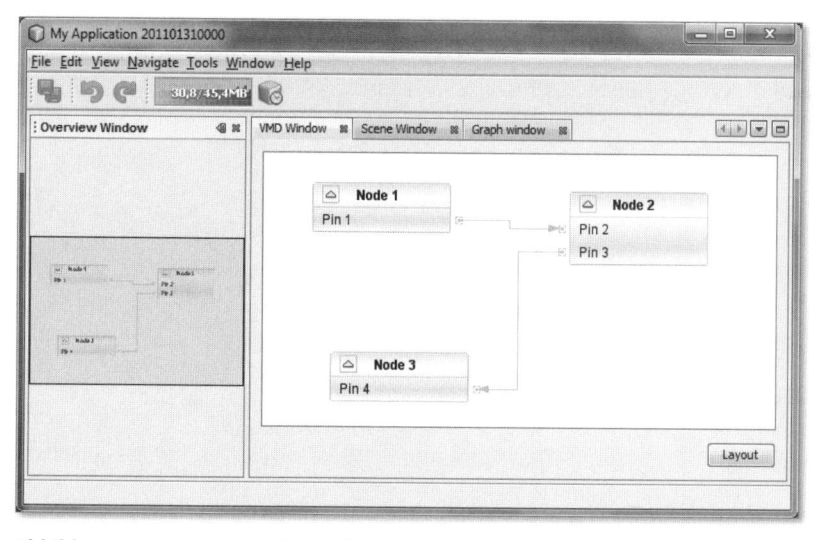

Abbildung 14.5 Die VMD-Graph-Klassen bieten einige zusätzliche Funktionen, wie z. B. das Ausblenden der Pins oder das Hinzufügen von Icons.

Die `VMDGraphScene` verwendet den Typ `String` für die Datenmodelle von Knoten, Kanten und Pins. Wie Sie es bereits aus dem vorherigen Abschnitt kennen, fügen wir die Elemente mit den Methoden `addNode()`, `addPin()` und `addEdge()` hinzu. Hier im Beispiel geben wir den Knoten und Pins lediglich einen Namen. Mit der `setProperties()`-Methode und weiteren `set`-Methoden können Sie noch zusätzliche Eigenschaften setzen, wie z. B. Icons für einen Knoten oder einen Pin.

In diesem Kapitel möchte ich Ihnen hilfreiche Schnittstellen, Klassen und Konzepte der NetBeans Platform in Bezug auf die Entwicklung von grafischen Benutzeroberflächen zeigen.

15 Tipps und Tricks

15.1 Desktop-Features

Die Klasse `Desktop` der Java Platform ermöglicht die Ausführung von Standard-Applikationen, wie eines Internet Browsers oder E-Mail-Programms. Dabei müssen Sie den von der Klasse `Desktop` bereitgestellten Methoden ein `File`- oder `URI`-Objekt übergeben. Anhand dieser Objekte kann dann die damit verbundene Standard-Anwendung geöffnet bzw. ausgeführt werden. Wenn Sie z. B. `Desktop.open(new File("myfile.pdf"))` ausführen, wird der Acrobat Reader gestartet, sofern dies die Standardanwendung für *.pdf*-Dateien ist.

Methode	Funktion
`isDesktopSupported()`	Mit dieser Methode sollten Sie zunächst prüfen, ob die `Desktop`-Klasse auf dem aktuellen Betriebssystem unterstützt wird.
`isSupported(Desktop.Action a)`	Überprüft die Verfügbarkeit der einzelnen Aktionen, also `BROWSE`, `OPEN`, `EDIT`, `PRINT` und `MAIL`.
`getDesktop()`	Damit erhalten Sie die konkrete `Desktop`-Instanz. Diese Methode löst eine `UnsupportedOperationException` aus, sofern die `Desktop`-Klasse nicht unterstützt wird.
`browse(URI uri)`	Öffnet die übergebene `URI` im Datei-Browser.
`open(File file)`	Öffnet die Datei mit dem dafür zuständigen Programm oder den Datei-Browser, falls das `File`-Objekt ein Ordner ist.
`edit(File file)`	Öffnet die Datei im Standard-Editierprogramm für diesen Dateityp.

Tabelle 15.1 Methoden der Desktop-Klasse

Methode	Funktion
print(File file)	Schickt die Datei über die Druckfunktionalität der Standardanwendung für diesen Dateityp direkt zum Drucker.
mail()	Öffnet das E-Mail-Editierfenster.
mail(URI uri)	Öffnet das E-Mail-Editierfenster, vorbelegt mit der als *mailto:URI* übergebenen E-Mail-Adresse.

Tabelle 15.1 Methoden der Desktop-Klasse (Forts.)

15.2 System-Tray-Integration

Seit Java 6 können Sie nun auch auf den System Tray des zugrunde liegenden Betriebssystems zugreifen. Diesem System Tray können Sie ein oder mehrere Icons hinzufügen, denen Sie sowohl ein Kontextmenü als auch eine Doppelklick-Aktion zur Seite stellen können.

Bei einer NetBeans-Platform-Anwendung erstellen und fügen Sie das Tray-Icon am besten in der restored()-Methode des Module Installers hinzu. Zunächst müssen Sie prüfen, ob das Betriebssystem über ein System Tray verfügt. Ist dies der Fall, können Sie sich darauf mit der Methode getSystemTray() Zugriff verschaffen. Für das Kontextmenü erstellen wir ein PopupMenu, dessen Aktionen wir über einen Extension Point in der Layer-Datei definieren wollen (dadurch sind Sie auch in der Lage, aus verschiedenen Modulen heraus dem Tray Icon Aktionen hinzuzufügen). Diesen Extension Point nennen wir TrayMenu, und wir lesen dessen Inhalt mit einem Lookup aus. Die dort befindlichen Aktionen müssen nur das Action- bzw. ActionListener-Interface implementieren und werden in gewohnter Weise registriert. Eine Aktion könnte z. B. wie in Listing 15.1 aussehen.

```
@ActionID(
    category = "TrayMenu",
    id = "com.galileo.netbeans.module.FirstTrayAction")
@ActionRegistration(
    displayName = "#CTL_FirstTrayAction")
@ActionReferences({
    @ActionReference(path = "TrayMenu", position = 100)
})
public final class FirstTrayAction implements ActionListener {
    @Override
    public void actionPerformed(ActionEvent e) {
```

```
      System.out.println("My First Tray Action");
   }
}
```

Listing 15.1 Aktion zum Extension Point des Tray Menus hinzufügen

Aus diesen so registrierten Aktionen, die uns das Lookup liefert, bauen wir das Kontextmenü zusammen. Ist das dieses zusammengebaut, erstellen wir ein TrayIcon-Objekt und übergeben diesem das Menü, ein Icon und einen Tooltip und fügen es dem System Tray hinzu.

```
import org.openide.modules.ModuleInstall;
import org.openide.util.ImageUtilities;
import org.openide.util.lookup.Lookups;
import java.awt.SystemTray;
import java.awt.TrayIcon;
...
public class Installer extends ModuleInstall {
   @Override
   public void restored() {
      if (SystemTray.isSupported()) {
         SystemTray tray = SystemTray.getSystemTray();
         PopupMenu popup = new PopupMenu();
         popup.setFont(new Font("Arial", Font.PLAIN, 11));
         for(Action a : Utilities.actionsForPath("TrayMenu")) {
            MenuItem item =
               new MenuItem((String)a.getValue(Action.NAME));
            item.addActionListener(a);
            popup.add(item);
         }
         Image image = ImageUtilities.loadImage(
            "com/galileo/netbeans/module/icon.gif");
         TrayIcon trayIcon =
            new TrayIcon(image, "My Tray Menu", popup);
         trayIcon.addActionListener(new ActionListener() {
            @Override
            public void actionPerformed(ActionEvent e) {
               System.out.println("double click on tray icon");
            }
         });
         try {
            tray.add(trayIcon);
```

```
            } catch (AWTException e) {
                System.err.println(e);
            }
        }
    }
}
```

Listing 15.2 Hinzufügen eines System-Tray-Icons, dessen Kontextmenü aus der Layer-Datei aufgebaut wird

15.3 Asynchrones Initialisieren von GUI-Komponenten

Bei der Entwicklung von grafischen Benutzeroberflächen ist es sehr wichtig, ein schnelles Antwortzeitverhalten zu erreichen. Dies gilt vor allem für die Initialisierungsphase von Komponenten, die im Dialog mit dem Benutzer initialisiert werden müssen.

Ein Beispiel dafür sind z. B. die von uns in Abschnitt 13.3, »Wizards«, behandelten Wizards. Startet der Benutzer einen Wizard, sollte dieser sich unmittelbar öffnen und verfügbar sein. Nun kann es aber oft vorkommen, dass Sie den Inhalt von bestimmten Komponenten, wie z. B. einer Combobox, erst über eine relativ langsame Verbindung laden oder erst in Abhängigkeit von anderen Werten errechnen und zusammenstellen müssen. In solchen Fällen sollten Sie die Initialisierung dieser Komponenten in einem separaten Thread durchführen, also asynchron zur restlichen Initialisierung der Oberfläche. Hierbei müssen Sie aber darauf achten, dass Sie außerhalb des Event Dispatch Threads nicht auf die GUI-Komponenten zugreifen.

Damit Sie diese Anforderung auf eine einfache Art und Weise erfüllen können, stellt uns die NetBeans-**Utilities API** das Service Provider Interface `AsyncGUIJob` zur Verfügung. Dieses Interface spezifiziert zwei Methoden, mit denen wir unsere Komponente asynchron initialisieren können.

Die Methode `construct()` wird automatisch in einem separaten Thread ausgeführt, wodurch der Event Dispatch Thread nicht blockiert wird. In dieser Methode sollten Sie also Ihre Daten laden oder andere länger andauernde Initialisierungsaufgaben durchführen. Hier sollten Sie nicht auf GUI-Komponenten zugreifen.

Die Methode `finished()` wird aufgerufen, sobald die Aufgaben in `construct()` erledigt wurden. Sie wird im Event Dispatch Thread ausgeführt, sodass Sie hier die in `construct()` geladenen Daten Ihren GUI-Komponenten hinzufügen können. Im folgenden Beispiel fügen wir die geladenen Daten in `construct()` einem

DefaultComboBoxModel hinzu. Nach dem Laden der Daten fügen wir dann das so erzeugte Datenmodell in der finished()-Methode der JComboBox hinzu. Gestartet und mit der Komponente verbunden wird dieser asynchrone Job mit der Methode Utilities.attachInitJob(). Sie können also für verschiedene Komponenten unabhängige Jobs definieren und starten.

```
public final class AsynchTopComponent extends TopComponent {
    private JComboBox items =
        new JComboBox(new String[] { "Loading..." });
    private DefaultComboBoxModel m = new DefaultComboBoxModel();
    private AsynchTopComponent() {
        initComponents();
        Utilities.attachInitJob(items, new AsyncGUIJob(){
            public void construct() {
                // long lasting loading of data
                for(int i = 0; i < 20; i++) {
                    Thread.sleep(200);
                    m.addElement("Item " + i);
                }
            }
            public void finished() {
                items.setModel(m);
            }
        });
    }
}
```

Listing 15.3 Asynchrones Initialisieren von grafischen Komponenten mithilfe des AsyncGUIJob-Interfaces

Eine weitere Möglichkeit der asynchronen Initialisierung von GUI-Komponenten bietet die SwingWorker-Klasse der Java Platform. Dies ist eine abstrakte Klasse, mit der Sie in fast der gleichen Weise wie mit dem Interface AsyncGUIJob Ihre Komponenten initialisieren können. Das zuvor dargestellte Beispiel mit AsyncGUIJob könnte mit der SwingWorker-Klasse folgendermaßen realisiert werden:

```
SwingWorker<DefaultComboBoxModel, String> worker =
    new SwingWorker<DefaultComboBoxModel, String>() {
    @Override
    protected DefaultComboBoxModel doInBackground()
        throws Exception {
        // long lasting loading of data
        for(int i = 0; i < 20; i++) {
```

```
      Thread.sleep(200);
      m.addElement(new String("Item " + i));
    }
    return m;
  }
  @Override
  protected void done() {
    try {
      items.setModel(get());
    } catch (Exception ignore) {}
  }
};
worker.execute();
```

Listing 15.4 Asynchrones Initialisieren von grafischen Komponenten mithilfe der Java SwingWorker-Klasse

In der Methode `doInBackground()` erzeugen bzw. laden wir – wie in der `construct()`-Methode – unsere Daten. Im Unterschied zu `construct()` liefern wir jedoch die Daten als Rückgabewert zurück. Den Rückgabetyp legen wir durch das erste Template der `SwingWorker`-Klasse fest, das hier im Beispiel `DefaultComboBoxModel` ist. Diese Methode wird ebenfalls außerhalb des Event Dispatch Threads ausgeführt. Die Methode `done()` ist das Pendant zu `finished()`, die im Event Dispatch Thread aufgerufen wird, wenn die Methode `doInBackground()` abgeschlossen ist. Mit der Methode `get()` können wir dann die von `doInBackground()` gelieferten Daten holen.

Ein zusätzliches, sehr nützliches Feature der `SwingWorker`-Klasse sind die Methoden `publish()` und `process()`. Mit der Methode `publish()` können Sie aus der asynchron ausgeführten Methode `doInBackground()` Daten in den Event Dispatch Thread senden, die Sie mit der Methode `process()` verarbeiten können:

```
items.setModel(m);
SwingWorker<DefaultComboBoxModel, String> worker =
    new SwingWorker<DefaultComboBoxModel, String>() {
  @Override
  protected DefaultComboBoxModel doInBackground()
      throws Exception {
    for(int i = 0; i < 20; i++) {
      Thread.sleep(200);
      publish("Item " + i);
    }
```

```
        return m;
    }
    @Override
    protected void process(List<String> chunks) {
        m.addElement(chunks.iterator().next());
    }
};
worker.execute();
```

Listing 15.5 Daten während der Initialisierungsphase mithilfe der SwingWorker-Klasse direkt hinzufügen

In diesem Fall setzen wir das Datenmodell sofort und nicht erst in der `done()`-Methode. In der `doInBackground()`-Methode senden wir die einzelnen Einträge sofort mit der `publish()`-Methode an den Event Dispatch Thread. Diese Einträge bekommen wir jeweils mit der `process()`-Methode übergeben und können sie dort direkt in das Datenmodell einfügen, wodurch die Einträge unmittelbar in der Combobox erscheinen. Den Parametertyp von `publish()` und `process()` legen wir mit dem zweiten Template der `SwingWorker`-Klasse fest.

15.4 Undo/Redo

Mit dem Context Interface `UndoRedo.Provider` können Sie beliebige Komponenten mit einer Undo/Redo-Unterstützung ausstatten und dem Benutzer zur Verfügung stellen. Befindet sich eine Komponente, die das `UndoRedo.Provider`-Interface implementiert, im globalen Proxy-Lookup, so werden die standardmäßigen Undo/Redo-Schaltflächen (in der Toolbar und im Menü EDIT) der NetBeans Platform automatisch aktiviert.

Die Undo- und Redo-Funktionalität wird durch das Interface `UndoRedo` spezifiziert. Dieses Interface wird von der Klasse `UndoRedo.Manager` implementiert. Dieser Manager leitet von der Klasse `UndoManager` der Java Platform ab, die für die Verwaltung von Änderungen zuständig ist, die rückgängig gemacht oder wiederhergestellt werden können. Eine Instanz dieses Managers liefert Ihre Komponente mit der Methode `getUndoRedo()` des `UndoRedo.Provider`-Interfaces zurück.

Die Ereignisse, die dem Manager hinzugefügt werden sollen, hängen stark vom jeweiligen Kontext ab. Die Schnittstelle für solche Ereignisse spezifiziert das Interface `UndoableEdit`. Für dieses Interface bietet Java bereits einige abstrakte Implementationen an. So z. B. die Klasse `AbstractUndoableEdit`, die alle Methoden mit einer Standard-Implementation versieht. So müssen Sie nur die von Ihnen benötigten Methoden überschreiben. Sehr praktisch sind auch die Klasse `StateEdit` und das zugehörige Interface `StateEditable`. Das Interface `StateEditable` muss von dem Objekt implementiert werden, dessen Daten vom Benutzer geändert werden können. Das könnte z. B. eine `DataObject`-Klasse sein, die eine MP3-Datei repräsentiert, deren ID3-Informationen vom Anwender geändert werden können.

Im folgenden Beispiel möchte ich Ihnen das Prinzip anhand einer sehr einfachen Klasse zeigen, die lediglich eine Eigenschaft beinhaltet, die der Benutzer über ein Textfeld ändern kann. Als privates Datenelement halten wir unseren Undo/Redo-Manager, den wir über die Methode `getUndoRedo()` liefern.

Die Top Component besitzt zwei Schaltflächen: Mit der einen kann die Eigenschaft des Datenobjektes ausgelesen werden, und mit der anderen können die im Textfeld vorgenommenen Änderungen gespeichert werden. Soll eine Änderung vorgenommen werden, erzeugen wir zunächst ein `StateEdit`-Objekt, das das Interface `UndoableEdit` implementiert. Diesem Objekt müssen wir eine Instanz des `StateEditable`-Interfaces übergeben. Dies ist natürlich unser Datenobjekt. Diese so erzeugte `UndoableEdit`-Instanz übergeben wir dann mit der Methode `undoableEditHappened()` an den Manager, der alle Listener benachrichtigt. Auf diese Weise werden die von der Plattform bereitgestellten Undo- und Redo-Aktionsschaltflächen automatisch aktiviert bzw. deaktiviert. Jetzt können wir die Änderung im Datenobjekt vornehmen. Anschließend beenden wir das Ereignis mit der Methode `end()`.

```
import javax.swing.event.UndoableEditEvent;
import javax.swing.undo.StateEdit;
import org.openide.awt.UndoRedo;
...
public class MyTopComponent extends TopComponent
   implements UndoRedo.Provider {
   private UndoRedo.Manager manager = new UndoRedo.Manager();
   private MyObject obj = new MyObject();
   @Override
   public UndoRedo getUndoRedo() {
      return manager;
   }
   private void loadActionPerformed(ActionEvent evt) {
      textField.setText(obj.getProp());
   }
```

```
   private void saveActionPerformed(ActionEvent evt) {
      StateEdit edit = new StateEdit(obj);
      manager.undoableEditHappened(
         new UndoableEditEvent(obj, edit));
      obj.setProp(textField.getText());
      edit.end();
   }
}
```

Listing 15.6 Bereitstellen eines Undo/Redo-Managers und Hinzufügen eines Elements bei Änderung der Daten durch den Benutzer

Das Datenobjekt, dessen Änderungen rückgängig gemacht oder wiederhergestellt werden sollen, muss das Interface `StateEditable` implementieren. Dieses spezifiziert die beiden Methoden `storeState()` und `restoreState()`. Das Prinzip bei der `StateEdit`-Klasse beruht darauf, dass die entsprechenden Eigenschaften eines Datenobjektes in einer `Hashtable` gespeichert werden. Diese `Hashtable` wird vom `StateEdit`-Objekt verwaltet. Die `storeState()`-Methode wird also aufgerufen, wenn das `StateEdit`-Objekt erzeugt wird. In der dabei übergebenen `Hashtable` speichern wir unsere Eigenschaften, bevor sie geändert werden. Will der Benutzer nun die vorgenommenen Änderungen wieder rückgängig machen, wird vom `StateEdit`-Objekt die `restoreState()`-Methode aufgerufen, mit der wir wieder eine `Hashtable` geliefert bekommen, in der die originalen Werte stehen. Wir müssen diese also nur noch auslesen und übernehmen.

```
public class MyObject implements StateEditable {
   private String prop = new String("init value");
   public void storeState(Hashtable<Object, Object> props) {
      props.put("prop", prop); // save original state
   }
   public void restoreState(Hashtable<?, ?> props) {
      prop = (String)props.get("prop"); // read original state
   }
   public void setProp(String value) {
      prop = value;
   }
   public String getProp() {
      return prop;
   }
}
```

Listing 15.7 Datenobjekt, dessen geänderte Eigenschaften wiederhergestellt werden sollen

15 | Tipps und Tricks

Zuletzt möchte ich Ihnen zeigen, wie einfach Sie eine Text-Komponente mit der Undo/Redo-Unterstützung ausstatten können. Denn gerade bei Text-Komponenten wird dieses hilfreiche Feature am meisten gebraucht und verwendet. Sämtliche Subklassen von `JTextComponent`, dies sind standardmäßig die Klassen `JEditorPane`, `JTextArea` und `JTextField`, besitzen als Datenmodell ein `Document`.

Einer `Document`-Instanz können Sie über die Methode `addUndoableEditListener()` einen `UndoableEditListener` hinzufügen. Dieses Listener-Interface wird auch vom NetBeans-`UndoRedo.Manager` implementiert. Somit können wir diesen Manager, den wir in der vorherigen Top Component als privates Datenelement angelegt und mit der Methode `getUndoRedo()` zurückgeliefert haben, einer `Document`-Instanz als Listener hinzufügen. Das heißt also, wir können mit einer einzigen Zeile eine Text-Komponente mit der Undo/Redo-Unterstützung versehen:

```
textField.getDocument().addUndoableEditListener(manager);
```

Jetzt kann die Text-Komponente ihre Ereignisse selbst an den Manager melden, wodurch wiederum automatisch die Undo- und Redo-Schaltflächen aktiviert und deaktiviert werden. Und natürlich können Sie auf diese Weise nicht nur Text-Komponenten mit dem Undo-Support ausstatten, sondern alle Komponenten, deren Datenmodell das Interface `Document` implementiert oder eine Implementation von `Document` verwendet, wie z. B. die Klasse `HTMLDocument` oder `PlainDocument`.

TEIL III Fix & Fertig

Verwenden der NetBeans Platform Standard Module

In diesem Kapitel stelle ich Ihnen das NetBeans-Hilfesystem vor, das auf dem Standard JavaHelp Framework basiert. Sie lernen dabei, wie Sie Ihre eigenen Hilfeseiten hinzufügen können.

16 Hilfesystem

Das NetBeans-Hilfesystem basiert auf **JavaHelp** und stellt ein Modul zur Verfügung, das die JavaHelp-Bibliothek beinhaltet und eine Klasse für den Zugriff bereitstellt. Damit wir das Hilfesystem verwenden können, müssen wir unserem Modul eine Abhängigkeit zum sogenannten **JavaHelp Integration**-Modul über PROPERTIES • LIBRARIES hinzufügen. Automatisch steht dann in unserer Anwendung der Menüpunkt HELP • HELP CONTENTS zur Verfügung, über den der Benutzer das Hilfe-Fenster aufrufen kann.

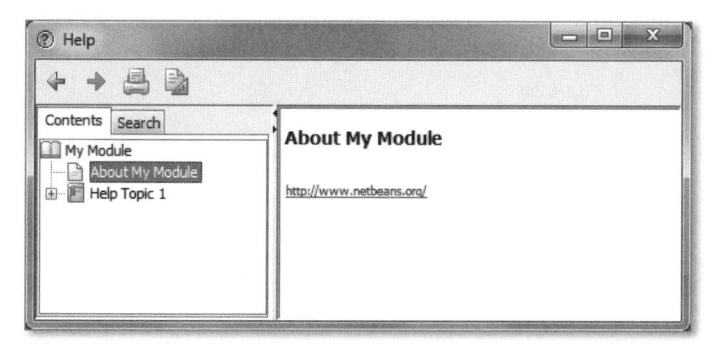

Abbildung 16.1 Das Fenster des integrierten Hilfesystems

16.1 Erstellen und Hinzufügen eines Helpsets

Für die Erstellung eines Helpsets steht über die NetBeans IDE ein Wizard bereit – das Ganze ist also ein Kinderspiel. Rufen Sie dazu den Menüpunkt FILE • NEW FILE... auf, wählen Sie in der Kategorie MODULE DEVELOPMENT den Dateityp JAVAHELP HELP SET aus, und klicken Sie auf NEXT. Auf der nächsten und bereits letzten Seite sehen Sie vorab schon, welche Dateien vom Wizard angelegt bzw. geändert werden. Klicken Sie auf FINISH, um das Helpset anzulegen.

Ein Helpset wird einem Modul über die `HelpSetRegistration`-Annotation hinzugefügt. Die erzeugten Helpset-Dateien werden vom Wizard in einem separaten Package namens `docs` angelegt. Da ein Helpset über keine Java-Datei verfügt, wird eine angelegt (*package-info.java*) und die Annotation wie in Listing 16.1 hinzugefügt.

```
@HelpSetRegistration(helpSet = "module-hs.xml", position = 3672)
package com.galileo.netbeans.module.docs;
import org.netbeans.api.javahelp.HelpSetRegistration;
```

Listing 16.1 Registrieren eines Helpsets mit einer Annotation

Mit der `HelpSetRegistration`-Annotation wird mit dem `helpSet`-Attribut auf die eigentliche Helpset-XML-Datei *module-hs.xml* verwiesen. Diese Annotation führt zu einem Eintrag in der Layer-Datei im Standard-Folder `Services/JavaHelp`. Das heißt auch: Wenn Sie bewusst auf Annotations verzichten möchten, können Sie Ihr Helpset auch durch folgenden Eintrag selbst in der Layer-Datei registrieren:

```xml
<folder name="Services">
   <folder name="JavaHelp">
      <file name="module-helpset.xml" url="module-helpset.xml"/>
   </folder>
</folder>
```

Listing 16.2 Direktes Registrieren eines Helpsets in der Layer-Datei

In der Layer-Datei registrieren wir dabei die Datei *module-helpset.xml*, die eine Referenz auf das Helpset beinhaltet. Diese sieht dann wie folgt aus:

```xml
<?xml version="1.0" encoding="UTF-8"?>
<!DOCTYPE helpsetref PUBLIC
   "-//NetBeans//DTD JavaHelp Help Set Reference 1.0//EN"
   "http://www.netbeans.org/dtds/helpsetref-1_0.dtd">
<helpsetref
   url="nbdocs:/com/galileo/netbeans/module/docs/module-hs.xml"/>
```

Listing 16.3 Helpset-Reference-Datei für die Registrierung über die Layer-Datei

Sie haben in diesem ersten Schritt gesehen, wie Sie ein Helpset über den NetBeans Wizard einfach erstellen lassen können und wie Sie ein solches entweder durch eine einzelne Annotation oder durch einen Layer-Eintrag und eine zusätzliche XML-Datei registrieren. In den folgenden Abschnitten schauen wir uns nun die einzelnen Dateien genauer an.

16.1.1 module-hs.xml

Die *module-hs.xml* ist die zentrale Datei, die das Helpset beschreibt und konfiguriert. Mit dem `title`-Element geben wir dem Helpset einen Namen. Im Element `map` referenzieren wir auf Map-Dateien, in denen die HTML-Hilfeseiten mit Ihren IDs aufgeführt sind. Mit den Map-Dateien wird also der Inhalt eines Helpsets definiert. Über die `view`-Elemente fügen wir den Inhalt unseres Helpsets dem Inhaltsverzeichnis und dem Index hinzu, und außerdem definieren wir die zu verwendende Suchmaschine.

```xml
<?xml version="1.0" encoding="UTF-8"?>
<!DOCTYPE helpset PUBLIC
    "-//Sun Microsys Inc.//DTD JavaHelp HelpSet Version 2.0//EN"
    "http://java.sun.com/products/javahelp/helpset_2_0.dtd">
<helpset version="2.0">
    <title>My Module Help</title>
    <maps>
        <homeID>com.galileo.netbeans.module.about</homeID>
        <mapref location="module-map.xml"/>
    </maps>
    <view mergetype="javax.help.AppendMerge">
        <name>TOC</name>
        <label>Table of Contents</label>
        <type>javax.help.TOCView</type>
        <data>module-toc.xml</data>
    </view>
    <view mergetype="javax.help.AppendMerge">
        <name>Index</name>
        <label>Index</label>
        <type>javax.help.IndexView</type>
        <data>module-idx.xml</data>
    </view>
    <view>
        <name>Search</name>
        <label>Search</label>
        <type>javax.help.SearchView</type>
        <data engine="com.sun.java.help.search.DefaultSearchEngine">
            JavaHelpSearch</data>
    </view>
</helpset>
```

Listing 16.4 Helpset-Beschreibung

16.1.2 module-map.xml

In der Map-Datei *module-map.xml* werden die eigentlichen HTML-Hilfeseiten eingetragen und mit dem Attribut `target` mit einer eindeutigen ID versehen. Diese wird dann für das Inhaltsverzeichnis und den Index verwendet. Zudem werden genau diese IDs auch für ein `HelpCtx`-Objekt genutzt, und zwar zur Realisierung von kontextsensitiver Hilfe.

```xml
<?xml version="1.0" encoding="UTF-8"?>
<!DOCTYPE map PUBLIC
    "-//Sun Microsystems Inc.//DTD JavaHelp Map Version 2.0//EN"
    "http://java.sun.com/products/javahelp/map_2_0.dtd">
<map version="2.0">
    <mapID target="com.galileo.netbeans.module.about"
           url="module-about.html"/>
</map>
```

Listing 16.5 Mapping von Hilfethemen-IDs auf HTML-Seiten

16.1.3 module-toc.xml

Mit der Datei *module-toc.xml* können wir den Inhalt des Inhaltsverzeichnisses festlegen. Hier tragen wir mit dem `tocitem`-Element die ID der jeweiligen Hilfeseite ein, die wir zum Inhaltsverzeichnis hinzufügen wollen. Dabei kann das `tocitem`-Element beliebig verschachtelt werden, sodass die Hilfeseiten auch gruppiert werden können.

```xml
<?xml version="1.0" encoding="UTF-8"?>
<!DOCTYPE toc PUBLIC
    "-//Sun Microsystems Inc.//DTD JavaHelp TOC Version 2.0//EN"
    "http://java.sun.com/products/javahelp/toc_2_0.dtd">
<toc version="2.0">
    <tocitem text="My Module">
        <tocitem text="About My Module"
                 target="com.galileo.netbeans.module.about"/>
    </tocitem>
</toc>
```

Listing 16.6 Inhaltsverzeichnis eines Helpsets

16.1.4 module-idx.xml

In der Datei *module-idx.xml* führen wir mit dem Element `indexitem` die IDs der Hilfeseiten auf, die wir in den Index aufnehmen wollen.

```xml
<?xml version="1.0" encoding="UTF-8"?>
<!DOCTYPE index PUBLIC
   "-//Sun Microsystems Inc.//DTD JavaHelp Index Version 2.0//EN"
   "http://java.sun.com/products/javahelp/index_2_0.dtd">
<index version="2.0">
   <indexitem text="About My Module"
             target="com.galileo.netbeans.module.about"/>
</index>
```

Listing 16.7 Index eines Helpsets

16.1.5 Hilfeseiten

Die zuvor dargestellten XML-Dateien dienen lediglich zur Konfiguration des Helpsets und des Hilfesystems. Die Hilfeseiten selbst können Sie in Form von gewöhnlichen HTML-Seiten beliebig erstellen. Der Wizard hat beim Erstellen des Helpsets bereits eine erste Beispiel-Seite angelegt. Dies ist die Datei *module-about.html*. Diese wurde auch schon über die Datei *module-map.xml* ins Helpset eingehängt. In genau der gleichen Weise können Sie also Ihre eigenen Hilfeseiten hinzufügen.

16.2 Links in Hilfeseiten einfügen

In einer Hilfeseite können Sie sowohl Links auf externe Webseiten oder aber auch auf andere Hilfeseiten definieren, selbst wenn diese zu einem anderen Modul gehören.

16.2.1 Links auf externe Webseiten

Da bei externen Webseiten das Hilfe-Fenster für die Darstellung unzureichend ist, werden diese typischerweise in einem externen Browser aufgerufen. Dafür ist die Klasse `BrowserDisplayer` zuständig, die wir mit dem `object`-HTML-Element referenzieren. Den Link selbst geben wir über den Parameter `content` an.

```html
<object
    classid="java:org.netbeans.modules.javahelp.BrowserDisplayer">
   <param name="content" value="http://www.netbeans.org">
   <param name="text" value="http://www.netbeans.org">
   <param name="textFontSize" value="medium">
   <param name="textColor" value="blue">
</object>
```

Listing 16.8 In eine Hilfeseite eingebetteter Link

Die Klasse `BrowserDisplayer` übergibt den Link an den Service `URLDisplayer`. Die Standard-Implementation dieses Services, die von der NetBeans Platform zur Verfügung gestellt wird, öffnet den Link jedoch im NetBeans-Platform-internen Webbrowser. Da dieser aber die meisten Webseiten ebenfalls nur unzureichend darstellt, wäre es wünschenswert, wenn wir den Standard-Browser des Betriebssystems aufrufen könnten. Dadurch, dass die Klasse `URLDisplayer` als Service ausgeführt ist und uns die Java Platform mit der Klasse `Desktop` eine Methode zum Aufrufen des Standard-Browsers zur Verfügung stellt, können wir dies durch einen eigenen Service Provider realisieren. Dazu erstellen wir die Klasse `ExternalURLDisplayer`, die von der Service-Klasse `HtmlBrowser.URLDisplayer` ableitet. Dieses Interface befindet sich im **UI Utilities**-Modul, zu dem wir also eine Abhängigkeit unter PROPERTIES • LIBRARIES definieren müssen. Dieses Interface spezifiziert die Methode `showURL()`, die den zu öffnenden Link als `URL`-Objekt übergeben bekommt. Diesen Link müssen wir dann nur noch in Form eines `URI`-Objektes an die `browse()`-Methode der Java-`Desktop`-Klasse übergeben, die dann die entsprechende Webseite im jeweiligen Standard-Browser öffnet.

```
@ServiceProvider (
    service = HtmlBrowser.URLDisplayer.class, position = 0)
public class ExternalURLDisplayer
    extends HtmlBrowser.URLDisplayer{
    public void showURL(URL link) {
        try {
            Desktop.getDesktop().browse(link.toURI());
        } catch(Exception ex) {
            Logger.getLogger("global").log(Level.SEVERE, null, ex);
            // show the user a message dialog
        }
    }
}
```

Listing 16.9 Service Provider zum externen Öffnen von Links in Hilfeseiten

Dieser Service Provider wird über die `ServiceProvider`-Annotation registriert und damit veröffentlicht (siehe dazu Abschnitt 5.3, »Service Provider registrieren«).

16.2.2 Links auf andere Hilfeseiten

Links auf Hilfeseiten anderer Module können Sie ganz einfach über das `nbdocs`-Protokoll mit dem `href`-Element einfügen:

```
<a href="nbdocs://org.netbeans.modules.usersguide/org/netbeans/
   modules/usersguide/configure/configure_options.html">
   Verwenden des Optionsdialogs</a>
```

Listing 16.10 Links auf Hilfeseiten anderer Module

Dabei ist es wichtig, dass Sie zunächst den Code Name Base des Moduls angeben. Bei diesem Beispiel ist das `org.netbeans.modules.usersguide`. Darauf folgend geben Sie dann den Pfad zur Hilfeseite an. Durch die Angabe des Code Name Base ist das Hilfesystem in der Lage, dem Benutzer eine entsprechende Information anzuzeigen, falls das Modul nicht verfügbar sein sollte und die Hilfeseite nicht erreichbar ist. Auf die gleiche Weise verlinken Sie auch auf Ihre eigenen modulinternen Hilfeseiten.

16.3 Kontextsensitive Hilfe

Durch die Bereitstellung von kontextsensitiver Hilfe ermöglichen Sie dem Benutzer den direkten Zugriff auf die Hilfe und das entsprechende Thema zum Kontext, in dem sich der Benutzer gerade befindet. So muss der Anwender nicht erst nach dem gewünschten Thema suchen, sondern bekommt direkt die passende Seite angezeigt.

Eine kontextsensitive Hilfe wird durch die Verbindung einer einzelnen Komponente mit der ID einer entsprechenden Hilfeseite realisiert. Damit eine Komponente dem Hilfesystem seine Hilfe-ID auf einfache Art und Weise mitteilen kann, definiert die NetBeans Platform das Interface `HelpCtx.Provider`. Dieses spezifiziert die Methode `getHelpCtx()`, die von der jeweiligen Komponente implementiert werden muss und damit ein `HelpCtx`-Objekt liefert, das eine ID beinhaltet.

Zahlreiche häufig verwendete Klassen der NetBeans Platform APIs implementieren bereits das `HelpCtx.Provider`-Interface. Dazu zählen z. B. die Klassen `Node`, `DataObject`, `TopComponent`, `SystemAction`, `WizardDescriptor.Panel` oder `DialogDescriptor`. In ihren Subklassen müssen Sie dann nur noch die `getHelpCtx()`-Methode überschreiben. Typischerweise wird die Kontext-Hilfe durch den Benutzer über die [F1]-Taste aufgerufen. Bei einem Dialog oder einem Wizard, der mit der `getHelpCtx()`-Methode eine ID liefert, wird auf dem Dialog automatisch eine zusätzliche Schaltfläche zum Aufruf der Hilfe angezeigt.

Damit die Hilfe mittels der [F1]-Taste aufgerufen werden kann, muss eine Shortcut-Definition vorliegen. Wurde diese nicht bereits durch die NetBeans Platform vorgenommen, lässt sich also das Hilfe-Fenster durch [F1] nicht öffnen, können Sie diesen Shortcut in Ihrer Layer-Datei durch folgenden Eintrag selbst vergeben:

```xml
<folder name="Shortcuts">
   <file name="F1.shadow">
      <attr name="originalFile" stringvalue="Actions/Help/
           org-netbeans-modules-javahelp-HelpAction.instance"/>
   </file>
</folder>
```

Listing 16.11 Das Hilfesystem über die F1-Taste zugänglich machen

Drückt der Benutzer nun die F1-Taste, wird die HelpAction ausgeführt, die sich automatisch die Komponente sucht, auf der gerade der Fokus liegt. Implementiert die fokussierte Komponente das HelpCtx.Provider-Interface, wird die ID der Hilfeseite über die getHelpCtx()-Methode ermittelt. Zudem haben Sie auch die Möglichkeit, eine JComponent-Subklasse mit einer Hilfe-ID über die Methode setHelpIDString() zu versehen:

```
JComponent c = ...
HelpCtx.setHelpIDString(c, "com.galileo.netbeans.module.about");
```

Beachten Sie, dass Ihre Komponente fokussierbar sein muss, damit sie von HelpAction gefunden werden kann. Die Klasse TopComponent ist standardmäßig z. B. nicht fokussierbar (das können Sie über die Methode isFocusable() herausfinden). Dies können wir aber einfach durch den Aufruf von setFocusable() erreichen. Eine TopComponent-Subklasse, die ihre Hilfe-ID über getHelpCtx() liefert, würde dann so aussehen:

```java
public final class MyTopComponent extends TopComponent {
   public MyTopComponent() {
      setFocusable(true);
   }
   public HelpCtx getHelpCtx() {
      return new HelpCtx("com.galileo.netbeans.module.about");
   }
}
```

Listing 16.12 Kontextsensitive Hilfe für Komponenten

Liegt nun MyTopComponent im Fokus und drückt der Benutzer die F1-Taste, so wird das Hilfesystem mit der Hilfeseite aufgerufen, die die ID com.galileo.netbeans.module.about hat. Diese ID definieren Sie in Verbindung mit der gewünschten Seite in der Map-Datei des Helpsets (siehe Abschnitt 16.1, »Erstellen und Hinzufügen eines Helpsets«). Möchten Sie, dass lediglich das Hilfe-Fenster ohne eine spezielle Seite aufgerufen wird, können Sie dazu HelpCtx.DEFAULT_HELP ausgeben. Darüber hinaus können Sie dem HelpCtx-Konstruktor statt der ID in Form eines `String` auch ein `Class`-Objekt übergeben. Das `HelpCtx`-Objekt ermittelt dann die ID anhand des vollständigen Klassennamens. Würden wir also beim `MyTopComponent`-Beispiel `new HelpCtx(getClass())` verwenden, würde die Hilfe-ID `com.galileo.netbeans.module.MyTopComponent` lauten.

16.4 Öffnen des Hilfesystems

Wenn Sie das Hilfesystem selbst aufrufen wollen, können Sie sich über das Lookup Zugriff darauf verschaffen. Dort ist eine Implementation der Klasse `Help` registriert.

```
Help h = Lookup.getDefault().lookup(Help.class);
if(h != null)
   h.showHelp(new HelpCtx("com.galileo.netbeans.module.about"));
   // h.showHelp(HelpCtx.DEFAULT_HELP);
```

Listing 16.13 Aufrufen des Hilfesystems zu einem bestimmten Thema

Der Methode `showHelp()` übergeben wir eine `HelpCtx`-Instanz, die eine Hilfeseite repräsentiert. Dem Konstruktor übergeben wir die ID der gewünschten Hilfeseite, die wir in der Map-Datei festgelegt haben. Wenn Sie stattdessen das Hilfe-Fenster mit der Standardseite aufrufen wollen, können Sie `HelpCtx.DEFAULT_HELP` verwenden.

Das Output Window können Sie geschickt für Ihre eigenen Zwecke nutzen. So können Sie bereits bei der Entwicklung auf einfache Weise Ausgaben erzeugen oder aber später dem Benutzer hilfreiche Infos damit anzeigen.

17 Output Window

Die NetBeans Platform stellt mit dem *Output Window*-Modul ein komfortables und praktisches Ausgabefenster zur Verfügung. Dabei können mehrere unterschiedliche Ausgaben parallel auf verschiedenen Tabs ausgegeben werden. Das **Output Window** und die **I/O API** der NetBeans Platform stehen in engem Zusammenhang. So leitet die Standard-I/O-Provider Implementation ihre Ausgaben auf das Output Window.

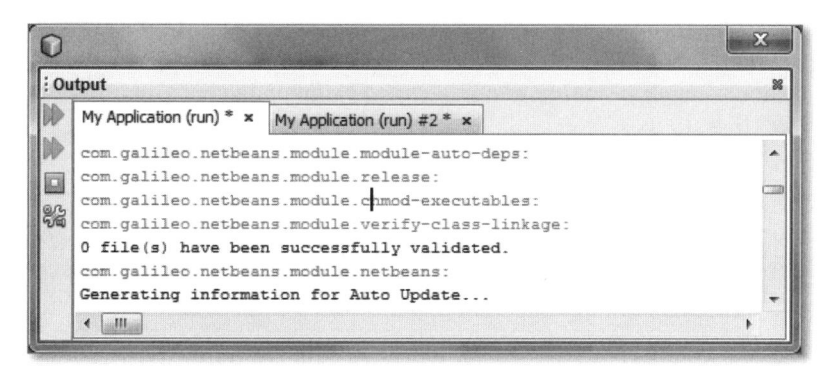

Abbildung 17.1 Output-Fenster

17.1 Ausgaben erstellen

Damit Ihnen das Modul zur Verfügung steht, müssen Sie zunächst in den Eigenschaften Ihrer NetBeans Platform Application unter PROPERTIES • LIBRARIES sicherstellen, dass die beiden Module *Output Window* und *I/O APIs* im Cluster *platform* aktiviert sind. Denn erst dann, wenn die Module hier aktiviert sind, können Sie auch eine Abhängigkeit darauf definieren. Nun müssen Sie in dem Modul, das das Ausgabefenster verwenden möchte, eine Abhängigkeit zum *I/O APIs*-Modul definieren. Öffnen Sie dazu die PROPERTIES Ihres Moduls, und fügen Sie unter

LIBRARIES mit der Schaltfläche ADD DEPENDENCY… das *I/O APIs*-Modul als Abhängigkeit hinzu. Ihre Ausgaben können dann folgendermaßen aussehen:

```
InputOutput io = IOProvider.getDefault().getIO("Task", true);
io.getOut().println("Info message");
io.getErr().println("error message");
io.getOut().close();
io.getErr().close();
```

Listing 17.1 Verwenden des Output Window-Moduls

Mit der Methode `IOProvider.getDefault()` holen wir uns über das Lookup den Service Provider des `IOProvider`-Services, der sich im *Output Window*-Modul befindet. Wäre das *Output Window*-Modul und somit der Service Provider nicht vorhanden, würde die `getDefault()`-Methode eine Standard-Implementation liefern, die die Ausgaben auf die Standardausgabe schreibt. Das Output-Fenster ist also als globaler Service implementiert. Weitere Informationen dazu finden Sie in Abschnitt 5.2, »Globale Services«. Folglich könnte das Ausgabefenster problemlos durch ein eigenes Fenster ersetzt werden, ohne dass der Quelltext angepasst werden müsste.

Die `getIO()`-Methode liefert Ihnen ein `InputOutput`-Objekt, über das Sie Zugriff auf das Fenster erhalten. Dabei können Sie einen Namen angeben, der auf dem Tab oder der Titelzeile angezeigt wird. Mit dem `boolean`-Parameter legen Sie fest, ob ein neuer Tab angelegt oder ein bereits mit dem gleichen Namen vorhandener Tab wiederverwendet werden soll. Mit den Methoden `getOut()` und `getErr()` holen wir uns ein Objekt der `OutputWriter`-Klasse, das eine Subklasse der Java-`PrintWriter`-Klasse ist. Somit können wir wie gewohnt mit `println()` unsere Meldungen ausgeben.

Der Text, der über `getErr()` ausgegeben wird, wird im Output-Fenster rot dargestellt. Wichtig ist, dass Sie die Streams mit der `close()`-Methode wieder schließen, wenn Sie alle Ihre Ausgaben vorgenommen haben. Dadurch wird auch der fett dargestellte Name des Tabs wieder in Normalschrift dargestellt und signalisiert dem Benutzer, dass die Aufgabe abgeschlossen ist. Wenn mehrere Tabs dargestellt werden, können Sie mit der Methode `InputOutput.select()` sicherstellen, dass der entsprechende Tab aktiv ist.

Das Output-Fenster können Sie in Ihrer Anwendung über den Menüpunkt WINDOW • OUTPUT • OUTPUT öffnen. Dieser Menüpunkt wird vom Output Window-Modul hinzugefügt. Das Output-Fenster bietet Ihnen auch ein Kontextmenü an, mit dem Sie z. B. in den Ausgaben suchen oder die Ausgaben in einem Tab auch löschen können.

17.2 Aktionen hinzufügen

Ferner beinhaltet das Output-Fenster eine Toolbar, auf der Sie eigene Aktionen platzieren können. In Abbildung 17.1 sind zum Beispiel vier Ant-spezifische Aktionen vorhanden. Dazu gibt es eine Variante der Methode getIO(), die als zweiten Parameter ein Array des Typs Action erwartet. Es können also ganz simple Aktionsklassen übergeben werden, die lediglich das Java-Action-Interface implementieren müssen. Wichtig ist, dass Ihre Aktionsklasse mit dem Property Action.SMALL_ICON ein Icon definiert, das in der Toolbar angezeigt werden kann. Nachfolgend sehen Sie eine Beispielklasse für solch eine Aktion, die von der Klasse AbstractAction ableitet, die bereits das Interface Action implementiert. Im Konstruktor erzeugen wir ein ImageIcon und setzen dies für das Property SMALL_ICON.

```
public class StopTask extends AbstractAction {
   public StopTask() {
      putValue(SMALL_ICON,
         ImageUtilities.loadImageIcon("icon.gif", true));
   }
   public void actionPerformed(ActionEvent evt) {
      // stop the task
   }
}
```

Der getIO()-Methode übergeben wir nun als zweiten Parameter ein Array mit einer Instanz der StopTask-Klasse.

```
InputOutput io = IOProvider.getDefault().getIO("Task",
   new Action[]{new StopTask()});
```

17.3 Hyperlinks ausgeben und einfügen

Mit den zuvor beschriebenen Methoden getOut() und getErr() erhalten Sie Zugriff auf das Output Window. Hierzu geben diese Methoden eine OutputWriter-Instanz zurück. Diese Klasse stellt eine Erweiterung der PrintWriter-Klasse der Java Platform dar. Sie spezifiziert zwei zusätzliche println()-Methoden, mit denen Hyperlinks im Output Window dargestellt werden können. Dazu geben Sie den Text in Form eines String-Objekts und eine OutputListener-Instanz an. Dieser Listener ist für die Ausführung der Aktion zuständig, die beim Klicken auf den Link erfolgen soll.

Im folgenden Beispiel erhalten wir über die `getOut()`-Methode Zugriff auf die entsprechende `OutputWriter`-Instanz. Wie zuvor erwähnt, erhält die `println()`-Methode den Namen des Links und einen Listener.

```
InputOutput io = IOProvider.getDefault().getIO("Task", true);
OutputWriter ow = io.getOut();
try {
    ow.println("My Link", new MyHyperlinkListener());
} catch (IOException ex) {
    Exceptions.printStackTrace(ex);
}
```

Listing 17.2 Erstellen eines Hyperlinks im Output Window

Einen entsprechenden Listener implementieren Sie (wie in Listing 17.3 dargestellt) über ein `OutputListener`-Interface

```
import org.openide.windows.OutputEvent;
import org.openide.windows.OutputListener;
public class MyHyperlinkListener implements OutputListener {
    @Override
    public void outputLineSelected(OutputEvent ev) {
        // Aktion für das Selektieren des Links / der Zeile
    }
    @Override
    public void outputLineAction(OutputEvent ev) {
        // Aktion für Klick auf den Link
    }
    @Override
    public void outputLineCleared(OutputEvent ev) {
        // Aktion beim Löschen des Links / der Zeile
    }
}
```

Listing 17.3 Listener für die Reaktion auf Hyperlinks im Output Window

Sie sehen in Listing 17.3, dass wir drei Methoden zu implementieren haben. Sie können also nicht nur auf das Klicken, sondern auch auf das Selektieren und das Löschen eines Links reagieren. Wenn Sie innerhalb des Listeners Zugriff auf ein bestimmtes Objekt benötigen, können Sie dazu einfach einen entsprechenden Konstruktor erstellen und diesem das gewünschte Objekt beim Hinzufügen des Links bzw. des Listeners übergeben.

Das Navigator-Modul ist eine universelle Komponente zur Darstellung von kontextabhängigen Datenstrukturen.

18 Navigator

Mit dem **Navigator**-Fenster und der **Navigator API** können Sie kontextabhängige Panels anzeigen, die typischerweise für die Navigation in einem Dokument genutzt werden, so z. B. vom NetBeans IDE Editor. Hier werden bei einer geöffneten *.java*-Datei die Konstruktoren, Methoden und weitere Elemente einer Java-Klasse angezeigt, wodurch dem Benutzer die Möglichkeit zur Navigation innerhalb des Dokuments gegeben wird. Dies ist aber nur ein Anwendungsfall – die im Navigator dargestellten Panels können für beliebige Zwecke genutzt werden.

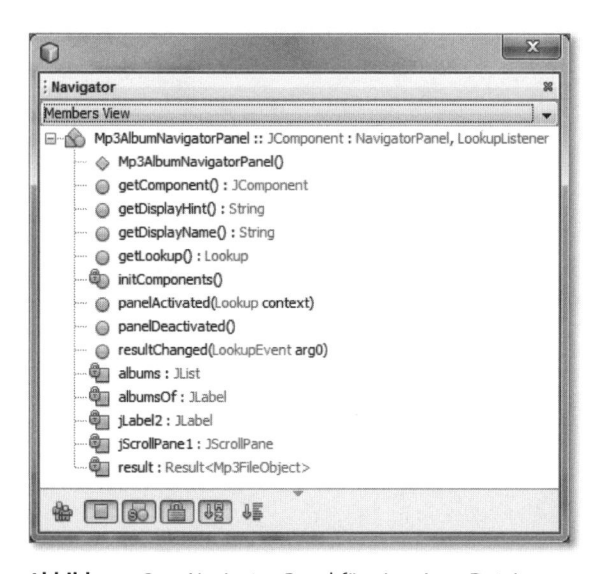

Abbildung 18.1 Navigator Panel für eine .java-Datei

Die **Navigator API** spezifiziert mit dem Interface `NavigatorPanel` die Schnittstellen eines Panels, das im Navigator angezeigt werden kann. Panels werden deklarativ über die Layer-Datei Ihres Moduls hinzugefügt. Dabei wird ein Panel mit einem bestimmten MIME-Type verknüpft. Ist eine Datei mit entsprechendem MIME-Type geöffnet, wird das dazu registrierte Panel angezeigt. Steht kein

`FileObject`, `DataObject` oder `Node` mit einem bestimmten MIME-Type zur Verfügung, anhand dessen das entsprechende Navigator Panel gefunden werden kann, kann das Interface `NavigatorLookupHint` von der Komponente, die den Kontext darstellt, implementiert und über das lokale Lookup zur Verfügung gestellt werden. Dieses Interface spezifiziert lediglich eine Methode, mit der ein MIME-Type zurückgegeben werden kann. Somit ist das Navigator-Modul auch dann in der Lage, ein Panel zu finden, wenn keine Datei mit einem MIME-Type vorhanden ist.

Um Ihnen die Verwendung der **Navigator API** exemplarisch zu zeigen, möchte ich das Beispiel aus Abschnitt 5.4, »Intermodulkommunikation«, aufgreifen und um ein weiteres Modul erweitern. In diesem Beispiel ging es um eine Suchliste, die Einträge vom Typ `Mp3FileObject` darstellen kann. Das jeweils selektierte Element wird über ein lokales Lookup zur Verfügung gestellt. Dieses Element, das Informationen zum Musiktitel bereitstellt, wollen wir in unserem neuen Modul verwenden, und wir wollen alle verfügbaren Alben des aktuellen Interpreten in einem Navigator Panel darstellen, wie Sie in Abbildung 18.2 und in den folgenden Schritten sehen werden. Anhand dieses Beispiels erfahren Sie einmal mehr, wie leicht und flexibel sich eine Anwendung auf Basis der NetBeans Platform um weitere Module und Komponenten erweitern lässt.

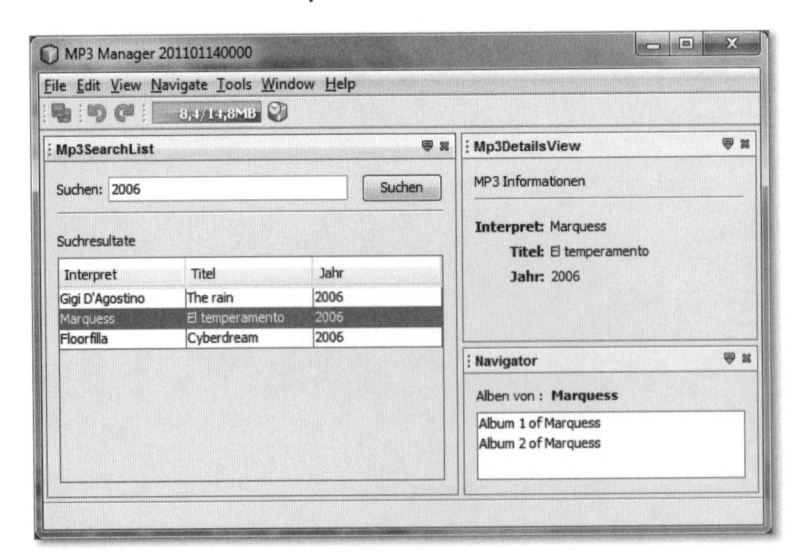

Abbildung 18.2 Kontextabhängiges Navigator Panel

Da die **Navigator API** nicht zum Standardumfang der Plattform, sondern zur IDE Distribution gehört, müssen wir zunächst in der NetBeans Platform Application unter PROPERTIES • LIBRARIES das Modul *Navigator API*, das sich im Cluster *ide* befindet, aktivieren. Dann legen wir ein neues Modul mit dem Namen *MP3*

Navigator an und fügen dies unserem Application-Projekt hinzu. Fügen Sie diesem Modul unter PROPERTIES • LIBRARIES eine Abhängigkeit auf die Module *MP3 Object*, *Navigator API* und *Utilities API* hinzu. Aus diesen Modulen werden wir im Folgenden Klassen verwenden. Anschließend erstellen wir über den Wizard eine neue JPANEL FORM. In der erstellten Klasse ändern wir dann die Basisklasse von `JPanel` auf `JComponent` und implementieren die beiden Interfaces `NavigatorPanel` und `LookupListener`.

Den Inhalt des Panels können Sie dann beliebig mit dem Form-Editor erstellen. Hier im Beispiel habe ich dem Panel lediglich zwei Labels und eine Liste zur Anzeige der Alben hinzugefügt. Nachfolgend sind die wichtigsten Teile der Klasse abgebildet. Das vollständige und lauffähige Beispiel finden Sie auf der Bonus-Seite.

```java
public class Mp3AlbumNavigatorPanel extends JComponent
   implements NavigatorPanel, LookupListener {
   private Lookup.Result<Mp3FileObject> result = null;
   public Mp3AlbumNavigatorPanel() {
      initComponents();
   }
   @Override
   public JComponent getComponent() {
      return this;
   }
   @Override
   public void panelActivated(Lookup context) {
      result = Utilities.actionsGlobalContext().
         lookupResult(Mp3FileObject.class);
      result.addLookupListener(this);
   }
   @Override
   public void panelDeactivated() {
      result.removeLookupListener(this);
      result = null;
   }
   @Override
   public void resultChanged(LookupEvent event) {
      Collection<? extends Mp3FileObject> mp3s =
         result.allInstances();
      if(!mp3s.isEmpty()) {
         Mp3FileObject mp3 = mp3s.iterator().next();
         //search for albums of selected artist and display it
```

```
            albumsOf.setText(mp3.getArtist());
            DefaultListModel model = new DefaultListModel();
            model.addElement("Album 1 of " + mp3.getArtist());
            model.addElement("Album 2 of " + mp3.getArtist());
            albums.setModel(model);
        }
    }
}
```

Listing 18.1 Die wichtigsten Teile der Navigator-Panel-Implementation

Mit der `getComponent()`-Methode, die das Interface `NavigatorPanel` spezifiziert, holt sich das Navigator-Modul das anzuzeigende Panel. Die Methoden `panelActivated()` und `panelDeactivated()` werden aufgerufen, wenn das Panel vom Navigator ein- oder ausgeblendet wird.

Beim Aktivieren des Panels holen wir uns ein `Lookup.Result` für den Klassentyp `Mp3FileObject` über das globale Proxy-Lookup, das uns das lokale Lookup der Suchliste mit dem jeweils aktivierten `Mp3FileObject` liefert. Für dieses registrieren wir einen `LookupListener`, um reagieren zu können, wenn ein anderer Eintrag in der Suchliste ausgewählt wurde. Bei Veränderung wird die Methode `resultChanged()` aufgerufen, in der wir dann den gewünschten Inhalt auf dem Navigator Panel darstellen können. Hier im Beispiel stellen wir der Einfachheit halber einfach zwei Einträge dar. Normalerweise würde an dieser Stelle z. B. in einer Datenbank nach Alben von diesem Interpreten gesucht werden.

Damit nun das Navigator-Modul das Panel finden und erzeugen kann, müssen wir dies in der Layer-Datei unseres Moduls registrieren. Dafür definiert das Navigator-Modul den Folder `Navigator/Panels`. Unterhalb von ihm ordnen wir unser Panel einem MIME-Type zu, bei dem das Panel angezeigt werden soll. Hier wählen wir `audio/mpeg`. Es wäre aber auch ein beliebiger anderer Typ denkbar.

```
<folder name="Navigator">
    <folder name="Panels">
        <folder name="audio">
            <folder name="mpeg">
                <file name="com-galileo-netbeans-module-mp3navigator-
                        Mp3AlbumNavigatorPanel.instance"/>
            </folder>
        </folder>
    </folder>
</folder>
```

Listing 18.2 Registrierung des Navigator Panels in der Layer-Datei

Nun sollten Sie sich fragen, wie das Navigator-Modul jetzt weiß, wann es welches Panel anzeigen soll. Normalerweise liest das Navigator-Modul den MIME-Type des gerade aktiven Nodes aus. Für einen Fall wie in unserem Beispiel, in dem keine Nodes vorhanden sind, stellt die **Navigator API** das Interface NavigatorLookupHint zur Verfügung. Dieses Interface spezifiziert die Methode getContentType(), mit der die Kontext-Komponente – in unserem Fall ist das die Klasse Mp3SearchList – den MIME-Type liefert, zu dem ein Navigator Panel angezeigt werden soll. Dieses Interface implementieren wir also in der Klasse Mp3SearchList und geben den MIME-Type audio/mpeg zurück – genauso wie wir das Panel in der Layer-Datei registriert haben.

```
import org.netbeans.spi.navigator.NavigatorLookupHint;
...
public final class Mp3SearchList extends TopComponent implements
   ListSelectionListener {
   public Mp3SearchList() {
      ...
      associateLookup(new ProxyLookup(
         new AbstractLookup(content),
         Lookups.singleton(new Mp3AlbumNavigatorLookupHint())));
   }
   private static final class Mp3AlbumNavigatorLookupHint
       implements NavigatorLookupHint {
      public String getContentType() {
         return "audio/mpeg";
      }
   }
}
```

Listing 18.3 Implementation des NavigatorLookupHint-Interfaces, die bestimmt, welches Panel angezeigt werden soll

Wir erstellen die Inner Class Mp3AlbumNavigatorLookupHint, die das Interface NavigatorLookupHint implementiert. Eine Instanz dieser Klasse müssen wir nun unserem lokalen Lookup hinzufügen. Da wir aber schon ein AbstractLookup als lokales Lookup festgelegt haben, das ja den aktuell ausgewählten Eintrag der Suchliste beinhaltet, können wir diese Instanz nicht direkt ergänzen. Daher müssen wir ein ProxyLookup erstellen, dem wir das AbstractLookup und ein Lookup übergeben können, das wir über die Factory Lookups erstellen. Dieses Proxy-Lookup definieren wir dann mit der Methode associateLookup() als lokales Lookup. Sobald nun die Top Component Mp3SearchList im Fokus steht, wird das Navigator-Modul über das Vorhandensein einer NavigatorLookupHint-Instanz über das globale Proxy-Lookup informiert. Daraufhin kann der Navigator die Methode `getContentType()` aufrufen und anhand des Rückgabewertes das entsprechende Navigator Panel aufschalten.

Interessant wird die Navigator-Komponente natürlich dann, wenn mehrere verschiedene Panels vorhanden sind. Sie können beliebig viele Navigator Panels auf diese Weise erstellen und den entsprechenden MIME-Types im Folder `Navigator/Panels` zuordnen. Das Navigator-Modul schaltet dann die Panels automatisch um – in Abhängigkeit davon, welche Komponente gerade aktiv ist. Zuletzt bietet Ihnen die Navigator API noch die Klasse `NavigatorHandler`. Diese beinhaltet die statische Methode `activatePanel()`, der Sie eine `NavigatorPanel`-Instanz übergeben können. So können Sie ein Panel auch programmatisch öffnen.

Das Properties-Fenster ist eine einfache und gebräuchliche Art die Eigenschaften von beliebigen Objekten anzuzeigen und diese zu verändern.

19 Properties

Mit dem PROPERTIES-Fenster können Sie auf einfache Weise die Eigenschaften eines Nodes – d. h. die Eigenschaften der Daten oder der Aktion, die von diesem Node repräsentiert werden (siehe dazu Abschnitt 12.1, »Nodes API«) – anzeigen und dem Benutzer die Möglichkeit bieten, diese zu verändern.

Ein Satz von Eigenschaften wird mit der Klasse Sheet der **Nodes API** verwaltet. Die Klasse AbstractNode, die in aller Regel als Basis zugrunde liegt, liefert ein solches Sheet mit der Methode getSheet(). Sie müssen zur Bereitstellung eines solchen Sheet lediglich die Methode createSheet() überschreiben, wo Sie dann Ihre spezifischen Eigenschaften dem Sheet hinzufügen können.

Wie das funktioniert, möchte ich Ihnen anhand eines Beispiels demonstrieren. Dabei wollen wir die ID3-Informationen (allerdings lesen wir diese hier der Einfachheit halber nicht aus, sondern verwenden lediglich feste Beispielwerte) der gerade selektierten bzw. aktiven MP3-Datei anzeigen. Voraussetzung ist, dass Sie über eine eigene Node-Klasse verfügen, die mindestens von AbstractNode ableitet.

Beim Erstellen des MP3 File Type in Abschnitt 7.2, »Die Data Systems API«, haben Sie gesehen, dass standardmäßig die Klasse DataNode verwendet wird. Wir nehmen nun also nochmals das MP3-File-Type-Beispiel (bzw. Sie erstellen einfach einen MP3 File Type über den NetBeans Wizard) und implementieren eine eigene Node-Klasse. Die Eigenschaften, dargestellt im PROPERTIES-Fenster, sollten dann in etwa so aussehen, wie in Abbildung 19.1 gezeigt.

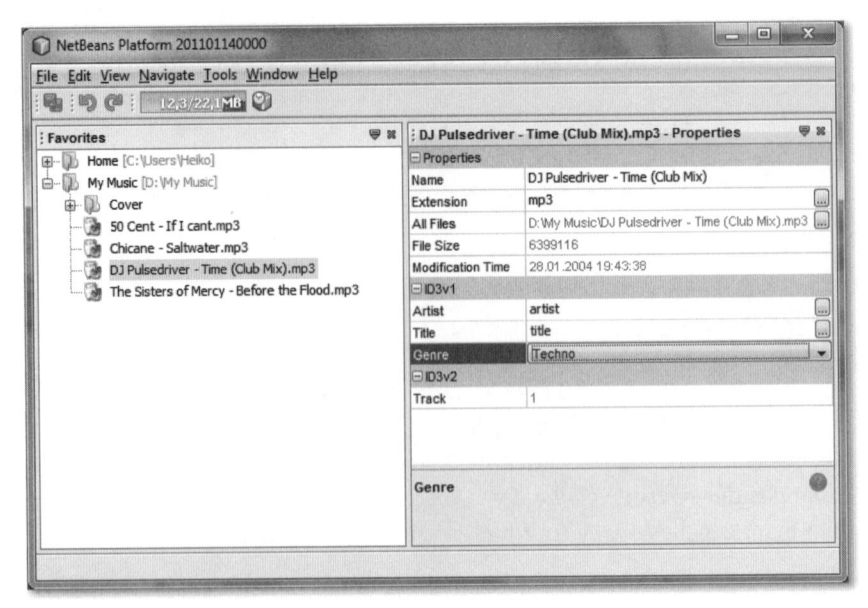

Abbildung 19.1 Darstellung der Eigenschaften des gerade selektierten Nodes im Properties-Fenster

19.1 Eigenschaften bereitstellen

Wie bereits erwähnt wurde, müssen wir die Methode createSheet() in der entsprechenden Node-Klasse überschreiben. Dies ist hier im Beispiel die neu erstellte Klasse Mp3DataNode, die Dateien des Typs *.mp3* repräsentiert. Zunächst benötigen wir eine Sheet-Instanz, die wir ganz einfach über die Methode der Basisklasse erzeugen, die der Instanz bereits ein Set von Basiseigenschaften hinzufügt (das ist der erste Bereich namens PROPERTIES in Abbildung 19.1). Wenn Sie diese Informationen nicht wünschen, können Sie sich natürlich auch über den Standard-Konstruktor von Sheet eine Instanz selbst erzeugen.

Sie haben also bereits gesehen, dass sich die dargestellten Eigenschaften in Bereiche einteilen lassen, die vom Benutzer dann je nach Bedarf ein- oder ausgeblendet werden können. Die Eigenschaften eines solchen Bereichs werden durch die Klasse Sheet.Set verwaltet. Um die beiden Bereiche **ID3v1** und **ID3v2** anzulegen, erzeugen wir mit der Factory-Methode createPropertiesSet() zwei Sheet.Set-Objekte. Wichtig ist, dass Sie einem Sheet.Set mit der Methode setName() einen eindeutigen Namen geben, der zur internen Verwaltung verwendet wird. Ansonsten würde lediglich das zuletzt hinzugefügte Sheet.Set dargestellt werden. Mit der setDisplayName()-Methode legen Sie den Namen fest, der für den Bereich als Überschrift verwendet werden soll.

```java
public class Mp3DataNode extends DataNode {
   protected Sheet createSheet() {
      Sheet s = super.createSheet();
      Sheet.Set id3v1 = Sheet.createPropertiesSet();
      Sheet.Set id3v2 = Sheet.createPropertiesSet();
      id3v1.setName("ID3v1");
      id3v1.setDisplayName("ID3v1");
      id3v2.setName("ID3v2");
      id3v2.setDisplayName("ID3v2");
      Mp3DataObject mp3 =getLookup().lookup(Mp3DataObject.class);
      try {
         Property artistProp =
            new PropertySupport.Reflection<String>
               (mp3, String.class, "artist");
         Property titleProp  =
            new PropertySupport.Reflection<String>
               (mp3, String.class, "title");
         PropertySupport.Reflection<String> genreProp =
            new PropertySupport.Reflection<String>
               (mp3, String.class, "genre");
         Property trackProp =
            new PropertySupport.Reflection<Integer>
               (mp3, Integer.class, "getTrack", null);
         artistProp.setName("Artist");
         titleProp.setName("Title");
         genreProp.setName("Genre");
         trackProp.setName("Track");
         id3v1.put(artistProp);
         id3v1.put(titleProp);
         id3v1.put(genreProp);
         id3v2.put(trackProp);
      } catch (NoSuchMethodException ex) {
         ex.printStackTrace();
      }
      s.put(id3v1);
      s.put(id3v2);
      return s;
   }
}
```

Listing 19.1 In der Methode createSheet() können Sie ein Sheet mit den gewünschten Eigenschaften erstellen, die im Properties-Fenster dargestellt werden sollen.

Auf das Datenobjekt, also die MP3-Datei, das die Eigenschaften zur Verfügung stellt, bekommen wir über das Lookup Zugriff. Dann erstellen wir für jede Eigenschaft ein Objekt. Dabei müssen wir zwischen Eigenschaften, die vom Benutzer geändert werden können, und Nur-Lese-Eigenschaften unterscheiden. Für die Eigenschaften, die der Benutzer im PROPERTIES-Fenster ändern können soll, erstellen wir eine `PropertySupport.Reflection`-Instanz mit dem entsprechenden Typ – in diesem Fall also `String`.

Als ersten Parameter übergeben wir das Datenobjekt, als zweiten den Datentyp der Eigenschaft, und als dritten Parameter übergeben wir den Namen der get- und set-Methode der jeweiligen Eigenschaft. Für die erste Eigenschaft übergeben wir z. B. `artist`, d. h., dass die Klasse `Mp3DataObject` sowohl die Methode `setArtist()` als auch `getArtist()` bereitstellen muss. Ansonsten tritt eine `NoSuchMethodException` auf. Für Eigenschaften, die der Benutzer nicht ändern darf oder soll, verwenden wir eine Variante des Konstruktors. Und zwar können wir diesem die get- und set-Methode getrennt übergeben. Damit eine Eigenschaft nun nicht geändert werden kann, übergeben wir als set-Methode einfach `null`. Ein Auszug aus der `Mp3DataObject`-Klasse ist nachfolgend dargestellt.

```
public class Mp3DataObject extends MultiDataObject {
    public String getArtist() {
        return this.artist;
    }
    public void setArtist(String artist) {
        this.artist = artist;
    }
    ...
    public int getTrack() {
        return this.track;
    }
}
```

Listing 19.2 Das Datenobjekt muss seine Eigenschaften über »get«-Methoden bereitstellen. Sollen die Eigenschaften auch geändert werden können, benötigen Sie zusätzlich noch die entsprechenden »set«-Methoden.

Den erstellten Instanzen, die die einzelnen Eigenschaften repräsentieren, geben wir mit der Methode `setName()` noch einen Namen und fügen diese dann mit der `put()`-Methode dem gewünschten `Sheet.Set` hinzu. Dieses wiederum fügen wir dem `Sheet` mit `put()` hinzu, das wir dann zurückliefern.

19.2 Benutzerdefinierter Eigenschaftseditor

Um den Benutzer bei der Eingabe bzw. Veränderung der Eigenschaften zu unterstützen oder auch Überprüfungen (Datum) oder Einschränkungen (wie eine fest vorgegebene Auswahl an Werten) festzulegen, können Sie für einen Eigenschaftswert einen eigens definierten Editor verwenden. In Abbildung 19.1 haben Sie vielleicht bereits bemerkt, dass das Genre über eine Combobox ausgewählt werden kann. Diesen speziellen Editorkönnen Sie über den Aufruf

`genreProp.setPropertyEditorClass(GenrePropertyEditor.class);`

für jede einzelne Eigenschaft setzen, wobei `GenrePropertyEditor` ein benutzerdefinierter Editor mit einer Combobox ist. Wie solch ein Editor aufgebaut wird, wollen wir uns nun ansehen. Dabei gehe ich nur auf die relevanten Klassen und Methoden ein. Den vollständigen Beispielcode als komplettes Projekt finden Sie auf der Bonus-Seite.

Zunächst leiten wir die Klasse `GenrePropertyEditor` von der Java-Klasse `PropertyEditorSupport` ab. Das ist eine Basis-Implementation des `PropertyEditor`-Interfaces, das von allen benutzerdefinierten Editoren implementiert werden muss. Zusätzlich implementieren wir noch die beiden Interfaces `ExPropertyEditor` und `InplaceEditor.Factory`.

Über die Methode `attachEnv()` von `ExPropertyEditor` bekommen wir ein `PropertyEnv`-Objekt geliefert, über das wir gewissermaßen mit dem PROPERTIES-Fenster in Kontakt treten können. Darauf registrieren wir eine `InplaceEditor.Factory`-Instanz (also unsere Klasse selbst), die für die Erzeugung des Editors zuständig ist. Und zwar erledigt dies die Methode `getInplaceEditor()`, die den Editor erst auf Verlangen erzeugt und dann liefert.

Die Implementation der grafischen Editor-Komponente stellen wir als private innere Klasse bereit, die von `InplaceEditor` ableitet, wie Sie es sicherlich schon anhand des Rückgabetyps von `getInplaceEditor()` erahnt haben.

Da wir als Editor eine Combobox verwenden möchten, legen wir diese als privates Datenelement an und initialisieren sie mit den gewünschten Werten. Diese Komponente muss dann von der Methode `getComponent()` geliefert werden.

Die weiteren wichtigen Methoden des `InplaceEditor` sind `setValue()` und `getValue()`, mit denen der Wert der Combobox anhand der Eigenschaft und umgekehrt gesetzt werden kann, und die Methode `reset()`, mit der Änderungen zurückgenommen werden (typischerweise beim Drücken der Esc-Taste).

```java
public class GenrePropertyEditor extends PropertyEditorSupport
   implements ExPropertyEditor, InplaceEditor.Factory {
   private InplaceEditor ed = null;
   public void attachEnv(PropertyEnv propertyEnv) {
      propertyEnv.registerInplaceEditorFactory(this);
   }
   public InplaceEditor getInplaceEditor() {
      if(ed == null)
         ed = new Inplace();
      return ed;
   }
   private static class Inplace implements InplaceEditor {
      private PropertyEditor editor = null;
      private PropertyModel  model  = null;
      private JComboBox genres = new JComboBox(
         new String[] {"Techno", "Trance", "Rock", "Pop"});
      public JComponent getComponent() {
         return this.genres;
      }
      public Object getValue() {
         return this.genres.getSelectedItem();
      }
      public void setValue(Object object) {
         this.genres.setSelectedItem(object);
      }
      public void reset() {
         String genre = (String) editor.getValue();
         if(genre != null)
            this.genres.setSelectedItem(genre);
      }
   }
}
```

Listing 19.3 Benutzerdefinierter Editor, mit dem die Genre-Eigenschaft über eine Combobox ausgewählt werden kann

Mit der Options Dialog API und SPI stellt die NetBeans Platform einen vorgefertigten Options-Dialog zur Verfügung, in den Sie Ihre eignen Panels schnell und einfach einhängen können. So können Einstellungen durch den Anwender homogen und zentral verwaltet werden. Zudem ermöglicht die NetBeans Preferences API Implementation das einfache Sichern der vorgenommenen Einstellungen.

20 Optionen und Einstellungen

Mit der **Options Dialog API** und **SPI** können Sie auf einfache Weise Optionspanel erstellen, mit denen der Anwender die Einstellungen und Optionen Ihrer Anwendung in ansprechender und komfortabler Form verwalten kann. Dabei stellt dieses Modul das Grundgerüst eines Options-Dialogs bereit, in den Sie Ihre Panels integrieren können. Dabei wird zwischen zwei bzw. drei verschiedenen Varianten unterschieden. Es gibt **Primary** und **Secondary Panels**. Dabei ist ein Secondary Panel eine Unterkategorie eines Primary Panels in Form eines Tabs. Bei Primary Panels wird zwischen zwei Fällen unterschieden: Primary Panels, die selbst Optionen verwalten, und Primary Panels, die ausschließlich als Container fungieren und Secondary Panels beinhalten. Gespeichert und geladen werden die Einstellungen bevorzugt über die **Preferences API**. Die NetBeans Platform stellt dafür eine spezifische Implementation bereit, auf die ich in Abschnitt 20.4, »Einstellungen verwalten«, eingehen werde.

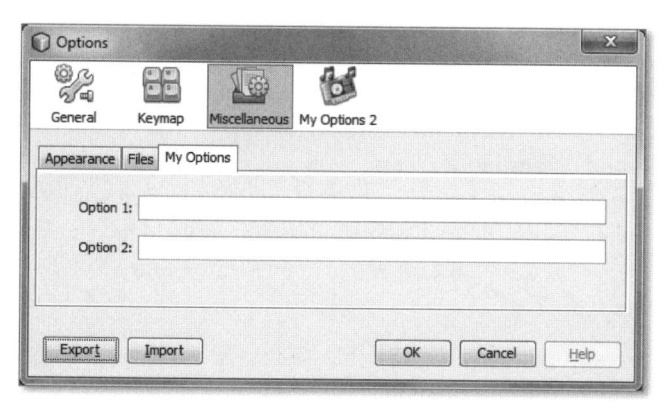

Abbildung 20.1 Standardmäßiger Options-Dialog, in den Sie Ihre eigenen Panels einhängen können

20.1 Options-Panels erstellen

Für die Erstellung eines Options-Panels aller drei Varianten stellt die **NetBeans IDE** einen Wizard zur Verfügung. Diesen finden Sie unter FILE • NEW FILE... in der Kategorie MODULE DEVELOPMENT • OPTIONS PANEL. Je nach Verwendungszweck entscheiden Sie sich dann für ein **Primary Panel** (mit oder ohne Secondary Panels) oder ein **Secondary Panel** und geben die entsprechend vom Wizard benötigten Daten an. Der Wizard erzeugt schließlich das Panel und registriert dieses durch eine Annotation.

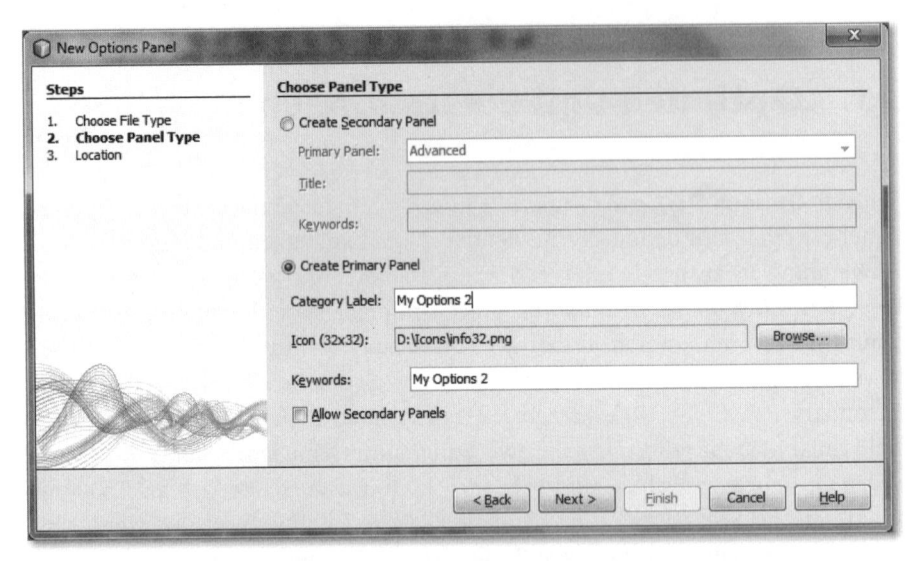

Abbildung 20.2 NetBeans Wizard zur Erstellung von Option-Panels

Ein Panel besteht aus einer View und einem Controller. Die View ist für die Bereitstellung der GUI und für das Laden und Speichern der Daten zuständig. Der Controller erzeugt die View und vermittelt zwischen dem Options-Dialog und der View. Das Panel, also die View, wird von der Klasse `JPanel` abgeleitet. Auf diesem Panel können Sie Ihre Komponenten beliebig platzieren, mit denen die Optionen dargestellt und eingestellt werden sollen. Hier im Beispiel habe ich zwei Textfelder verwendet. Den Wert dieser Felder speichern und laden wir über die **Preferences API** (siehe Abschnitt 20.4, »Einstellungen verwalten«) in den Methoden `store()` und `load()`, die vom Controller beim Öffnen und Schließen des Panels aufgerufen werden.

Der Options-Dialog kann vom Benutzer erst geschlossen werden, wenn die von ihm eingegebenen Daten den Anforderungen entsprechen. Dazu muss ein Panel seinen Zustand, also gültig oder nicht gültig, dem Options-Dialog mitteilen. Dies erreichen wir mit der Methode `valid()`. In diesem Beispiel wollen wir z. B. sicherstellen, dass der Benutzer im ersten Feld einen Wert eingibt. Dazu fügen wir dem Textfeld `option1` einen `DocumentListener` hinzu. Jedes Mal, wenn der Benutzer nun im ersten Textfeld etwas eingibt, wird der Controller über `controller.changed()` benachrichtigt, der wiederum die Methode `valid()` aufruft, die erst dann `true` liefert, wenn mindestens ein Zeichen in das Feld eingegeben wurde.

```
public final class ModuleOptions1Panel extends JPanel
   implements DocumentListener {
   private JTextField option1;
   private JTextField option2;
   private final ModuleOptions1PanelController controller;
   public ModuleOptionsPanel(ModuleOptions1PanelController ctl) {
      this.controller = ctl;
      initComponents();
      option1.getDocument().addDocumentListener(this);
   }
   public void insertUpdate(DocumentEvent event) {
      controller.changed();
   }
   public void removeUpdate(DocumentEvent event) {
      controller.changed();
   }
   public void changedUpdate(DocumentEvent event) {
      controller.changed();
   }
   public void load() {
      option1.setText(
         NbPreferences.forModule(ModuleOptions1Panel.class).
         get("option1", "default"));
   }
   public void store() {
      NbPreferences.forModule(ModuleOptions1Panel.class).
         put("option1", option1.getText());
   }
   public boolean valid() {
      if(option1.getText().length() == 0) {
         return false;
```

```
      } else {
        return true;
      }
    }
}
```

Listing 20.1 View des Options-Panels, die einfach von JPanel ableitet

Betrachten wir nun die Aufgaben des Controllers. Da dieser mit dem Options-Dialog interagieren muss, sind dessen Schnittstellen durch die abstrakte Klasse `OptionsPanelController` festgelegt. Die Hauptaufgabe des Controllers ist die Erzeugung der View in `getPanel()`, die wir mit der Methode `getComponent()` liefern. Wie Sie sehen, bekommt die Methode `getComponent()` ein Lookup übergeben. Dies ist ein Proxy-Lookup, das die Lookups aller im Options-Dialog verfügbaren Controller beinhaltet.

Ein Lookup stellt der Controller über die Methode `getLookup()` zur Verfügung, die bereits von der abstrakten Klasse `OptionsPanelController` implementiert wird. Allerdings liefert diese Standard-Implementation nur ein leeres Lookup. Wenn Sie also bestimmte Objekte im Lookup bereitstellen wollen, müssen Sie dazu die Methode `getLookup()` überschreiben. Über dieses sogenannte **Master Lookup**, das Sie mit `getComponent()` erhalten, können Sie also mit anderen Options-Panels kommunizieren. Wie eine Kommunikation mithilfe von lokalen Lookups und eines globalen Proxy-Lookups (hier also des Master Lookups) realisiert werden kann, das haben Sie bereits in Abschnitt 5.4, »Intermodulkommunikation«, gesehen.

Die Methode `update()` wird beim ersten Aufruf des Panels geladen. Hier rufen wir die Methode `load()` des Panels auf, um die Daten zu laden und damit die Felder zu initialisieren. Klickt der Benutzer auf OK, wird vom Options-Dialog die Methode `applyChanges()` aufgerufen. Hier speichern wir also die Daten mit der `store()`-Methode ab. Bricht der Benutzer hingegen den Dialog ab, so wird die `cancel()`-Methode aufgerufen, in der wir die Daten natürlich nicht speichern. Sie können hier gegebenenfalls bereits vorgenommene Änderungen wieder rückgängig machen.

Mit der Methode `isValid()` teilen wir dem Dialog mit, ob die Daten des Panels in Ordnung sind. Ist dies nicht der Fall, wird die Schaltfläche OK automatisch deaktiviert. Außerdem müssen wir dem Options-Dialog auch mitteilen, ob sich die Daten geändert haben. Dies erledigen wir mit der Methode `isChanged()`. Mit `getHelpCtx()` können Sie ein `HelpCtx`-Objekt, also einen Verweis auf eine bestimmte Hilfeseite, liefern, die angezeigt werden soll, wenn der Benutzer auf den HELP-Button des Options-Dialogs klickt.

Damit der Options-Dialog auch über die Veränderung der Daten benachrichtigt werden kann, müssen wir diesem eine Möglichkeit zum Registrieren einräumen. Dies erreichen wir durch die Methoden `addPropertyChangeListener()` und `removePropertyChangeListener()`. Die Methode `changed()` kennen Sie bereits aus der View-Klasse `ModuleOptions1Panel`. Diese wird bei Veränderung der Daten durch die View aufgerufen und teilt dies somit dem Options-Dialog mit, der sich als Listener registriert hat. Daraufhin kann der Options-Dialog wiederum prüfen, ob die Daten gültig sind.

```java
import org.netbeans.spi.options.OptionsPanelController;
...

@OptionsPanelController.SubRegistration(
    location = "Advanced",
    displayName = "#AdvancedOption_DisplayName_ModuleOptions1",
    keywords = "#AdvancedOption_Keywords_ModuleOptions1",
    keywordsCategory = "Advanced/ModuleOptions1")
public final class ModuleOptions1PanelController
    extends OptionsPanelController {
    private ModuleOptions1Panel panel;
    private final PropertyChangeSupport pcs =
        new PropertyChangeSupport(this);
    private boolean changed;
    public JComponent getComponent(Lookup masterLookup) {
        return getPanel();
    }
    private ModuleOptionsPanel getPanel() {
        if (panel == null) {
            panel = new ModuleOptions1Panel(this);
        }
        return panel;
    }
    public void update() {
        getPanel().load();
        changed = false;
    }
    public void applyChanges() {
        getPanel().store();
        changed = false;
    }
    public void cancel() {
    }
```

```
   public boolean isValid() {
      return getPanel().valid();
   }
   public boolean isChanged() {
      return changed;
   }
   public HelpCtx getHelpCtx() {
      return null;
   }
   public void addPropertyChangeListener(
      PropertyChangeListener l) {
      pcs.addPropertyChangeListener(l);
   }
   public void removePropertyChangeListener(
      PropertyChangeListener l) {
      pcs.removePropertyChangeListener(l);
   }
   public void changed() {
      if (!changed) {
         changed = true;
         pcs.firePropertyChange(
            OptionsPanelController.PROP_CHANGED,
            false, true);
      }
      pcs.firePropertyChange(OptionsPanelController.PROP_VALID,
                     null, null);
   }
}
```

Listing 20.2 Controller des Options-Panels

20.2 Options-Panel und Container registrieren

Options-Panels werden mit Annotations registriert und damit dem Options-Dialog hinzugefügt. Ein Primary Panel, das keine Secondary Panels beinhaltet, wird mit der `@OptionsPanelController.TopLevelRegistration`-Annotation versehen, ein Primary Panel, das als Container für Secondary Panels dient, mit der `@OptionsPanelController.ContainerRegistration`-Annotation. Ein Secondary Panel wird mit der `@OptionsPanelController.SubRegistration`-Annotation registriert. Die Annotation wird jeweils dem Controller hinzugefügt, der ja selbst für die Erzeugung des zugehörigen Panels zuständig ist.

20.2.1 Das Primary Panel

Bei der Verwendung der Annotation zur Registrierung eines Primary Panels müssen Sie mit dem `categoryName`-Attribut einen Namen und mit dem `iconBase`-Attribut ein Icon angeben, die in der oberen Leiste des Options-Dialog dargestellt werden (siehe Abbildung 20.1). Damit das Options-Panel mit QuickSearch gefunden werden kann, können Sie optional die Attribute `keywords` und `keywordsCategory` mit entsprechenden Werten hinzufügen. Zudem können Sie mit dem Attribut `id` eine Kennung vergeben, über die ein Panel mit der `OptionsDisplayer.open()`-Methode direkt geöffnet werden kann. Idealerweise verwenden Sie hierzu einen konstanten String aus Ihrer Controller-Klasse. Einfluss auf die Reihenfolge, in der die Panels im Options-Dialog dargestellt werden, können Sie mit dem `position`-Attribut nehmen. Beachten Sie, dass Sie auch bei den hier dargestellten Annotations Werte aus einer *Bundle.properties*-Datei mittels #-Symbol lesen können.

```
@OptionsPanelController.TopLevelRegistration(
    categoryName = "#OptionsCategory_Name_ModuleOptions2",
    iconBase = "com/galileo/netbeans/module/icon.png",
    keywords = "#OptionsCategory_Keywords_ModuleOptions2",
    keywordsCategory = "ModuleOptions2",
    id = ModuleOptions2PanelController.ID)
```

Listing 20.3 Registrierung eines Primary Panels mit eigenen Optionen über Annotation

Wenn Sie keine Annotations verwenden möchten, können Sie alternativ auch den in Listing 20.4 dargestellten Layer-Eintrag im Standard-Folder `OptionsDialog` erstellen. Ein solcher Eintrag wird nämlich durch die in Listing 20.3 dargestellte Annotation automatisch erstellt.

```xml
<folder name="OptionsDialog">
   <file name="ModuleOptions2OptionsCategory.instance">
      <attr name="controller" newvalue=
   "com.galileo.netbeans.module.ModuleOptions2PanelController"/>
      <attr name="instanceCreate" methodvalue=
   "org.netbeans.spi.options.OptionsCategory.createCategory"/>
      <attr name="categoryName" bundlevalue=
         "com.galileo.netbeans.module.Bundle
         #OptionsCategory_Name_ModuleOptions2"/>
      <attr name="iconBase" stringvalue=
         "com/galileo/netbeans/module/icon.png"/>
      <attr name="keywords" bundlevalue=
         "com.galileo.netbeans.module.Bundle
         #OptionsCategory_Keywords_ModuleOptions2"/>
```

```xml
            <attr name="keywordsCategory" stringvalue="ModuleOptions2"/>
            <attr name="title" bundlevalue=
                "com.galileo.netbeans.module.Bundle
                #OptionsCategory_Title_ModuleOptions2"/>
        </file>
    </folder>
```

Listing 20.4 Registrierung eines Primary Panels mit eigenen Optionen über einen Layer-Eintrag.

20.2.2 Das Secondary Panel

Ein Secondary Panel wird in ganz ähnlicher Weise registriert. Die Annotation `@OptionsPanelController.SubRegistration` unterscheidet sich dabei in zwei Attributen. Im Gegensatz zu einem Primary Panel weist ein Secondary Panel kein Icon auf (siehe auch Abbildung 20.1). Stattdessen spezifizieren Sie mit dem `location`-Attribut, zu welcher Kategorie, also zu welchem Primary Panel Container Ihr Panel hinzugefügt werden soll.

```
@OptionsPanelController.SubRegistration(
    location = "Advanced",
    displayName = "#AdvancedOption_DisplayName_ModuleOptions1",
    keywords = "#AdvancedOption_Keywords_ModuleOptions1",
    keywordsCategory = "Advanced/ModuleOptions1",
    id = ModuleOptions1PanelController.ID)
```

Listing 20.5 Registrierung eines Secondary Panels über eine Annotation

Der entsprechende Layer-Eintrag unterscheidet sich von dem eines Primary Panels im Wesentlichen dadurch, dass mit dem `instanceCreate`-Attribut eine andere Factory-Methode angegeben wird, die für die Erzeugung des Secondary Panels wird. Wichtig ist außerdem, dass die Zuordnung zum Primary Panel über einen Sub-Folder erfolgt. Hier im Beispiel ist das der Folder `Advanced` im Standard-Folder `OptionsDialog`.

```xml
<folder name="OptionsDialog">
    <folder name="Advanced">
        <file name="com-galileo-netbeans-module-
                    ModuleOptions1PanelController.instance">
            <attr name="controller" newvalue=
                "com.galileo.netbeans.module.ModuleOptions1PanelController"/>
            <attr name="instanceCreate" methodvalue=
                "org.netbeans.spi.options.AdvancedOption.createSubCategory"/>
```

```
            <attr name="displayName" bundlevalue=
                "com.galileo.netbeans.module.Bundle
                #AdvancedOption_DisplayName_ModuleOptions1"/>
            <attr name="keywords" bundlevalue=
                "com.galileo.netbeans.module.Bundle
                #AdvancedOption_Keywords_ModuleOptions1"/>
            <attr name="keywordsCategory"
                stringvalue="Advanced/ModuleOptions1"/>
            <attr name="toolTip" bundlevalue=
                "com.galileo.netbeans.module.Bundle
                #AdvancedOption_Tooltip_ModuleOptions1"/>
        </file>
    </folder>
</folder>
```

Listing 20.6 Registrierung eines Secondary Panels mit eigenen Optionen über einen Layer-Eintrag

20.2.3 Der Secondary Panel Container

Zuvor haben Sie erfahren, wie Primary und Secondary Panels implementiert und registriert werden. Ein Primary Panel, das Secondary Panels beinhalten soll, ein sogenannter Secondary Panel Container, besteht nur aus der Registrierung eines solchen Containers. Dafür verwenden Sie die Annotation `@OptionsPanel-Controller.ContainerRegistration`. Die dabei verwendeten Attribute entsprechen den Attributen, die wir bereits in Abschnitt 20.2.1, »Das Primary Panel«, und 20.2.2, »Das Secondary Panel«, betrachtet haben. Dabei sind `categoryName`, `iconBase` und `id` unbedingt anzugeben. Mit `id` definieren Sie einen Folder, den die Secondary Panels mit dem `location`-Attribut für ihre Zuordnung verwenden.

```
@OptionsPanelController.ContainerRegistration(
    id = "ModuleOptions3",
    categoryName = "#OptionsCategory_Name_ModuleOptions3",
    iconBase = "com/galileo/netbeans/module/info32.png",
    keywords = "#OptionsCategory_Keywords_ModuleOptions3",
    keywordsCategory = "ModuleOptions3")
```

Listing 20.7 Registrierung eines Secondary Panel Containers mittels Annotation

Zu beachten ist, dass die in Listing 20.7 dargestellte Annotation in Verbindung mit einem Package und nicht mit einer Klasse verwendet wird. Auch einen Container können Sie statt mit einer Annotation mit einem selbst erstellten Layer-Eintrag registrieren.

```
<folder name="OptionsDialog">
    <file name="ModuleOptions3.instance">
        <attr name="instanceCreate" methodvalue=
         "org.netbeans.spi.options.OptionsCategory.createCategory"/>
        <attr name="advancedOptionsFolder" stringvalue=
          "OptionsDialog/ModuleOptions3"/>
        <attr name="categoryName" bundlevalue=
          "com.galileo.netbeans.module.Bundle
          #OptionsCategory_Name_ModuleOptions3"/>
        <attr name="iconBase" stringvalue=
          "com/galileo/netbeans/module/info32.png"/>
        <attr name="keywords" bundlevalue=
           "com.galileo.netbeans.module.Bundle
           #OptionsCategory_Keywords_ModuleOptions3" />
        <attr name="keywordsCategory"
           stringvalue="ModuleOptions3"/>
    </file>
    <folder name="ModuleOptions3">
        <attr intvalue="0" name="position"/>
    </folder>
</folder>
```

Listing 20.8 Registrierung eines Secondary Panel Containers über einen Layer-Eintrag

In Listing 20.8 sehen Sie, dass im Standard-Folder `OptionsDialog` zunächst ein File mit einigen Attributen erstellt wird. Mit dem `instanceCreate`-Attribut wird die Factory-Methode spezifiziert, die den Container dann erstellt. Das **advancedOptionsFolder**-Attribut gibt den Folder an, dem die Secondary Panels zugeordnet werden müssen, um in diesem Container dargestellt zu werden. Wenn Sie die Position des soeben registrierten Containers innerhalb des Options-Dialogs bestimmen möchten, können Sie (wie in Listing 20.8) bereits den Folder erzeugen und das `position`-Attribut mit dem gewünschten Wert hinzufügen.

20.3 Options-Panels direkt öffnen

Mit der Klasse `OptionsDisplayer` erhalten Sie Zugriff auf den Options-Dialog und können den Dialog so direkt aus Ihrem Kontext heraus mit einem bestimmten Panel öffnen:

```
OptionsDisplayer.getDefault().
    open(ModuleOptions2PanelController.ID);
```

Hierbei verwenden Sie die zuvor mit den Annotations definierten Identifier (id-Attribut).

20.4 Einstellungen verwalten

Einstellungen und Konfigurationsdaten innerhalb einer NetBeans-Platform-Anwendung werden vorzugsweise über die **Java Preferences API** abgespeichert und geladen. Mit der `Preferences`-Klasse spezifiziert die Java Platform eine Schnittstelle, mit der Einstellungen und Konfigurationsdaten unabhängig von deren physikalischem Ort gespeichert und geladen werden können. Es können verschiedene Implementationen bereitgestellt werden, mit denen die Daten z. B. in einer Datei, in einer System-Registry oder aber auch in einer Datenbank gesichert werden können.

Die Daten werden in Form von Key-Value-Paaren in einer hierarchischen Struktur gespeichert. Eine Instanz der Klasse `Preferences` repräsentiert einen Knoten in dieser Hierarchie. Einen Knoten können Sie sich wie ein Verzeichnis in einem Dateisystem vorstellen, unterhalb dessen Daten abgespeichert werden können.

Mit der Klasse `NbPreferences` stellt die **Utilities API** eine für die NetBeans Platform angepasste Implementation der Java-Preferences-Spezifikation bereit. Diese Implementation sorgt dafür, dass die Einstellungen im zentralen Konfigurationsverzeichnis der Anwendung, das sich im Benutzerverzeichnis befindet, in Form von gewöhnlichen *.properties*-Dateien abgelegt werden. Somit werden die Einstellungen, die Sie über Preferences abspeichern, wie auch alle anderen Einstellungen einer NetBeans-Platform-Anwendung, benutzerspezifisch verwaltet.

Die Klasse `NbPreferences` stellt Ihnen zwei statische Methoden zur Verfügung. Mit der Methode `forModule()` bekommen Sie einen `Preferences`-Knoten geliefert, dessen Daten für jedes Modul in einer separaten *.properties*-Datei im Verzeichnis *config/Preferences* abgespeichert werden (siehe Abbildung 20.3). Mit der Methode `root()` bekommen Sie einen anwendungsglobalen `Preferences`-Knoten geliefert, der seine Daten in der Datei *config/Preferences.properties* verwaltet.

Ihre Einstellungen können Sie dann mit den von der Klasse `Preferences` spezifizierten Methoden ganz einfach sichern und einlesen. Wenn wir z. B. den Namen und Port eines Servers abspeichern wollen, benutzen wir folgenden Aufruf:

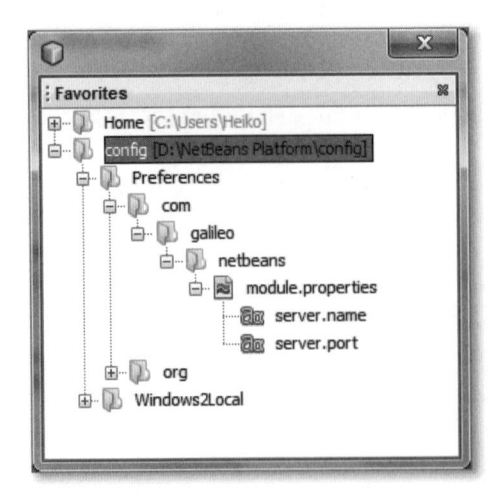

Abbildung 20.3 Einstellungen können mit der NetBeans-Preferences-Implementation entweder modulspezifisch im Verzeichnis »Preferences« oder anwendungsglobal in der Datei »Preferences.properties« abgespeichert werden.

```
Preferences node = NbPreferences.forModule(this.getClass());
String name = node.get("server.name", "localhost");
int    port = node.getInt("server.port", 8080);
node.put("server.name", name);
node.putInt("server.port", port);
```

Listing 20.9 Speichern und Laden von Einstellungen über die Preferences API

Neben den hier gezeigten Methoden für den Datenzugriff stehen Ihnen noch weitere zur Verfügung, mit denen Sie ganz einfach z. B. auch Arrays oder Boolean-Werte speichern können. Außerdem können Sie mit der **Java Preferences API** auf eine Preferences-Instanz, also einen Knoten, sowohl einen NodeChange-Listener als auch einen PropertyChangeListener registrieren, um somit sowohl auf das Hinzufügen und Entfernen von Kind-Knoten als auch auf Veränderungen der Daten zu reagieren.

Das zum Umfang der NetBeans IDE gehörende Palette-Modul dient zur Verwaltung und grafischen Bereitstellung von Komponenten, um so einen schnellen Zugriff zu ermöglichen.

21 Palette

Das beste Beispiel für die Verwendung des **Palette**-Moduls ist der Form-Editor, der seine AWT- und Swing-Komponenten auf der Palette platziert (siehe Abbildung 21.1), die Sie dann per Drag & Drop in den Editor verschieben können. Ebenfalls können Sie auch zur Laufzeit Komponenten der Palette hinzufügen.

Der Inhalt des PALETTE-Fensters wird von einem `PaletteController` verwaltet und bereitgestellt. Ein solcher `PaletteController` kann dann von einer Top Component über das Lookup verfügbar gemacht werden. Das heißt, sobald eine Top Component aktiv wird, in deren Lookup sich eine `PaletteController`-Instanz befindet, wird das PALETTE-Fenster geöffnet und der entsprechende Inhalt angezeigt.

Ein `PaletteController` wird über die `PaletteFactory`-Klasse erzeugt. Dabei haben Sie zwei Möglichkeiten, wie Sie die Komponenten bereitstellen: Die Komponenten, die auf der Palette dargestellt werden sollen, können Sie entweder über XML-Dateien, die Sie in der Layer-Datei registrieren, oder aber über eine zwei- bzw. dreistufige Node-Hierarchie bereitstellen. Wir wollen hier beide Ansätze betrachten.

Sie können aber nicht nur Ihre eigenen Top Components mit einer Palette ausstatten, sondern auch in der Layer-Datei eine Palette für einen bestimmten Dateityp registrieren, die dann angezeigt wird, wenn eine Datei von diesem Typ im NetBeans Editor geöffnet wird. Dies ist also besonders für diejenigen nützlich, die die Funktionalität der NetBeans IDE erweitern möchten. Darauf gehe ich deshalb in Kapitel 22, »Palette API«, ein.

21 | Palette

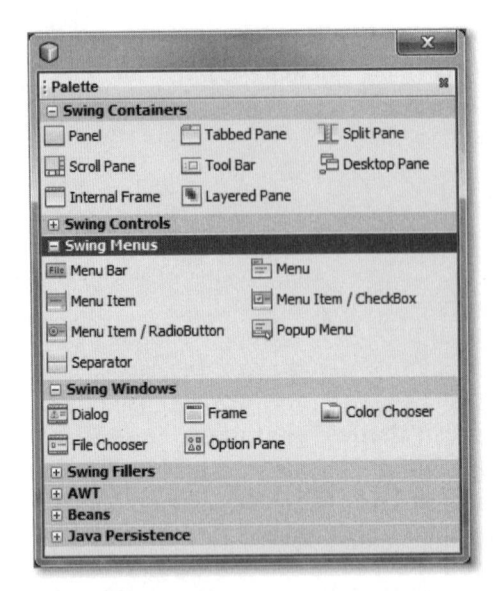

Abbildung 21.1 Palette des NetBeans GUI-Editors

21.1 Palette-Einträge über eine Layer-Datei

Eine Komponente, die auf der Palette platziert werden soll, wird durch folgende XML-Datei definiert:

```
<!DOCTYPE editor_palette_item PUBLIC
    "-//NetBeans//Editor Palette Item 1.1//EN"
    "http://www.netbeans.org/dtds/editor-palette-item-1_1.dtd">
<editor_palette_item version="1.1">
   <body></body>
   <icon16 urlvalue="file:/E:/icon16.jpg"/>
   <icon32 urlvalue="file:/E:/icon32.jpg"/>
   <inline-description>
      <display-name>My Palette Item</display-name>
      <tooltip>My Palette Item</tooltip>
   </inline-description>
</editor_palette_item>
```

Listing 21.1 XML-Datei, die einen Palette-Eintrag definiert

Mit den Elementen `icon16` und `icon32` definieren Sie jeweils ein Icon, die für diesen Eintrag – in Abhängigkeit von der Einstellung des Benutzers – angezeigt werden sollen. Die Icons haben typischerweise zwar die Größe 16 und 32 Pixel, können aber auch andere Abmessungen haben. Es ist jedoch sinnvoll, für das `icon16`-Attribut auch ein 16 Pixel großes Icon anzugeben, da dies auch für die Darstellung im **Palette Manager** genutzt wird, der über das Kontextmenü des PALETTE-Fensters aufgerufen werden kann. Denn dort können nur Icons mit 16 Pixel dargestellt werden. Interessant ist auch, dass Sie – wie hier im Beispiel gezeigt – absolute Pfade verwenden können. Somit können nicht nur Icons aus dem Modul, sondern auch aus einem benutzerdefinierten Verzeichnis genutzt werden, was dann sehr nützlich sein kann, wenn Sie dem Benutzer die Möglichkeit geben wollen, Einträge zur Laufzeit der Palette hinzuzufügen.

Mit dem `inline-description`-Element und dessen beiden Unterelementen `display-name` und `tooltip` können Sie den Text festlegen, mit dem der Eintrag in der Palette dargestellt wird. Alternativ können Sie statt `inline-description` auch das Element `description` verwenden. Mit dessen Attribut `localizing-bundle` können Sie ein Resource Bundle angeben, das die Werte für `display-name` und `tooltip` bereitstellt. Mit den Attributen `display-name-key` und `tooltip-key` geben Sie die Keys für diese Werte an. So können Sie also auch Palette-Einträge internationalisieren. Hier kann es auch sehr hilfreich sein, wenn Sie sich die DTD dieser XML-Datei ansehen (DTDs finden Sie im Anhang).

Auf diese Weise können Sie nun beliebig viele Komponenten definieren. Um diese dann einer Palette hinzuzufügen, müssen sie in der Layer-Datei Ihres Moduls registriert werden. Dazu können Sie einen beliebigen Folder definieren. Unterhalb von diesem legen Sie für jede auf der Palette anzuzeigende Kategorie einen Subfolder an, in dem dann die XML-Dateien eingetragen werden. Daraus ergibt sich z. B. folgender Eintrag:

```
<folder name="MyPaletteItems">
    <folder name="My Category">
        <file name="myitem1.xml" url="myitem1.xml"/>
        <file name="myitem2.xml" url="myitem2.xml"/>
    </folder>
</folder>
```

Für diese Einträge benötigen wir jetzt nur noch eine `PaletteController`-Instanz, die wir dann der Top Component hinzufügen, für die die Palette-Einträge angezeigt werden sollen. Wie ich zu Beginn schon angesprochen habe, verwenden wir dazu die `PaletteFactory`-Klasse. Diese stellt uns mit `createPalette()` eine Factory-Methode zur Verfügung, der wir nur noch den von uns in der Layer-Datei definierten Folder `MyPaletteItems` übergeben müssen. Den Rest erledigen dann die `PaletteFactory`- und `PaletteController`-Klassen für uns. Als zweiten Parameter müssen Sie noch eine Implementation der `PaletteActions`-Klasse bereitstellen, die Aktionen für bestimmte Ereignisse bietet. Im einfachsten Fall erzeugen Sie eine leere Implementation dieser abstrakten Klasse und liefern in den Methoden `null` oder ein leeres Array zurück.

```
public MyTopComponent() {
   ...
   try {
      associateLookup(Lookups.fixed(
         PaletteFactory.createPalette("MyPaletteItems",
                                      new MyActions())));
   } catch(IOException e) {
      // MyPaletteItems cannot be found
   }
}
```

Listing 21.2 Palette-Instanz erzeugen und mit einer Top Component verbinden

21.2 Palette mit eigenen Nodes aufbauen

Einträge einer Palette werden durch einen Node repräsentiert. Im vorherigen Abschnitt haben wir die Einträge jeweils durch eine XML-Datei definiert. Für jeden dieser Einträge wurde dann automatisch ein standardmäßiger Node bereitgestellt. Jetzt haben Sie aber auch die Möglichkeit, Palette-Komponenten nicht über eine XML-Definition, sondern über eine eigene Node-Implementation anzubieten. Diese Nodes müssen in einer dreistufigen Hierarchie vorliegen. Die oberste Ebene ist lediglich ein Root-Node, den Sie der `createPalette()`-Methode zum Erzeugen der Elemente übergeben. Die Nodes der zweiten Ebene, also alle Child-Nodes des Root-Nodes, stellen eine Kategorie dar. Deren Child-Nodes wiederum werden dann als Palette-Einträge verwendet. Dies möchte ich Ihnen an einem Beispiel verdeutlichen. Dabei wollen wir eine Palette für die Verwaltung von Musikalben erstellen, die per Drag & Drop z. B. einer Playlist hinzugefügt werden können, wie Sie es in Abbildung 21.2 sehen.

21.2.1 Node-Klassen

Wie Sie bereits in Kapitel 12, »Nodes & Explorer«, erfahren haben, werden Child-Nodes von einer `ChildFactory`-Klasse erzeugt. Solch eine Klasse erstellen wir also für die Verwaltung der Kategorien, die in unserem Fall als Genre auf der Palette angezeigt werden sollen. Wir leiten dafür von der Klasse `ChildFactory <String>` ab. Erzeugt werden die Nodes durch die `createNodesForKey()`-Methode. Für das Beispiel hier erzeugen wir lediglich direkt drei `GenreNode`-Instanzen.

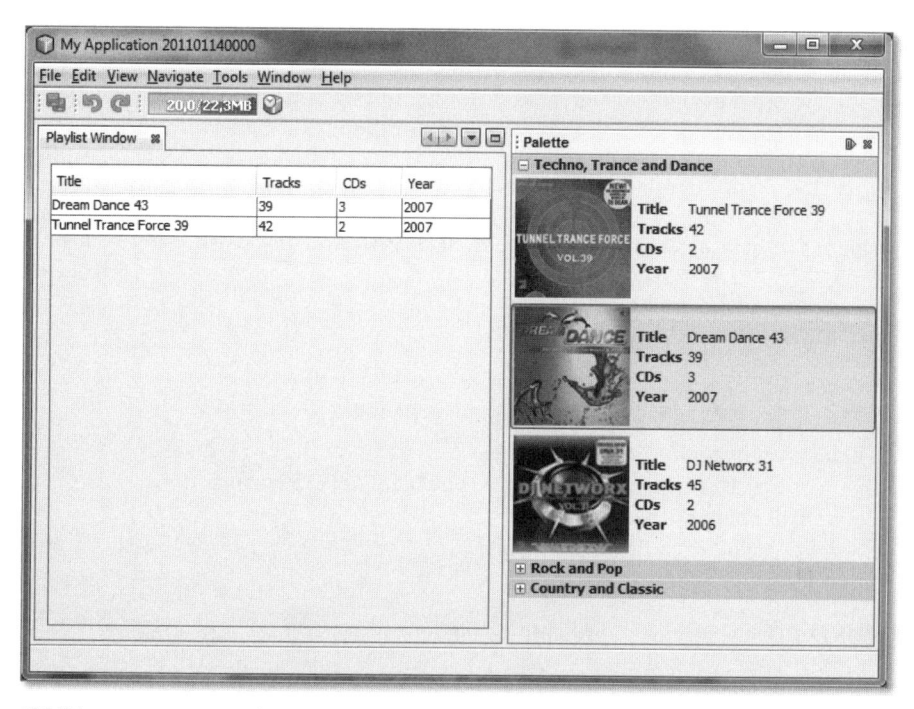

Abbildung 21.2 Verwendung der Palette für die Verwaltung von Musikalben, die per Drag & Drop z. B. einer Playlist hinzugefügt werden können

Hier wäre natürlich denkbar, dass Sie die Genres aus einer Datenbank auslesen und dafür dann die GenreNode-Objekte erstellen. In Kapitel 26, in dem es um die Einbindung und Verwendung der Java DB geht, werden wir das Beispiel entsprechend erweitern. Die GenreNode-Klasse selbst ist denkbar einfach. Deren Konstruktor bekommt das Genre als Parameter übergeben, der direkt an die AlbumNodeFactory-Klasse weitergegeben wird, womit wir uns dann in der zweiten bzw. dritten Ebene der Node-Hierarchie befinden.

```
import org.openide.nodes.ChildFactory;
import org.openide.nodes.Node;
...
public class GenreNodeFactory extends ChildFactory<String> {
    @Override
    protected boolean createKeys(List<String> toPopulate) {
        toPopulate.add("root");
        return true;
    }

    @Override
    protected Node[] createNodesForKey(String key) {
```

```
            return new Node[]{
                new GenreNode("Techno, Trance and Dance"),
                new GenreNode("Rock and Pop"),
                new GenreNode("Country and Classic")};
        }
}
```

Listing 21.3 Sämtliche Genres, die auf der Palette dargestellt werden sollen, werden durch GenreNodeFactory erzeugt.

```
import org.openide.nodes.AbstractNode;
import org.openide.nodes.Children;
public class GenreNode extends AbstractNode {
    public GenreNode(String genre) {
        super(Children.create(new AlbumNodeFactory(genre), false));
        this.setDisplayName(genre);
    }
}
```

Listing 21.4 Ein Genre, durch die Klasse »GenreNode« dargestellt

Die `AlbumNodeFactory`-Klasse, die für die Erzeugung der Alben für ein bestimmtes Genre zuständig ist, ist im Prinzip wie die `GenreNodeFactory`-Klasse aufgebaut. Auch hier erstellen wir zu Demonstrationszwecken direkt drei Node-Instanzen des Typs `AlbumNode` in der `createNodesForKey()`-Methode, die das Genre übergeben bekommt. Mit diesem Parameter wären Sie z. B. in der Lage, in einer Datenbank nach entsprechenden Alben zu diesem Genre zu suchen. Die Daten für ein Album werden durch die Klasse `Album` verwaltet.

```
import org.openide.nodes.ChildFactory;
import org.openide.nodes.Node;
...
public class AlbumNodeFactory extends ChildFactory<String> {
    private String genre;
    public AlbumNodeFactory(String genre) {
        this.genre = genre;
    }
    @Override
    protected boolean createKeys(List<String> toPopulate) {
        toPopulate.add(genre);
        return true;
    }
    @Override
    protected Node[] createNodesForKey(String key) {
```

```
            return new Node[] {
                new AlbumNode(
                    new Album("Tunnel Trance Force 39", "42", "2","2007",
                        "com/galileo/netbeans/module/cover_small.jpg",
                        "com/galileo/netbeans/module/cover_big.jpg")),
                new AlbumNode(
                    new Album("Dream Dance 43", "39", "3", "2007",
                        "com/galileo/netbeans/module/cover2_small.jpg",
                        "com/galileo/netbeans/module/cover2_big.jpg")),
                new AlbumNode(
                    new Album("DJ Networx 31", "45", "2", "2006",
                        "com/galileo/netbeans/module/cover3_small.jpg",
                        "com/galileo/netbeans/module/cover3_big.jpg"))
            };
        }
    }
```

Listing 21.5 Die AlbumNodeFactory-Klasse erzeugt die Nodes der Alben für ein bestimmtes Genre.

Die `AlbumNode`-Klasse ist letztendlich für die Darstellung der Alben (wie Sie es in Abbildung 21.2 sehen) auf der Palette zuständig. Da ein `AlbumNode` keine weiteren Child-Nodes besitzt, übergeben wir dem Konstruktor der Basisklasse mit `Children.LEAF` einen leeren Container. Mit `setDisplayName()` legen wir den Namen fest, der auf der Palette angezeigt werden soll. Für eine ansprechende Darstellung können Sie hier HTML verwenden. Dafür habe ich die Methode `getLabel()` erstellt, die einen HTML-String zusammenbaut, der die Albumdaten in Tabellenform darstellt.

Der Wert der `getHtmlDisplayName()` wird im Palette Manager verwendet, den Sie über das Kontextmenü der Palette öffnen können. Mit `getIcon()` liefern wir das für den Eintrag darzustellende Icon, das hier im Beispiel ein Albumcover ist. Der Benutzer kann zwischen großen und kleinen Icons auswählen, sodass Sie in Abhängigkeit des `type`-Parameters ein kleines (typischerweise 16 Pixel breites) und ein größeres Icon liefern sollten.

```
import org.openide.nodes.AbstractNode;
import org.openide.nodes.Children;
...
public class AlbumNode extends AbstractNode {
    private Album album = null;
    public AlbumNode(Album album) {
        super(Children.LEAF);
```

```
      this.album = album;
      this.setDisplayName(getLabel());
   }
   public String getHtmlDisplayName() {
      return "<b>" + album.getTitle() + "</b> ("
            + album.getTracks() + " Tracks)";
   }
   public Image getIcon(int type) {
      return album.getIcon(type);
   }
   private String getLabel() {
      String label = "<html>" +
         "<table cellspacing=\"0\" cellpadding=\"1\">" +
            "<tr>" +
               "<td><b>Title </b></td>" +
               "<td>" + album.getTitle() + "</td>" +
               ...
   }
}
```

Listing 21.6 Die AlbumNode-Klasse ist für die Darstellung eines Palette-Eintrags zuständig.

21.2.2 Palette erstellen und hinzufügen

Nachdem wir diese Node-Hierarchie, die die Daten für die Palette liefert, erstellt haben, können wir nun eine Palette anlegen und diese dem Lookup der Playlist Top Component hinzufügen. Damit wird die Palette immer dann angezeigt, sobald eine Playlist aktiv ist. Im Konstruktor der `PlaylistTopComponent`-Klasse erstellen wir also zunächst einen Root-Node, von dem unsere Palette-Daten ausgehen. Diesem übergeben wir einen Children-Container, der von der Factory-Methode `Children.create()` erzeugt wird und sich um die Verwaltung der Daten kümmert. Dabei übergeben wir eine `GenreNodeFactory`-Instanz, die für die Erstellung der Daten zuständig ist. Wir benötigen dann nur noch eine `PaletteActions`-Instanz, die im Moment noch ohne weitere Bedeutung ist, und können dann daraus mit `createPalette()` eine `PaletteController`-Instanz erzeugen, die wir in ein Lookup verpacken, das wir als lokales Lookup der Top Component mit `associateLookup()` festlegen.

```
import org.netbeans.spi.palette.PaletteActions;
import org.netbeans.spi.palette.PaletteController;
import org.netbeans.spi.palette.PaletteFactory;
...
public PlaylistTopComponent() {
   ...
```

```
  Node root = new AbstractNode(
    Children.create(new GenreNodeFactory(), false));
  PaletteActions    a = new MyPaletteActions();
  PaletteController p = PaletteFactory.createPalette(root, a);
  associateLookup(Lookups.fixed(p));
}
```

21.2.3 Drag&Drop-Funktionalität

Was nun noch fehlt, ist die Drag&Drop-Funktionalität, damit wir die Alben von der Palette auf das Playlist-Fenster ziehen können. Dazu sind zwei Ergänzungen notwendig – zum einen aufseiten der Album- und AlbumNode-Klassen und zum anderen bei der Top Component bzw. der Tabelle, die Instanzen der Klasse Album aufnehmen soll.

Die Daten, die wir übertragen wollen, befinden sich in der Klasse Album. Damit diese direkt per Drag & Drop an die Playlist Top Component übergeben werden kann, implementieren wir in Album das Transferable-Interface. Für die Identifikation der Daten wird ein DataFlavor benötigt, den wir als statische Instanz in Album erstellen. Mit der Methode getTransferDataFlavors() liefern wir unseren speziellen DataFlavor zurück. Die Methode getTransferData() wird vom Playlist-Fenster aufgerufen. In ihr liefern wir mit this die Album-Instanz selbst zurück, sofern der angeforderte DataFlavor vom Typ DATA_FLAVOR ist. Wird ein anderer DataFlavor angefordert, lösen wir eine entsprechende Exception aus.

```
import java.awt.datatransfer.DataFlavor;
import java.awt.datatransfer.Transferable;
import java.awt.datatransfer.UnsupportedFlavorException;
...
public class Album implements Transferable {
  public static final DataFlavor DATA_FLAVOR =
    new DataFlavor(Album.class, "album");
  ...
  public DataFlavor[] getTransferDataFlavors() {
    return new DataFlavor[] {DATA_FLAVOR};
  }
  public boolean isDataFlavorSupported(DataFlavor flavor) {
    return flavor == DATA_FLAVOR;
  }
  public Object getTransferData(DataFlavor flavor)
    throws UnsupportedFlavorException {
```

```
            if(flavor == DATA_FLAVOR) {
               return this;
            } else {
               throw new UnsupportedFlavorException(flavor);
            }
         }
      }
}
```

Listing 21.7 Die Album-Klasse beinhaltet die Daten und implementiert das Interface »Transferable«, damit sie per Drag & Drop übergeben werden kann.

Nun ist es aber so, dass der Benutzer nicht das Album-Objekt selbst, sondern eine AlbumNode-Instanz verschiebt. Das heißt, das Drag-Ereignis wird auf dem Node ausgelöst. Deshalb überschreiben wir die bereits von der Node-Klasse spezifizierte drag()-Methode, die eine Transferable-Instanz liefert, was in unserem Fall dann die Album-Instanz ist, die sich hinter dem AlbumNode verbirgt.

```
import java.awt.datatransfer.Transferable;
...
public class AlbumNode extends AbstractNode {
   private Album album = null;

   ...
   public Transferable drag() throws IOException {
      return album;
   }
}
```

Listing 21.8 AlbumNode drag-tauglich machen

Zuletzt müssen wir noch die PlaylistTopComponent so erweitern, dass sie einen Palette-Eintrag aufnehmen kann. Dazu benötigen wir einen TransferHandler, der auf das Objekt registriert wird, das in der Lage sein soll, die Daten entgegenzunehmen. In unserem Fall hier ist das die Tabelle albums und deren Scroll-Bereich scrollPane.

Um zu bestimmen, welche Daten wir akzeptieren wollen, und um die Daten zu verarbeiten, implementieren wir einen eigenen Transfer Handler namens AlbumTransferHandler. Dabei überschreiben wir lediglich zwei Methoden. Die erste ist die canImport()-Methode, die immer dann aufgerufen wird, wenn ein Objekt auf oder über die Komponente gezogen wird. In dieser entscheiden wir, ob dieses Objekt akzeptiert werden soll. Diese Überprüfung erfolgt anhand des zuvor in Album festgelegten DataFlavor. Wenn diese Methode true zurückliefert, wird dem Benutzer bereits durch ein entsprechendes Mauszeiger-Symbol signalisiert, dass die Komponente in der Lage ist, das Objekt aufzunehmen.

Die andere Methode, die wir überschreiben müssen, ist die Methode `importData()`, die dann aufgerufen wird, wenn das Drop-Ereignis ausgelöst wird. Über das `TransferSupport`-Objekt, das wir übergeben bekommen, erhalten wir genau die `Transferable`-Instanz, die die zuvor implementierte `drag()`-Methode der `AlbumNode`-Klasse liefert. Mit der Methode `getTransferData()` und unserem `DataFlavor`-Objekt können wir dann das zugehörige `Album`-Objekt ermitteln und fügen dessen Daten letztlich der Tabelle hinzu.

```java
import javax.swing.TransferHandler;
import javax.swing.TransferHandler.TransferSupport;
...
public final class PlaylistTopComponent extends TopComponent {
   private TransferHandler th = new AlbumTransferHandler();
   public PlaylistTopComponent() {
      ...
      albums.setTransferHandler(th);
      scrollPane.setTransferHandler(th);
   }
   private final class AlbumTransferHandler
         extends TransferHandler {
      public boolean canImport(TransferSupport support) {
        return support.isDataFlavorSupported(Album.DATA_FLAVOR);
      }
      public boolean importData(TransferSupport support) {
        try {
           Album a = (Album)support.getTransferable().
              getTransferData(Album.DATA_FLAVOR);
           DefaultTableModel model =
              (DefaultTableModel)albums.getModel();
           model.addRow(new Object[]{a.getTitle(),
                                 a.getTracks(),
                                 a.getCDs(),
                                 a.getYear()});
           return true;
        } catch(Exception e) {
           Exceptions.printStackTrace(e);
           return false;
        }
      }
   }
}
```

Listing 21.9 Entgegennehmen eines per Drag & Drop übertragenen Album-Objekts

TEIL IV Use & Extend

Advanced APIs der NetBeans Platform & IDE

Mithilfe der Palette API können Sie nicht nur Ihre NetBeans Platform Application, sondern auch die NetBeans IDE erweitern. So können Sie eigene datei-spezifische Paletten erzeugen oder bereits bestehende erweitern.

22 Palette API

In Kapitel 21, »Palette«, haben wir eine Palette erstellt, von der wir per Drag & Drop Musikalben auf unsere eigens implementierte Top Component ziehen konnten. Dort habe ich bereits angedeutet, dass es auch möglich ist, eine Palette für einen bestimmten Dateityp zu registrieren. Das heißt, wenn eine Datei von diesem Typ im NetBeans Editor geöffnet wird, so wird die für diesen Typ registrierte Palette automatisch geöffnet. Wie das funktioniert, wollen wir uns an einem Beispiel erarbeiten.

Nehmen wir an, Sie möchten eine Palette für Manifest-Dateien (*.mf*) bereitstellen (siehe Abbildung 22.1).

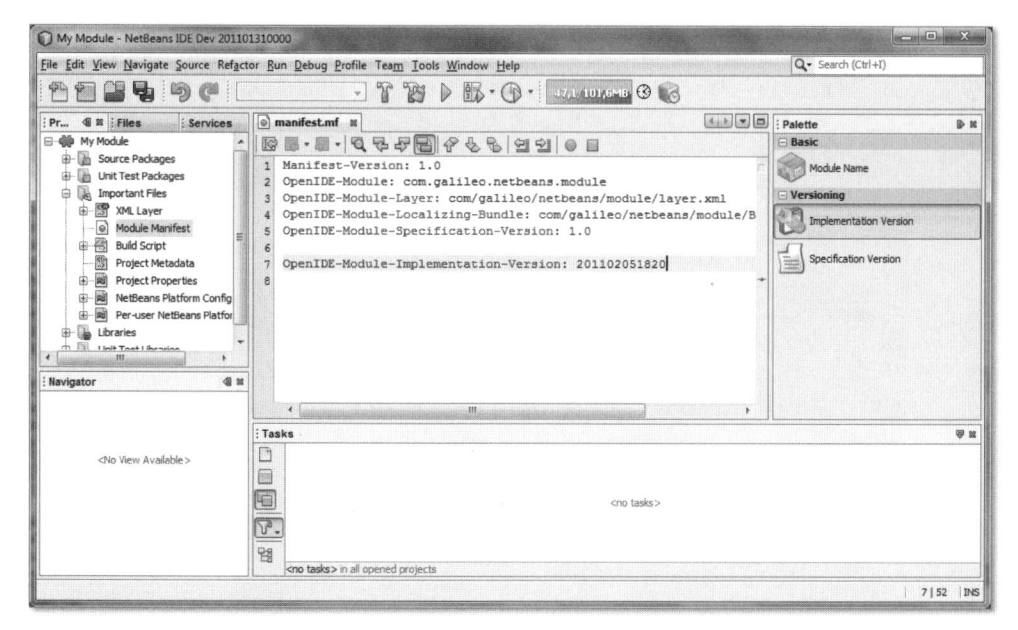

Abbildung 22.1 Palette für Manifest-Dateien

Dazu gehen wir wie folgt vor: Wir definieren die Items, die auf der Palette bereitgestellt werden sollen, mit jeweils einer XML-Datei und einer Klasse und registrieren diese in der Layer-Datei. Dann implementieren wir eine Klasse, die eine Palette für die bereits definierten und registrierten Items erzeugt. Zuletzt registrieren wir diese Klasse in der Layer-Datei für den Manifest-Dateityp.

22.1 Palette Items definieren und registrieren

Ein einzelnes Palette Item wird durch eine XML-Datei vom Typ *editor-palette-item* (siehe DTD im Anhang) definiert. In einer solchen Datei können wir die Klasse angeben, die beim Drag & Drop aufgerufen wird und für das Einfügen zuständig ist. Wir definieren zwei Icons in verschiedenen Größen und geben den Text und ein Tooltip für dieses Item an. Für das Palette Item *Module Name* sieht die Datei dann zum Beispiel wie folgt aus:

```xml
<?xml version="1.0" encoding="UTF-8"?>
<!DOCTYPE editor_palette_item PUBLIC
    "-//NetBeans//Editor Palette Item 1.1//EN"
    "http://www.netbeans.org/dtds/editor-palette-item-1_1.dtd">
<editor_palette_item version="1.1">
  <class name="com.galileo.netbeans.module.items.ModuleName"/>
  <icon16 urlvalue="com/galileo/netbeans/ModuleName16.png"/>
  <icon32 urlvalue="com/galileo/netbeans/ModuleName32.png"/>
  <inline-description>
     <display-name>Module Name</display-name>
     <tooltip>Module Name</tooltip>
  </inline-description>
</editor_palette_item>
```

Listing 22.1 Definition eines Palette Items mithilfe einer XML-Datei

---

Palette Items internationalisieren

Um auch Palette Items zu internationalisieren, können Sie die Werte der beiden Textelemente `display-name` und `tooltip` in ein Resource Bundle auslagern. Dafür wird das Element `inline-description` durch `description` ersetzt. Für die beiden Werte geben wir stattdessen dann die Keys an, unter welchen diese im Resource Bundle zu finden sind. Außerdem geben wir natürlich an, welches Resource Bundle verwendet werden soll:

```xml
<description
    localizing-bundle="com.galileo.netbeans.module.Bundle"
    display-name-key="DISPLAY"
    tooltip-key="TOOLTIP"/>
```

Mit dem `class` Element haben wir die Klasse `ModuleName` angegeben. Diese Klasse wird aufgerufen, wenn Sie den Eintrag von der Palette in eine Manifest-Datei ziehen. Dazu implementiert diese Klasse das Interface `ActiveEditorDrop`. Dieses Interface ist Bestandteil der **Text API**, auf die Sie also eine Abhängigkeit definieren müssen. Die Methode `handleTransfer()` des `ActiveEditorDrop` Interfaces wird automatisch beim Drop-Ereignis aufgerufen. Dabei bekommen wir als Parameter eine `JTextComponent` geliefert, über die wir Zugriff auf das aktuelle Dokument, also die Manifest-Datei, bekommen, in das wir den Palette-Eintrag einfügen wollen.

Da sich dieser Vorgang in unserem Fall für jeden Palette-Eintrag wiederholt und sich lediglich durch den einzufügenden Text unterscheidet, implementieren wir eine abstrakte Klasse `ManifestItem`. Diese Klasse übernimmt das Einfügen eines Eintrags in das Manifest-Dokument. Dabei bekommt sie den entsprechenden Text von der Methode `getItem()` geliefert, die von den Subklassen implementiert werden muss.

```java
import org.openide.text.ActiveEditorDrop;
...
public abstract class ManifestItem implements ActiveEditorDrop {
   public abstract String getItem();
   public boolean handleTransfer(JTextComponent editor) {
      try {
         Document doc = editor.getDocument();
         int pos = editor.getCaretPosition();
         doc.insertString(pos, getItem() + "\n", null);
      } catch (BadLocationException ex) {
         Logger.getLogger(ManifestItem.class.getName()).
            log(Level.SEVERE, null, ex);
      }
      return(true);
   }
}
```

Listing 22.2 Abstrakte Klasse, die sich um das Einfügen in die Manifest-Datei kümmert

Die Klassen der konkreten Palette Items gestalten sich dann geradezu trivial:

```java
public class ModuleName extends ManifestItem {
   public String getItem() {
      return"OpenIDE-Module-Name: My Module";
   }
}
```

oder für einen weiteren Eintrag:

```
public class ModuleSpecVersion extends ManifestItem {
   public String getItem() {
      return"OpenIDE-Module-Specification-Version: 1.0";
   }
}
```

Sie könnten diese Klassen natürlich noch erweitern, sodass dem Benutzer z. B. ein Dialog angezeigt wird, in dem er direkt die konkreten Werte, wie hier etwa den Namen oder die Version des Moduls, angeben kann.

Um den ersten Schritt der Definition der einzelnen Items abzuschließen, brauchen wir diese nur noch in der Layer-Datei in einem eigens angelegten Ordner zu registrieren. Sinnigerweise nennen wir den Ordner in unserem Fall ManifestPalette. Unterhalb dieses Ordners können Sie noch weitere Ordner anlegen. Jeder dieser Ordner stellt in der Palette eine Kategorie dar, in der die Einträge gruppiert werden.

```
<folder name="ManifestPalette">
   <folder name="Basic">
      <file name="ModuleName.xml" url="items/ModuleName.xml"/>
   </folder>
   <folder name="Versioning">
      <file name="ModuleSpecVersion.xml"
            url="items/ModuleSpecVersion.xml"/>
      <file name="ModuleImplVersion.xml"
            url="items/ModuleImplVersion.xml"/>
   </folder>
</folder>
```

Listing 22.3 Registrierung der Palette-Einträge in einem eigenen Ordner

22.2 Palette Controller erstellen und registrieren

Die Items für die Palette haben wir bereits implementiert und auch in der Layer-Datei im Ordner ManifestPalette registriert. Unsere Aufgabe ist es nun noch, eine PaletteController-Instanz für diesen Ordner zu erzeugen, der diese Einträge verwaltet. Wir erstellen dafür eine Klasse namens ManifestPalette. Dieser Klasse fügen wir die Methode createPalette() hinzu, die mithilfe der PaletteFactory-Klasse der **Palette API** eine PaletteController Instanz erzeugt:

```java
import org.netbeans.spi.palette.PaletteActions;
import org.netbeans.spi.palette.PaletteController;
import org.netbeans.spi.palette.PaletteFactory;
...
public class ManifestPalette {
   private static PaletteController palette;
   public static PaletteController createPalette() {
      try {
         if (palette == null) {
            palette = PaletteFactory.createPalette(
               "ManifestPalette", new MyPaletteActions());
         }
         return(palette);
      } catch (Exception ex) {
         Logger.getLogger(ManifestPalette.class.getName()).
            log(Level.SEVERE, null, ex);
      }
      return null;
   }
   private static final class MyPaletteActions
      extends PaletteActions {
      ...
   }
}
```

Listing 22.4 Die »PaletteController«-Klasse, die für die Verwaltung unserer Einträge zuständig ist

Kommen wir nun zum entscheidenden Teil, nämlich zum Registrieren dieses Controllers für den Manifest-Dateityp. Dazu müssen wir zunächst den für Manifest-Dateien registrierten MIME-Type ermitteln. Diesen können wir ganz einfach über den Layer Tree der PROJECTS-Ansicht unter IMPORTANT FILES • XML LAYER • <THIS LAYER IN CONTEXT> herausfinden. Dort finden wir unter Editors den MIME-Type text/x-mainfest. In unserer Layer-Datei registrieren wir also den Controller im Ordner Editors/text/x-manifest wie folgt:

```xml
<folder name="Editors">
   <folder name="text">
      <folder name="x-manifest">
         <file name="ManifestPalette.instance">
            <attr name="instanceOf" stringvalue=
               "org.netbeans.spi.palette.PaletteController"/>
```

```
            <attr name="instanceCreate" methodvalue=
     "com.galileo.netbeans.module.ManifestPalette.createPalette"/>
        </file>
      </folder>
    </folder>
</folder>
```

Somit wird nun automatisch, wenn im Editor eine Manifest-Datei geöffnet wird, mit der Methode `createPalette()` der Controller für unsere `ManifestPalette`-Items erzeugt. Dieser Controller wird über das Lookup dem Palette-Modul zur Verfügung gestellt, das die entsprechenden Einträge dann wie in Abbildung 22.1 anzeigen kann.

22.3 Bestehende Palette erweitern

Neben der Erstellung einer eigenen Palette für einen Dateityp, für den es bisher noch keine Palette gab, können Sie auch einer bereits bestehenden Palette Einträge hinzufügen. Dazu muss Ihnen lediglich der Name des Ordners in der Layer-Datei bekannt sein. Im Layer Tree (IMPORTANT FILES • XML LAYER) können Sie auf einfache Weise nach bereits vorhandenen Palette-Ordnern suchen. So heißt z. B. der Ordner für HTML-Dateien `HTMLPalette`. In der gleichen Weise wie bei unserem eigenen Ordner `ManifestPalette` können Sie auch dem bereits bestehenden Ordner `HTMLPalette` ihre Einträge hinzufügen. Das könnte dann z. B. so aussehen:

```
<folder name="HTMLPalette">
   <folder name="My HTML Items">
      <file name="item1.xml" url="items/item1.xml"/>
      <file name="item2.xml" url="items/item2.xml"/>
   </folder>
</folder>
```

Listing 22.5 Einträge einer bereits bestehenden Palette hinzufügen

Die Task List API ist Teil der NetBeans IDE und kann von Ihnen genutzt werden, um das Standard-Task-List-Modul beliebig zu erweitern.

23 Task List API

Das Task-List-Modul der NetBeans IDE bietet eine universelle Möglichkeit zur Darstellung von z. B. Aufgaben, Hinweisen oder Fehlermeldungen, wie Sie sie in Abbildung 23.1 sehen. Dabei können die Einträge der Task List in Gruppen angeordnet werden, sodass dem Benutzer eine größere Übersichtlichkeit geboten wird. Der Anwender kann festlegen für welchen Bereich Einträge angezeigt werden sollen. Standardmäßig sind innerhalb des Task-List-Moduls drei Bereiche, sogenannte **Scopes**, definiert. Ein Bereich bezieht sich auf die gerade geöffnete Datei, einer auf das Hauptprojekt und die davon abhängigen Projekte, die geöffnet sind; und ein Bereich ist für alle geöffneten Projekte definiert. Die Einträge werden von Scannern geliefert, die auf dem festgelegten Bereich arbeiten.

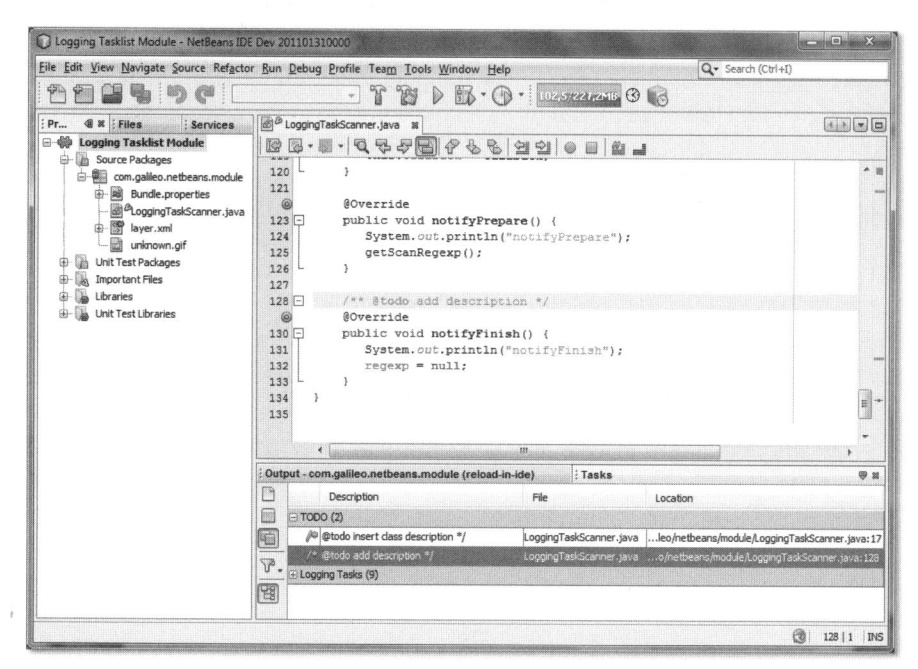

Abbildung 23.1 Das Task-List-Modul der NetBeans IDE

Zu diesem Modul gibt es die **Task List API,** mit der Sie den Funktionsumfang des Moduls flexibel erweitern können. Dabei geht es vornehmlich um die Bereitstellung zusätzlicher Scanner. Integriert werden die Erweiterungen dann über entsprechende Extension Points in der Layer-Datei. Wie das funktioniert, möchte ich Ihnen anhand eines Beispiels zeigen. Wir wollen im Folgenden einen Scanner implementieren, der sämtliche Stellen im Code anzeigt, an denen noch eine direkte Ausgabe von Informationen, wie z. B. mit `System.out.println()`, verwendet wird. So können wir z. B. vor der Auslieferung eines Produkts sicherstellen, dass alle wichtigen Stellen durch entsprechende Logging-Ausgaben ersetzt oder einfach entfernt wurden.

23.1 Scanner implementieren

Eine eigene Scanner-Implementation leiten wir von der abstrakten Klasse `FileTaskScanner` ab. Ein Scanner hat einen Namen und eine Beschreibung dessen, was er zu leisten vermag. Optional können Sie mit einem Scanner auch ein Options-Panel verknüpfen, über das der Scanner vom Benutzer individuell konfiguriert werden kann. Als Beispiel hierfür können Sie den ToDo-Scanner der NetBeans IDE heranziehen. Dort können die Tokens, die als ToDo Task innerhalb einer Datei identifiziert werden sollen, konfiguriert werden. Der Einfachheit halber definieren wir diese Tokens direkt im Scanner. Die drei Parameter *Name*, *Beschreibung* und *Pfad zum Options-Panel* (ober eben `null`, wenn kein Options-Panel verwendet wird) werden dem Basisklassen-Konstruktor übergeben. Da der Scanner später in der Layer-Datei deklarativ registriert wird und dann vom Task List Framework initialisiert wird, stellen wir die Factory-Methode `create()` bereit, über die eine `LoggingTaskScanner`-Instanz erzeugt werden kann.

Der wichtigste Teil des Scanners ist, wie Sie sicher schon vermuten, die `scan()`-Methode. Mit dieser bekommen Sie die zu durchsuchende Datei übergeben. Über ein `Pattern` (zur Erkennung der Tokens) und einen `Matcher` durchsuchen wir die Datei und erzeugen für jede gefundene Stelle eine `Task`-Instanz, die wir einer Liste hinzufügen, die anschließend zurückgegeben wird. Als Vorlage für die folgende Implementation habe ich hier übrigens die `TodoTaskScanner`-Klasse genommen. Erzeugt wird eine `Task`-Instanz über die statische Methode `Task.create()`, der wir die durchsuchte Datei übergeben, die Gruppe, zu der der Eintrag hinzugefügt werden soll, eine Beschreibung (typischerweise die Zeile, in der der Token gefunden wurde) und die Zeilennummer.

```
import org.netbeans.spi.tasklist.FileTaskScanner;
import org.netbeans.spi.tasklist.Task;
```

```java
import org.openide.filesystems.FileObject;
...
public class LoggingTaskScanner extends FileTaskScanner {
   private static final String GROUP_NAME = "logging-tasklist";
   private static final String[] TOKENS = {
      "System.out.println",
      "System.err.println",
      "printStackTrace"};
   private Pattern  regexp   = null;
   private Callback callback = null;
   public LoggingTaskScanner(String name, String desc) {
      super(name, desc, null);
   }
   public static LoggingTaskScanner create() {
      String name = NbBundle.getBundle(LoggingTaskScanner.class).
                        getString("LBL_loggingtask");
      String desc = NbBundle.getBundle(LoggingTaskScanner.class).
                        getString("HINT_loggingtask");
      return new LoggingTaskScanner(name, desc);
   }
   public List<? extends Task> scan(FileObject file) {
      List<Task> tasks = new LinkedList<Task>();
      int lineno = 0;
      try {
         for (String line : file.asLines()) {
            lineno++;
            Matcher matcher = getScanRegexp().matcher(line);
            if (matcher.find()) {
               String description = line.subSequence(
                  matcher.start()+1, line.length()).toString();
               Task task = Task.create(
                  file, GROUP_NAME, description, lineno );
               tasks.add(task);
            }
         }
      } catch (IOException ex) {
         Exceptions.printStackTrace(ex);
      }
      return tasks;
```

```
    }
    private Pattern getScanRegexp() {
        if (regexp == null) {
            // create Pattern for the Tokens
        }
        return regexp;
    }
    public void attach(Callback callback) {
        if(callback == null && this.callback != null) {
            regexp = null;
        }
        this.callback = callback;
    }
    @Override
    public void notifyPrepare() {
        getScanRegexp();
    }
    @Override
    public void notifyFinish() {
        regexp = null;
    }
}
```

Listing 23.1 Scanner-Implementation

Über das Kontextmenü des Task-List-Fensters kann der Anwender Scanner aktivieren und auch deaktivieren. Darüber, ob also ein Scanner aktiv ist oder nicht, werden wir mit der Methode attach() informiert. Hat der Parameter callback den Wert null, so wurde der Scanner deaktiviert. Über die Callback-Instanz haben wir Zugriff auf das Task List Framework. Zuletzt bleiben noch die beiden Methoden notifyPrepare() und notifyFinish(). Erstere Methode, in der wir Vorbereitungen für den anschließenden Aufruf der scan()-Methode treffen können, wird vor der Initiierung eines Scans durch das Task List Framework aufgerufen. Die notifyFinish()-Methode wird abschließend aufgerufen.

23.2 Scanner und Group registrieren

Das Task List Framework definiert drei Extension Points in der Layer-Datei, mit denen Erweiterungen registriert werden können. Dies sind:

- TaskList/Groups
- TaskList/Scanners
- TaskList/ScanningScopes

Zunächst erstellen wir eine neue Group, in der die Logging Tasks gruppiert werden sollen. Eine ID haben wir im Scanner mit `logging-tasklist` bereits festgelegt. Dadurch können die im Scanner erzeugten Tasks der Group zugeordnet werden. Eine Group kann mithilfe der Methode `createGroup()` der `Task`-Klasse sehr einfach erstellt werden. Wir brauchen lediglich noch einige Attribute spezifizieren, mit denen die Group konfiguriert wird. Dabei geben wir neben der ID noch Keys für die entsprechenden Werte aus dem Resource Bundle an. Für die Registrierung des Scanners geben wir die Basisklasse und die Factory Methode zum Erstellen des Scanners an:

```xml
<filesystem>
  <folder name="TaskList">
    <folder name="Groups">
      <file name="LoggingTaskGroup.instance">
        <attr name="instanceCreate" methodvalue=
              "org.netbeans.spi.tasklist.Task.createGroup"/>
        <attr name="localizingBundle" stringvalue=
              "com.galileo.netbeans.module.Bundle"/>
        <attr name="groupName" stringvalue="logging-tasklist"/>
        <attr name="diplayNameKey" stringvalue="LBL_loggroup"/>
        <attr name="descriptionKey" stringvalue="HINT_loggroup"/>
        <attr name="iconKey" stringvalue="ICON_logging"/>
        <attr name="position" intvalue="400"/>
      </file>
    </folder>
    <folder name="Scanners">
      <file name="LoggingTaskScanner.instance">
        <attr name="instanceOf" stringvalue=
              "org.netbeans.spi.tasklist.FileTaskScanner"/>
        <attr name="instanceCreate" methodvalue=
        "com.galileo.netbeans.module.LoggingTaskScanner.create"/>
      </file>
    </folder>
  </folder>
</filesystem>
```

Listing 23.2 Erstellung einer Task-Gruppe und Registrierung des Scanners über die Extension Points des Task List Frameworks

Mithilfe der Quick Search API können der einfach zu bedienenden Quick-Search-Funktion der NetBeans Platform Provider hinzugefügt werden, die an beliebigen Orten nach beliebigen Daten und Objekten suchen.

24 Quick Search API

Die Quick-Search-Funktion stellt, als Teil der NetBeans Platform, eine Infrastruktur zum schnellen Suchen von diversen Daten in verschiedenen Quellen dar. Das Quick-Search-Modul stellt eine einfache API zur Bereitstellung von sogenannten Search-Provider-Implementierungen bereit.

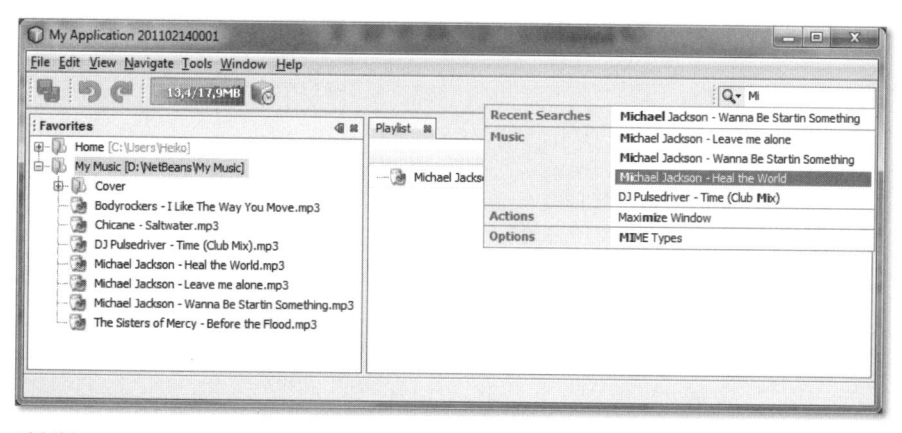

Abbildung 24.1 Die Quick-Search-Funktion

Das Suchfeld des Quick-Search-Moduls kann an eine Toolbar gebunden werden. Dort kann der Anwender den gewünschten Suchbegriff eintippen. Bereits beim Eintippen werden asynchron die registrierten Search Provider nach entsprechenden Ergebnissen abgefragt. Beim Klicken auf ein Resultat kann eine Aktion ausgelöst werden. Nachfolgend möchte ich Ihnen anhand eines Beispiels zeigen, wie ein Search Provider implementiert werden kann. Dabei wollen wir dies in Kombination mit dem Favorites-Modul tun, in dessen Ordnern wir nach MP3-Dateien suchen. Bei einem Klick auf eine gefundene Datei soll diese der Playlist hinzugefügt werden.

24 | Quick Search API

24.1 Einen Quick Search Provider implementieren

Für die Erstellung des Grundgerüsts und auch der Registrierung eines Search Providers stellt die NetBeans IDE einen Wizard zur Verfügung. Diesen rufen wir zunächst über FILE • NEW FILE • MODULE DEVELOPMENT • QUICK SEARCH PROVIDER auf. Als Erstes vergeben wir einen Namen für die Provider-Klasse und legen das Package fest, in dem die Klasse erstellt werden soll. Zusätzlich geben wir eine Kategorie an, mit der die Ergebnisse im Quick Search Popup gruppiert werden (siehe Abbildung 24.1).

Die Reihenfolge dieser Kategorien können Sie ebenfalls beeinflussen. Eine kleinere Nummer bedeutet, dass die entsprechende Kategorie weiter oben angezeigt wird. Zuletzt müssen Sie noch ein sogenanntes **Command Prefix** wählen. Wird dieses Präfix, durch ein Leerzeichen getrennt, dem Suchbegriff vorangestellt, so wird nur in der zugehörigen Kategorie gesucht.

```java
import org.netbeans.spi.quicksearch.SearchProvider;
import org.netbeans.spi.quicksearch.SearchRequest;
import org.netbeans.spi.quicksearch.SearchResponse;
...
public class MyMusicQSProvider implements SearchProvider {
   private DataFolder f;
   public MyMusicQSProvider() {
      FileObject fo = FileUtil.getConfigFile("Favorites");
      f = DataFolder.findFolder(fo);
   }
   @Override
   public void evaluate(SearchRequest req, SearchResponse resp) {
      for (DataObject data : f.getChildren()) {
         if (data instanceof DataShadow) {
            DataShadow obj = (DataShadow) data;
            for (final FileObject child :
              obj.getOriginal().getPrimaryFile().getChildren()) {
               if (child.getName().toLowerCase().contains(
                  req.getText().toLowerCase())
                  && child.getExt().toLowerCase().equals("mp3")) {
                  if(!resp.addResult(
                     new AddToPlaylist(child),child.getName())) {
                     return;
                  }
               }
            }
         }
```

```
            }
          }
        }
      }
      private static final class AddToPlaylist implements Runnable {
        private FileObject fo;
        public AddToPlaylist(FileObject fo) {
          this.fo = fo;
        }
        @Override
        public void run() {
          try {
            PlaylistTopComponent.addFile(
              DataObject.find(fo).getNodeDelegate());
          } catch (DataObjectNotFoundException ex) {
            Exceptions.printStackTrace(ex);
          }
        }
      }
    }
```

Listing 24.1 Quick-Search-Provider-Implementation

Im Konstruktor des Search Providers verschaffen wir uns zunächst Zugriff auf die im FAVORITES-Fenster dargestellten Ordner. Die einzige Methode, die wir überschreiben müssen, ist die `evaluate()`-Methode. Diese bekommt den im Quick-Search-Suchfeld eingegeben Text in Form eines `SearchRequest`-Objekts übergeben.

Wir gehen über alle Ordner, die dem FAVORITES-Fenster hinzugefügt sind, und ermitteln jeweils alle MP3-Dateien, deren Dateinamen den Suchstring enthalten. Die Suchresultate fügen wir dem `SearchResponse`-Objekt mit der `addResult()`-Methode hinzu. Dabei übergeben wir den Namen (er kann mit HTML formatiert sein), der in der Suchergebnisliste angezeigt werden soll, und eine `Runnable`-Instanz. Diese wird bei einem Klick auf den entsprechenden Eintrag in der Ergebnisliste ausgeführt. Hier im Beispiel implementieren wir dazu die `AddToPlaylist`-Klasse. Dem Konstruktor übergeben wir die gefundene Datei. In der `run()`-Methode (die bei einem Klick ausgeführt wird) ermitteln wir eine `Node`-Instanz, die die Datei repräsentiert, und fügen diese der Playlist hinzu.

24.2 Einen Quick Search Provider registrieren

Eine Search–Provider-Implementation muss dem Quick-Search-Modul über einen Eintrag in der Layer-Datei bekannt gemacht werden. Dort steht der Extension Point `QuickSearch` zur Verfügung. Wenn Sie den Provider mit dem NetBeans IDE Wizard erstellen, wird dieser Eintrag automatisch erstellt. Search Provider werden einer Kategorie zugeordnet. So können die Suchresultate kategorisiert in der Ergebnisliste dargestellt werden (siehe auch Abbildung 24.1). An welcher Position die Kategorie in der Ergebnisliste aufgeführt wird, bestimmen Sie durch das `position`-Attribut. Mit dem `command`-Attribut können Sie ein Präfix angeben, mit dem eine Suche auf diese Kategorie begrenzt werden kann. Das heißt, hier im Beispiel kann durch die Eingabe von `MP3 <Suchstring>` die Suche auf den hier dargestellten Search Provider beschränkt werden.

Einer Kategorie können mehrere Search-Provider-Implementationen hinzugefügt werden. Der Name eines Search Providers wird durch das `displayName`-Attribut spezifiziert.

```xml
<folder name="QuickSearch">
    <folder name="Music">
        <attr name="command" stringvalue="MP3"/>
        <attr name="position" intvalue="100"/>
        <file name="com-galileo-netbeans-module-
            MyMusicQSProvider.instance">
            <attr name="displayName" bundlevalue=
                "com.galileo.netbeans.module.Bundle
                #MyMusicQSProvider.instance"/>
        </file>
    </folder>
</folder>
```

Listing 24.2 Registrierung eines Search Providers

24.3 Quick Search UI integrieren

Das Quick-Search-Suchfeld steht nicht per se in Ihrer Anwendung zur Verfügung. Es kann über den **Customize Toolbars**-Dialog einer Toolbar hinzugefügt werden. Über einen Layer-Eintrag können wir die **Quick Search UI** aber auch fest einer Toolbar zuordnen und damit sicherstellen, dass diese bereits beim Start der Anwendung vorhanden ist. Aus dem Layer-Tree können wir den Namen der

Quick-Search-Aktion ermitteln und erstellen darauf einen Link. In unserem Beispiel fügen wir die Aktion der neu angelegten QuickSearch-Toolbar hinzu.

```xml
<folder name="Toolbars">
    <folder name="QuickSearch">
        <file name="org-netbeans-modules-quicksearch-
                    QuickSearchAction.shadow">
            <attr name="originalFile" stringvalue="
                Actions/Edit/org-netbeans-modules-quicksearch-
                QuickSearchAction.instance"/>
            <attr name="position" intvalue="400"/>
        </file>
    </folder>
</folder>
```

Listing 24.3 Hinzufügen der Quick Search UI

24.4 Vorhandene Search-Provider-Kategorien ausblenden

Zum Standardumfang der NetBeans Platform gehören unter anderem Search Provider für Aktionen und Optionen. Diese sind jeweils einer Kategorie zugeordnet. Wie auch bei Menüeinträgen können Sie mit der Standardfunktionalität des System Filesystem Kategorien ausblenden und damit die zugeordneten Search Provider vom Durchsuchen ausschließen. Sie brauchen dazu lediglich dem Kategoriennamen das Suffix _hidden anzufügen. Um z. B. die beiden zuvor genannten Search-Provider-Kategorien zu entfernen, fügen wir der Layer-Datei folgenden Eintrag hinzu:

```xml
<folder name="QuickSearch">
    <folder name="Actions_hidden"/>
    <folder name="Options_hidden"/>
</folder>
```

Listing 24.4 Entfernen von Search–Provider-Kategorien

Mit der Auto Update Services API haben Sie Zugriff auf sämtliche Funktionen, die Ihnen der Plugin Manager bietet, und können so sehr interessante Anwendungsfälle realisieren.

25 Auto Update Services API

Die NetBeans Platform stellt mit dem Plugin Manager dem Anwender ein praktisches Tool zur Verfügung, mit dem einzelne Anwendungsbestandteile (einzelne oder mehrere auch zusammengehörende Module) installiert, deinstalliert, aktiviert, deaktiviert oder aktualisiert werden können. Mit der **Auto Update Services API** können Sie auf diese Funktionalitäten auch direkt zugreifen und können so verschiedenste Anwendungsfälle realisieren.

Die Klasse `UpdateManager` ermöglicht einen zentralen Zugriff auf sämtliche vorhandene Module. Ein Modul (Unit) wird durch die Klasse `UpdateUnit` repräsentiert, wobei diese Klasse eine Art Wrapper für verschiedene Elemente darstellt. Elemente können dabei sein:

- das installierte Modul selbst
- das für die aktuelle **Locale**-Einstellung installierte Modul
- die Vorgängerversion eines installierten Updates (Backup)
- eine Liste an (in Update Centern) verfügbaren Updates
- eine Liste an (in Update Centern) verfügbaren Lokalisationen

Die genannten Elemente werden jeweils durch die Klasse `UpdateElement` repräsentiert. Diese Klasse stellt u. a. Informationen wie den Namen, die Kategorie, den Autor oder das Icon des entsprechenden Moduls zur Verfügung. Aktionen wie Installieren oder Deinstallieren werden durch eine `OperationContainer`-Instanz verwaltet. Zur Erzeugung einer solchen Instanz steht für jede Aktion eine Factory-Methode zur Verfügung.

Nachfolgend möchte ich Ihnen die Verwendung der **Auto Update Services API** anhand von typischen Anwendungsfällen exemplarisch darstellen.

25 | Auto Update Services API

25.1 Automatisches Update im Hintergrund

Bei Anwendungen im Unternehmensbereich besteht oftmals die Anforderung, dass Updates auf den Clients automatisch – ohne Benutzerinteraktion – installiert werden. So kann z. B. sichergestellt werden, dass alle Nutzer auf der gleichen und neuesten Version arbeiten.

25.1.1 Updates suchen

Im ersten Schritt müssen die zu installierenden Module zunächst gesucht werden. Gesucht wird in allen registrierten Update Centern. Das heißt, bei der ersten Auslieferung Ihrer Anwendung sollte mindestens ein Update Center registriert sein, über das die neuen Module eingespielt werden sollen. Ein Update Center können Sie ganz bequem mithilfe der NetBeans IDE registrieren. Rufen Sie dazu FILE • NEW FILE • MODULE DEVELOPMENT • UPDATE CENTER auf. Weitere Informationen dazu finden Sie in Kapitel 36, »Update einer NetBeans-Platform-Anwendung«.

Mit der in Listing 25.1 dargestellten Methode suchen wir sowohl nach neuen als auch nach aktualisierten Modulen. Dabei ist es wichtig, dass wir den gewünschten Update Provider bzw. alle dazu veranlassen, Informationen zu den zur Verfügung stehenden Modulen aus den Update Centern zu laden.

Im Beispiel hier ermitteln wir über die `UpdateUnitProviderFactory` alle Provider und führen deren `refresh()`-Methode aus. Anschließend ermitteln wir über den `UpdateManager`, der ebenfalls alle Provider in Betracht zieht, sämtliche zur Verfügung stehenden Module, die aktualisiert oder neu installiert werden können. Dazu filtern wir mit `!unit.getAvailableUpdates().isEmpty()` alle Module heraus, die bereits installiert sind und zu denen kein Update vorliegt. Nun müssen wir nur noch zwischen einem neuen Modul und einem aktualisierten Modul unterscheiden. Dazu verwenden wir die Methode `getInstalled()`. Liefert diese `null`, so ist noch keine Version dieses Moduls installiert, d. h., es handelt sich um ein neues Modul. Entsprechend dieser Abfrage fügen wir die Module jeweils einer Liste hinzu.

```
private List<UpdateElement> install =
        new ArrayList<UpdateElement>();
private List<UpdateElement> update =
        new ArrayList<UpdateElement>();
public void searchNewAndUpdatedModules() {
    for (UpdateUnitProvider provider : UpdateUnitProviderFactory.
            getDefault().getUpdateUnitProviders(false)) {
```

```
      try {
        provider.refresh(null, true);
      } catch (IOException ex) {
        LOG.severe(ex.getMessage());
      }
    }
    for (UpdateUnit unit : UpdateManager.
         getDefault().getUpdateUnits()) {
      if (!unit.getAvailableUpdates().isEmpty()) {
        if (unit.getInstalled() == null) {
          install.add(unit.getAvailableUpdates().get(0));
        } else {
          update.add(unit.getAvailableUpdates().get(0));
        }
      }
    }
  }
}
```

Listing 25.1 Suchen von neuen und aktualisierten Modulen

Bei dem in Listing 25.1 dargestellten Ansatz werden über den UpdateManager sämtliche Update Center abgefragt. Sie können die Suche aber auch auf einen einzelnen Provider beschränken, um so z. B. sicherzustellen, dass nur Module aus einem dedizierten Update Center automatisch installiert werden. Wir ermitteln den gewünschten Update Provider über die UpdateUnitProviderFactory anhand seines Namens (entsprechend der Definition in der Layer-Datei). Im Gegensatz zum vorherigen Ansatz suchen wir dann nicht über den Update Manager, sondern direkt über den ermittelten Provider.

```
private static final String UC_NAME =
    "com_galileo_netbeans_module_update_center";
public void searchNewAndUpdatedModulesInDedicatedUC() {
  for (UpdateUnitProvider provider : UpdateUnitProviderFactory.
       getDefault().getUpdateUnitProviders(false)) {
    try {
      if (provider.getName().equals(UC_NAME)) {
        provider.refresh(null, true);
        for (UpdateUnit u : provider.getUpdateUnits()) {
          if (!u.getAvailableUpdates().isEmpty()) {
            if (u.getInstalled() == null) {
              install.add(u.getAvailableUpdates().get(0));
            } else {
```

```
                    update.add(u.getAvailableUpdates().get(0));
                }
            }
          }
        }
      } catch (IOException ex) {
        LOG.severe(ex.getMessage());
      }
    }
}
```

Listing 25.2 Module in einem speziellen Update Center suchen

25.1.2 Updates installieren und neu starten

Operationen auf Modulen werden über einen `OperationContainer` durchgeführt. Diesem können eine beliebige Anzahl an `UpdateElement`-Instanzen hinzugefügt werden. Beachten Sie, dass ein Operation Container jeweils für eine bestimme Aktion zuständig ist. Das heißt, in unserem Falle benötigen wir zwei verschiedene Container. Erstellt werden diese über die entsprechenden Factory-Methoden `OperationContainer.createForInstall()` und `OperationContainer.createForUpdate()`. Das Hinzufügen der Elemente erfolgt unabhängig vom Typ, weshalb wir uns eine Hilfsmethode erstellen.

```
public OperationContainer<InstallSupport> addToContainer(
        OperationContainer<InstallSupport> c,
        List<UpdateElement> modules) {
   for (UpdateElement e : modules) {
      if (container.canBeAdded(e.getUpdateUnit (), e)) {
         OperationInfo<InstallSupport> operationInfo = c.add(e);
         if (operationInfo != null) {
            c.add(operationInfo.getRequiredElements());
         }
      }
   }
   return container;
}
```

Listing 25.3 Hinzufügen der Update-Elemente zu einem Operation Container

Diese in Listing 25.3 dargestellte Hilfsmethode prüft zunächst mit der Methode `canBeAdded()` bei jedem Modul, ob dieses auch mit dem Container kompatibel ist. Ist dies der Fall, so fügen wir das Modul hinzu und bekommen eine

OperationInfo-Instanz geliefert, sofern sich das Modul nicht bereits im Container befunden hat. Diese hilft uns dabei, mit der Methode getRequiredElements() alle vom aktuellen Modul benötigten Abhängigkeiten ebenfalls hinzuzufügen. Im Beispiel hier könnte dieser Aufruf auch entfallen, da ohnehin alle verfügbaren Module hinzugefügt werden. Vielmehr könnten Sie mit der Methode getBrokenDependencies() überprüfen, ob eine Abhängigkeit nicht erfüllt werden kann.

Nicht nur das Befüllen des Containers mit Elementen, sondern auch das Herunterladen und Installieren der Module erfolgt in der gleichen Weise. Es bietet sich also auch für diesen Schritt eine Hilfsmethode an. Dieser wird ein OperationContainer übergeben, über den die zugeordneten Module dann installiert werden können. Mit den Methoden doDownload(), doValidate() und doInstall() der InstallSupport-Instanz führen wir dann das Herunterladen, Überprüfen und letztendliche Installieren der Module durch. Wenn die Methode doInstall() eine OperationSupport.Restarter-Instanz zurückliefert, so ist ein Neustart für den Abschluss der Installation notwendig. Diesen wollen wir an dieser Stelle aber nicht sofort ausführen, sondern wir überlassen den Zeitpunkt dem Anwender. Deshalb verwenden wir die Methode doRestartLater().

```
public void installModules(
      OperationContainer<InstallSupport> container) {
   try {
      InstallSupport support = container.getSupport();
      if (support != null) {
         Validator vali = support.doDownload (null, true);
         Installer inst = support.doValidate(vali, null);
         Restarter restarter = support.doInstall(inst, null);
         if (restarter != null) {
            support.doRestartLater(restarter);
            if (!isRestartRequested) {
               NotificationDisplayer.getDefault().notify(
                  "Die Anwendung wurde aktualisiert",
                  ImageUtilities.loadImageIcon(
                     "com/galileo/netbeans/module/rs.png", false),
                  "Klicken Sie hier für einen Neustart",
                  new RestartAction(support, restarter));
               isRestartRequested = true;
            }
         }
      }
```

```
      }
    } catch (OperationException ex) {
      LOG.severe(ex.getMessage());
    }
  }
```

Listing 25.4 Herunterladen und Installieren der Module mit anschließendem Benachrichtigen des Anwenders

Nun müssen wir noch den Anwender über den notwendigen Neustart der Anwendung informieren. Dazu bietet sich der Notification Displayer an, der in die Statusbar der NetBeans Platform integriert ist. Dabei wird dem Anwender der Hinweis in Form einer Sprechblase angezeigt. Praktisch ist dabei, dass wir dieser eine Aktion hinzufügen können, die in Form eines Links angezeigt wird. So kann der Anwender den Neustart direkt durchführen. Für den Neustart benötigen wir die InstallSupport- und Restarter-Instanz. Beide übergeben wir an die RestartAction, die dann den Neustart (wie in Listing 25.5 dargestellt) durchführt.

```
private static final class RestartAction
      implements ActionListener {
  private InstallSupport support;
  private OperationSupport.Restarter restarter;
  public RestartAction(
        InstallSupport support,
        OperationSupport.Restarter restarter) {
    this.support = support;
    this.restarter = restarter;
  }
  @Override
  public void actionPerformed(ActionEvent e) {
    try {
      support.doRestart(restarter, null);
    } catch (OperationException ex) {
      LOG.severe(ex.getMessage());
    }
  }
}
```

Listing 25.5 Aktionsklasse zur Durchführung eines Neustarts

25.1.3 Installation automatisch starten

Zuletzt müssen wir noch dafür sorgen, dass der Vorgang automatisch im Hintergrund durchgeführt wird. Eine Möglichkeit wäre, die Updates beim Start der

Anwendung zu installieren. Dies können wir auf einfache Weise über eine
Warm-Up Task erledigen. Diese Update-Installation – komplett mit den zuvor
implementierten Methoden – würde dann so wie in Listing 25.6 aussehen.

```java
import org.netbeans.api.autoupdate.InstallSupport;
import org.netbeans.api.autoupdate.OperationContainer;
import org.netbeans.api.autoupdate.OperationException;
import org.netbeans.api.autoupdate.OperationSupport;
import org.netbeans.api.autoupdate.UpdateElement;
import org.netbeans.api.autoupdate.UpdateManager;
import org.netbeans.api.autoupdate.UpdateUnit;
import org.netbeans.api.autoupdate.UpdateUnitProvider;
import org.netbeans.api.autoupdate.UpdateUnitProviderFactory;
import org.openide.awt.NotificationDisplayer;
import org.openide.util.RequestProcessor;
...
public class AutoInstaller implements Runnable {
   private static final Logger LOG =
         Logger.getLogger(AutoInstaller.class.getName());
   @Override
   public void run() {
      RequestProcessor.getDefault().post(
         new AutoInstallerImpl(), 1000);
   }
   private static final class AutoInstallerImpl
         implements Runnable {
      private List<UpdateElement> install =
            new ArrayList<UpdateElement>();
      private List<UpdateElement> update =
            new ArrayList<UpdateElement>();
      private boolean isRestartRequested = false;
      @Override
      public void run() {
         searchNewAndUpdatedModules();
         OperationContainer<InstallSupport> installContainer =
            addToContainer(
               OperationContainer.createForInstall(), install);
         installModules(installContainer);
         OperationContainer<InstallSupport> updateContainer =
            addToContainer(
               OperationContainer.createForUpdate(), update);
         installModules(updateContainer);
```

```
        }
        public OperationContainer<InstallSupport> addToContainer(
                OperationContainer<InstallSupport> container,
                List<UpdateElement> modules) { ... }
        public void installModules(
                OperationContainer<InstallSupport> container) { ... }
        public void searchNewAndUpdatedModules() { ... }
    }
    private static final class RestartAction
            implements ActionListener { ... }
}
```

Listing 25.6 Ausführen der automatischen Update-Installation mit einer Warm-Up Task

Eine Warm-Up Task wird asynchron beim Start der Anwendung ausgeführt. Dabei muss lediglich das `Runnable`-Interface implementiert werden. Mithilfe der `RequestProcessor`-Klasse haben wir zusätzlich noch die Möglichkeit, den Start um eine bestimmte Zeit zu verzögern. Die Warm-Up Task muss nur noch in der Layer-Datei wie folgt registriert werden:

```
<folder name="WarmUp">
    <file name="com-galileo-netbeans-module-AutoInstaller.instance"/>
</folder>
```

25.2 Module automatisch deaktivieren

In Abschnitt 25.1, »Automatisches Update im Hintergrund«, haben Sie anhand eines Beispiels zum automatischen Aktualisieren einer Anwendung die **Auto Update Services API** zum Auffinden, Herunterladen, Installieren und Aktualisieren von Modulen kennengelernt. Weiterhin bietet Ihnen die API auch die Möglichkeit, bestimmte Module zu aktivieren bzw. zu deaktivieren. Auch dafür gibt es sehr interessante Anwendungsfälle. So können Sie z. B. für bestimmte Benutzergruppen (anhand der Login-Informationen) bestimmte Module und damit Funktionalitäten abschalten.

Die Vorgehensweise ist der aus Abschnitt 25.1, »Automatisches Update im Hintergrund«, sehr ähnlich. Zunächst ermitteln wir über den `UpdateManager` alle verfügbaren Module, also auch die bereits installierten Module. Mit dem zusätzlichen Filter `UpdateManager.TYPE.MODULE` stellen wir sicher, dass nur Anwendungsmodule und nicht etwa Lokalisierungsmodule geliefert werden. Über die `getInstalled()`-Methode prüfen wir, ob es sich um ein installiertes Modul handelt. Auf diese Weise werden neue Module herausgefiltert. In den verbleibenden

Modulen, die aktiviert sind, suchen wir nach den zu deaktivierenden Modulen über den eindeutigen Code Name Base.

```
List<String> modules =
      Collections.singletonList("com.galileo.netbeans.module3");
OperationContainer<OperationSupport> cont =
      OperationContainer.createForDirectDisable();
for (UpdateUnit unit : UpdateManager.getDefault().getUpdateUnits(
         UpdateManager.TYPE.MODULE)) {
   if (unit.getInstalled() != null) {
      UpdateElement elem = unit.getInstalled();
      if (elem.isEnabled()) {
         if (modules.contains(elem.getCodeName())) {
            if (cont.canBeAdded(unit, elem)) {
               OperationInfo<OperationSupport> operationInfo =
                     cont.add(elem);
               if (operationInfo != null) {
                  cont.add(operationInfo.getRequiredElements());
               }
            }
         }
      }
   }
}
```

Listing 25.7 Suchen von bestimmten aktiven Anwendungsmodulen

Zum Deaktivieren von Modulen erstellen wir mit der Factory-Methode `OperationContainer.createForDirectDisable()` einen entsprechenden Container. Diesem fügen wir die gewünschten Module hinzu. Zuvor prüfen wir auch hier, ob die Module mit dem Container kompatibel sind. Wurde das Modul erfolgreich hinzugefügt, so können wir über die `OperationInfo`-Instanz alle Module hinzufügen, die von dem zu deaktivierenden Modul abhängen. Zuletzt stellen wir sicher, dass der Container nicht leer ist, und führen dann die Deaktivierung der Module mittels der Methode `doOperation()` durch.

```
if (!cont.listAll().isEmpty()) {
   try {
      Restarter restarter = cont.getSupport().doOperation(null);
   } catch (OperationException ex) {
      LOG.severe(ex.getMessage());
   }
}
```

Listing 25.8 Deaktivieren von Anwendungsmodulen

TEIL V Server & Databases

Enterprise-Anwendungen und die NetBeans Platform

Datenbanken befinden sich zumeist auf einem Server. Doch mit Java DB steht Ihnen eine Client-Datenbanklösung zur Verfügung. Wir wollen uns in diesem Kapitel anschauen, wie Sie eine solche Datenbank in Ihre NetBeans-Platform-Anwendung integrieren können.

26 Java DB

Hinter Java DB verbirgt sich das relationale Datenbankmanagementsystem (RDBMS) **Apache Derby**. Dieses Datenbanksystem ist zu 100 % in Java implementiert und ist somit plattformübergreifend einsetzbar.

Für ein komplettes Datenbankmanagementsystem ist die Java DB sehr klein, und dadurch, dass keine besondere Installation und auch keine weiteren Aktionen zum Betreiben einer Datenbank notwendig sind, kann es direkt mit Ihrer Anwendung ausgeliefert werden. Java DB ist also geradezu prädestiniert für den Einsatz innerhalb einer Rich-Client-Anwendung. Seit der Java Platform 6 ist die Client-Datenbanklösung Java DB standardmäßiger Bestandteil des JDK, und auch die NetBeans IDE bringt von Haus aus schon eine Unterstützung für die Java DB in Sachen Verwaltung und Serverbetrieb mit.

26.1 Einbinden der Java DB

Die Java DB erhalten Sie entweder mit Ihrer Java Platform-Installation, oder Sie laden sich einfach die neueste Version unter *http://www.oracle.com/technetwork/java/javadb* herunter. Im Unterverzeichnis *lib* finden Sie die Datei *derby.jar*. Dies ist das eigentliche Datenbanksystem, das auch den Treiber bereitstellt. Daneben existiert auch noch die Datei *derbyclient.jar*, die dann verwendet wird, wenn die Java DB auf einem Server ausgeführt wird und Sie das Datenbanksystem nicht mit Ihrer Anwendung ausliefern wollen. Wir wollen uns hier aber hauptsächlich mit dem clientseitigen Einsatz und somit mit der Einbettung von Java DB in Ihre Anwendung befassen.

Ganz in der Terminologie einer NetBeans-Platform-Anwendung wollen wir natürlich die Java DB als eigenständiges und separates Modul unserer Anwendung hinzufügen. Wir erstellen also ein **Library Wrapper Module**. Rufen Sie dazu File • New Project... auf, und wählen Sie NetBeans Modules • Library Wrapper Module. Im nächsten Schritt wählen Sie die Datei *derby.jar* und zusätzlich die Datei *derbyLocale_de_DE.jar*, in der sich die deutschen Versionen aller Meldungen des Datenbanksystems befinden. Wahlweise können Sie natürlich auch ein anderes Sprachpaket oder auch zusätzliche Pakete hinzufügen. Als Code Name Base verwenden wir `org.apache.derby` und als Name `Java DB Embedded`. Jetzt müssen Sie nur noch in Ihrem Anwendungsmodul, das auf die Datenbank zugreifen möchte, eine Abhängigkeit auf dieses eben erstellte Modul definieren. Das Datenbanksystem wird dann automatisch beim ersten Aufruf des JDBC-Treibers hochgefahren.

26.2 Treiber registrieren

Wenn Sie bereits mit der **JDBC API** gearbeitet haben, dürfte Ihnen in diesem Zusammenhang der Aufruf `Class.forName()` bekannt vorkommen. Damit wird nämlich der jeweilige Datenbanktreiber für das von Ihnen verwendete Datenbanksystem indirekt geladen. Dadurch ist der Driver Manager in der Lage, eine Verbindung zu Ihrer Datenbank herzustellen.

Mit der JDBC API 4.0, die Teil der Java Platform 6 ist, wurde die `DriverManager`-Klasse so erweitert, dass sie Datenbanktreiber laden kann, die über das Verzeichnis *META-INF/services* registriert wurden. Somit können Sie (bzw. idealerweise der Treiber selbst) die Implementation des `java.sql.Driver`-Interfaces deklarativ registrieren. Dies hat den Vorteil, dass der Aufruf `Class.forName()` komplett entfallen kann und der Treiber erst dann geladen wird, wenn er zum ersten Mal benötigt wird. Auf diese Weise registriert auch Java DB seinen benötigten Treiber. Für uns heißt das also, dass wir direkt über den `DriverManager` eine Verbindung zur Datenbank herstellen können und uns nicht um den Treiber kümmern müssen.

26.3 Eine Datenbank erstellen und verwenden

Nachdem Sie die Java DB in ein Wrapper Module verpackt, dieses Ihrer NetBeans Platform Application hinzugefügt und eine Abhängigkeit zu ihr definiert haben, können wir nun unmittelbar auf das Datenbanksystem zugreifen und unsere erste Datenbank anlegen.

Jede Datenbank wird von Java DB in einem separaten Verzeichnis verwaltet, das denselben Namen trägt wie die Datenbank. Diese Verzeichnisse werden in einem Systemverzeichnis angelegt, das Sie zunächst definieren müssen. Ein idealer Platz wäre z. B. das Benutzerverzeichnis, in dem auch die NetBeans Platform ihre anwendungsspezifischen Einstellungen abspeichert. Diesen Pfad können wir uns über die System Properties holen und müssen uns somit auch keine Gedanken über plattformübergreifende Pfade machen. Dieses Basisverzeichnis wird mit dem Namen derby.system.home registriert:

```
System.setProperty("derby.system.home",
    System.getProperty("netbeans.user",
    System.getProperty("user.home")) + "/databases");
```

Den Pfad zum anwendungsspezifischen Verzeichnis erlangen wir über die Eigenschaft netbeans.user. Sollte diese Eigenschaft nicht gesetzt sein, verwenden wir als Standardwert das Benutzerverzeichnis, das wir über user.home erhalten. Innerhalb des so ermittelten Verzeichnisses soll die Datenbank im Verzeichnis *databases* angelegt werden. Sollten Sie die Eigenschaft derby.system.home nicht gesetzt haben, verwendet Java DB das aktuelle Verzeichnis der Anwendung.

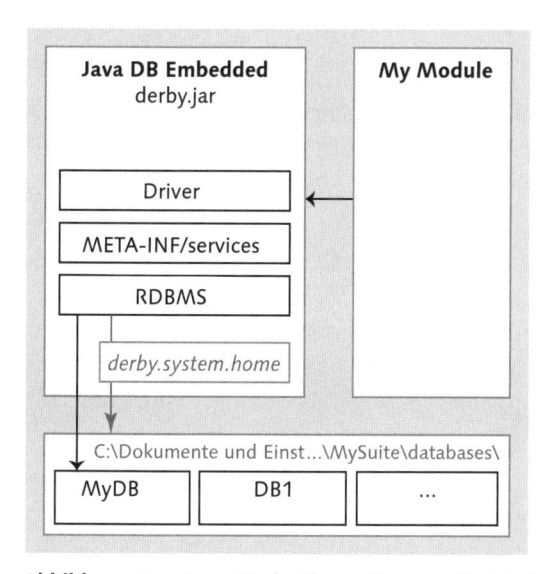

Abbildung 26.1 Java DB als Library Wrapper Module in die eigene Anwendung integrieren. Der physikalische Speicherort der Datenbank(en) wird mit der Eigenschaft »derby.system.home« festgelegt.

Sehr praktisch ist die Eigenschaft der Java DB, dass das Datenbanksystem nicht explizit gestartet oder hochgefahren werden muss. Die Datenbanken werden einzeln beim ersten Zugriff auf die Datenbank automatisch hochgefahren. Sie haben also keinerlei extra Verwaltungsaufwand für das Betreiben der lokalen Datenbank und können diese in genau der gleichen Weise ansprechen und verwenden, wie Sie es vielleicht schon von der Verwendung einer Server-Datenbank gewohnt sind.

Nachdem Sie das Systemverzeichnis wie oben beschrieben für die Datenbanken gesetzt haben, können Sie eine Verbindung zur Datenbank über den Driver Manager herstellen:

```
Connection connection = DriverManager.getConnection(
        "jdbc:derby:MyDB;create=true", "user", "password");
```

Wie aber legen Sie eine neue Datenbank an? Dies erfolgt durch die Angabe des Attributs `create=true`, das an den Verbindungs-URL angehängt wird. Ist die Datenbank `MyDB` nicht vorhanden, wird sie zunächst erzeugt. Anschließend wird dann eine Verbindung zu dieser Datenbank aufgebaut. Ist die Datenbank bereits vorhanden, wird nur die Verbindung aufgebaut. Dieses Attribut ist gerade beim eingebetteten, lokalen Einsatz der Java DB sehr wichtig, da so bei der Erstinstallation bzw. beim ersten Start der Anwendung die Datenbank automatisch erstellt wird. Java DB definiert noch eine Reihe weiterer Attribute, die aber hier nicht von großer Bedeutung sind. Informationen zu diesen Attributen erhalten Sie im Java DB Reference Manual, das sich mit weiteren Dokumenten im Verzeichnis *docs* der Java DB-Distribution befindet.

Anstatt die Attribute unmittelbar an die URL anzuhängen, können Sie diese auch in einem `Properties`-Objekt speichern und als zweiten Parameter der `getConnection()`-Methode übergeben:

```
Properties props = new Properties();
props.put("user", "user");
props.put("password", "password");
props.put("create", "true");
Connection connection = DriverManager.getConnection(
        "jdbc:derby:MyDB", props);
```

26.4 Datenbank herunterfahren

Das Hochfahren einer Datenbank erfolgte automatisch beim ersten Verbindungsaufbau zu einer Datenbank. Beim Herunterfahren verhält es sich ein wenig anders. Da das Datenbanksystem nicht erkennen kann, wann eine Anwendung beendet wird, und somit abrupt beendet würde, sollten Sie das Datenbanksystem explizit beim Beenden der Anwendung herunterfahren, um so einen konsistenten Zustand zu gewährleisten. Beim Herunterfahren des Systems werden implizit alle aktiven Datenbanken heruntergefahren. Optional können Sie aber auch einzelne Datenbanken beenden.

Am besten erledigen Sie diese Aufgabe über einen Module Installer oder in einer Lifecycle-Manager-Implementation (siehe Abschnitt 8.1, »Lebenszyklus der NetBeans Platform«). In einem Module Installer verwenden Sie dazu die `close()`-Methode, die dann wie folgt aussieht:

```
import java.sql.DriverManager;
import java.sql.SQLException;
import org.openide.modules.ModuleInstall;
public class Installer extends ModuleInstall {
   @Override
   public void close() {
      try {
        DriverManager.getConnection("jdbc:derby:;shutdown=true");
      } catch (SQLException ex) {}
   }
}
```

Listing 26.1 Herunterfahren des Datenbanksystems beim Beenden der Anwendung

Hiermit wird das gesamte Java DB-System beim Beenden Ihrer Anwendung heruntergefahren. Wenn Sie eine individuelle Datenbank herunterfahren möchten, müssen Sie lediglich hinter `jdbc:derby:` den entsprechenden Datenbanknamen angeben. Wenn Sie also z. B. die Datenbank `MyDB` beenden möchten, würde der Aufruf folgendermaßen lauten:

```
DriverManager.getConnection("jdbc:derby:MyDB;shutdown=true");
```

Beachten Sie, dass beim Herunterfahren, also durch den Parameter `shutdown=true`, stets eine Exception ausgelöst wird, die eine Benachrichtigung über das Herunterfahren liefert.

26.5 Eine Datenbank mithilfe der NetBeans IDE entwickeln

Um die Entwicklung von datenbankgestützten Anwendungen zu erleichtern, ist in die NetBeans IDE eine Java DB-Unterstützung integriert. Dabei können Sie mithilfe der IDE das Datenbanksystem starten und stoppen, können Datenbanken anlegen und eine Verbindung zu diesen aufbauen. Was die Entwicklung aber vor allem erleichtert, ist die grafische Unterstützung bei der Erstellung und Konfiguration von Tabellen. Dadurch können Sie auf einfachste Weise die von Ihnen benötigten Tabellenspalten und deren Datentypen festlegen und auch wieder verändern.

26.5.1 Java DB-System einrichten und starten

Damit Sie diese Unterstützung verwenden können, müssen Sie zunächst den Installationspfad der Java DB bestimmen. Rufen Sie dazu das Services-Fenster über Window • Services auf. Dort wählen Sie aus dem Kontextmenü des Java DB-Knotens Properties aus. Der Pfad sollte bereits auf das Java DB-Verzeichnis der Java Platform-Installation zeigen. Wenn Sie die Java DB selbst heruntergeladen bzw. eine separate Installation haben, können Sie selbstverständlich den Pfad auch auf diese setzen. Des Weiteren müssen Sie noch einen Pfad angeben, in dem die Datenbanken angelegt und gespeichert werden sollen. Nachdem Sie diese Einstellungen vorgenommen haben, können Sie den Datenbankserver über das Kontextmenü mit Start Server starten. Dies ist deshalb notwendig, da wir das Datenbanksystem nun nicht wie vorhin integriert in einer Anwendung, sondern als eigenständigen Server betreiben. Der Server akzeptiert für gewöhnlich Verbindungen auf dem Port 1527, was Ihnen aber auch im Output-Fenster angezeigt wird.

26.5.2 Treiber für Java DB-Server in Ihre Anwendung integrieren

Dadurch, dass das Java DB-Datenbanksystem nicht in Ihre Anwendung integriert ist, sondern als Server betrieben wird, ist es erforderlich, dass Sie Ihrer Anwendung einen anderen Treiber hinzufügen. Dieser Treiber, der für den Verbindungsaufbau zu einem Java DB-Server notwendig ist, befindet sich in der Datei *derbyclient.jar*, die ich bereits zu Beginn in Abschnitt 26.1, »Einbinden der Java DB«, angesprochen habe. Diese fügen Sie Ihrer Anwendung mit einem Library Wrapper Module hinzu und definieren mit Ihrem Modul, das eine Datenbankverbindung aufbauen möchte, eine Abhängigkeit zu ihr.

26.5.3 Datenbank erstellen und konfigurieren

Somit ist Ihre Anwendung für den Zugriff auf einen entfernten Java DB-Server gerüstet. Nun können Sie in der NetBeans IDE über Create Database... aus dem Kontextmenü des Knotens Databases • Java DB im Services-Fenster eine neue Datenbank anlegen. Dabei müssen Sie einen Namen, einen Benutzernamen und ein Passwort für die Datenbank angeben. Nachdem Sie diese Daten eingegeben haben, wird die Datenbank und auch gleich eine Verbindung angelegt.

Eine Verbindung herstellen können Sie über den Kontextmenüpunkt Connect... der jeweiligen Verbindung. Konnte eine Verbindung erfolgreich aufgebaut werden, werden Ihnen die Tabellen, die Indizes und die Fremdschlüssel der Datenbank angezeigt. Über das Kontextmenü können Sie dazu jeweils neue Einträge erstellen. So können Sie beispielsweise über das Kontextmenü von Tables mit

CREATE TABLE... eine neue Tabelle erstellen, mit VIEW DATA... sich den Inhalt einer Tabelle ansehen oder mit EXECUTE COMMAND... einen beliebigen SQL-Befehl absetzen.

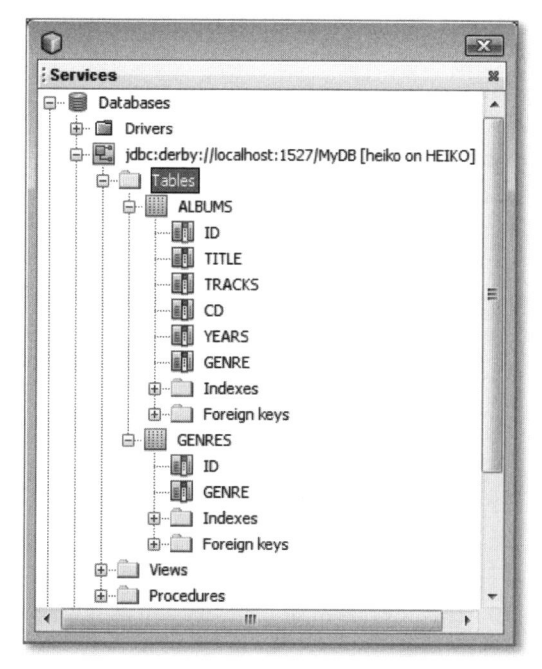

Abbildung 26.2 Zugriff auf die Java DB-Datenbanken erhalten Sie über das Services-Fenster, in dem Sie diese auch konfigurieren können.

26.5.4 Zugriff auf die Datenbank aus Ihrer Anwendung heraus

Nun aber zu Ihrer Anwendung, die die Datenbank verwenden möchte. Die Definition der Eigenschaft `derby.system.home`, die bei der integrierten Verwendung des Java DB-Systems innerhalb Ihrer Anwendung erfolgen musste, ist nun nicht mehr notwendig. Um erfolgreich aus Ihrer Anwendung heraus eine Verbindung zum Java DB-Server herzustellen, müssen Sie den Verbindungs-URL anpassen. Denn Sie müssen den Namen (oder auch die IP-Adresse) und den Port spezifizieren, auf dem der Datenbankserver Verbindungen akzeptiert:

```
Connection connection = DriverManager.getConnection(
    "jdbc:derby://localhost:1527/MyDB;", "user", "password");
```

Da sich der Datenbankserver in unserem Fall auf dem gleichen Rechner wie die Anwendung befindet, verwenden wir die Angabe `localhost` oder die IP-Adresse `127.0.0.1` und geben den Port `1527` an. Diese URL können Sie auch der zuvor angelegten Verbindung im Services-Fenster der NetBeans IDE entnehmen.

26.5.5 Tabellenstruktur ermitteln und Tabellenstrukturen importieren

Zuletzt möchte ich Ihnen in diesem Zusammenhang noch ein sehr nützliches Feature des Datenbank-Explorers im Services-Fenster zeigen. Sie können sich nämlich den SQL-Quelltext, mit dem Ihre Tabellen erstellt wurden, anzeigen lassen, um diesen so in Ihre Anwendung für die initiale Erstellung der Datenbanktabellen oder in eine SQL-Skript-Datei zu übernehmen. Rufen Sie dazu das Kontextmenü der gewünschten Tabelle auf. Dort finden Sie den Menüpunkt Grab Structure... Rufen Sie diesen auf, um die Struktur in einer Datei abzuspeichern. Danach wählen Sie einfach den Kontextmenüpunkt Recreate Table..., wo Sie dann die soeben erstellte Datei auswählen. In einem Fenster wird Ihnen dann der SQL-Quelltext angezeigt, der für die Erstellung der Tabelle notwendig ist. Sie können diese Funktionalität natürlich auch ihrer eigentlichen Bestimmung zuführen und damit Tabellen aus einer fremden Datenbank in Ihre Datenbank importieren.

26.6 Beispielanwendung

Mit einem ganz einfachen Beispiel möchte ich dieses Kapitel abrunden und Ihnen dabei einige Eigenheiten der Java DB bei der Erstellung der Tabellenstrukturen erläutern und Ihnen zeigen, wie Sie die Java DB geschickt in den Lebenszyklus Ihrer Anwendung integrieren können. Bei diesem Beispiel wollen wir Musikalben verwalten, die einem bestimmten Genre zugeordnet werden können.

26.6.1 Konfiguration, Zugriff und Beenden

Mit einem Module Installer wollen wir das Java DB-Datenbanksystem entsprechend konfigurieren, den Zugriff darauf zentral verwalten und zu gegebener Zeit das System wieder herunterfahren. Zunächst setzen wir in der `restored()`-Methode, die beim Start der Anwendung bzw. des Moduls aufgerufen wird, mit der Eigenschaft `derby.system.home` den Pfad, in dem die Datenbank gespeichert werden soll. Diese soll im Unterverzeichnis *databases* im anwendungsspezifischen Benutzerverzeichnis angelegt werden. Außerdem rufen wir die Methode `initTables()` auf, in der wir zunächst mit einer SELECT-Abfrage prüfen wollen, ob die benötigten Tabellen bereits angelegt worden sind.

Wird die Anwendung zum ersten Mal gestartet (sind die Tabellen also nicht existent), löst dies eine `SQLException` aus, die wir auffangen. Wir erstellen dann die beiden Tabellen `albums` und `genres`. Zunächst legen wir die Tabelle `genres` an, da von dieser die Tabelle `albums` abhängen soll. Jeder Eintrag in der Tabelle soll eine eindeutige ID bekommen, und diese soll automatisch von der Datenbank aufsteigend vergeben werden. Dies erreichen wir durch die Angabe GENERATED ALWAYS AS IDENTITY für die Spalte id. Das heißt: Selbst wenn Sie beim Hinzufügen eines Eintrags in die Tabelle einen Wert für die Spalte id angeben, wird dennoch der automatisch erzeugte Wert verwendet. Alternativ dazu können Sie anstatt ALWAYS auch BY DEFAULT verwenden. Dann wird nur dann ein Wert erzeugt, wenn Sie keine ID explizit angeben.

Mit PRIMARY KEY definieren wir zuletzt die Spalte id als Primärschlüssel, über den die Verbindung zu den Einträgen in der albums-Tabelle aufgebaut werden soll. Diese Tabelle erstellen wir unmittelbar danach und definieren auf die gleiche Weise die Schlüsselspalte id. Weitere Spalten sind title, tracks, cds, years und genre. In Letzterer schreiben wir aber nicht direkt das Genre, sondern die ID eines Genre-Eintrags aus der Tabelle genre.

Die Spalte genre in albums ist also ein Fremdschlüssel. Diesen definieren wir über FOREIGN KEY (genre) und legen mit REFERENCES genres (id) die Beziehung zur Spalte id in genres fest. Damit beim Anlegen eines Albums auch ein Genre ausgewählt werden kann, fügen wir noch drei Beispieleinträge in die Tabelle genres ein.

```java
import java.sql.Statement;
import java.sql.Connection;
import java.sql.DriverManager;
import java.sql.SQLException;
import org.openide.modules.ModuleInstall;
import org.openide.util.Exceptions;
public class Installer extends ModuleInstall {
    private static Connection conn = null;
    @Override
    public void restored() {
        System.setProperty("derby.system.home",
            System.getProperty("netbeans.user",
            System.getProperty("user.home")) + "/databases");
        initTables();
    }
    private void initTables() {
        try {
            Statement stmt = getConnection().createStatement();
            stmt.executeQuery("SELECT id FROM genres");
            stmt.close();
        } catch(SQLException e) {
```

26 | Java DB

```java
try {
    Statement stmt = getConnection().createStatement();
    stmt.execute("CREATE TABLE genres (" +
        "id INTEGER GENERATED ALWAYS AS IDENTITY, " +
        "genre VARCHAR(100), " +
        "PRIMARY KEY(id))");
    stmt.execute("CREATE TABLE albums (" +
        "id INTEGER GENERATED ALWAYS AS IDENTITY, " +
        "title  VARCHAR(100), " +
        "tracks VARCHAR(10), " +
        "cds    VARCHAR(10), " +
        "years  VARCHAR(10), " +
        "genre  INTEGER, " +
        "PRIMARY KEY(id), " +
        "FOREIGN KEY(genre) REFERENCES genres (id))");
    stmt.execute("INSERT INTO genres (genre) " +
        "VALUES('Techno, Trance & Dance')");
    stmt.execute("INSERT INTO genres (genre) " +
        "VALUES('Rock & Pop')");
    stmt.execute("INSERT INTO genres (genre) " +
        "VALUES('Country & Classic')");
    stmt.close();
} catch(SQLException ex) {
    Exceptions.printStackTrace(ex);
}
}
}
```

Listing 26.2 Einrichten des Datenbanksystems und der Datenbank beim Start

Mit der statischen Methode getConnection() stellen wir den Zugriff auf die Datenbank zentral zur Verfügung. Auf diese Weise müssen sich vor allem die Aufrufer nicht um die Verbindungs-URL kümmern, und außerdem wird das Connection-Objekt und somit die Verbindung zur Datenbank zentral gehalten und muss nicht jedes Mal beendet und wieder neu aufgebaut werden. Die Methode getConnection() ist also eine Factory-Methode, die eine Verbindung herstellt, wenn bisher noch keine Verbindung besteht oder diese geschlossen wurde, und dann das Connection-Objekt zurückliefert. Mit der Methode close() werden wir über das Beenden der Anwendung informiert. Dort schließen wir die eventuell noch bestehende Verbindung zur Datenbank und fahren anschließend mit jdbc:derby:;shutdown=true das gesamte Java DB-System und somit auch automatisch unsere Datenbank MyDB ordnungsgemäß herunter.

```java
    public static Connection getConnection() throws SQLException{
        if(conn == null || conn.isClosed()) {
            conn = DriverManager.getConnection(
                "jdbc:derby:MyDB;create=true",
                "user", "password");
        }
        return conn;
    }
    @Override
    public void close() {
        try {
            conn.close();
            DriverManager.getConnection("jdbc:derby:;shutdown=true");
        } catch (SQLException ex) {}
    }
}
```

Listing 26.3 Zentrale Bereitstellung der Verbindung und Herunterfahren der Datenbank

26.6.2 Datenmodelle und Datenzugriffsmodul

Wie Sie zuvor beim Erstellen der Tabellen gesehen haben, wollen wir zwei verschiedene Klassen von Daten verwalten. Zum einen sind das Alben, deren Informationen in der Tabelle albums verwaltet werden, und zum anderen sind dies Genres, die sich in der Tabelle genres befinden. Dafür erstellen wir jeweils ein Datenmodell. Das sind die Klassen Album und Genre, die entsprechende set- und get-Methoden bereitstellen. Beachten Sie, dass sich in diesen Klassen keinerlei Persistenzlogik befindet. Diese wollen wir in einer separaten Klasse verwalten.

```java
public class Album {
    private Integer id;
    private String  title;
    private String  tracks;
    private String  cds;
    private String  year;
    private Genre   genre;
    public Album(Integer id, String title, String tracks,
                 String cds, String year) {
        this.id     = id;
        this.title  = title;
        this.tracks = tracks;
        this.cds    = cds;
        this.year   = year;
    }
```

```java
    public Integer getId() {
       return id;
    }
    public String getTitle() {
       return title;
    }
    ...
}
```

Listing 26.4 Das Datenmodell für ein Album

In der Klasse Genre überschreiben wir die beiden Methoden toString() und equals(), die für eine korrekte Darstellung und Auswahl eines Genres – im Dialog für das Anlegen eines Albums – notwendig sind.

```java
public class Genre {
    private Integer id;
    private String  genre;
    public Genre(Integer id, String genre) {
       this.id    = id;
       this.genre = genre;
    }
    public Integer getId() {
       return id;
    }
    public String getGenre() {
       return genre;
    }
    public String toString() {
       return genre;
    }
    public boolean equals(Object obj) {
       if(obj instanceof Genre) {
          if(((Genre)obj).getId() == id) {
             return true;
          }
       }
       return false;
    }
}
```

Listing 26.5 Das Datenmodell für ein Genre

Um die Datenmodelle und die Geschäftslogik – also die Benutzeroberfläche, mit der die Daten verwaltet werden sollen – unabhängig von der darunter liegenden Persistenzschicht zu implementieren, kapseln wir den Zugriff auf die Datenbank und sämtliche SQL-Anweisungen in einer separaten Datenzugriffsklasse DataModel, die die gewünschten Änderungen und Abfragen auf der Datenbank ausführt und die Daten mit den Datenmodellen Album und Genre liefert.

Die in der Klasse DataModel implementierten Methoden sind getAlbums() und getGenres(), die alle verfügbaren Alben und Genres in Form einer List liefern. Außerdem stellen wir die Methoden insertAlbum(), updateAlbum() und deleteAlbum() bereit, mit denen wir Alben in die Datenbank einfügen, ändern und auch wieder löschen können.

```java
import java.sql.PreparedStatement;
import java.sql.ResultSet;
import java.sql.SQLException;
import java.sql.Statement;
import java.util.ArrayList;
import java.util.List;
import org.openide.util.Exceptions;
public class DataModel {
    public static List<Album> getAlbums() {
        List<Album> albums = new ArrayList<Album>();
        try {
            Statement stmt =
                Installer.getConnection().createStatement();
            ResultSet rs = stmt.executeQuery("SELECT * FROM albums"+
                " INNER JOIN genres ON albums.genre = genres.id");
            while(rs.next()) {
                Album album = new Album(rs.getInt(1),
                    rs.getString(2), rs.getString(3),
                    rs.getString(4), rs.getString(5));
                album.setGenre(
                    new Genre(rs.getInt(7), rs.getString(8)));
                albums.add(album);
            }
            rs.close();
            stmt.close();
        } catch(SQLException e) {
            Exceptions.printStackTrace(e);
        }
```

```java
        return albums;
    }
    public static List<Genre> getGenres() {
        List<Genre> genres = new ArrayList<Genre>();
        try {
            Statement stmt =
                Installer.getConnection().createStatement();
            ResultSet rs =stmt.executeQuery("SELECT * FROM genres");
            while(rs.next()) {
                genres.add(new Genre(rs.getInt(1), rs.getString(2)));
            }
            rs.close();
            stmt.close();
        } catch(Exception e) {
            Exceptions.printStackTrace(e);
        }
        return genres;
    }
    public static void updateAlbum(Album a) throws SQLException {
        PreparedStatement stmt =
            Installer.getConnection().prepareStatement(
                "UPDATE albums SET title=?, tracks=?, cds=?, " +
                "years=?, genre=? WHERE id=?");
        stmt.setString(1, a.getTitle());
        stmt.setString(2, a.getTracks());
        stmt.setString(3, a.getCds());
        stmt.setString(4, a.getYear());
        stmt.setInt(5, a.getGenre().getId());
        stmt.setInt(6, a.getId());
        stmt.execute();
    }
    public static void insertAlbum(Album a) throws SQLException {
        PreparedStatement stmt =
            Installer.getConnection().prepareStatement(
                "INSERT INTO albums (title, tracks, cds, years, " +
                "genre) VALUES(?, ?, ?, ?, ?)",
                Statement.RETURN_GENERATED_KEYS);
        stmt.setString(1, a.getTitle());
        stmt.setString(2, a.getTracks());
        stmt.setString(3, a.getCds());
```

```java
        stmt.setString(4, a.getYear());
        stmt.setInt(5, a.getGenre().getId());
        stmt.execute();
        // Auto Increment Wert auslesen und setzen
        ResultSet rs = stmt.getGeneratedKeys(); rs.next();
        album.setId(rs.getInt(1));
    }
    public static void deleteAlbum(Album a) throws SQLException {
        PreparedStatement stmt =
            Installer.getConnection().prepareStatement(
                "DELETE FROM albums WHERE id = ?");
        stmt.setInt(1, a.getId());
        stmt.execute();
    }
}
```

Listing 26.6 Die Klasse »DataModel« kapselt den Zugriff auf die Java DB und liefert die Daten mithilfe der entsprechenden Datenmodelle »Album« und »Genre«.

26.6.3 Repräsentation und Bearbeitung der Daten

Kommen wir jetzt noch zu den Komponenten, die die Darstellung der Daten übernehmen und dem Benutzer eine Möglichkeit zur Verwaltung und Bearbeitung der Musikalben bieten. Die Alben wollen wir in einer Tabelle innerhalb einer Top Component auflisten (siehe Abbildung 26.3).

Wir erstellen also zunächst die Klasse `AlbumsTopComponent`, die eine Tabelle vom Typ `JTable` beinhaltet. Damit diese Tabelle die Alben in Form unseres zuvor erstellten Datenmodells `Album` darstellen und verwalten kann, benötigen wir ein Modell für die Tabelle. Da dieses Datenmodell nur an dieser Stelle erforderlich ist, implementieren wir es als private innere Klasse `AlbumsTableModel`. Die Daten werden dabei von einer `List` des Typs `Album` gehalten. Da wir später noch Zugriff auf dieses Modell benötigen, legen wir es als privates Datenelement an. Verbunden wird das Datenmodell mit der Tabelle über die Methode `setModel()`.

Typischerweise können Tabelleneinträge über einen Doppelklick bearbeitet oder zumindest genauer betrachtet werden. Zur Realisierung dieser Funktionalität registrieren wir bei der `JTable`-Instanz `albums` einen `MouseListener` bzw. `MouseAdapter`, der bei einem Doppelklick die Methode `editAlbumActionPerformed()` aufruft, auf deren Funktionalität ich gleich zu sprechen komme.

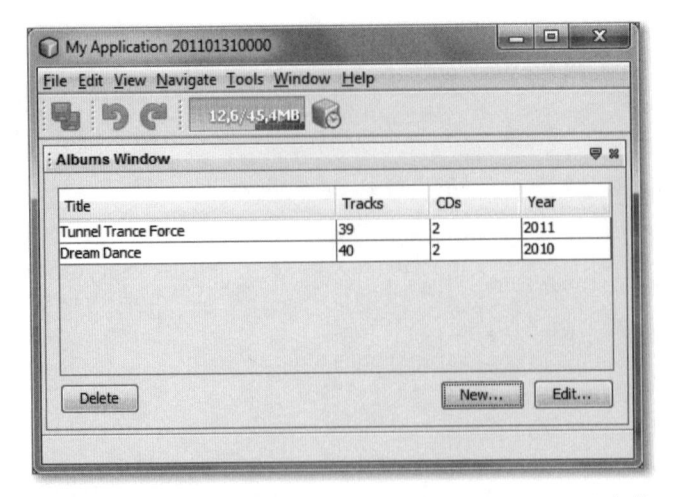

Abbildung 26.3 Auflistung der Datenbankeinträge in einer Tabelle

```java
import java.awt.event.MouseAdapter;
import java.awt.event.MouseEvent;
import javax.swing.table.AbstractTableModel;
import org.openide.util.Exceptions;
...
public final class AlbumsTopComponent extends TopComponent {
    private JTable albums;
    private AlbumTableModel model = new AlbumTableModel();
    public AlbumsTopComponent() {
        initComponents();
        albums.setModel(model);
        albums.addMouseListener(new MouseAdapter() {
            public void mouseClicked(MouseEvent event) {
                if(event.getClickCount() == 2) {
                    editAlbumActionPerformed(null);
                }
            }
        });
    }
    private static final class AlbumTableModel
        extends AbstractTableModel {
        private String[] columns = {"Title","Tracks","CDs","Year"};
        private List<Album> data = new ArrayList<Album>();
        public Album getRow(int row) {
            return data.get(row);
        }
```

```java
    @Override
    public int getRowCount() {
       return data.size();
    }
    @Override
    public int getColumnCount() {
       return columns.length;
    }
    @Override
    public String getColumnName(int col) {
       return columns[col];
    }
    @Override
    public Object getValueAt(int row, int col) {
       Album album = data.get(row);
       switch(col) {
          case 0: return album.getTitle();
          case 1: return album.getTracks();
          case 2: return album.getCds();
          case 3: return album.getYear();
       }
       return "";
    }
    public List<Album> getData() {
       return data;
    }
}
```

Beim Öffnen der Top Component sollen natürlich alle aktuellen Einträge aus der Datenbank ausgelesen und dargestellt werden. Zu diesem Zweck überschreiben wir die Methode componentOpened(), in der wir über unser Datenzugriffsmodul DataModel, das den Zugriff auf die Datenbank abstrakt regelt, uns sämtliche Einträge der Datenbank mittels der Methode getAlbums() liefern lassen. Diese fügen wir dem Datenmodell der Tabelle hinzu und informieren die View, also die JTable-Instanz, mit der Methode fireTableDataChanged() darüber, dass sich die Daten geändert haben.

Zuletzt implementieren wir noch drei Aktionsmethoden, mit denen der Benutzer Einträge hinzufügen, editieren und löschen können soll. Zum Erstellen von neuen Alben wäre dies die Methode newAlbumActionPerformed(). In dieser rufen wir mithilfe einer statischen Methode einen Dialog auf, in den der Benutzer die benötigten Daten eingeben kann. Diesen Dialog erstellen wir im nächsten und letzten Schritt. Liefert diese Methode eine Album-Instanz zurück, wurde der

Dialog also erfolgreich abgeschlossen, fügen wir den Datensatz zunächst in die Datenbank ein. Wenn dieser Schritt ohne Exception ausgeführt werden konnte, fügen wir das Album der Tabelle hinzu.

```java
public void componentOpened() {
   model.getData().clear();
   model.getData().addAll(DataModel.getAlbums());
   model.fireTableDataChanged();
}
private void newAlbumActionPerformed(ActionEvent evt) {
   Album album = AlbumEditDialog.newAlbum();
   if(album != null) {
      try {
         DataModel.insertAlbum(album);
         model.getData().add(album);
         model.fireTableDataChanged();
      } catch(SQLException e) {
         Exceptions.printStackTrace(e);
      }
   }
}
```

Die Methode `editAlbumActionPerformed()` wird durch EDIT... oder durch einen Doppelklick ausgeführt. Ähnlich wie bei der Erstellung eines neuen Eintrags rufen wir wieder einen Dialog auf. Wir benutzen dazu aber die Methode `editAlbum()`, der wir eine `Album`-Instanz übergeben können, deren Daten im Dialog editiert werden sollen. Die gerade selektierte Zeile der Tabelle liefert uns die Methode `getSelectedRow()`, mit deren Rückgabewert wir dann den entsprechenden Datensatz aus dem Datenmodell der Tabelle auslesen können. Der Benutzer hat im erscheinenden Dialog nun die Möglichkeit, die Daten zu ändern. Klickt er anschließend auf OK, liefert die `editAlbum()`-Methode die geänderte `Album`-Instanz zurück. Die Änderungen vollziehen wir in der Datenbank mit der `updateAlbum()`-Methode des Datenzugriffsmoduls nach.

Jetzt bleibt noch die Möglichkeit zum Löschen eines in der Datenbank existierenden Eintrags. Dies soll die Methode `deleteAlbumActionPerformed()` erledigen. Um zu verhindern, dass unbeabsichtigt Einträge gelöscht werden, fragen wir den Benutzer zunächst, ob er den gewünschten Datensatz tatsächlich löschen möchte. Den dafür notwendigen Abfrage-Dialog realisieren wir auf einfache Weise mithilfe der **Dialogs API**. Wir erzeugen dafür eine `NotifyDescriptor.Confirmation`-Instanz. Den Dialog lassen wir mit der Methode `notify()` anzeigen. Hat der Benutzer dem Löschen zugestimmt, entfernen wir den Eintrag zunächst aus der Datenbank mit der Methode `deleteAlbum()`, und erst dann, wenn diese Operation erfolgreich ausgeführt werden konnte, löschen wir das Album auch aus der Tabelle und aktualisieren diese.

```java
    private void editAlbumActionPerformed(ActionEvent evt) {
        if (albums.getSelectedRowCount() > 0) {
            Album album = AlbumEditDialog.editAlbum(
                model.getRow(albums.getSelectedRow()));
            if(album != null) {
                try {
                    DataModel.updateAlbum(album);
                    model.fireTableDataChanged();
                } catch(SQLException e) {
                    Exceptions.printStackTrace(e);
                }
            }
        }
    }
    private void deleteAlbumActionPerformed(ActionEvent evt) {
        if (albums.getSelectedRowCount() > 0) {
            Album album = model.getRow(albums.getSelectedRow());
            NotifyDescriptor d = new NotifyDescriptor.Confirmation(
                "Are you sure you want delete the album " +
                album.getTitle(),
                "Confirm Album Deletion");
            if (DialogDisplayer.getDefault().notify(d) ==
                              NotifyDescriptor.YES_OPTION) {
                try {
                    DataModel.deleteAlbum(album);
                    model.getData().remove(album);
                    model.fireTableDataChanged();
                } catch(SQLException e) {
                    Exceptions.printStackTrace(e);
                }
            }
        }
    }
}
```

Listing 26.7 Top Component zur Darstellung und Bearbeitung der in der Datenbank vorhandenen Alben

Unsere letzte Aufgabe ist die Erstellung des Dialogs, mit dem die Daten erfasst und editiert werden können. Wiederum wollen wir dazu die Vorzüge der **Dialogs API** ausnutzen und konstruieren keinen vollständig eigenen Dialog, sondern lediglich das Panel mit den entsprechenden Feldern zur Datenerfassung (siehe Abbildung 26.4). Wir erstellen also eine einfache `JPanel`-Klasse. Dies erreichen Sie am besten über FILE • NEW FILE... • SWING GUI FORMS • JPANEL FORM.

Abbildung 26.4 Dialog-Panel zur Bearbeitung und Erstellung von Einträgen

Im Konstruktor dieses Panels laden wir alle Genres aus der Datenbank und fügen diese der Combobox hinzu. Ferner benötigen wir lediglich die beiden Methoden `newAlbum()` und `editAlbum()`, die Sie bereits im vorhergehenden Schritt kennengelernt haben. Für eine einfache Verwendung des Dialogs implementieren wir diese als statische Methoden.

Diese Methoden sind also Factorys, die sich selbst um die Erzeugung des Dialogs kümmern. Wir legen deshalb zunächst eine Instanz der eigenen Klasse `AlbumEditDialog` an. Einen Dialog erstellen wir mithilfe eines `DialogDescriptor`, dem wir das soeben erzeugte Panel übergeben, und schon ist der Dialog fertig. Wie gewohnt zeigen wir diesen mit der Methode `notify()` an. Sobald der Benutzer auf OK geklickt hat, erstellen wir aus den Daten ein `Album`-Objekt und liefern dieses zurück. Andernfalls liefern wir einfach `null` zurück und signalisieren somit einen Abbruch durch den Benutzer.

Im Fall der `editAlbum()`-Methode gehen wir bei der Erstellung des Dialogs in gleicher Weise vor. Wir belegen lediglich die Felder mit den Werten des übergebenen Albums vor. Wenn der Benutzer den Dialog beendet, erzeugen wir allerdings kein neues `Album`-Objekt, sondern aktualisieren lediglich die Daten mit den entsprechenden `set`-Methoden und liefern diese aktualisierte Instanz wieder zurück.

```java
import javax.swing.JPanel;
import org.openide.DialogDescriptor;
import org.openide.DialogDisplayer;
public class AlbumEditDialog extends JPanel {
   private AlbumEditDialog() {
      initComponents();
      for(Genre g : DataModel.getGenres()) {
         genre.addItem(g);
      }
   }
   public static Album newAlbum() {
      AlbumEditDialog d = new AlbumEditDialog();
      DialogDescriptor desc = new DialogDescriptor(d, "New...");
      if(DialogDisplayer.getDefault().notify(desc) ==
                                   DialogDescriptor.OK_OPTION) {
         Album album = new Album(0,
            d.title.getText(), d.tracks.getText(),
            d.cds.getText(), d.year.getText());
         album.setGenre(
            (Genre)d.genre.getModel().getSelectedItem());
         return album;
      } else {
         return null;
      }
   }
   public static Album editAlbum(Album album) {
      AlbumEditDialog d = new AlbumEditDialog();
      d.title.setText(album.getTitle());
      d.tracks.setText(album.getTracks());
      d.cds.setText(album.getCds());
      d.year.setText(album.getYear());
      d.genre.getModel().setSelectedItem(album.getGenre());
      DialogDescriptor desc = new DialogDescriptor(d, "Edit...");
      if(DialogDisplayer.getDefault().notify(desc) ==
                                   DialogDescriptor.OK_OPTION) {
         album.setTitle(d.title.getText());
         album.setTracks(d.tracks.getText());
         album.setCds(d.cds.getText());
         album.setYear(d.year.getText());
         album.setGenre(
            (Genre)d.genre.getModel().getSelectedItem());
```

```
            return album;
        } else {
          return null;
        }
    }
}
```

Listing 26.8 Dialog zum Editieren und Erstellen von neuen Alben

Somit haben wir nun alle für den Zugriff auf die Datenbank und die Verwaltung und Repräsentation der Daten notwendigen Klassen erstellt und sind am Ende der Beispielanwendung angelangt, anhand derer Sie den Einsatz und die Verwendung der Java DB vorgeführt bekommen haben.

Hibernate ist eine objektrelationale Brücke. Damit können Sie eine transparente Schnittstelle zwischen Anwendung und Datenbank schaffen.

27 Hibernate

In Kapitel 26, »Java DB«, haben Sie den Einsatz der Client-Datenbanklösung Java DB innerhalb einer Rich-Client-Anwendung kennengelernt. Dabei mussten wir unsere Java-Objekte zerlegen, um sie im relationalen Datenbanksystem abzuspeichern. Ebenfalls mussten wir die Daten auf konventionelle Weise per SQL über die JDBC-Schnittstelle aus der Datenbank extrahieren und daraus dann unsere Objekte – hier im Beispiel `Album` und `Genre` – zusammenbauen.

Diese Funktionalität haben wir in der Klasse `DataModel` gekapselt, und Sie haben sicherlich bemerkt, dass dies zu einer recht aufwendigen und auch fehleranfälligen Arbeit werden kann, die wir uns gerne ersparen würden. Dies ist einer der Gründe für die Bemühungen der Datenbankhersteller, objektorientierte Datenbanken zu entwickeln und zu standardisieren. Diese konnten sich allerdings bislang nicht etablieren und gegen die relationalen Systeme durchsetzen. Dies liegt vor allem an der großen Verbreitung der RDBMS, sodass neue Anwendungen auf Daten zugreifen müssen, die in Relationen abgespeichert sind.

Aus diesem Grund wurden sogenannte objektrelationale Brücken entwickelt, die sich um das Speichern und Laden von Objektdaten in und aus relationalen Datenbanken kümmern und somit eine Abstraktionsschicht für das darunter liegende Datenbanksystem bilden. Die wohl bekannteste und am häufigsten eingesetzte Implementierung einer solchen Brücke stellt **Hibernate** dar. Hibernate übernimmt also die Abbildung der Objektdaten auf Relationen, die so transparent wie nur möglich erfolgen soll. Das heißt, im Idealfall muss es uns nicht interessieren, wohin und auf welche Weise unsere Daten gespeichert werden.

In diesem Kapitel wollen wir uns damit beschäftigen, wie Hibernate sinnvoll in eine Rich-Client-Anwendung auf Basis der NetBeans Platform integriert werden kann. Dabei kann ich an dieser Stelle natürlich nur auf die Grundkonzepte der Verwendung von Hibernate eingehen, um damit die Integration zu demonstrieren, nicht aber auf die Details der umfangreichen Funktionalitäten.

27.1 Einbinden der Hibernate-Bibliotheken

Zunächst sollten Sie sich natürlich die aktuellste **Hibernate**-Distribution von *http://hibernate.org* herunterladen (hier Version 3.6.1). Diese Distribution bringt neben der Hibernate-Bibliothek selbst auch alle benötigten Bibliotheken von Drittherstellern, Beispiele und eine umfassende Dokumentation mit. Diese Bibliotheken wollen wir wieder als eigenständiges Modul kapseln, wie wir das schon z. B. bei der Java DB vorgenommen haben, und die Hibernate-Funktionalität auf diese Weise der Anwendung zur Verfügung stellen. Rufen Sie dazu File • New Project... und dann NetBeans Modules • Library Wrapper Module auf. Fügen Sie folgende Bibliotheken der Distribution hinzu:

- *hibernate3.jar*
- *lib/jpa/hibernate-jpa-2.0-api-1.0.0.Final.jar*
- *lib/required/antlr-2.7.6.jar*
- *lib/required/commons-collections-3.1.jar*
- *lib/required/dom4j-1.6.1.jar*
- *lib/required/javassist-3.12.0.GA.jar*
- *lib/required/jta-1.1.jar*
- *lib/required/slf4j-api-1.6.1.jar*

Hibernate verwendet die **Simple Logging Facade for Java**-(SLF4J-)API für die Erstellung von Log-Ausgaben. Wie der Name schon verrät, bietet diese API eine Fassade für verschiedene Logging Frameworks. Dazu gehören u. a. **Log4J** oder das **Java Platform Logging Framework**. Es muss aber nicht zwingend ein Framework vorhanden sein. Dennoch ist es gerade für die Entwicklung einer Anwendung sinnvoll, ein solches Framework bereitzustellen, da Hibernate zahlreiche hilfreiche Meldungen ausgibt. SLF4J stellt auch eine eigene einfache Logging-Implementation bereit. Diese ist Teil des SLF4J Packages, das Sie unter *http://slf4j.org* herunterladen können. Wir fügen also auch diese JAR-Datei dem Hibernate-Modul hinzu:

slf4j-simple-1.6.1.jar

Treten bei der Verwendung von Bibliotheken innerhalb der NetBeans Platform Probleme auf, sind dies meist Classloader-Probleme. Hibernate selbst verwendet den System Classloader und kann dadurch auf die Entitäten auch ohne explizit definierte Abhängigkeit zugreifen. Jedoch verwendet die Proxy Factory der Javassist-Bibliothek, die für die Proxy-Erstellung von Objekten (notwendig für das Lazy-Loading) zur Laufzeit zuständig ist, einen anderen Classloader und findet daher weder Klassen aus den Hibernate-Bibliotheken noch die Klassen unserer Anwendungsmodule. Vorteilhafterweise können wir der Klasse `javassist.util.proxy.ProxyFactory` über das `ProxyFactory.ClassLoader-Provider`-Interface eine eigene Classloader Provider Implementation bereitstellen.

Dazu erstellen wir für das Hibernate-Modul einen Module Installer. In diesem nutzen wir die `restored()`-Methode, um beim Start der Anwendung der `ProxyFactory` den System Classloader zur Verfügung zu stellen.

```
import javassist.util.proxy.ProxyFactory;
import org.openide.modules.ModuleInstall;
public class Installer extends ModuleInstall {
  @Override
  public void restored() {
    ProxyFactory.classLoaderProvider =
      new ProxyFactory.ClassLoaderProvider() {
      @Override
      public ClassLoader get(ProxyFactory pf) {
        return Thread.currentThread().getContextClassLoader();
      }
    };
  }
}
```

Listing 27.1 Bereitstellung einer Classloader Provider Implementation

Der Context Classloader des aktuellen Threads ist normalerweise (sofern kein anderer gesetzt wurde) der System Classloader. Diesen übergeben wir dem `ProxyFactory`-Objekt mittels der `get()`-Methode.

27.2 Die Struktur der Beispielanwendung

Die Verwendung von Hibernate will ich Ihnen anhand des Beispiels mit den Alben aus Abschnitt 26.6, »Beispielanwendung«, zeigen. Somit werden Ihnen die Vorteile einer objektrelationalen Brücke unmittelbar ersichtlich, und Sie haben den direkten Vergleich. Außerdem haben wir dort bereits das Datenbanksystem Java DB mit eingebunden, das wir auch jetzt wieder verwenden wollen. Fügen Sie also das Library Wrapper Module mit den Hibernate-Bibliotheken der bereits erstellten Platform Application hinzu. Jedes Modul, das nun die Hibernate-Funktionalität verwenden möchte, kann zu diesem eine Abhängigkeit definieren. In unserem Beispiel ist das lediglich unser einziges Anwendungsmodul (*My Module*). Öffnen Sie dazu über das Kontextmenü das PROPERTIES-Fenster, und fügen Sie unter LIBRARIES das *Hibernate*-Modul hinzu. Damit Hibernate auf den Java DB-Datenbanktreiber zugreifen kann, müssen wir dem *Hibernate*-Modul auf die gleiche Weise noch eine Abhängigkeit auf das *Java DB*-Modul hinzufügen.

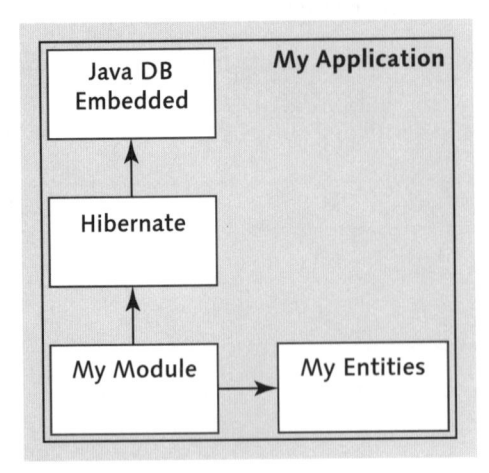

Abbildung 27.1 Die Anwendungskomponenten und ihre Abhängigkeiten

Bisher hatten wir die Klassen für unsere Entitäten *Genre* und *Album* im Anwendungsmodul verwaltet. Da Hibernate ebenfalls auf diese Klassen zugreifen muss, müssten wir noch eine Abhängigkeit von Hibernate auf das Anwendungsmodul definieren, womit es zu einer zyklischen Abhängigkeit kommen würde. Das Module System der NetBeans Platform würde dann sehr schnell einen Fehler melden, und die Anwendung würde erst gar nicht starten. Deshalb lagern wir unsere Entitätsklassen in ein eigenes Modul aus, womit die zyklische Abhängigkeit aufgelöst wird. Diese Konstellation mit dem zusätzlichen Modul *My Entities* ist in Abbildung 27.1 grafisch verdeutlicht.

> **Tipp**
>
> Bei der Entwicklung Ihrer Anwendung empfiehlt es sich, nicht gleich die eingebettete Version der Java DB (also unser Modul *Java DB Embedded*) zu verwenden, sondern die Server-Variante, die in die NetBeans IDE bereits integriert ist. Dazu binden Sie den Java DB-Treiber (wie in Abschnitt 27.1, »Einbinden der Hibernate-Bibliotheken«, beschrieben) als Modul in Ihre Anwendung ein, passen in der *hibernate.cfg.xml*-Datei den Verbindungs-URL an und starten den Datenbankserver in der NetBeans IDE mit START SERVER aus dem Kontextmenü des Knotens DATABASES • JAVA DB im SERVICES-Fenster. So haben Sie nämlich die Möglichkeit, sich das von Hibernate erzeugte Datenbankschema anzusehen.

27.3 Hibernate konfigurieren

Nachdem wir nun Hibernate eingebunden haben, müssen wir noch einige Konfigurationsangaben bereitstellen. Diese Angaben legen wir mit einer XML-Datei fest, die standardmäßig *hibernate.cfg.xml* heißt. Dabei müssen wir auf jeden Fall den Datenbanktreiber, den URL zum Verbindungsaufbau mit der Datenbank, die nötigen Authentifizierungsdaten und den zu verwendenden SQL-Dialekt angeben. Diese Konfigurationsdatei sieht dann wie folgt aus:

```xml
<?xml version="1.0" encoding="utf-8"?>
<!DOCTYPE hibernate-configuration PUBLIC
   "-//Hibernate/Hibernate Configuration DTD 3.0//EN"
   "http://hibernate.sourceforge.net/
      hibernate-configuration-3.0.dtd">
<hibernate-configuration>
   <session-factory>
      <property name="connection.driver_class">
         org.apache.derby.jdbc.EmbeddedDriver</property>
      <property name="connection.url">
         jdbc:derby:hibernate-db;create=true</property>
      <property name="connection.username">user</property>
      <property name="connection.password">password</property>
      <property name="dialect">
         org.hibernate.dialect.DerbyDialect</property>
   </session-factory>
</hibernate-configuration>
```

Listing 27.2 Hibernate-Konfigurationsdatei

Wir geben also zunächst die Datenbanktreiber-Klasse an, die in unserem Fall für das Java DB-Datenbanksystem die Klasse `org.apache.derby.jdbc.EmbeddedDriver` ist. Damit Hibernate eine Verbindung zu Ihrer Datenbank aufbauen kann, geben wir noch die URL an. Wie sich diese für die Java DB zusammensetzt, dürfte Ihnen bereits aus Abschnitt 26.3, »Eine Datenbank erstellen und verwenden«, bekannt sein. Neben dem Benutzernamen und dem Passwort, die für Ihre Datenbank eventuell nötig sind, müssen wir noch den SQL-Dialekt festlegen. Hibernate stellt für alle gängigen Datenbanksysteme im Package `org.hibernate.dialect` entsprechende Klassen zur Verfügung. Informationen zu weiteren Konfigurationsmöglichkeiten können Sie der Hibernate-Referenzdokumentation entnehmen.

Nun stellt sich die Frage, wo wir diese Datei unterbringen. Dadurch, dass die Daten in einer separaten Datei vorliegen, haben wir die Möglichkeit, dass verschiedene Module Hibernate mit unterschiedlicher Konfiguration verwenden. Wir können diese Datei also entweder im *src*-Verzeichnis eines Anwendungsmoduls oder aber auch direkt im Hibernate-Modul ablegen. Wichtig ist, dass sie sich auf dem jeweiligen Klassenpfad befindet, denn dort wird standardmäßig nach ihr gesucht. Wahlweise – wie Sie später noch sehen werden – haben Sie die Möglichkeit, beim Erzeugen eines Configuration-Objekts eine alternative URL zur Konfigurationsdatei anzugeben.

27.4 Objekte auf Relationen abbilden

Jetzt, da Hibernate startklar ist, stellt sich die Frage, wie Hibernate unsere Objekte in der Datenbank speichert. Wie also wird die jeweilige Objektstruktur auf eine Relation abgebildet? Dazu erstellen wir für jedes zu persistierende Objekt eine sogenannte Mapping-Datei, in der genau diese Abbildungsinformationen enthalten sind. Dazu gehören u. a. Informationen darüber, mit welchem Namen und welchem Typ die Objektattribute in einer Relation gespeichert werden, und – wichtiger noch – Informationen darüber, wie Assoziationen zwischen verschiedenen Objekten gehandhabt werden. Es sind je nach Komplexität der Objektstruktur und Anwendungszweck zahlreiche Angaben möglich und notwendig. Auf diese können wir natürlich in diesem Rahmen nicht detailliert eingehen und wollen uns auf die für unsere Beispielklassen notwendigen Mapping-Informationen beschränken.

Sehen wir uns also so ein Mapping zunächst für unsere Beispielklasse Genre an. Sie erinnern sich, dass wir in dieser eine Nummer als eindeutige ID und einen String für den Genrenamen selbst verwaltet haben.

```xml
<!DOCTYPE hibernate-mapping PUBLIC
    "-//Hibernate/Hibernate Mapping DTD 3.0//EN"
    "http://hibernate.sourceforge.net/hibernate-mapping-3.0.dtd">
<hibernate-mapping package="com.galileo.netbeans.myentities">
    <class name="Genre" table="Genre" lazy="true">
        <id name="id">
            <generator class="increment"/>
        </id>
        <property name="genre"
                  not-null="true"
```

```
              length="30"
              column="genre"/>
  </class>
</hibernate-mapping>
```

Listing 27.3 Objektrelationale Abbildung für die Klasse Genre – »Genre.hbm.xml«

Mit dem `class`-Element geben wir den Klassennamen und den Namen der Tabelle an, in der die Daten eines Objekts vom Typ `Genre` abgespeichert werden. Mit dem Element `id` legen wir unser gleichnamiges Objektattribut als Primärschlüssel für die Tabelle fest, der aufsteigend vergeben werden soll. Dann müssen wir lediglich noch das zweite und letzte Attribut `genre` mit dem `property`-Element definieren.

Wenn wir uns nun einen Ausschnitt aus dem Mapping für die Klasse `Album` ansehen, wird es ein wenig interessanter. Denn einem Album kann ein Genre zugeordnet werden. Es kann aber mehrere Alben vom gleichen Genre geben. Wir haben also eine `many-to-one`-Beziehung. Diese definieren wir mit dem gleichnamigen Element und setzen dessen `lazy`-Attribut auf `false`. So erreichen wir, dass das `Genre`-Objekt unmittelbar mit dem `Album` zusammen geladen und nicht erst bei Bedarf nachgeladen wird. Durch die Angabe `fetch="join"` veranlassen wir Hibernate dazu, das Genre gleichzeitig mit dem Abfragen der Albumdaten mit einer JOIN-Abfrage zu ermitteln. Dies ist eine Abfrageoptimierung, denn so wird nur eine statt zweier Abfragen benötigt, um die Klasse vollständig aus der Datenbank zu laden.

```
<!DOCTYPE hibernate-mapping PUBLIC
   "-//Hibernate/Hibernate Mapping DTD 3.0//EN"
   "http://hibernate.sourceforge.net/hibernate-mapping-3.0.dtd">
<hibernate-mapping package="com.galileo.netbeans.myentities">
   <class name="Album" table="Album" lazy="true">
     <id name="id">
        <generator class="increment"/>
     </id>
     <many-to-one name="genre" lazy="false" fetch="join"/>
     <property name="title"
               not-null="true"
               length="30"
               column="title"/>
```

Listing 27.4 Mit »many-to-one« definieren wir die Assoziation auf das Genre.

Jetzt müssen wir diese Mappings, die typischerweise auf *hbm.xml* enden und sich im gleichen Package wie die Klassen selbst befinden, nur noch Hibernate bekannt machen. Dies geschieht durch einen Eintrag in der Konfigurationsdatei *hibernate.cfg.xml*, in der wir bereits u. a. die Datenbankeinstellungen vorgenommen haben. Mit dem Element `mapping` führen wir sämtliche Dateien auf. Außerdem definieren wir noch die Eigenschaft `hbm2ddl` mit dem Wert `update`. So erstellt Hibernate beim Start der Anwendung für uns das Datenbank-Schema automatisch aus den Informationen der Mapping-Dateien, falls es noch nicht vorhanden ist.

```xml
<hibernate-configuration>
    <session-factory>
        ...
        <property name="hbm2ddl.auto">update</property>
        <mapping resource=
            "com/galileo/netbeans/myentities/Genre.hbm.xml"/>
        <mapping resource=
            "com/galileo/netbeans/myentities/Album.hbm.xml"/>
    </session-factory>
</hibernate-configuration>
```

Listing 27.5 Bekanntmachen der Mapping-Dateien in der Konfigurationsdatei

27.5 SessionFactory und Sessions

So weit haben wir nun die Konfigurationsarbeit erledigt und können erstmals mit Hibernate in Kontakt treten. Dazu erzeugen wir zunächst ein Objekt der Klasse `Configuration`, das die Konfiguration verwaltet, die wir zuvor in der Datei *hibernate.cfg.xml* erstellt haben. Standardmäßig würde diese Klasse ihre Informationen aus der Datei *hibernate.properties*-Datei beziehen wollen.

Wir aber haben unsere Informationen in einem XML-Dokument organisiert. Deshalb veranlassen wir die `Configuration`-Instanz, mit der `configure()`-Methode diese Datei zu suchen. Diese Methode steht Ihnen auch in einigen parametrisierten Varianten zur Verfügung, denen Sie unter anderem ein `File` oder einen `URL` auf die Konfigurationsdatei übergeben können. Wir verwenden die parameterlose Version, die die Konfiguration mit dem Namen *hibernate.cfg.xml* direkt auf dem Klassenpfad erwartet. Ein solches `Configuration`-Objekt wird für gewöhnlich nur einmal erstellt. Auf Basis dieser Konfiguration erzeugen wir eine `SessionFactory` mit der Methode `buildSessionFactory()`. Eine `SessionFactory` wird ebenfalls über die gesamte Laufzeit der Anwendung gehalten.

Das heißt also, wir verwalten die Configuration und die SessionFactory-Instanz in unserem Modul an einem zentralen Platz. Dafür bietet sich eine Module Installer-Klasse an. In dieser erstellen wir eine statische Instanz einer SessionFactory.

```
import org.hibernate.Session;
import org.hibernate.SessionFactory;
import org.hibernate.cfg.Configuration;
import org.openide.modules.ModuleInstall;
public class Installer extends ModuleInstall {
   private static final SessionFactory sessionFactory;
   static {
      try {
         sessionFactory = new Configuration().configure()
                              .buildSessionFactory();
      } catch (Throwable ex) {
         throw new ExceptionInInitializerError(ex);
      }
   }
   public static Session createSession() {
      return sessionFactory.openSession();
   }
   public static Session currentSession() {
      return sessionFactory.getCurrentSession();
   }
   @Override
   public void close() {
      sessionFactory.close();
   }
}
```

Listing 27.6 Zentrale Verwaltung und Bereitstellung der SessionFactory

Der Zugriff auf die Datenbank erfolgt über Sessions. Eine Session ist ein relativ kurzlebiges Objekt, das für die Interaktion zwischen Anwendung und Datenbank zuständig ist. Hinter einer Session verbirgt sich also eine JDBC-Verbindung. Eine Session ist somit auch für die Erzeugung einer Transaktion zuständig und beinhaltet zudem einen Cache.

Mit der Methode openSession() erzeugen wir jeweils eine neue Session. Mit der Methode getCurrentSession() erhalten wir eine noch aktuelle Session geliefert. Ist keine vorhanden, so wird eine neue angelegt und an den aktuellen Thread gebunden. Wird eine Transaktion, die von dieser Session erzeugt wurde, beendet (mit `commit()` oder `rollback()`), so wird die `Session` automatisch geschlossen. Diese Art und Weise der Verwendung von Sessions ist die einfachste und komfortabelste und wird deshalb auch bevorzugt eingesetzt.

27.6 Objekte speichern und laden

Mit der `Installer`-Klasse haben wir uns ein Hilfsmittel für das einfache Speichern und Laden von Objekten geschaffen. Diese wollen wir nun auch direkt einsetzen. Sie erinnern sich, dass wir die Klasse `DataModel` erstellt haben. Diese Klasse war für die Interaktion mit der Datenbank zuständig und stellte somit einen Vermittler zwischen SQL und unseren Objekten dar. Diese gesamte Funktionalität übernimmt jetzt Hibernate für uns. Wir wollen aber die Klasse weiterhin verwenden, denn so müssen wir unsere restliche Anwendung nicht ändern und haben gleichzeitig die Hibernate-Interaktion gekapselt. Dies stellt nun den gewissermaßen interessantesten Teil dar, denn hier ergibt sich die größte Vereinfachung:

```java
import com.galileo.netbeans.myentities.Genre;
import com.galileo.netbeans.myentities.Album;
import java.util.List;
import org.hibernate.Session;
import org.hibernate.Transaction;
public class DataModel {
    public static List<Album> getAlbums() {
        Session s = Installer.currentSession();
        Transaction t = s.beginTransaction();
        List<Album> list =
            (List<Album>)s.createCriteria(Album.class).list();
        t.commit();
        return list;
    }
    public static List<Genre> getGenres() {
        Session s = Installer.currentSession();
        Transaction t = s.beginTransaction();
        List<Genre> list =
            (List<Genre>)s.createCriteria(Genre.class).list();
        t.commit();
        return list;
    }
```

```
    public static void updateAlbum(Album album) {
        Session s = Installer.currentSession();
        Transaction t = s.beginTransaction();
        s.update(album);
        t.commit();
    }
    public static void insertAlbum(Album album) {
        Session s = Installer.currentSession();
        Transaction t = s.beginTransaction();
        s.save(album);
        t.commit();
    }
    public static void deleteAlbum(Album album) {
        Session s = Installer.currentSession();
        Transaction t = s.beginTransaction();
        s.delete(album);
        t.commit();
    }
}
```

Listing 27.7 Die Klasse DataModel interagiert mit der Datenbank über Hibernate.

Für jede Aktion lassen wir uns eine eventuell noch aktuelle oder gegebenenfalls neue `Session` geben. Mit dieser erzeugen wir stets zunächst eine Transaktion. Dann können wir auf der `Session` unsere gewünschte Aktion (Abfrage, Speichern, Aktualisieren etc.) ausführen und schließen die Transaktion erfolgreich mit `commit()` ab. Wie bereits vorhin angesprochen wurde, ist es nicht notwendig, dass Sie die `Session` explizit schließen, da diese beim Beenden der Transaktion automatisch beendet wird.

Hier im Beispiel haben wir es natürlich mit sehr einfachen Anwendungsfällen zu tun. Aus diesem Grund verfügen wir für jede einzelne Aktion über eine Session und über eine Transaktion, die von gleicher Lebensdauer sind. Informationen darüber, in welcher Granularität Sessions und Transaktionen verwendet werden sollten, können Sie der Hibernate-Dokumentation entnehmen.

Damit haben wir unser Beispiel, das seine Daten zunächst mittels SQL über die JDBC-Schnittstelle gewissermaßen in »Rohfassung« zwischen Anwendung und Datenbank transferiert hat, vollständig auf Hibernate migriert. Somit verläuft die Anwendung komplett vom darunter liegenden Persistenzsystem abstrahiert, und der Anwendungsentwickler kann bequem und transparent Objekte speichern und abfragen.

Die Java Persistence API (JPA) ist eine einheitliche Schnittstelle für objektrelationale Brücken wie z. B. Hibernate. JPA sorgt somit für eine transparente Verwendung und leichte Austauschbarkeit von Persistenzsystemen.

28 Java Persistence API

Das Ziel der **Java Persistence API** (JPA) ist es, ein standardisiertes, einfach zu nutzendes Persistenzmodell zu spezifizieren, das sowohl im JSE- als auch im JEE-Bereich einsetzbar ist. Dabei flossen die besten Eigenschaften und Ideen vor allem aus Hibernate, TopLink und JDO mit ein. Folglich ist eine Anwendung, die die Schnittstellen der JPA nutzt, vollkommen unabhängig von einem speziellen Framework, wie z. B. Hibernate. Ihre Anwendung behält also die gleiche Unabhängigkeit, wie sie sie bisher beim Einsatz der JDBC-Schnittstelle hatte.

Die JPA zeichnet sich vor allem durch ihre Leichtgewichtigkeit und Schlankheit aus. Zu den Haupteigenschaften der JPA zählt in erster Linie die Spezifikation der objektrelationalen Abbildung durch Java-Annotations direkt im Persistenzobjekt. Es entfällt eine separate Mapping-Datei, wie wir sie in Kapitel 27 bei Hibernate verwendet haben. Wobei hier zu erwähnen ist, dass gar keine explizite Abbildung der Objektstrukturen auf Relationen erforderlich ist. Dennoch haben Sie die Möglichkeit, mithilfe der Annotations auf die standardmäßige Abbildungsstrategie Einfluss zu nehmen. Dies erleichtert also die Spezifikation von Entitäten enorm. Weiterhin spezifiziert die JPA die SQL-ähnliche Abfragesprache **Java Persistence Query Language** (JPQL) für sowohl statische als auch dynamische Abfragen, die Sie von einer proprietären Abfragesprache wie HQL unabhängig macht. Die Persistenzschicht lässt sich also in drei Bereiche unterteilen: die API selbst im Package `javax.persistence`, die Abfragesprache JPQL und die Annotations zur Definition der Abbildungsinformationen.

Mittlerweile stellen eine Reihe von Projekten und Frameworks eine JPA-Implementation zur Verfügung. Dazu zählen natürlich **Hibernate** wie auch EclipseLink oder OpenJPA. Da Sie bereits die native Schnittstelle von Hibernate kennengelernt haben, sehen wir uns nun die JPA-Schnittstelle von Hibernate an, die – nebenbei bemerkt – gar nicht so viel anders aussieht als die native Schnittstelle. Hier werden Sie also sehr deutlich sehen, dass Hibernate das Vorbild bei der Spezifikation der JPA war.

28 Java Persistence API

28.1 Hibernate und die Java Persistence API

Die Hibernate-Implementation der JPA gehört seit Hibernate 3.5 nun zum Standardumfang und befindet sich in *hibernate3.jar*. Zusammen mit den verwendeten Bibliotheken und der JPA selbst erstellen wir genau wie in Abschnitt 27.1, »Einbinden der Hibernate-Bibliotheken«, beschrieben ein Modul namens *Hibernate*. Beachten Sie dabei auch die Hinweise zum Classloader und zum Logging.

28.2 Java-Persistence-Konfiguration

Die Konfiguration der Persistenzschicht erfolgt sehr ähnlich wie bei der nativen Hibernate-Schnittstelle. Die Konfiguration wird in der Datei *persistence.xml* im Verzeichnis *META-INF* bereitgestellt. Dabei werden die Daten in **Persistence Units** gebündelt.

```xml
<persistence xmlns="http://java.sun.com/xml/ns/persistence"
    xmlns:xsi="http://www.w3.org/2001/XMLSchema-instance"
    version="1.0">
    <persistence-unit name="HibernateJPA"
                      transaction-type="RESOURCE_LOCAL">
        <provider>org.hibernate.ejb.HibernatePersistence</provider>
        <class>com.galileo.netbeans.myentities.Genre</class>
        <class>com.galileo.netbeans.myentities.Album</class>
        <properties>
            <property name="hibernate.connection.driver_class"
                value="org.apache.derby.jdbc.EmbeddedDriver"/>
            <property name="hibernate.connection.url"
                value="jdbc:derby:hibernatejpa-db;create=true"/>
            <property name="hibernate.connection.username"
                value="user"/>
            <property name="hibernate.connection.password"
                value="password"/>
            <property name="hibernate.dialect"
                value="org.hibernate.dialect.DerbyDialect"/>
            <property name="hibernate.hbm2ddl.auto"
                value="update"/>
        </properties>
    </persistence-unit>
</persistence>
```

Listing 28.1 Konfiguration der Persistenzschicht – META-INF/persistence.xml

Wir legen eine `persistence-unit` mit dem Namen `HibernateJPA` an, die wir später beim Erzeugen einer `EntityManagerFactory` verwenden werden. Darin führen wir sämtliche Klassen auf, die über `EntityManager` dieser Factory verwaltet werden sollen. Außerdem müssen wir wieder dieselben Eigenschaften wie schon bei *hibernate.cfg.xml* definieren, wobei wir den Eigenschaften das Präfix `hibernate` voranstellen müssen. Die so erstellte Datei *persistence.xml* legen wir im Modul *My Entities* im Verzeichnis *src/META-INF* ab.

28.3 Entitätsklassen

Der Vorteil bei der Implementation der Entitäten bei JPA ist, dass dank der Attribut-Akzessormethoden nicht explizit für jedes Attribut, das persistent gehalten werden soll, auch Zugriffsmethoden (also `get`- und `set`-Methoden) bereitgestellt oder etwa die Attribute öffentlich gemacht werden müssen. Denn JPA kann auch private Attribute schreiben und lesen. Außerdem muss weder ein spezielles Interface implementiert noch von einer vorgegebenen Klasse abgeleitet werden.

Entitäten, die mittels der JPA persistent verwaltet werden sollen, sind also ganz gewöhnliche Java-Objekte. Es sind lediglich wenige Annotationen innerhalb der Klasse notwendig. Das sind im Wesentlichen die Kennzeichnung der Klasse als Entität mit der Annotation `@Entity`, die Festlegung einer Identität mit `@Id` und die Deklarierung der Attribute. Die Ausdrucksmöglichkeiten einer Klasse sind also in keiner Weise eingeschränkt. Eine Hierarchie von Objekten wird von JPA standardmäßig in einer Relation verwaltet. Diese Mapping-Strategie kann jedoch über Annotationen angepasst werden, um so z. B. neu implementierte Objekte an ein bestehendes Datenbankschema anzupassen.

Unter diesen Gesichtspunkten der Entitätsdefinition betrachten wir wieder die beiden Klassen `Genre` und `Album`. Wir müssen also lediglich vor die Klassendefinition die Annotation `@Entity` einfügen und legen mit der Annotation `@Id` das Klassenattribut `id` als Identität der Klasse fest. Gleichzeitig weisen wir die Persistenzschicht (in unserem Fall Hibernate) an, für dieses Attribut einen Wert zu erzeugen.

Das Attribut `genre` ist ein ganz gewöhnliches Attribut, und es muss daher nicht gesondert ausgezeichnet werden. Es wird automatisch berücksichtigt, sofern es nicht als `transient` markiert ist. Optional können gewöhnliche Attribute mit der Annotation `@Basic` versehen werden. Beachten Sie des Weiteren, dass wir nicht zwingend erforderlich `get`- und `set`-Methoden für unsere Attribute bereitstellen müssen. So können wir bei der Klasse `Genre` z. B. die Methoden `getId()` und `setId()` weglassen, sofern wir diese selbst nicht benötigen.

```java
import javax.persistence.Entity;
import javax.persistence.GeneratedValue;
import javax.persistence.Id;
@Entity
public class Genre {
   @Id
   @GeneratedValue
   private Integer id;
   private String genre;
   public Genre() {
   }
   ...
}
```

Listing 28.2 Mit nur wenigen Annotationen definieren wir unsere Klasse als Entität, die in einem relationalen Datenbanksystem abgespeichert werden kann. Die bisherigen Mapping-Dateien entfallen vollständig.

Bei der Klasse Album ist nur geringfügig mehr zu tun. Und zwar müssen wir für das Attribut year explizit einen Spaltennamen angeben. Denn standardmäßig wird die Spalte so benannt wie das Attribut selbst. Dies führt im Fall von year aber bei der ersten Abfrage zu einem Fehler, da year Bestandteil von SQL ist. Deshalb definieren wir mit der Annotation @Column einen benutzerspezifischen Namen. Zuletzt müssen wir nur noch die Assoziation zur Genre-Klasse als @ManyToOne definieren, und schon sind unsere beiden Entitäten bereit.

```java
import javax.persistence.Column;
import javax.persistence.Entity;
import javax.persistence.GeneratedValue;
import javax.persistence.Id;
import javax.persistence.ManyToOne;
@Entity
public class Album {
   @Id
   @GeneratedValue
   private Integer id;
   private String title;
   private String tracks;
   private String cds;
   @Column(name = "years")
   private String year;
   @ManyToOne
   private Genre genre;
```

```
    public Album() {
    }
    ...
}
```

Listing 28.3 Definition der Entität »Album« mit der Assoziation auf die Klasse »Genre«

Damit unsere Entitäten auf die verwendeten Annotations zugreifen können, müssen wir dem Modul *My Entities* eine Abhängigkeit auf das *Hibernate*-Modul hinzufügen. Der Hibernate-`EntityManager` verwendet den System Classloader, sodass wir dem Hibernate-Modul keine Abhängigkeit auf unsere Entitäten hinzufügen müssen, was zu einer zyklischen Abhängigkeit geführt hätte. Wäre dies der Fall, müssten wir die Annotationen in ein separates Modul packen und würden eine etwas kompliziertere Konstellation erhalten. So aber kommen wir mit der in Abbildung 28.1 dargestellten Aufteilung und den Abhängigkeiten aus.

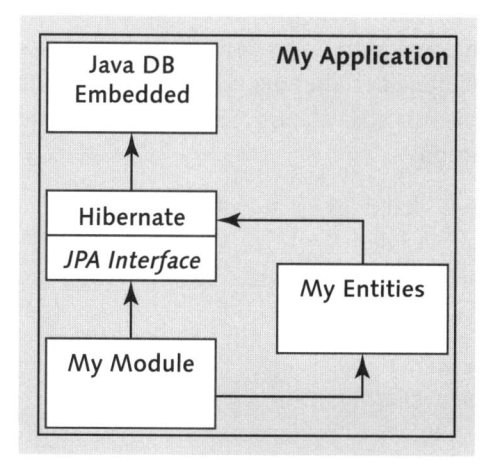

Abbildung 28.1 Abhängigkeiten zwischen den Modulen bei Verwendung der JPA-Schnittstelle von Hibernate

28.4 EntityManagerFactory und EntityManager

Ähnlich der `SessionFactory` bei der nativen Hibernate-Schnittstelle liegt bei der Java Persistence API eine `EntityManagerFactory` vor. Diese Factory wird für eine bestimmte **Persistence Unit** erstellt. Das heißt, `EntityManager`, die von dieser Factory erzeugt wurden, sind in der Lage, die in der jeweiligen Persistence Unit angegebenen Objekte in der definierten Datenbank zu speichern und zu verwalten. Eine `EntityManagerFactory` wird ebenfalls wie die `SessionFactory` im Normalfall nur einmal erzeugt und während der gesamten Anwendungslaufzeit gehalten. Eine Instanz einer solchen Factory erhalten wir über die Bootstrap-Klasse `Persistence` mit folgendem Aufruf:

```
EntityManagerFactory emf =
   Persistence.createEntityManagerFactory("HibernateJPA");
```

Der übergebene Parameter `HibernateJPA` gibt den Namen einer in der Datei *persistence.xml* definierten Persistence Unit an, für die die Factory erzeugt wird.

Das Pendant zu einer Session, die gewissermaßen einen Wrapper einer JDBC-Verbindung darstellt, liegt bei der JPA in der Klasse `EntityManager`. Über diesen Manager erhalten wir Zugriff auf unsere Datenbank und können dort Objekte speichern, löschen, finden und abfragen. Dabei wird in der Regel für einen bestimmten Vorgang jeweils ein `EntityManager` verwendet. Jedoch ist es eine schlechte Praxis, wenn Sie für jede einzelne Abfrage bzw. Aktion einen neuen `EntityManager` erstellen. Sie sollten also eine adäquate Laufzeit eines `EntityManager` in Abhängigkeit von Ihrem Anwendungskontext wählen. Da wir es hier in unserem Beispiel mit nur wenigen und trivialen Datenbankaktionen zu tun haben, verwenden wir der Einfachheit halber über die gesamte Laufzeit nur einen `EntityManager`, was sich für die Praxis aber ebenso wenig empfiehlt wie ein `EntityManager` für jede einzelne Aktion.

Wie schon bei der `SessionFactory` bietet es sich auch hier an, die `EntityManagerFactory` in einer Module-Installer-Klasse zu verwalten. So können wir auch auf einfache Weise die Factory ordnungsgemäß beim Herunterfahren der Anwendung beenden.

```
import javax.persistence.EntityManager;
import javax.persistence.EntityManagerFactory;
import javax.persistence.Persistence;
public class Installer extends ModuleInstall {
   public static final EntityManagerFactory EMF;
   public static final EntityManager        EM;
   static {
     try {
        EMF = Persistence
           .createEntityManagerFactory("HibernateJPA");
        EM = EMF.createEntityManager();
     } catch (Throwable ex) {
        throw new ExceptionInInitializerError(ex);
     }
   }
}
```

```
      @Override
      public void close() {
         EM.close();
         EMF.close();
      }
   }
```

Listing 28.4 Zentrale Verwaltung und Bereitstellung der EntityManagerFactory

28.5 Objekte speichern und laden

Zuletzt bleibt noch zu klären, wie wir nun über einen EntityManager auf unsere Objekte zugreifen können. Wir nehmen also wieder die Klasse DataModel, in der wir die Interaktion mit der nativen Hibernate-Schnittstelle implementiert haben. Diese wollen wir nun durch die JPA ersetzen. Sehen wir uns dazu beispielhaft die Methoden getAlbums() und getGenres() an. Wie gewohnt erstellen wir zunächst eine Transaktion, innerhalb dieser wir unsere Abfrage bzw. Aktion ausführen wollen. Eine Instanz einer EntityTransaction erhalten wir vom EntityManager über die Methode getTransaction(). Wir starten die Transaktion mit begin() und erzeugen dann eine Query-Instanz für die **JPQL**-Abfrage SELECT a FROM Album a. Diese Abfrage liefert uns sämtliche Objekte aus der Tabelle Album. Dieses Ergebnis erhalten wir in Form einer List mit der getResultList()-Methode. Mit commit() schließen wir die Transaktion erfolgreich ab.

```
import javax.persistence.Query;
public class DataModel {
   public static List<Album> getAlbums() {

      Installer.EM.getTransaction().begin();
      Query q = Installer.EM.createQuery("SELECT a FROM Album a");
      List<Album> list = q.getResultList();
      Installer.EM.getTransaction().commit();
      return list;
   }
   public static List<Genre> getGenres() {

      Installer.EM.getTransaction().begin();
      Query q = Installer.EM.createQuery("SELECT g FROM Genre g");
      List<Genre> list = q.getResultList();
      Installer.EM.getTransaction().commit();
      return list;
   }
```

```
public static void updateAlbum(Album album) {
    Installer.EM.getTransaction().begin();
    Installer.EM.persist(album);
    Installer.EM.getTransaction().commit();
}
public static void insertAlbum(Album album) {
    updateAlbum(album);
}
public static void deleteAlbum(Album album) {
    Installer.EM.getTransaction().begin();
    Installer.EM.remove(album);
    Installer.EM.getTransaction().commit();
}
}
```

Listing 28.5 Interaktion mit der Datenbank über den EntityManager

*In diesem Kapitel wollen wir das weit verbreitete Datenbanksystem
MySQL zum Speichern unserer Objekte verwenden. Dabei setzen
wir die JPA-Implementation EclipseLink ein.*

29 MySQL und EclipseLink

In Kapitel 26 haben wir eine Anwendung erstellt, bei der wir Musikalben in einer Java DB-Datenbank gespeichert haben. In diesem ersten Schritt haben wir die zu speichernden Objekte selbst in SQL Statements zerlegt und auch wieder aus SQL Results zusammengebaut. Diese Arbeit können wir uns durch ein ORM-Framework wie Hibernate abnehmen lassen. Wie Sie Hibernate in eine NetBeans-Platform-Anwendung integrieren und die native Schnittstelle von Hibernate verwenden, haben wir uns in Kapitel 27 angeschaut. In Kapitel 28 haben Sie die **Java Persistence API** kennengelernt, die die Schnittstelle eines ORM-Frameworks spezifiziert. Durch die Verwendung der JPA konnten wir somit die Anwendung unabhängig von einer speziellen Implementation – in diesem Fall Hibernate – machen.

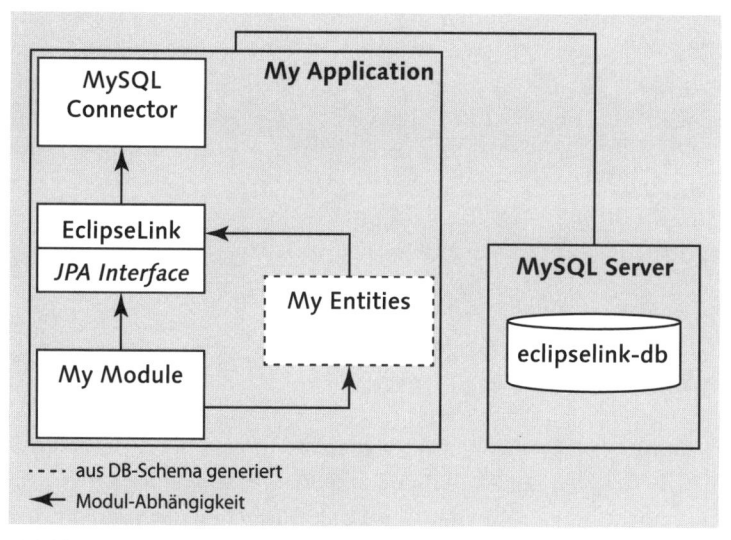

Abbildung 29.1   Die Struktur der Beispielanwendung für die Integration von EclipseLink und MySQL

29 | MySQL und EclipseLink

In den folgenden Abschnitten werden wir Hibernate durch EclipseLink ersetzen und verwenden statt des Java DB-Datenbanksystems einen MySQL Server. Es soll uns aber nicht nur um die Integration dieser beiden Komponenten gehen, Sie werden auch kennenlernen, wie Sie mithilfe der **NetBeans IDE** Entitäten aus Relationen automatisch erstellen lassen können. Die Anwendungslogik, die in *My Module* gekapselt ist, übernehmen wir unverändert.

29.1 MySQL-Datenbank einrichten

Zunächst richten wir uns eine MySQL-Datenbank ein. Dabei setze ich voraus, dass Sie bereits einen MySQL Server installiert bzw. Zugriff auf einen solchen haben. Die frei verfügbare **Community Edition** können Sie unter *http://mysql.de/downloads* herunterladen. Öffnen Sie dann in der NetBeans IDE das **Services**-Fenster. Dort finden Sie den Knoten DATABASES. Wählen Sie aus dessen Kontextmenü REGISTER MYSQL SERVER…

Im erscheinenden Dialog geben Sie den Namen des Servers (hier *localhost*), den Port, den Benutzernamen und das Passwort an. Damit erhalten Sie einen MYSQL SERVER-Knoten, wie in Abbildung 29.2 dargestellt. Nun können wir über CREATE DATABASE… aus dem Kontextmenü dieses Knotens eine Datenbank erstellen. Diese nennen wir *eclipselink-db*.

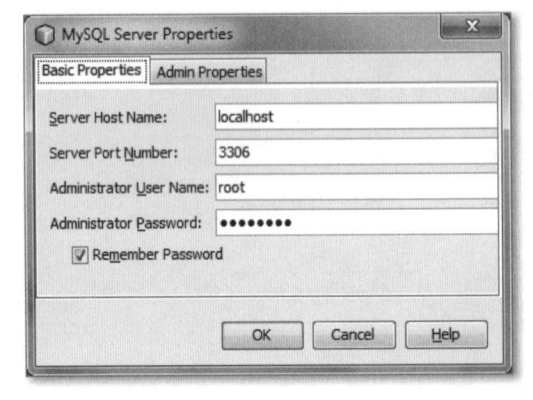

Abbildung 29.2 MySQL Server in der NetBeans IDE registrieren

Da wir in diesem Kapitel einen umgekehrten Ansatz verfolgen, bei dem die Entitätsklassen aus den Relationen der Datenbank erzeugt werden, erstellen wir im nächsten Schritt die notwendigen Tabellen. Die beiden Tabellen *album* und *genre* sollen die in Listing 29.1 dargestellte Struktur aufweisen. Zum Erstellen der Tabelle öffnen Sie die zuvor erstellte Verbindung im SERVICES-Fenster und wählen dort aus dem Kontextmenü des Knotens ECLIPSELINK-DB • TABLES (siehe Abbildung 29.3) die Aktion EXCEUTE COMMAND... aus. So können Sie direkt das Schema in Form eines SQL-Statements eingeben (siehe Listing 29.1). Alternativ können Sie auch die Aktion CREATE TABLE... auswählen und die beiden Tabellen manuell erstellen.

```
CREATE TABLE genre (
   id INT NOT NULL,
   genre VARCHAR(30) NOT NULL,
   PRIMARY KEY(id)
)
CREATE TABLE album (
   id INT NOT NULL AUTO_INCREMENT,
   title VARCHAR(30) NOT NULL,
   tracks VARCHAR(30) NOT NULL,
   cds VARCHAR(30) NOT NULL,
   year VARCHAR(30) NOT NULL,
   genre INT NOT NULL,
   PRIMARY KEY(id),
   FOREIGN KEY(genre) REFERENCES genre(id)
)
```

Listing 29.1 Schema der beiden Tabellen »album« und »genre«

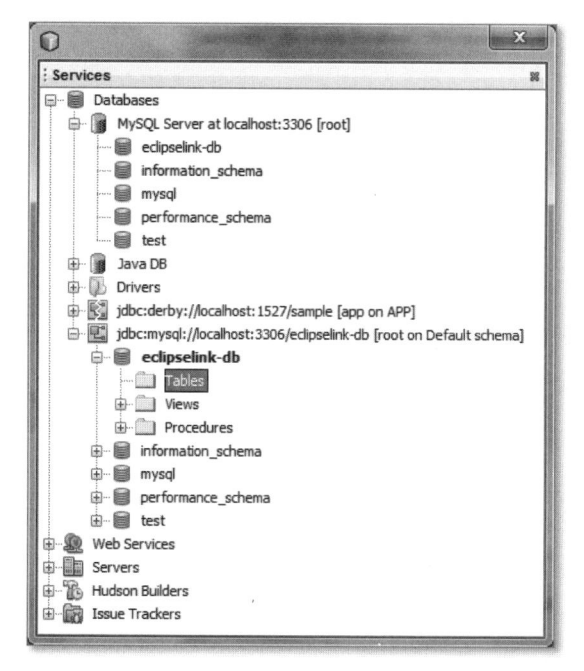

Abbildung 29.3 MySQL Server im Services-Fenster einrichten und bedienen

Damit haben wir nun den MySQL Server innerhalb der NetBeans IDE verfügbar gemacht sowie eine Datenbank und die notwendigen Tabellen erstellt.

29.2 MySQL Treiber einbinden

Damit die NetBeans-Platform-Anwendung selbst sich mit dem MySQL Server verbinden und auf die Datenbank zugreifen kann, müssen wir den MySQL JDBC-Treiber (Connector/J) einbinden. Dies tun wir mit einem neuen Library Wrapper Module über FILE • NEW PROJECT... • NETBEANS MODULES • LIBRARY WRAPPER MODULE. Den Treiber können Sie entweder direkt unter *http://www.mysql.de/downloads* herunterladen oder aber der NetBeans IDE aus dem Verzeichnis *ide/modules/ext* entnehmen.

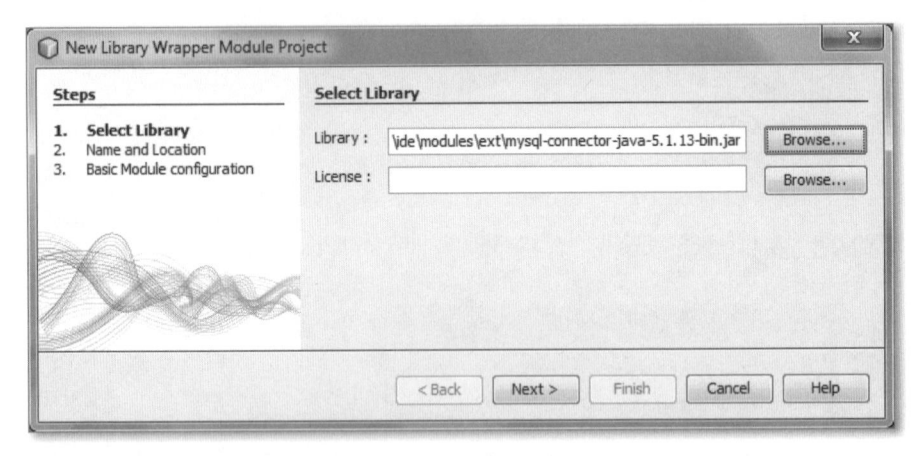

Abbildung 29.4 MySQL JDBC-Treiber in Anwendung integrieren

Wir nennen das Modul **MySQL Connector** und fügen es der Platform Application hinzu.

29.3 EclipseLink einbinden

Den Zugriff auf die Datenbank über die JDBC-Schnittstelle wollen wir nicht direkt, sondern über das ORM Framework **EclipseLink** (JPA 2.0) realisieren. Das heißt, wir müssen nun auch dafür sorgen, dass die notwendigen Bibliotheken verfügbar sind, und erstellen dazu ein Library Wrapper Module. Diesem fügen wir zum einen die **Java Persistence API** selbst sowie die EclipseLink-Bibliothek als spezielle Implementation der JPA hinzu. Diese beiden Bibliotheken können wir der NetBeans IDE entnehmen. Sie finden sie im Verzeichnis *java\modules\ext\eclipselink:*

- *eclipselink-2.2.0.jar*
- *eclipselink-javax.persistence-2.0.jar*

Nennen Sie dieses Wrapper Module *EclipseLink*, und fügen Sie es Ihrer Platform Application hinzu.

29.4 Entitäten aus einem Datenbankschema erstellen

In den Kapiteln 27, »Hibernate«, und 28, »Java Persistence API«, haben wir die Entitätsklassen selbst erstellt. Anhand deren Struktur wurden dann die Tabellen durch das ORM Framework automatisch erstellt. An dieser Stelle wollen wir das Vorgehen umkehren. In Abschnitt 29.1, »MySQL-Datenbank einrichten«, haben wir bereits die für unsere Anwendung notwendigen Tabellen erstellt. Dazu soll uns die NetBeans IDE die Entitätsklassen automatisch erstellen. Dabei wird deutlich, dass dieses Vorgehen vor Allem dann interessant wird, wenn Sie eine Anwendung auf einer bestehenden Datenbank implementieren müssen.

Der **NetBeans IDE Wizard** zur Erstellung der Entitätsklassen auf Basis von Tabellen steht leider nur für Java-Projekte, nicht aber für Module-Projekte zur Verfügung. Daher müssen wir einen kleinen Umweg gehen. Wir erstellen zunächst ein Java-Projekt mit FILE • NEW PROJECT... • JAVA • JAVA CLASS LIBRARY. Danach können wir den eigentlichen Wizard über FILE • NEW FILE... • PERSISTENCE • ENTITY CLASSES FROM DATABASE starten (siehe Abbildung 29.5). Wählen Sie zunächst die entsprechende Datenbankverbindung (*eclipselink-db*) aus, und fügen Sie dann die Tabellen *album* und *genre* mit ADD > hinzu. Auf der folgenden Seite werden Ihnen die zu erzeugenden Klassen aufgelistet. Geben Sie ein Package an (*com.galileo.netbeans.myentities*), und wählen Sie die Option CREATE PERSISTENCE UNIT aus. Damit wird auch gleich die notwendige JPA-Konfiguration (*persistence.xml*, siehe auch Abschnitt 28.2, »Java-Persistence-Konfiguration«) erstellt.

Auf der letzten Seite des Wizards verwenden wir *java.util.List* als COLLECTION TYPE und deaktivieren alle Optionen.

Nachdem die Entitätsklassen erstellt wurden, können wir daraus eine Bibliothek erstellen. Rufen Sie dazu aus dem Kontextmenü des Projekts BUILD auf. Die so erstellte JAR-Datei fügen wir nun im nächsten Schritt einem Library Wrapper Module unserer NetBeans Platform Application hinzu. Dieses nennen wir *My Entities* und verwenden *com.galileo.netbeans.myentities* als Code Name Base.

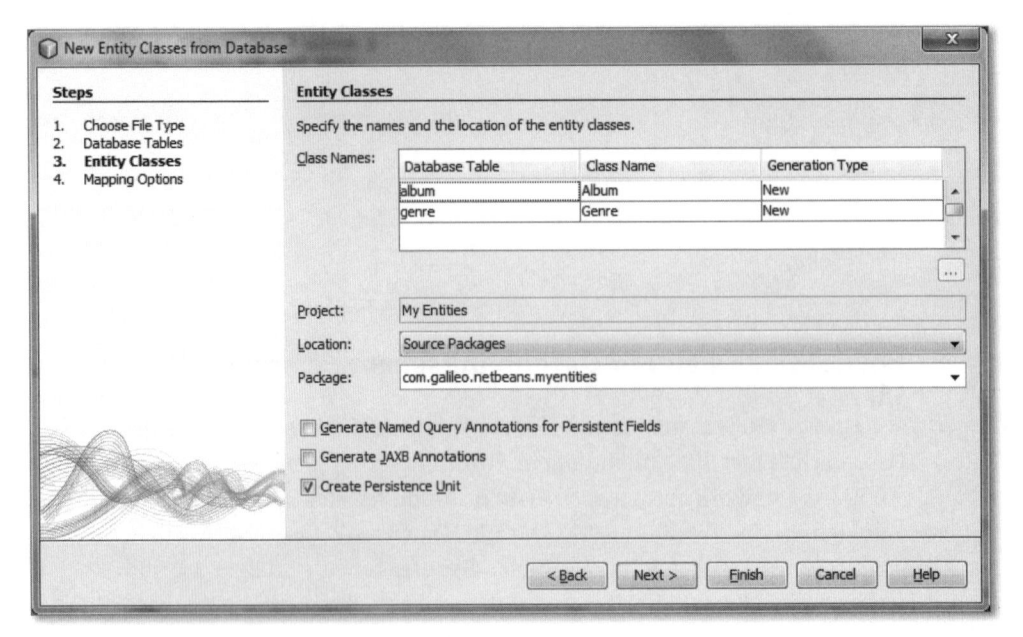

Abbildung 29.5 Erstellung der Entitätsklassen auf Basis von bestehenden Datenbank-Tabellen

29.5 Anwendung zusammenbauen und testen

Sie haben nun ein Modul für den MySQL-Treiber und für die EclipseLink-Implementation der Java Persistence API erstellt. Die Entitätsklassen `Album` und `Genre` haben wir nicht selbst erstellt, sondern durch die NetBeans IDE erstellen und mit Annotationen versehen lassen. Auch daraus haben wir ein NetBeans Module erstellt. Das Anwendungsmodul *My Module* können Sie unverändert übernehmen. Schließlich liegt der Vorteil durch die Verwendung der JPA in der Austauschbarkeit des darunter liegenden ORM Frameworks. Lediglich beim Erstellen der Entity Manager Factory in der `Installer`-Klasse müssen Sie den neuen Persistence Unit-Namen angeben. Wenn Sie die Abhängigkeiten entsprechend Abbildung 29.1 festlegen, können Sie die Anwendung starten und testen.

Web Services haben sich in den letzten Jahren stark verbreitet und als interoperable Dienste etabliert. Die NetBeans IDE wird diesem Trend durch ihre umfassende Unterstützung gerecht. Wir wollen uns auf der Seite der Client-Entwicklung die Verwendung und Integration von Web Services genauer ansehen.

30 Web Services

Wie Sie mithilfe der **NetBeans IDE** die nötigen Klassen für die Nutzung eines Web Services erstellen und wie Sie diesen Web Service dann innerhalb einer NetBeans-Platform-Anwendung ansprechen, möchte ich Ihnen anhand der **Amazon Product Advertising API** zeigen. Mit dieser können Sie nach Produkten und bestimmten Produktinformationen suchen oder z. B. auch Operationen im Warenkorb ausführen.

30.1 Web Service Client erstellen

Im ersten Schritt legen wir kein NetBeans-Modul, sondern eine Java-Class-Bibliothek an. Diese können wir aber, wie auch ein Modul, über einen Wizard erstellen lassen. Rufen Sie dazu FILE • NEW PROJECT... auf. Wählen Sie in der Kategorie JAVA den Projekttyp JAVA CLASS LIBRARY aus. Wir geben dem Projekt den Namen **Amazon Web Services** und schließen den Wizard mit FINISH. Wählen Sie dann FILE • NEW FILE • WEB SERVICES • WEB SERVICE CLIENT... Die zu verwendende WSDL-Datei spezifizieren wir direkt durch den URL *http://webservices.amazon.com/AWSECommerceService/DE/AWSECommerceService.wsdl*. Dies funktioniert natürlich nur dann, wenn Sie auch online sind. Wollen Sie hingegen ein Offlinearbeiten ermöglichen, können Sie sich die WSDL-Datei auch herunterladen und dem Wizard als lokale Datei bekanntgeben (siehe Abbildung 30.1). Das Package, in dem die Web-Service-Client-Klassen erzeugt werden, nennen wir `com.amazon.advertising.api`.

Den CLIENT STYLE belassen wir auf **JAX-WS Style.** Klicken Sie auf FINISH, damit die Klassen, die zur Verwendung des Web Services benötigt werden, anhand der Beschreibung in der WSDL-Datei erzeugt werden können.

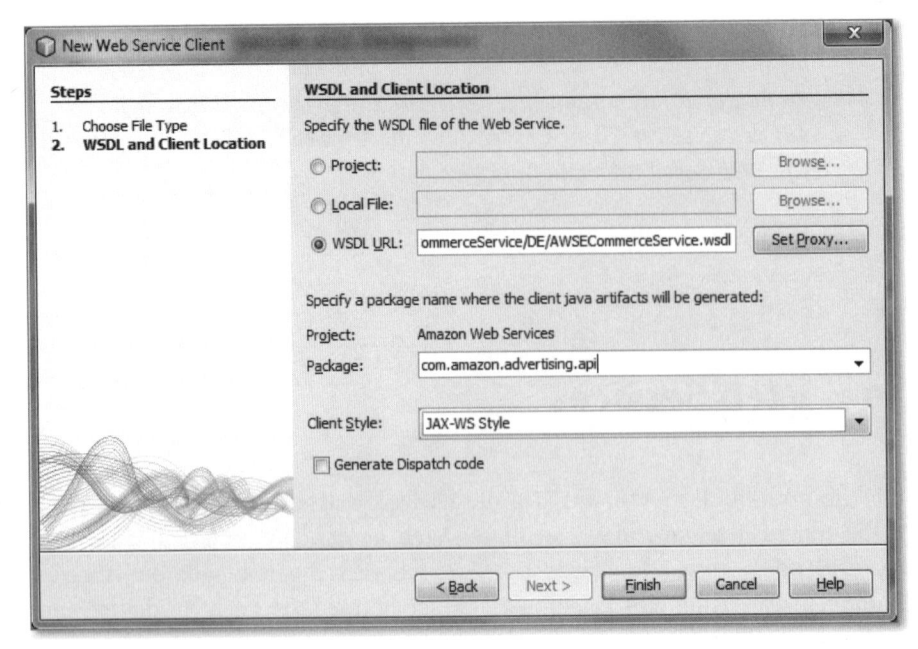

Abbildung 30.1 Erstellung eines Web Service Clients für die Amazon Product Advertising API

Für eine wesentlich übersichtlichere Verwendung der Web-Service-Operationen – wie Sie später noch sehen werden – deaktivieren wir den standardmäßig eingestellten **Wrapper Style**. Öffnen Sie dazu in der Projektansicht den neu hinzugekommenen WEB SERVICES REFERENCES-Ordner. In diesem müsste sich ein Eintrag namens AWSECOMMERCESERVICE befinden. Rufen Sie dessen Kontextmenü auf, und wählen Sie den Menüpunkt EDIT WEB SERVICE ATTRIBUTES aus.

Im Register WSDL CUSTOMIZATION expandieren wir den Knoten AWSECOMMERCE-SERVICEPORTTYPE unterhalb von PORT TYPES und deaktivieren die Option ENABLE WRAPPER STYLE (siehe Abbildung 30.2). Diese Einstellung wird dann für alle Operationen dieses Port Types übernommen.

Wenn Sie die Einstellungen mit OK übernehmen, sollten die Web-Service-Client-Klassen aktualisiert werden. Jetzt können wir ein BUILD ausführen und erhalten damit den Web Service Client in Form der JAR-Datei *dist/Amazon_Web_Services.jar* im Projektordner. Diese Datei können wir dann im nächsten Schritt innerhalb eines NetBeans-Moduls als **Amazon Web Services API** verwenden.

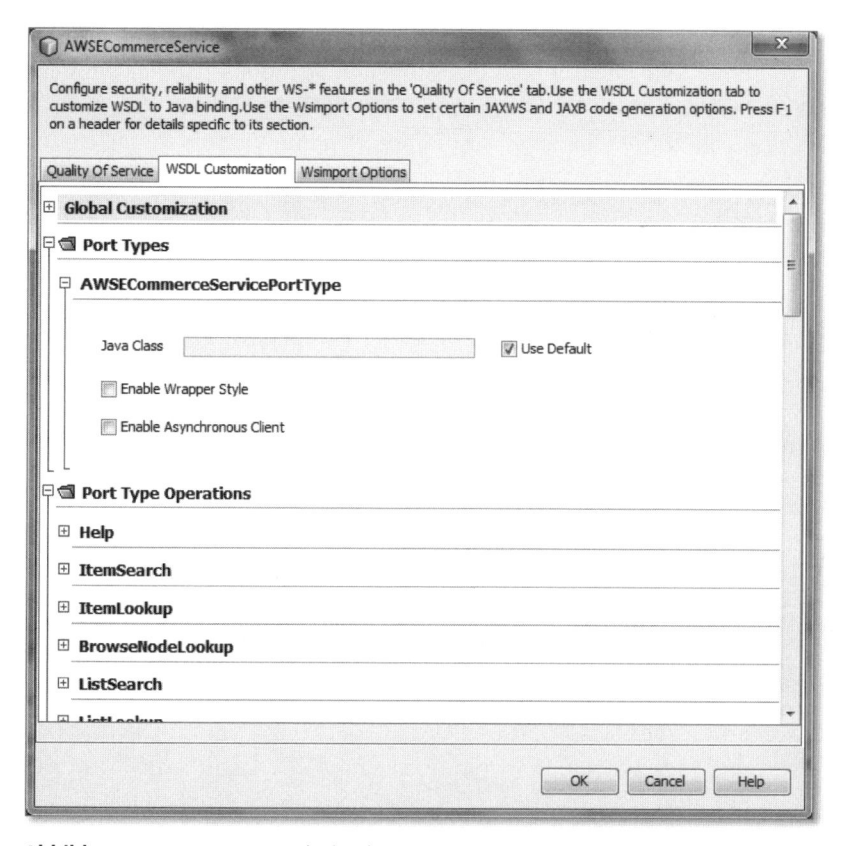

Abbildung 30.2 Wrapper Style für den Amazon Web Service deaktivieren

30.2 Web Service verwenden

Mit dem Schritt aus dem vorherigen Abschnitt wurde eine Java-Schnittstelle für die Verwendung der **Amazon Web Services** erstellt. Auf genau die gleiche Weise können Sie natürlich auch für beliebige andere Web Services verfahren. Was uns jetzt interessiert, ist, wie wir den Web Service aus einem Modul einer NetBeans-Platform-Anwendung heraus ansprechen können. Dazu erstellen wir zunächst eine NetBeans Platform Application über FILE • NEW PROJECT... • NETBEANS MODULES • NETBEANS PLATFORM APPLICATION. Dieser Application können Sie einen beliebigen Namen geben. Im nächsten Schritt fügen wir nun den Web Service Client der Anwendung hinzu. Dafür erstellen wir ein Library Wrapper Module über FILE • NEW PROJECT... • NETBEANS MODULES • LIBRARY WRAPPER MODULE. Diesem fügen wir die JAR-Datei *Amazon_Web_Services.jar* hinzu und nennen es ebenfalls **Amazon Web Services**.

Damit steht der Web Service Client nun innerhalb unserer NetBeans-Platform-Anwendung bereit. Wir können jetzt ein Anwendungsmodul erstellen, in dem wir den Web Service verwenden. Über FILE • NEW PROJECT... • NETBEANS MODULES • MODULE fügen wir der Platform Application also ein weiteres Modul hinzu.

Damit dies auch den Web Service Client verwenden kann, ergänzen wir eine Abhängigkeit zum **Amazon Web Services**-Modul. Um einen beispielhaften Aufruf einer Web-Service-Operation zu demonstrieren, erstelle ich eine Top Component. Damit wollen wir dann anhand der **ASIN** (Amazon Standard Identification Number) die verfügbaren Bilder zu einem Produkt suchen. Im Hinblick auf den MP3-Manager, den wir in Kapitel 44, »Beispielprojekt: MP3-Manager«, entwickeln werden, wäre z. B. folgende Verwendung denkbar: Wir speichern im ID3-Tag einer MP3-Datei die ASIN und können dann die bei Amazon verfügbaren Cover zur gerade abgespielten MP3-Datei anzeigen. Oder wir suchen nach Alben des gerade gespielten Interpreten und zeigen diese an.

Abbildung 30.3 Abfrage von Produktinformationen über die »Amazon Product Advertising API«

In der Beispielanwendung, die Sie in Abbildung 30.3 sehen, wollen wir anhand der eingegebenen ASIN ein Produkt suchen und dessen Vorschau-Bild anzeigen, so wie es auch auf der Amazon-Webseite verwendet wird. Dazu sehen wir uns die nötige Anfrage, mit der wir den Amazon Web Service ansprechen, genauer an. Diese Anfrage sollte asynchron ausgeführt werden, damit ein Blockieren der kompletten Anwendung vermieden wird.

Dabei müssen wir aber darauf achten, dass der Zugriff auf die GUI-Komponenten nur aus dem Event Dispatch Thread erfolgt. Außerdem müssen wir benachrichtigt werden, sobald die Anfrage ausgeführt wurde und wir das Bild darstellen können. Dies alles erreichen wir am einfachsten mit einer SwingWorker-Klasse. Wir erstellen dazu eine eigene Klasse, die von SwingWorker<String, Object> ableitet.

Die Methode doInBackgroud(), die wir überschreiben müssen, wird automatisch asynchron ausgeführt. Hier platzieren wir unsere Web-Service-Anfrage. Wurde diese ausgeführt, wird von der SwingWorker-Klasse die Methode done() aufgerufen. In dieser können wir dann ganz einfach über die Methode get() den Wert der Methode doInBackground() ermitteln. Dies soll hier im Beispiel der URL des Produktbilds sein.

```
import com.amazon.advertising.api.AWSECommerceService;
import com.amazon.advertising.api.AWSECommerceServicePortType;
import com.amazon.advertising.api.ImageSet;
import com.amazon.advertising.api.Item;
import com.amazon.advertising.api.ItemLookup;
import com.amazon.advertising.api.ItemLookupRequest;
import com.amazon.advertising.api.ItemLookupResponse;
...
final class AWSTopComponent extends TopComponent {
   private static final String AWS_KEY = <your access key>;
   private static final String SEC_KEY = <your secret key>;
   private final class ImageLookupByASIN
         extends SwingWorker<String, Object> {
      private String asin = new String();
      public ImageLookupByASIN(String asin) {
         this.asin = asin;
      }
      @Override
      public String doInBackground() {
         String url = new String();
         try {
            AWSECommerceService service =
                  new AWSECommerceService();
            service.setHandlerResolver(
               new AWSHandlerResolver(SEC_KEY));
            AWSECommerceServicePortType port =
                  service.getAWSECommerceServicePort();
```

```java
            ItemLookupRequest request = new ItemLookupRequest();
            request.setIdType("ASIN");
            request.getItemId().add(asin);
            request.getResponseGroup().add("Images");
            ItemLookup il = new ItemLookup();
            il.setAWSAccessKeyId(AWS_KEY);
            il.getRequest().add(request);
            ItemLookupResponse response = port.itemLookup(il);
            Item i = response.getItems().get(0).getItem().get(0);
            ImageSet is = i.getImageSets().get(0).
                    getImageSet().get(0);
            url = is.getThumbnailImage().getURL();
        } catch (Exception e) {
            Exceptions.printStackTrace(e);
        }
        return url;
    }
    @Override
    protected void done() {
        try {
            cover.add(new JLabel(new ImageIcon(new URL(get()))));
            cover.updateUI();
        } catch (Exception e) {
            Exceptions.printStackTrace(e);
        }
    }
}
private void searchActionPerformed(ActionEvent evt) {
    new ImageLookupByASIN(asin.getText()).execute();
}
}
```

Listing 30.1 Ausführen einer Web-Service-Anfrage und Darstellen der Ergebnisse mithilfe einer SwingWorker-Klasse

In der asynchron ausgeführten `doInBackground()`-Methode ermitteln wir zunächst den Port für den Amazon Web Service. Wir wollen die Operation **Item-Lookup** ausführen. Diese konfigurieren wir über ein `ItemLookup`- und `ItemLookupRequest`-Objekt. Mit dem Request-Objekt legen wir fest, dass wir anhand der **ASIN** nach einem Produkt suchen wollen. Wir fügen die ASIN, die dem `ImageLookupByASIN`-Objekt als Parameter übergeben wurde, der Item-ID-Liste hinzu.

Mit der **Reponse Group** können wir die vom Web Service gelieferten Informationen bestimmen und eingrenzen. Da wir uns hier nur für die URLs der Bilder interessieren und die anderen Produktinformationen außer Acht lassen können, verwenden wir den Gruppentyp **Images**.

Für die Benutzung der **Amazon Web Services** (AWS) benötigen Sie einen sogenannten **AWS Access Key** und einen **AWS Secret Key**. Beide werden Ihnen mit einer kostenfreien Anmeldung unter *http://aws.amazon.com* zugeteilt. Anfragen an die Amazon Web Services müssen signiert sein. Die Signatur wird anhand des Secret Key durch die Klasse AWSHandlerResolver erzeugt und gesetzt. Diese Klasse finden Sie im Beispielprojekt auf der Bonus-Seite. Den Access Key übergeben wir dem ItemLookup-Objekt mit der Methode setAWSAccessKeyId(). Außerdem fügen wir das ItemLookupRequest-Objekt hinzu.

Damit haben wir die für die Anfrage notwendigen Parameter zusammengestellt und können die Operation itemLookup() auf dem zuvor ermittelten Web-Service-Port ausführen. Das Ergebnis der Anfrage erhalten wir in einem ItemLookupResponse-Objekt, das eine Liste von gefundenen Produkten in Form von Item-Objekten beinhaltet. Da es für eine ASIN nur ein Produkt gibt, können wir direkt das erste Item aus der Liste entnehmen. Ein Item beinhaltet ein ImageSet, aus dem wir den URL des Vorschaubildes extrahieren und zurückgeben.

Damit ist die gesamte Anfrage abgeschlossen, und die SwingWorker-Klasse ruft die Methode done() auf. In dieser können wir nun auf den URL mithilfe der get()-Methode zugreifen und können daraus direkt ein ImageIcon-Objekt erzeugen, das wir dann anzeigen lassen können (siehe Abbildung 30.3).

Die NetBeans Platform wird häufig da eingesetzt, wo auch die Java Enterprise Edition zum Einsatz kommt. Was bisher jedoch nicht berücksichtigt worden ist, ist die Interaktion dieser beiden »Welten«.

31 Die Java Enterprise Edition und die NetBeans Platform

Die Java Enterprise Edition (JEE) bietet im Unternehmensumfeld die Basis, um aus modularen Komponenten verteilte, mehrschichtige Anwendungen zu entwickeln. Gerade im Unternehmensbereich kommt auch die NetBeans Platform dort zum Einsatz, wo größere Datenmengen auf oftmals komplexe Weise bearbeitet werden müssen. So stellt sich natürlich die Frage, wie die beiden Welten **Java Enterprise Edition** und **NetBeans Platform** zusammengebracht und gemeinsam genutzt werden können.

Standardmäßig ist bei JEE ein **Application Client** für die clientseitige Nutzung von JEE-Anwendungen vorgesehen. Dieser Application Client wird innerhalb eines **Application Client Containers** (ACC) ausgeführt. Ein solcher Container eignet sich aber leider nicht zur Integration in eine NetBeans-Platform-Anwendung. Nun bliebe noch die Möglichkeit, auf die Vorzüge eines ACC zu verzichten und JEE-Anwendungen (genauer gesagt EJBs) direkt anzusprechen. Hierbei werden aber automatisch zur Laufzeit Wrapper-Klassen erzeugt, die in Verbindung mit einer speziellen Classloading-Strategie eine Integration in die NetBeans Platform ebenfalls verhindern. Zudem macht einem eine unüberschaubare und kaum wartbare Anzahl an Bibliotheken enorm zu schaffen. Dies ist unter anderem auf die Kommunikation der verteilten Komponenten mittels RMI-IIOP zurückzuführen.

Nun kann eine JEE-Anwendung neben Enterprise Beans auch Web Services beinhalten. Diese werden selbst sogar als EJBs behandelt. Die Kommunikation erfolgt dabei mit dem einfachen SOAP-Protokoll über das HTTP-Protokoll. Sie haben bereits in Kapitel 30, »Web Services«, gesehen, wie einfach es ist, Web Services aus einer NetBeans-Platform-Anwendung anzusprechen. Dies liegt am geringen Implementationsaufwand des Protokolls und der daraus resultierenden kleinen Anzahl an benötigten Bibliotheken. Zudem sind die einzigen beiden notwendigen APIs **JAX-WS** und **JAXB** seit Java 6 Bestandteil der Java Platform, sodass keinerlei externe Bibliotheken notwendig werden.

31 | Die Java Enterprise Edition und die NetBeans Platform

Unter diesen Gesichtspunkten liegt es für mich nahe, Web Services als eine Art Fassade bzw. Vermittlungsschicht für Enterprise Beans zu nutzen. Damit wäre ein leichtes Ansprechen von EJBs aus einer NetBeans-Platform-Anwendung heraus möglich. Wobei eine bereits bestehende Struktur von EJBs unverändert bestehen bleiben kann, da die Web-Service-Schicht quasi nur davorgeschaltet wird. Zudem bietet eine solche Fassade die Möglichkeit der Aggregierung und Orchestrierung von verschiedenen Beans.

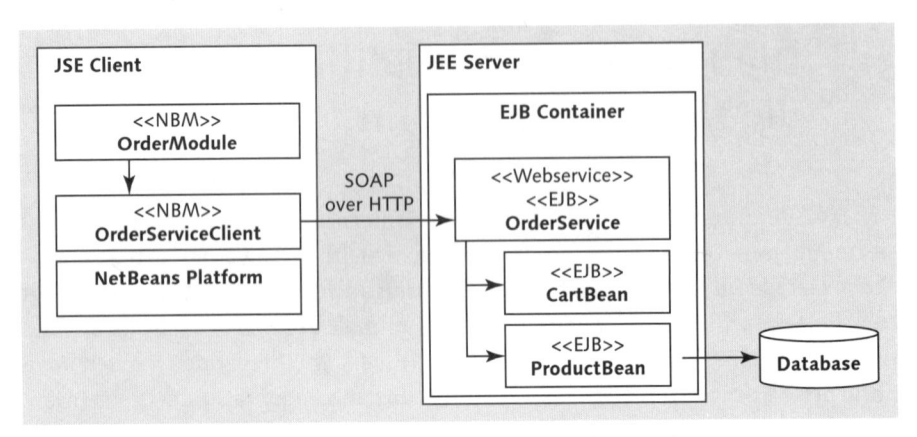

Abbildung 31.1 Architektur einer JEE-Anwendung mit Web Services als Kommunikationsschnittstelle zu EJBs

In den folgenden Abschnitten möchte ich Ihnen anhand eines einfachen Beispiels die Implementierung einer solchen Architektur veranschaulichen. Dabei soll der Anwender der NetBeans-Platform-Anwendung verfügbare Produkte vom Server auslesen und bestimmte Produkte in einen auf dem Server verwalteten Warenkorb legen können.

31.1 Persistent Entities

Im ersten Schritt implementieren wir eine Persistent-Entity-Klasse, die ein Produkt repräsentieren soll. Da wir die Klasse als Persistent Entity implementieren, können wir die Produkte direkt über den Entity Manager in einer Datenbank verwalten. So können Instanzen einfach in der Datenbank abgelegt oder aus dieser entnommen werden. Sowohl die Persistent Entity als auch später die Beans und die Web-Service-Schnittstelle implementieren wir in einem **EJB Module**. Der Einfachheit halber verwenden wir für dieses Beispiel nur ein einziges Modul. Legen wir also über File • New Project... • Java EE • EJB Module ein entsprechendes Projekt in der NetBeans IDE an. Wir geben dem Projekt den Namen **OrderSystem** und verwenden den **GlassFish Server 3.1** und **Java EE 6**.

Bevor wir mit der Implementation beginnen, ist es ratsam, zunächst eine Datenbank anzulegen, um später dafür eine Persistence Unit erzeugen zu lassen. Im einfachsten Fall verwenden wir als Datenbanksystem die integrierte Java DB. Im Services-Fenster finden Sie diese unterhalb von Databases und können dort mit Create Database... aus dem Kontextmenü eine neue Datenbank erstellen. Diese wollen wir **ProductDatabase** nennen.

Dem EJB-Module-Projekt können wir dann mit File • New File... • Persistence • Entity Class eine Persistent-Entity-Klasse hinzufügen. Diese nennen wir **Product** und fügen sie dem Package com.galileo.netbeans.entities hinzu. Für den Primary Key verwenden wir den Datentyp Long. Sofern noch keine Persistence Unit erstellt worden ist, können wir dies im abschließenden Schritt nun tun. Die Persistence Unit soll **OrderSystemPU** heißen, und als Persistence Provider verwenden wir die voreingestellte **EclipseLink**-Implementation der JPA 2.0. Mit Data Source geben wir die JNDI-Bezeichnung jdbc/ProductDatabase für die zuvor erstellte Datenbank an. Für die Table Generation Strategy wählen wir Create, damit die für die Persistent Entities notwendigen Tabellen automatisch erstellt werden, sofern diese noch nicht vorhanden sind.

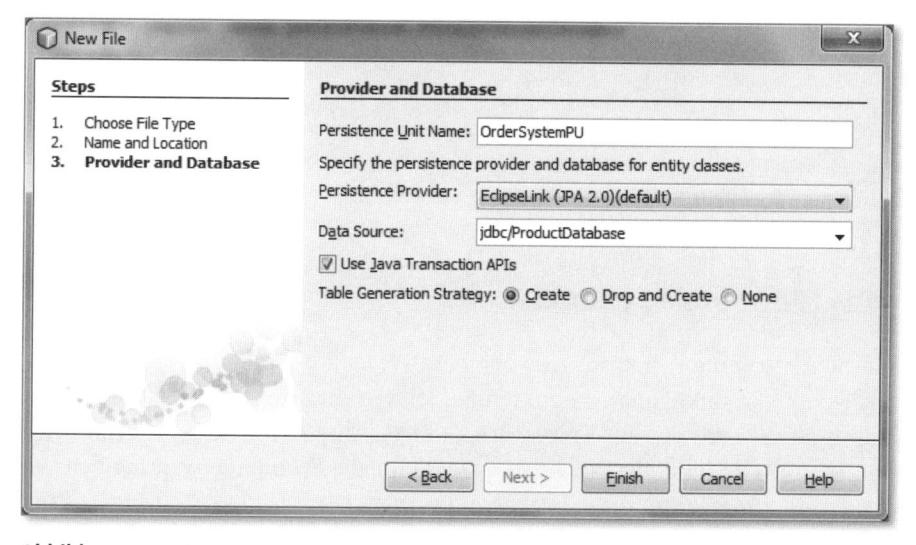

Abbildung 31.2 Persistence Provider und Datenbank auswählen

Nachdem die Entitiy-Klasse erstellt worden ist, können wir diese mit den gewünschten Attributen ausstatten. Ganz bequem geht dies mit der NetBeans IDE, wenn Sie im Editor aus dem Kontextmenü Insert Code... auswählen oder die Tastenkombination [Alt]+[Einfg] drücken. In dem sich öffnenden Kontextmenü können Sie die Option Add Property... wählen. Damit werden für die jeweiligen Eigenschaften auch gleich getter- und setter-Methoden angelegt.

Wir fügen der Product-Klasse die in Listing 31.1 dargestellten Eigenschaften hinzu.

```java
import javax.persistence.Entity;
import javax.persistence.GeneratedValue;
import javax.persistence.GenerationType;
import javax.persistence.Id;

@Entity
public class Product implements Serializable {
   @Id
   @GeneratedValue(strategy = GenerationType.AUTO)
   private Long id;
   protected String orderId;
   protected String name;
   protected Double price;
   public Long getId() {
      return id;
   }
   public void setId(Long id) {
      this.id = id;
   }
   ...
}
```

Listing 31.1 Persistent Entity für die Verwaltung der Produkte

31.2 Enterprise Java Beans

Für die Verwaltung von Produkten in einem Warenkorb und die Verwaltung der verfügbaren Produkte implementieren wir jeweils ein EJB. Dem bereits erstellten Projekt können wir mit FILE • NEW FILE... • ENTERPRISE JAVABEANS • SESSION BEAN eine Bean-Klasse hinzufügen. Die EJB-Klasse für die Produktverwaltung nennen wir **ProductBean** und fügen sie dem Package com.galileo.netbeans.beans hinzu. Der SESSION TYPE soll STATELESS sein, und da wir diese Klasse ausschließlich lokal verwenden wollen (der Web Service befindet sich nachher im gleichen Modul und kann deshalb lokal darauf zugreifen), besteht seit EJB 3.1 keine Notwendigkeit mehr, ein Interface zu spezifizieren.

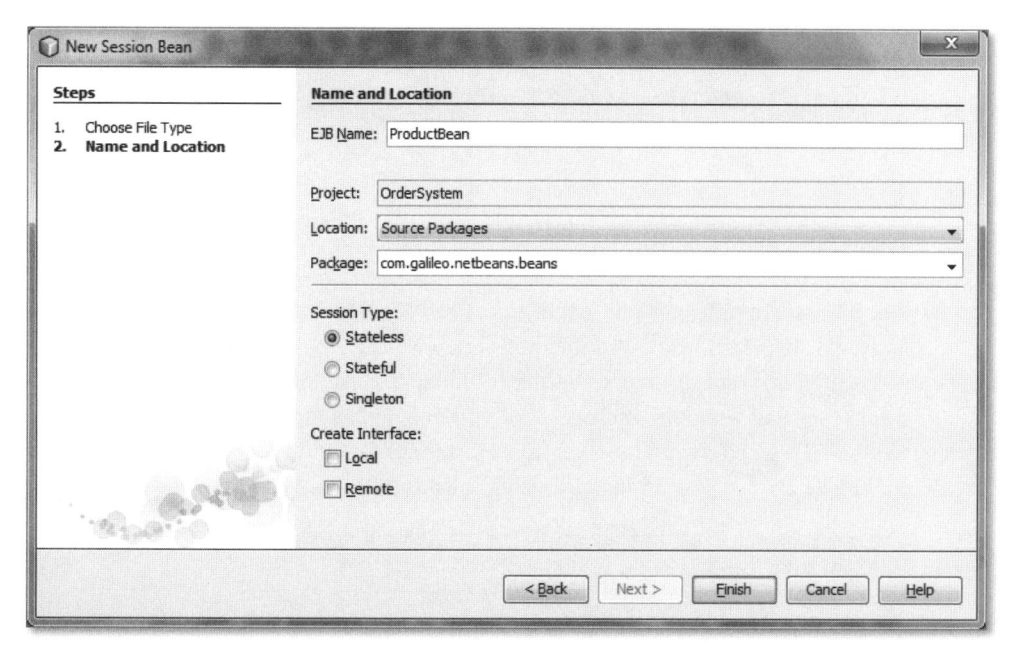

Abbildung 31.3 Erstellen der ProductBean-Klasse zur Verwaltung der Produkte

Die Bean-Klasse `ProductBean` statten wir nun mit zwei Methoden aus: mit einer zum Hinzufügen von Produkten und einer, um eine vollständige Liste aller gespeicherten Produkte zu erhalten. Zugriff auf die Produkte, also auf die Datenbank, beschaffen wir uns über einen Entity Manager der Java Persistence API (JPA). Auch dazu können Sie wiederum den Code Wizard der NetBeans IDE verwenden. Drücken Sie [Alt]+[Einfg], und wählen Sie aus dem Kontextmenü die Option USE ENTITY MANAGER... Dabei wird der Entity Manager als privates Datenelement angelegt. Dieser wird mit der Annotation `@PersistenceContext` gekennzeichnet, wobei der Name, entsprechend der Konfiguration in der *persistence.xml*-Datei, der Persistence Unit angegeben wird. Die Instanz des Entity Managers wird zur Laufzeit durch den EJB-Container injiziert.

```
@Stateless
@LocalBean
public class ProductBean {
   @PersistenceContext(unitName = "OrderSystemPU")
   private EntityManager em;
   public void addProduct(Product product) {
      em.persist(product);
   }
```

```java
    public List<Product> getProducts() {
       return em.createQuery(
          em.getCriteriaBuilder().createQuery(Product.class))
          .getResultList();
    }
}
```

Listing 31.2 Stateless Session Bean zur Verwaltung der Produkte

Als nächstes benötigen wir noch eine Bean-Klasse für die Implementation des Warenkorbs. Dazu rufen wir nochmals FILE • NEW FILE... • ENTERPRISE JAVABEANS • SESSION BEAN auf und erstellen mit dem Wizard ein EJB mit dem Namen CartBean, das wir dem Package com.galileo.netbeans.beans hinzufügen. Der SESSION TYPE soll STATEFUL sein, und ein Interface benötigen wir auch in diesem Fall nicht, da der Zugriff ausschließlich lokal durch den Web Service erfolgt.

```java
import com.galileo.netbeans.entities.Product;
import java.util.ArrayList;
import java.util.List;
import javax.ejb.LocalBean;
import javax.ejb.Stateful;

@Stateful
@LocalBean
public class CartBean {
    private List<Product> products = new ArrayList<Product>();
    public void addProduct(Product product) {
       products.add(product);
    }
    public List<Product> getProducts() {
       return products;
    }
    public Double getSum() {
       Double sum = 0.0;
       for (Product p : products) {
          sum += p.getPrice();
       }
       return sum;
    }
    public Integer getAmount() {
       return products.size();
    }
}
```

Listing 31.3 CartBean-Klasse zur Verwaltung des Warenkorbs

Damit haben wir zwei einfache Session Beans und eine Persistent Entity implementiert. Natürlich könnte man die Anwendung noch um viele JEE-Features erweitern. Aber uns soll es in diesem Kapitel primär um das Aufrufen der Beans über eine Web-Service-Schnittstelle gehen.

31.3 Web Service

In diesem Abschnitt kümmern wir uns um die Erstellung einer Web-Service-Schnittstelle, die gewissermaßen als Kommunikationsschicht zum Aufruf der EJBs dient. Für die Erstellung eines Web Services stehen zwei Möglichkeiten zur Verfügung. Ein Web Service kann innerhalb eines EJB Modules implementiert werden (und stellt dann selbst eine Session Bean dar) oder aber innerhalb einer Web Application. Dort haben Sie die Wahl, den Web Service als Session Bean mit Web-Service-Schnittstelle oder als reinen Web Service zu implementieren.

Wir wollen den Web Service hier im Beispiel in das bereits vorhandene EJB Module integrieren. Natürlich könnten Sie dazu auch ein neues EJB Module erstellen. Dann aber ist es sinnvoll bzw. notwendig, für die beiden Beans `ProductBean` und `CartBean` ein Local Interface zu erstellen, über das dann der Web Service auf die Beans referenzieren kann.

Fügen wir also mit FILE • NEW FILE... • WEB SERVICES • WEB SERVICE einen Web Service dem EJB Module hinzu. Diesen nennen wir *OrderService* und fügen ihn dem Package `com.galileo.netbeans.service` hinzu (siehe Abbildung 31.4). Sie sehen, dass bei dieser Art von Container der Web Service obligatorisch als **Stateless Session Bean** erzeugt wird (was im Endeffekt in der Implementation nur eine zusätzliche Annotation ist).

Dem erstellten Web-Service-Grundgerüst fügen wir nun Referenzen auf die beiden Beans hinzu. Dank **Dependency Injection** ist dies zwar denkbar einfach, dennoch können wir uns den Code Wizard zunutze machen. Drücken Sie also Alt+Einfg, und wählen Sie CALL ENTERPRISE BEAN... Sie können dann im Auswahldialog das gewünschte EJB auswählen. Auf diese Weise erstellen wir, wie in Listing 31.4 dargestellt, Referenzen auf ein `ProductBean`- und ein `CartBean`-Objekt.

Ebenso einfach können wir über den Code Wizard (mit ADD WEB SERVICE OPERATION...) die gewünschten Web-Service-Methoden hinzufügen, die letztendlich unserer NetBeans-Platform-Anwendung zur Verfügung stehen sollen (siehe Abbildung 31.5).

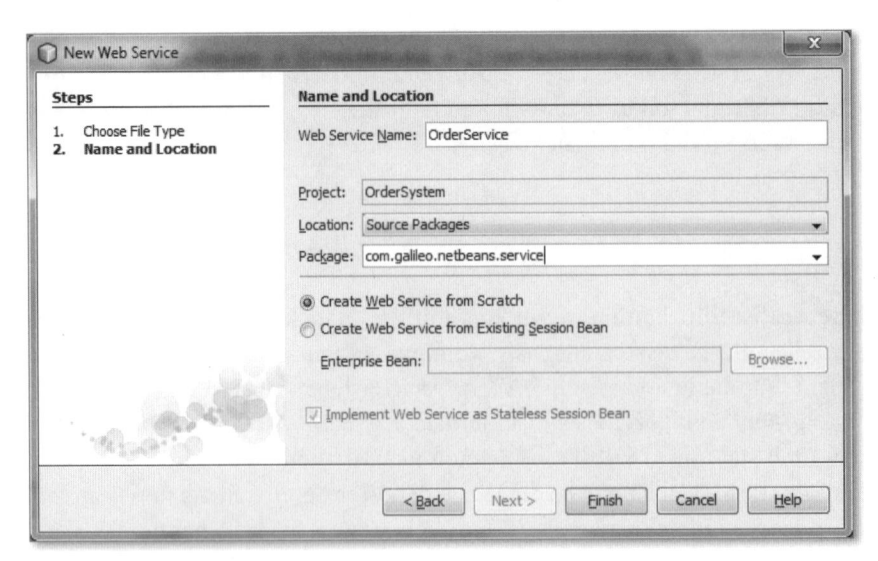

Abbildung 31.4 Erstellen einer Web-Service-Klasse als Stateless Session Bean

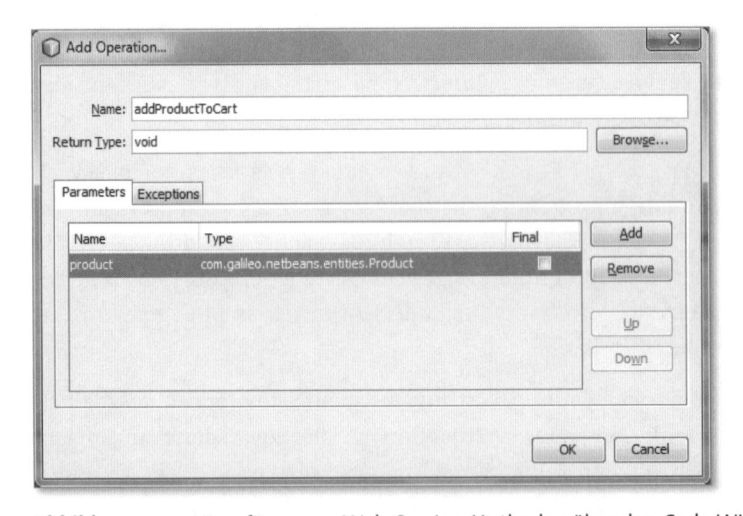

Abbildung 31.5 Hinzufügen von Web-Service-Methoden über den Code Wizard

Der Web Service wird mit der Annotation `@WebService` gekennzeichnet und mit einem Namen versehen. Die beiden EJB-Referenzen werden automatisch durch den EJB-Container initialisiert.

```
import com.galileo.netbeans.beans.CartBean;
import com.galileo.netbeans.beans.ProductBean;
import com.galileo.netbeans.entities.Product;
import java.util.List;
import javax.ejb.EJB;
```

```java
import javax.jws.Oneway;
import javax.jws.WebService;
import javax.jws.WebMethod;
import javax.jws.WebParam;
import javax.ejb.Stateless;
@WebService(serviceName = "OrderService")
@Stateless
public class OrderService {
   @EJB
   private ProductBean productBean;
   @EJB
   private CartBean cartBean;
   @WebMethod(operationName = "addProductToCart")
   @Oneway
   public void addProductToCart(
      @WebParam(name = "product") Product product) {
      cartBean.addProduct(product);
   }
   @WebMethod(operationName = "getSumOfCart")
   public Double getSumOfCart() {
      return cartBean.getSum();
   }
   @WebMethod(operationName = "getAmountOfCart")
   public Integer getAmountOfCart() {
      return cartBean.getAmount();
   }
   @WebMethod(operationName = "getProducts")
   public List<Product> getProducts() {
      return productBean.getProducts();
   }
   @WebMethod(operationName = "addProduct")
   @Oneway
   public void addProduct(
      @WebParam(name = "product") Product product) {
      productBean.addProduct(product);
   }
}
```

Listing 31.4 Implementation eines Web Services als Fassade für EJBs

Wir haben nun zwei Enterprise Beans mit einer Web-Service-Schnittstelle versehen. Beschrieben wird ein Web Service durch eine WSDL-Datei. Auf deren Basis wird ein WebService Client erstellt. Wir müssen diese aber nicht explizit erzeugen, denn der **GlassFish Server** erzeugt diese bei Bedarf. Dafür müssen wir das EJB Module mit dem Web Service auf dem Server **deployen**. Rufen Sie dazu aus dem Kontextmenü des entsprechenden Projekts DEPLOY auf. Achten Sie dabei auch darauf, dass parallel zum GlassFish Server auch der Datenbank-Server gestartet ist, damit später die Web-Service-Aufrufe erfolgreich ausgeführt werden können.

31.4 Web Service Client

Einen Web Service Client, den wir anstelle eines **JEE Application Clients** nutzen wollen, können wir nicht direkt in einer NetBeans-Platform-Anwendung erstellen. Dazu brauchen wir ein normales Java-Projekt. Erstellen Sie im einfachsten Fall ein **Java Class Library**-Projekt über FILE • NEW PROJECT... • JAVA • JAVA CLASS LIBRARY. Diesem Projekt können Sie dann mit FILE • NEW FILE... • WEB SERVICES • WEB SERVICE CLIENT einen Web Service Client hinzufügen.

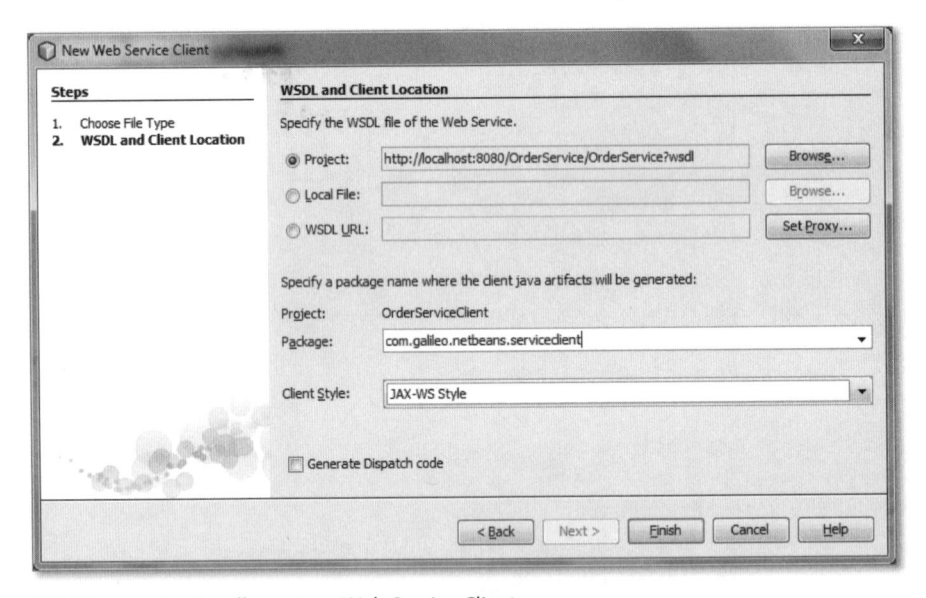

Abbildung 31.6 Erstellung eines Web Service Clients

Dem Wizard (siehe Abbildung 31.6) müssen Sie die URL der WSDL-Datei übergeben. Dies erreichen Sie einfach durch die Auswahl des Web-Service-Projekts über die BROWSE...-Taste. Schließen Sie den Wizard ab, damit anschließend die Web-Service-Client-Klassen aus den Informationen der WSDL-Datei automatisch erzeugt werden. Mit BUILD erstellen wir aus diesem Client eine JAR-Datei, die wir im nächsten Abschnitt in unsere NetBeans-Platform-Anwendung einbinden.

31.5 Die NetBeans-Platform-Anwendung

In diesem Abschnitt gehe ich davon aus, dass Sie bereits eine NetBeans Platform Application erstellt haben. Dieser fügen wir ein Library Wrapper Module hinzu, dem wir die zuvor erstellte JAR-Datei mit dem Web Service Client hinzufügen. Zudem erstellen wir ein Anwendungsmodul mit einer Abhängigkeit auf das integrierte Web-Service-Client-Modul. Dem Anwendungsmodul fügen wir als Erstes eine Aktion hinzu, die zu Testzwecken der Datenbank Produkte hinzufügen soll.

```java
import com.galileo.netbeans.client.OrderService;
import com.galileo.netbeans.client.OrderService_Service;
import com.galileo.netbeans.client.Product;
...
public final class CreateProducts implements ActionListener {
    @Override
    public void actionPerformed(ActionEvent e) {
        OrderService_Service service = new OrderService_Service();
        OrderService port = service.getOrderServicePort();

        Product p1 = new Product();
        p1.setName("Product 1");
        p1.setOrderId("P1");
        p1.setPrice(2.99);

        Product p2 = new Product();
        p2.setName("Product 2");
        p2.setOrderId("P2");
        p2.setPrice(3.99);
        ...
        port.addProduct(p1);
        port.addProduct(p2);
    }
}
```

Listing 31.5 Hinzufügen von Test-Produkten

Jetzt brauchen wir noch eine Top Component, die eine Tabelle beinhalten soll, mit der alle verfügbaren Produkte aufgelistet werden können (siehe Abbildung 31.7).

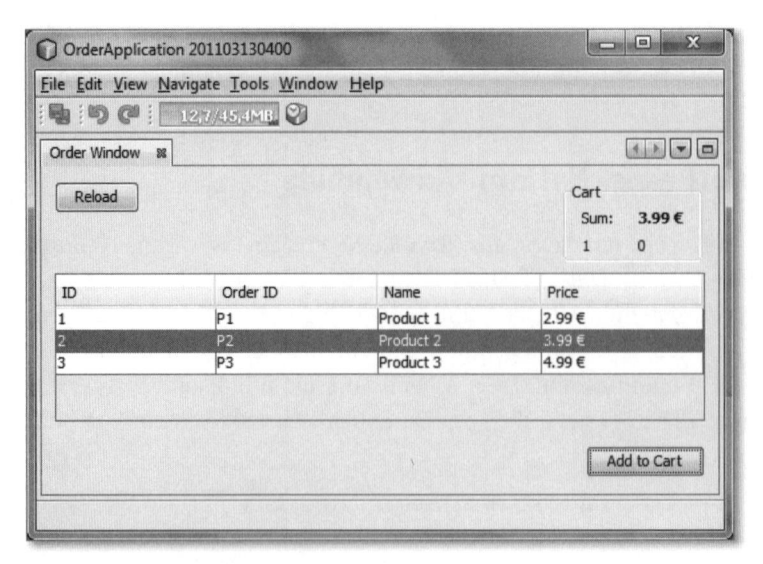

Abbildung 31.7 NetBeans-Platform-Anwendung zur Demonstration des Zugriffs auf EJBs über Web Services

Wir erstellen das `OrderService`-Objekt nicht selbst, sondern lassen uns eine Instanz von der erstellten `OrderService_Service`-Klasse mit der Methode `getOrderServicePort()` geben. Auf dieser Instanz können wir dann die serverseitig implementierten Methoden völlig transparent ausführen. Beim Klicken auf die RELOAD-Schaltfläche sollen alle Produkte ausgelesen und der Tabelle hinzugefügt werden. Mit ADD TO CART wird das ausgewählte Produkte an das `CartBean` übergeben. Gleichzeitig werden von diesem die aktuelle Summe und die Anzahl an Produkten im Warenkorb abgefragt.

```
import com.galileo.netbeans.client.OrderService;
import com.galileo.netbeans.client.OrderService_Service;
import com.galileo.netbeans.client.Product;
...
public final class OrderTopComponent extends TopComponent {
    private OrderService_Service service =
            new OrderService_Service();
    private OrderService port;
    public OrderTopComponent() {
        ...
        port = service.getOrderServicePort();
    }
    private void addToCartActionPerformed(ActionEvent evt) {
        if (tableView.getSelectedRowCount() > 0) {
```

```
        port.addProductToCart(
                tableModel.getRow(
                tableView.getSelectedRow()));
        cartSum.setText(port.getSumOfCart() + " €");
        cartAmount.setText("" + port.getAmountOfCart());
      }
   }
   private void reloadProductsActionPerformed(ActionEvent evt) {
      tableModel.getList().clear();
      tableModel.getList().addAll(port.getProducts());
      tableModel.fireTableDataChanged();
   }
}
```

Listing 31.6 Daten über den Web Service vom Server lesen und zurückspeichern

In diesem Kapitel haben wir damit eine Beispielanwendung erstellt, bei der EJBs aus dem Kontext einer NetBeans-Platform-Anwendung angesprochen werden können. Dabei kommt bei diesem hier dargestellten Ansatz kein typischer Application Client (mit RMI-IIOP) zum Einsatz, sondern eine viel einfachere Web-Service-Schnittstelle (mit SOAP over HTTP). Zwar verzichtet man bewusst auf die eine oder andere Funktionalität des Application Containers, erkauft sich damit aber einen riesigen Vorteil in puncto »einfache Integration« und Flexibilität.

RESTful Web Services bieten Ihnen eine weitere sehr einfache Möglichkeit, aus einer NetBeans-Platform-Anwendung heraus auf serverseitige Ressourcen zuzugreifen.

32 RESTful Web Services

In diesem Kapitel soll es um das Bereitstellen und Konsumieren von serverseitigen Daten mittels **RESTful Web Services** gehen. Damit haben wir, ähnlich wie mit den Web Services über SOAP, eine Möglichkeit, von einer NetBeans-Platform-Anwendung aus auf eine JEE-Server-Anwendung zuzugreifen. Welche Schritte für die Erstellung und Integration eines **RESTful Web Service Clients** notwendig sind, will ich Ihnen anhand eines einfachen Beispiels aufzeigen. Wir erstellen eine einfache Produktdatenbank mit einer Persistent-Entity-Klasse und einer RESTful-Web-Service-Klasse, die den Zugriff auf den Datenbestand erlaubt. Dabei holt sich der Service die Daten direkt über den Entity Manager. Genauso ist aber auch ein Zugriff auf Enterprise Java Beans (EJBs) möglich.

32.1 Web Application erstellen

Während Sie einen SOAP-basierten Web Service auch innerhalb eines **EJB Modules** bereitstellen konnten, ist für einen RESTful Web Service ein **Web Application**-Projekt (WAR-Datei) notwendig. Diese Anwendung wird dann innerhalb eines **Web Containers** des JEE Servers ausgeführt. Wir nutzen den NetBeans IDE Wizard und erstellen ein Web-Application-Projekt über FILE • NEW PROJECT... • JAVA WEB • WEB APPLICATION.

Wir nennen das Projekt *OrderSystem* und weisen es einem JEE Server zu. Hier im Beispiel verwenden wir den **GlassFish Server**. Schließen Sie dann den Wizard mit FINISH ab.

Abbildung 32.1 Web-Application-Projekt erstellen und einem Server zuweisen

32.2 Persistent Entity erstellen

Zunächst erstellen wir eine Persistent-Entity-Klasse, die die zu verwaltenden Daten repräsentieren soll. Damit sollen Produkte in einer Datenbank gespeichert, verändert, abgerufen und gelöscht werden können. Auch dazu stellt die NetBeans IDE einen Wizard zur Verfügung. Dabei können wir auch gleich eine Persistence Unit erstellen lassen. Zuvor sollten Sie dafür allerdings eine Datenbank einrichten. Hierzu können Sie z. B. die integrierte Java DB verwenden. Im Services-Fenster unter Databases können Sie über das Kontextmenü eine Datenbank erstellen.

Rufen Sie dann File • New File... • Persistence • Entity Class auf, um eine Persistent-Entity-Klasse zu erstellen. Diese nennen wir *Product* und weisen sie dem Package `com.galileo.netbeans.order.entities` zu. Aktivieren Sie die Option Create Persistence Unit, um diese vom Wizard erstellen zu lassen. Dazu sind auf der folgenden Wizard-Seite noch Angaben notwendig. Der Persistence Unit geben wir den Namen *OrderSystemPU* und wählen *EclipseLink* als Persistence Provider. Für Data Source verwenden wir *jdbc/ProductDatabase*, um die zuvor erstellte Datenbank zu verwenden. Als Table Generation Strategy wählen Sie Create aus, damit die notwendigen Tabellen in der Datenbank automatisch beim ersten Hinzufügen eines Produkts angelegt werden.

Die Klasse wird mit dem Attribut `id` erstellt, das zur eindeutigen Identifizierung eines Eintrags in der Datenbank dient. Der Wert dieser ID wird von der Datenbank automatisch vergeben. Wir fügen beispielhaft weitere Attribute (`orderId`, `name`, `price`) mit entsprechenden `getter`- und `setter`-Methoden hinzu.

32.2 Persistent Entity erstellen

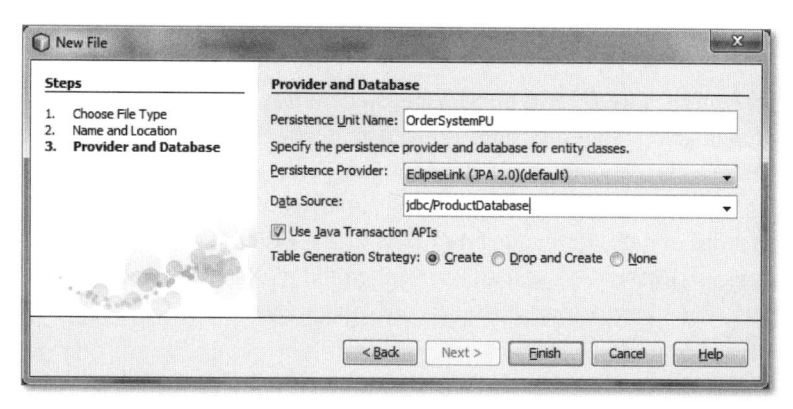

Abbildung 32.2 Erstellen einer Persistent-Entity-Klasse und einer Persistence Unit

```java
import java.io.Serializable;
import javax.persistence.Entity;
import javax.persistence.GeneratedValue;
import javax.persistence.GenerationType;
import javax.persistence.Id;
@Entity
public class Product implements Serializable {
   @Id
   @GeneratedValue(strategy = GenerationType.AUTO)
   private Long    id;
   private String orderId;
   private String name;
   private Double price;
   public Long getId() {
      return id;
   }
   public void setId(Long id) {
      this.id = id;
   }
   public String getName() {
      return name;
   }
   public void setName(String name) {
      this.name = name;
   }
   ...
}
```

Listing 32.1 Die Persistent-Entity-Klasse »Product« mit JPA-Annotationen zur Speicherung des Objekts in der Datenbank

32.3 Einen RESTful Web Service erstellen

Für die Erstellung eines RESTful Web Services stehen verschiedene Wizards zur Verfügung. Neben der Erstellung eines einfachen Beispiel-Services können wir auch direkt für unseren Anwendungsfall einen Web Service erstellen. Dabei werden automatisch die entsprechenden Methoden zum Manipulieren und Abfragen des Datenbestandes erstellt. Rufen Sie File • New File… • Web Services • RESTful Web Services from Entity Classes auf, und fügen Sie die zuvor erstellte Klasse Product hinzu. Die Service-Klasse soll im Package com.galileo.netbeans.order.service hinzugefügt werden.

Der erstellte Service wird in die zwei Klassen AbstractFacade und ProductFacadeREST aufgeteilt. Die Klasse AbstractFacade ist eine abstrakte Implementation der Methoden für den Zugriff auf die Datenbank über den Entity Manager. In ProductFacadeREST werden die Methoden implementiert, die als Services bereitgestellt werden sollen. Außerdem wird hier der Entity Manager verwaltet.

```java
import com.galileo.netbeans.order.entities.Product;
import javax.ws.rs.Consumes;
import javax.ws.rs.DELETE;
import javax.ws.rs.GET;
import javax.ws.rs.POST;
import javax.ws.rs.PUT;
import javax.ws.rs.Path;
import javax.ws.rs.PathParam;
import javax.ws.rs.Produces;

@Stateless
@Path("com.galileo.netbeans.order.entities.product")
public class ProductFacadeREST extends AbstractFacade<Product> {

    @PersistenceContext(unitName = "OrderServicePU")
    private EntityManager em;

    public ProductFacadeREST() {
        super(Product.class);
    }

    @POST
    @Override
    @Consumes({"application/xml"})
    public void create(Product entity) {
        super.create(entity);
    }

    @PUT
    @Override
```

```
    @Consumes({"application/xml"})
    public void edit(Product entity) {
        super.edit(entity);
    }
    @DELETE
    @Path("{id}")
    public void remove(@PathParam("id") Long id) {
        super.remove(super.find(id));
    }
    @Override
    protected EntityManager getEntityManager() {
        return em;
    }
    ...
}
```

Listing 32.2 RESTful-Web-Service-Klasse zum Manipulieren und Auslesen von Daten des Typs »Product«

Die Methoden sind mit Annotationen versehen, um zu kennzeichnen, welche HTTP-Operationen verwendet werden. Außerdem wird mit `@Consumes` und `@Produces` das Format definiert, in dem die Daten übertragen werden. Neben dem hier verwendeten Typ `application/xml` steht auch `application/json` zur Auswahl.

Damit haben wir einen einfachen RESTful Web Service erstellt. Diesen können wir nun mit DEPLOY auf dem Server verfügbar machen. Die Schnittstelle des Services wird dabei mit einer WADL-Datei festgelegt, die ebenfalls vom JEE Server publiziert wird. Mit TEST RESTFUL WEB SERVICES aus dem Kontextmenü des Web-Application-Projekts können Sie den erstellten Service über ein Web Interface testen.

32.4 Die NetBeans-Platform-Anwendung einrichten

Nachdem wir den Web Service erstellt haben, kommen wir in diesem Abschnitt wieder auf die NetBeans Platform zurück. Wir erstellen zunächst ein NetBeans-Platform-Application-Projekt, das wir z. B. *OrderApplication* nennen. Bevor wir ein Anwendungsmodul erstellen, müssen wir allerdings der Anwendung noch zusätzliche Module aus dem Umfang der NetBeans IDE hinzufügen. Gehen Sie dazu in den Properties des Projekts auf die Kategorie LIBRARIES. Dort fügen Sie die folgenden Module hinzu:

- enterprise/RESTful Web Service Libraries
- ide/JAXB 2.2 Library
- ide/JAXB API

Hinter dem Modul **RESTful Web Service Libraries** verbergen sich vor allem die **Jersey**-Bibliotheken, die die Referenzimplementierung der **Java API for RESTful Web Services** (JAX-RS) darstellen.

32.5 RESTful Web Service Client

Für die Verwendung des Web Services erstellen wir eine Service-Client-Klasse. Dafür erstellen wir zunächst ein Anwendungsmodul, das wir *OrderModule* nennen wollen, und rufen auf diesem dann den entsprechenden Wizard mit FILE • NEW FILE... • WEB SERVICES • RESTFUL JAVA CLIENT auf. Die Service-Klasse nennen wir *OrderServiceClient* und fügen sie dem Package `com.galileo.netbeans.order.module` hinzu. Dann wählen wir mit der Option FROM PROJECT über die BROWSE...-Schaltfläche den Web Service aus, für den eine Client-Klasse erstellt werden soll.

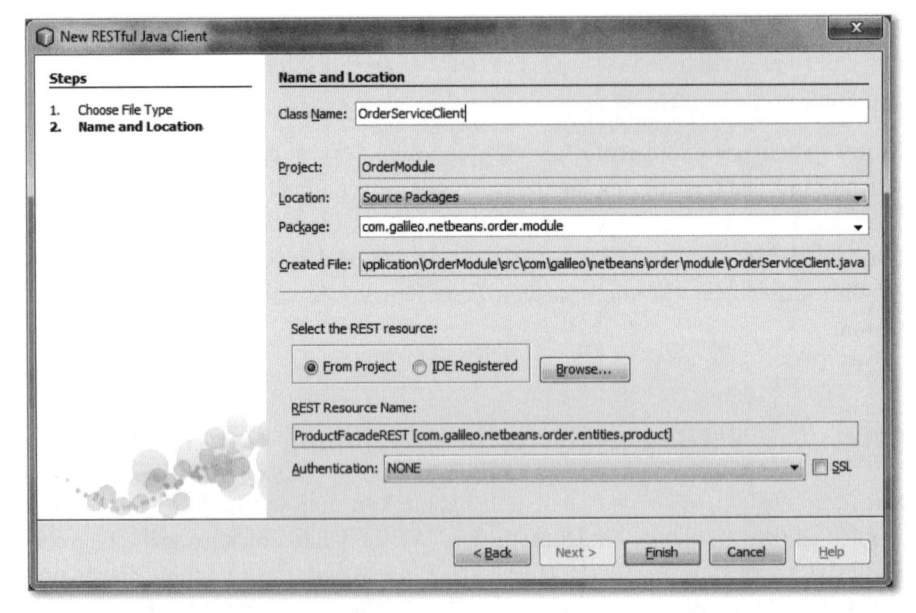

Abbildung 32.3 Einen Service Client für einen RESTful Web Service erstellen

Schauen wir uns dann die erstellte Klasse an. Sämtliche vom Service bereitgestellten Methoden werden mithilfe der JAX-RS-Implementation umgesetzt. Dabei werden Signaturen verwendet, die ein vollständig transparentes Aufrufen des Services ermöglichen.

```java
import com.sun.jersey.api.client.Client;
import com.sun.jersey.api.client.UniformInterfaceException;
import com.sun.jersey.api.client.WebResource;
...
public class OrderServiceClient {
   private WebResource webResource;
   private Client client;
   private static final String BASE_URI =
      "http://localhost:8080/OrderSystem/resources";
   public OrderServiceClient() {
      ClientConfig config = new DefaultClientConfig();
      client = Client.create(config);
      webResource = client.resource(BASE_URI).
         path("com.galileo.netbeans.order.entities.product");
   }
   public void create(Object requestEntity)
      throws UniformInterfaceException {
      webResource.type(MediaType.APPLICATION_XML).
         post(requestEntity);
   }
   public <T> T findAll(Class<T> responseType)
      throws UniformInterfaceException {
      WebResource resource = webResource;
      return resource.accept(MediaType.APPLICATION_XML).
         get(responseType);
   }
   ...
}
```

Listing 32.3 RESTful Web Service Client, mit dem völlig transparent Objekte vom und an den JEE Server übertragen werden können

Wenn Sie die erstellte Klasse in Listing 32.3 betrachten, erkennen Sie, dass der Datentyp, den eine Methode zurückliefert, durch den Typ des übergebenen Class-Objekts bestimmt wird. Um die Rohdaten im XML-Format zu erhalten, könnten Sie einfach den Typ String verwenden. Wir aber wollen für die Daten eine Entitätsklasse (ähnlich der serverseitigen Klasse) erstellen. Mithilfe von JAXB und den entsprechenden Annotationen wird dann aus den XML-Daten automatisch die gewünschte Entitätsklasse erstellt. Sofern die getter- und setter-Methoden mit den Namen der entsprechenden XML-Elemente (also mit den Attributen der serverseitigen Klasse) übereinstimmen, brauchen Sie nichts weiter tun, als die Klasse mit der @XmlRootElement-Annotation zu versehen.

```
import javax.xml.bind.annotation.XmlRootElement;
@XmlRootElement
public class Product {
   private Long    id;
   private String  orderId;
   private String  name;
   private Double  price;
   
   ...
}
```

Listing 32.4 Entitätsklasse, die vom JAXB Framework automatisch mit erzeugt wird und die Attribute mit den XML-Daten besetzt

Diese Klasse können Sie nun für die Fälle verwenden, in denen Sie Objekte übergeben bzw. ein einzelnes Objekt erhalten. Für den Fall, dass Sie eine Liste von Objekten (siehe Methode findAll() in Listing 32.3) durch die Service-Methode geliefert bekommen, müssen wir noch eine Hilfsklasse erstellen. Denn eine Liste von Objekten wird in XML mit einem zusätzlichen Tag (<Products>) umschlossen. Damit dieser und die untergeordneten Objekte richtig erstellt werden können, ist die in Listing 32.5 dargestellte Hilfsklasse notwendig.

```
import java.util.ArrayList;
import java.util.List;
import javax.xml.bind.annotation.XmlRootElement;
@XmlRootElement
public class Products {
   private List<Product> product = new ArrayList<Product>();
   public List<Product> getProduct() {
      return product;
   }
   public void setProduct(List<Product> product) {
      this.product = product;
   }
}
```

Listing 32.5 Hilfsklasse zum automatischen Erstellen einer Product-Liste

Die Verwendung des Web Service Client ist damit nun denkbar einfach. Zu Testzwecken können wir (wie in Listing 32.6 dargestellt) der Datenbank zunächst mehrere Produkte hinzufügen und anschließend einzelne oder alle Objekte abrufen und deren Daten ausgeben.

```java
public final class TestRESTAction implements ActionListener {
    @Override
    public void actionPerformed(ActionEvent e) {
        OrderServiceClient client = new OrderServiceClient();
        Product p = new Product();
        p.setName("Test Product");
        p.setOrderId("P1");
        p.setPrice(3.99);
        client.create(p);
        Product p1 = client.find(Product.class, "1");
        System.out.println("P1: " + p1);
        Products pro = client.findAll(Products.class);
        System.out.println("Products: " + pro.getProduct().size());
    }
}
```

Listing 32.6 Testen des Service Clients des RESTful Web Services

Enterprise-Anwendungen müssen oft dynamisch an verschiedene Benutzergruppen angepasst werden können. Dieses Kapitel soll Ihnen die Möglichkeiten aufzeigen, die Ihnen die NetBeans Platform hierfür bietet.

33 Authentifizierung und Multi-User-Login

In diesem Kapitel möchte ich zuerst nochmals den Login-Dialog aufgreifen, den wir in Kapitel 13, »Dialoge und Wizards«, erstellt haben. Ausgehend davon können wir die Anmeldedaten eines Benutzers erfassen. Diese Daten wollen wir serverseitig überprüfen lassen. Dabei gibt es zahlreiche Möglichkeiten. Wir wollen uns hier auf zwei Java-Bordmittel beschränken. Konnte ein Benutzer erfolgreich angemeldet werden, geht es darum, die Anwendung entsprechend dessen Rechten bzw. Gruppenzugehörigkeit anzupassen.

33.1 Login-Dialog

In Kapitel 13, in dem es um die Erstellung von anwendungsspezifischen Dialogen ging, haben wir als Beispiel einen Login-Dialog erstellt. Dabei lag der Fokus auf der UI-Komponente, nicht aber auf dem Anmeldevorgang, der mittels dieses Dialogs vorgenommen werden soll. Die Handler-Logik haben wir dort direkt innerhalb eines Installers implementiert, der dazu genutzt wurde, den Dialog beim Start – also noch bevor die Anwendung dargestellt wird – anzuzeigen. Jetzt, da der Authentifizierungsvorgang und die anschließende Anpassung der Anwendung hinzukommen, wollen wir die Logik in eine separate Klasse `LoginHandler` auslagern.

```
import org.openide.DialogDescriptor;
import org.openide.DialogDisplayer;
import org.openide.LifecycleManager;
...
public class LoginHandler implements ActionListener {
    private static LoginHandler instance = new LoginHandler();
    private LoginPanel panel = new LoginPanel();
    private DialogDescriptor dialog = null;
```

```java
    private LoginHandler() {
    }
    public static LoginHandler getDefault() {
        return instance;
    }
    public void showLoginDialog() {
        panel.reset();
        dialog = new DialogDescriptor(panel, "Login", true, this);
        dialog.setClosingOptions(new Object[]{});
        dialog.addPropertyChangeListener(
                new PropertyChangeListener() {
            @Override
            public void propertyChange(PropertyChangeEvent evt) {
              if(evt.getPropertyName().equals(
                        DialogDescriptor.PROP_VALUE)
                    && evt.getNewValue().equals(
                        DialogDescriptor.CLOSED_OPTION)) {
                    LifecycleManager.getDefault().exit();
                 }
              }
         });
        DialogDisplayer.getDefault().notifyLater(dialog);
    }
    @Override
    public void actionPerformed(ActionEvent evt) {
        if(evt.getSource() == DialogDescriptor.CANCEL_OPTION) {
            LifecycleManager.getDefault().exit();
        } else {
            login();
        }
    }
    private void login() { ... }
}
```

Listing 33.1 Erster Teil des Login-Handlers zur Verwaltung des Login-Dialogs

Diese Klasse, die den Login-Dialog erstellen und zur Anzeige bringen soll, implementieren wir sinnvollerweise als Singleton-Klasse. Die Methode showLogin-Dialog() erzeugt zunächst eine DialogDescriptor-Instanz, der sowohl das UI-Panel (mit den Textfeldern) als auch eine Referenz auf die LoginHandler-Instanz selbst übergeben wird. Wir implementieren mit der `LoginHandler`-Klasse nämlich das `ActionListener`-Interface mit seiner Methode `actionPerformed()`. Diese wird dann durch den Dialog aufgerufen, wenn eine Schaltfläche gedrückt wird. Wir behandeln dabei zwei Fälle: Klickt der Benutzer auf die ABBRECHEN-Schaltfläche, so wird die Anwendung beendet; klickt er hingegen auf die OK-Schaltfläche, so wird der Login-Vorgang mit den eingegebenen Daten vorgenommen. Zudem müssen wir noch einen `PropertyChangeListener` einrichten, um auf das Drücken der integrierten Schließen-Schaltfläche in der rechten oberen Ecke zu reagieren.

Diese `LoginHandler`-Klasse können wir nun in einem Installer in der `restored()`-Methode verwenden, um den Dialog anzeigen zu lassen. Auch kann es gewünscht oder sinnvoll sein, im Menü eine Aktion zu registrieren, über die ein Benutzerwechsel durchgeführt wird.

```
import org.openide.modules.ModuleInstall;
public class Installer extends ModuleInstall {
   @Override
   public void restored() {
      LoginHandler.getDefault().showLoginDialog();
   }
}
```

Listing 33.2 Ausführen des Login-Handlers beim Start der Anwendung

```
public final class SwitchUser implements ActionListener {
   @Override
   public void actionPerformed(ActionEvent e) {
      LoginHandler.getDefault().showLoginDialog();
   }
}
```

Listing 33.3 Ausführen des Login-Handlers über eine Aktion, die einem Menü zugeordnet werden kann

33.2 Directory Server

Die zur Authentifizierung eines Nutzers notwendigen Daten werden gebräuchlicherweise durch einen Directory Server verwaltet. Mit diesem können dann über das **Lightweight Directory Access Protocol** (LDAP) die notwendigen Informationen ausgetauscht werden. Für die Implementierung des Beispiels und zu Demozwecken wollen wir einen lokalen Directory Server installieren. Somit können wir die für den Anwendungszweck notwendige Datenstruktur einfach anlegen und verändern.

33.2.1 Testumgebung einrichten

Als Server wollen wir nachfolgend das **Apache Directory**-Projekt nutzen. Dieses besteht aus zwei Teilen. Ein Teil stellt **ApacheDS** dar, das ein LDAP-konformer, in Java geschriebener Directory Server ist. Der andere Teil dieses Projekts ist das **Apache Directory Studio**. Dies ist eine Tooling Platform, die wir als GUI für den Directory Server **ApacheDS** verwenden wollen. Sie müssen allerdings nur das Directory Studio herunterladen (*http://directory.apache.org*) und installieren; in dieses ist nämlich ApacheDS eingebettet.

Nachdem Sie die Software installiert haben, können Sie das Studio starten, um dann den Server einzurichten. Dazu müssen wir diesen zunächst hinzufügen. Öffnen Sie den Assistenten über DATEI • NEU..., und wählen Sie in der Kategorie APACHE DS den Eintrag APACHE DS SERVER aus. Auf der folgenden Seite brauchen Sie nur noch einen Namen zu vergeben, bevor Sie mit FERTIG STELLEN den Assistenten beenden und damit den Server zur Verfügung stellen können.

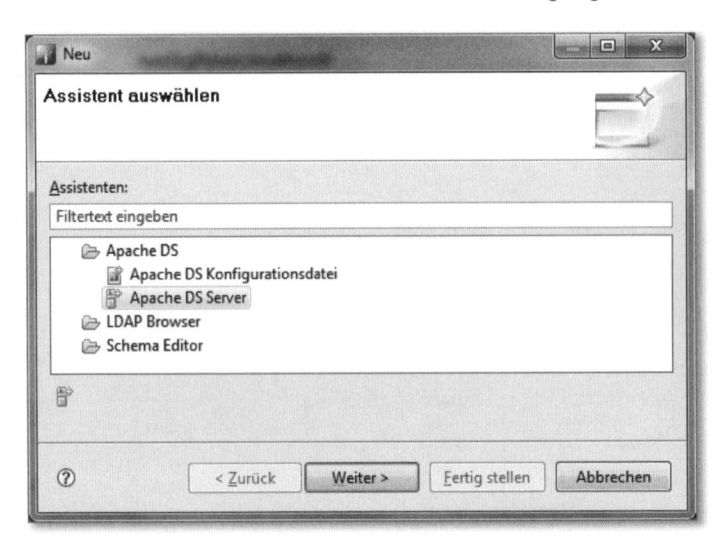

Abbildung 33.1 Eine Apache-Directory-Server-Instanz einrichten

Die so erstellte Server-Instanz wird mit den Standardeinstellungen dem Fenster SERVER hinzugefügt. Dort müssen Sie den Server zunächst starten und können dann über das Kontextmenü eine Verbindung erstellen mit LDAP BROWSER • EINE VERBINDUNG ERSTELLEN. Diese wiederum wird dem Fenster VERBINDUNGEN hinzugefügt. Wechseln Sie zu diesem Fenster, und stellen Sie über das Kontextmenü mit VERBINDUNG ÖFFNEN eine Verbindung zum Server her. Konnte diese Verbindung aufgebaut werden, so wird Ihnen im **LDAP Browser**-Fenster der Directory Information Tree (DIT) angezeigt. Diesem fügen wir im nächsten Abschnitt die notwendigen Nutzerdaten hinzu.

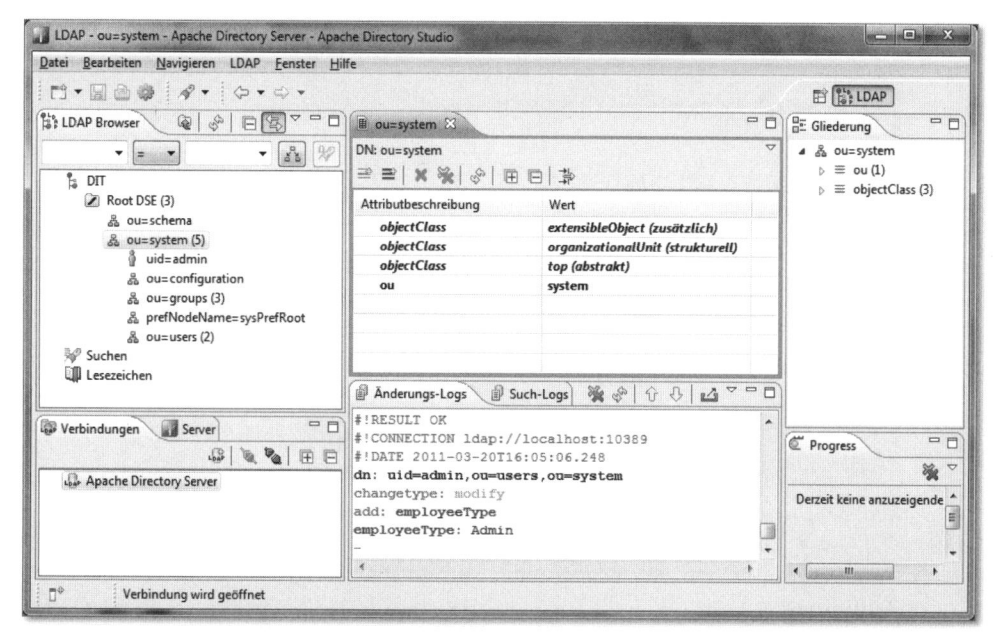

Abbildung 33.2 Apache Directory Studio

33.2.2 Benutzerdaten einrichten

Nachdem wir den Directory Server in Betrieb genommen haben und Sie über das Directory Studio darauf zugreifen können, wollen wir die Benutzerdaten einrichten, mit denen sich später die Anwender anmelden können sollen. In Abbildung 33.2 sehen Sie bereits den Eintrag *users* unterhalb von *system* im DIT. Diesem Eintrag fügen wir nun zwei Benutzereinträge hinzu. Öffnen Sie dazu aus dem Kontextmenü dieses Eintrags NEU • NEUER EINTRAG... Wir wollen den Eintrag von Grund auf erstellen und fügen auf der folgenden Seite die Objektklasse *inetOrgPerson* hinzu. Damit verbunden, werden weitere Elemente hinzugefügt. Klicken Sie auf WEITER, um auf der nächsten Seite den *Relative Distinguished Name* (RDN) mit *uid=<username>* festzulegen. Im nächsten Schritt müssen wir dann noch den Common Name (cn) und den Surname (sn) festlegen. Hier können Sie beliebige Werte verwenden.

Mit FERTIG STELLEN können Sie den Benutzer anschließend anlegen. Was jetzt auf jeden Fall noch fehlt, ist ein Passwort. Dies können wir durch ein zusätzliches Attribut ergänzen. Rufen Sie dazu in der Attributliste im Directory Studio aus dem Kontextmenü NEUES ATTRIBUT... auf. Der Attribut-Typ soll *userPassword* sein. Sie können dann den Assistenten direkt mit FERTIG STELLEN beenden. Daraufhin wird Ihnen der Passwort Editor automatisch angezeigt, mit dem Sie das eigentliche Passwort festlegen sowie einen Hash-Algorithmus auswählen.

Abbildung 33.3 Attribute für den neuen Benutzereintrag vervollständigen

Damit könnten wir nun schon eine Authentifizierung der Anwendungsnutzer realisieren. Allerdings wollen wir in diesem Kapitel noch einen Schritt weiter gehen und innerhalb der NetBeans-Platform-Anwendung bestimmte Funktionen freischalten bzw. deaktivieren, und zwar abhängig von einer bestimmten Gruppenzugehörigkeit des Benutzers. Wie eine solche Gruppenzugehörigkeit im Directory abgebildet wird, hängt natürlich auch vom Anwendungsfall ab (davon, ob ein Nutzer einer oder mehrerer Gruppen zugeordnet werden kann). Hier im Beispiel fügen wir die Gruppenzugehörigkeit direkt dem Benutzereintrag hinzu. Durch die Verwendung eines Multi-Value-Attributs ist es auch dabei möglich, einen Nutzer mehreren Gruppen zuzuordnen. Die prinzipielle Vorgehensweise ist die gleiche wie beim Hinzufügen des Passworts. Als Attribut-Typ wollen wir *employeeType* verwenden. Beenden Sie dann den Assistenten, und legen Sie den Wert (z. B. *User*) direkt in der Attributliste fest. Um den Nutzer mehreren Gruppen zuzuordnen, fügen Sie einfach mehrere *employeeType*-Attribute hinzu.

Verfahren Sie auf die gleiche Weise, um noch einen zweiten Benutzer anzulegen, den Sie z. B. der Gruppe *Admin* zuordnen. Für diese beiden Benutzergruppen wollen wir in den nachfolgenden Abschnitten dieses Kapitels verschiedene Anwendungskonfigurationen realisieren.

33.3 Authentifizierung

In den beiden vorhergehenden Abschnitten 33.1 und 33.2 haben wir die Grundlage dafür geschaffen, die Anmeldedaten beim Start der Anwendung vom Benutzer abzufragen und diese dann von einem Server überprüfen zu lassen. Was nun noch fehlt, ist die Verbindung von Anwendung (Client) und Directory (Server). Wie ich bereits eingehend erwähnt habe, wollen wir hierzu das LDAP-Protokoll verwenden. Die Java Platform stellt uns gleich mehrere Bordmittel für eine einfache LDAP-Kommunikation bereit. Naheliegend ist sicherlich die Verwendung des **Java Naming and Directory Interface** (JNDI). Aber auch der **Java Authentication and Authorization Service** (JAAS) kann uns hierbei behilflich sein. Bereits vorwegnehmen möchte ich, dass wir das Beispiel hier mit JNDI umsetzen werden, da dies eine größere Flexibilität verspricht.

33.3.1 JNDI

JNDI findet man häufig im Zusammenhang mit JEE. Durch verschieden konfigurierbare Factories kann JNDI flexibel eingesetzt werden – so auch für den Zugriff auf Directory Server über das LDAP-Protokoll. Dafür steht ebenfalls eine Factory zur Verfügung. Die Verwendung von JNDI, also den eigentlichen Login-Vorgang, kapseln wir in der Klasse `SecurityManager`. In dieser Singleton-Klasse verwalten wir auch die Gruppen des aktuell eingeloggten Nutzers. Schauen wir uns direkt die `login()`-Methode an. In dieser müssen wir zunächst folgende Eigenschaften in einer `Properties`-Instanz zusammenstellen:

- **INITIAL_CONTEXT_FACTORY**
  Diese Eigenschaft definiert die zu verwendende Factory. Für unseren Anwendungszweck verwenden wir `com.sun.jndi.ldap.LdapCtxFactory`.

- **PROVIDER_URL**
  Legt die URL zum Directory Server fest. Dabei geben Sie das LDAP-Protokoll, gefolgt von Servername, Port und DN, an, also z.B. `ldap://localhost:10389/ou=system`.

- **SECURITY_AUTHENTICATION**
  Gibt den Authentifizierungsmechanismus des **Simple Authentication and Security Layer**-(SASL-)Frameworks an. Zur Verfügung stehen neben SIMPLE auch CRAM-MD5, DIGEST-MD5, GSSAPI, NTLM und GSS-SPNEGO.

- **SECURITY_PRINCIPAL**
  Gibt den Benutzernamen als vollständigen Pfad im Directory an. Der Pfad ist hier schon vorbestimmt, den Benutzernamen aus dem Login-Dialog fügen wir dynamisch ein.

- **SECURITY_CREDENTIALS**
  Damit wird das zum zu authentifizierenden Nutzer gehörende Passwort übergeben.

Das mit diesen Eigenschaften erstellte `Properties`-Objekt übergeben wir an die `InitialDirContext`-Klasse, die versucht, mit diesen Angaben eine Verbindung herzustellen. Scheitert der Verbindungsversuch, etwa weil das Passwort falsch eingegeben wurde, so wird eine `NamingException` ausgelöst. Für eine erweiterte Kontrolle beim Umgang mit den LDAP-Abfragen können Sie statt `InitialDirContext` auch die Subklasse `InitialLdapContext` verwenden.

```java
import javax.naming.NamingException;
import javax.naming.directory.Attribute;
import javax.naming.directory.Attributes;
import javax.naming.directory.DirContext;
import javax.naming.directory.InitialDirContext;
...
public class SecurityManager {
   private static SecurityManager inst = new SecurityManager();
   private String user;
   private List<UserGroup> groups = new ArrayList<UserGroup>();
   private SecurityManager() {
   }
   public static SecurityManager getDefault() {
      return inst;
   }
   public boolean login(String user, String password) {
      this.user = "";
      this.groups.clear();
      Properties props = new Properties();
      props.put(DirContext.INITIAL_CONTEXT_FACTORY,
            "com.sun.jndi.ldap.LdapCtxFactory");
      props.put(DirContext.PROVIDER_URL,
            "ldap://localhost:10389/ou=system");
      props.put(DirContext.SECURITY_AUTHENTICATION, "simple");
      props.put(DirContext.SECURITY_PRINCIPAL,
            "uid=" + user + ", ou=users, ou=system");
      props.put(DirContext.SECURITY_CREDENTIALS, password);
      try {
         InitialDirContext ctx = new InitialDirContext(props);
         this.user = user;
         Attributes attr =
               ctx.getAttributes("uid=" + user + ", ou=users");
         Attribute a = attr.get("employeeType");
         if (a != null) {
            for (String groupName : Collections.list(
```

```
                  (Enumeration<String>) a.getAll())) {
               UserGroup group = UserGroup.get(groupName);
               if (group != null) {
                  groups.add(group);
               }
            }
         }
         return true;
      } catch (NamingException ex) {
         return false;
      }
   }
   public List<UserGroup> getUserGroups() {
      return this.groups;
   }
}
```

Listing 33.4 Implementation des Directory-Server-Zugriffs mit dem JNDI

Konnte die Verbindung erfolgreich hergestellt werden, wurde also keine Exception ausgelöst, so können wir über die `InitialDirContext`-Instanz die Attribute des Benutzers abfragen. Wir wollen das Attribut *employeeType* auslesen, mit dem wir im vorhergehenden Abschnitt dem Benutzer Gruppen zugeordnet haben. Da es sich um ein Multi-Value-Attribut handelt, können wir uns mit der `getAll()`-Methode alle Werte für dieses Attribut geben lassen. Wir erstellen für jeden Attributwert ein `UserGroup`-Objekt. Auf dessen Zweck komme ich in Abschnitt 33.4 zu sprechen. Sämtliche ermittelten Gruppen fügen wir einer Liste hinzu und stellen diese über die `getUserGroups()`-Methode bereit.

33.3.2 JAAS

Eine Alternative zur Verwendung des JNDI stellt die **JAAS API** dar. Wie der Name **Java Authentication and Authorization Service** schon vermuten lässt, liegt der Fokus dabei auf der Authentifizierung, nicht aber auf der Abfrage von Attributen im Directory. Das in Listing 33.4 dargestellte Beispiel können wir damit also nicht ohne Weiteres realisieren. Dennoch möchte ich Ihnen zeigen, wie Sie die JAAS API verwenden und deren Konfiguration in Ihre NetBeans Platform integrieren können.

Ganz ähnlich wie beim JNDI-Konzept benötigen wir zunächst eine Konfiguration. Ein solche wird bei JAAS in einer bestimmten Dateistruktur bereitgestellt. Diese Datei gibt man typischerweise durch einen Kommandozeilenparameter an.

Bei einer NetBeans-Platform-Anwendung ist es jedoch sinnvoll, diese Datei mit in das Modul zu packen. Um dies zu realisieren, machen wir uns eine Variante des `LoginContext`-Konstruktors zunutze, dem eine `ConfigFile`-Instanz übergeben werden kann. Dieser wird die `URI` auf die Konfigurationsdatei übergeben. Diese `URI` bzw. `URL` können wir mit der `getResource()`-Methode des Module Classloaders ermitteln.

Die **JAAS API** stellt verschiedene Login-Module für verschiedene Authentifizierungsmechanismen bereit – so auch für das LDAP-Protokoll, mit dem wir mit unserem Directory Server kommunizieren können. Welches Login-Modul in welcher Konfiguration verwendet wird, wird in der Konfigurationsdatei wie in Listing 33.5 dargestellt angegeben.

```
LoginJaas {
    com.sun.security.auth.module.LdapLoginModule REQUIRED
    userProvider="ldap://localhost:10389"
    authIdentity="uid={USERNAME},ou=users,ou=system"
    useSSL=false
    debug=true;
};
```

Listing 33.5 JAAS-Konfigurationsdatei

In einer Datei können verschiedene Konfigurationen verwaltet werden, denen jeweils ein Name vergeben wird. Auch hier geben Sie wie bei JNDI die URL zum Directory Server an und spezifizieren den Pfad zum Benutzereintrag. Der Benutzername und das Passwort werden, wie Sie nachfolgend sehen werden, separat gesetzt bzw. abgefragt.

```
import com.sun.security.auth.login.ConfigFile;
import java.security.Principal;
import javax.security.auth.callback.Callback;
import javax.security.auth.callback.CallbackHandler;
import javax.security.auth.callback.NameCallback;
import javax.security.auth.callback.PasswordCallback;
import javax.security.auth.callback.UnsupportedCallbackException;
import javax.security.auth.login.LoginContext;
...
public class SecurityManager implements CallbackHandler {
    private static SecurityManager inst = new SecurityManager();
    private String user;
    private String password;
```

```java
    private SecurityManager() {
    }
    public static SecurityManager getDefault() {
       return inst;
    }
    public boolean login(String user, String password) {
       this.user = user;
       this.password = password;
       LoginContext loginContext = null;
       try {
          URL url = SecurityManager.class.
                 getClassLoader().getResource("config.jaas");
          loginContext = new LoginContext("LoginJaas",
                 null, this, new ConfigFile(url.toURI()));
          loginContext.login();
          for (Principal p :
                 loginContext.getSubject().getPrincipals()) {
             System.out.println("Principal: <" +
                    p.getClass() + "> " + p.getName());
          }
          return true;
       } catch (Exception e) {
          return false;
       }
    }
    @Override
    public void handle(Callback[] callbacks)
           throws IOException, UnsupportedCallbackException {
       for (Callback cb : callbacks) {
          if (cb instanceof NameCallback) {
             NameCallback nc = (NameCallback) cb;
             nc.setName(this.user);
          } else if (cb instanceof PasswordCallback) {
             PasswordCallback pc = (PasswordCallback) cb;
             pc.setPassword(this.password.toCharArray());
          }
       }
    }
}
```

Listing 33.6 Authentifizierung über die JAAS API

33 | Authentifizierung und Multi-User-Login

Dem `LoginContext`-Konstruktor müssen wir ein `CallbackHandler`-Objekt übergeben. Das `CallbackHandler`-Interface implementieren wir direkt in der `SecurityManager`-Klasse. Die Methode `handle()` bekommt ein Array mit `Callback`-Instanzen geliefert. Diese müssen wir auf ihren Typ überprüfen und entsprechende Aktionen durchführen. Dies sind im Wesentlichen das Setzen des Benutzernamens und des Passworts, die während des Login-Vorgangs durch die `login()`-Methode abgefragt werden. Konnte die Authentifizierung erfolgreich durchgeführt werden, so können die Eigenschaften des Benutzers in Form von verschiedenen `Principal`-Instanzen abgefragt werden.

33.4 Anpassung der Anwendung

In diesem Abschnitt kommen wir nun auf den eigentlichen NetBeans-Platform-Teil bei der Realisierung einer benutzerspezifischen Anpassung der Anwendung. Zum einen geht es darum, wie das System Filesystem, das z. B. die Menükonfiguration beinhaltet, dynamisch angepasst werden kann, und zum anderen darum, wie bestimmte Funktionen auf Modulebene ein- und ausgeschaltet werden können.

Dazu benötigen wir nun die `login()`-Methode der `LoginHandler`-Klasse aus Abschnitt 33.1, die ich Ihnen bis jetzt noch vorenthalten habe. Diese Methode übergibt die durch den Benutzer eingegebenen Daten an den Security Manager (siehe Abschnitt 33.3), der die Authentifizierung beim Server vornimmt. Konnte der Benutzer erfolgreich angemeldet werden, so lassen wir uns die ihm zugeordneten Benutzergruppen mit der Methode `getUserGroups()` geben. Ist diese Liste leer, so ist der Benutzer keiner Gruppe zugeordnet und hat damit keine Berechtigung. Andernfalls übergeben wir die Liste an die `UserGroupFileSystem`-Klasse, auf die wir in Abschnitt 33.4.1 kommen. Außerdem werden bestimmte Module aktiviert bzw. deaktiviert. Diese Funktionalität implementieren wir in der Klasse `UserGroupModuleSystem`, die wir uns in Abschnitt 33.4.2 ansehen werden.

```
public class LoginHandler implements ActionListener {
  ...
    private void login() {
      if(!SecurityManager.getDefault().login(
            panel.getUsername(), panel.getPassword())) {
        panel.setInfo("Benutzername oder Passwort falsch");
      } else {
        List<UserGroup> groups =
            SecurityManager.getDefault().getUserGroups();
```

```
      if (groups.isEmpty()) {
        panel.setInfo("Sie haben keine Berechtigung");
      } else {
        try {
          UserGroupFileSystem.getDefault().
              setUserGroups(groups);
          UserGroupModuleSystem.handleModules(
              MOD2DISABLE, false);
          UserGroupModuleSystem.handleModules(
              MOD2ENABLE, true);
          dialog.setClosingOptions(null);
        } catch (Exception ex) {
          Exceptions.printStackTrace(ex);
        }
      }
    }
  }
}
```

Listing 33.7 Anpassung der Anwendung nach erfolgreichem Login

Wie die beiden Klassen UserGroupFileSystem und UserGroupModuleSystem implementiert sind und welche Konfigurationen für die Anpassung notwendig sind, erläutere ich Ihnen in den beiden folgenden Abschnitten.

33.4.1 System Filesystem

Über fast alle Kapitel hinweg spielt das **System Filesystem** direkt oder indirekt eine Rolle. Das System Filesystem, als zentrale Registratur von z. B. Aktionen, Menüeinträgen, Fenstern oder Optionspanels, ist demnach von zentraler Bedeutung, wenn es um die dynamische Anpassung an bestimmte Nutzergruppen geht. Überhaupt ist es das Konzept des System Filesystems, das eine dynamische Anpassung erst möglich macht. Es sind zwei Features, die wir uns hier zunutze machen wollen: zum einen die Möglichkeit, bestimmte Einträge durch das Suffix _hidden auszublenden, und zum anderen die Möglichkeit, zusätzliche Konfigurationen zur Laufzeit hinzuzufügen.

Dazu implementieren wir die Klasse UserGroupFileSystem. Vorab überlegen wir uns aber, wie eine Benutzergruppe verwaltet wird. Dies soll der Enum Type UserGroup übernehmen.

```java
public enum UserGroup {
    ADMIN("Admin", "configs/admin.xml"),
    USER("User", "configs/user.xml");
    private String groupName;
    private String configPath;
    UserGroup(String groupName, String configPath) {
        this.groupName = groupName;
        this.configPath = configPath;
    }
    public URL getConfig() {
        return UserGroup.class.getResource(configPath);
    }
    public String getGroup() {
        return this.groupName;
    }
    public boolean equals(String groupName) {
        return this.groupName.equals(groupName);
    }
    @Override
    public String toString() {
        return this.groupName;
    }
    public static UserGroup get(String groupName) {
        for (UserGroup group : UserGroup.values()) {
            if (group.groupName.equals(groupName)) {
                return group;
            }
        }
        return null;
    }
}
```

Listing 33.8 Verwaltung der Informationen einer Benutzergruppe

In diesem Enum Type mit den Elementen USER und ADMIN legen wir den Namen der Gruppe sowie den Pfad zur jeweiligen Konfiguration fest. Dabei liefert uns die Methode getConfig() direkt eine URL auf die XML-Datei.

In Abschnitt 33.2.2 haben wir die beiden Benutzergruppen *Admin* und *User* festgelegt. Für diese beiden erstellen wir nun jeweils eine kleine Testkonfiguration, bei der bestimmte Menüs ein- und ausgeblendet werden. Der Nutzergruppe User soll damit ein Menü zur Verfügung stehen, das der Gruppe Admin nicht zur Verfügung steht, und umgekehrt.

```
<filesystem>
   <folder name="Menu">
      <folder name="Tools_hidden"/>
      <folder name="Admin_hidden"/>
   </folder>
</filesystem>
```

Listing 33.9 Konfiguration für die Benutzergruppe »User«

Mit der in Listing 33.9 dargestellten Konfiguration soll bei Anwendern der Gruppe **User** das Menü Tools und Admin ausgeblendet werden.

```
<filesystem>
   <folder name="Menu">
      <folder name="Edit_hidden"/>
      <folder name="User_hidden"/>
   </folder>
</filesystem>
```

Listing 33.10 Konfiguration für die Benutzergruppe »Admin«

Mit der in Listing 33.10 dargestellten Konfiguration wird hingegen *Admin*-Gruppenmitgliedern das Menü Edit und User ausgeblendet.

Eine oder mehrere solcher Konfigurationen, die als XML-Dateien vorliegen, können jeweils durch ein XMLFileSystem zusammen in einem MultiFileSystem, das quasi als Proxy agiert, verwaltet werden. Eine MultiFileSystem-Implementation kann als Service Provider registriert werden, wodurch sie beim Startup dem System Filesystem hinzugefügt wird. Dadurch, dass das System Filesystem auf Änderungen reagieren kann, ist es möglich, die eigentliche Konfiguration auch nachträglich, also nach dem Login, zu setzen. Um dies zu tun, erstellen wir die Klasse UserGroupFileSystem, die von MultiFileSystem ableitet. Damit diese gefunden und geladen wird, registrieren wir sie mit der @ServiceProvider-Annotation.

```
import org.openide.filesystems.FileSystem;
import org.openide.filesystems.MultiFileSystem;
import org.openide.filesystems.XMLFileSystem;
import org.openide.util.Lookup;
import org.openide.util.lookup.ServiceProvider;

@ServiceProvider(service = FileSystem.class)
public class UserGroupFileSystem extends MultiFileSystem {
```

```
    public UserGroupFileSystem() {
       setPropagateMasks(true);
    }
    public static UserGroupFileSystem getDefault() {
       return
           Lookup.getDefault().lookup(UserGroupFileSystem.class);
    }
    public void setUserGroups(List<UserGroup> groups)
            throws Exception {
       FileSystem[] fileSystems = new FileSystem[groups.size()];
       for (int idx = 0; idx < fileSystems.length; idx++) {
          fileSystems[idx] =
                 new XMLFileSystem(groups.get(idx).getConfig());
       }
       setDelegates(fileSystems);
    }
}
```

Listing 33.11 MultiFileSystem-Implementation, über die dynamisch Konfigurationen gesetzt werden können

Die Klasse wird durch die Registrierung beim Startup automatisch initialisiert, wobei hier noch keine Konfiguration gesetzt ist. Es handelt sich also praktisch um ein leeres Filesystem. Der Aufruf der Methode `setPropagateMasks(true)` im Konstruktor ist notwendig, damit die Einträge mit _hidden-Suffix zum Tragen kommen. Das globale Lookup liefert uns die Instanz, die dem System Filesystem bereits hinzugefügt worden ist. Über diese Instanz haben wir also die Möglichkeit, im Nachhinein und dynamisch Einträge in das System Filesystem zu injizieren.

Die `setUserGroups()`-Methode, der wir aus dem Login-Handler heraus eine Liste mit `UserGroup`-Objekten übergeben, setzt letztendlich die Konfiguration. Wir erzeugen dafür für die XML-Datei jeder Gruppe eine `XMLFileSystem`-Instanz und erstellen daraus ein Array. Dieses übergeben wir dann an die `setDelegates()`-Methode, wodurch die Änderungen dann propagiert werden.

33.4.2 Das Module-System

Welche Module für welche Benutzergruppe explizit aktiviert bzw. deaktiviert werden sollen, wollen wir möglichst deklarativ festlegen. Wir können dazu einfach die beiden bereits erstellten XML-Dateien erweitern. In den neu definierten Foldern `Modules2Disable` und `Modules2Enable` können beliebig viele Module aufgeführt werden, die jeweils mit dem Attribut `codeNameBase` versehen werden. Damit kann die eindeutige Kennung des Moduls angegeben werden.

```xml
<filesystem>
   <folder name="Modules2Disable">
      <file name="AdminModule">
         <attr name="codeNameBase" stringvalue=
            "com.galileo.netbeans.module.admin"/>
      </file>
   </folder>
   <folder name="Modules2Enable">
      <file name="UserModule">
         <attr name="codeNameBase" stringvalue=
            "com.galileo.netbeans.module.user"/>
      </file>
   </folder>
</filesystem>
```

Listing 33.12 Konfiguration der Module für die Benutzergruppe »User«

Bei Nutzern der Gruppe *User* soll das Modul `AdminModule` deaktiviert und das Modul `UserModule` aktiviert werden. In unserem Beispiel soll das für die Benutzergruppe *Admin* umgekehrt gelten.

```xml
<filesystem>
   <folder name="Modules2Disable">
      <file name="UserModule">
         <attr name="codeNameBase" stringvalue=
            "com.galileo.netbeans.module.user"/>
      </file>
   </folder>
   <folder name="Modules2Enable">
      <file name="AdminModule">
         <attr name="codeNameBase" stringvalue=
            "com.galileo.netbeans.module.admin"/>
      </file>
   </folder>
</filesystem>
```

Listing 33.13 Konfiguration der Module für die Benutzergruppe »Admin«

Diese Konfigurationen sollen von der Klasse `UserGroupModuleSystem` gelesen und interpretiert werden. Wir implementieren die Methode `handleModules()`, die parametrierbar ist, sodass diese sowohl für die Aktivierung als auch für die

Deaktivierung verwendet werden kann. Der Methode kann der Folder in der Konfigurationsdatei übergeben werden. In diesem Folder suchen wir nach allen File-Elementen und lesen deren Attribut `codeNameBase`, um die eindeutige Kennung des Moduls einer Liste hinzuzufügen. Für alle Module dieser Liste ermitteln wir dann über den **Update Manager**, der Zugriff auf alle Module hat, die Modul-Instanzen und fügen diese dem entsprechenden **Operation Container** hinzu. Letztendlich kann dann über diesen Container die Aktivierung bzw. Deaktivierung erfolgen.

```java
import org.netbeans.api.autoupdate.OperationContainer;
import org.netbeans.api.autoupdate.OperationSupport;
import org.netbeans.api.autoupdate.UpdateManager;
import org.netbeans.api.autoupdate.UpdateUnit;
import org.openide.filesystems.FileObject;
import org.openide.filesystems.FileUtil;
import org.openide.util.Exceptions;

public class UserGroupModuleSystem {
    public static void handleModules(String folder, boolean en) {
        FileObject fo = FileUtil.getConfigFile(folder);
        List<String> modules = new ArrayList<String>();
        for (FileObject fi : fo.getChildren()) {
            modules.add((String)fi.getAttribute("codeNameBase"));
        }
        try {
            OperationContainer<OperationSupport> cont;
            if (en) {
                cont = OperationContainer.createForEnable();
            } else {
                cont = OperationContainer.createForDirectDisable();
            }
            for (UpdateUnit uu :
                    UpdateManager.getDefault().getUpdateUnits()) {
                if (uu.getInstalled() != null
                   && modules.contains(uu.getInstalled().getCodeName())
                   && uu.getInstalled().isEnabled() == !en) {
                    cont.add(uu.getInstalled());
                }
            }
            if (!cont.listAll().isEmpty()) {
                cont.getSupport().doOperation(null);
            }
```

```
        } catch (Exception ex) {
            Exceptions.printStackTrace(ex);
        }
    }
}
```

Listing 33.14 Aktivierung und Deaktivierung von Modulen in Abhängigkeit von der bereitgestellten Konfiguration

Mit der Aktivierung und Deaktivierung der Module wird einmal mehr der Vorteil der modulbasierten NetBeans Platform deutlich. So werden bei einer Deaktivierung eines Moduls automatisch sämtliche Komponenten wie z. B. auch Menüeinträge oder Fenster zur Laufzeit aus der Anwendung entfernt, und bei Aktivierung des Moduls werden sie genauso einfach wieder hinzugefügt.

TEIL VI Pack & Ship

Anpassen, ausliefern
und aktualisieren von
Anwendungen

Dieses Kapitel zeigt, wie Sie Ihre Anwendung internationalisieren, d. h. an verschiedene Sprachen anpassen können. Dabei gehe ich sowohl auf die Internationalisierung von Quelltexten und der Manifest-Datei als auch auf die Anpassung von Hilfeseiten und weiteren Ressourcen wie z. B. Grafiken ein.

34 Internationalisierung und Lokalisierung

Professionelle und vor allem flexible Anwendungen sollten so konzipiert sein, dass sie möglichst einfach an bestimmte Länder und Sprachen angepasst werden können. Dazu bieten Ihnen sowohl die Java Platform, die NetBeans Platform als auch die NetBeans IDE Einiges an Unterstützung, wodurch der Mehraufwand für die Internationalisierung Ihrer Anwendung sehr gering ist. So lohnt es sich auch, sehr kleine Anwendungen und Anwendungen, die zunächst nur für eine Sprache bzw. ein Land bestimmt sind, für eine Lokalisierung vorzubereiten.

34.1 Textkonstanten in Quelltexten

Textkonstanten in Quelltexten werden in *.properties*-Dateien ausgelagert. Dadurch werden die sprachabhängigen Konstanten separat behandelt und können leicht in eine andere Sprache übertragen werden. Dies ist dann sogar auch nach Auslieferung einer Anwendung möglich. Die Konstanten werden in Form von Key-Value-Paaren in einer einfachen *.properties*-Textdatei abgespeichert:

```
CTL_MyTopComponent = My Window
HINT_MyTopComponent = This is My Window
```

Eine solche Ressourcen-Datei wird von der Java-Klasse `ResourceBundle` verwaltet. Ein `ResourceBundle` ist dabei für die Ressourcen einer ganz bestimmten `Locale`-Einstellung zuständig, die das Land und die Sprache spezifiziert. Für die einfache Handhabung von *.properties*-Dateien und den Zugriff auf eine `ResourceBundle`-Instanz stellt uns die NetBeans Platform die Klasse `NbBundle` zur Verfügung. Die Ressourcen-Datei muss *Bundle.properties* heißen, wobei typischerweise für jedes Package eine eigene solche Datei erstellt wird. Am einfachsten können wir ein `ResourceBundle`-Objekt über folgenden Aufruf erzeugen:

```
ResourceBundle bundle = NbBundle.getBundle(MyTopComponent.class);
```

Damit erzeugt die Klasse `NbBundle` ein `ResourceBundle`-Objekt für die Datei *Bundle.properties*, die sich im Package der Klasse `MyTopComponent` befindet. Mit der `ResourceBundle`-Methode `getString()` können wir dann ganz einfach die gewünschten Textkonstanten auslesen:

```
String msg = bundle.getString("CTL_MyTopComponent");
```

Wenn Sie nur wenige Konstanten innerhalb Ihrer Klasse auslesen möchten, können Sie auch die Methode `getMessage()` verwenden, um eine Konstante direkt auszulesen, ohne vorher eine `ResourceBundle`-Instanz ermitteln zu müssen:

```
String msg = NbBundle.getMessage(MyTopComponent.class,
                                 "CTL_MyTopComponent");
```

Außerdem haben Sie die Möglichkeit, Platzhalter in Ihre Textkonstanten einzufügen. Dies wird meist dann benötigt, wenn z. B. Zahlen oder ein Dateiname/-pfad eingefügt werden sollen. Als Platzhalter wird ein geschweiftes Klammernpaar verwendet, das die Nummer des zu verwendenden Parameters einschließt:

```
Result = {0} MP3-Files found for {1}
```

Die gewünschten Parameter können Sie direkt der Methode `getMessage()` übergeben, die dann die Ersetzung der Platzhalter vornimmt. Sie können wahlweise bis zu drei einzelne Parameter oder aber ein Array mit beliebig vielen Parametern übergeben:

```
String label = NbBundle.getMessage(MyTopComponent.class,
                                   "Result",
                                   new Integer(results.size()),
                                   search.getText());
```

Innerhalb einer *.properties*-Datei werden nur Konstanten einer Sprache gespeichert. Wenn Sie nun Ihre Anwendung für eine weitere Sprache rüsten wollen, stellen Sie die Konstanten – mit den gleichen Keys – ganz einfach in einer Datei mit dem Namen *Bundle_<Sprache>_<Land>.properties* im selben Verzeichnis bereit. Die Klasse `NbBundle` liefert Ihnen mit der Methode `getBundle()` das `ResourceBundle` für die Datei, die der `Locale`-Einstellung entspricht, die `Locale.getDefault()` liefert. Die Datei *Bundle.properties*, die keine Sprach- und Länderkennung beinhaltet, ist das Standard-Paket, das immer dann verwendet wird, wenn für die `Locale`-Einstellung kein spezielles Bundle vorhanden ist. Sie können auch ein bestimmtes Bundle anfordern, indem Sie der Methode `getBundle()` ein `Locale`-Objekt übergeben. Wenn Sie wissen möchten, in welcher Reihenfolge nach welchen Bundles gesucht wird, lassen Sie sich die Suffixe mit der Methode `NbBundle.getLocalizingSuffixes()` ausgeben.

Standardmäßig liefert die Methode `Locale.getDefault()` die `Locale`-Einstellung der Virtual Machine. Wenn Sie aber die gesamte Anwendung für eine bestimmte `Locale`-Einstellung starten und ausführen wollen, können Sie dies durch den Kommandozeilenparameter `locale` festlegen. Mit diesem Parameter können Sie dann der Anwendung eine Sprach- und Länderkennung mitgeben. Weitere Informationen dazu finden Sie in Kapitel 35, »Anwendung anpassen und verpacken«.

Für die Internationalisierung von Textkonstanten im Source Code stellt Ihnen die NetBeans IDE einen Assistenten zur Verfügung, mit dem Sie Ihre Dateien nach Strings durchsuchen lassen können, die dann in eine *.properties*-Datei ausgelagert werden. Dabei können Sie sowohl den Key, den Value als auch den Code bearbeiten, der statt der Konstante eingefügt werden soll. Diesen Wizard finden Sie im Menü unter TOOLS • INTERNATIONALIZATION • INTERNATIONALIZATION WIZARD.

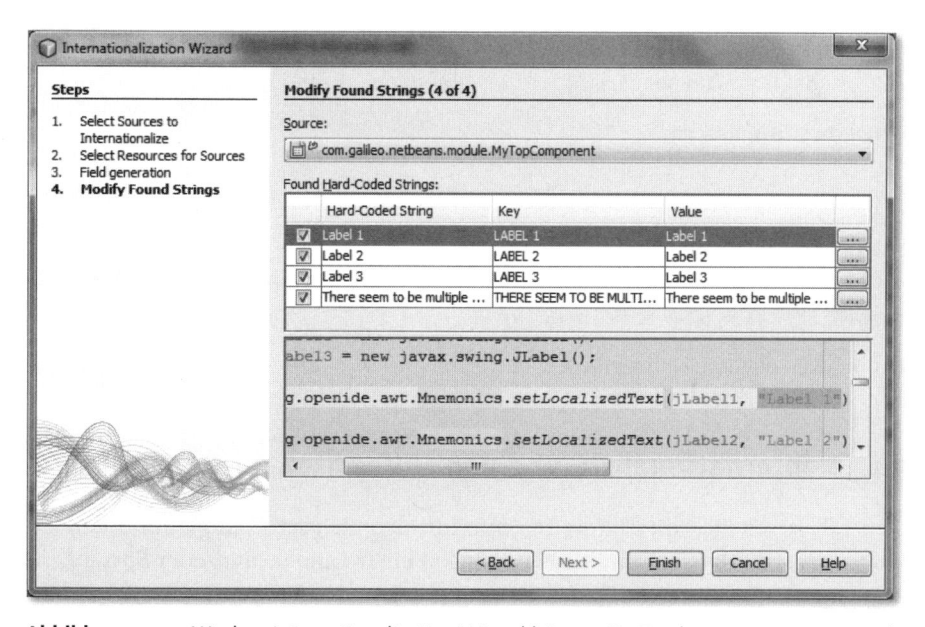

Abbildung 34.1 Mit dem Internationalization Wizard können Sie Textkonstanten automatisch in ein Bundle auslagern und den nötigen Quelltext einfügen lassen.

34.2 Textkonstanten in der Manifest-Datei

Neben den Textkonstanten der Source-Code-Dateien können Sie auch die textuellen Informationen der Manifest-Datei internationalisieren. Dabei haben Sie zwei verschiedene Möglichkeiten. Sie können zum einen den Manifest-Attributen eine Sprachenkennung anhängen und somit das gleiche Attribut mehrmals aufführen:

```
Manifest-Version: 1.0
OpenIDE-Module: com.galileo.netbeans.module
OpenIDE-Module-Name: My Module
OpenIDE-Module-Name_de: Mein Modul
```

Die andere, zu bevorzugende Möglichkeit ist die Auslagerung der zu internationalisierenden Attribute in eine *.properties*-Datei. Die Attribut-Namen werden dann als Keys verwendet und pro Sprache im entsprechenden Bundle bereitgestellt. Damit die Attribute auch aus dem Bundle gelesen werden, müssen Sie dies der Manifest-Datei über das Attribut `OpenIDE-Module-Localizing-Bundle` bekanntgeben (siehe auch Abschnitt 3.3, »Die Manifest-Datei«).

```
Manifest-Version: 1.0
OpenIDE-Module: com.galileo.netbeans.module
OpenIDE-Module-Localizing-Bundle:
    com/galileo/netbeans/module/Bundle.properties
```

Listing 34.1 Manifest.mf

```
OpenIDE-Module-Name = My Module
```

Listing 34.2 Bundle.properties

```
OpenIDE-Module-Name = Mein Modul
```

Listing 34.3 Bundle_de.properties

34.3 Internationalisierung von Hilfeseiten

Generell lassen sich die Hilfeseiten mitsamt den Helpset-Konfigurationsdateien wie *.properties*-Dateien durch das Anhängen einer Länder- und/oder Sprachkennung internationalisieren. Da ein Helpset jedoch typischerweise aus zahlreichen Dateien besteht, würde dies zu einer sehr unübersichtlichen Struktur führen. Daher ist es auch möglich, dass Sie die zu internationalisierenden Dateien in ein Unterverzeichnis legen. Die Sprach- und Länderkennung entfällt dann, da diese bereits durch das Unterverzeichnis repräsentiert wird.

Lediglich die Helpset-Datei *module-hs.xml* bleibt im Basisverzeichnis und bekommt eine Kennung angehängt. In dieser Datei nehmen Sie dann die Delegation auf die entsprechenden Verzeichnisse vor. Die Helpset-Datei ohne Kennung wird immer dann verwendet, wenn die aktuelle `Locale`-Einstellung mit keiner der vorhandenen Dateien übereinstimmt. Sie zeigt im Beispiel auf die englische Version der Hilfeseiten.

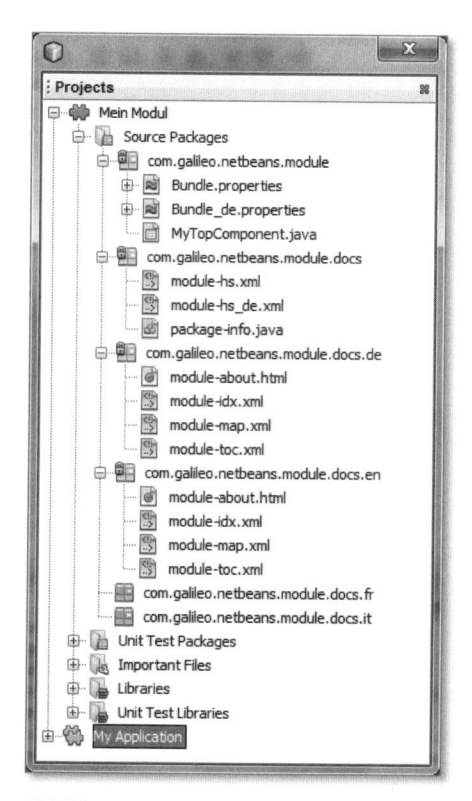

Abbildung 34.2 Helpsets für eine bestimmte Sprache werden in ein separates Verzeichnis gepackt.

```
<maps>
    <homeID>com.galileo.netbeans.module.about</homeID>
    <mapref location="en/module-map.xml"/>
</maps>
<view mergetype="javax.help.AppendMerge">
    <name>TOC</name>
    <label>Contents</label>
    <type>javax.help.TOCView</type>
    <data>en/module-toc.xml</data>
</view>
<view mergetype="javax.help.AppendMerge">
    <name>Index</name>
    <label>Index</label>
    <type>javax.help.IndexView</type>
    <data>en/module-idx.xml</data>
</view>
```

Listing 34.4 Helpset-Datei, die auf ein sprachspezifisches Paket verweist

Beachten Sie auch, dass die Registrierung des Helpsets durch die `HelpSet-Registration`-Annotation in der Datei *package-info.java* nur einmal für die Datei `module-hs.xml` erfolgt. Die Helpsets mit einer Länder-/Sprachkennung werden dann automatisch gefunden.

34.4 Andere Ressourcen internationalisieren

Neben den vorhergehend angesprochenen Bereichen der Internationalisierung einer Anwendung, die wohl die größte Bedeutung haben, gibt es noch eine Reihe weiterer Möglichkeiten, wie Sie mithilfe der NetBeans Platform verschiedene andere Anwendungsbestandteile internationalisieren können.

34.4.1 Grafiken

Nicht nur Texte lassen sich sprach- und länderspezifisch anpassen, sondern auch Grafiken, wie z. B. Icons. Damit dies leicht möglich ist, stellt die `ImageUtilities`-Klasse eine Variante der `loadImage()`-Methode bereit, die gewöhnlich für das Laden von Grafiken verwendet wird. Dabei können Sie mit einem `boolean`-Parameter angeben, ob eine sprach-/länderspezifische Version der Grafik, sofern vorhanden, in Abhängigkeit von der aktuellen `Locale`-Einstellung geladen werden soll. Die möglichen Kennungen, nach denen gesucht wird, können Sie sich mit der Methode `NbBundle.getLocalizingSuffixes()` ausgeben lassen.

```
Image img = ImageUtilities.loadImage("resources/icon.gif", true);
```

Wenn bei diesem Aufruf nun z. B. die aktuelle `Locale`-Einstellung `de_DE` lautet, wird zuerst nach *icon_de_DE.gif* und *icon_de.gif* gesucht.

34.4.2 Beliebige Dateien

Zum Laden beliebiger anderer internationalisierter Ressourcen definiert die NetBeans Platform ein spezielles Protokoll. Dies ist das *nbresloc*-Protokoll, das eine Erweiterung des *nbres*-Protokolls ist, mit dem Sie Ressourcen aus allen verfügbaren Modulen laden können. Sie können ganz einfach ein `URL`-Objekt für eine mit diesem Protokoll adressierte Ressource erzeugen:

```
URL u = new URL("nbresloc:/com/galileo/netbeans/icon.png");
ImageIcon icon = new ImageIcon(u);
```

Ist die `Locale`-Einstellung auf `de_DE` gesetzt und existiert eine Datei mit dem Namen *icon_de_DE.png* oder *icon_de.png*, wird diese statt *icon.png* geladen.

34.4.3 Verzeichnisse, Dateien und Attribute in der Layer-Datei

Das **System Filesystem** stellt Ihnen zwei spezielle Attribute zur Verfügung, mit denen Sie Ihre Verzeichnisse und Dateien in der Layer-Datei mit internationalisierten Namen und Icons ausstatten können. Dies ist z. B. für Menüs sehr praktisch, deren Name nur in der Layer-Datei angegeben wird und somit nicht über die NbBundle-Klasse ausgelesen werden kann, wie das z. B. bei Aktionen der Fall ist. Das sind die beiden Attribute SystemFileSystem.localizingBundle und SystemFileSystem.icon. Mit Ersterem können Sie auf Ihr Resource Bundle verweisen, wobei Sie die Endung *.properties* weglassen können. In diesem Resource Bundle wird dann automatisch nach einem Key gesucht, der dem vollständigen Pfad des Verzeichnisses oder der Datei entspricht, die das SystemFileSystem.localizingBundle-Attribut beinhaltet. Hier im Beispiel sind das dann Menu/MyMenu und Menu/MyMenu/MySubMenu. Mit dem Attribut SystemFileSystem.icon können Sie das Verzeichnis oder die Datei zusätzlich mit einem Icon versehen. Damit dieses auch in einer internationalisierten Variante geladen werden kann, verwenden wir das nbresloc-Protokoll.

```xml
<folder name="Menu">
   <folder name="MyMenu">
      <attr name="SystemFileSystem.localizingBundle"
            stringvalue="com.galileo.netbeans.module.Bundle"/>
      <folder name="MySubMenu">
         <attr name="SystemFileSystem.localizingBundle"
               stringvalue="com.galileo.netbeans.module.Bundle"/>
         <attr name="SystemFileSystem.icon"
      urlvalue="nbresloc:/com/galileo/netbeans/module/icon.png"/>
      </folder>
   </folder>
</folder>
```

Listing 34.5   Layer.xml

```
Menu/MyMenu=Extras
Menu/MyMenu/MySubMenu=My Tools
```

Listing 34.6   Bundle.properties

```
Menu/MyMenu=Extras
Menu/MyMenu/MySubMenu=Meine Tools
```

Listing 34.7   Bundle_de.properties

Für die Internationalisierung von Attributen innerhalb der Layer-Datei stellt das System Filesystem den bundlevalue-Attributtyp zur Verfügung. Damit können

Sie z. B. den Namen einer Aktion, der durch ein Attribut in der Layer-Datei festgelegt ist, in ein Properties-Bundle auslagern.

```
<file name="com-galileo-netbeans-MyFirstAction.instance">
  <attr name="displayName" bundlevalue=
    "com.galileo.netbeans.module.Bundle#CTL_MyAction"/>
</file>
```

Damit wird der Name der Aktion über den Key CTL_MyAction festgelegt. Dazu geben Sie den Namen des Packages und des Bundles an. Welches Bundle letztendlich verwendet wird, hängt auch hier wieder von der *Locale*-Einstellung ab und wird automatisch vorgenommen.

34.5 Verwaltung und Bereitstellung von lokalisierten Ressourcen

Bisher sind wir immer davon ausgegangen, dass sich die lokalisierten Ressourcen, seien es *Bundle.properties*-Dateien oder auch Grafiken, im selben Verzeichnis innerhalb des Moduls befinden. Wie erreichen wir aber, dass die Ressourcen für jede Sprache separat verwaltet werden, und wie können wir ein fertig bereitgestelltes Modul nachträglich mit einer zusätzlichen Übersetzung erweitern? Dafür bietet die NetBeans Platform die Möglichkeit der Trennung von zu lokalisierenden Ressourcen und den restlichen Bestandteilen (das sind hauptsächlich die Klassen) eines Moduls an. Hier existiert das *locale*-Verzeichnis, das sich unterhalb des Verzeichnisses befindet, in dem das Modul liegt. In diesem Verzeichnis können die Ressourcen für eine Sprache in einem JAR-Archiv, das den gleichen Namen wie das Modul JAR-Archiv trägt, um eine Sprach-/Länderkennung erweitert werden. In diesem **Locale Extension Archive** werden dann die gesamten sprach-/länderabhängigen Ressourcen – in der gleichen Package-Struktur wie im Modul – verwaltet. Auf diese Weise sind die Ressourcen separiert und können auch einzeln aktualisiert werden. So werden z. B. auch die Übersetzungen der NetBeans-Platform-Module bereitgestellt.

Beachten Sie aber, dass die einzelnen lokalisierten Ressourcen dennoch die Sprach-/Länderkennung benötigen. Außerdem benötigt das Locale Extension Archive keine Manifest-Datei, denn das Archiv wird ausschließlich über den Namen als lokalisiertes Ressourcen-Paket erkannt und dem Klassenpfad des jeweiligen Module Classloaders hinzugefügt.

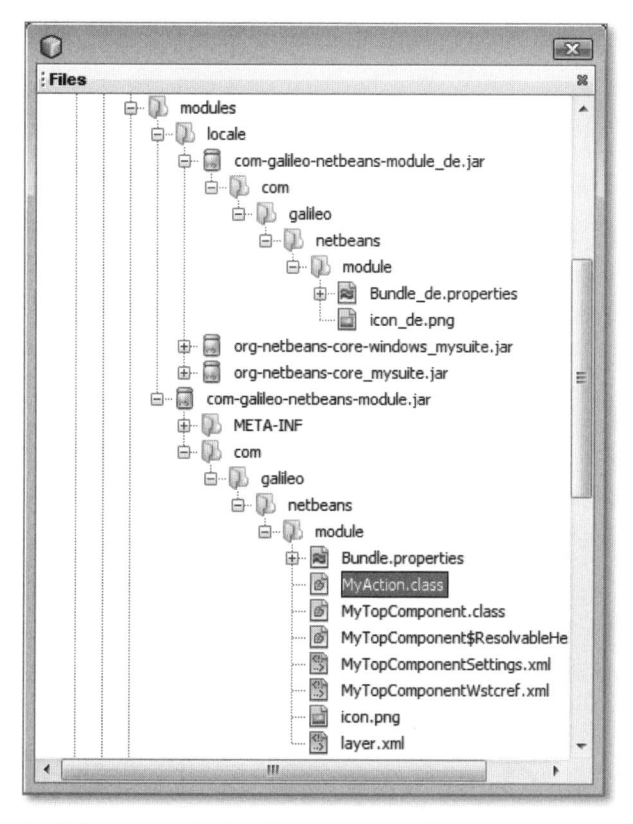

Abbildung 34.3 Bereitstellung sprachspezifischer Ressourcen in einem separaten JAR-Archiv im Verzeichnis »locale«

Hier im Beispiel befinden sich die Ressourcen für Deutsch als Locale Extension Archive im *locale*-Verzeichnis. Die englischen Ressourcen, das sind die Standard-Ressourcen, die keine Kennung tragen, befinden sich im JAR-Archiv des Moduls. Interessant ist nun, dass sich auch die Standard-Ressourcen in ein Locale Extension Archive packen lassen, das dann keine Kennung trägt und somit genauso heißt wie das Modul JAR-Archiv, und dass sie im Verzeichnis *locale* verfügbar gemacht werden können. Folglich sind die zu lokalisierenden Ressourcen vollständig vom eigentlichen Modul getrennt. Dadurch wird die spätere Erweiterung um eine weitere Sprache erleichtert, und zwar vor allem dann, wenn dies von dritten Personen durchgeführt wird. Denn es ist sofort ersichtlich, welche Ressourcen lokalisiert werden müssen.

Dieses Kapitel soll Ihnen zeigen, wie Sie aus Ihren Modulen eine richtige Anwendung erstellen und diese konfigurieren können. Dabei möchte ich Ihnen die Möglichkeiten vorstellen, die Ihnen zur Verfügung stehen, um die NetBeans Platform an Ihre Anwendung anzupassen. Zuletzt geht es in diesem Kapitel um die Erstellung einer Distribution, die an den Kunden ausgeliefert werden kann.

35 Anwendung anpassen und verpacken

Bereits in Kapitel 3, »Das NetBeans Module System«, habe ich die beiden verschiedenen Typen von Containern für Module angesprochen. Das sind eine **Module Suite** und eine **NetBeans Platform Application**. Während eine Module Suite nur eine reine Sammlung von zusammengehörenden Modulen darstellt, stellt uns eine NetBeans Platform Application das Grundgerüst für eine eigenständige Anwendung zur Verfügung. Das heißt, eine NetBeans Platform Application können Sie durch das sogenannte Branding anwendungsspezifisch anpassen und auch ein installierbares Package daraus erstellen. In den folgenden Abschnitten soll es genau darum gehen.

35.1 Branding

Für das sogenannte Branding, die produktspezifische Anpassung Ihrer Anwendung, stellt eine Platform Application einen separaten Dialog zur Verfügung. Dort können zahlreiche Einstellungen vorgenommen werden. Dazu gehören das Anpassen des Namens und der verschiedenen Icons sowie die Festlegung eines Splash Screens und des Window-System-Verhaltens. Interessant ist vor allem auch, dass Sie sämtliche durch die Platform definierten Texte, wie z. B. Namen von bestimmten Fenstern, beliebig ändern können. Dies wollen wir uns in den folgenden Abschnitten genauer ansehen. Gehen Sie dazu im Kontextmenü Ihrer Platform Application auf BRANDING...

35.1.1 Name, Icons und Splash Screen

Auf dem ersten Register BASICS des Branding-Dialogs können Sie den Namen Ihrer Anwendung festlegen und Icons für die Größen 16 × 16, 32 × 32 und 48 ×

48 zuordnen. Diese werden für verschiedene Zwecke genutzt. So wird z. B. das Icon in der Größe 16 × 16 für die Titelleiste Ihrer Anwendung verwendet. Das 32 × 32–Icon wird für die Taskleiste verwendet. Sie können jeweils auch ein unterschiedliches Icon angeben.

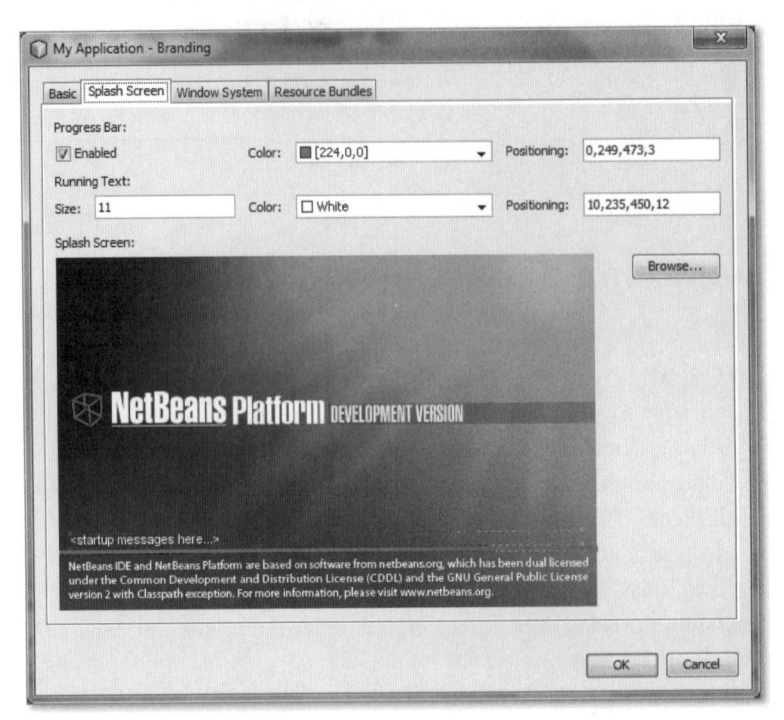

Abbildung 35.1 Branding einer NetBeans Platform Application

Auf dem Register SPLASH SCREEN können Sie eben einen Splash Screen auswählen, der beim Start Ihrer Anwendung angezeigt wird. Dieser wird auch für den ABOUT-Dialog genutzt. Zudem kann auf dem Splash Screen eine Progress Bar dargestellt werden. Diese können Sie ein- oder ausblenden, und Sie können deren Farbe bestimmen. Die Position können Sie bequem per Drag & Drop auf dem Splash Screen festlegen. Dort können Sie auch die Position des Textfelds festlegen, in dem Statusinfos beim Laden der Anwendung angezeigt werden. Auch die Farbe des Texts können Sie selbst bestimmen.

35.1.2 Window-System-Verhalten

In Kapitel 10, »Window System«, haben Sie gesehen, wie Sie das Verhalten von Fenstern innerhalb des NetBeans Window System individuell festlegen können. Auf dem Register WINDOW SYSTEM können Sie diese Einstellungen global für das gesamte Window System, also alle Fenster, vornehmen.

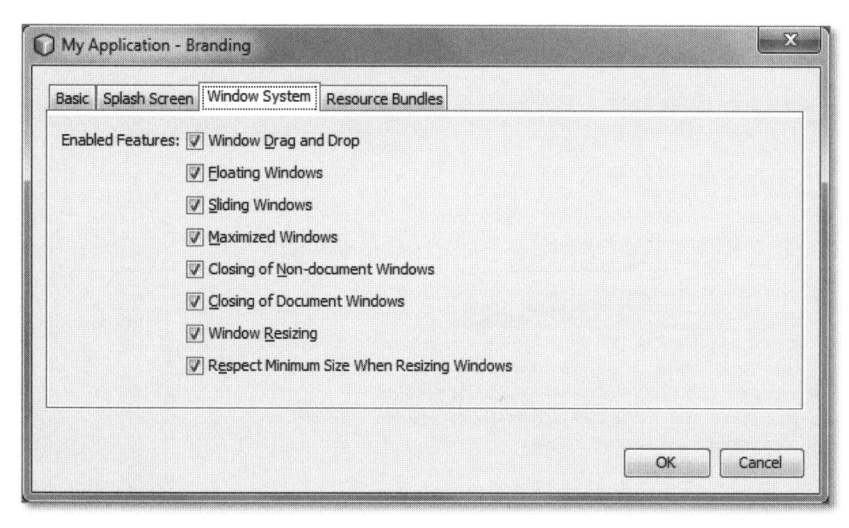

Abbildung 35.2 Konfigurieren des Window-System-Verhaltens

Neben den bereits bekannten Parametern können Sie festlegen, dass die Größe der Fenster innerhalb des Window System nicht verändert werden kann. Außerdem können Sie getrennt voneinander festlegen, ob Fenster in einem Editor-Mode (DOCUMENT) oder View-Mode (NON-DOCUMENT) geschlossen werden können oder nicht.

35.1.3 Resource Bundles

Auf dem Register RESOURCE BUNDLES können Sie auf wirklich sehr komfortable Weise sämtliche Textkonstanten der NetBeans Platform verändern und an Ihre Bedürfnisse anpassen. Damit Sie in den zahlreichen Bundles nicht den Überblick verlieren, steht in der rechten oberen Ecke ein Suchfeld zur Verfügung, um bestimmte Textkonstanten herauszufiltern, wobei nach Keys und Values gesucht wird.

Wenn Sie z. B. die Versionsnummer, die standardmäßig hinter dem Titel Ihrer Anwendung angezeigt wird, entfernen möchten, suchen Sie zunächst nach `application`, um eine Auswahl an Key-Value-Paaren zu bekommen. Auf diese Weise finden wir auch die Textkonstante mit dem Key `CTL_MainWindow`, die den Namen Ihrer Anwendung festlegt. Durch einen Doppelklick auf diesen Eintrag können Sie den Wert ändern. Wir löschen den Teil {0} hinter dem Titel und erreichen damit, dass die Versionsnummer nicht mehr angezeigt wird. Um die Übersicht über alle Veränderungen zu behalten, werden alle geänderten Texte fett dargestellt.

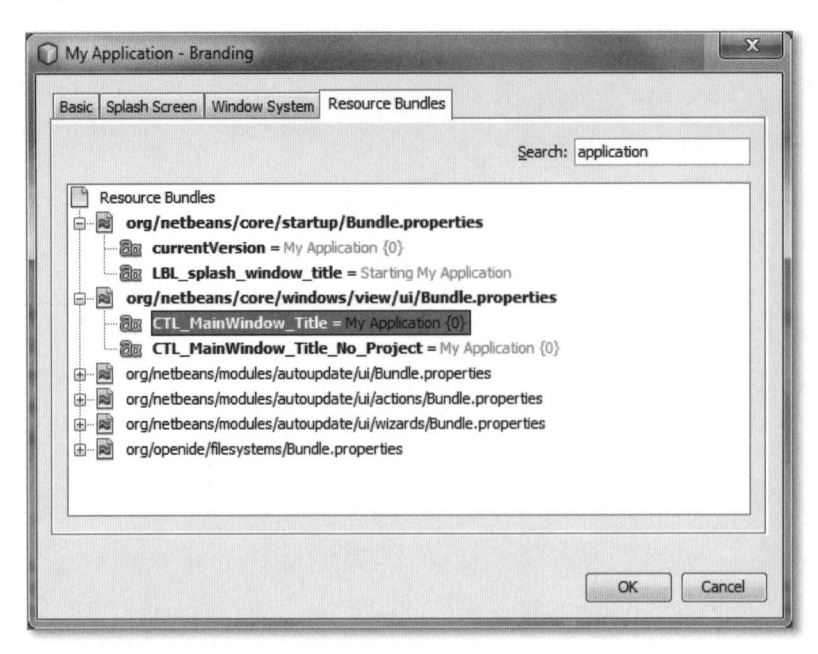

Abbildung 35.3 Anpassen von Textkonstanten der NetBeans Platform

Wenn Sie Veränderungen an den Textkonstanten vornehmen, werden diese aber nicht in den Originaldateien geändert. Stattdessen legt die NetBeans IDE im Verzeichnis *branding* Ihrer Platform Application in der Original-Ordnerhierarchie des jeweiligen Moduls neue *.properties*-Dateien mit den geänderten Texten an. Beim Erstellen der Anwendung wird daraus jeweils ein sogenanntes Branding Module mit dem **Branding Name** als Suffix im Namen erstellt. Den Branding Name legen Sie in den Properties Ihrer Platform Application unter Application fest. Sie sehen also, dass Sie auf diese Weise Ihre Anwendung mit verschiedenen Brandings parallel ausliefern können. Welches Branding beim Start der Anwendung gewählt wird, können Sie durch einen Kommandozeilenparameter festlegen. Wie das funktioniert, schauen wir uns in Abschnitt 35.2, »Kommandozeilenparameter«, an.

Dadurch, dass die geänderten Textkonstanten separat verwaltet werden, können Sie auch jederzeit wieder auf die originalen Werte zurückwechseln. Wenn Sie bei der Entwicklung einzelne oder mehrere geänderte Werte wieder auf den Originalwert zurücksetzen möchten, öffnen Sie dazu am einfachsten die Files-Ansicht. Dort finden Sie im Verzeichnis Ihrer Platform Application den Ordner *branding*. In diesem finden Sie die entsprechenden Properties-Dateien (siehe Abbildung 35.4). Sie können dort entweder einzelne Werte oder aber ganze Dateien löschen.

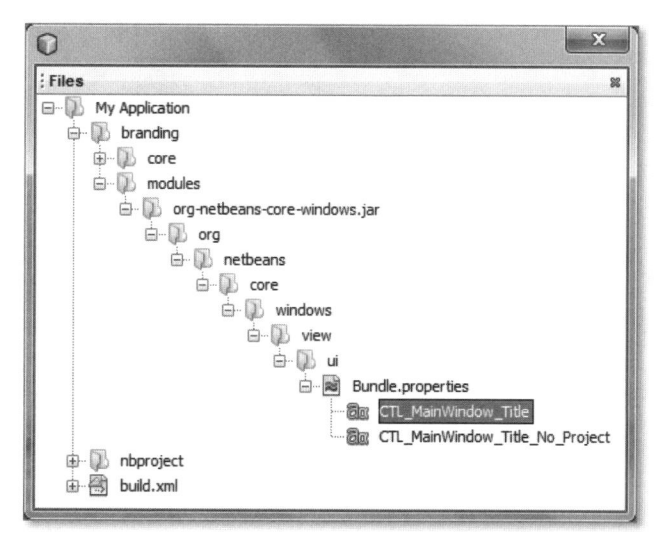

Abbildung 35.4 Verwaltung der geänderten Textkonstanten in Branding Modules

35.2 Kommandozeilenparameter

Ihre fertige Anwendung starten Sie mit einem plattformspezifischen Launcher, der von der NetBeans Platform bereitgestellt wird. Dieser Launcher ist beim Betriebssystem Windows z. B. eine *.exe*-Datei. Diesen Launcher und somit den Start und die Ausführung der Anwendung können Sie durch eine Reihe von Parametern beeinflussen. Beachten Sie, dass Sie bei allen Pfadangaben entweder einen doppelten Backslash oder einen einfachen Slash verwenden.

35.2.1 Parameter-Übersicht

Parameter	Beschreibung
--clusters <path>	Pfade zu den Clustern, in denen sich Module befinden. Unter Windows wird ; unter UNIX : als Pfadtrenner verwendet.
--branding <name>	Festlegen des Branding Names
--jdkhome <path>	Pfad zu einem Java-Platform-Basisverzeichnis
-J<JVM Option>	Mit diesem Parameter können Parameter an die Virtual Machine übergeben werden. Wird häufig zur Definition von Properties benötigt, z. B.: -J-Dorg.netbeans.core.level=100

Tabelle 35.1 Kommandozeilenparameter und ihre Bedeutung

Parameter	Beschreibung
`--cp:p <classpath>`	Damit können Sie Ressourcen dem Klassenpfad der Anwendung voranstellen. Diese sind dann auch über den Java System Classloader erreichbar, also mit `ClassLoader.getSystemResource()`.
`--cp:a <classpath>`	Hiermit können Sie Ressourcen an den Klassenpfad der Anwendung anfügen. Diese sind dann auch über den Java System Classloader erreichbar, also mit `ClassLoader.getSystemResource()`.

`--laf <L&F classname>`	Definition einer eigenen Look&Feel-Klasse. Um z. B. das in die Java Platform integrierte L&F zu verwenden, fügen Sie folgende Zeile hinzu:
	`--laf com.sun.java.swing`
	`  .plaf.nimbus.NimbusLookAndFeel`

`--fontsize <size>`	Mit diesem Parameter können Sie die Schriftgröße der gesamten Anwendung festlegen.
`--locale <language[:country]>`	Aktuelle *Locale*-Einstellung, z. B. `de:DE`. Dabei ist zu beachten, dass die Sprach- und die Länderkennung durch einen Doppelpunkt und nicht durch einen Unterstrich getrennt werden.
`--userdir <path>`	Hiermit können Sie einen alternativen Pfad festlegen, in dem die benutzerdefinierten Anwendungseinstellungen gespeichert werden. Auf diese Weise können z. B. auch mehrere Instanzen der Anwendung ausgeführt werden, die Ihre Daten jeweils aus einem separaten Verzeichnis lesen.

Tabelle 35.1 Kommandozeilenparameter und ihre Bedeutung (Forts.)

Definieren und übergeben können Sie diese Parameter entweder direkt an den Launcher oder aber über die Datei *etc/<branding name>.conf*, die sich in der Distribution der Anwendung befindet. Dort können Sie beliebige Optionen mit dem Attribut `default_options` bestimmen. Außerdem können Sie in dieser Datei noch separat den Pfad der Java Platform, das Benutzerverzeichnis und zusätzliche Cluster angeben.

35.2.2 Parameter während der Entwicklung festlegen

Um Kommandozeilenparameter während der Entwicklung der Anwendung innerhalb der NetBeans IDE zu definieren, können Sie das Attribut `run.args.extra` verwenden, mit dem Sie in der *project.properties*-Datei Ihrer Platform Application bzw. Ihres Moduls (wenn das Modul zu keiner Application gehört) Parameter festlegen können. Wenn Sie z. B. eine andere Locale-Einstellung testen und die Ausgaben eines Loggers einschalten wollen, tragen Sie Folgendes in die *project.properties*-Datei ein:

```
run.args.extra = --locale fr:FR \
                 -J-Dcom.galileo.netbeans.module.level=100
```

35.3 Distribution erstellen

Die NetBeans IDE stellt Ihnen verschiedene Arten für die Erstellung einer Distribution Ihrer Anwendung zur Verfügung. Mit Hinblick auf den End-Anwender, der es gewohnt ist, Software durch einen einfachen Klick auf einen Installer automatisch installieren zu lassen, ist sicherlich die Erstellung eines Installer Packages für Ihre Anwendung am interessantesten.

35.3.1 Installer Package

Die NetBeans IDE ist in der Lage, aus Ihrer Anwendung ein plattform-spezifisches Installer Package zu erzeugen. Legen Sie dazu einfach in den PROPERTIES Ihrer Platform Application unter INSTALLER fest, welche Packages Sie erzeugen lassen möchten. Optional können Sie dabei eine Software-Lizenz hinzufügen und können auswählen, ob das Installer Package komprimiert werden soll.

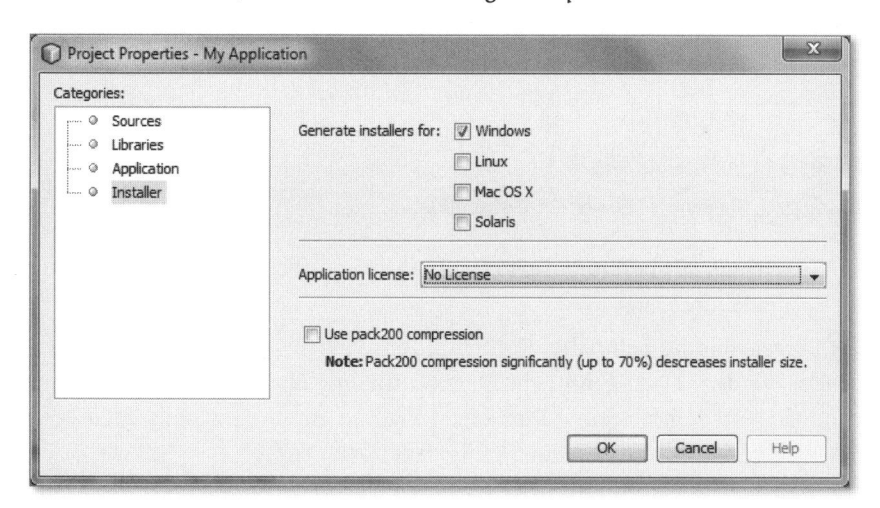

Abbildung 35.5 Plattform-spezifische Installer Packages erstellen lassen

Sie können Installer Packages für Windows, Linux, Mac OS X und Solaris erstellen lassen. Wenn Sie nun aus dem Application-Kontextmenü PACKAGE AS... • INSTALLERS auswählen, erstellt die NetBeans IDE die gewünschten Installer Packages im Verzeichnis *dist*.

35.3.2 ZIP-Distribution

Die Anwendung als ZIP-Distribution zu verpacken ist ebenfalls eine sehr gebräuchliche Form der Auslieferung. Dabei werden, wie auch bei einem Installer Package, sämtliche Bestandteile zusammengepackt, die zur Ausführung der Anwendung notwendig sind. Dazu gehören also die Module der NetBeans Platform, Ihre eigenen Anwendungsmodule, ein Launcher zum Start der Anwendung und einige Konfigurationsdateien. Die Erstellung dieses kompletten Paketes starten Sie mit PACKAGE AS... • ZIP DISTRIBUTION aus dem Kontextmenü Ihres Application-Projekts. Die fertige Distribution wird dann im Verzeichnis *dist* im entsprechenden Projektordner abgelegt.

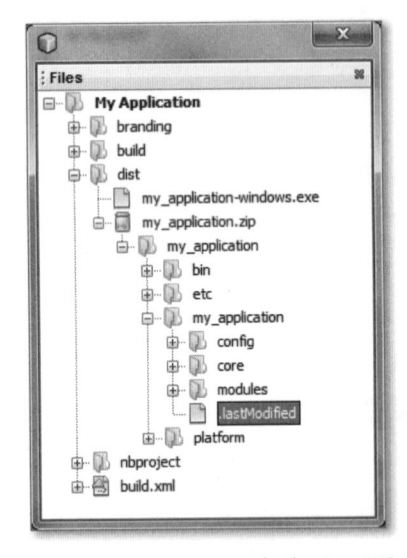

Abbildung 35.6 Bestandteile einer ZIP-Distribution

- Im Verzeichnis *bin* befinden sich die plattformspezifischen Launcher, darunter auch eine *.exe*-Datei.

- Das Verzeichnis *etc* beinhaltet Konfigurationsdateien, die vom Launcher verwendet werden. Dazu gehört die Datei *<branding id>.conf*, in der Sie Kommandozeilenparameter oder auch einen Pfad zu einem JDK definieren können (siehe Abschnitt 35.2, »Kommandozeilenparameter«).

- Die Verzeichnisse *my_application* und *platform* sind Cluster. Im Cluster *my_application* befinden sich Ihre Anwendungsmodule mitsamt ihren Konfigurationsdateien und den angepassten Plattform-Modulen. Im Cluster *platform* liegen dann folglich sämtliche Module der NetBeans Platform einschließlich der Module des **NetBeans Runtime Containers** (siehe Abschnitt 2.3, »Der NetBeans Runtime Container«).

35.3.3 Java Web Start Package

Eine weitere Distributionsmöglichkeit bietet **Java Web Start**. Damit kann Ihre Anwendung direkt aus dem Internet gestartet und ausgeführt werden. Rufen Sie dazu direkt aus dem Kontextmenü Ihrer Platform Application den Menüpunkt JNLP • BUILD auf. Als Resultat dieses Aufrufs erhalten Sie im Verzeichnis *dist* eine *.war*-Datei, die die komplette Anwendung beinhaltet, die als solche dann direkt in das Deploy-Verzeichnis eines Servlet-Containers kopiert werden kann. Die Datei *WEB-INF/web.xml* ist der Deployment Descriptor, der das JNLP-Servlet definiert, das sich selbst im Verzeichnis *WEB-INF/lib* befindet.

35.3.4 Mac OS X-Applikation

Als vierte und letzte Möglichkeit einer Distribution steht Ihnen die Erstellung einer Mac OS X-Applikation zur Verfügung. Rufen Sie dazu den Kontextmenüpunkt PACKAGE AS... • MAC OS X APPLICATION der entsprechenden Platform Application auf. Beachten Sie, dass Sie dies nicht auf einer Windows-Plattform durchführen können, da unter anderem auf den Befehl ln zugegriffen wird, der in Windows nicht zur Verfügung steht.

In diesem Kapitel erfahren Sie, wie Sie Aktualisierungen in Form von neuen Modulen oder Modulen in einer aktuelleren Version für Ihre bereits ausgelieferte Anwendung bereitstellen können. Dabei geht es um die Erstellung, den Aufbau, die Verteilung und die Installation eines Update-Pakets.

36 Update einer NetBeans-Platform-Anwendung

Im Laufe des Software-Lebenszyklus kommt es fast immer vor, dass Sie Aktualisierungen bereitstellen möchten, entweder um Fehler zu beheben, neue Funktionalitäten hinzuzufügen oder um neue Anforderungen an Ihre Anwendung umzusetzen. Nun wäre es natürlich sehr unhandlich, wenn Sie für jede Aktualisierung die Anwendung komplett neu ausliefern müssten. Dies ist auch einer der Gründe und Vorteile einer modularen Architektur der Anwendung. Denn dadurch ist es möglich, dass Sie Aktualisierungen auf Modulebene anbieten können.

Für den Benutzer muss die Installation von Updates so einfach wie möglich sein. Dafür stellt die NetBeans Platform in Verbindung mit dem **Plugin Manager** einen **Auto Update Service** zur Verfügung. Dieses Modul ist in der Lage, automatisch in definierten **Update Centern** nach aktualisierten oder auch neuen Modulen zu suchen und diese dynamisch zur Laufzeit zu installieren. Darüber hinaus ist es auch möglich, manuell heruntergeladene Updates oder neue Module über den Plugin Manager zu installieren.

36.1 Der Auto Update Service

Ein Update wird in Form eines NBM-Pakets zur Verfügung gestellt. Diese Pakete müssen in einem Update Center veröffentlicht werden. Innerhalb einer NetBeans-Platform-Anwendung können in den Einstellungen des Plugin Managers beliebige Update Center definiert werden, in denen der Auto Update Service nach Updates sucht. Update-Center-Definitionen können entweder manuell vorgenommen werden oder aber zusammen mit einem Anwendungsmodul ausgeliefert werden. Der Benutzer kann die Anwendung so konfigurieren, dass automatisch zu bestimmten Zeitpunkten nach Updates gesucht wird. Natürlich können Updates ebenso manuell initiiert werden.

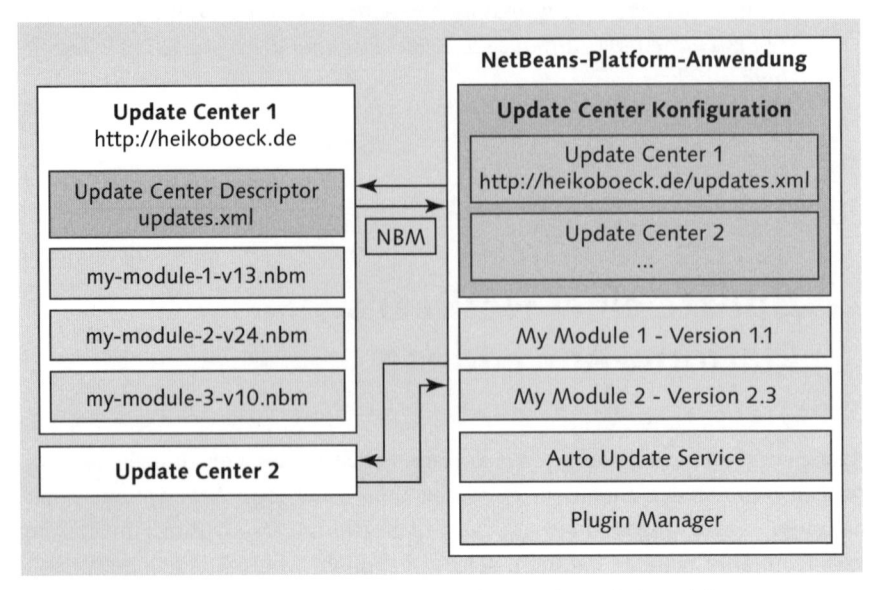

Abbildung 36.1 Die Komponenten der Auto-Update-Funktionalität und deren Zusammenhänge

36.2 Das NBM-Paket

Ein Modul, das Sie als Update zur Verfügung stellen möchten, hat die Form eines NBM-Pakets. Ein solches Paket ist ein JAR-Archiv, das das eigentliche Modul, dessen Konfigurationsdatei und eine Update-Informationsdatei beinhaltet. Außerdem kann es auch die von diesem Modul benötigten Bibliotheken umfassen. Der Inhalt der Modul-JAR-Datei und der dazugehörenden Konfigurationsdatei dürfte Ihnen bereits aus Kapitel 3, »Das NetBeans Module System«, bekannt sein.

Neu hingegen ist die Datei *info.xml*. Diese enthält Informationen, die unter anderem dem Benutzer im Plugin Manager bei der Auswahl der vorhandenen und zu installierenden Module angezeigt werden. Das manifest-Element beinhaltet die Informationen der Manifest-Datei des Moduls. Dabei sind z. B. die definierten Abhängigkeiten sehr wichtig. Wählt der Benutzer im Plugin Manager ein Modul aus, das von einem anderen Modul abhängt, wird dies automatisch aktiviert, sodass dies ebenfalls heruntergeladen wird. Können die Abhängigkeiten nicht erfüllt werden, kann der Benutzer das Modul zwar installieren, jedoch nicht aktivieren. Zuletzt können Sie hier auch Lizenzinformationen mit dem license-Element ergänzen, die dem Benutzer vor der Installation angezeigt werden und denen er auch zustimmen muss, damit das Modul erfolgreich installiert werden kann.

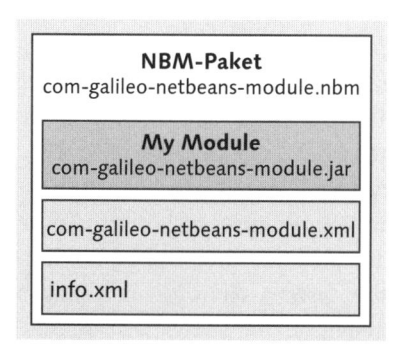

Abbildung 36.2 Bestandteile eines NBM-Pakets

```
<?xml version="1.0" encoding="UTF-8"?>
<!DOCTYPE module PUBLIC
   "-//NetBeans//DTD Autoupdate Module Info 2.5//EN"
   "http://www.netbeans.org/dtds/autoupdate-info-2_5.dtd">
<module codenamebase="com.galileo.netbeans.module"
        distribution="./com-galileo-netbeans-module.nbm"
        downloadsize="7123"
        homepage="http://heikoboeck.de"
        license="AD9FBBC9"
        moduleauthor="Heiko Boeck"
        needsrestart="false"
        releasedate="2007/10/16">
   <manifest AutoUpdate-Show-In-Client="true"
             OpenIDE-Module="com.galileo.netbeans.module"
             OpenIDE-Module-Name="My Module"
             OpenIDE-Module-Implementation-Version="071016"
             ...
             OpenIDE-Module-Specification-Version="1.0"/>
   <license name="AD9FBBC9">Place your license information here
   </license>
</module>
```

Listing 36.1 Informationsdatei eines NBM-Pakets

Ein NBM-Paket können Sie für Ihr Modul von der NetBeans IDE automatisch erstellen lassen, indem Sie aus dem Kontextmenü des gewünschten Moduls den Punkt CREATE NBM aufrufen.

Dabei versucht die IDE, die NBM-Datei zu signieren. Damit dies auch erfolgreich durchgeführt werden kann, müssen Sie einen sogenannten Keystore bereitstellen, den Sie zunächst generieren müssen. Dafür können Sie den **Keystores Manager** der NetBeans IDE verwenden, der Ihnen allerdings nur dann zur Verfügung steht, wenn Sie das **Mobility**-Plugin installiert haben. Dieses ist Bestandteil des vollständigen NetBeans-IDE-Installationspakets. Sie können es aber auch bequem über den Plugin Manager (Tools • Plugins • Available Plugins) nachinstallieren. Öffnen Sie den **Keystores Manager** über Tools • Keystores. Dort legen wir zunächst mit Add Keystore... eine Keystore-Datei an. Dabei müssen Sie einen Dateinamen für den Keystore angeben und ein Verzeichnis auswählen, in dem dieser abgelegt werden soll. Hier verwenden Sie am besten das Verzeichnis *nbproject* Ihres Moduls. Nach Eingabe eines mindestens sechs Zeichen langen Passworts können Sie den Keystore mit OK erstellen.

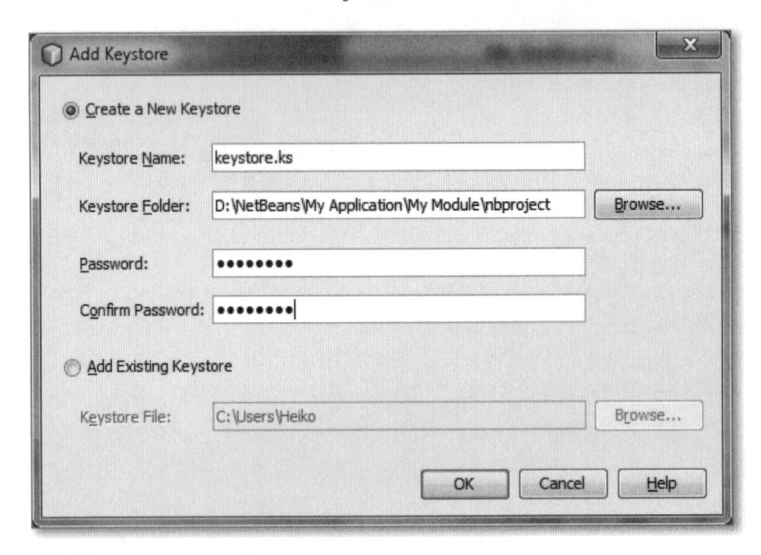

Abbildung 36.3   Erstellen eines Keystores

Diesem neu erstellten Keystore müssen Sie nun ein Schlüsselpaar hinzufügen, mit dem die NBM-Datei dann signiert werden kann. Wählen Sie dazu im Keystores Manager auf der linken Seite den Keystore aus, und klicken Sie dann auf der rechten Seite auf New.... Im folgenden Dialog müssen Sie einen Alias vergeben und können Ihre persönlichen Informationen hinterlassen. Beachten Sie, dass Sie dasselbe Passwort wie für den Keystore verwenden. Schließen Sie den Dialog mit OK ab, um das Schlüsselpaar im Keystore zu erstellen.

Alternativ können Sie ein Keystore und ein Schlüsselpaar auch ohne die NetBeans IDE erstellen. Stattdessen können Sie das Tool *keytool* verwenden, das zum Umfang des JDK gehört. Der Aufruf hätte folgende Form:

```
<JDK Pfad>/bin/keytool -genkey
   -storepass mypassword
   -alias mymodule
   -keystore <Modul Pfad>/nbproject/keystore.ks
```

Abbildung 36.4   Erstellen eines Schlüsselpaars

Damit die IDE den Keystore und das Schlüsselpaar auch finden kann, müssen Sie die beiden folgenden Properties in der Datei *nbproject/project.properties* (diese finden Sie auch in der Projektansicht unter IMPORTANT FILES • PROJECT PROPERTIES) definieren. Sollte diese Datei noch nicht existieren, können Sie diese einfach selbst anlegen. Darin definieren Sie mit `keystore` den Pfad zu Ihrem Keystore, relativ zum Modul-Projektverzeichnis, und geben mit `nbm_alias` den Alias für das zu verwendende Schlüsselpaar an, da ein Keystore mehrere Schlüssel beinhalten kann.

```
keystore=nbproject/keystore.ks
nbm_alias=mymodule
```

Führen Sie nun den Befehl CREATE NBM erneut aus, kann das NBM-Paket signiert werden. Dabei sollte Ihnen ein Dialog angezeigt werden, der Sie zur Eingabe des zu diesem Keystore gehörenden Passwortes auffordert. Geben Sie das richtige Passwort ein, kann die Signierung erfolgreich abgeschlossen werden. Wenn Sie das Passwort über diesen Dialog nicht jedes Mal neu eingeben möchten, können Sie zusätzlich noch die Eigenschaft `storepass` der Properties-Datei hinzufügen:

```
storepass=mypassword
```

Im Plugin Manager hat der Benutzer dann nach dem Herunterladen der gewünschten Module – vor der endgültigen Installation – die Möglichkeit, sich das Zertifikat anzuschauen. Beachten Sie, dass trotz Signierung dem Benutzer eine Warnung angezeigt wird, dass das Modul nicht vertrauenswürdig ist. Um dies zu verhindern, müssen Sie sich ein Zertifikat von einer offiziellen Zertifizierungsstelle wie VeriSign ausstellen lassen.

36.3 Update Center

NBM-Pakete, also Aktualisierungen für eine bereits ausgelieferte Anwendung, werden in einem Update Center für die Anwendung zum Download bereitgestellt. Ein solches Center ist also nichts anderes als ein Speicherort – in aller Regel ein über das Internet verfügbarer Server, auf dem die Module liegen.

Damit die im Update Center befindlichen Module auch gefunden werden können und der Auto Update Service feststellen kann, ob es sich bei den vorhandenen Modulen um aktuellere oder um neue Module handelt, wird ein Update Center durch einen **Update Center Descriptor** in Form einer XML-Datei beschrieben. In dieser Datei sind die Informationen der *info.xml*-Datei, die Sie bereits im vorigen Abschnitt kennengelernt haben, aller im Update Center befindlichen NBM-Pakete aufgelistet. Somit kann der Auto Update Service Ihrer Anwendung ermitteln, welche aktualisierten oder neuen Module in welcher Version vorliegen, ohne die NBM-Pakete zu öffnen oder herunterzuladen. Lediglich das `license`-Element wird nicht innerhalb, sondern außerhalb des `module`-Elements aufgeführt. Dadurch sind Sie in der Lage, eine Lizenzinformation für mehrere Module gleichzeitig zu verwenden und somit dem Benutzer auch nur eine anzuzeigen. Sie können das `license`-Element aber auch mehrmals aufführen, um so für jedes Modul Lizenzinformationen bereitzustellen.

```
<?xml version="1.0" encoding="UTF-8" ?>
<!DOCTYPE module_updates PUBLIC
    "-//NetBeans//DTD Autoupdate Catalog 2.5//EN"
    "http://www.netbeans.org/dtds/autoupdate-catalog-2_5.dtd">
<module_updates timestamp="08/54/21/17/04/2007">
    <module codenamebase="com.galileo.netbeans.module"
            distribution="./com-galileo-netbeans-module.nbm"
        ...
    </module>
    <module codenamebase="com.galileo.netbeans.module2"
            distribution="./com-galileo-netbeans-module2.nbm"
```

```
    ...
  </module>
  <license name="AD9FBBC9">Place your license information here
  </license>
</module_updates>
```

Listing 36.2 Update Center Descriptor – updates.xml

Das Wurzelelement eines Update Center Descriptors ist das `module_updates`-Element. Dieses besitzt lediglich das Attribut `timestamp`, dessen Datum der Auto Update Service mit dem Datum der letztmaligen Überprüfung vergleicht. Das heißt, das Update Center wird nur dann gelesen, wenn das `timestamp`-Datum aktueller als das Datum der letzten Überprüfung ist. Optional können Sie die einzelnen Module im Update Center Descriptor mit dem Element `module_group` zu einer Gruppe zusammenfassen, um so dem Benutzer im Plugin Manager die Module z. B. semantisch oder dem Kontext nach gruppiert darzustellen. Dabei können Sie das Element auch beliebig verschachtelt anwenden. Wichtig beim `module`-Element ist das `distribution`-Attribut, denn damit legen Sie fest, von wo das Modul heruntergeladen werden soll. Anstatt einer relativen Adresse – wie hier im Beispiel – können Sie auch eine absolute URL verwenden, die auf das Modul zeigt.

Die Adresse eines solchen Update Center Descriptors wird als Server-URL in der Update-Center-Konfiguration verwendet. Sie müssen diese Datei aber nicht selbst erstellen. Wenn Sie das Kontextmenü einer NetBeans Platform Application aufrufen, finden Sie dort den Menüpunkt PACKAGE AS • NBMs. Klicken Sie auf diesen, wird neben den einzelnen NBM-Paketen aller zu dieser Platform Application gehörenden Module auch der Update Center Descriptor mit dem Dateinamen *updates.xml* erzeugt. Diese Dateien finden Sie dann im Verzeichnis *build/updates*.

36.4 Bereitstellung eines Sprachpakets

Wie Sie den sprachspezifischen Inhalt Ihres Moduls in einer weiteren Sprache zur Verfügung stellen, haben Sie bereits in Kapitel 34, »Internationalisierung und Lokalisierung«, gesehen. Dabei haben Sie zwei Varianten kennengelernt: Zum einen können die lokalisierten Ressourcen direkt im Modul platziert, zum anderen auch durch eine separate JAR-Datei im Verzeichnis *locale* bereitgestellt werden. Dabei sind wir immer davon ausgegangen, dass Sie Zugriff auf das Modul bzw. die Anwendung haben. Wie aber können Sie nun ein zusätzliches Sprachpaket den Anwendern Ihrer bereits verteilten Anwendung zur Verfügung stellen?

Zusätzliche Sprachpakete für ein bereits ausgeliefertes Modul können Sie ganz einfach wie ein aktualisiertes oder neues Modul über ein Update Center bereitstellen. Der einzige Unterschied dabei ist, dass das manifest-Element im Update Descriptor (*info.xml*) und im Update Center Descriptor (*updates.xml*) durch das l10n-Element ersetzt wird. Dies hat folgende Struktur:

```
<l10n langcode="de"
    module_major_version="1"
    module_spec_version="1.0"
    OpenIDE-Module-Name="Mein Modul"
    OpenIDE-Module-Long-Description=
        "German localization of My Module."
/>
```

Sie geben zunächst mit dem Attribut langcode die Sprache an, die dieses Paket beinhaltet. Mit den Versionsattributen können Sie festlegen, für welche Version dieses Sprachpaket bestimmt ist. Nur wenn diese mit der Version des installierten Moduls übereinstimmt, wird das Sprachpaket auch aktiviert.

36.5 Konfiguration und Installation auf der Client-Seite

Damit nun Ihre Rich-Client-Anwendung auch in der Lage ist, neue oder aktualisierte Module von einem Update Center zu beziehen, müssen die gewünschten Update Center im **Plugin Manager** eingerichtet werden, den Sie über TOOLS • PLUGINS öffnen können. Dort können Sie im Register SETTINGS (siehe Abbildung 36.5) beliebige Update Center einrichten. Die URL eines Update Centers muss auf den Update Center Descriptor verweisen (siehe Abschnitt 36.3, »Update Center«). In dieser Ansicht können Sie auch bestimmte Update Center deaktivieren und so vom Update-Vorgang ausschließen.

Wenn Sie zum Register UPDATES wechseln, haben Sie dort die Möglichkeit, über die Schaltfläche RELOAD CATALOG in den eingestellten Update Centern nach Updates zu suchen. Dabei wird nach aktuelleren Versionen derjenigen Module gesucht, die bereits in Ihrer Anwendung installiert sind. Nach neuen Modulen suchen Sie auf die gleiche Weise im Register AVAILABLE PLUGINS. Die gefundenen Module werden Ihnen dann zunächst in der Liste angezeigt, wo Sie dann die gewünschten auswählen und durch die Schaltfläche UPDATE oder INSTALL Ihrer Anwendung hinzufügen können. Zudem können Sie auch lokal verfügbare Module installieren, die Sie z. B. selbst heruntergeladen haben. Dazu wechseln Sie zum Register DOWNLOADED, wo Sie über die Schaltfläche ADD PLUGINS... die gewünschten NBM-Pakete hinzufügen können. Installiert werden die ausgewählten Plugins dann über die Schaltfläche INSTALL.

Konfiguration und Installation auf der Client-Seite | **36.5**

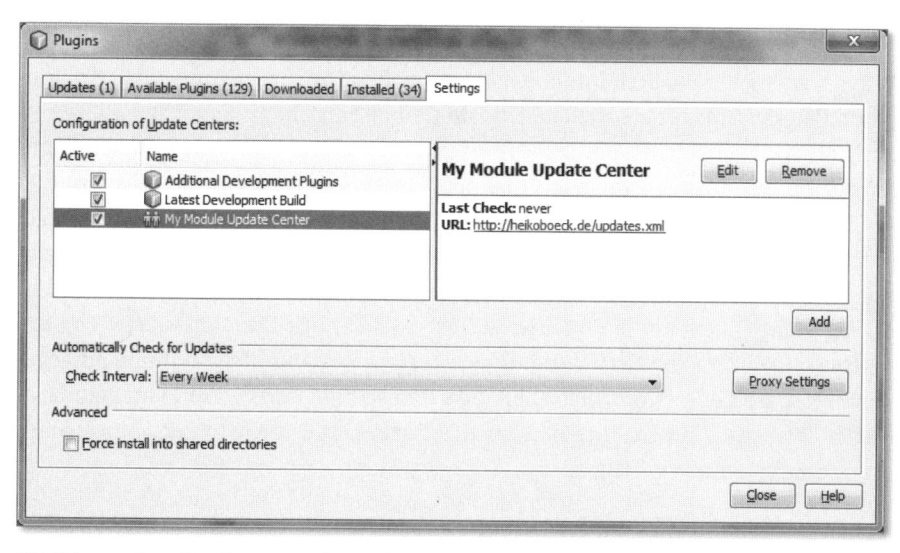

Abbildung 36.5 Konfiguration der Update Center, bei denen nach neuen Modulen gesucht werden soll

Zuletzt bleibt noch das Register INSTALLED (siehe Abbildung 36.6). Dort werden sämtliche installierten Module nach Kategorien aufgelistet. In dieser Ansicht können Sie Module sowohl deaktivieren als auch komplett deinstallieren.

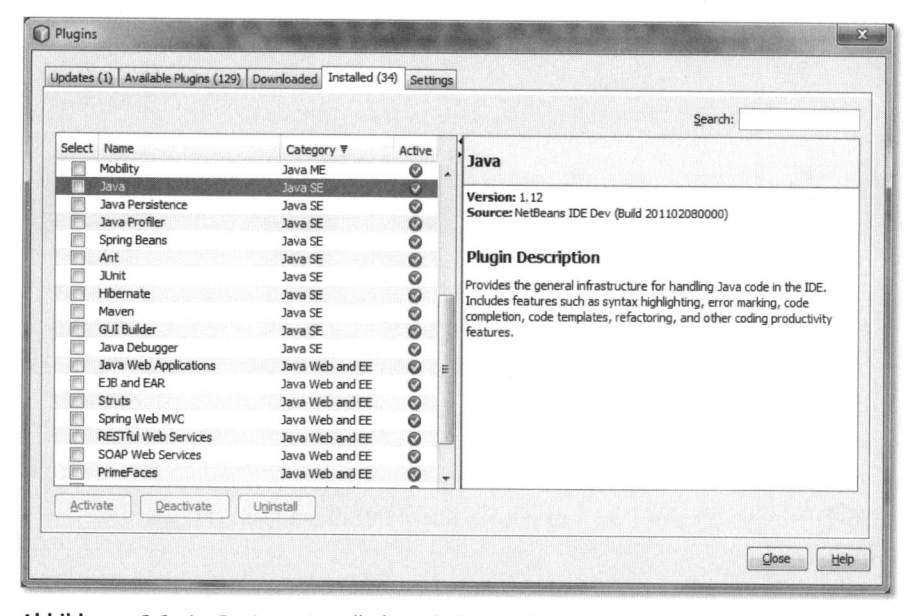

Abbildung 36.6 Im Register »Installed« sind alle installierten Module aufgelistet. Hier können Sie auch Module deaktivieren und deinstallieren.

36.5.1 Neues Update Center

Wie ich zuvor bereits erwähnt habe, kann der Benutzer Ihrer Anwendung manuell im Plugin Manager zusätzliche Update Center einrichten. Sie haben allerdings auch die Möglichkeit, einem Ihrer Module eine Update-Center-Information hinzuzufügen. Wird das Modul dann in einer Anwendung geladen, so steht dort dieses Update Center auch automatisch zur Verfügung. Sie sind also in der Lage, einer bereits ausgelieferten Anwendung ein zusätzliches Update Center hinzuzufügen. Für das Hinzufügen einer solchen Update-Center-Information zu Ihrem Modul steht Ihnen unter FILE • NEW FILE... • MODULE DEVELOPMENT • UPDATE CENTER ein Wizard zur Verfügung. Dieser registriert dann die von Ihnen eingegebenen Update-Center-Informationen (also den Namen und die URL) im Standard-Folder `Services/AutoupdateType` in der Layer-Datei des Moduls. Ein solcher Eintrag sieht dann wie folgt aus:

```xml
<folder name="Services">
   <folder name="AutoupdateType">
      <file name="my_module_update_center.instance">
         <attr name="displayName"
               bundlevalue="com.galileo.netbeans.module.Bundle
               #Services/AutoupdateType/
               my_module_update_center.instance"/>
         <attr name="enabled" boolvalue="true"/>
         <attr name="instanceCreate" methodvalue=
               "org.netbeans.modules.autoupdate.updateprovider.
               AutoupdateCatalogFactory.createUpdateProvider"/>
         <attr name="instanceOf" stringvalue=
               "org.netbeans.spi.autoupdate.UpdateProvider"/>
         <attr name="url" bundlevalue=
               "com.galileo.netbeans.module.Bundle
               #my_module_update_center"/>
      </file>
   </folder>
</folder>
```

Listing 36.3 Update-Center-Definition in der Layer-Datei

Wobei die eigentlichen Daten in ein Resource Bundle ausgelagert wurden:

```
my_module_update_center=
   http://heikoboeck.de/updates.xml
Services/AutoupdateType/my_module_update_center.instance=
   My Update Center
```

In diesem Beispiel sind wir davon ausgegangen, dass das Update Center über die Internetadresse per *http* öffentlich zugänglich ist. Sie können aber auch das *file*-Protokoll verwenden, um damit z. B. ein Update Center auf einem firmeninternen Server einzurichten:

```
file:/D:/NetBeans/MyUpdateCenter/updates/updates.xml
```

36.5.2 Automatische Installation von Updates

Es besteht die Möglichkeit, ein NBM-Paket auch ohne Benutzerinteraktion zu installieren. Dazu muss lediglich das NBM-Paket in das Verzeichnis *update/download* eines Clusters gelegt werden. Das Update wird dann automatisch beim nächsten Herunterfahren der Anwendung installiert, anschließend wird das NBM-Paket gelöscht und die Anwendung neu gestartet. Im Verzeichnis *update/backup/netbeans* befindet sich eine Sicherung der originalen Version des aktualisierten Moduls. Zu beachten ist, dass das Update immer in diesem Cluster installiert wird, in dem es abgelegt wurde – auch dann, wenn das zu aktualisierende Modul in einem anderen Cluster installiert wurde.

Weitergehende Möglichkeiten zur Verwaltung, automatischen Installation, Deinstallation oder Deaktivierung von Modulen bietet die Ihnen die **Auto Update Services API**, deren Funktionalitäten ich Ihnen in Kapitel 25, »Auto Update Services API«, erläutere.

TEIL VII **Test & Tooling**

Entwickeln und testen von NetBeans-Platform-Anwendungen

Maven ist nun integraler Bestandteil der NetBeans Platform. Damit steht Ihnen neben Ant nicht nur ein alternatives Build-System zur Verfügung, sondern auch eine prima Möglichkeit, unabhängig von der NetBeans IDE zu arbeiten.

37 Maven und die NetBeans Platform

Standardmäßig verwendet die NetBeans IDE das Build-Tool **Ant**. Maven, als Alternative zu Ant, stand bisher nur als zusätzliches Plugin zur Verfügung, und die Unterstützung durch die IDE war dabei beschränkt. Dies hat sich inzwischen geändert. Maven ist integraler Bestandteil der NetBeans IDE, die die Maven-Distribution und zahlreiche Wizards für die Erstellung verschiedener Projekttypen mit sich bringt. Ich möchte den Fokus an dieser Stelle natürlich auf die Maven-Unterstützung bei der Entwicklung von NetBeans-Platform-Anwendungen richten.

Die Konfiguration eines Maven-Projekts ist hierarchisch und modular aufgebaut und eignet sich damit sehr gut als Build-System für NetBeans-Platform-Anwendungen. Bei Maven-Projekten wird der komplette Build-Vorgang durch Maven erledigt. Das heißt, es ist so problemlos möglich, auch ohne die NetBeans IDE zu arbeiten. Die Funktionalität von Maven selbst ist in einzelne Plugins gegliedert. Durch die weite Verbreitung stehen für zahlreiche Aufgaben Plugins zur Verfügung. Somit bleiben die notwendigen Konfigurationsdateien klein und übersichtlich.

37.1 Grundlagen und Struktur eines Maven-Projekts

Alle notwendigen Informationen eines Software-Projekts werden bei Maven in einer sogenannten POM-Datei (**Project Object Model**) definiert. Dabei erhält jedes Modul (z. B. JAR-Datei) eine eigene Datei. Ein Projekt kann aus mehreren Modulen bestehen. Damit diese zusammen erzeugt werden, kann eine Parent-POM-Datei erstellt werden, die diese Module aggregiert. Gleichzeitig können die untergeordneten Module von der Parent-POM-Datei Eigenschaften erben. Die so entstehende hierarchische Struktur kann nach unten hin in dieser Weise noch erweitert werden.

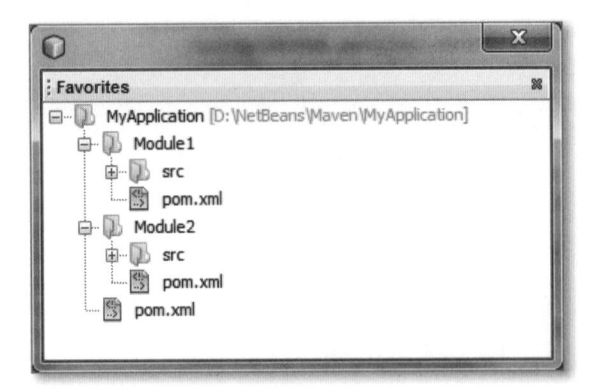

Abbildung 37.1 Dateistruktur eines Multi-Module-Projekts mit Parent-POM-Datei zur Vererbung von Eigenschaften und Aggregation mehrerer Module

37.1.1 Die Parent-POM-Datei

Eines der wichtigsten Features ist dabei die Möglichkeit der Vererbung. So kann einer POM-Datei eine Parent-POM-Datei zugeordnet werden. Dort definierte Elemente können geerbt, aber auch überschrieben werden. Gleichzeitig besteht die Möglichkeit der Aggregation von Modulen. In einer Parent-POM-Datei werden dabei sämtliche Module angegeben, die zu diesem Projekt gehören sollen. Auf diese Weise kann ein Software-Projekt, das aus mehreren Modulen besteht, als zusammengehörende Einheit erstellt werden.

```xml
<?xml version="1.0" encoding="UTF-8"?>
<project xmlns="http://maven.apache.org/POM/4.0.0"
xmlns:xsi="http://www.w3.org/2001/XMLSchema-instance"
xsi:schemaLocation="http://maven.apache.org/xsd/maven-4.0.0.xsd">
    <modelVersion>4.0.0</modelVersion>
    <groupId>com.galileo.netbeans</groupId>
    <artifactId>MyApplication</artifactId>
    <version>1.0-SNAPSHOT</version>
    <packaging>pom</packaging>
    <name>MyApplication</name>
    <repositories>...</repositories>
    <dependencies>...</dependencies>
    <build>...</build>
    <modules>
        <module>Module1</module>
        <module>Module2</module>
    </modules>
```

```
    <properties>...</properties>
</project>
```

Listing 37.1 Beispiel für eine Parent-POM–Datei, mit der mehrere Module zusammengefasst werden

In Listing 37.1 ist die Grundstruktur einer Parent-POM-Datei dargestellt. Dabei wird die Datei bzw. das Projekt mit den Elementen `groupId`, `artifactId` und `version` grundsätzlich identifiziert. Da es sich um kein Modul (z. B. JAR-Datei) handelt, sondern um eine Parent-POM-Datei, wird der `packaging`-Typ *pom* verwendet. Unterhalb des Elements `dependencies` können Abhängigkeiten auf andere Module definiert werden. Dies ist vor allem für die einzelnen Module wichtig, die Klassen aus anderen Modulen verwenden. An dieser Stelle in der Parent-POM-Datei können Sie aber z. B. vorab die Version für eine Abhängigkeit definieren, um so sicherzustellen, dass alle Module, die die entsprechende Abhängigkeit definieren, die gleiche Version verwenden. Mit dem Element `build` können Sie Plugins, die beim Build-Prozess zum Einsatz kommen, bereits global vorkonfigurieren. Mit dem Element `modules` erfolgt die eigentliche Aggregation von mehreren zusammengehörenden Modulen. Wird also ein Build-Prozess mit dieser Parent-POM-Datei gestartet, so werden die Module *Module1* und *Module2* erstellt. Scheitert der Build-Vorgang bei einem Modul, so wird der gesamte Vorgang abgebrochen.

37.1.2 Die Module-POM-Datei

Die POM-Datei für ein Modul besteht aus genau der gleichen Grundstruktur. Anstatt des Elements `modules` kommt an dieser Stelle natürlich das Element `parent` zum Einsatz. Damit referenzieren Sie auf die zu verwendende Parent-POM-Datei, deren Einstellungen geerbt werden sollen. Der mit `artifactId` vergebene Name muss mit dem in der Parent-POM-Datei unter `modules` angegebenen Namen übereinstimmen. Mit dem `packaging`-Element definieren wir an dieser Stelle nun, dass es sich um ein Modul handelt. Dies kann z. B. *jar* oder eben *nbm* für ein NetBeans-Platform-Modul sein.

```
<?xml version="1.0" encoding="UTF-8"?>
<project xmlns="http://maven.apache.org/POM/4.0.0"
    xmlns:xsi="http://www.w3.org/2001/XMLSchema-instance"
    xsi:schemaLocation="http://maven.apache.org/xsd/maven-4.0.0.xsd">
    <modelVersion>4.0.0</modelVersion>
    <parent>
        <artifactId>MyApplication</artifactId>
        <groupId>com.galileo.netbeans</groupId>
```

```xml
        <version>1.0-SNAPSHOT</version>
    </parent>
    <artifactId>Module1</artifactId>
    <packaging>nbm</packaging>
    <name>MyModule</name>
    <properties>...</properties>
    <dependencies>
        <dependency>
            <groupId>com.galileo.netbeans</groupId>
            <artifactId>Module5</artifactId>
            <version>1.3</version>
        </dependency>
    </dependencies>
    <build>...</build>
</project>
```

Listing 37.2 Beispiel für eine Module-POM-Datei, die von einer Parent-POM-Datei erbt

Eines der wichtigsten Features von Maven, gerade im Vergleich zu Ant, ist das **Dependency Management**. Dabei werden für jedes Projekt bzw. Modul in der jeweiligen POM-Datei die Abhängigkeiten auf andere Module (JAR-Dateien) bzw. Projekte deklariert. Der eigentliche Hauptvorteil liegt aber in der Auflösung von transitiven Abhängigkeiten durch Maven. Denn Maven löst auch die Abhängigkeiten der Abhängigkeiten auf und bindet diese automatisch ein. Somit muss nicht der gesamte Klassenpfad gepflegt werden, was für eine jederzeitige und einfache Reproduzierbarkeit eines Builds sorgt.

37.1.3 Maven Repositories

Integraler Bestandteil von Maven ist das Einbeziehen und Verwalten von Repositories. Ein Repository stellt dabei den Ablageort für Artefakte (zumeist JAR-Dateien) dar. Neben dem eigentlichen Artefakt wird dort auch die POM-Datei abgelegt, die damit die Auflösung von transitiven Abhängigkeiten ermöglicht. Die Ablagestruktur folgt einer bestimmten Konvention. Das Modul mit der Group ID `com.galileo.netbeans`, der Artifact ID `MyModule` und der Version 1.0 würde z. B. unter

<Repository>/com/galileo/netbeans/MyModule/1.0/MyModule-1.0.jar

abgelegt bzw. gesucht werden, wenn es von einem anderen Projekt benötigt wird.

Neben dem zentralen Maven Repository (*http://repo1.maven.org/maven2*), das standardmäßig mit einbezogen wird, können Sie beliebig viele andere (eigene) Repositories für Ihr Projekt definieren. Um z. B. Artefakte aus dem Repository mit den NetBeans-Modulen verwenden zu können, fügen Sie folgenden Eintrag Ihrer POM-Datei hinzu:

```
<repositories>
   <repository>
      <id>netbeans</id>
      <name>NetBeans</name>
      <url>http://bits.netbeans.org/maven2/</url>
   </repository>
</repositories>
```

Listing 37.3 Definition eines Maven-Repositorys

Diese Definition kann natürlich der Parent-POM-Datei hinzugefügt werden, damit nicht jedes zugehörige Modul einzeln konfiguriert werden muss.

Damit nun nicht bei jedem Build die benötigten Artefakte aus den Repositories online abgerufen werden müssen, verwaltet Maven ein lokales Repository. Dort werden alle heruntergeladenen Artefakte abgelegt. Dort wird auch zunächst gesucht, um den Build-Vorgang zu beschleunigen und auch offline durchführen zu können. Wo sich Ihr lokales Repository befindet, definieren Sie in der *settings.xml*-Datei, die sich normalerweise im Benutzerverzeichnis unter *<Benutzerverzeichnis>/.m/settings.xml* befindet. Die Definition sieht z. B. wie folgt aus:

```
<settings>
   <localRepository>D:\MyLocalRepository</localRepository>
   ...
</settings>
```

Listing 37.4 Definition des lokalen Maven-Repositorys

37.2 Maven-Projekte in der NetBeans IDE

Die **NetBeans IDE** stellt für Maven, wie auch standardmäßig für Ant, verschiedene Wizards zum Erstellen einer NetBeans-Platform-Anwendung und deren Modulen bereit. Zudem stehen nützliche Features wie z. B. der **Maven Repository Browser** zur Verfügung.

37.2.1 NetBeans Platform Application erstellen

Zunächst können Sie ein NetBeans-Platform-Application-Projekt über FILE • NEW PROJECT... • MAVEN • NETBEANS APPLICATION erstellen. Beachten Sie, dass der Projektname keine Leerzeichen enthalten darf. Dieser wird nämlich als artifactId in der POM-Datei verwendet. Dort sind aufgrund der Ablage der Artefakte in einem Repository keine Leerzeichen erlaubt. Weiterhin vergeben Sie eine groupId und sowie eine version. Im abschließenden Schritt des Wizards wählen Sie die NetBeans-Version aus, auf der Ihre Anwendung basieren soll. Auf das entsprechende Cluster wird dann in der POM-Datei automatisch eine Abhängigkeit gesetzt, sodass die Platform-Module inkludiert werden. Zudem können Sie noch festlegen, ob OSGi Bundles als Abhängigkeiten hinzugefügt werden dürfen und ob mit der Platform Application auch gleich ein erstes Module-Projekt angelegt werden soll. Beenden Sie anschließend den Wizard, und Sie erhalten die in Abbildung 37.2 dargestellte Anwendungsstruktur.

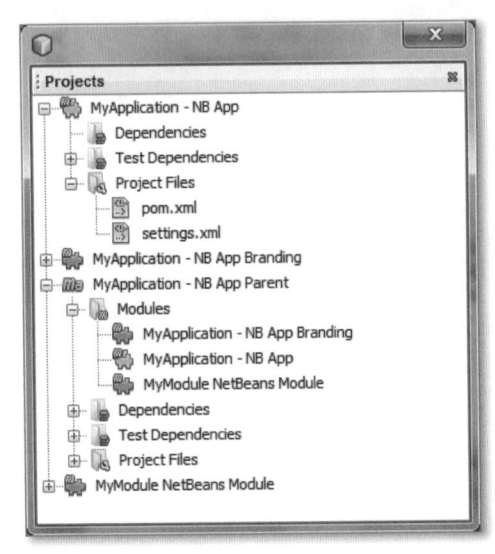

Abbildung 37.2 Maven-basiertes NetBeans-Platform-Application-Projekt in der NetBeans-IDE-Projektansicht

Auf den ersten Blick fällt auf, dass das eigentliche NetBeans-Platform-Application-Projekt nicht nur aus einem, sondern aus drei Teilen besteht. Diese sind mit **NB App**, **NB App Branding** und **NB App Parent** gekennzeichnet. Dabei kommen diesen Teilen folgende Aufgaben zu:

▸ **NB App**
Mit diesem Projekt wird bestimmt, was zum Bestandteil der Anwendung gehört. Das heißt, in der Datei *pom.xml* werden auf das NetBeans Platform

Cluster sowie auf das Branding-Modul und das Anwendungsmodul *MyModule* Abhängigkeiten definiert. Über dieses Projekt starten Sie Ihre Anwendung. Rufen Sie dazu aus dem Kontextmenü RUN auf.

- **NB App Branding**
  Mit diesem Teilprojekt werden die Branding-Ressourcen, also die angepassten Texte und Icons, verwaltet und als Branding-Module erstellt. Den Branding-Dialog öffnen Sie über das Kontextmenü dieses Projekts.

- **NB App Parent**
  Dies ist das eigentliche Container-Projekt für die gesamte Anwendung. Das heißt, die POM-Datei dieses Projekts ist die Parent-POM-Datei für die beiden zuvor beschriebenen und für alle weiteren Anwendungsmodule. Hier erfolgt auch die Aggregation aller Module über das `modules`-Attribut. Zur Erstellung der gesamten Anwendung rufen Sie aus dem Kontextmenü dieses Projekts BUILD auf. Damit werden auch alle zugehörigen Module erstellt.

37.2.2 NetBeans-Platform-Module erstellen

Ein neues Anwendungsmodul mit Maven erstellen Sie analog über FILE • NEW PROJECT... • MAVEN • NETBEANS MODULE. Um ein neues Modul einer bestehenden Platform Application hinzuzufügen, wählen Sie beim Erstellen des Moduls einfach das Basisverzeichnis der gewünschten Anwendung aus. Das ist die Ebene, auf der sich die Parent-POM-Datei befindet. Das Modul wird der Parent-POM-Datei automatisch hinzugefügt. Auch ein entsprechender `parent`-Eintrag wird der Module-POM-Datei hinzugefügt, damit diese auch die Konfiguration der Platform Application erbt.

37.2.3 Abhängigkeiten hinzufügen

Zuletzt möchte ich Ihnen demonstrieren, wie Sie einem Modul eine Abhängigkeit hinzufügen können. Dazu rufen Sie aus dem Kontextmenü des DEPENDENCIES-Knotens des gewünschten Projekts den Eintrag ADD DEPENDENCY... auf. Sie können im entsprechenden Dialog die Abhängigkeit entweder direkt, durch Angabe der Artifact ID, Group ID und Version, über die Suchfunktion oder durch Auswahl eines geöffneten Projekts (siehe Abbildung 37.3) hinzufügen. Die Suchfunktion bezieht die definierten Maven-Repositories in die Suche mit ein. Darüber also können Sie z. B. eine Abhängigkeit auf ein Modul der NetBeans Platform hinzufügen. Das heißt aber auch, dass Sie nur nach Modulen suchen können, die bereits in einem Repository installiert wurden. Wenn Sie also eine Abhängigkeit auf ein Modul definieren möchten, das Bestandteil Ihrer Anwendung ist und bisher noch nicht erstellt wurde, müssen Sie den Weg über OPEN PROJECTS gehen.

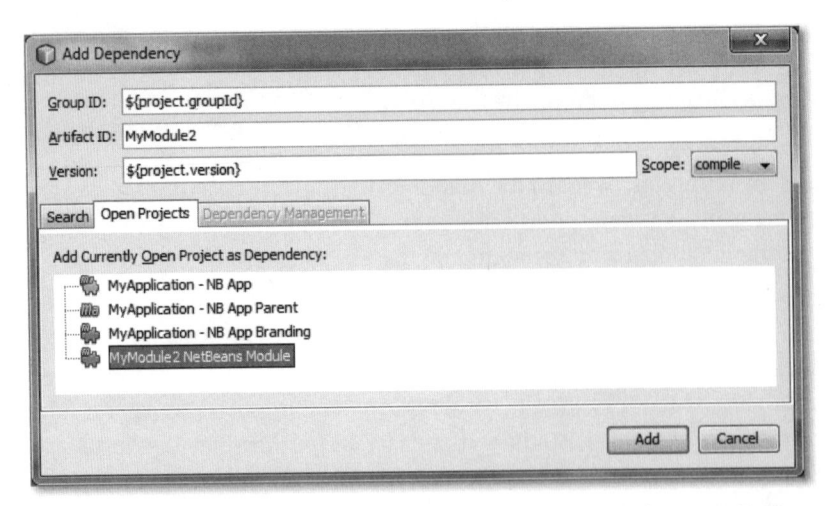

Abbildung 37.3 Hinzufügen einer Abhängigkeit zu einem Maven-basierten NetBeans-Platform-Modul

Noch einfacher können Sie Module über den **Maven Repository Browser** ausfindig machen. Diesen öffnen Sie über WINDOW • OTHER • MAVEN REPOSITORY BROWSER. Dort können Sie Repositories hinzufügen und in diesen suchen und browsen. Über das Kontextmenü eines Moduls in einer speziellen Version können Sie mit ADD AS DEPENDENCY... dieses einem geöffneten Projekt als Abhängigkeit hinzufügen.

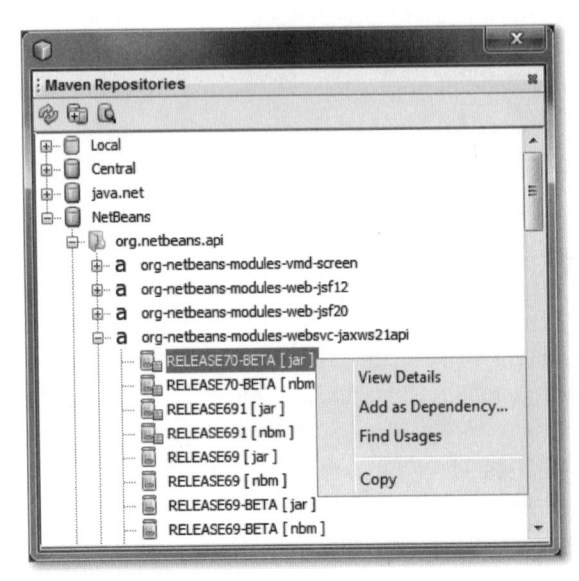

Abbildung 37.4 Der Maven Repository Browser

37.3 Maven-Projekte ohne NetBeans IDE

Im vorhergehenden Abschnitt haben wie die NetBeans IDE zur Erstellung von NetBeans-Platform-Maven-Projekten verwendet. Da die NetBeans IDE im Grunde nichts anderes macht, als die mit der GUI abgefragten Parameter an Maven zu übergeben, können wir genauso gut auch Maven direkt verwenden. Nachfolgend möchte ich Ihnen die Verwendung des **NetBeans Maven Plugins** zur Erstellung einer NetBeans-Platform-Anwendung im Detail darstellen.

Bevor wir mit der Erstellung eines ersten Maven-Projekts beginnen können, müssen noch ein paar Vorbedingungen erfüllt sein:

- Wenn Sie Maven noch nicht installiert haben, können Sie die aktuellste Version unter *http://maven.apache.org* herunterladen. Sie müssen das heruntergeladene Package lediglich entpacken und in einem geeigneten Verzeichnis ablegen.

- Dann müssen Sie die Umgebungsvariable *M2_HOME* erstellen. Diese soll auf das Basisverzeichnis der Maven-Distribution zeigen, also z. B. *C:\Program Files\apache-maven-3.0.3*.

- Außerdem muss die Umgebungsvariable *JAVA_HOME* gesetzt sein. Diese zeigt auf das JRE-Verzeichnis, also z. B. *C:\Program Files\Java\jdk1.6.0_24\jre*.

- Fügen Sie zuletzt das Verzeichnis *bin* der Path-Variable hinzu, damit Maven ohne Pfadangabe in der Kommandozeile aufgerufen werden kann.

Damit sind wir nun startbereit und können im nächsten Abschnitt ein Maven-basiertes NetBeans-Platform-Application-Projekt erstellen.

37.3.1 Eine NetBeans Platform Application erstellen

Das **NetBeans Maven Plugin** stellt den **Archetype** `netbeans-platform-app` bereit. Dieser nimmt uns die Erstellung des kompletten Gerüsts eines NetBeans-Platform-Application-Projekts ab. Damit dieser gefunden werden kann, brauchen wir die Artifact ID, die Group ID und eine entsprechende Version. Außerdem spezifizieren wir das Maven Repository, von wo die notwendigen Module geladen werden sollen.

Dann geben wir mit `groupdId`, `artifactId` und `version` die Daten für das zu erstellende Projekt an. Mit `netbeansVersion` können Sie die Version der zu verwendenden NetBeans-Platform-Version bestimmen. Welche hierzu zur Verfügung stehen, können Sie im NetBeans Maven Repository unter folgender URL einsehen:

http://bits.netbeans.org/maven2/org/netbeans/cluster/platform

37 | Maven und die NetBeans Platform

Optional können Sie mit dem Parameter `package` das Package definieren, das für das Branding Module verwendet wird. Geben Sie den Parameter nicht an, so wird die Group ID als Wert herangezogen. Mit dem Parameter `--batch-mode` veranlassen wir Maven, um in den **Non-Interactive Mode** zu gehen und das Projekt ohne Nachfrage zu erstellen. Mit `archetype:generate` als Goal (siehe Listing 37.5) starten wir die Erzeugung der Projektstruktur.

```
>mvn
-DarchetypeArtifactId=netbeans-platform-app-archetype
-DarchetypeGroupId=org.codehaus.mojo.archetypes
-DarchetypeVersion=1.8
-Darchetype.interactive=false
-DarchetypeRepository=http://repo1.maven.org/maven2/
-DgroupId=com.galileo.netbeans
-DartifactId=MyApplication
-Dversion=1.0-SNAPSHOT
-DnetbeansVersion=RELEASE70
-Dpackage=com.galileo.netbeans.myapplication
--batch-mode
archetype:generate
```

Listing 37.5 Maven-Parameter für die Erstellung eines NetBeans-Platform-Application-Projekts über die Kommandozeile

Wenn Sie den in Listing 37.5 dargestellten Kommandozeilenaufruf in dem Verzeichnis ausführen, in dem das Projekt erstellt werden soll, so erhalten Sie die in Abbildung 37.5 gezeigte Struktur.

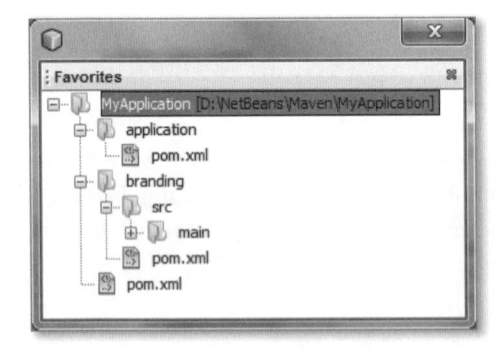

Abbildung 37.5 Struktur eines Maven-basierten NetBeans-Platform-Application-Projekts

Die Bedeutung der in Abbildung 37.5 dargestellten Bestandteile des Projekts ist in Abschnitt 37.2 erklärt. An dieser Stelle wollen wir nochmals etwas hinter die Kulissen der Konfiguration schauen, und verschaffen uns einen Überblick über die erstellten POM-Dateien, um den Aufbau eines solchen Projekts zu verstehen.

Schauen wir uns zunächst die Parent-POM-Datei, also die *pom.xml*-Datei auf oberster Ebene, an.

```xml
<project xmlns="http://maven.apache.org/POM/4.0.0" ... >
    <modelVersion>4.0.0</modelVersion>

    <groupId>com.galileo.netbeans</groupId>
    <artifactId>MyApplication</artifactId>
    <version>1.0-SNAPSHOT</version>
    <packaging>pom</packaging>
    <name>MyApplication - NB App Parent</name>
    <repositories>
        <repository>
            <id>netbeans</id>
            <name>NetBeans</name>
            <url>http://bits.netbeans.org/maven2/</url>
        </repository>
    </repositories>
    <dependencies>
        <dependency>
            <groupId>junit</groupId>
            <artifactId>junit</artifactId>
            <version>4.8.2</version>
            <scope>test</scope>
        </dependency>
    </dependencies>
    <build>
        <pluginManagement>
            <plugins>
                <plugin>
                    <groupId>org.codehaus.mojo</groupId>
                    <artifactId>nbm-maven-plugin</artifactId>
                    <version>3.5</version>
                    <extensions>true</extensions>
                    <configuration>
                        <brandingToken>${brandingToken}</brandingToken>
                        <cluster>${brandingToken}</cluster>
                    </configuration>
                </plugin>
                <plugin>
                    <groupId>org.apache.maven.plugins</groupId>
                    <artifactId>maven-compiler-plugin</artifactId>
                    <version>2.3.2</version>
                    <configuration>
```

```xml
                <source>1.6</source>
                <target>1.6</target>
              </configuration>
          </plugin>
       </plugins>
     </pluginManagement>
  </build>
  <modules>
     <module>branding</module>
     <module>application</module>
  </modules>
  <properties>
     <netbeans.version>RELEASE70</netbeans.version>
     <brandingToken>myapplication</brandingToken>
  </properties>
</project>
```

Listing 37.6 Parent-POM-Datei eines NetBeans-Platform-Application-Projekts

Nach den beschreibenden Informationen für dieses Projekt wird das Repository definiert, von wo die NetBeans–Platform- bzw. NetBeans-IDE-Module geladen werden können. Dies steht somit projekt-global zur Verfügung. Ebenfalls stehen die in dieser Datei unter `dependencies` definierten Abhängigkeiten allen Modulen (die von der Parent-POM-Datei erben) zur Verfügung. Hier im Beispiel müssen Sie also den einzelnen Modulen keine Abhängigkeit mehr auf das JUnit-Modul hinzufügen. Unterhalb des Elements `pluginManagement` können Maven-Plugins vorkonfiguriert werden, die später für den Build-Prozess verwendet werden. So definieren wir z. B. an dieser Stelle für das **NetBeans Maven Plugin** das zu verwendende Cluster und den Branding Token. Außerdem können wir dem **Compiler Plugin** hier die Information geben, dass das Projekt auf Basis von Java erstellt wird. Unterhalb des `modules`-Elements sind zunächst die beiden einzigen Module dieses Projekts, das *branding*- und das *application*-Modul, hinzugefügt. Alle Module, die Sie erstellen und die zu dieser Anwendung gehören sollen, werden an dieser Stelle mit ihrer **Artifact ID** aufgeführt. Zuletzt werden Properties definiert, die global und zentral zur Verfügung stehen sollen. Auf deren Wert kann mit `${...}` zugegriffen werden.

Die beiden POM-Dateien des *branding*- und *application*-Moduls entsprechen dem Aufbau einer gewöhnlichen NetBeans-Platform-Module-POM-Datei. Eine solche sehen wir uns in den folgenden Abschnitten genauer an.

37.3.2 NetBeans-Platform-Module erstellen

Nachdem wir in Abschnitt 37.3.1 ein Maven-basiertes NetBeans-Platform-Application-Projekt über die Kommandozeile – ganz ohne Entwicklungsumgebung – erstellt haben, wollen wir diesem nun ein Anwendungsmodul hinzufügen. Auch für die Erstellung eines Moduls steht ein Archetype zur Verfügung. Das Trickreiche bei der Erstellung eines Moduls ist, dass die Beziehung zur Parent-POM-Datei automatisch hergestellt wird. Das heißt, das Modul wird automatisch dem NetBeans-Platform-Application-Projekt hinzugefügt, wenn Sie es in dessen Basisverzeichnis erstellen.

```
>mvn
-DarchetypeArtifactId=nbm-archetype
-DarchetypeGroupId=org.codehaus.mojo.archetypes
-DarchetypeVersion=1.7
-Darchetype.interactive=false
-DarchetypeRepository=http://repo1.maven.org/maven2/
-DartifactId=MyModule
-DgroupId=com.galileo.netbeans
-Dversion=1.0-SNAPSHOT
-DnetbeansVersion=RELEASE70
-Dpackage=com.galileo.netbeans.mymodule
--batch-mode
archetype:generate
```

Listing 37.7 Maven-Parameter für die Erstellung eines NetBeans-Platform-Module-Projekts über die Kommandozeile

Anders als bei der Erstellung eines Platform-Application-Projekts verwenden wir hier den nbm Archetype. Die Parameter entsprechen den bereits in Listing 37.5 beschriebenen Parametern. Wir geben hier nun die **Artifact ID**, die **Group ID** und die **Version** für das zu erstellende Modul an. Optional können Sie die zu verwendende NetBeans-Version und das Package angeben, das als Basis für dieses Modul angelegt wird.

Schauen wir uns nun die für dieses Modul erzeugte POM-Datei an. Zu Beginn wird über das parent-Element die Verbindung zur Parent-POM-Datei hergestellt. Damit erbt diese Datei die Einstellungen der Parent-POM-Datei. Damit ist es an dieser Stelle z. B. nicht mehr notwendig, das NetBeans Maven Repository oder eine spezielle Java-Version zu definieren. Damit bleiben die Konfigurationsdateien schlank und sind leichter wartbar. Als packaging-Typ wird *nbm* verwendet, sodass beim Erzeugen des Moduls ein **NetBeans Module** erstellt wird. In dieser Module-POM-Datei wird außerdem noch mit dem useDefault-

37 | Maven und die NetBeans Platform

`ManifestFile`-Element das JAR-Plugin angewiesen, die bereits vorhandene Manifest-Datei zu verwenden.

```xml
<project xmlns="http://maven.apache.org/POM/4.0.0" ... >
   <modelVersion>4.0.0</modelVersion>
   <parent>
      <artifactId>MyApplication</artifactId>
      <groupId>com.galileo.netbeans</groupId>
      <version>1.0-SNAPSHOT</version>
   </parent>
   <groupId>com.galileo.netbeans</groupId>
   <artifactId>MyModule</artifactId>
   <version>1.0-SNAPSHOT</version>
   <packaging>nbm</packaging>
   <name>MyModule NetBeans Module</name>
   <properties> ... </properties>
   <dependencies>
      <dependency>
         <groupId>org.netbeans.api</groupId>
         <artifactId>org-netbeans-api-annotations-common
            </artifactId>
         <version>RELEASE70</version>
      </dependency>
   </dependencies>
   <build>
      <plugins>
         <plugin>
            <groupId>org.apache.maven.plugins</groupId>
            <artifactId>maven-jar-plugin</artifactId>
            <version>2.3.1</version>
            <configuration>
               <useDefaultManifestFile>
                  true</useDefaultManifestFile>
            </configuration>
         </plugin>
         ...
      </plugins>
   </build>
</project>
```

Damit nun dieses Modul dem gesamten NetBeans-Platform-Application-Projekt angehört, wurde es automatisch beim Erstellen der Parent-POM-Datei hinzugefügt. Hierzu wurde diese wie folgt angepasst:

```
<modules>
   <module>branding</module>
   <module>application</module>
   <module>MyModule</module>
</modules>
```

37.3.3 Packages freigeben

Wie ich auch in früheren Kapiteln bereits angesprochen habe, muss ein NetBeans Module die Packages, deren Klassen anderen Modulen zur Verfügung stehen sollen, explizit als öffentlich definieren. Um Packages eines Maven-basierten NetBeans Modules freizugeben, muss das **NetBeans Maven Plugin** konfiguriert werden. Hierzu stellt dieses das Element `publicPackages` bereit.

```
<plugin>
   <groupId>org.codehaus.mojo</groupId>
   <artifactId>nbm-maven-plugin</artifactId>
   <version>3.5</version>
   <extensions>true</extensions>
   <configuration>
      <publicPackages>
         <publicPackage>com.galileo.netbeans.api</publicPackage>
      </publicPackages>
   </configuration>
</plugin>
```

Listing 37.8 Definieren der Public Packages eines NetBeans Modules

Im Beispiel aus Listing 37.8 wird das Package `com.galileo.netbeans.api` anderen Modulen freigegeben. Damit kann nun ein anderes Modul eine Abhängigkeit definieren und Klassen aus diesem freigegebenen Package verwenden. Weitere Packages können mit einer beliebigen Anzahl an `publicPackage`-Elementen definiert werden.

37.3.4 Abhängigkeiten hinzufügen

Abhängigkeiten zwischen verschiedenen Modulen werden bei Maven in der POM-Datei unter `dependencies` definiert. Dabei müssen Sie die Artifact ID, die Group ID und optional eine Version angeben, sofern Sie eine Abhängigkeit auf eine bestimmte Version eines Moduls definieren möchten. Ist keine Version angegeben, so wird die zu verwendende Version anhand von Metadaten im Maven Repository ermittelt.

Um dem NetBeans Modul *MyModule* eine Abhängigkeit auf das Modul *MyModule2* hinzuzufügen, erweitern Sie die POM-Datei um folgenden Eintrag:

```
<dependencies>
   <dependency>
      <groupId>com.galileo.netbeans</groupId>
      <artifactId>MyModule2</artifactId>
      <version>2.0</version>
   </dependency>
</dependencies>
```

Listing 37.9 Definition einer Abhängigkeit zwischen MyModule und MyModule2

37.3.5 Anwendung erstellen und ausführen

Zuletzt bleibt die Frage, wie nun die Anwendung als Ganzes erstellt und als NetBeans-Platform-Anwendung ausgeführt werden kann. Für das Erstellen der gesamten Anwendung wird die Standard-Maven-Build-Phase *install* verwendet. Damit werden alle Sourcen kompiliert, eventuell vorhandene Tests durchgeführt, die Module verpackt und anschließend die gesamte Anwendung in das lokale Repository kopiert. Diese Build-Phase müssen Sie auf der Parent-POM-Datei ausführen, also z. B.:

```
D:\NetBeans\Maven\MyApplication>mvn install
```

Mit dieser Build-Phase (bzw. mit der davor liegenden Build-Phase *package*) sind automatisch die in Tabelle 37.1 aufgelisteten Goals der NetBeans Maven Plugins verbunden. Hierzu lohnt sich auch ein Blick auf die Webseite des Plugins unter *http://mojo.codehaus.org/nbm-maven-plugin*. Dort finden Sie auch die jeweils zur Verfügung stehenden Parameter der einzelnen Goals, um so den Build-Vorgang an Ihre speziellen Bedürfnisse anzupassen.

Goal	Beschreibung
nbm:autoupdate	Erstellt die Auto-Update-Informationen
nbm:branding	Erstellt die Branding-Module. Branding-Inhalte werden unter *src/main/nbm-branding* in der gewohnten Struktur abgelegt.
nbm:cluster-app	Erstellt das Module Cluster einer NetBeans Platform Application.
nbm:manifest	Erzeugt die Manifest-Datei eines Moduls.

Tabelle 37.1 Goals des NetBeans Maven Plugins, die automatisch beim Erstellen der Anwendung ausgeführt werden

Goal	Beschreibung
nbm:nbm	Erstellt das eigentliche Modul.
nbm:standalone-zip	Erstellt eine lauffähige Disitribution mit Executable als ZIP-Datei.

Tabelle 37.1 Goals des NetBeans Maven Plugins, die automatisch beim Erstellen der Anwendung ausgeführt werden (Forts.)

Nachdem die Anwendung nun mit `mvn install` erstellt wurde, können Sie diese mit `mvn nbm:run-platform` starten. Beachten Sie dabei, dass dieses Goal logischerweise nur auf POM-Dateien mit dem Packaging Type *nbm-application* angewandt werden kann. Das heißt, wir müssen zum Ausführen der Anwendung in das Verzeichnis des standardmäßigen *application*-Moduls wechseln:

```
D:\NetBeans\Maven\MyApplication\application>mvn nbm:run-platform
```

Zudem stehen noch die in Tabelle 37.2 aufgelisteten Goals zur Verfügung, die explizit aufgerufen werden können.

Goal	Beschreibung
nbm:run-platform	Startet eine NetBeans Platform Application. Dieses Goal wird auf dem standardmäßigen *application*-Modul ausgeführt.
nbm:run-ide	Damit kann eine Module Suite innerhalb der NetBeans IDE ausgeführt werden.
nbm:standalone-zip	Erstellt eine lauffähige Distribution mit einer Executable als ZIP-Datei.
nbm:cluster	Erstellt ein Cluster aus allen Modulen, die zum Parent POM gehören.
nbm:populate-repository	Erstellt Maven-Metadaten aus den Modulen und lädt sämtliche Ressourcen (JAR-Datei, NBM-Datei, Javadoc etc.) in ein lokales oder entferntes Maven Repository.
nbm:webstart-app	Erstellt eine WebStart-(JNLP-)Anwendung in Form einer WAR-Datei. Dieses Goal wird auf dem standardmäßigen *application*-Modul ausgeführt.

Tabelle 37.2 Goals des NetBeans Maven Plugins, die explizit ausgeführt werden können

Damit haben Sie nun gelernt, wie Sie eine NetBeans-Platform-Anwendung vollständig ohne die NetBeans IDE einrichten, erstellen und ausführen können. Dies soll vor allem verdeutlichen, dass für die Entwicklung einer NetBeans-Platform-basierten Anwendung nicht unbedingt die NetBeans IDE notwendig ist. Mit Maven wird damit die Verwendung von alternativen Entwicklungsumgebungen enorm erleichtert. Konkret auf die Entwicklung von NetBeans-Platform-Anwendungen innerhalb der **Eclipse** und **IntelliJ IDEA IDE** gehe ich in den Kapitel 38 und 40 ein.

Inzwischen ist die Entwicklung von NetBeans-Platform-Anwendungen nicht mehr nur NetBeans IDE-Nutzern vorbehalten. Die Maven-Unterstützung macht die Verwendung der NetBeans Platform innerhalb der Eclipse IDE zum Kinderspiel.

38 Eclipse IDE und die NetBeans Platform

In Kapitel 37 haben Sie gesehen, wie einfach es ist, NetBeans-Platform-basierende Anwendungen auch ohne die **NetBeans IDE** zu erstellen. Ermöglicht wird dies vor allem dadurch, dass NetBeans-Platform-Anwendungen mit Maven (mithilfe des **NetBeans Maven Plugins**) entwickelt werden können. In Verbindung damit steht unter *http://bits.netbeans.org/maven2* auch ein **Maven Repository** mit allen NetBeans-Modulen als Maven-Module bereit. So können Abhängigkeiten auf NetBeans-Platform-Module durch einen einfachen XML-Eintrag definiert werden.

Neben Maven tragen aber auch die zahlreichen Annotations zur Unabhängigkeit von einer bestimmten IDE bei. Denn bisher wurden viele deklarative Konfigurationseinträge durch die NetBeans IDE mit entsprechenden Wizards erstellt. Diese manuell zu erstellen ist komplex und fehleranfällig. Stattdessen können nun einfache und gut dokumentierte Annotations für die Definition von Metadaten verwendet werden. Die entsprechenden Konfigurationseinträge und -dateien werden zur Compilezeit automatisch erstellt.

Mit der für die Eclipse IDE zur Verfügung stehenden Maven-Unterstützung steht der Verwendung der NetBeans Platform nichts mehr entgegen.

38.1 Eclipse IDE einrichten

Für die nachfolgenden Abschnitte gehe ich davon aus, dass Sie eine aktuelle Eclipse-Version installiert haben. Eine Distribution erhalten Sie unter *http://www.eclipse.org/downloads*. Diese beinhaltet aber noch keine Unterstützung für Maven-Projekte. Die können wir uns über das **M2Eclipse**-Feature von Sonatype nachinstallieren.

38 | Eclipse IDE und die NetBeans Platform

Das M2Eclipse-Feature erhalten Sie am einfachsten über den **Eclipse Marketplace**. Rufen Sie dazu HELP • ECLIPSE MARKETPLACE... auf. Wählen Sie den **Eclipse Marketplace**-Katalog aus. Auf der folgenden Seite werden alle verfügbaren Features angezeigt. Über die INSTALL-Schaltfläche können Sie dann **Maven Integration for Eclipse** installieren. Nachdem die notwendigen Plugins ermittelt worden sind (siehe Abbildung 38.1), können Sie die Installation mit FINISH abschließen.

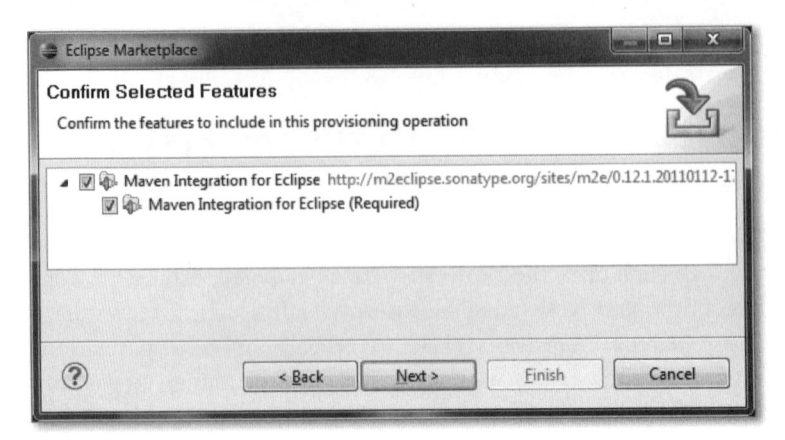

Abbildung 38.1 Installation des M2Eclipse-Features

Nachdem Sie das Maven–Feature installiert haben, müssen Sie dafür sorgen, dass die **Eclipse IDE** mit der Virtual Machine des JDK gestartet wird, da das **Maven Plugin** Bibliotheken aus dem JDK verwendet. Dazu passen wir die *eclipse.ini*-Datei an, die sich im Basisverzeichnis der Eclipse-Distribution befindet. In dieser können wir mit dem *vm*-Parameter die zu verwendende Virtual Machine wie folgt angeben:

```
-vm
C:\Program Files\Java\jdk1.6.0_23\bin\javaw.exe
```

Dieser Parameter muss vor dem *vmargs*-Parameter angegeben werden.

38.2 NetBeans Platform Application erstellen

Nachdem Ihre Eclipse IDE nun in der Lage ist, mit Maven-Projekten umzugehen, können wir unsere NetBeans-Platform-basierte Anwendung innerhalb von Eclipse erstellen. Rufen Sie dazu FILE • NEW • OTHER... auf. Wir wählen dann in der Kategorie MAVEN den MAVEN PROJECT-Wizard aus. Die Option CREATE A SIMPLE PROJECT lassen wir deaktiviert, da wir auf der folgenden Seite einen speziellen Maven-Archetype auswählen wollen, der uns das Grundgerüst für eine Net-

Beans Platform Application erstellt. Wenn Sie wie in Abbildung 38.2 im **Nexus Indexer**-Katalog z. B. nach `platform` filtern, erhalten Sie den benötigten *netbeans-platform-app*-Archetype.

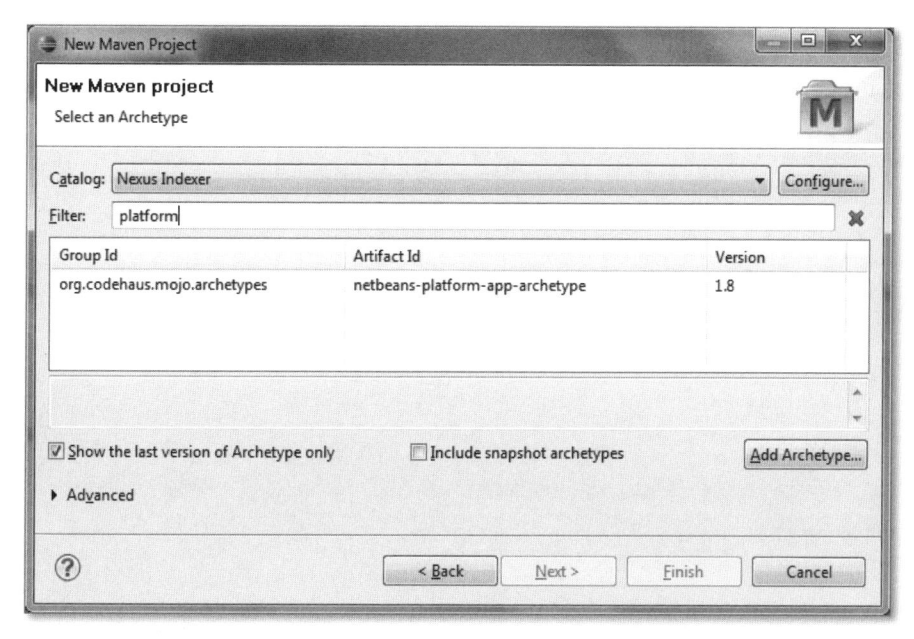

Abbildung 38.2 Auswahl des NetBeans-Platform-Application-Archetypes

Wählen Sie diesen Archetype aus. Auf der folgenden Seite müssen Sie für die zu erstellende Anwendung die Group ID, die Artifact ID und die Version angeben. Das Package wird lediglich für das Branding-Modul verwendet. Zuletzt geben Sie mit der Eigenschaft `netbeansVersion` noch die zu verwendende NetBeans-Platform-Version an. Welche Versionen Ihnen über das standardmäßige Repository zur Verfügung stehen, können Sie unter

http://bits.netbeans.org/maven2/org/netbeans/cluster/platform

einsehen. Klicken Sie auf FINISH, um das NetBeans-Platform-Maven-Projekt zu erstellen.

Wie ich bereits in Kapitel 37, »Maven und die NetBeans Platform«, beschrieben habe, werden durch Maven drei Projekte angelegt. Ein Projekt (im Beispiel hier mit dem Namen *MyApplication*) repräsentiert die Parent-POM-Datei. Zudem werden zwei Maven-Modul-Projekte erstellt, die dem Parent-Projekt zugeordnet werden. Eines repräsentiert die NetBeans Platform mit ihren Modulen selbst (*application*), das andere die Branding-Module (*branding*).

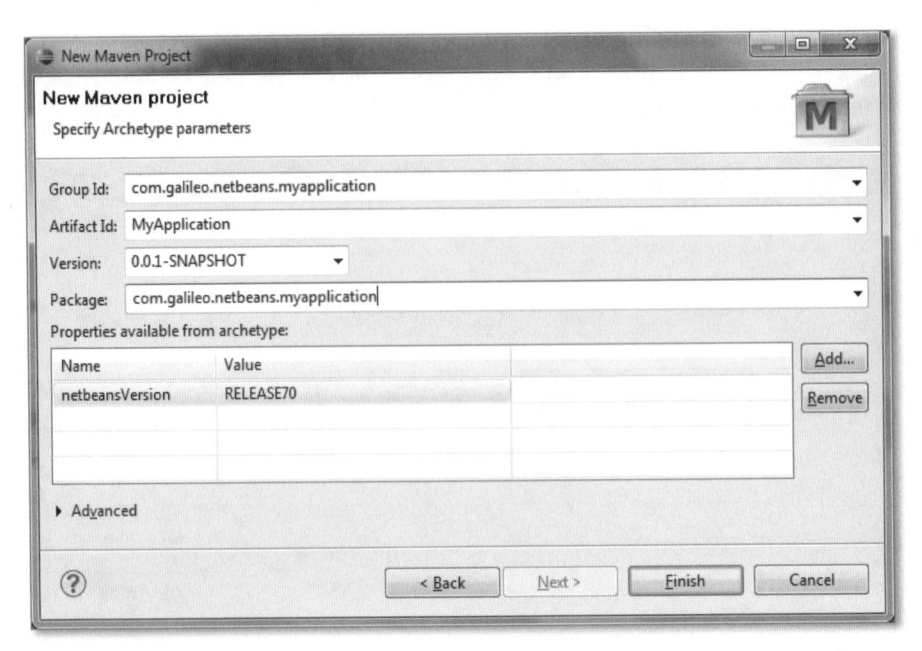

Abbildung 38.3   Festlegen der Parameter für das NetBeans-Platform-Application-Projekt

38.3   NetBeans-Platform-Module erstellen

Der in Abschnitt 38.2 erstellten Basis für eine NetBeans-Platform-Anwendung können wir nun ein erstes Anwendungsmodul hinzufügen. Auch dazu können wir uns einen Wizard zu Hilfe nehmen. Rufen Sie im Package Explorer das Kontextmenü des Parent-Projekts (hier z. B. MYAPPLICATION) auf, und wählen Sie MAVEN • NEW MAVEN MODULE PROJECT. (Achtung: Wenn Sie statt dem Kontextmenü das Menü verwenden, kann es sein, dass die Parent-POM-Datei überschrieben wird.)

Auf der ersten Seite definieren Sie für das zu erstellende Modul einen Namen (hier z. B. *MyModule*); die Zuordnung zum Parent-Projekt müsste automatisch schon eingetragen sein. Die Option CREATE A SIMPLE PROJECT lassen Sie auch hier deaktiviert, da wir auf der folgenden Seite des Wizards einen speziellen NetBeans-Module-Archetype auswählen wollen.

Diesen Archetype finden Sie im **Nexus Indexer**-Katalog. Sie können die aufgelisteten Einträge nach *nbm* filtern. Wählen Sie dann den *nbm-archetype*-Archetype aus. Auf der letzten Wizard-Seite müsste die Group ID bereits mit dem Wert des Parent-Projekts vorbelegt sein. Definieren Sie zusätzlich die für dieses Modul geltende Version und das zu verwendende Basis-Package. Es werden für diesen Projekttyp zwar keine Eigenschaften aufgelistet, dennoch müssen Sie die Eigenschaft `netbeansVersion` definieren und damit eine vorhandene NetBeans-Version angeben (siehe Abbildung 38.5).

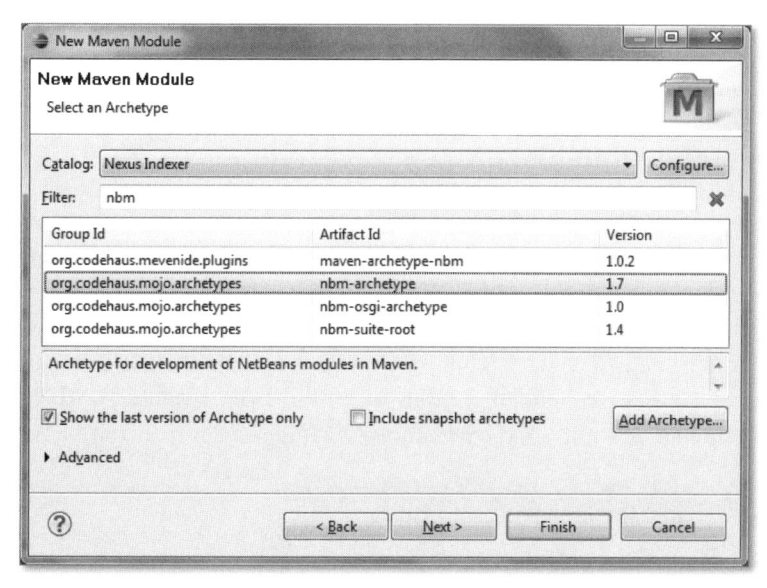

Abbildung 38.4 Auswahl des »nbm-archetype«-Archetypes zum Erstellen eines NetBeans-Moduls

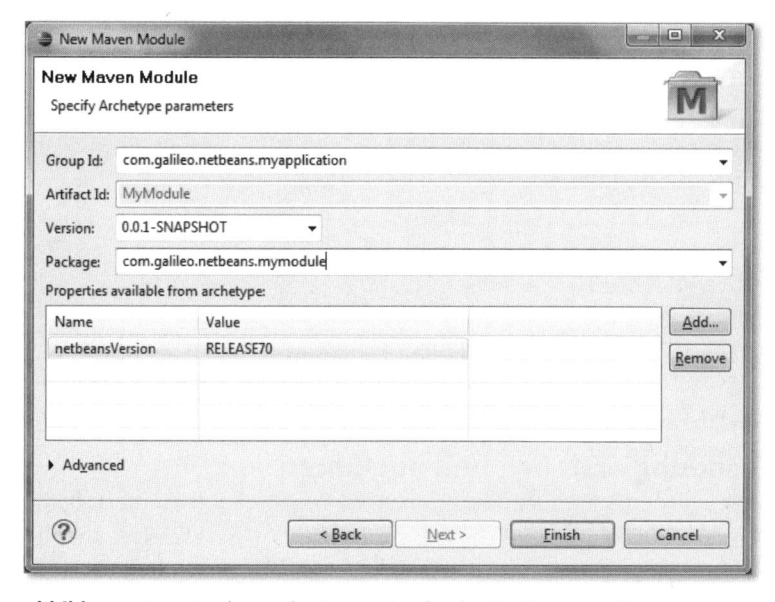

Abbildung 38.5 Festlegen der Parameter für das NetBeans-Platform-Module-Projekt

Mit FINISH wird das Anwendungsmodul letztendlich erstellt und automatisch der Parent-POM-Datei hinzugefügt. Damit können Sie später die gesamte Anwendung als Einheit erstellen lassen. Auch wurde der Module-POM-Datei eine Referenz auf die Parent-POM-Datei hinzugefügt, sodass diese von der Parent-POM-Datei Einstellungen und Eigenschaften erbt.

38.4 Abhängigkeiten hinzufügen

Um auf Klassen anderer Module zugreifen zu können, müssen Sie in der POM-Datei eine Abhängigkeit auf dieses Modul definieren. Dies gilt auch für die Verwendung von Klassen aus den NetBeans-Platform-Modulen. Unter Angabe der Group ID, Artifact ID und Version können Sie die Abhängigkeit in der POM-Datei manuell definieren. Alternativ können Sie MAVEN • ADD DEPENDENCY aus dem Kontextmenü des betreffenden Moduls aufrufen. Dort können Sie dann nach Modulen suchen und mit OK die gewählte Abhängigkeit hinzufügen.

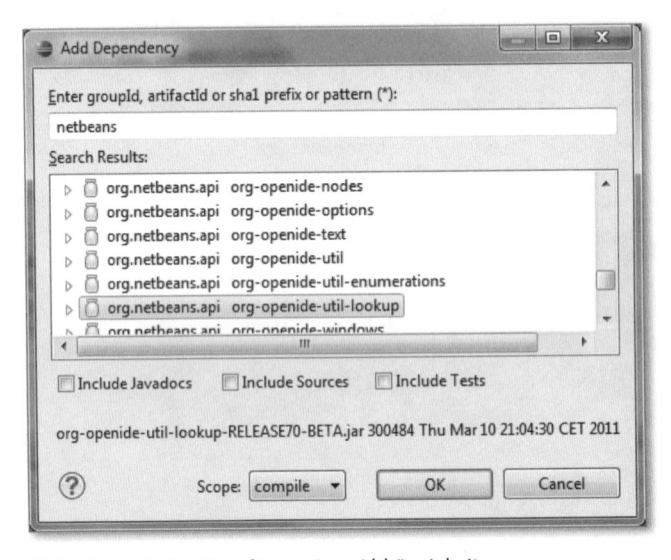

Abbildung 38.6   Hinzufügen einer Abhängigkeit

38.5 Anwendung erstellen und ausführen

In diesem Abschnitt möchte ich Ihnen zeigen, wie Sie die Anwendung als Gesamtes erstellen und starten können. Für das Erstellen der Anwendung können wir die standardmäßige Maven-Build-Phase *install* verwenden. Diese müssen Sie auf dem Parent-Projekt mit RUN AS • MAVEN INSTALL ausführen.

Um die Anwendung aus der Eclipse IDE heraus zu starten, können Sie das Goal *nbm:run-platform* des **NetBeans Maven Plugins** verwenden. Dazu richten wir uns eine **Run Configuration** über Run • Run Configurations... ein. Durch einen Doppelklick auf Maven Build wird eine neue Configuration erstellt. Dieser geben wir einen Namen (z. B. *Start Platform*) und legen das Basisverzeichnis fest. Das Basisverzeichnis ist das automatisch erstellte *application*-Projekt, das die Net-Beans Platform selbst repräsentiert. Über die Schaltfläche Browse Workspace... können Sie das Projekt auswählen. Bei Goals tragen Sie `nbm:run-platform` ein und übernehmen die Einstellungen mit Apply. Klicken Sie auf Run, um die Anwendung zu starten.

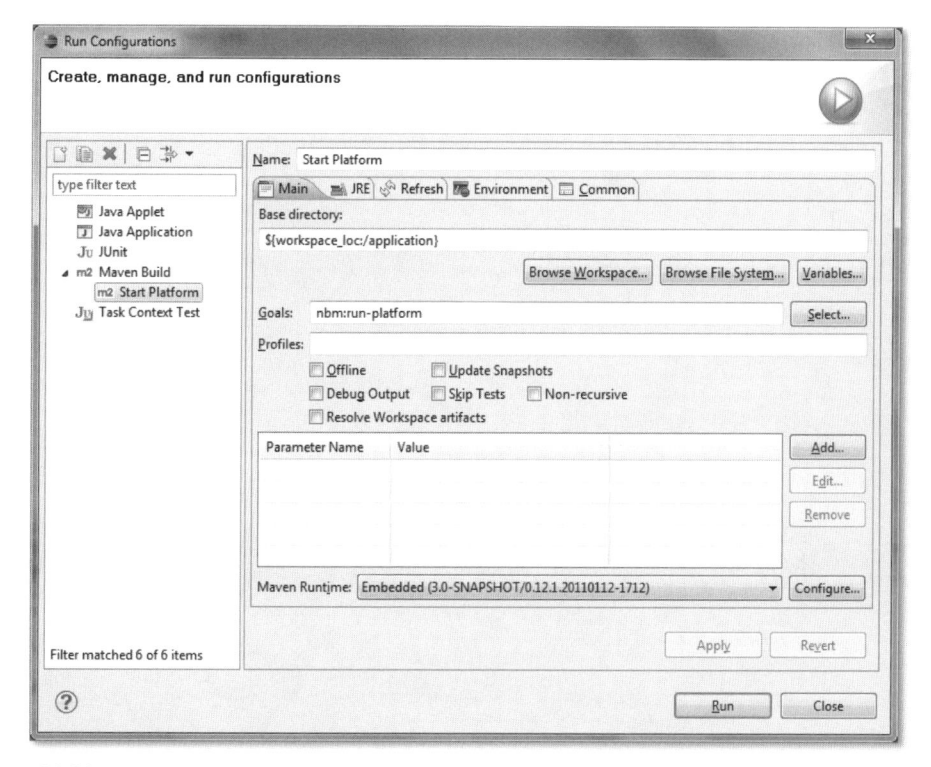

Abbildung 38.7 Einrichten einer Run Configuration zum Starten einer NetBeans-Platform-Anwendung

Das NetBeans Maven Plugin stellt noch eine Reihe weiterer Goals zur Verfügung. Unter anderem auch für die Erstellung einer ZIP-Distribution. Welche Goals Ihnen zur Verfügung stehen, können Sie Abschnitt 37.3.5, »Anwendung erstellen und ausführen«, entnehmen. Für diese können Sie analog eine Run Configuration einrichten, um sie dann bequem aus der Eclipse IDE heraus zu nutzen.

Wenn Sie bisher Ihre Anwendungen – seien es eigenständige oder auch Anwendungen auf Basis der Eclipse RCP – mit Eclipse entwickelt haben und sich nun für die NetBeans Platform und die NetBeans IDE interessieren, möchte ich Ihnen in diesem Kapitel einige Hilfestellungen geben, wie Sie Ihre Anwendung so einfach wie möglich auf die NetBeans Platform migrieren können.

39 Von Eclipse zu NetBeans

39.1 Die NetBeans IDE

In diesem Kapitel möchte ich Ihnen ein paar Hilfestellungen zu grundlegenden Merkmalen und Funktionen der NetBeans IDE vorstellen, die Ihnen den Umstieg von der Eclipse IDE auf die NetBeans IDE und damit verbunden den Einstieg in die NetBeans Platform erleichtern sollen.

39.1.1 Wo finde ich was?

Tabelle 39.1 soll Ihnen einen groben Überblick darüber verschaffen, wo Sie die Fenster und Module, die Ihnen von der Eclipse IDE her bekannt sind, innerhalb der NetBeans IDE wiederfinden.

Eclipse-Komponente	NetBeans-Menüpunkt
PROJECT EXPLORER / PACKAGE EXPLORER	WINDOW • PROJECTS
PROJECTS / NAVIGATOR	WINDOW • FILES
OUTLINE	WINDOW • NAVIGATING • NAVIGATOR
PROPERTIES	WINDOW • PROPERTIES
CONSOLE	WINDOW • OUTPUT • OUTPUT
PROBLEMS / TASK LIST	WINDOW • TASKS
JAVADOC	WINDOW • OTHER • JAVADOC
ERROR LOG	VIEW • IDE LOG

Tabelle 39.1 Wo finde ich was in der NetBeans IDE?

Eclipse-Komponente	NetBeans-Menüpunkt
PLUG-IN REGISTRY	TOOLS • PLUGINS
PREFERENCES	TOOLS • OPTIONS

Tabelle 39.1 Wo finde ich was in der NetBeans IDE? (Forts.)

39.1.2 Bedienung

Die Abbildung von Shortcuts auf sämtliche von der NetBeans IDE zur Verfügung gestellten Funktionalitäten erfolgt über ein **Keymap**. Die Werte eines solchen Keymaps können Sie unter TOOLS • OPTIONS • KEYMAP einsehen und auch editieren. Die Aktionen können Sie also an Ihre eigenen Bedürfnisse anpassen. Besser aber noch ist, dass mehrere Keymaps parallel verwaltet werden können. So bringt die NetBeans IDE bereits von Haus aus ein Eclipse-Keymap mit. Auf diese Weise ist es möglich, auf das **Eclipse**-Profil (ebenfalls unter TOOLS • OPTIONS • KEYMAP) umzuschalten und die Ihnen bereits bekannten Shortcuts weiterhin zu verwenden. Dies ist sicherlich gerade für versierte Eclipse-Nutzer eine große Erleichterung.

Was bisher vielfach von Eclipse-Nutzern bei der NetBeans IDE vermisst wurde, sind die **Perspectives**. Mittlerweile steht jedoch auch dafür unter *http://plugins.netbeans.org* ein Modul zur Verfügung. Damit können Sie dann wie gewohnt Perspectives auch innerhalb der NetBeans IDE verwenden. Dieses Modul können Sie von angegebener Seite herunterladen und über den **Plugin Manager** (TOOLS • PLUGINS) installieren.

39.2 Vom Eclipse-Plugin zum NetBeans-Modul

39.2.1 Terminologie und Wizards

Was bei der Entwicklung von Eclipse-Applikationen als **Plugin** bekannt ist, wird bei NetBeans als **Modul** bezeichnet. Wie die Eclipse IDE bietet auch die NetBeans IDE einen Wizard an, mit dem Sie das Grundgerüst für ein Modul mit nur wenigen Klicks erstellen können. Sie finden ihn über FILE • NEW PROJECT... • NETBEANS MODULES • MODULE.

Bei der Eclipse IDE müssen Sie bereits beim Erstellen des Plugins angeben, ob Sie einen Activator wünschen, ob das Plugin eine Benutzeroberfläche beinhalten bzw. zur Benutzeroberfläche beitragen soll, und zuletzt, ob Sie eine Rich-Client-Anwendung erstellen möchten. Die NetBeans IDE bzw. der NetBeans Module Wizard verfolgt hier einen etwas generelleren Ansatz. Zu allen drei zuvor aufgeführten Punkten müssen Sie bei der Erstellung eines Moduls keine Entscheidung fällen. Einen Activator (der bei NetBeans **Module Installer** genannt wird, doch dazu später mehr) können Sie zu einem beliebigen späteren Zeitpunkt Ihrem Modul über einen separaten Wizard hinzufügen. Diesen Wizard finden Sie unter FILE • NEW FILE... • MODULE DEVELOPMENT • INSTALLER / ACTIVATOR. Ebenso müssen Sie sich noch keine Gedanken darüber machen, ob Ihr Modul nun eine Benutzeroberfläche beinhalten soll oder nicht. Auch dafür stehen separate Wizards zur Verfügung, die Sie zu späteren Zeitpunkten beliebig oft einsetzen können.

Einer der wichtigsten ist dabei der **Window Wizard** für die Erstellung von Fenstern, die im NetBeans Window System gedockt und verwaltet werden können. Diesen erreichen Sie unter FILE • NEW FILE... • MODULE DEVELOPMENT • WINDOW. Und zuletzt bleibt es Ihnen überlassen, ob Sie aus dem erstellten Modul eine Rich-Client-Anwendung erstellen möchten oder ob dies ein eigenständiges Modul zur Erweiterung einer bereits bestehenden Anwendung werden soll. Wenngleich der Module Wizard Sie fragt, ob es sich um ein eigenständiges Modul handelt oder ob Sie es einer NetBeans-Platform-Anwendung hinzufügen möchten, können Sie dies jederzeit in den PROPERTIES eines Moduls bzw. einer NetBeans Platform Application durch Hinzufügen und Entfernen ändern.

Damit aus Ihrem Modul bzw. Ihren Modulen eine eigenständige Rich-Client-Anwendung wird, benötigen Sie ein NetBeans-Platform-Application-Projekt. Damit werden mehrere Module zu einer Anwendung zusammengefasst. Außerdem ist dieses Projekt für das Branding der Anwendung zuständig. Auch für das Anlegen einer NetBeans Platform Application steht Ihnen ein Wizard zur Verfügung. Diesen starten Sie über FILE • NEW PROJECT... • NETBEANS MODULES • NETBEANS PLATFORM APPLICATION. Dieser Platform Application können Sie dann sowohl bereits bestehende Module als auch neu erstellte hinzufügen. Über PROPERTIES • LIBRARIES können Sie zudem bestimmen, welche NetBeans-Module zum Umfang Ihrer Anwendung gehören und somit Ihren Anwendungsmodulen zur Verfügung stehen sollen. Denn keineswegs ist Ihre Anwendung bzw. sind Ihre Module auf die NetBeans-Platform-Module beschränkt. Sie können beliebig auch Module der NetBeans IDE hinzunehmen.

39.2.2 Der Plugin-Lebenszyklus und seine Ereignisse

Ein Eclipse-Plugin kann einen **Activator** beinhalten. Dabei handelt es sich um eine Klasse, die entweder von der abstrakten Klasse `Plugin` oder von `AbstractUIPlugin` abgeleitet ist, je nachdem, ob das Plugin einen Beitrag zur Benutzeroberfläche der Anwendung leistet oder nicht. Diese optionale Klasse dient der konzeptionellen Repräsentation eines Plugins. Sie beinhaltet also keine

Logik, sondern dient hauptsächlich dazu, auf bestimmte Ereignisse des Plugin-Lebenszyklus zu reagieren. Dies sind konkret die beiden Methoden start() und stop(), die durch das Interface BundleActivator spezifiziert und von den Klassen Plugin und AbstractUIPlugin implementiert werden. Diese Methoden werden durch die Eclipse Platform beim Starten und Stoppen eines Plugins aufgerufen. Durch Überschreiben dieser Methoden können zu diesen Zeitpunkten spezielle plugin-spezifische Aufgaben ausgeführt werden. Ein Activator in seiner einfachsten Form sieht wie folgt aus:

```
import org.eclipse.core.runtime.Plugin;
import org.osgi.framework.BundleContext;
public class Activator extends Plugin {
   private static Activator plugin;
   public void start(BundleContext context) throws Exception {
      super.start(context);
      plugin = this;
   }
   public void stop(BundleContext context) throws Exception {
      plugin = null;
      super.stop(context);
   }
   public static Activator getDefault() {
      return plugin;
   }
}
```

Listing 39.1 Die Activator-Klasse eines Eclipse-Plugins

Das Pendant zum Activator eines Eclipse-Plugins stellt der **Installer** eines NetBeans-Moduls dar. Ein solcher **Module Installer** ist ebenfalls optional und wird von der NetBeans Platform beim Initialisieren des Moduls automatisch instanziiert. Dabei handelt es sich um eine Klasse, die von der Klasse ModuleInstall abgeleitet wird. Diese spezifiziert die Methoden restored() und close(), die äquivalent zu den Methoden des BundleActivator-Interfaces sind. Darüber hinaus stehen noch die Methoden validate() zur Überprüfung von Startbedingungen, closing() zur Überprüfung von Stoppbedingungen und uninstalled() zum Reagieren auf das Deinstallieren eines Moduls zur Verfügung. Diese können wie bei einem Activator wahlweise nach Bedarf überschrieben und verwendet werden.

```
import org.openide.modules.ModuleInstall;
public class Installer extends ModuleInstall {
```

```
    @Override
    public void restored() {
       // module started
    }
    @Override
    public void close() {
       // module stopped
    }
    public static Installer getDefault() {
       return findObject(Installer.class, true);
    }
}
```

Listing 39.2 Das Pendant zum Activator ist beim NetBeans-Modul der Installer.

Während der Activator eines Eclipse-Plugins beim Anlegen eines neuen Plugin-Projekts angelegt wird, erstellen Sie einen Installer mit dem **NetBeans Module Installer Wizard**, den Sie über FILE • NEW FILE... • MODULE DEVELOPMENT • INSTALLER / ACTIVATOR finden. Dadurch wird dieser auch gleich in der Manifest-Datei registriert. Ausführlichere Informationen dazu erhalten Sie auch in Abschnitt 3.7, »Lebenszyklus«.

39.2.3 Plugin-Informationen

Neben dem Reagieren auf das Starten und Stoppen eines Plugins verfügt die Activator-Klasse über weitere Funktionalitäten. Dazu gehört auch das Bereitstellen von z. B. Plugin- und Manifest-Informationen über ein Bundle-Objekt. Informationen zu einem NetBeans-Modul werden von der NetBeans Platform mit einem ModuleInfo-Objekt angeboten. Im Lookup befinden sich Instanzen für sämtliche innerhalb der Anwendung verfügbaren Module. Wir können also aus dieser Menge von ModuleInfo-Instanzen unsere eigene ermitteln und diese über die Installer-Klasse mithilfe der getModule()-Methode den Modul-Nutzern bereitstellen.

```
import org.openide.modules.ModuleInfo;
import org.openide.modules.ModuleInstall;
import org.openide.util.Lookup;
public class Installer extends ModuleInstall {
    public static final String MODULE_ID =
       "com.galileo.netbeans.module";
    private ModuleInfo info = null;
    ...
```

```java
    public ModuleInfo getModuleInfo() {
       if (info == null) {
          Collection<? extends ModuleInfo> all =
             Lookup.getDefault().lookupAll(ModuleInfo.class);
          for (ModuleInfo mi : all) {
             if (mi.getCodeNameBase().equals(MODULE_ID)) {
                info = mi; break;
             }
          }
       }
       return info;
    }
}
```

Listing 39.3 Bereitstellen der zum Modul gehörenden ModuleInfo-Instanz, die Informationen zum Modul beinhaltet

Alternativ dazu können Sie die **Auto Update Services API** (siehe Kapitel 25, »Auto Update Services API«) verwenden, die ebenfalls Zugriff auf alle installierten Module und deren Eigenschaften hat.

```java
import org.netbeans.api.autoupdate.UpdateElement;
import org.netbeans.api.autoupdate.UpdateManager;
import org.netbeans.api.autoupdate.UpdateUnit;
...
public class Installer extends ModuleInstall {
    public static final String MODULE_ID =
       "com.galileo.netbeans.module";
    private static UpdateElement moduleInfo;
    ...
    public static UpdateElement getModuleInfo() {
       if (moduleInfo == null) {
          for (UpdateUnit unit :
             UpdateManager.getDefault().getUpdateUnits(
             UpdateManager.TYPE.MODULE)) {
             if (unit.getInstalled() != null
                && unit.getInstalled().getCodeName()
                   .equals(MODULE_ID)) {
                moduleInfo = unit.getInstalled();
                break;
             }
```

```
        }
      }
      return moduleInfo;
   }
}
```

Listing 39.4 Ermitteln der Modul-Informationen über den Update Manager

Die Klasse `UpdateElement` stellt sämtliche beschreibenden Informationen wie Name, Version, Kategorie oder Autor bereit.

39.2.4 Images

Bilder und Icons, die innerhalb einer Anwendung verwendet werden, werden bei der NetBeans Platform nicht über den Installer, sondern über die zentrale `ImageUtilities`-Klasse geladen. Diese stellt die Methoden `loadImage()` und `loadImageIcon()` zur Verfügung, wobei letztere vorzugsweise verwendet werden sollte. Dahinter verbirgt sich nämlich ein Icon Manager, der die geladenen Bilder und Icons verwaltet und ein mehrfaches Laden der Ressourcen verhindert. Sie können damit Icons aus sämtlichen verfügbaren Modulen laden. Außerdem ist es auch möglich, lokalisierte Ressourcen zu laden, wie z. B. im folgenden Beispiel. Ist der zweite Parameter auf `true` gesetzt und ist ein Icon namens *icon_de_DE.png* vorhanden, so wird dieses geladen (sofern die `Locale`-Einstellung der Anwendung auf `de_DE` gesetzt ist):

```
Image img = ImageUtilities.loadImage("resources/icon.png", true);
```

39.2.5 Ressourcen

An beliebige Ressourcen aus einem Plugin gelangen Sie bei Eclipse-Plugins mithilfe der `FileLocator`-Klasse. Damit wir Ressourcen aus einem NetBeans-Modul ebenfalls auf einfache Weise laden können, erweitern wir die `Installer`-Klasse um die Methode `getModuleResource()`. Wir bedienen uns des **Module Classloaders**, der Zugriff auf sämtliche Modul-Ressourcen hat. Dieser liefert uns einen URL, den wir mit der `URLMapper`-Klasse auf eine `FileObject`-Instanz abbilden können.

```
import java.net.URL;
import org.openide.filesystems.FileObject;
import org.openide.filesystems.URLMapper;
import org.openide.modules.ModuleInstall;
public class Installer extends ModuleInstall {
    ...
```

```java
    public FileObject getModuleResource(String path) {
      URL url = getClass().getClassLoader().getResource(path);
      FileObject resource = URLMapper.findFileObject(url);
      return resource;
    }
  }
```

Listing 39.5 Mithilfe der Methode »getModuleResource()« können beliebige Modul-Ressourcen geladen werden.

Die Klasse `FileObject` stellt Ihnen einen umfangreichen Satz an Methoden zum Arbeiten mit der Ressource bereit. Dies soll folgendes Beispiel zeigen, in dem wir den Inhalt der Datei *myprops.properties* aus dem Verzeichnis *resources* des Moduls in ein `Properties`-Objekt laden wollen:

```java
public final class TestAction implements ActionListener {
  public void actionPerformed(ActionEvent e) {
    FileObject res = Installer.getDefault().getModuleResource(
                            "resources/myprops.properties");
    Properties props = new Properties();
    try {
      props.load(res.getInputStream());
      System.out.println("Value:" + props.getProperty("key"));
    } catch(Exception ex) {}
  }
}
```

39.2.6 Einstellungen

Plugin-spezifische Einstellungen, die sowohl intern als auch vom Benutzer verwendet werden, werden über ein `Preferences`-Objekt bzw. ein `IPreferenceStore`-Objekt verwaltet, das vom Activator bereitgestellt wird. Bei der NetBeans Platform verhält es sich ein wenig anders. Für das Verwalten von Einstellungen enthält sie eine Implementation der Java Preferences API. Zugriff auf eine `Preferences`-Instanz erhalten Sie über die Klasse `NbPreferences`. Der Vorteil dieser Implementation ist, dass die Daten innerhalb der Anwendungsdaten gespeichert werden, die sich im Benutzerverzeichnis befinden. Dabei wird zwischen modulspezifischen und anwendungsweiten Daten unterschieden.

Mit der Methode `root()` haben Sie Zugriff auf die Einstellungen, die in der Datei *config/Preferences.properties* gespeichert sind. Mit der Methode `forModule()` hingegen werden die Einstellungen in einer modulspezifischen Properties-Datei verwaltet. Lautet der Code Name Base eines Moduls z. B. `com.galileo.netbeans.module`, so werden die Einstellungen in der Datei *config/Preferences/com/galileo/netbeans/module.properties* gespeichert.

```
NbPreferences.forModule(MyClass.class).put("key", "value");
NbPreferences.root().put("key", "value");
```

Ausführlichere Informationen dazu finden Sie in Abschnitt 20.4, »Einstellungen verwalten«.

39.2.7 Anwendungslebenszyklus

Der Lebenszyklus einer Eclipse-Rich-Client-Anwendung wird durch eine `IApplication`-Instanz bestimmt. Diese implementiert die Methoden `start()` und `stop()`. Erstere ist dabei für das Starten der Anwendung zuständig, d. h., bei einer gewöhnlichen Anwendung mit Benutzeroberfläche wird hier das **Workbench**-Fenster erzeugt und geöffnet. In der `stop()`-Methode wird die Anwendung heruntergefahren. Hier würde also die Workbench wieder geschlossen, oder es würden auch weitere anwendungsspezifische Aufgaben durchgeführt.

NetBeans-Platform-Anwendungen verfügen leider über kein solch komfortables Lebenszyklus-Management – was auf der anderen Seite aber auch zu einer Vereinfachung bei der Entwicklung führt. So wird z. B. das Workbench-Fenster selbstständig von der NetBeans Platform hoch- und heruntergefahren. Es ist also keinerlei Implementation Ihrerseits notwendig. So können doch mit den gegebenen Möglichkeiten die meisten Anwendungsfälle abgedeckt werden. Das meiste, was den Lebenszyklus einer Anwendung betrifft, ist ohnehin modulspezifisch und kann durch einen **Module Installer** bearbeitet werden.

Dennoch steht Ihnen auch noch eine Möglichkeit zur Verfügung, um auf das Beenden der gesamten Anwendung und nicht nur eines einzelnen Moduls zu reagieren. Dafür gibt es die abstrakte Klasse `LifecycleManager`. Die Standard-Implementation dieser Klasse, die von der NetBeans Platform bereitgestellt wird, ist für das korrekte Herunterfahren der Anwendung zuständig. Sie können nun eine eigene Implementation dazwischenschalten und Ihre anwendungsspezifischen Aufgaben beim Herunterfahren ausführen.

Ganz wichtig ist dabei natürlich, dass Sie nicht vergessen, aus Ihrer eigenen Klasse die Standard-Implementation aufzurufen. Wie eine solche Klasse aussehen könnte und wie Sie über den `LifecycleManager` Ihre Anwendung explizit beenden, ist in Abschnitt 8.1, »Lebenszyklus der NetBeans Platform«, beschrieben.

39.2.8 Views und Editors

Während bei den Fenstern, die innerhalb der Eclipse Workbench dargestellt und gedockt werden können, zwischen View- und Editor-Typ unterschieden wird, werden bei der NetBeans Platform beide Anwendungsfälle durch einen Typ abgedeckt. Ein Fenster, das innerhalb des NetBeans Window Systems dargestellt werden soll, ist eine **Top Component**. Die Implementation eines solchen Fensters leitet von der Klasse `TopComponent` ab. Diese Basisklasse kümmert sich vollständig um die Integration in das Window System und stellt umfangreiche Informationen über den aktuellen Zustand und seine Lebenszyklus-Phasen bereit.

So wie Views und Editors bei einer Eclipse-Anwendung über die entsprechenden Extension Points zugeordnet werden, werden die Top Components ebenfalls deklarativ über die Layer-Datei einem *Mode* zugeordnet. Ein Mode ist ein Container für Top Components. Wobei wir hier wieder zu View und Editor zurückkommen, denn ein Mode kann vom Typ *View* oder vom Typ *Editor* sein, und je nachdem werden die Top Components dann dargestellt.

Ein Mode wird in Größe, Position und Typ durch eine XML beschrieben. Auf diese Weise haben Sie auch die Möglichkeit, eigene Modes über den entsprechenden Extension Point in der Layer-Datei zu registrieren (weiterführende Informationen dazu finden Sie in Abschnitt 10.3, »Docking Container – Mode«). Top Components müssen aber nicht zwingend einem Mode zugeordnet werden (dann werden sie im standardmäßigen Mode angezeigt) und können wie auch bei der Eclipse Workbench vom Benutzer zur Laufzeit an verschiedenen Positionen platziert werden.

Für das einfache Erstellen und Registrieren von Top Components bietet die NetBeans IDE einmal mehr einen sehr nützlichen Wizard an. Über File • New File... • Module Development • Window können Sie diesen starten. Dabei haben Sie die Möglichkeit, die Top Component einem Mode zuzuordnen und zu konfigurieren. Ausführliche Informationen zu diesem und weiteren Themen, die mit der Gestaltung der Benutzeroberfläche einer NetBeans-Platform-Anwendung zusammenhängen, finden Sie in Teil 2.

Die IntelliJ IDEA Java-Entwicklungsumgebung von JetBrains steht inzwischen als Community Edition frei zur Verfügung. In diesem Kapitel erfahren Sie, wie Sie auch diese IDE für die Entwicklung von NetBeans-Platform-Anwendungen verwenden können.

40 IntelliJ IDEA und die NetBeans Platform

Die mit der Community Edition nun frei zur Verfügung stehende Java-Entwicklungsumgebung **IntelliJ IDEA** von JetBrains (*http://jetbrains.com/idea*) bietet dank der integrierten Maven-Projekt-Unterstützung eine weitere Alternative zur Entwicklung von NetBeans-Platform-Anwendungen. Mit den nachfolgenden Hilfestellungen möchte ich sowohl IntelliJ IDEA-Einsteigern als auch Profis einige Hilfestellungen für das erfolgreiche Aufsetzen einer NetBeans-Platform-basierten Anwendung geben.

40.1 Voreinstellungen

Maven ist nicht Bestandteil von IntelliJ IDEA. Bevor wir also ein Maven-Projekt erstellen können, müssen wir dafür sorgen, dass eine Maven-Distribution vorhanden ist. Sie können sich die aktuellste Version unter *http://maven.apache.org* als ZIP-Datei herunterladen. Diese müssen Sie lediglich am gewünschten Ort entpacken. Dieses Verzeichnis mit der Maven-Distribution müssen wir jetzt noch IntelliJ IDEA bekannt geben. Dies können wir entweder direkt in den Einstellungen der IDE unter SETTINGS • MAVEN vornehmen oder aber durch die bei Maven gebräuchliche Umgebungsvariable *M2_HOME*. Den mit dieser Variablen definierten Pfad verwendet IntelliJ IDEA standardmäßig. Die Maven-Settings-Datei (*settings.xml*) wird standardmäßig im Benutzerverzeichnis unter *.m/settings.xml* angenommen. Als lokales Repository wird zudem *.m/repository* im Benutzerverzeichnis verwendet.

40.2 Erstellung einer NetBeans Platform Application

Haben Sie Maven installiert und diese Installation IntelliJ IDEA bekannt gegeben, können Sie direkt loslegen und ein NetBeans-Platform-Application-Projekt anlegen. Rufen Sie dazu File • New Project... auf, und wählen Sie die Option Create project from scratch. Auf der folgenden Seite können Sie dem zu erstellenden Projekt einen Namen geben und können den Ablageort festlegen. Aktivieren Sie die Option Create module, und wählen Sie den Typ Maven Module aus.

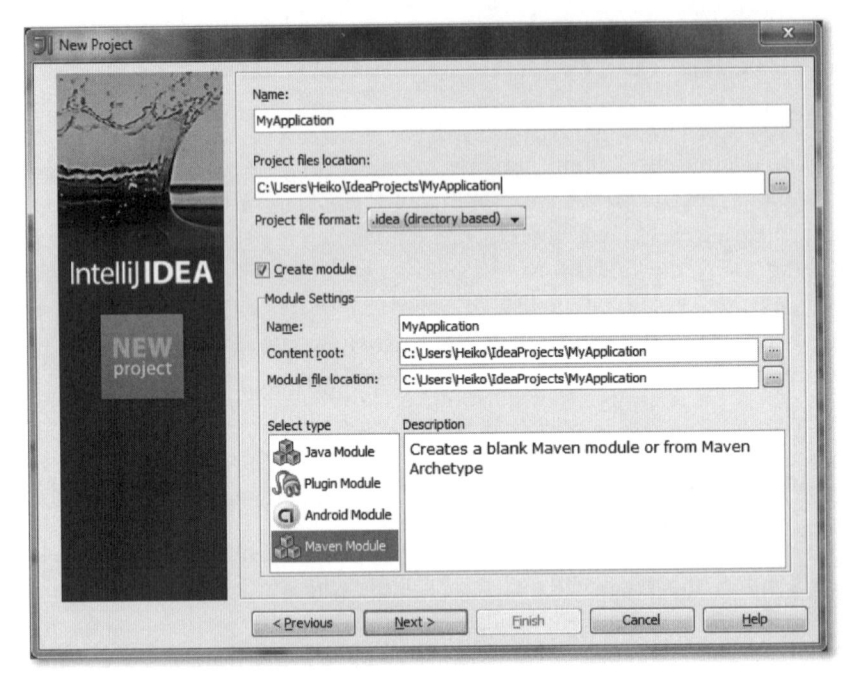

Abbildung 40.1 Maven-Projekt anlegen

Wechseln Sie mit Next auf die nächste Seite. Dort können Sie für das neue Projekt die Group ID, Artifact ID und die Version vergeben. Da wir nicht einfach ein leeres Standard-Maven-Projekt erstellen wollen, sondern ein NetBeans-Platform-Application-Projekt, aktivieren wir die Option Create from archetype. Aus der Liste wählen wir dann den Archetype *netbeans-platform-app-archetype*, der zur Gruppe *org.codehaus.mojo.archetypes* gehört, in der aktuellsten Version aus. Sollte dieser nicht aufgeführt sein, so können Sie diesen Archetype auch über die Schaltfläche Add archetype... mit der zuvor genannten Artifact und Group ID manuell hinzufügen. Welche Version Ihnen dafür zur Verfügung steht, können Sie dem offiziellen Maven Repository unter *http://repo2.maven.org/maven2* entnehmen. Dort wird nämlich nach dem zu verwendenden Archetype gesucht.

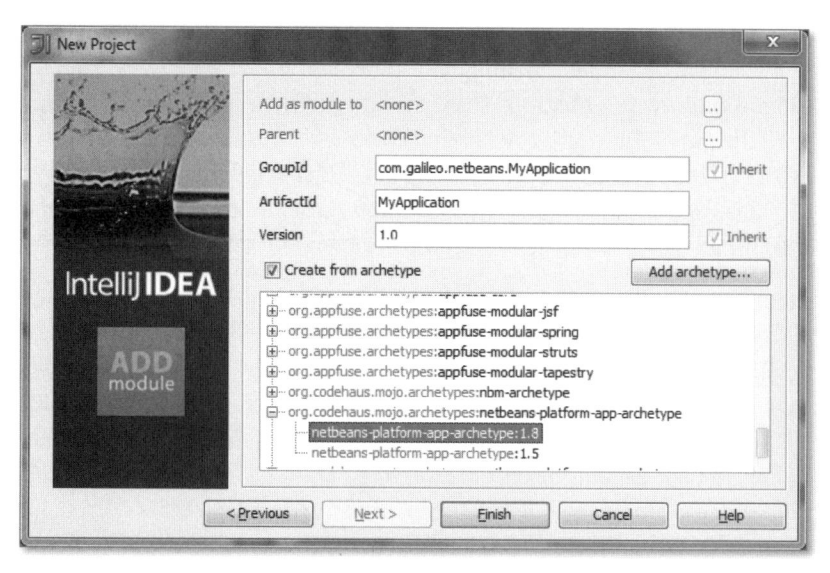

Abbildung 40.2 Maven-Archetype für ein NetBeans-Platform-Application-Projekt auswählen

Schließen Sie den Wizard mit FINISH ab, damit Maven das Grundgerüst einer NetBeans Platform Application erstellt. Dies kann initial einige Zeit in Anspruch nehmen, da einige Maven-Plugins in das lokale Repository heruntergeladen werden müssen. Wie bereits in Kapitel 37, »Maven und die Netbeans Platform«, beschrieben, werden praktisch drei Maven-Projekte angelegt: ein übergeordnetes Parent-Projekt, das die gesamte NetBeans-Platform-Anwendung bündeln soll, sowie ein Projekt für die NetBeans-Platform-Module und ein Projekt für die Branding-Module. Diese werden dem Parent-Projekt untergeordnet und erben auch die Eigenschaften dessen POM-Datei. Somit ergibt sich die in Abbildung 40.3 dargestellte Projektstruktur.

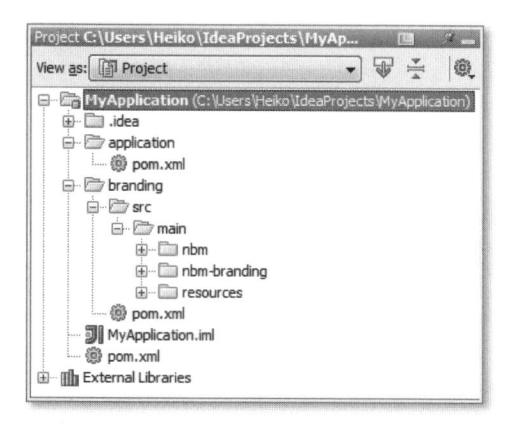

Abbildung 40.3 Projektstruktur einer Maven NetBeans Platform Application

Nun können wir in einem weiteren Schritt diesem Maven-Projekt ein oder mehrere Maven-NetBeans-Module hinzufügen. Rufen Sie dazu FILE • NEW MODULE... aus dem Menü oder NEW • MODULE aus dem Kontextmenü des zuvor erstellten NetBeans-Platform-Application-Projekts auf. Wählen Sie wiederum die Option CREATE PROJECT FROM SCRATCH, und wählen Sie auf der folgenden Seite den Typ MAVEN MODULE aus. Geben Sie dem Modul einen Namen, und stellen Sie sicher, dass das Modul im Verzeichnis des Parent-Projekts erstellt wird.

Im nächsten Schritt sehen Sie, dass das Modul dem Parent-Projekt hinzugefügt wird und dass das Modul selbst vom Parent-Projekt erbt. Dabei sehen Sie, dass die Group ID und die Version bereits aus der Parent-POM-Datei übernommen wurden. Optional können Sie auch andere Werte definieren. Deaktivieren Sie dazu die Option INHERIT. Auch für die Erstellung eines NetBeans-Moduls steht ein spezieller Maven-Archetype zur Verfügung. Dies ist der *nbm-archetype*-Archetype aus der Gruppe *org.codehaus.mojo.archetypes*. Wählen Sie diesen aus der Liste aus, oder fügen Sie ihn manuell über ADD ARCHETYPE... hinzu.

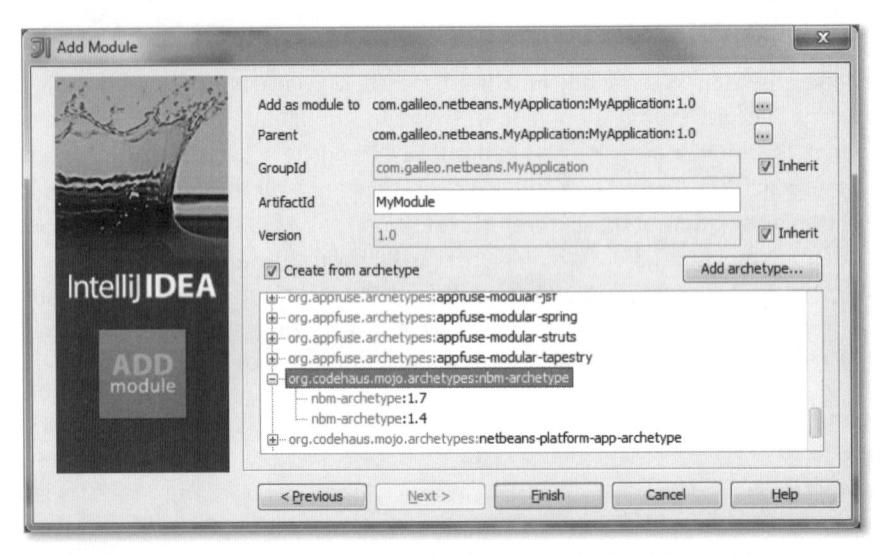

Abbildung 40.4 Maven-Archetype für ein NetBeans-Module-Projekt auswählen

Schließen Sie den Wizard mit FINISH ab. Das Modul wird dann automatisch durch Maven erstellt und dem NetBeans-Platform-Projekt als Modul hinzugefügt. Sie können innerhalb dieses Moduls und weiterer Module Ihre Anwendungslogik implementieren. Dabei stehen Ihnen sämtliche hier im Buch vorgestellten Klassen und APIs zur Verfügung. Sie müssen lediglich das jeweilige NetBeans-Platform-Modul Ihrem Anwendungsmodul als Abhängigkeit hinzufügen. Wie Sie einfach nach Platform-Modulen suchen und diese dann als Abhängigkeit hinzufügen können, erläutere ich im folgenden Abschnitt.

40.3 Abhängigkeiten definieren

Wie Sie bereits aus früheren Kapiteln wissen, können Sie Klassen eines NetBeans-Moduls erst dann verwenden, wenn Sie eine Abhängigkeit auf das entsprechende Modul gesetzt haben. Dies erreichen wir bei einem Maven-Projekt, indem wir der POM-Datei eine Maven Dependency hinzufügen. IntelliJ IDEA stellt für das Hinzufügen eines Dependency-Eintrags einen Suchassistenten zur Verfügung. Öffnen Sie dazu die entsprechende POM-Datei, und rufen Sie CODE • GENERATE... auf. Wählen Sie aus dem Popup-Menü DEPENDENCY aus, um den Assistenten zu öffnen. In diesem können Sie z. B. nach netbeans suchen, um ein spezielles NetBeans-Modul auszuwählen und als Abhängigkeit hinzuzufügen.

Abbildung 40.5 Nach NetBeans-Modulen suchen und als Abhängigkeit hinzufügen

Neben dem direkten Hinzufügen eines Dependency-Eintrags in die POM-Datei können Sie auch beim Implementieren Ihrer Klassen aus dem Editor heraus eine Abhängigkeit hinzufügen. Verwenden Sie eine Klasse eines Moduls, auf das noch keine Abhängigkeit definiert worden ist, so wird im Editor eine Fehlermeldung angezeigt. Mit [Alt]+[↵] können Sie dann aus einem Popup-Menü ADD MAVEN DEPENDENCY... auswählen und über den Artifact-Suchassistenten die notwendige Dependency hinzufügen.

40.4 Anwendung erstellen und ausführen

Nachdem Sie nun wissen, wie Sie das Grundgerüst einer NetBeans-Platform-Anwendung erstellen, dieser Anwendungsmodule hinzufügen können, und Abhängigkeiten hinzufügen können um die APIs der NetBeans-Platform-Module zu verwenden, benötigen wir nun nur noch eine Möglichkeit, die NetBeans-Platform-Anwendung zu erstellen, auszuführen und eine Distribution zu erstellen.

Hierbei kann uns der **Maven Projects**-Explorer (WINDOW • TOOL WINDOWS • MAVEN PROJECTS) sehr behilflich sein. Zunächst muss die gesamte Anwendung mit der Maven-Build-Phase *install* erstellt und ins lokale Repository kopiert werden. Öffnen Sie hierzu den Ordner *Lifecycle* des Parent-Projekts (hier im Beispiel *MyApplication – NB App Parent*), und starten Sie den Vorgang über das Kontextmenü oder einen Doppelklick.

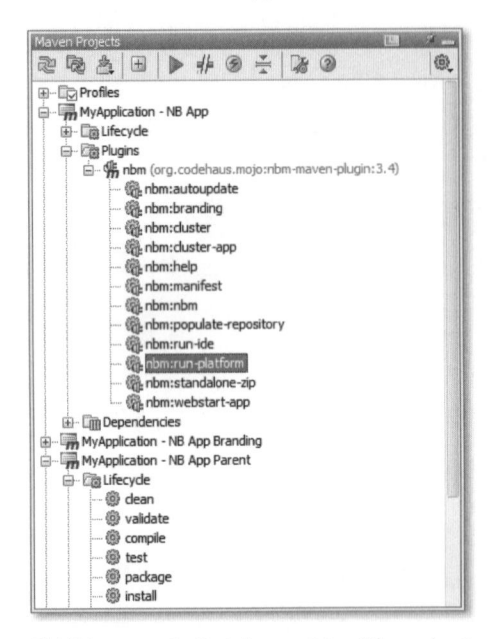

Abbildung 40.6 Erstellen und Ausführen der Anwendung mithilfe des Maven Projects-Explorers

Ausgeführt wird eine NetBeans-Platform-Anwendung mithilfe des Maven-Plugins *nbm-maven-plugin*. Dieses stellt hierfür das Goal *nbm:run-platform* zur Verfügung. Beachten Sie, dass Sie die Anwendung nicht über das Parent-Projekt, sondern über das automatisch erstellte **NB-App**-Modul, das die NetBeans Platform selbst repräsentiert, starten. Im **Maven Projects**-Explorer finden Sie dort sämtliche Goals, die das Plugin zur Verfügung stellt (siehe Abbildung 40.6), so auch das Goal *nbm:standalone-zip*, mit dem Sie Ihre Anwendung letztendlich die ZIP-Distribution erstellen lassen können.

Alternativ dazu können Sie sich über RUN • EDIT CONFIGURATIONS auch eine Run Configuration anlegen. Damit können Sie einen Build direkt über die Toolbar starten. Außerdem haben Sie bei einer Run Configuration z. B. die Möglichkeit, vor der Ausführung des Goals *nbm:run-platform* automatisch die Build-Phase *install* durchführen zu lassen. So können Sie Ihre Anwendung mit einem Tastendruck direkt erstellen und ausführen.

Mit dem Swing GUI Builder stellt die NetBeans IDE dem Entwickler ein mächtiges Werkzeug für die Implementierung von Benutzeroberflächen zur Verfügung. Den Swing GUI Builder können wir auch bei der Entwicklung von NetBeans-Platform-Anwendungen nutzen.

41 NetBeans Swing GUI Builder

Das offensichtlichste Merkmal einer Rich-Client-Anwendung ist sicherlich die Benutzeroberfläche. Diese bestimmt in großem Maße auch die Qualität einer Anwendung, indem Funktionen intuitiv und benutzerfreundlich und Daten übersichtlich angeordnet und dargestellt werden. Eine Benutzeroberfläche rein mit einem Quelltext-Editor zu erstellen kann zur Herausforderung werden. So muss man sich nicht nur ständig die Anordnung der Komponenten vorstellen, oft sieht das Resultat auch völlig anders aus, als man es erwarten würde.

Die NetBeans IDE erweist sich in diesem wichtigen Punkt der Anwendungsentwicklung als sehr innovativ und bringt von Haus aus einen mächtigen **Swing GUI Builder** mit. Sie können dabei Ihre gesamte Benutzeroberfläche per Drag & Drop und durch Auswahl von vorgegebenen Parametern umsetzen. Mit anderen Worten: Sie brauchen keine einzige Zeile Code zu schreiben.

Wenn Sie für eine NetBeans-Platform-Anwendung (z. B. eine Top Component) ein Options-Panel oder etwa einen Wizard erstellen, wird automatisch der GUI Builder verwendet. Sie können mit diesem aber auch ganz generische Komponenten erstellen, diese der Palette hinzufügen und dann in beliebigen anderen Komponenten wiederverwenden. In diesem Kapitel will ich Ihnen zunächst ein paar Details zum Aufbau des GUI Builders näherbringen, um danach dann die wesentlichen Features im Detail zu betrachten.

41.1 Aufbau des GUI Builders

Bei der Bearbeitung von GUI-Komponenten unterstützt der GUI Builder Sie mit zahlreichen Informationen und Funktionen in verschiedenen Fenstern. Einen Überblick über diese einzelnen Fenster und ihren Nutzen möchte ich Ihnen in den nächsten Abschnitten geben.

41.1.1 Editor

Zentraler Bestandteil des GUI Builders ist der **Editor** (WINDOW • EDITOR). Dieser stellt Ihnen zwei verschiedene Sichten zur Verfügung. Sie können dabei zwischen der **Design**-Sicht und der **Source**-Sicht wechseln. In der Design-Sicht erfolgt das eigentliche Erstellen von GUI-Komponenten. Von der Palette können Sie Komponenten auf Ihre Komponente in der Design-Sicht ziehen und dort auch individuell bearbeiten. In der Source-Sicht können Sie z. B. die Aktionen von Schaltflächen implementieren.

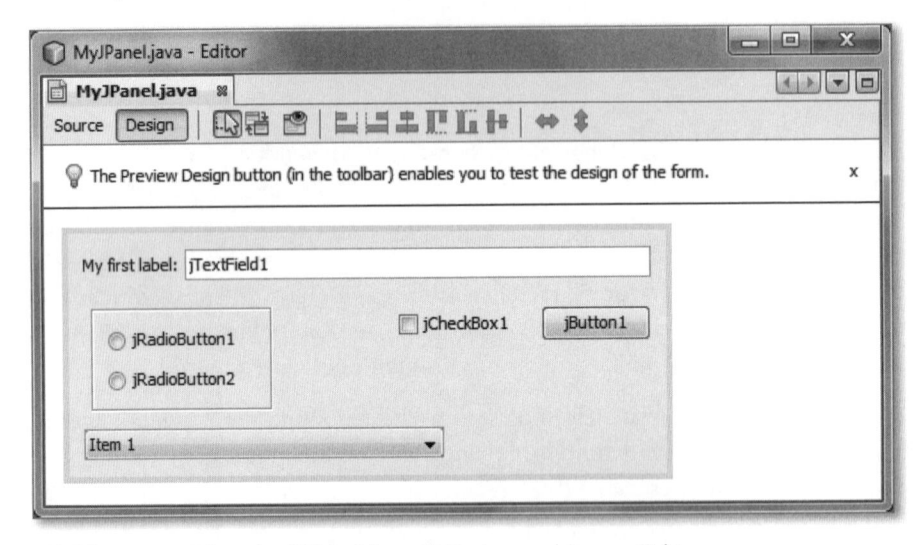

Abbildung 41.1   Editor des GUI Builders mit Design- und Source-Sicht

Wenn Sie in die Source-Ansicht wechseln, sehen Sie Bereiche mit Code, der vom GUI Builder automatisch erzeugt wird. Diese sogenannten **Guarded Blocks** sind farblich hinterlegt und können nicht editiert werden. Änderungen erfolgen ausschließlich über die Benutzeroberfläche des GUI Builders. Dabei haben Sie an einigen Stellen auch die Möglichkeit, benutzerspezifischen Code einzufügen.

41.1.2 Palette

Sobald Sie sich bei der Implementierung einer GUI-Komponente im Editor in der Design-Sicht befinden, stellt Ihnen das PALETTE-Fenster (WINDOW • PALETTE) sämtliche verfügbaren Swing- und AWT-Komponenten nach Kategorien gegliedert zur Verfügung. Per Drag & Drop können Sie diese auf Ihre eigene Komponente im Editor ziehen.

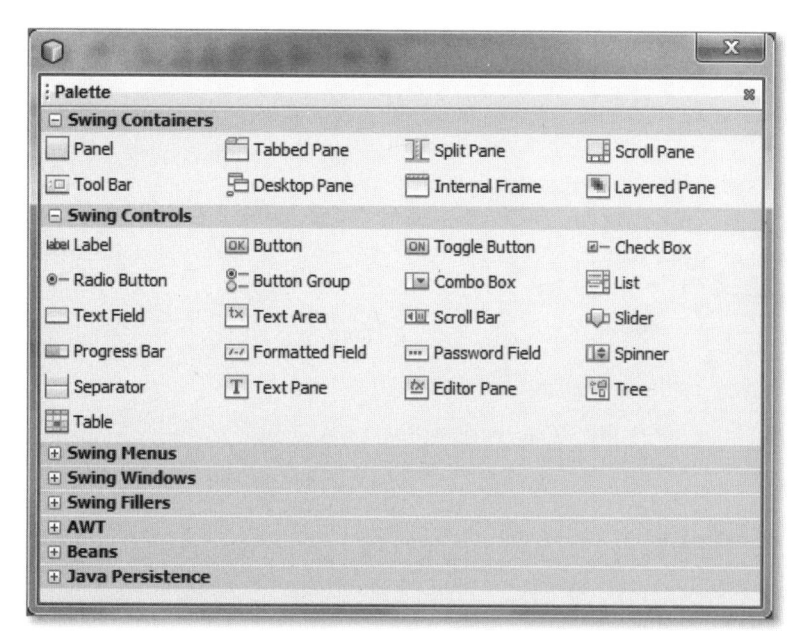

Abbildung 41.2 Das Palette-Fenster mit sämtlichen Swing- und AWT-Komponenten

> **Palette mit eigenen Komponenten erweitern**
>
> Auf der Palette können Sie nicht nur die standardmäßig zur Verfügung stehenden Komponenten nutzen. Sie können auch eigene hinzufügen, um diese dann ebenfalls per Drag & Drop in Ihrer Anwendung wiederzuverwenden. Mit einem Rechtsklick in das PALETTE-Fenster rufen Sie den PALETTE MANAGER... auf. Dort können Sie neue Komponenten aus JAR-Dateien, aus registrierten Bibliotheken oder aus einem Projekt importieren. Sie können mit dem *Palette Manager* auch neue Kategorien erstellen, anders anordnen oder Kategorien löschen, um somit stets den Überblick zu behalten.

41.1.3 Inspector

Im INSPECTOR-Fenster (WINDOW • NAVIGATING • INSPECTOR) werden Ihnen sämtliche sichtbaren und auch nicht-sichtbaren Komponenten in einer hierarchischen Baumstruktur angezeigt. Bei Auswahl eines Eintrags wird die entsprechende Komponenten im Editor ebenfalls selektiert. Der Inspector hilft Ihnen also, auch in komplexen GUI-Komponenten den Überblick zu behalten. Sehr nützlich ist der Inspector z. B. dann, wenn Sie eine JPanel-Komponente editieren möchten, die als nicht-sichtbarer Container verwendet wird.

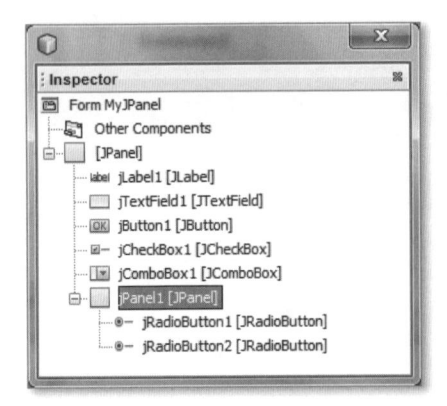

Abbildung 41.3 Inspector-Fenster für die Navigation und den Zugriff auf einzelne Komponenten

41.1.4 Properties

Jede einzelne Swing- oder AWT-Komponente besitzt eine Vielzahl an Einstellungsmöglichkeiten. Diese werden Ihnen allesamt im PROPERTIES-Fenster (WINDOW • PROPERTIES) angezeigt. Ein großer Vorteil dabei ist, dass für viele Eigenschaften mit vorgegebenen Werten der gewünschte Wert aus einer Liste ausgewählt werden kann. Für viele weitere Eigenschaften stehen spezielle Editoren zur Verfügung, so z. B. für die Konfiguration des Rahmens eines Containers.

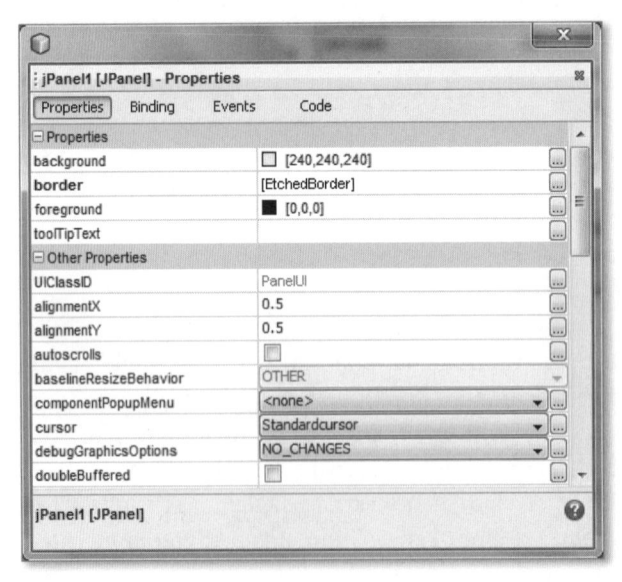

Abbildung 41.4 Übersichtliche Darstellung der Eigenschaften einer selektierten AWT- oder Swing-Komponente mit umfangreichen Editiermöglichkeiten

Über die Einstellung von einzelnen Parametern hinaus bietet das PROPERTIES-Fenster zusätzliche Sichten zu Bindings von Eigenschaften (BINDING), Ereignissen und deren Aktionen (EVENTS) sowie zu anwendungsspezifischem Code (CODE). Dabei erhalten Sie nicht nur eine umfassende Übersicht, sondern auch gleichzeitig eine sehr leichte Editiermöglichkeit. Auf die einzelnen Sichten kommen wir in den folgenden Abschnitten nochmals zurück.

41.2 Komponenten und Layout

In diesem Abschnitt geht es darum, wie eine GUI-Builder-Komponente grundsätzlich aufgebaut ist und wie auf dieser weitere Komponenten platziert und angeordnet werden können.

41.2.1 Forms

Komponenten, die mit dem GUI Builder erstellt werden, werden als **Forms** bezeichnet. Für die Erstellung einer Form stehen Ihnen unter FILE • NEW FILE • SWING GUI FORMS und AWT GUI FORMS diverse Wizards zur Verfügung. Für Sie als NetBeans-Platform-Anwendungsentwickler ist sicherlich der JPANEL FORM-Wizard für die Implementierung von Sub-Komponenten am gebräuchlichsten. Für die Entwicklung von Top-Level-Komponenten steht unter FILE • NEW FILE • MODULE DEVELOPMENT • WINDOW ein spezieller Form-Wizard zur Verfügung (siehe auch Abschnitt 10.2.1, »Top Component erstellen«).

Eine Form ist neben einer *.java*-Datei mit reservierten Code-Abschnitten durch eine *.form*-Datei gekennzeichnet. Diese weist denselben Namen und dasselbe Verzeichnis wie die *.java*-Datei auf. In dieser XML-Datei speichert der GUI Builder sämtliche Informationen zu Layout und verwendeten Komponenten, um daraus den Java-Quelltext zu generieren bzw. bei Änderung zu regenerieren.

41.2.2 Design-Strategie

Der GUI Builder verfolgt eine sogenannte **Free Design**-Strategie. Während Sie es also bisher gewohnt waren, die Komponenten in bestimmten vorgegebenen Bereichen eines Layout-Managers zu platzieren, können Sie in der Design-Ansicht des NetBeans GUI Builders Ihre Swing-Komponenten frei platzieren. Der GUI Builder ermittelt dann die notwendigen Layout-Attribute und erzeugt den Code automatisch. Basis hierfür ist der `GroupLayout`-Manager. Auf diese Weise können Sie Ihre Komponenten genau so anordnen, wie sie später in der Anwendung dann auch dargestellt werden. Überdies haben Sie die Möglichkeit einer Vorschau über die PREVIEW DESIGN-Schaltfläche in der Toolbar der Design-

Ansicht. So können Sie testen, wie sich Ihre Komponente bei einer Größenänderung verhält.

Wenn Sie erst einmal mit dem enorm intuitiven Free Design des GUI Builders gearbeitet haben, werden Sie kaum mehr einen anderen Layout-Manager vermissen. Für spezielle Anwendungszwecke können Sie dennoch auch alternative Layout-Manager nutzen. Über einen Rechtsklick in die Form können Sie mit SET LAYOUT aus den folgenden bekannten Layout-Managern auswählen:

- Free Design
- Absolute Layout
- Border Layout
- Box Layout
- Card Layout
- Flow Layout
- Grid Bag Layout
- Grid Layout
- Null Layout

41.2.3 Ausrichtung und Verankerung

Ein sehr großer Nutzen des GUI Builders liegt jedoch nicht in der freien Anordnung von Komponenten selbst, sondern vielmehr in der Unterstützung bei der Platzierung. So werden Ihnen, in Abhängigkeit von der bereits der Form hinzugefügten Komponenten, Hilfslinien angezeigt, um die neuen Komponenten entsprechend ausrichten zu können. Dabei wird eine Komponente bei Annäherung an die Hilfslinien automatisch an dieser ausgerichtet. So sind Sie in der Lage, in kürzester Zeit eine exakt angeordnete und ausgerichtete Benutzeroberfläche zu erstellen.

Um das Verhalten des Layout-Managers bei der Größenänderung eines Fensters zu bestimmen, werden sogenannte Ankerpunkte definiert. Verankert werden Komponenten entweder an benachbarten Komponenten oder an den Seitenrändern der Form. In Abbildung 41.5 sehen Sie, wie die Schaltfläche *jButton1* am rechten Rand der Form sowie nach oben am Textfeld *jTextField1* verankert ist. Das Textfeld selbst ist am oberen Rand der Form verankert. Das heißt: Wird die Größe der Form nach unten verändert, so bleibt die Schaltfläche in ihrer Position unverändert. Wird die Form nach rechts vergrößert, so bleibt die Schaltfläche am rechten Rand praktisch »kleben«. Je nach Platzierung schlägt Ihnen der GUI Builder bereits Ankerpunkte vor (erkennbar an der halbrunden Markierung). Sie können diese über das Kontextmenü mit ANCHOR aber ändern.

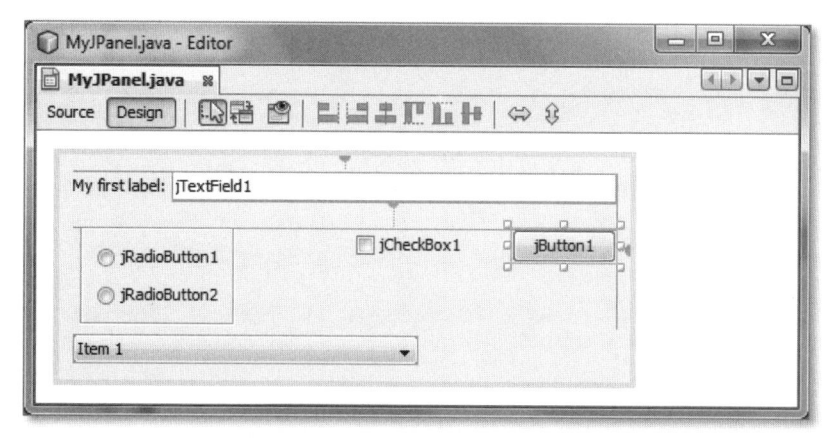

Abbildung 41.5 Automatische Ausrichtung und Verankerung von Komponenten

41.3 Komponenten anpassen

Im vorherigen Abschnitt haben Sie erfahren, wie Sie verschiedene Komponenten innerhalb einer Form platzieren und ausrichten können. Nun wollen wir diese Komponenten auch anpassen.

41.3.1 Text und Variablenname

Die Komponenten, die Sie von der Palette auf Ihre Form ziehen, erhalten eine Standardbeschriftung, die dem Typnamen entspricht. Nach dem gleichen Schema werden auch die Variablennamen vergeben. Den Text bzw. die Beschriftung einer Komponente können Sie entweder mit F2 oder durch EDIT TEXT aus dem Kontextmenü anpassen. Den Variablennamen können Sie ebenfalls über das Kontextmenü mit CHANGE VARIABLE NAME... anpassen.

41.3.2 Anwendungsspezifischer Code

In Abschnitt 41.1.1, »Editor«, habe ich davon gesprochen, dass Sie in der Source-Ansicht den vom GUI Builder erzeugten Code zunächst nicht editieren können. Dies ermöglicht Ihnen aber der **Code Customizer**, den Sie für jede Komponente über das Kontextmenü mit CUSTOMIZE CODE aufrufen können. Dabei können Sie an verschiedenen Stellen des Initialisierungs- und des Deklarationscodes Ihren anwendungsspezifischen Code einfügen. Zudem haben Sie die Möglichkeit, die Komponente lokal oder als Feld anlegen zu lassen. Für letzteren Fall können Sie weitere Attribute bezüglich Zugriff und Speicherung festlegen.

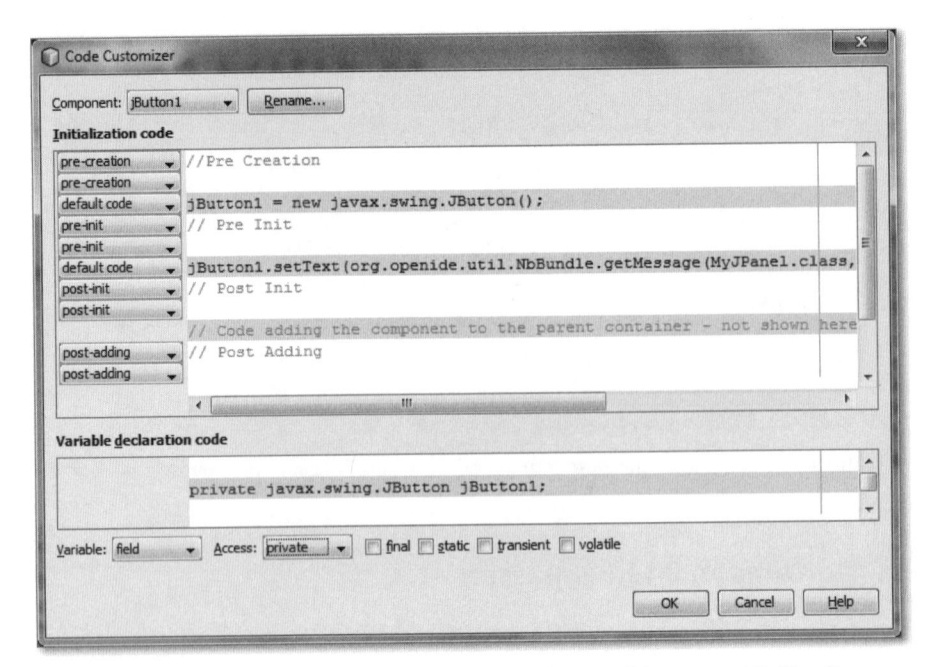

Abbildung 41.6 Der Code Customizer zur Anpassung der Initialisierung und Deklaration einer Komponente

In Abschnitt 41.1.4, »Properties«, habe ich angesprochen, dass das Properties-Fenster eine spezielle Code-Ansicht (Code) bietet. Diese stellt Ihnen neben den Optionen, die Sie in Abbildung 41.6 sehen, noch weitere Eingriffsmöglichkeiten bereit. Dabei können Sie über diese Ansicht den Code nicht nur leicht editieren, sondern erhalten gleichzeitig auch einen vollständigen Überblick über alle anwendungsspezifischen Codeerweiterungen.

41.4 Aktionen

Aktionen sind ein elementarer Bestandteil einer Benutzeroberfläche. Aktionen sollen die Reaktion auf ein durch den Benutzer ausgelöstes Ereignis sein. Ereignisse können z. B. ein Maus-Click oder ein Tastendruck sein. Für jedes Ereignis einer Komponente können Sie eine individuelle Aktion festlegen. Die Verknüpfung von Ereignis und Aktion erledigt dabei der GUI Builder für Sie. Über das Kontextmenü können Sie in Events aus allen verfügbaren Ereignissen auswählen. Durch einen Klick auf ein bestimmtes Ereignis wird für dieses automatisch ein Listener registriert. Dieser ruft eine Methode auf, deren Rumpf Sie dann in der Source-Ansicht implementieren können.

Ein Beispiel soll dies verdeutlichen. Für die in Abbildung 41.5 dargestellte Schaltfläche soll für das *actionPerformed*-Ereignis (also ein Klick auf die Schaltfläche) eine Aktion implementiert. Wir rufen daher aus dem Kontextmenü der Schaltfläche *jButton1* folgenden Eintrag auf: EVENTS • ACTION • ACTIONPERFORMED. Der Editor wechselt automatisch in die Source-Ansicht und springt in die entsprechende Methode, die bei diesem Ereignis aufgerufen wird. Im Beispiel hier ist das die Methode jButton1ActionPerformed().

```
private void jButton1ActionPerformed(
        java.awt.event.ActionEvent evt) {
    jTextField1.setText("Hello World");
}
```

Listing 41.1 Implementierung einer Aktion. Nur der Methodenrumpf kann editiert werden.

Wenn Sie sich in der Source-Ansicht den automatisch generierten Codeblock anschauen, finden Sie die Registrierung eines Listeners (wie in Listing 41.2 dargestellt), der die Methode mit der eigentlichen Aktion aufruft.

```
jButton1.addActionListener(new java.awt.event.ActionListener() {
    public void actionPerformed(java.awt.event.ActionEvent evt) {
        jButton1ActionPerformed(evt);
    }
});
```

Listing 41.2 Automatische Registrierung eines Event-Listeners durch den GUI Builder

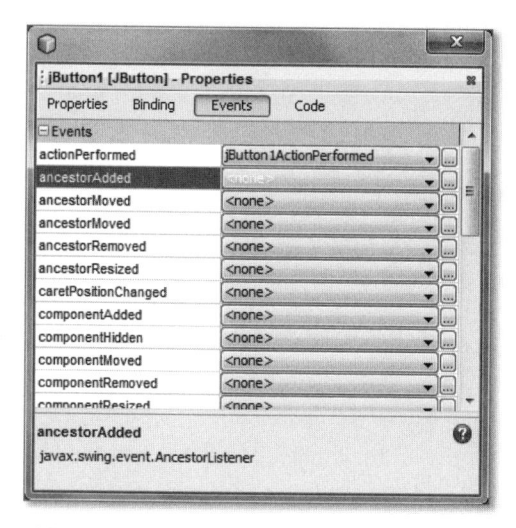

Abbildung 41.7 Events-Sicht für die Verwaltung der Aktions-Handler einer bestimmten Komponente

Einen Überblick darüber, für welche Ereignisse Sie eine Aktion registriert haben und welche Ereignisse Ihnen außerdem zur Verfügung stehen, können Sie sich auch sehr leicht in der Events-Sicht (EVENTS) des PROPERTIES-Fensters verschaffen. Zudem können Sie an dieser Stelle auch mehrere sogenannte Handler registrieren, bestimmte Handler löschen, diese umbenennen oder an deren Position im Quelltext springen.

41.5 Beans Binding

Mit dem **Beans Binding Framework** (JSR 295) können Sie zum einen GUI-Komponenten an Datenquellen binden, und zum anderen können Sie damit die Eigenschaften verschiedener GUI-Komponenten synchron halten. Dies sind Aufgaben, die in fast jeder Rich-Client-Anwendung implementiert werden müssen. Das Beans Binding Framework in Verbindung mit der NetBeans IDE bzw. dem GUI Builder sorgt dafür, dass Sie nur noch wenige Zeilen Code schreiben müssen.

An einem typischen Beispiel möchte ich Ihnen die Vorzüge des Beans Binding Frameworks und die Unterstützung durch den GUI Builder zeigen. Wir nehmen eine bereits vorhandene Datenbank und erstellen für deren Tabellen Entitätsklassen. In einer NetBeans-Platform-Anwendung wollen wir dann die Daten aus der Datenbank an eine Tabelle binden. Außerdem binden wir eine Detailansicht an die Tabelle. Es sollen hierbei Änderungen in der Tabelle sowie in der Detailansicht gemacht werden können.

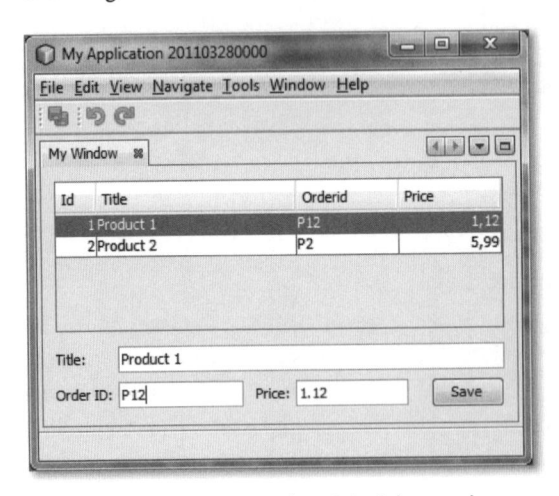

Abbildung 41.8 Beans-Binding-Beispielanwendung

41.5.1 Tabelle an Datenquelle binden

Im ersten Schritt erstellen Sie eine Java DB-Datenbank (oder verwenden eine bereits bestehende). Im SERVICES-Fenster können Sie sehr einfach über das Kontextmenü mit CREATE DATABASE... eine neue Datenbank erstellen. Im Beispiel hier soll diese *ProductDatabase* heißen. Dieser Datenbank fügen wir eine Tabelle mit der in Listing 41.3 dargestellten Struktur hinzu. Außerdem erstellen wir anschließend gleich noch zwei Testdatensätze. Sie können natürlich noch beliebig weitere Einträge hinzufügen.

```
CREATE TABLE product (
   id INT NOT NULL PRIMARY KEY GENERATED ALWAYS AS IDENTITY,
   title   VARCHAR(50) NOT NULL,
   orderId VARCHAR(10) NOT NULL,
   price   DOUBLE      NOT NULL
);
INSERT INTO product (title, orderId, price)
   VALUES ('Product 1', 'P1', 1.49);
INSERT INTO product (title, orderId, price)
   VALUES ('Product 2', 'P2', 5.99);
```

Listing 41.3 Tabellenstruktur und Testdatensätze

Für diese Tabelle benötigen wir nun eine Entitätsklasse. Diese brauchen wir aber nicht selbst zu implementieren, sondern wir können diese durch einen Wizard der NetBeans IDE automatisch erstellen lassen. Hierfür ist allerdings ein **Java Class Library**-Projekt notwendig. Erstellen Sie ein solches über FILE • NEW PROJECT... • JAVA • JAVA CLASS LIBRARY. In diesem Projekt können Sie dann den Wizard mit FILE • NEW FILE... • PERSISTENCE • ENTITY CLASSES FROM DATABASE dazu verwenden, die benötigte Entitätsklasse zu implementieren.

Wählen Sie im ersten Schritt des Wizards die Datenbankverbindung und anschließend die Tabelle *PRODUCT* aus. Im folgenden Schritt deaktivieren Sie die Optionen zur Erzeugung von **Named Queries** und JAXB-Annotationen. Eine **Persistence Unit** allerdings soll mit erstellt werden. Auf der letzten Seite des Wizards wählen Sie `java.util.List` als **Collection Type** und deaktivieren die Option ATTRIBUTES FOR REGENERATING TABLES, da Sie auf einer bereits vorhandenen Tabelle aufbauen. Mit FINISH können Sie dann die Klasse `Product` erstellen lassen. Diese verfügt neben den Attributen, die mit JPA-Annotationen versehen sind, über `getter`- und `setter`-Methoden.

Um später Änderungen einer `Product`-Instanz an die Tabelle zu propagieren, ist es notwendig, dass Sie eine Listener-Logik implementieren. Bei allen `set`-Methoden müssen dann mit der `firePropertyChange()`-Methode die Listener informiert werden.

```java
import java.beans.PropertyChangeListener;
import java.beans.PropertyChangeSupport;
import javax.persistence.Basic;
import javax.persistence.Column;
...
@Entity
@Table(name = "PRODUCT")
public class Product implements Serializable {
   private static final long serialVersionUID = 1L;
   @Id
   @GeneratedValue(strategy = GenerationType.IDENTITY)
   @Basic(optional = false)
   @Column(name = "ID")
   private Integer id;

   @Basic(optional = false)
   @Column(name = "TITLE")
   private String title;

   @Basic(optional = false)
   @Column(name = "ORDERID")
   private String orderid;

   @Basic(optional = false)
   @Column(name = "PRICE")
   private double price;

   private transient PropertyChangeSupport changeSupport =
      new PropertyChangeSupport(this);

   public Product() {
   }
   public Product(Integer id) {
      this.id = id;
   }


   public Product(
      Integer id, String title, String orderid, double price) {
      this.id = id;
      this.title = title;
      this.orderid = orderid;
```

```java
      this.price = price;
   }
   public Integer getId() {
      return id;
   }
   public void setId(Integer id) {
      Integer oldId = this.id;
      this.id = id;
      changeSupport.firePropertyChange("id", oldId, id);
   }
   public String getTitle() {
      return title;
   }
   public void setTitle(String title) {
      String oldTitle = this.title;
      this.title = title;
      changeSupport.firePropertyChange("title", oldTitle, title);
   }
   public String getOrderid() {
      return orderid;
   }
   public void setOrderid(String orderid) {
      String oldOrderid = this.orderid;
      this.orderid = orderid;
      changeSupport.firePropertyChange(
         "orderid", oldOrderid, orderid);
   }
   public double getPrice() {
      return price;
   }
   public void setPrice(double price) {
      double oldPrice = this.price;
      this.price = price;
      changeSupport.firePropertyChange("price", oldPrice, price);
   }
   public void addPropertyChangeListener(
      PropertyChangeListener listener) {
      changeSupport.addPropertyChangeListener(listener);
   }
   public void removePropertyChangeListener(
      PropertyChangeListener listener) {
```

```
        changeSupport.removePropertyChangeListener(listener);
    }
}
```

Listing 41.4 Entitätsklasse für die Tabelle PRODUCT mit Change-Listener-Logik, damit die Änderungen unmittelbar in der Tabelle angezeigt werden können

Neben der Entitätsklasse wurde auch die Datei *persistence.xml* angelegt. Mit dieser wird die **Persistence Unit** konfiguriert. Hier können Sie also auch die Verbindungsparameter zur Datenbank bei Bedarf editieren. Wichtig ist vor allem der Name der Persistence Unit. Diesen benötigen wir später noch, um auf die Daten zugreifen zu können.

```xml
<persistence ...>
  <persistence-unit name="MyEntitiesLibraryPU"
                    transaction-type="RESOURCE_LOCAL">
    <provider>org.eclipse.persistence.jpa.PersistenceProvider
      </provider>
    <class>com.galileo.netbeans.myentities.Product</class>
    <properties>
      <property name="javax.persistence.jdbc.url"
        value="jdbc:derby://localhost:1527/ProductDatabase"/>
      <property name="javax.persistence.jdbc.password"
        value="password"/>
      <property name="javax.persistence.jdbc.driver"
        value="org.apache.derby.jdbc.ClientDriver"/>
      <property name="javax.persistence.jdbc.user"
        value="admin"/>
    </properties>
  </persistence-unit>
</persistence>
```

Listing 41.5 Konfiguration der Persistence Unit in »persistence.xml«

Damit können wir das Library-Projekt mit BUILD erstellen. Dann aber kommen wir auf die NetBeans Platform zurück. Erstellen Sie eine Anwendung mit FILE • NEW PROJECT • NETBEANS MODULES • NETBEANS PLATFORM APPLICATION. Für diese Platform Application müssen wir noch zwei zusätzliche Module freischalten. Öffnen Sie daher unter PROPERTIES • LIBRARIES das Cluster *java*, und fügen Sie die beiden Module *Beans Binding integration* und *TopLink Essentials* hinzu. Anschließend können Sie dann ein Library Wrapper Module mit der JAR-Datei der zuvor erstellten Entitätsklasse hinzufügen. Dieses Modul soll *My Entities* heißen.

Für die Verbindung zur Datenbank und die Speicherung der Objekte benötigen wir noch zwei weitere Library Wrapper Modules. Fügen Sie eines für den Datenbanktreiber hinzu. Dies ist die Datei *derbyclient.jar*, die Sie im Verzeichnis der *Java DB*-Installation finden. Dieses Modul wollen wir *Java DB Driver* nennen. Ein weiteres Library Wrapper Module benötigen wir für *EclipseLink*, als Persistence Provider. Diesem Modul fügen wir die beiden Dateien *eclipselink-2.2.0.jar* und *eclipselink-javax.persistence-2.0.jar* aus dem Verzeichnis *java/modules/ext/eclipselink* der NetBeans IDE-Installation hinzu.

Jetzt fehlt nur noch ein Modul: das eigentliche Anwendungsmodul. Dieses nennen wir *My Module*. Damit das Zusammenspiel zwischen diesen verschiedenen Modulen auch funktionieren kann, müssen wir zuvor noch folgende Abhängigkeiten definieren:

- Das Modul *My Entites* erhält eine Abhängigkeit auf die Module *EclipseLink* und *Java DB Driver*.
- Das Modul *My Module* erhält eine Abhängigkeit auf die Module *EclipseLink*, *My Entities* und *Beans Binding Integration*.

Damit haben wir die Anwendung so weit eingerichtet, sodass wir nun dem Modul *My Module* mit FILE • NEW FILE • MODULE DEVELOPMENT • WINDOW eine Top Component hinzufügen können. Diese soll letztendlich wie in Abbildung 41.9 aussehen. Doch bevor wir die Tabelle und die Textfelder hinzufügen, benötigen wir eine Datenquelle, an die wir dann die Tabelle später binden können.

Öffnen Sie dazu im INSPECTOR-Fenster das Kontextmenü des Knotens *Other Components*, und wählen Sie dann ADD FROM PALETTE • JAVA PERSISTENCE • ENTITY MANAGER. Aus der gleichen Kategorie fügen Sie dann noch ein QUERY- und ein QUERY RESULT-Objekt hinzu.

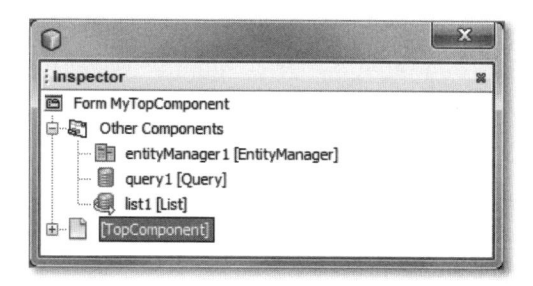

Abbildung 41.9 Datenquelle hinzufügen und konfigurieren

Beachten Sie, dass Sie die angegebene Reihenfolge einhalten (diese kann auch nach dem Hinzufügen über das Kontextmenü noch geändert werden), da diese Objekte aufeinander aufbauen und daher auch in dieser Reihenfolge initialisiert werden müssen. Diese Objekte müssen wir nun noch im PROPERTIES-Fenster konfigurieren. Selektieren Sie das entsprechende Objekt im INSPECTOR-Fenster, um die Eigenschaften anpassen zu können:

- Für das **EntityManager**-Objekt müssen Sie den Wert für *persistenceUnit* festlegen. Der Name der Persistence Unit wurde zuvor vom Wizard in der *persistence.xml*-Datei (siehe Listing 41.5) festgelegt. Diesen Namen müssen wir auch hier wieder verwenden.

- Für das **Query**-Objekt legen wir für den Parameter *query* die JPA-Query fest, mit der die Daten aus der Datenbank ermittelt werden sollen. Für das Beispiel hier ist dies: `SELECT p FROM Product p`. Für den Parameter *entityManager* wählen wir den Namen des bereits erstellten Entity Managers, d. h. `entityManager1`, aus.

- Für das List-Objekt (Query Result) wählen Sie für den Parameter *query* das zuvor erstellte Query-Objekt `query1` aus. Wechseln Sie dann im PROPERTIES-Fenster in die CODE-Ansicht. Dort können wir durch Angabe des *Type Parameters* die Liste mit `<Product>` parametrisieren.

Jetzt können Sie (wie in Abbildung 41.10 dargestellt) eine Tabelle, drei Labels und Textfelder sowie eine Schaltfläche von der Palette der Form hinzufügen. So kommen wir nun auch zu dem Teil, den uns das Beans Binding Framework abnehmen soll: zum Befüllen der Tabelle (normalerweise müssten wir hierfür zunächst ein Datenmodell implementieren) und zum synchronen Datenaustausch zwischen Tabelle und Textfeldern.

Rufen Sie das Kontextmenü der Tabelle auf, und wählen Sie BIND • ELEMENTS aus. Als **Binding Source** wählen Sie nun das zuvor erstellte und parametrierte List-Objekt `list1` aus. Da wir alle Attribute darstellen wollen, können Sie den Dialog unverändert mit OK beenden. Somit wird automatisch ein Datenmodell für die Tabelle erstellt. Dieses können Sie dennoch an Ihre Bedürfnisse anpassen. Rufen Sie dazu aus dem Kontextmenü der Tabelle TABLE CONTENTS... auf. In diesem Dialog können Sie unter COLUMNS zahlreiche individuelle Einstellungen vornehmen. Sie können u. a. den Titel oder die Reihenfolge einzelner Spalten verändern.

Sie haben damit ein Binding zwischen der Datenquelle und der Tabelle erstellt, die die Daten darstellen soll. Sie können die Anwendung bereits jetzt starten und werden sehen, dass Ihnen alle Einträge aus der entsprechenden Tabelle der Datenbank angezeigt werden. Und dabei mussten Sie bis jetzt noch keine Zeile Code selbst schreiben. Das Beans Binding Framework nimmt Ihnen sichtlich einiges an routinemäßigen Implementierungsaufgaben ab.

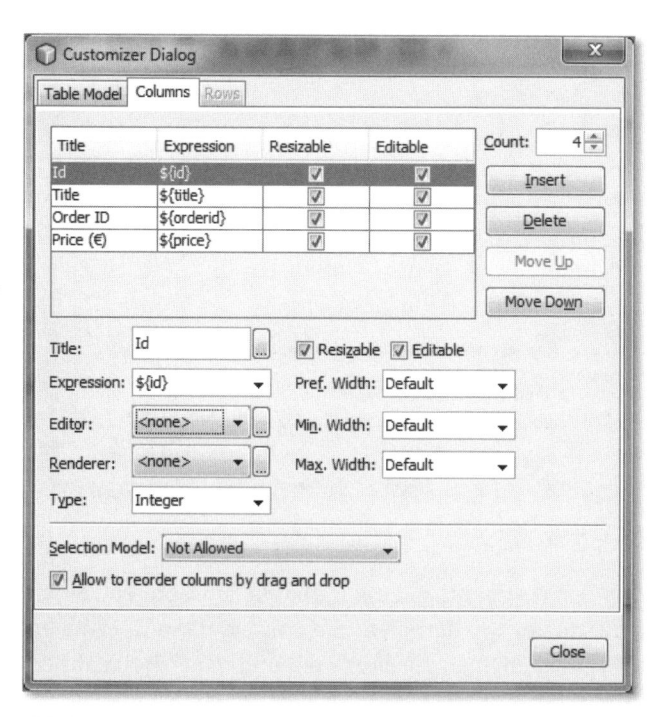

Abbildung 41.10 Anpassen des automatisch erstellten Datenmodells für eine Tabelle

41.5.2 Detailansicht an Tabelle binden

Durch ein weiteres Binding wollen wir nun die Daten zwischen der Tabelle und den Textfeldern synchron halten. Wird in der Tabelle ein Eintrag selektiert, so sollen dessen Daten in den Textfeldern dargestellt werden. Wenn Sie nun in den Textfeldern einen Wert editieren, so soll sich der Wert auch in der Tabelle, also auch im Datenmodell, ändern. Umgekehrt soll sich eine Änderung in der Tabelle in den Textfeldern widerspiegeln.

Ausgehend von den einzelnen Feldern der Detailansicht binden wir an diese den jeweils entsprechenden Wert des selektierten Eintrags aus der Tabelle. Rufen Sie dazu das Kontextmenü auf dem ersten Textfeld, das den Titel des Produkts beinhalten soll, auf, und wählen Sie BIND • TEXT. Als **Binding Source** verwenden wir hier nun die Tabelle, die hier im Beispiel mit `jTable1` benannt ist. Als **Binding Expression** wählen Sie im Ordner *selectedElement* das gewünschte Attribut aus.

Unter dem Register ADVANCED können Sie die Update-Eigenschaften festlegen. Das heißt, Sie können mit ALWAYS SYNC festlegen, dass die Änderungen in beide Richtungen übernommen werden, und Sie können zudem festlegen, bei welchem Ereignis (z. B. Eintippen von Text) die Aktualisierung erfolgen soll.

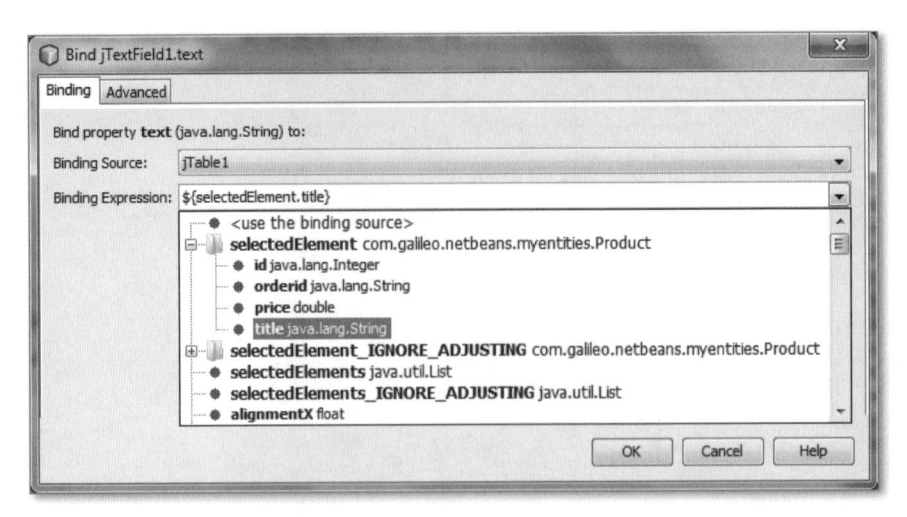

Abbildung 41.11 Textfeld an Quelle binden

Diesen Schritt – das Binden der Textfelder an eine Datenquelle – können Sie nun für die restlichen Textfelder analog wiederholen. Sie können dann die Anwendung starten, können dabei Tabelleneinträge selektieren und in der Detailansicht editieren. Wenn Sie nun aber in die Datenbank schauen oder die Anwendung neu starten, werden Sie bemerken, dass die Änderungen nicht persistent gemacht wurden. Wir müssen also bestimmen, wann die Änderungen in die Datenbank zurückgespeichert werden sollen. Damit fügen wir nun unsere ersten Zeilen Code der Anwendung hinzu.

Um die Änderungen in die Datenbank einbringen zu können, benötigen wir eine Transaktion. Eine solche erstellen wir also gleich im Konstruktor über den **Entity Manager**. Wechseln Sie dazu in die Source-Ansicht, und fügen Sie dem Konstruktor folgende Zeile hinzu:

```
public MyTopComponent() {
   ...
   entityManager1.getTransaction().begin();
}
```

Listing 41.6 Start einer Transaktion

Mit der bereits hinzugefügten Schaltfläche SAVE wollen wir die vorgenommenen Änderungen dann letztendlich in die Datenbank zurückspeichern. Das heißt, wir schließen die Transaktion und beginnen anschließend gleich eine neue Transaktion für die nachfolgenden Änderungen. Durch einen Doppelklick auf die Schaltfläche wird für diese direkt eine Aktionsmethode für das *actionPerformed-*

Ereignis registriert. Wir brauchen also nur noch die beiden in Listing 41.7 dargestellten Zeilen als Methodenrumpf zu implementieren:

```
private void jButton1ActionPerformed(ActionEvent evt) {
    entityManager1.getTransaction().commit();
    entityManager1.getTransaction().begin();
}
```

Listing 41.7 Abspeichern der Änderungen in der Datenbank

41.5.3 Binding Listener

Um auf die Änderung der Quelle (Source) oder des Ziels (Target) eines Bindings zu reagieren, können Sie darauf einen Listener registrieren. Sämtliche Bindings, die wir über den GUI Builder angelegt haben, werden einer `BindingGroup` hinzugefügt, die als Feld in der Top Component angelegt ist. Somit können Sie auf diese `BindingGroup`-Instanz einen Listener registrieren, wobei Sie dann das `Binding`, das die Änderung ausgelöst hat, als Argument geliefert bekommen.

```
private org.jdesktop.beansbinding.BindingGroup bindingGroup;
...
bindingGroup.addBindingListener(new AbstractBindingListener() {
    @Override
    public void targetChanged(Binding b, PropertyStateEvent evt) {
        binding.getName();
    }
    @Override
    public void sourceChanged(Binding b, PropertyStateEvent evt) {
    }
});
```

Listing 41.8 Listener registrieren für die Änderung eines Bindings

Um zwischen verschiedenen Bindings unterscheiden zu können, können Sie einem Binding einen Namen geben. Dies können Sie im Bind-Dialog (siehe Abbildung 41.11) unter dem Register Advanced vornehmen.

41.5.4 Validator

Ein Validator kann dazu genutzt werden, die durch den Anwender eingegebenen Daten zu überprüfen. So können z. B. gewünschte Grenzen für einen Wert überprüft werden. Für die zuvor erstellte Beispielanwendung können wir z. B. eine Validator-Klasse erstellen, um die Order ID auf zehn Zeichen zu begrenzen. Die Klasse nennen wir `OrderIDValidator` und leiten sie von der Klasse `Validator` ab, wobei wir als Typ-Parameter `String` verwenden. Wir müssen dann die `validate()`-Methode implementieren, in der wir den gewünschten Wertebereich überprüfen können. Handelt es sich um einen ungültigen Wert, so erstellen wir eine `Result`-Instanz, mit der wir auch eine Fehlermeldung liefern können. Ist der Wert in Ordnung, so liefern wir einfach `null` zurück.

```
import org.jdesktop.beansbinding.Validator;
import org.jdesktop.beansbinding.Validator.Result;
public class OrderIDValidator extends Validator<String> {
    @Override
    public Result validate(String value) {
        if (value.length() > 10) {
            return new Result(null, "Max length of Order ID is 10");
        }
        return null;
    }
}
```

Listing 41.9 Implementation einer Validator-Klasse zur Sicherstellung gültiger Werte

Diese Validator-Klasse weisen wir dem Binding nun zu. Hierzu müssen Sie die Klasse zunächst kompilieren. Dies erreichen Sie am einfachsten über das Kontextmenü der Klasse in der Projektansicht mit COMPILE. Anschließend öffnen Sie das Kontextmenü des Knotens OTHER COMPONENTS im INSPECTOR-Fenster (der Editor muss sich in der DESIGN-Ansicht befinden) und rufen ADD FROM PALETTE • BEANS • CHOOSE BEAN auf. Im erscheinenden Dialog geben Sie den vollständigen Klassennamen, also mit Code Name Base, an. Für das Beispiel hier verwenden wir `com.galileo.netbeans.module.OrderIDValidator`. Somit steht der Validator in unserer Form zur Verfügung, und wir können ihn dem Binding zuweisen. Öffnen Sie dazu den BIND-Dialog des entsprechenden Textfelds mit BIND • TEXT. Wechseln Sie auf das Register ADVANCED. Dort steht Ihnen dann die hinzugefügte Instanz (`orderIDValidator1`) zur Auswahl.

Wir haben allerdings noch nicht berücksichtigt, was passiert, wenn der eingegebene Wert ungültig ist. Zwar sorgt das Beans Binding Framework dafür, dass der ungültige Wert nicht übernommen wird, doch typischerweise möchte man dem Benutzer eine Rückmeldung darüber geben. In der Validator-Klasse haben wir ja auch schon eine entsprechende Meldung generiert. Um eine ungültige Eingabe abzufangen und die Meldung auszugeben, registrieren wir einen `Binding-Listener` (siehe Abschnitt 41.5.3, »Binding Listener«) und implementieren die Methode `syncFailed()`. Wir prüfen, ob es sich um einen Validation-Fehler handelt, und geben die Meldung entsprechend aus.

```
bindingGroup.addBindingListener(new AbstractBindingListener() {
   @Override
   public void syncFailed(Binding binding, SyncFailure fail) {
      if ((fail != null) && (fail.getType() ==
            Binding.SyncFailureType.VALIDATION_FAILED)) {
         statusLabel.setText(
            fail.getValidationResult().getDescription());
      }
   }
});
```

Listing 41.10 Reagieren auf eine invalide Werteänderung

41.5.5 Converter

Mit einer Converter-Klasse kann zwischen verschiedenen Datentypen konvertiert werden. So können z. B. Werte, die in der Datenbank als Zahl gespeichert sind, in der GUI als Text angezeigt werden. Diese Konvertierung erfolgt in beide Richtungen. Eine Converter-Klasse leitet von der Klasse Converter ab und bestimmt dabei mit dem Typ-Parameter den Quell- und Zieldatentyp. Bei nachfolgendem Beispiel wollen wir zwischen einer Zahl und einem String umwandeln.

```
import org.jdesktop.beansbinding.Converter;
public class ProductCategoryConverter
         extends Converter<Integer, String> {
   @Override
   public String convertForward(Integer arg) {
      String value = null;
      switch (arg) {
         case 1:
            value = "Category 1";
            break;
         case 2:
            value = "Category 2";
            break;
      }
      return value;
   }
   @Override
   public Integer convertReverse(String arg) {
      int value = 0;
```

```
        if ("Category 1".equals(arg)) {
           value = 1;
        } else if ("Category 2".equals(arg)) {
           value = 2;
        }
        return value;
    }
}
```

Listing 41.11 Converter-Klasse zur Umwandlung von verschiedenen Datentypen

Das Hinzufügen eines Converters zu einem Binding erfolgt analog zur Vorgehensweise bei einem Validator (siehe Abschnitt 41.5.4).

Die Durchführung von Softwaretests ist ein integraler Bestandteil von Software-Entwicklungsmodellen. In diesem Kapitel erfahren Sie, wie Sie einfach und effizient NetBeans-Platform-Anwendungen testen können.

42 Testen von NetBeans-Platform-Anwendungen

Bei der Implementierung und Durchführung von Tests können bei NetBeans-Platform-Anwendungen zwei verschiedene Arten von Tests unterschieden werden. Es können **Modultests** (**Unit Tests**) und **funktionale Tests** implementiert werden. In den folgenden Abschnitten gehe ich auf beide Testarten sowie auf die Unterstützung ein, die von NetBeans hierfür bereitgestellt.

42.1 Modultests

Modultests für NetBeans-Platform-Anwendungen werden auf Basis des weit verbreiteten Test-Frameworks **JUnit** implementiert. Dabei stellt NetBeans mit der Bibliothek **NB JUnit** eine Erweiterung von JUnit bereit. Diese Bibliothek stellt zahlreiche Hilfsklassen zur Verfügung, die das Testen von Klassen und Methoden innerhalb der NetBeans Platform erleichtern sollen.

> **Achtung: JUnit Installation**
>
> JUnit ist nicht mehr Bestandteil der NetBeans IDE. Stattdessen wird nun bei der Installation der IDE gefragt, ob Sie JUnit installieren möchten oder nicht. Die nachfolgenden Beschreibungen setzen voraus, dass Sie der Installation zugestimmt haben. Beim ersten Start der IDE wird dann das JUnit Modul installiert. Hierbei ist Vorsicht geboten: Für diese Installation sind nämlich Schreibrechte erforderlich, die im standardmäßigen Programmverzeichnis von Windows 7 z. B. nicht vorhanden sind. Gleiches gilt natürlich auch für das Cobertura-Modul, das wir in Abschnitt 42.1.5, »Testabdeckung prüfen«, verwenden wollen. Abhilfe können Sie schaffen, indem Sie die IDE in einem anderen Verzeichnis (mit Schreibrechten) installieren.

Zunächst möchte ich Ihnen anhand einer einfachen Klasse die generelle Vorgehensweise beim Erstellen und Ausführen von Tests vorstellen. In den anschließenden Abschnitten geht es dann darum, wie Sie spezielle Ressourcen einer Net-Beans-Platform-Anwendung, wie z. B. Services aus dem Lookup oder Files aus dem System Filesystem, erfolgreich testen können.

42.1.1 Generelle Tests

Für eine einfache erste JUnit-Testklasse nehmen wir die in Listing 42.1 dargestellte Klasse Math an, deren Methoden wir durch einen Modultest auf Korrektheit prüfen wollen. Diese erstellen wir in einem Modul einer NetBeans Platform Application.

```
public class Math {
   public int add(int a, int b) {
      return a + b;
   }
   public int subtract(int a, int b) {
      return a - b;
   }
}
```

Listing 42.1 Einfache Klasse, deren Methoden jeweils durch einen Unit Test geprüft werden sollen

Die NetBeans IDE stellt mehrere Wizards zur Verfügung, um das Grundgerüst für einen Modultest zu erstellen. Neben einer leeren Testklasse können wir auch einen Test für eine vorgegebene Klasse erstellen. Dabei können dann für sämtliche Methoden Tests erstellt werden. Dies erspart natürlich einiges an Zeit und Schreibarbeit. So wollen wir auch für die zu prüfende Klasse Math eine Testklasse anlegen. Rufen Sie dazu FILE • NEW FILE • JUNIT • TEST FOR EXISTING CLASS auf. Wählen Sie über BROWSE... die gewünschte Klasse aus.

Wie in Abbildung 42.1 zu sehen ist, haben Sie die Wahl, für welche Methoden jeweils ein Test erstellt werden soll. Unterschieden werden kann dabei zwischen PUBLIC-, PROTECTED- und PACKAGE PRIVATE-Methoden. Außerdem können Sie festlegen, ob eine TEST INITIALIZER- und/oder FINALIZER-Methode erstellt werden soll. Mit der Option DEFAULT METHOD BODIES werden, basierend auf der Signatur einer Methode, die Tests bereits implementiert. Diese Implementation brauchen Sie dann je nach Komplexität der zu testenden Methoden nur noch geringfügig anzupassen. Diese Option kann also einiges an Aufwand einsparen. Klicken Sie anschließend auf FINISH, um die Testklasse MathTest erstellen zu lassen. Diese wird in einem neuen Verzeichnis *test/unit/src* erstellt. Außerdem wird eine Abhängigkeit auf die JUnit-Bibliothek der Anwendung unter *Unit Test Libraries* hinzugefügt. Damit erhalten wir die in Abbildung 42.2 dargestellte Projektstruktur.

Modultests | **42.1**

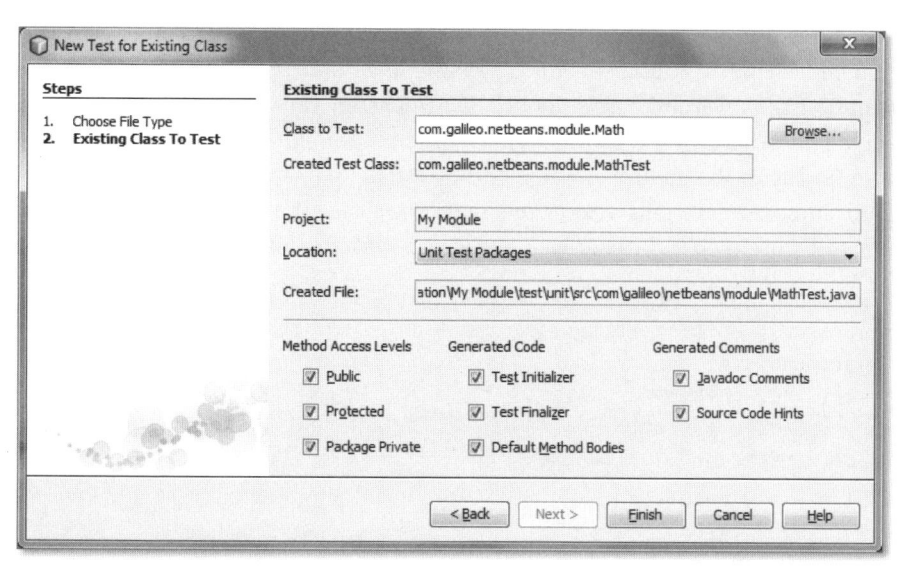

Abbildung 42.1 Automatisches Erstellen von Testfällen für eine bestehende Klasse

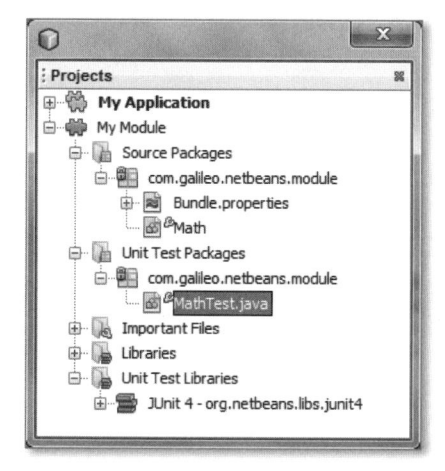

Abbildung 42.2 Projektstruktur mit separaten Ordnern für Testfälle und den notwendigen Bibliotheken

> **Neue Tests einer bestehenden Testklasse hinzufügen**
>
> Wenn Sie Ihrer Klasse auch nach dem Erstellen der Testklasse durch den NetBeans Wizard weitere Methoden hinzufügen möchten, können Sie für diese Methoden automatisch Tests erstellen lassen. Führen Sie dazu einfach den Wizard für die betreffende Klasse erneut aus. Es wird dann die bereits bestehende Testklasse um die Testfälle für die neuen Methoden erweitert.

569

Schauen wir uns nun die erstellte Testklasse MathTest an. Sie sehen, dass in diesem einfachen Fall zunächst keine Unterstützung durch das *NB JUnit*-Modul notwendig ist. Es werden ausschließlich JUnit-Klassen verwendet. Sie sehen dabei auch, dass seit **JUnit 4** die Testklasse nicht mehr von einer speziellen Basisklasse ableiten muss. Vielmehr werden jetzt die Testfälle selbst (und einige Hilfsmethoden) durch Annotations gekennzeichnet. Durch die Verwendung der Annotations sind Sie auch frei in der Namenswahl der Methoden.

```java
import org.junit.After;
import org.junit.AfterClass;
import org.junit.Before;
import org.junit.BeforeClass;
import org.junit.Test;
import static org.junit.Assert.*;
public class MathTest {
    public MathTest() {
    }

    @BeforeClass
    public static void setUpClass() throws Exception {
    }

    @AfterClass
    public static void tearDownClass() throws Exception {
    }

    @Before
    public void setUp() {
    }

    @After
    public void tearDown() {
    }

    @Test
    public void testAdd() {
        System.out.println("add");
        int a = 0;
        int b = 0;
        Math instance = new Math();
        int expResult = 0;
        int result = instance.add(a, b);
        assertEquals(expResult, result);
        // TODO review the generated test code.
        fail("The test case is a prototype.");
    }
```

```java
    @Test
    public void testSubtract() {
       System.out.println("subtract");
       int a = 0;
       int b = 0;
       Math instance = new Math();
       int expResult = 0;
       int result = instance.subtract(a, b);
       assertEquals(expResult, result);
       // TODO review the generated test code.
       fail("The test case is a prototype.");
    }
}
```

Listing 42.2 Testklasse »MathTest« zur Überprüfung der Methoden der Klasse »Math«

Die beiden Methoden, die mit den Annotations @Before und @After gekennzeichnet werden, werden automatisch vor der Ausführung eines jeden Tests dieser Klasse ausgeführt. Damit können bestimmte Vorbedingungen und Ressourcen vor der Ausführung eines Tests festgelegt und alloziert werden und nach dem Test eventuell wieder freigegeben werden. Für die Ausführung eines jeden einzelnen Tests einer Klasse wird eine neue Instanz der Klasse erzeugt. Das heißt, der Konstruktor eignet sich nicht dazu, Ressourcen zu allozieren, die für alle Testfälle einer Klasse gedacht sind.

Wenn Sie also z. B. für mehrere Tests eine Verbindung zu einer Datenbank benötigen, ist es aus Performance-Gründen sicherlich ratsam, diese nur einmal herzustellen und nach Abschluss aller entsprechenden Tests wieder freizugeben. Für diesen Zweck können Sie zwei Methoden mit den Annotations @BeforeClass und @AfterClass kennzeichnen und mit diesen die notwendigen Vor- und Nacharbeiten erledigen. Diese Methoden müssen als static deklariert werden, da sie vor dem Erzeugen der Klasse aufgerufen werden. Außerdem wird damit erzwungen, dass die von diesen Methoden global bereitgestellten Ressourcen (z. B. Datenbankverbindung) ebenfalls static sind und somit allen Instanzen zur Verfügung stehen. Ein Beispiel dafür ist in Listing 42.3 dargestellt.

```java
public class DatabaseTest {
   private static Connection conn;
   @BeforeClass
   public static void setUpClass() throws Exception {
      conn = DriverManager.getConnection("url");
   }
```

```java
    @AfterClass
    public static void tearDownClass() throws Exception {
       conn.close();
    }
    @Test
    public void testAdd() throws Exception {
       Statement stmt = conn.createStatement();
       //...
    }
    @Test
    public void testRemove() throws Exception {
       Statement stmt = conn.createStatement();
       //...
    }
}
```

Listing 42.3 Bereitstellen und Freigeben von Ressourcen vor bzw. nach Ausführung aller Tests

Kommen wir wieder zu unserer Testklasse `MathTest` zurück. Ihre beiden Tests, die bisher ja nur ein automatisch erzeugtes Grundgerüst darstellen, wollen wir nun vervollständigen und anschließend dann auch ausführen. Wir können zunächst die `setUp`- und `tearDown`-Methoden löschen, da wir diese in unserem Fall nicht benötigen. Anschließend definieren wir für beide Tests jeweils sinnvolle Eingabeparameter mit den entsprechend erwarteten Ergebniswerten. Damit sieht die Klasse in etwa so wie in Listing 42.4 aus.

```java
import org.junit.Test;
import static junit.framework.Assert.*;
public class MathTest {
   @Test
   public void testAdd() {
      System.out.println("testAdd");
      int a = 3;
      int b = 4;
      Math instance = new Math();
      int expResult = 7;
      int result = instance.add(a, b);
      assertEquals(expResult, result);
   }
   @Test
   public void testSubtract() {
      System.out.println("testSubtract");
```

```
        int a = 5;
        int b = 3;
        Math instance = new Math();
        int expResult = 2;
        int result = instance.subtract(a, b);
        assertEquals(expResult, result);
    }
}
```

Listing 42.4 »MathTest« mit Testwerten und erwarteten Ergebniswerten

Nachdem wir beide Tests mit sinnvollen Werten gefüllt haben, können wir diese nun ausführen. Wählen Sie dazu aus dem Kontextmenü des Platform-Application-Projekts TEST ALL, um die Tests aller Module auszuführen, oder wählen Sie aus dem Kontextmenü des gewünschten Moduls TEST. Alternativ können Sie auch [Alt]+[F6] betätigen oder RUN • TEST PROJECT aufrufen. Dann werden die Tests des in der Projektansicht selektierten Projekts ausgeführt.

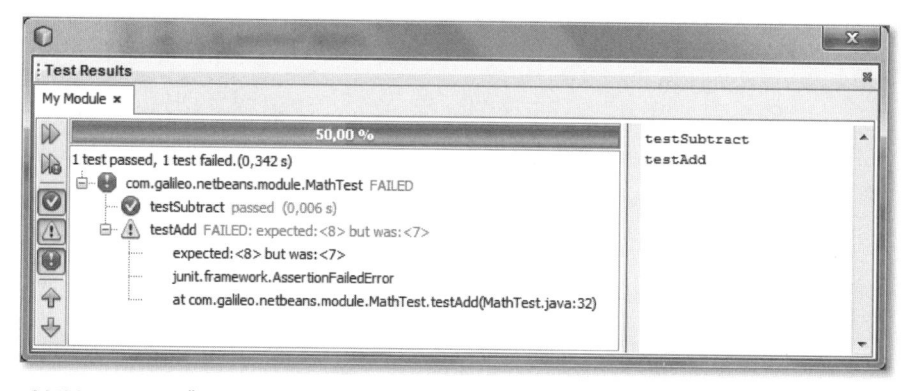

Abbildung 42.3 Übersicht über die Testresultate

Für eine übersichtliche Darstellung der Testergebnisse stellt die NetBeans IDE das spezielle *Test Results*-Fenster (WINDOW • OUTPUT • TEST RESULTS) zur Verfügung (siehe Abbildung 42.3). Dieses wird bei Ausführung der Tests automatisch geöffnet. Ausgaben, die innerhalb der Tests auf die Standardausgabe gemacht werden, werden im rechten Teil des Fensters dargestellt. Über die Toolbar auf der linken Seite haben Sie dann die Möglichkeit, verschiedene Filter zu setzen, um so z. B. nur die Tests mit Fehlern anzuzeigen. Außerdem haben Sie die Möglichkeit, den Testlauf entweder für alle oder nur für die fehlgeschlagenen Tests zu wiederholen.

Sie haben gesehen, dass für generelle Tests erst einmal keine spezielle Unterstützung durch das *NB JUnit*-Modul notwendig ist. Vor allem die Verwendung der

JUnit-Annotations macht die Implementierung sehr einfach und übersichtlich. Für die folgenden Abschnitte aber, in denen wir NetBeans-Platform-spezifische Implementierungen testen wollen, machen wir uns das *NB JUnit*-Modul zunutze.

Um dieses verwenden zu können, müssen wir es zunächst aktivieren. Öffnen Sie dazu über das Kontextmenü das PROPERTIES-Fenster Ihres NetBeans-Platform-Application-Projekts. Aktivieren Sie in der Kategorie LIBRARIES im Cluster *harness* das Modul *NB JUnit*. Mit der eventuell angezeigten Schaltfläche RESOLVE können Sie die von diesem Modul benötigten Module automatisch hinzufügen lassen. Anschließend können Sie über das Kontextmenü des *Unit Test Libraries*-Knotens Ihres Modul-Projekts mit ADD UNIT TEST DEPENDENCY das *NB JUnit*-Modul hinzufügen. Damit die von diesem Modul verwendeten Abhängigkeiten beim Testen auch zur Verfügung stehen, rufen Sie aus dem Kontextmenü des soeben hinzugefügten Moduls EDIT... auf und aktivieren die Option INCLUDE DEPENDENCIES RECURSIVELY.

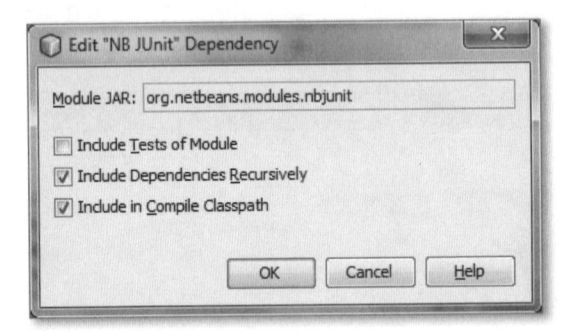

Abbildung 42.4 Die Abhängigkeiten des NB JUnit-Moduls müssen rekursiv inkludiert werden.

42.1.2 Testen in der NetBeans-Runtime-Container-Umgebung

Das **NB JUnit**-Modul bietet Ihnen die Möglichkeit, Ihre Tests in der NetBeans-Runtime-Container-Umgebung auszuführen, um damit Funktionalitäten wie z. B. das globale Lookup auch zur Testzeit zur Verfügung zu haben. Dies setzt allerdings voraus, dass Sie die Tests für das gesamte NetBeans-Platform-Application-Projekt ausführen (TEST ALL).

Wir nutzen dazu die Klasse `NbModuleSuite`. Basierend auf einem `NbModuleSuite.Configuration`-Objekt können wir einen Wrapper-Test erzeugen lassen, den wir mit der statischen Methode `suite()` liefern.

```
import junit.framework.Test;
import org.netbeans.junit.NbTestCase;
import org.netbeans.junit.NbModuleSuite;
public class MathTest extends NbTestCase {
```

```
  public MathTest() {
    super("MathTest");
  }
  public static Test suite() {
    NbModuleSuite.Configuration config =
        NbModuleSuite.createConfiguration(MathTest.class);
    return NbModuleSuite.create(config);
  }
  public void testAdd() {
    ...
  }
}
```

Listing 42.5 Tests in der NetBeans-Runtime-Container-Umgebung ausführen

In Listing 42.5 sehen Sie, dass die Testklasse von der Klasse `NbTestCase` ableitet. Dies ist notwendig, um sie dem `Configuration`-Objekt hinzufügen zu können. Damit sind aber auch die Annotations hinfällig. Diese werden dann nicht mehr berücksichtigt. Stattdessen müssen alle Tests mit dem Präfix `test` beginnen.

Vorsicht ist an dieser Stelle auch geboten, wenn Sie noch weitere Testklassen haben, bei denen Annotations verwendet werden und die Sie nicht in der `suite()`-Methode dem Wrapper-Test-Objekt hinzugefügt haben. Denn diese Tests werden dann ebenfalls mit ausgeführt, werden aber durch das Beenden des NetBeans Runtime Containers abgebrochen und können daher nicht erfolgreich ausgeführt werden. Daher ist es ratsam, dass Sie alle auszuführenden Tests dem Wrapper hinzufügen, um damit sicherzustellen, dass alle Tests in derselben Umgebung ausgeführt werden. Tests, die nicht ausgeführt werden sollen, können Sie auch einfach mit der Annotation `@Ignore` versehen.

Über das `Configuration`-Objekt können Sie mit `addTest()` beliebig viele Testklassen bzw. auch einzelne Tests hinzufügen. Zudem können Sie festlegen, welche Module (`enableModules()`) bzw. welche Cluster (`clusters()`) aktiv sein sollen, wobei das *platform*-Cluster standardmäßig aktiv ist. Für Modultests ist es zumeist sinnvoll, mit `gui(false)` das Starten der Benutzeroberfläche bei Ausführung der Tests zu verhindern, was ansonsten nur unnötig Zeit kosten würde. Achten Sie beim Aufruf dieser Methoden darauf, dass Sie die jeweils nächste Methode auf dem Rückgabewert der vorherigen aufrufen. Denn die Methoden der `NbModuleSuite.Configuration`-Klasse liefern jeweils eine Kopie der Instanz mit den entsprechend geänderten Werten zurück. Ein beispielhafter Aufruf hätte demnach folgende Form:

```
NbModuleSuite.Configuration config = NbModuleSuite
   .createConfiguration(CalculatorTest.class)
   .addTest(MathTest.class)
   .enableModules(".*")
   .clusters(".*");
```

42.1.3 Lookup und Service Tests

Tests für Module, die Services über das globale Lookup abfragen, können Sie grundsätzlich so realisieren, wie ich es in Abschnitt 42.1.2 beschrieben habe. Dabei müssen Sie allerdings die Tests für die gesamte Anwendung ausführen. Wollen Sie hingegen ein einzelnes Modul testen oder steht der lose gekoppelte Service Provider zur Entwicklungs- bzw. Testzeit noch nicht zur Verfügung, so können sogenannte Mock-Objekte (Platzhalter-Objekte) implementiert werden, um die Modultests dennoch erfolgreich ausführen zu können. Die Klassen für Mock-Objekte werden als Teil der Testklassen implementiert und können dann dem globalen Lookup hinzugefügt werden. Dazu haben Sie zwei Möglichkeiten, die ich Ihnen im folgenden Beispielszenario vorstellen möchte.

Angenommen, wir haben das Modul *My Module*, das den Service `CalculatorService` nutzt (und hier im Beispiel auch definiert).

```
import org.openide.util.Lookup;
public class Calculator {
   public int add(int a, int b) {
      CalculatorService calc =
         Lookup.getDefault().lookup(CalculatorService.class);
      return calc.add(a, b);
   }
}
```

Listing 42.6 Zu testende Klasse, die einen globalen Service verwendet

```
public interface CalculatorService {
   public int add(int a, int b);
}
```

Listing 42.7 Service Interface

Das Modul *My Module 2* soll einen Service Provider für den `CalculatorService` bereitstellen.

```
import com.galileo.netbeans.module.CalculatorService;
import org.openide.util.lookup.ServiceProvider;
```

```
@ServiceProvider(service=CalculatorService.class)
public class CalculatorImpl implements CalculatorService {
   @Override
   public int add(int a, int b) {
      return a + b;
   }
}
```

Listing 42.8 Service Provider in einem separaten Modul

Für die Klasse Calculator erstellen wir nun die Testklasse CalculatorTest. Wenn Sie dann einen Testlauf auf dem Modul oder auf der gesamten Anwendung ausführen, so werden Sie eine NullPointerException erhalten, da der lookup()-Aufruf keine Service-Implementation liefern kann. Um dieses Problem zu lösen, können wir nun einen Mock-Service direkt in der Testklasse bereitstellen. Mithilfe der Klasse MockServices aus dem *NB JUnit*-Modul können wir diesen dem globalen Lookup hinzufügen. Dies tun wir vor Ausführung der Tests in einer mit der Annotation @BeforeClass gekennzeichneten Methode. Hier im Beispiel aus Listing 42.8 ist das die Methode setUpClass().

```
import org.junit.BeforeClass;
import org.junit.Test;
import static org.junit.Assert.*;
public class CalculatorTest {
   @BeforeClass
   public static void setUpClass() throws Exception {
      MockServices.setServices(CalculatorMockInt.class);
   }
   @Test
   public void testAdd() {
      System.out.println("add");
      Calculator calc = new Calculator();
      assertEquals(calc.add(3, 5), 8);
   }
   public static final class CalculatorMockInt
         implements CalculatorService {
      @Override
      public int add(int a, int b) {
         return a + b;
      }
   }
}
```

Listing 42.9 Testklasse mit Mock-Service-Implementation

Mit der internen Klasse `CalculatorMockInt` implementieren wir eine Mock-Klasse (diese muss `public` sein), die wir mit `MockServices.setServices()` im globalen Lookup veröffentlichen können. So sind Sie nun auch in der Lage, Ihr Modul unabhängig von den restlichen Modulen zu testen.

Alternativ zur Verwendung der `MockServices`-Klasse können Sie eine Mock-Klasse auch in einer separaten Klasse bzw. Datei im Unit Test Package implementieren. Diese können Sie dann wie gewohnt mit der `@ServiceProvider`-Annotation veröffentlichen. Dabei wird vor der Testausführung im Verzeichnis *build/test/unit/classes/META-INF/services* ein entsprechender Eintrag angelegt.

```
import org.openide.util.lookup.ServiceProvider;
@ServiceProvider(service = CalculatorService.class)
public class CalculatorMockExt implements CalculatorService {
    @Override
    public int add(int a, int b) {
       return a + b;
    }
}
```

Listing 42.10 Implementierung und Registrierung eines Mock-Services in einer separaten Datei

Beachten Sie: Wenn Sie die Mock-Klasse oder auch nur deren `@ServiceProvider`-Annotation entfernen, ist die Registrierung im *META-INF/services*-Verzeichnis immer noch vorhanden. Sie sollten also vor der erneuten Ausführung eines Testlaufs einen Clean ausführen.

42.1.4 System-Filesystem-Tests

Module können während eines Testlaufs (ohne weitere Konfiguration der Tests) über das System Filesystem direkt auf den Inhalt ihrer Layer-Datei zugreifen. Allerdings ist es nicht möglich, auf die Inhalte anderer Module zuzugreifen. Bei Unit Tests sollen aber die betroffenen Komponenten ohnehin möglichst isoliert von ihrer Umwelt getestet werden. So stellt sich nun die Frage, wie kann ich einem Softwaremodul den benötigten Inhalt im System Filesystem bereitstellen, ohne dass ich die *layer.xml*-Datei selbst ändern muss?

Dieser Frage können wir mit der Funktionalität, dass ein eigenes Filesystem zur Laufzeit dem System Filesystem hinzugefügt werden kann, begegnen. Wir erstellen also die für das zu testende Softwaremodul notwendige Konfiguration in einer XML-Datei. Diese legen wir zusammen mit den Testklassen ab. Dort implementieren wir außerdem eine eigene Filesystem-Implementation, die von

MultiFileSystem ableitet. Im Konstruktor können wir dann für jede XML-Datei eine XMLFileSystem-Instanz erzeugen und dem MultiFileSystem übergeben, das als Proxy für sämtliche XMLFileSystem-Instanzen agiert. Diese Filesystem-Implementation wird dann über eine @ServiceProvider-Annotation im globalen Lookup veröffentlicht. Somit wird der Inhalt dieses Filesystems dem System Filesystem hinzugefügt.

Die beschriebene Vorgehensweise möchte ich Ihnen im Folgenden an einem einfachen Beispiel demonstrieren. Wir erweitern dazu die bereits bekannte Klasse Math um eine weitere Methode multiply(), die ihre Werte aus dem System Filesystem lesen soll.

```
import org.openide.filesystems.FileObject;
import org.openide.filesystems.FileUtil;
public class Math {
    public int multiply(String aName, String bName) {
        FileObject folder = FileUtil.getConfigFile("MyFolder");
        FileObject file = folder.getFileObject("MyFile");
        int aVal = (int)file.getAttribute(aName);
        int bVal = (int)file.getAttribute(bName);
        return aVal * bVal;
    }
}
```

Listing 42.11   Zu testende Methode, die Werte aus dem System Filesystem liest

Die dafür notwendige Konfiguration erstellen wir in einer XML-Datei (im Verzeichnis der Unit Tests), die hier den Namen *test.xml* bekommt.

```
<filesystem>
    <folder name="MyFolder">
        <file name="MyFile">
            <attr name="a" intvalue="2"/>
            <attr name="b" intvalue="3"/>
        </file>
    </folder>
</filesystem>
```

Listing 42.12   Konfiguration, die über das System Filesystem verfügbar sein soll

Je nach Bedarf können auch mehrere XML-Dateien bereitgestellt werden. Für jede Datei müssen wir nun eine XMLFileSystem-Instanz erstellen und fügen sie alle über die setDelegates()-Methode einer MultiFileSystem-Instanz hinzu. Zu diesem Zweck erstellen wir die Klasse `TestFileSystem` im Verzeichnis der Unit Tests.

```java
import org.openide.filesystems.FileSystem;
import org.openide.filesystems.MultiFileSystem;
import org.openide.filesystems.XMLFileSystem;
import org.openide.util.Exceptions;
import org.openide.util.lookup.ServiceProvider;
@ServiceProvider(service=FileSystem.class)
public class TestFileSystem extends MultiFileSystem {
    public TestFileSystem() {
        try {
            setDelegates(new XMLFileSystem(
                    TestFileSystem.class.getResource("test.xml")));
        } catch (Exception ex) {
            Exceptions.printStackTrace(ex);
        }
    }
}
```

Listing 42.13 Filesystem-Implementation, die verschiedene XML-Konfigurationen dem System Filesystem hinzufügt

Über die `@ServiceProvider`-Annotation stellen wir sicher, dass die `TestFileSystem`-Klasse beim Start instanziiert wird und dem System Filesystem hinzugefügt wird. Damit können wir nun die Methode `Math.multiply()` mit dem folgenden Test erfolgreich auf deren Korrektheit prüfen.

```java
public class MathTest {
    @Test
    public void testMultiply() {
        System.out.println("testMultiply");
        Math instance = new Math();
        int expResult = 6;
        int result = instance.multiply("a", "b");
        assertEquals(expResult, result);
    }
}
```

Listing 42.14 Testen der Methode »multiply()«, die Daten aus dem System Filesystem bezieht

Damit sind Sie nun auch in der Lage, Softwaremodule gekapselt zu testen, die zur Laufzeit Daten aus anderen Modulen über das System Filesystem lesen.

42.1.5 Testabdeckung prüfen

Für die Qualität einer Software ist es wichtig, dass möglichst jede Zeile Code von einem Test durchlaufen wird. Man spricht hierbei von Testabdeckung. Zur Überprüfung der Testabdeckung kann das **Cobertura**-Projekt verwendet werden. Cobertura ermittelt bei der Durchführung der Tests die Abdeckung und erstellt übersichtliche Reports, wo Sie für jede Klasse die Ergebnisse im Kontext des Quelltexts einsehen können. Damit Ihnen Cobertura zur Verfügung steht, müssen Sie sich zunächst das Plugin *Cobertura Module Test Coverage* über den Plugin Manager installieren.

Die Erzeugung der Reports ist einfach über ein *Ant*-Target möglich, das in das *Module Build Script* integriert wird. Öffnen Sie in der Projektansicht den Ordner *Important Files*, und erweitern Sie dann die Datei *Build Script*. Ihnen werden damit sämtliche verfügbaren Ant-Targets angezeigt. Zum Erstellen des Reports rufen Sie RUN TARGET aus dem Kontextmenü des Targets *coverage-report* auf.

Anzeigen lassen können Sie sich den erstellten Report in Ihrem Browser über das Ant-Target *display-coverage-report*, oder Sie öffnen ihn direkt aus dem Verzeichnis *build\test\unit\cobertura-report*.

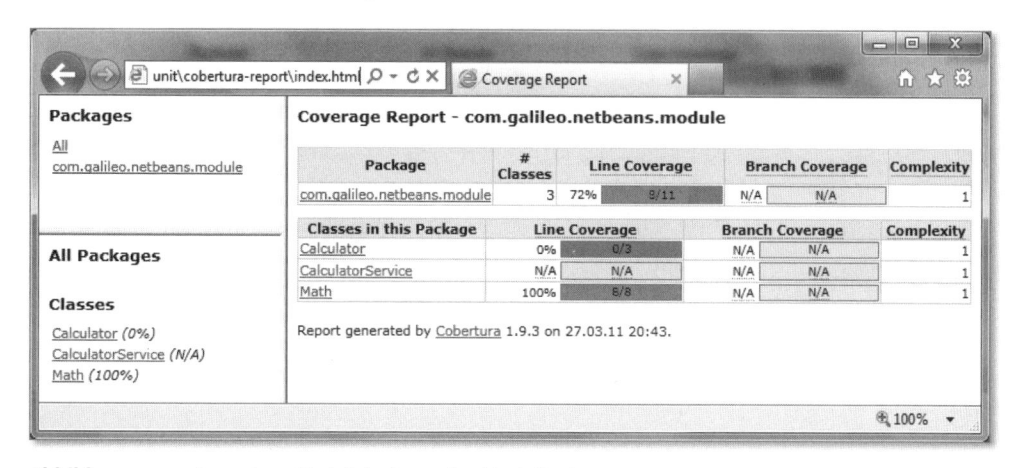

Abbildung 42.5 Report zur Testabdeckung der Modultests

42.2 Funktionale GUI-Tests

Für die Erstellung von funktionalen Tests stellt NetBeans neben dem bereits angesprochenen *NB JUnit*-Modul das auf **Jemmy** basierende Modul *Jelly Tools Platform* bereit. Jemmy selbst ist eine Bibliothek, mit der automatisierte Tests für GUI-Anwendungen erstellt werden können. Sie beinhaltet Methoden, mit denen sämtliche Aktionen automatisiert werden können, die ein Benutzer mit Swing- bzw. AWT-Komponenten ausführen kann (wie z. B. Text eingeben oder Schaltfläche betätigen). Jemmy bietet zahlreiche Operator-Klassen, mit denen auf sämtliche Swing-Komponenten zugegriffen werden kann. Basierend darauf implementiert das *Jelly-Tools-Platform*-Modul Operator-Klassen für den Zugriff auf die speziellen NetBeans-Platform-GUI-Komponenten, wie etwa auf das Hauptanwendungsfenster, das FAVORITES- und OUTPUT-Fenster oder auf verschiedene Option-Panels.

42.2.1 Testumgebung einrichten

Bevor wir eine erste Testklasse erstellen können, müssen wir uns mit ein paar wenigen und einfachen Schritten die Testumgebung einrichten. Ich gehe nachfolgend davon aus, dass Sie bereits ein NetBeans-Platform-Application-Projekt mit mindestens einem Modul innerhalb der NetBeans IDE erstellt bzw. geöffnet haben.

Wir erstellen zunächst einen Ordner, in dem die Testklassen abgelegt werden. Am einfachsten geht dies im FILES-Fenster (WINDOW • FILES). Dort erstellen wir im entsprechenden Modul-Verzeichnis mit FILE • NEW FILE • OTHER • FOLDER das Verzeichnis *test/qa-functional/src*.

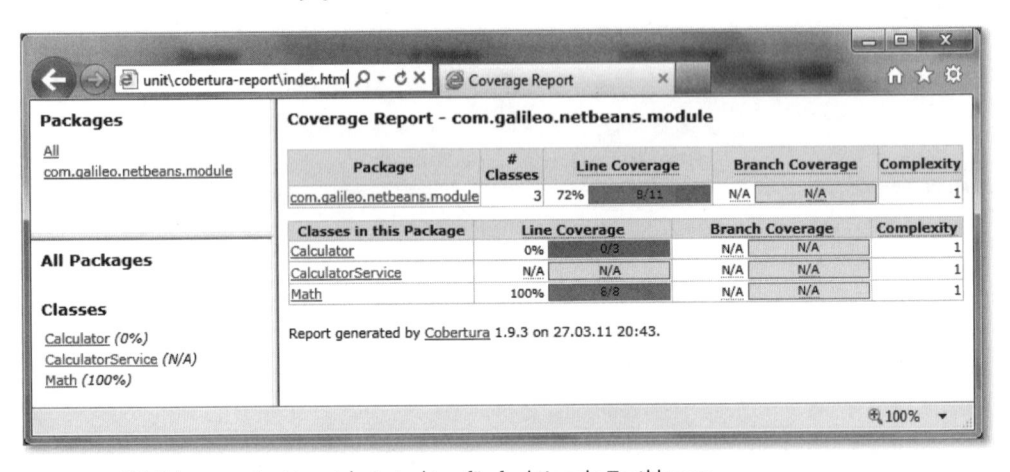

Abbildung 42.6   Verzeichnisstruktur für funktionale Testklassen

Damit werden Ihnen in der Projektansicht (nach einem Neustart der IDE) die zwei neuen Ordner *Functional Test Packages* und *Functional Test Libraries* angezeigt. Bevor wir Letzterem aber die für die Implementierung und Durchführung der funktionalen Tests notwendigen Bibliotheken hinzufügen können, müssen wir diese erst der Anwendung selbst hinzufügen. Aktivieren Sie deshalb über

PROPERTIES • LIBRARIES des Platform-Application-Projekts das gesamte Cluster *harness*. Über die eventuell angezeigte Schaltfläche RESOLVE können Sie die noch fehlenden Module automatisch hinzufügen lassen.

Dann aber können wir mit ADD FUNCTIONAL TEST DEPEDENCY aus dem Kontextmenü des *Functional Test Libraries*-Ordners folgende Bibliotheken hinzufügen:

- JUnit
- Jelly Tools Platform
- Jemmy
- NB JUnit

Für das *NB JUnit*-Modul müssen wir noch sicherstellen, dass die Abhängigkeiten rekursiv inkludiert werden. Diese Option können Sie über EDIT... aus dem Kontextmenü aktivieren (siehe auch Abbildung 42.4). Damit haben wir die notwendigen Voraussetzungen geschaffen und können im nächsten Abschnitt einen ersten Testfall implementieren.

42.2.2 Testfall implementieren

Mit einem einfachen Beispiel möchte ich Ihnen die grundsätzliche Vorgehensweise zur Implementation von funktionalen GUI-Tests erläutern. In einem Fenster soll eine Eigenschaft auf Knopfdruck persistent abgespeichert werden. Beim Öffnen der Anwendung bzw. des Fensters soll der Wert automatisch in das entsprechende Textfeld geladen werden.

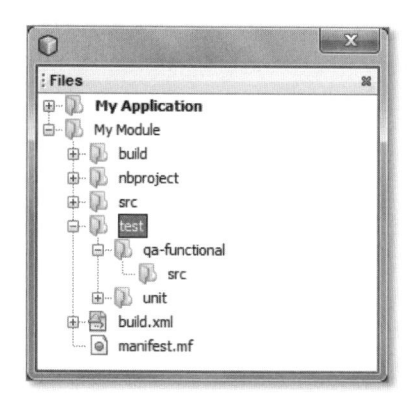

Abbildung 42.7 Die Funktionalität der Top Component »MyWindow« soll getestet werden.

Das Fenster in Form einer Top-Component-Klasse könnte demnach so wie in Listing 42.15 implementiert werden.

```java
import org.openide.windows.TopComponent;
import org.openide.awt.ActionID;
import org.openide.awt.ActionReference;
import org.openide.util.NbBundle;
import org.openide.util.NbBundle.Messages;
import org.openide.util.NbPreferences;
@TopComponent.Description( preferredID = "MyTopComponent",
   persistenceType = TopComponent.PERSISTENCE_ALWAYS)
@TopComponent.Registration( mode = "editor",
   openAtStartup = true)
@ActionID( category = "Window",
   id = "com.galileo.netbeans.module.MyTopComponent")
@ActionReference(path = "Menu/Window")
@TopComponent.OpenActionRegistration(
   displayName = "#CTL_MyAction",
   preferredID = "MyTopComponent")
@Messages( {"CTL_MyTopComponent=MyWindow",
   "CTL_MyAction=MyWindow"})
public final class MyTopComponent extends TopComponent {
   private javax.swing.JButton okButton;
   private javax.swing.JTextField propValue;
   public MyTopComponent() {
      initComponents();
      setName(Bundle.CTL_MyTopComponent());
   }
   ...
   private void okButtonActionPerformed(ActionEvent evt) {
      NbPreferences.forModule(MyTopComponent.class)
         .put("propKey", propValue.getText());
   }
   @Override
   public void componentOpened() {
      propValue.setText(NbPreferences.forModule(
         MyTopComponent.class).get("propKey", "default"));
   }
}
```

Listing 42.15 Zu testende GUI-Komponente, mit der eine Eigenschaft gespeichert und wieder geladen werden soll

Für diese Funktionalität wollen wir nun einen Testfall erstellen. Über FILE • NEW FILE • JAVA • JAVA CLASS erstellen wir unter *Functional Test Packages* die Klasse

MyTopComponentTest. Funktionale Tests leiten wir von der Klasse `JellyTestCase` ab. Wie auch schon in Abschnitt 42.1.2, »Testen in der NetBeans-Runtime-Container-Umgebung«, liefern wir mit der Methode `suite()` eine Wrapper-Test-Instanz, die dafür sorgt, dass alle Tests innerhalb der NetBeans-Runtime-Container-Umgebung ausgeführt werden. Hierbei haben Sie über ein `Configuration`-Objekt (wie in Abschnitt 42.1.2 beschrieben) die Möglichkeit, zu bestimmen, welche Cluster und Module aktiv sein sollen. Auch können Sie Einfluss darauf nehmen, welche Tests ausgeführt werden.

```java
import junit.framework.Test;
import org.netbeans.jellytools.JellyTestCase;
import org.netbeans.jellytools.MainWindowOperator;
import org.netbeans.jellytools.TopComponentOperator;
import org.netbeans.jemmy.operators.JButtonOperator;
import org.netbeans.jemmy.operators.JTextFieldOperator;
import org.netbeans.junit.NbModuleSuite;
public class MyTopComponentTest extends JellyTestCase {
    private static final String EXPECTED_RESULT = "testValue";
    public MyTopComponentTest(String name) {
        super(name);
    }
    public static Test suite() {
        return NbModuleSuite.allModules(MyTopComponentTest.class,
            "testSetValue", "testGetValue");
    }
    public void testSetValue() {
        TopComponentOperator op =
                new TopComponentOperator("MyWindow");
        JTextFieldOperator text = new JTextFieldOperator(op, 0);
        text.setText(EXPECTED_RESULT);
        JButtonOperator button = new JButtonOperator(op, "OK");
        button.press();
        op.close();
    }
    public void testGetValue() {
        MainWindowOperator main = MainWindowOperator.getDefault();
        main.menuBar().pushMenu("Window|MyWindow");
        TopComponentOperator op =
                new TopComponentOperator("MyWindow");
        JTextFieldOperator text = new JTextFieldOperator(op, 0);
        String result = text.getText();
```

```
    assertEquals(EXPECTED_RESULT, result);
  }
}
```

Listing 42.16 Testklasse, die die Funktionalität von »MyTopComponent« prüfen soll

In der in Listing 42.16 dargestellten Testklasse `MyTopComponentTest` nutzen wir die Methode `NbModuleSuite.allModules()`, um eine Wrapper-Test-Instanz zu erzeugen. Dabei wird automatisch eine Konfiguration verwendet, bei der alle Cluster und Module der Anwendung aktiv sind. Zudem implementieren wir mit `testSetValue()` und `testGetValue()` zwei Tests (alle Methoden mit dem Präfix `test` werden als Test ausgeführt). Mit der Methode `allModules()` haben wir die beiden Testfälle angegeben, um die Reihenfolge der Ausführung sicherzustellen.

Über eine Instanz des Typs `TopComponentOperator` aus dem *Jelly-Tools-Platform*-Modul erhalten wir über den Namen (siehe auch Listing 42.15) Zugriff auf eine `TopComponent`. Um Eingaben in das Textfeld machen zu können, erstellen wir eine `JTextFieldOperator`-Instanz. Als Container übergeben wir den `TopComponentOperator`. Wir können einen Testwert setzen und speichern die Einstellungen über die Schaltfläche OK ab, die über die Klasse `JButtonOperator` angesteuert werden kann. Zuletzt schließen wir das Fenster mit der `close()`-Methode.

In einem zweiten Test müssen wir das Fenster zuerst öffnen. Dies tun wir über das Hauptmenü der Anwendung. Zugriff darauf erhalten wir über den `MainWindowOperator`. Dieser ist in der Lage, über einen angegebenen Pfad einen Menüeintrag auszuwählen. Analog zum vorherigen Test verschaffen wir uns Zugriff auf das Textfeld. Diesmal lesen wir den Text aus und vergleichen ihn mit dem zuvor gesetzten Wert.

Eine Auswahl der zur Verfügung stehenden Operator-Klassen des *Jelly-Tools-Platform*-Moduls ist in Tabelle 42.1 aufgelistet. Für sämtliche Standard-Swing- und -AWT-Komponenten stellt die Jemmy-Bibliothek eine Operator-Klasse zur Verfügung. Bei der Entwicklung von individuellen funktionalen Testfällen ist ein Blick in die jeweilige API-Dokumentation sicherlich sehr hilfreich.

Operator-Klasse	Auswahl von Methoden
FavoritesOperator	invoke() tree()
HelpOperator	invoke() back() next()

Tabelle 42.1 Auswahl einiger wichtiger Operator-Klassen für die Implementierung von funktionalen GUI-Tests

Operator-Klasse	Auswahl von Methoden
MainWindowOperator	getDefault() get- / setStatusText() getToolbar() menuBar()
NbDialogOperator	ok() / yes() cancel() / no()
OptionsOperator	invoke() selectMiscellaneous() selectOption treeTable()
OutputOperator	invoke() getText() getOutputTab()
PluginsOperator	invoke() install() addPlugin() update()
TopComponentOperator	attachTo() close()
WizardOperator	back() next() finish()

Tabelle 42.1 Auswahl einiger wichtiger Operator-Klassen für die Implementierung von funktionalen GUI-Tests (Forts.)

42.2.3 Testabdeckung prüfen

Auch für die funktionalen Tests kann mit Cobertura ein Report zur Testabdeckung erstellt werden (siehe auch Abschnitt 42.1.5, »Testabdeckung prüfen«). Verwenden Sie hierfür das Ant-Target *coverage-report-qa-functional*. Nach Durchführung der Tests und Erstellung des Reports können Sie diesen aus dem Verzeichnis *build\test\qa-functional\cobertura-report* aufrufen.

42.3 Konfiguration bei Maven-Projekten

Die Implementierung von Tests für Maven-basierte NetBeans-Platform-Anwendungen erfolgt in der gleichen Weise, wie in den beiden vorherigen Abschnitten 42.1, »Modultests«, und 42.2, »Funktionale GUI-Tests«, beschrieben wurde. Lediglich bei der Konfiguration ergeben sich Unterschiede. Diese möchte ich Ihnen nachfolgend kurz darstellen.

42.3.1 Modultests

Die Durchführung von Softwaretests ist bei Maven integraler Bestandteil des Build Lifecycles. So wird standardmäßig die Build-Phase *test* im Anschluss an *compile* ausgeführt, bevor mit *package* das eigentliche Artefakt erstellt wird. Durchgeführt werden die Tests durch das **Maven Surefire Plugin**. Dies führt automatisch die unter *src/test/java* abgelegten Testfälle durch. Welche JUnit-Version verwendet wird, kann durch einen Dependency-Eintrag festgelegt werden. So wird beim Anlegen eines Maven-basierten NetBeans-Platform-Application-Projekts bereits in der Parent-POM-Datei der in Listing 42.15 dargestellte Eintrag hinzugefügt.

```
<dependencies>
   <dependency>
      <groupId>junit</groupId>
      <artifactId>junit</artifactId>
      <version>4.8.2</version>
      <scope>test</scope>
   </dependency>
</dependencies>
```

Listing 42.17 Festlegen der JUnit-Version

Durch den Eintrag in der Parent-POM-Datei steht dieser automatisch allen Modulen zur Verfügung. Das heißt, es ist keine weitere Konfiguration notwendig.

Modultests können innerhalb der NetBeans IDE, wie auch in Abschnitt 42.1.1, »Generelle Tests«, beschrieben, durch einen Wizard erstellt werden. Wenn Sie die JUnit-Erweiterung **NB JUnit** bei der Implementierung Ihrer Testfälle verwenden möchten, fügen Sie den in Listing 42.18 gezeigten Eintrag der POM-Datei des entsprechenden Moduls oder der Parent-POM-Datei hinzu, wenn die restlichen ebenfalls dieses Modul verwenden.

```
<dependency>
   <groupId>org.netbeans.api</groupId>
   <artifactId>org-netbeans-modules-nbjunit</artifactId>
   <version>${netbeans.version}</version>
   <scope>test</scope>
</dependency>
```

Listing 42.18 Abhängigkeit auf das »NB JUnit«-Modul hinzufügen

42.3.2 Funktionale Tests

Auch funktionale GUI-Tests in Verbindung mit dem *Jelly-Tools-Platform*-Modul können bei Maven-basierten NetBeans-Platform-Anwendungen implementiert und ausgeführt werden. Dazu fügen Sie dem Application-Modul (das Modul mit dem *nbm-application*-Packaging-Type, siehe auch Kapitel 37, »Maven und die NetBeans Platform«) neben der Abhängigkeit auf das *NB JUnit*-Modul auch eine Abhängigkeit auf das *Jelly-Tools-Platform*-Modul so hinzu, wie in Listing 42.19 gezeigt. Von diesen Modulen benötigte Module (also die transitiven Abhängigkeiten) werden durch Maven automatisch dem Klassenpfad hinzugefügt.

```
<dependencies>
   <dependency>
      <groupId>org.netbeans.api</groupId>
      <artifactId>org-netbeans-modules-nbjunit</artifactId>
      <version>${netbeans.version}</version>
      <scope>test</scope>
   </dependency>
   <dependency>
      <groupId>org.netbeans.api</groupId>
      <artifactId>
         org-netbeans-modules-jellytools-platform</artifactId>
      <version>${netbeans.version}</version>
      <scope>test</scope>
   </dependency>
</dependencies>
```

Listing 42.19 Abhängigkeiten für funktionale Tests hinzufügen

Zudem müssen wir das **Maven Surefire Plugin** mit der Eigenschaft `cluster.path.final` konfigurieren. Dabei definieren wir das eigene und das NetBeans Platform Cluster. Auch dies tun wir in der POM-Datei des Application-Projekts, wie in Listing 42.20 dargestellt.

```
<build>
   <plugins>
      <plugin>
         <groupId>org.apache.maven.plugins</groupId>
         <artifactId>maven-surefire-plugin</artifactId>
         <version>2.7.1</version>
         <configuration>
            <systemProperties>
               <property>
                  <name>cluster.path.final</name>
```

```
                <value>${project.build.directory}/
                    ${brandingToken}/${brandingToken}:
                    ${project.build.directory}/
                    ${brandingToken}/platform</value>
            </property>
        </systemProperties>
      </configuration>
    </plugin>
  </plugins>
</build>
```

Listing 42.20   Konfiguration des Surefire Plugins zur Durchführung von funktionalen Tests

Damit können Sie nun, wie schon in Abschnitt 42.2.2, »Testfall implementieren«, beschrieben, funktionale GUI-Tests auch bei Maven-basierten Projekten implementieren. Diese legen Sie einfach im Verzeichnis der Modultests unter *src/test/java* ab.

42.3.3   Testabdeckung

Auch bei Maven-basierten NetBeans-Platform-Projekten können Sie mit Cobertura einen Report zur Testabdeckung erstellen lassen. Dazu verwenden wir das **Maven Cobertura Plugin,** in dem wir folgenden Eintrag der POM-Datei hinzufügen:

```
<reporting>
   <plugins>
      <plugin>
         <groupId>org.codehaus.mojo</groupId>
         <artifactId>cobertura-maven-plugin</artifactId>
         <version>2.4</version>
      </plugin>
   </plugins>
</reporting>
```

Listing 42.21   Coburtera Plugin der POM-Datei hinzufügen

Von der Kommandozeile (oder aus einer anderen IDE heraus) können Sie die Reportgenerierung mit folgendem Aufruf starten:

```
mvn cobertura:cobertura
```

Der Report wird dann im HTML-Format im Verzeichnis *target\site\cobertura* abgelegt. Für die NetBeans IDE steht überdies ein praktisches Plugin zur Verfügung. Über den Plugin Manager können Sie sich das **Maven Test Coverage-**

Plugin installieren und können so über das Kontextmenü eines Moduls mit CODE COVERAGE • SHOW REPORT... den Report anzeigen lassen.

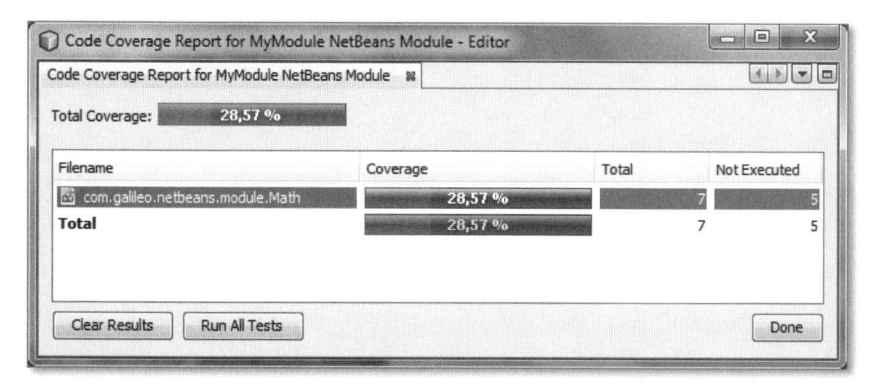

Abbildung 42.8 In die NetBeans IDE integrierter Report zur Testabdeckung

Mit RUN ALL TESTS können Sie die Tests und die anschließende Reportgenerierung ausführen. Aus der in Abbildung 42.8 dargestellten Übersicht können Sie direkt die einzelnen Dateien öffnen und sehen, welche Zeilen der jeweiligen Klasse von einem Test durchlaufen worden sind und welche nicht (siehe Abbildung 42.9).

Abbildung 42.9 Detailliertes Ergebnis der Analyse der Testabdeckung

Mit einer effizient gestalteten Debugging-Umgebung, wie Sie sie mit der NetBeans IDE zur Hand haben, können Fehler und potenzielle Probleme innerhalb einer Anwendung sehr schnell aufgespürt werden.

43 Debugging mit der NetBeans IDE

In diesem Kapitel geht es um die Funktionalitäten der NetBeans-Debugging-Umgebung. In dieser Umgebung können Sie mithilfe zahlreicher unterstützender Info-Fenster und nützlicher Features auch Ihre NetBeans-Platform-Anwendung debuggen.

43.1 Debugging-Fenster

Der NetBeans Debugger bringt eine Reihe an hilfreichen Fenstern mit, um das Debugging so effizient und transparent wie möglich zu gestalten. In den folgenden Abschnitten werden wir auf diese im Einzelnen noch eingehen.

Das DEBUGGING-Fenster selbst ist eine Kombination von verschiedenen Funktionen, für die jeweils auch eigene Fenster zur Verfügung stehen. Somit haben Sie mit diesem Fenster sämtliche Threads sowie bei Erreichen eines Breakpoints die komplette Aufrufhierarchie im Überblick. Über ein entsprechendes Symbol am rechten Rand wird Ihnen signalisiert, welche Threads aktuell angehalten sind. Über dieses Symbol können Sie bestimmte Threads auch einzeln stoppen oder weiterlaufen lassen. Über das Kontextmenü können Sie auch alle Threads auf einmal beeinflussen. Durch einen Doppelklick auf einen Eintrag der Aufrufhierarchie können Sie direkt in die Quelldatei an die Position der entsprechenden Methode springen.

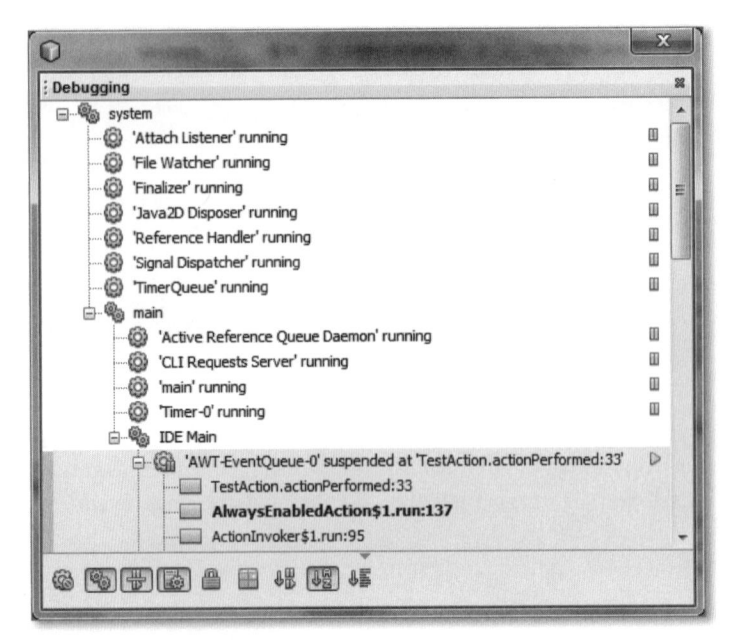

Abbildung 43.1 Debugging-Fenster mit allen aktuellen Threads und der aktuellen Aufrufhierarchie

43.2 Breakpoints

Die Basis für das Debuggen einer Anwendung sind sogenannte **Breakpoints**. Damit definieren Sie bestimmte Stellen im Quelltext, an denen die Ausführung der Anwendung angehalten werden soll. Durch entsprechende Unterstützung der IDE haben Sie dann die Möglichkeit, an der angehaltenen Stelle z. B. die aktuellen Werte von Variablen oder den Rückgabewert einer Methode genauer zu betrachten, um damit Aufschluss über ein fehlerhaftes Verhalten der Software zu erhalten.

In Abhängigkeit von der Position im Quelltext bzw. von dem Ereignis können verschiedene Typen von Breakpoints unterschieden werden. Die NetBeans IDE stellt Ihnen die in Tabelle 43.1 aufgelisteten Breakpoint-Typen zur Verfügung.

Breakpoint-Typ	Stoppt bei...
Class	Class Load
	Class Unload
	Class Load or Unload

Tabelle 43.1 Breakpoint-Typen und deren auslösendes Ereignis

Breakpoint-Typ	Stoppt bei...
Exception	Caught
	Uncaught
	Caught or Uncaught
Field	Field Access
	Field Modification
	Field Access or Modification
Line	Erreichen der Zeile
Method	Method Entry
	Method Exit
	Method Entry or Exit
Thread	Thread Start
	Thread Death
	Thread Start or Death

Tabelle 43.1 Breakpoint-Typen und deren auslösendes Ereignis (Forts.)

Breakpoints können entweder durch einfaches Klicken auf die Zeilennummer am linken Rand des Quelltext-Editors, über das Menü mit DEBUG • NEW BREAKPOINT... oder über die kleine Schaltfläche in der Toolbar des BREAKPOINTS-Fensters (siehe Abbildung 43.2) angelegt werden.

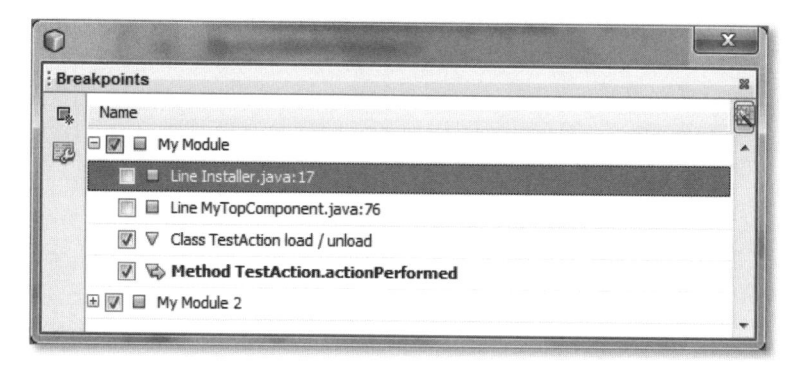

Abbildung 43.2 Übersicht aller Breakpoints im Breakpoints-Fenster

Im Breakpoints-Fenster werden Ihnen alle gesetzten Breakpoints angezeigt. Um die Übersicht zu behalten, können Sie diese auch in Gruppen anordnen. Über die Schaltfläche am linken Rand des BREAKPOINTS-Fensters können Sie die Breakpoints entweder nach benutzerspezifischen (CUSTOM GROUPS) oder nach standardmäßigen Gruppen sortieren. Folgende Standard-Gruppen stehen Ihnen zur Verfügung:

- Programmiersprache: LANGUAGE
- Typ des Breakpoints: TYPE
- Projekt: PROJECT
- Dateien: FILES
- Debug Sessions: DEBUG SESSION
- Untergruppen: NESTED

Um eine benutzerspezifische Gruppe anzulegen bzw. einen Breakpoint einer bereits vorhandenen Gruppe zuzuordnen, rufen Sie das Kontextmenü des Breakpoints auf. Über MOVE INTO GROUP... können Sie diesen entweder direkt einer Gruppe zuweisen oder mit NEW... eine neue Gruppe erstellen. Wie auch in Abbildung 43.1 zu sehen ist, können Sie einzelne oder auch ganze Gruppen von Breakpoints gezielt aktivieren oder deaktivieren. Mithilfe eines zusätzlich dargestellten grünen Pfeils sehen Sie zudem, an welchem Breakpoint Ihre Anwendung im Moment angehalten wird.

Breakpoints können auch so konfiguriert werden, dass sie die Anwendung nur bei bestimmten Bedingungen anhalten. So kann für alle Typen von Breakpoints festgelegt werden, dass die Anwendung erst nach einer bestimmten Anzahl an Durchläufen angehalten wird. Sie können somit die Anwendung z. B. dann anhalten, wenn der Breakpoint auf einer Variablen zum zehnten Mal durchlaufen wird.

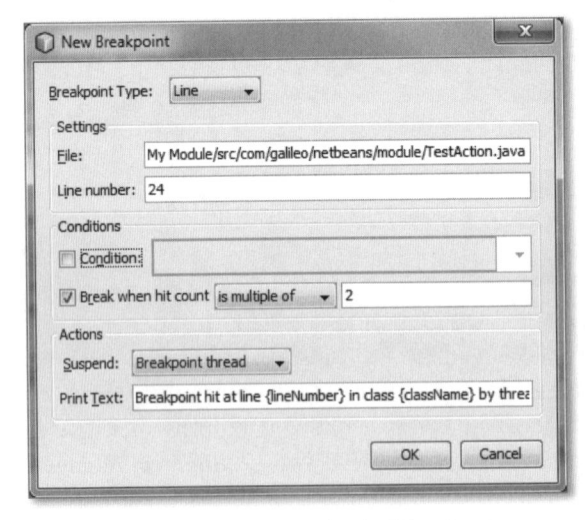

Abbildung 43.3 Breakpoints individuell konfigurieren

Für die Breakpoint-Typen *Class* und *Exception* können Sie zudem festlegen, welche Klassen ausgeschlossen werden sollen. Für die restlichen Typen können Sie durch einen booleschen Ausdruck beliebige Bedingungen formulieren, bei denen der Breakpoint Gültigkeit haben soll. Standardmäßig wird beim Erreichen eines Breakpoints, der jeweils ausführende Thread angehalten. Sie können einen Breakpoint aber auch so konfigurieren, dass entweder alle Threads oder gar keiner angehalten wird. In letzterem Fall läuft die Anwendung also weiter.

43.3 Variablen

Um die Variablen beim Erreichen eines Breakpoints zu überprüfen, stellt die NetBeans IDE verschiedene Fenster und Tools zur Verfügung. Im VARIABLES-Fenster (WINDOW • DEBUGGING • VARIABLES) werden Ihnen sämtliche Variablen des aktuellen Kontexts angezeigt (siehe Abbildung 43.4). So können Sie die Werte der Instanzvariablen, der lokalen Variablen und der eventuell übergebenen Parameter einsehen. Sie können sich die Werte einzelner Variablen auch direkt im Editor ansehen, indem Sie mit dem Mauszeiger auf die entsprechende Variable zeigen.

Abbildung 43.4 Variablen auf einen Blick

Mit sogenannten **Watches** können Sie auch Variablen außerhalb des Kontexts des aktuellen Breakpoints überwachen. Über die Toolbar auf der linken Seite des VARIABLES-Fensters können Sie einen neuen Watch-Eintrag hinzufügen. Sie können auch einfach Variablen im Quelltext-Editor selektieren und dann per Drag & Drop dem Fenster hinzufügen. So können Sie die Werte bestimmter Variablen gezielt und übersichtlich verfolgen. Alternativ zur Darstellung der Watches im VARIABLES-Fenster können Sie auch das separate WATCHES-Fenster verwenden, das Sie unter WINDOW • DEBUGGING • VARIABLES finden.

43.4 Remote Debugging

Am einfachsten ist es, wenn Sie Ihre Anwendung direkt aus der NetBeans Platform im Debug-Mode heraus starten. Die NetBeans IDE unterstützt aber auch das Debuggen von Anwendungen, die außerhalb der NetBeans IDE gestartet wurden. Dazu ist es notwendig, dass Sie die Anwendung im Debug-Mode starten. In Verbindung damit müssen einige Parameter angegeben werden, damit die NetBeans IDE erfolgreich eine Verbindung zur Anwendung über das **Java Debug Wire Protocol** (JDWP) herstellen kann.

Parameter	Beschreibung
-Xdebug	Aktiviert den Debug-Mode der Anwendung.
-Xrunjdwp	Lädt die Referenzimplementation des JDWP, das das Remote Debugging ermöglicht.
transport	Legt den Transportkanal für JDWP fest. Mit *dt_socket* wird eine Verbindung über Sockets aufgebaut. Alternativ kann auch ein Shared Memory verwendet werden. Dies geben Sie durch *dt_shmem* an.
server	*y*: Die Anwendung hört auf eine Verbindung an angegebener Adresse. *n*: Die Anwendung versucht, einen Debugger über die angegebene Verbindung anzubinden.
address	Gibt einen Port an, über den die Kommunikation zwischen Debugger und Anwendung erfolgt.
suspend	*n*: Die Anwendung startet unmittelbar. *y*: Die Anwendung startet erst dann, wenn ein Debugger angebunden worden ist.

Tabelle 43.2 Remote-Debugging-Parameter

Starten Sie Ihre Anwendung z. B. mit den folgenden Parametern, um diese mithilfe der NetBeans IDE, wie nachfolgend beschrieben, zu debuggen.

```
-Xdebug -Xrunjdwp:
    transport=dt_socket,server=y,address=65535,suspend=n
```

Um eine extern gestartete Anwendung zu debuggen, rufen Sie DEBUG • ATTACH DEBUGGER... auf. Wählen Sie den **Java Debugger (JPDA)**, und als Connector verwenden Sie **SocketAttach**. Zudem geben wir den Namen des Hosts, auf dem die Anwendung läuft, die Nummer des Ports, auf dem die Anwendung Anfragen entgegennimmt, sowie einen Timeout an.

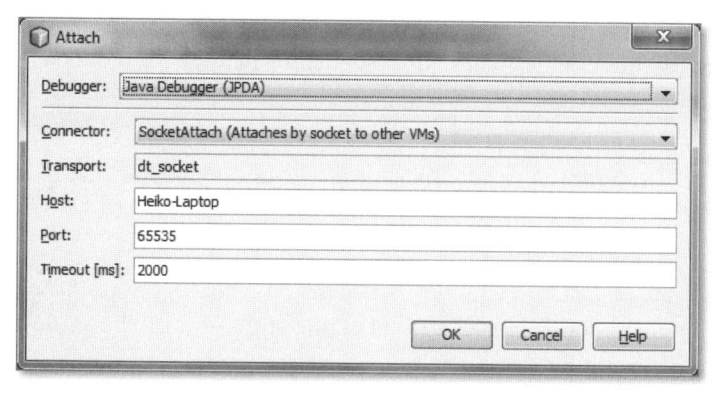

Abbildung 43.5 Remote Debugger mit Anwendung verbinden

Klicken Sie auf OK, nachdem Sie die Einstellungen so, wie in Abbildung 43.4 dargestellt, vorgenommen haben, um damit direkt eine Verbindung zur Anwendung herzustellen.

43.5 Debugging steuern

Für ein möglichst effizientes Debugging stellt die NetBeans IDE verschiedene Aktionen zur Verfügung, mit denen Sie die betroffenen Codestellen schnell aufspüren können. Die folgende Auflistung soll Ihnen einen Überblick über diese Aktionen verschaffen.

- DEBUG MAIN PROJECT [Strg]+[F5]
  Startet das in der IDE aktuell geöffnete Hauptprojekt im Debug-Mode. Erst dann, wenn das Debugging gestartet ist, stehen Ihnen weitere Aktionen zur Verfügung.
- STEP OVER [F8]
  Hiermit wird die gesamte aktuelle Codezeile ausgeführt, ohne in eventuell vorhandene Aufrufe abzusteigen.
- STEP OVER EXPRESSION [⇧]+[F8]
  Mit diesem Kommando können Sie Ausdrücke, die aus mehreren Methodenaufrufen bestehen, detailliert auswerten. Im VARIABLES-Fenster werden Ihnen für jeden einzelnen Methodenaufruf die übergebenen Werte sowie der Rückgabewert als Historie angezeigt (siehe Abbildung 43.4). Enthält ein Ausdruck keinen weiteren Methodenaufruf, so verhält sich diese Aktion wie STEP OVER.
- STEP INTO [F7]
  Mit diesem Kommando wird eine Codezeile ausgeführt. Enthält diese Methodenaufrufe, für die der Quelltext vorhanden ist, so können Sie mit dieser

Aktion in die einzelnen Aufrufe absteigen. Sind mehrere Aufrufe vorhanden, so können Sie direkt über einen Klick auf den entsprechenden Methodenaufruf in die Methode absteigen.

- ▶ STEP INTO NEXT METHOD ⟨⇧⟩+⟨F7⟩
  Ähnlich der STEP INTO-Aktion, wobei hiermit direkt in die nächste Methode der aktuellen Zeile abgestiegen wird.
- ▶ STEP OUT ⟨Strg⟩+⟨F7⟩
  Führt eine Zeile aus. Ist diese Teil einer Methode, so werden alle restlichen Zeilen ausgeführt, und der Debugger springt an die aufrufende Stelle zurück.
- ▶ RUN TO CURSOR ⟨F4⟩
  Führt alle Zeilen bis zu der Zeile aus, in der sich der Cursor gerade befindet.
- ▶ CONTINUE ⟨F5⟩
  Damit können Sie den durch einen Breakpoint angehaltenen Thread fortführen. Die Anwendung wird bis zum eventuell vorhandenen nächsten Breakpoint ausgeführt.
- ▶ PAUSE
  Mit dieser Aktion können Sie alle Threads auf einmal anhalten.
- ▶ FINISH DEBUGGER SESSION ⟨⇧⟩+⟨F5⟩
  Diese Aktion beendet die aktuelle Debugger Session und damit auch die Anwendung, sofern diese aus der IDE heraus gestartet wurde.

43.6 Aufrufhierarchie

Wurde Ihre Anwendung an einem Breakpoint angehalten, so können Sie über das CALL STACK-Fenster (WINDOW • DEBUGGING • CALL STACK) die komplette Aufrufhierarchie bis zur aktuellen Zeile einsehen (siehe Abbildung 43.6). Durch einen Doppelklick auf einen Eintrag wird im Editor direkt an die aufrufende Stelle gesprungen. Auf diese Weise können Sie auch die Variablen im Kontext der aufrufenden Methoden überprüfen.

Damit Sie auch in die Methoden der Java und NetBeans Platform springen können, muss der Source Code dazu vorliegen. Welche Source-Verzeichnisse dem Debugger zur Verfügung stehen, können Sie über das SOURCES-Fenster (WINDOW • DEBUGGING • SOURCES) einsehen. Dort können Sie über das Kontextmenü mit ADD SOURCE ROOT auch weitere Verzeichnisse hinzufügen (siehe Abbildung 43.7). Den Source Code der NetBeans Platform erhalten Sie über die Download-Seite unter *http://netbeans.org* als separate ZIP-Datei.

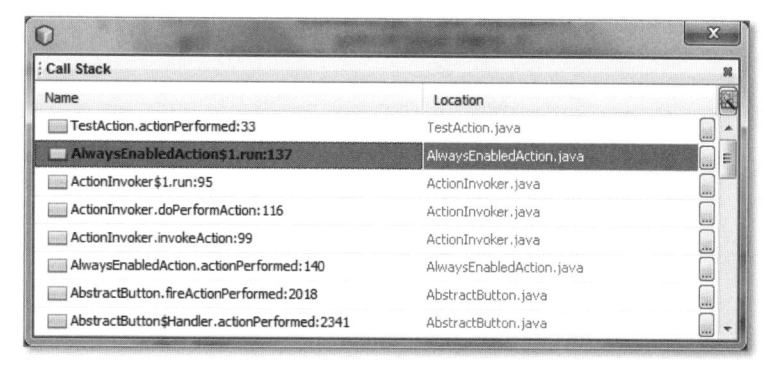

Abbildung 43.6 Call Stack-Fenster zur Nachverfolgung der Aufrufhierarchie

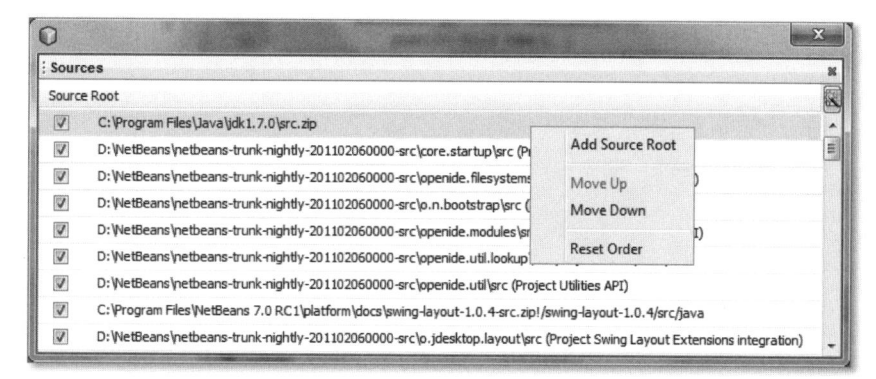

Abbildung 43.7 Das Sources-Fenster mit allen Source-Verzeichnissen, die beim Debugging zur Verfügung stehen

43.7 Heap Walking

Mit der Heap-Walking-Funktionalität stellt Ihnen die NetBeans IDE ein umfangreiches Werkzeug zum Aufspüren von Speicherlecks zur Verfügung. Eine Übersicht über alle aktuellen Instanzen Ihrer Anwendung können Sie sich mit dem LOADED CLASSES-Fenster anzeigen lassen (siehe Abbildung 43.8). Um zwischen den vielen Instanzen auch die gewünschten zu finden, können Sie nach Namen oder Subklassen filtern. Bei Bedarf können Sie auch mithilfe eines regulären Ausdrucks die Instanzen filtern lassen.

Über das Kontextmenü eines Eintrags können Sie mit SHOW IN INSTANCES VIEW sich die Instanzen einer bestimmten Klasse individuell ansehen (siehe Abbildung 43.9). Sie können dabei Einsicht in die jeweiligen Werte einer auf der linken Seite ausgewählten Instanz nehmen. Auch werden Ihnen entsprechende Referenzen angezeigt.

43 | Debugging mit der NetBeans IDE

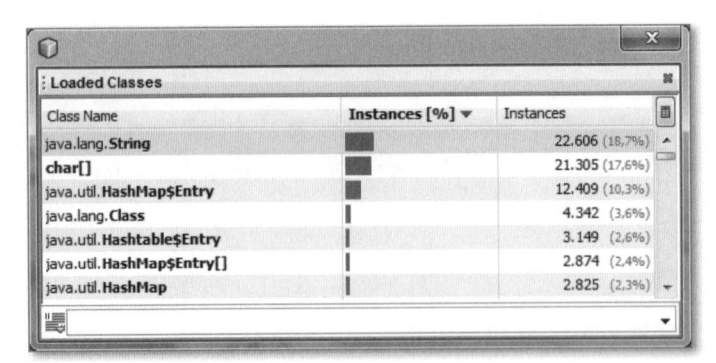

Abbildung 43.8 Das »Loaded Classes«-Fenster zur Darstellung der Menge aller aktuellen Instanzen, gruppiert nach Klassen

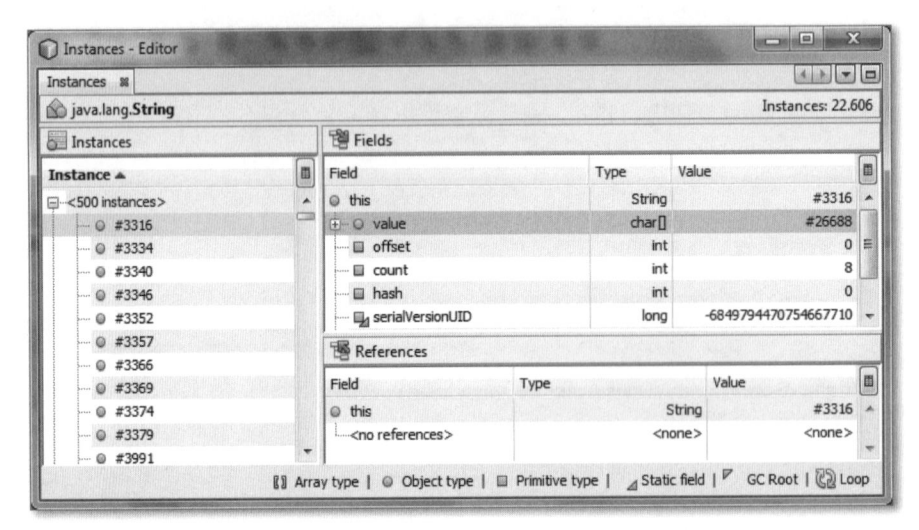

Abbildung 43.9 Das »Instances«-Fenster zur Darstellung aller aktuellen Instanzen einer bestimmten Klasse

TEIL VIII **Play & More**

Entwicklung eines MP3-Managers als Beispiel für eine NetBeans-Platform-Anwendung

Nachdem wir uns sämtliche wichtigen Aspekte der NetBeans Platform im Detail angesehen haben, soll nun eine komplette Anwendung von Beginn an Schritt für Schritt implementiert werden. Dabei lassen wir möglichst viel vom neu erlernten Wissen mit einfließen.

44 Beispielprojekt: MP3-Manager

Das Ziel dieses Kapitels soll der Entwurf und die Implementierung einer kompletten lauffähigen MP3-Anwendung auf Basis der NetBeans Platform sein. Diese Anwendung soll natürlich so modular und flexibel wie möglich sein, wobei wir sehr viele der bereits behandelten Funktionalitäten und Vorteile der NetBeans Platform verwenden und uns zunutze machen werden.

Dieses Kapitel ist auch für alle diejenigen Leser geeignet, die noch nicht alle vorangegangenen Kapitel gelesen haben oder etwa direkt mit diesem Kapitel den Einstieg in die Welt von NetBeans wagen wollen. An den Stellen, an denen tiefergehendes Wissen benötigt wird, finden Sie selbstverständlich Verweise auf die entsprechenden Kapitel. Wie auch alle anderen Beispiele finden Sie diese Beispielanwendung als vollständiges NetBeans-Projekt auf der Bonus-Seite. Auf den folgenden Seiten sind jeweils nur die wichtigsten Teile der Implementation abgebildet.

44.1 Entwurf

Im Wesentlichen soll die Anwendung in der Lage sein, MP3-Dateien abzuspielen, diese in Playlisten zu verwalten und zugehörige ID3-Informationen anzuzeigen. Außerdem wollen wir mit der Anwendung auch das einfache Editieren und Hinzufügen von ID3-Informationen ermöglichen. Das *Favorites*-Modul der NetBeans Platform nutzen wir als MP3-Bibliothek. Mit dem *Palette*-Modul könnten wir z. B. ganze MP3-Alben verwalten, und das *Output*-Modul könnte dazu verwendet werden, dem Benutzer Informationen und Hinweise bei der Verarbeitung von ID3-Jobs anzuzeigen.

Der große Vorteil der Anwendung liegt natürlich in der enorm einfachen Erweiterbarkeit durch die Modulbasiertheit der NetBeans Platform. Doch dazu ist auch

44 | Beispielprojekt: MP3-Manager

eine vernünftige und durchdachte Architektur und Strukturierung der Anwendung erforderlich. Wir müssen uns also im Vorfeld Gedanken darüber machen, welche Funktionalitäten wir in welcher Granularität (also in wie viele Module aufgeteilt) bereitstellen wollen. Wir müssen uns überlegen, in welcher Form und an welchen Stellen die Anwendung besonders erweiterbar sein soll. Dort schaffen wir dann mit entsprechenden Interfaces und Extension Points die nötigen Schnittstellen.

MP3 Manager

| Player | Playlist | ID3 API | Favorites Branding | Properties Branding | Database Searcher | Filesystem Searcher | Searcher UI | Indexer | ... |

Services

| Core | Core UI | JFM Plugin | Java DB |

NetBeans Platform

| Favorites | Output | Palette | ... |

Runtime Container

Java Platform

| Java Sound SPI | Runtime Library |

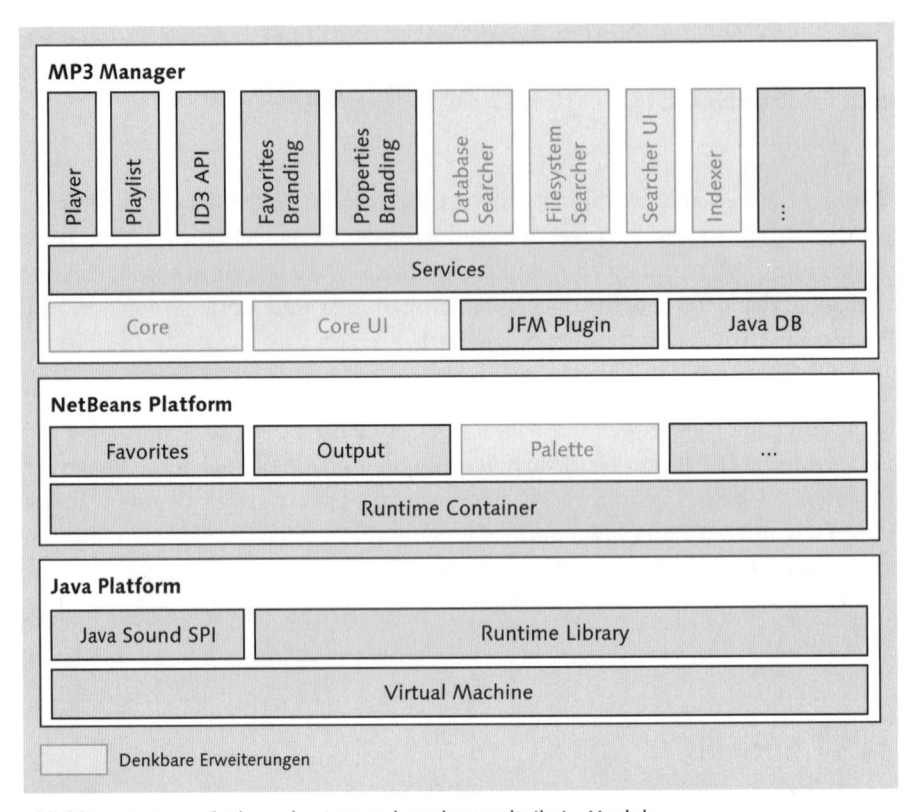

Virtual Machine

☐ Denkbare Erweiterungen

Abbildung 44.1 Aufteilung der Anwendungsbestandteile in Module

In Abbildung 44.1 sehen Sie den Aufbau der Anwendung mitsamt der **NetBeans Platform** und auch der darunter liegenden **Java Platform**. Der eigentliche Anwendungsteil, der in Abbildung 44.1 mit **MP3 Manager** gekennzeichnet ist, lässt sich grob in drei Schichten einteilen.

Die unterste Schicht beinhaltet die Module, die integraler Bestandteil der Anwendung sein sollen. Dazu gehören etwa grafische Benutzeroberflächen, wie z. B. eine Navigationsleiste, oder aber auch eine Implementation der **Java Sound SPI** für MP3-Dateien und das Datenbanksystem **Java DB**, das wir innerhalb der Anwendung für verschiedene Zwecke verwenden wollen.

In einer mittleren Schicht kapseln wir Service Interfaces. Über diese Schicht erreichen wir also eine größtmögliche Entkopplung der Anwendungskomponenten, da diese dann in vielen Fällen nicht direkt voneinander (also nicht von der Implementation), sondern nur von deren Interfaces abhängen. Darauf aufbauend implementieren wir in einer dritten Schicht die Anwendungskomponenten, die die eigentliche Funktionalität in möglichst unabhängigen Modulen bereitstellen.

Nachfolgend sind sämtliche Module mit ihrer jeweiligen Verantwortlichkeit aufgeführt. Einige davon wollen wir anschließend Schritt für Schritt erstellen und implementieren:

- **Core** – In diesem Modul könnten wichtige und integrale Komponenten der Anwendung bereitgestellt werden, die zum Betrieb der Anwendung unbedingt notwendig sind.
- **Core UI** – Zusätzliche Benutzeroberflächen kapseln wir in diesem Modul.
- **JMF-Plugin** – In diesem Modul kapseln wir das **Java Media Framework** und die MP3-Implementation der Java Sound SPI, die von Sun in Form eines JAR-Archivs zur Verfügung gestellt wird. Diese ist für die Wiedergabe von MP3-kodierten Audiodaten notwendig.
- **Java DB** – Mit diesem Modul binden wir das Datenbank-System Java DB ein.
- **Services** – Damit die Dienste, die mit der Anwendung bereitgestellt werden sollen, dynamisch erweitert werden können, definieren wir für diese Dienste **Service Interfaces**. Diese bündeln wir in diesem Modul.
- **Player** – Dieses Modul bietet einen MP3-Player mit GUI.
- **Playlist** – Mit diesem Modul können MP3-Dateien in verschiedenen Listen verwaltet und dem Player bereitgestellt werden.
- **ID3 API** – Beinhaltet eine API zum Auslesen und Schreiben der ID3-Informationen von MP3-Dateien.
- **Favorites Branding** – Passt die Menüeinträge des **Favorites**-Moduls an.
- **Properties Branding** – Passt die Menüeinträge des **Properties**-Modul an.
- **Database Searcher** – Dies ist ein Service Provider, mit dem in einer Datenbank nach MP3-Dateien gesucht werden kann.
- **Filesystem Searcher** – Dies ist ein Service Provider, mit dem auf der Festplatte nach MP3-Dateien gesucht werden kann.
- **Searcher UI** – Dieses Modul stellt eine Benutzeroberfläche zur Verwendung der Service Provider zur MP3-Suche bereit.
- **Indexer** – Damit MP3-Dateien anhand verschiedener Kriterien schnell gefunden werden können, indiziert dieses Modul automatisch MP3-Dateien, die sich auf der Festplatte befinden.

44.2 Die NetBeans Platform Application erstellen

Die Basis einer jeden NetBeans-Rich-Client-Anwendung ist ein **NetBeans-Platform-Application**-Projekt. Dieses repräsentiert die Anwendung in ihrer Gesamtheit und beinhaltet die einzelnen Module. Das Branding der Anwendung – also das Festlegen eines Anwendungsnamens, eines Splash-Screens etc. – erfolgt ebenfalls über das NetBeans-Platform-Application-Projekt.

Für die Erstellung eines solchen Projekts stellt die NetBeans IDE einen Wizard zur Verfügung, den wir über FILE • NEW PROJECT... aufrufen. Dort wählen wir dann unter NETBEANS MODULES den Projekttyp NETBEANS PLATFORM APPLICATION. Klicken Sie auf NEXT, um auf die nächste Seite zu gelangen. Dort können Sie einen Projektnamen vergeben. Wir wählen hier **MP3 Manager**. Durch einen anschließenden Klick auf FINISH wird die Platform Application erstellt.

Im BRANDING-Dialog, den Sie über das Kontextmenü der Platform Application mit BRANDING... aufrufen, können wir das Erscheinungsbild unserer Anwendung produktspezifisch anpassen. An dieser Stelle können Sie u. a. den Titel, verschiedene Icons und den Splash Screen anpassen.

Damit haben wir die Grundlage für unsere Anwendung geschaffen, sodass wir nun zu den einzelnen Modulen, also den Anwendungsbestandteilen, kommen können.

44.3 MP3-Unterstützung

Damit wir später in unserem Player-Modul auch MP3-Dateien wiedergeben können, benötigen wir eine Unterstützung dafür. Diese bekommen wir in Form des **Java Media Frameworks** (JMF) und eines MP3-Plugins. Das **MP3 Plugin** ist eine Implementation der **Java Sound SPI** (die Bestandteil der Java Platform ist) für MP3-Dateien. Zwar würde bereits dieses Plugin allein für das Abspielen von MP3s ausreichen, doch mithilfe des JMF erhalten wir eine wesentliche Vereinfachung bei der Implementierung, die wir uns natürlich zunutze machen wollen.

Für diese beiden Komponenten, also das JMF- und das MP3-Plugin, erstellen wir ein sogenanntes Library Wrapper Module, um so diese beiden Bibliotheken in unsere Anwendung zu integrieren.

44.3.1 Das JMF-Modul erstellen

Laden Sie sich das JMF in der Crossplatform-Version und das MP3-Plugin unter *http://www.oracle.com/technetwork/java/javase/tech* herunter. Beide Komponenten finden Sie aber auch auf der Bonus-Seite. Kopieren Sie die JAR-Archive *lib/jmf.jar* aus der JMF-Distribution und *lib/ext/mp3plugin.jar* aus der MP3-Plugin-Distribution in ein Verzeichnis, damit wir anschließend beide einem Modul hinzufügen können. Rufen Sie dazu File • New Project... • NetBeans Modules • Library Wrapper Module auf. Fügen Sie über die Browse...-Schaltfläche beide JAR-Archive hinzu, die Sie in ein Verzeichnis kopiert haben (halten Sie die [Strg]-Taste gedrückt, um beide Archive auszuwählen). Auf der nächsten Seite des Wizards geben Sie als Projektname *JMF Plugin* ein und wählen die zuvor erstellte NetBeans Platform Application aus. Auf der folgenden Seite legen Sie den Code Name Base des Moduls mit `javax.media` fest. Klicken Sie zuletzt auf Finish. So wird das Wrapper-Modul erzeugt und dem MP3 Manager hinzugefügt.

44.3.2 MP3-Plugin registrieren

Nun müssen wir beachten, dass das MP3-Plugin dem JMF nicht unmittelbar zur Verfügung steht. Vielmehr müssen wir dieses Plugin beim `PlugInManager` des JMFs registrieren, damit dieses verwendet werden kann. Um sicherzustellen, dass das Plugin stets registriert ist, wenn die Anwendung gestartet wird, übergeben wir diese Aufgabe an einen **Module Installer** (Näheres dazu finden Sie in Kapitel 3, »Das NetBeans Module System«), der beim Laden unseres JMF-Plugins ausgeführt wird.

Einen solchen Module Installer erstellen Sie über File • New File • Module Development • Installer / Activator. Klicken Sie im erscheinenden Dialog einfach auf Finish, um den Installer zu erzeugen. In der `restored()`-Methode implementieren wir die notwendige Registration beim `PlugInManager`. Dabei müssen wir die Klasse des Plugins, die Ein- und Ausgabeformate und den Typ des Plugins angeben. In unserem Fall handelt es sich natürlich um ein Codec-Plugin. Wir fügen also folgende Zeilen ein:

```
package javax.media;
import javax.media.format.AudioFormat;
import org.openide.modules.ModuleInstall;
public class Installer extends ModuleInstall {
    public void restored() {
        Format input1 = new AudioFormat(AudioFormat.MPEGLAYER3);
        Format input2 = new AudioFormat(AudioFormat.MPEG);
        Format output = new AudioFormat(AudioFormat.LINEAR);
        PlugInManager.addPlugIn(
            "com.sun.media.codec.audio.mp3.JavaDecoder",
            new Format[]{input1, input2},
```

```
            new Format[]{output},
        PlugInManager.CODEC);
    }
}
```

Listing 44.1 Registrieren des MP3-Plugins beim JMF-Plugin-Manager während des Startups

44.3.3 MP3 File Type

Eine weitere wichtige Grundlage für das komfortable und professionelle Management von MP3-Dateien innerhalb unserer Anwendung stellt ein sogenannter MP3 **File Type** dar. Dabei handelt es sich bei einem File Type um ein Konzept der NetBeans Platform zur Verwaltung von Dateien eines bestimmten Typs. Dieses Konzept besteht im Wesentlichen aus drei Teilen: Der erste ist ein FileObject, das gewissermaßen einen Wrapper für ein File-Objekt darstellt und somit die konkrete physikalische MP3-Datei repräsentiert. Darauf baut ein DataObject auf, das ein FileObject um Eigenschaften und Funktionalität auf flexible Weise erweitert. Die dritte Komponente ist ein Node-Objekt, das dazu dient, ein DataObject an der Benutzeroberfläche grafisch zu repräsentieren und auch Aktionen vom Benutzer entgegenzunehmen. Umfassende Informationen zu diesem Thema erhalten Sie in Kapitel 7, »Daten und Dateien«, und 12, »Nodes und Explorer«.

Dieser **MP3 File Type** gehört eigentlich zur Kernfunktionalität unseres MP3-Managers, sodass wir diesen im Modul-Core verwalten könnten. Damit dieser aber relativ flexibel eingesetzt werden kann und auch zur Vermeidung zyklischer Abhängigkeiten, sollten wir diesen in einem separaten Modul anlegen. Rufen Sie dazu FILE • NEW PROJECT... • NETBEANS MODULES • MODULE auf. Als Name vergeben wir **File Type** und als Code Name Base z. B. com.hboeck.mp3manager.filetype. Die restlichen Angaben können Sie beibehalten. Klicken Sie auf FINISH, um den Wizard abzuschließen und das Modul zu erzeugen.

Die Bestandteile eines File Types werden vollständig vom File Type Wizard erstellt, den uns die NetBeans IDE zur Verfügung stellt. Diesen rufen wir über FILE • NEW FILE • MODULE DEVELOPMENT • FILE TYPE auf. Als MIME-Type verwenden wir für MP3-Dateien audio/mpeg, und für die Extension geben wir selbstverständlich mp3 an. Auf der nächsten Seite geben wir Mp3 als Präfix für die zu erzeugende Klasse ein, und wir können ein Icon für diesen File Type auswählen. Damit haben wir alle nötigen Informationen zusammen und können den MP3 File Type mit FINISH erstellen.

Der Wizard registriert für den MP3 MIME Type eine Data Object Factory die für das Laden eines Mp3DataObject zuständig ist.

```xml
<folder name="Loaders">
  <folder name="audio">
    <folder name="mpeg">
      <folder name="Factories">
        <file name="Mp3DataLoader.instance">
          <attr name="SystemFileSystem.icon" urlvalue=
            "nbresloc:/com/hboeck/mp3manager/filetype/mp3.png"/>
          <attr name="dataObjectClass" stringvalue=
            "com.hboeck.mp3manager.filetype.Mp3DataObject"/>
          <attr name="instanceCreate" methodvalue=
            "org.openide.loaders.DataLoaderPool.factory"/>
          <attr name="mimeType" stringvalue="audio/mpeg"/>
        </file>
      </folder>
    </folder>
  </folder>
</folder>
```

Listing 44.2 Eine Data Object Factory ist jeweils für einen bestimmten Datentyp zuständig und wird von der NetBeans Platform bedient. Dazu muss diese registriert werden.

Diese Factory erzeugt für jedes MP3-FileObject ein Mp3DataObject, das aus folgendem Grundgerüst besteht:

```java
import java.io.IOException;
import org.openide.filesystems.FileObject;
import org.openide.loaders.DataNode;
import org.openide.loaders.DataObjectExistsException;
import org.openide.loaders.MultiDataObject;
import org.openide.loaders.MultiFileLoader;
import org.openide.nodes.Node;
import org.openide.nodes.Children;
import org.openide.util.Lookup;
public class Mp3DataObject extends MultiDataObject {
   public Mp3DataObject(FileObject pf, MultiFileLoader loader)
      throws DataObjectExistsException, IOException {
      super(pf, loader);
   }
   @Override
   protected Node createNodeDelegate() {
      return new DataNode(this, Children.LEAF, getLookup());
   }
```

```
    @Override
    public Lookup getLookup() {
        return getCookieSet().getLookup();
    }
}
```

Listing 44.3 Mit der Klasse »Mp3DataObject« implementieren wir die Logik einer MP3-Datei.

Die Aufgabe dieser Klasse ist es, ein allgemeines `FileObject` mit Logik zu versehen. Außerdem liefert uns das `Mp3DataObject` einen Node, mit dem die MP3-Datei in verschiedenen Ansichten, wie etwa dem **Favorites**-Modul oder z. B. in einer Playlist, wie wir sie nachfolgend implementieren wollen, auf einfache und komfortable Weise dargestellt werden kann. Standardmäßig wird einfach die Klasse `DataNode` verwendet. In einem nachfolgenden Abschnitt wollen wir den Node mit speziellen Eigenschaften ausstatten. Dort werden wir dann eine spezielle Node-Klasse erstellen, die von `DataNode` ableitet.

> **Public Packages festlegen**
>
> Spätestens wenn wir das erste Modul implementieren, das den MP3 File Type verwenden möchte und deshalb eine Abhängigkeit auf den File Type definieren muss, werden wir merken, dass dieser gar nicht zur Verfügung steht. Das liegt daran, dass standardmäßig alle Packages eines Moduls nicht öffentlich sind. Das heißt, wir müssen explizit festlegen, auf welche Packages von außen zugegriffen werden darf. Dies bestimmen wir in den PROPERTIES eines Moduls unter dem Punkt API VERSIONING. Erst wenn wir mindestens ein Package freigegeben haben, steht das Modul auch in der Liste der Module zur Verfügung, zu der eine Abhängigkeit definiert werden kann.

44.4 ID3-Support

Innerhalb einer MP3-Datei können Informationen über die Datei selbst in einem sogenannten ID3-Tag gespeichert werden. Dabei wird zwischen zwei verschiedenen Versionen unterschieden.

Das **ID3v1 Tag** besteht aus einer festen Anzahl von Feldern, wie z. B. Nummer, Künstler oder Titel, die jeweils eine feste Länge besitzen. Damit können zumindest die wichtigsten Daten erfasst werden.

Das **ID3v2 Tag** führt ein wesentlich flexibleres Konzept ein. Zum einen wird schon eine wesentlich größere Anzahl von standardisierten Feldern definiert, und außerdem können eigene Felder (ein Feld wird als **Frame** bezeichnet) hinzugefügt werden. Und dennoch kann das Tag auch von Anwendungen gelesen werden, die dieses Feld nicht kennen bzw. interpretieren. Die Frames eines ID3v2 Tags können eine variable Länge besitzen und sind außerdem nur dann in der Datei vorhanden, wenn sie auch benötigt werden. Das heißt, es gibt keine leeren Frames.

44.4.1 Die ID3 API

Die auf diese Weise in einer MP3-Datei gespeicherten Informationen wollen wir natürlich in unserer Anwendung nutzen. Dazu benötigen wir allerdings eine API, die entsprechend dem Standard die ID3-Daten auslesen und schreiben kann.

Im Internet finden Sie zwar eine Reihe von frei verfügbaren, mehr oder weniger praktikablen ID3 APIs, dennoch habe ich mir die Mühe gemacht (mit dem Ziel einer leichten Handhabung und einer einfachen Integration von individuellen Anforderungen) und mit der Implementierung einer eigenen ID3 API begonnen. Dabei habe ich bewusst auf die Zuhilfenahme von NetBeans APIs verzichtet, um die Bibliothek auch in anderen Anwendungen verwenden zu können. Diese Bibliothek befindet sich zwar noch in der Entwicklung, sodass nur die Bearbeitung von ID3v1 Tags möglich ist, dennoch ist dies für unser Beispiel hier ausreichend, das ja vor allem die Vorteile und Stärken der NetBeans Platform demonstrieren soll. Es steht Ihnen natürlich frei, eine andere Bibliothek zu verwenden. Sie müssen dann lediglich die entsprechenden Stellen an die verwendete API anpassen.

Die ID3-Bibliothek binden wir wie auch die JMF-Bibliotheken mithilfe eines Library Wrapper Module ein. Ein solches erstellen wir über FILE • NEW PROJECT... und NETBEANS MODULES • LIBRARY WRAPPER MODULE. Auf der ersten Seite des Wizards wählen Sie die Bibliothek *com-hboeck-mp3manager-id3.jar* (die Sie ebenfalls auf der Bonus-Seite finden) aus. Wir nennen das Modul **ID3 API** und fügen es dem MP3 Manager hinzu. Die restlichen Felder können im Normalfall so belassen werden.

Damit dem *File Type*-Modul die ID3 API zur Verfügung steht, müssen wir eine Abhängigkeit zum ID3-Modul definieren. Dies können wir in den PROPERTIES des *File Type*-Moduls in der Kategorie LIBRARIES erledigen (siehe Abbildung 44.2). Dort klicken Sie auf ADD DEPENDENCY... und wählen einfach das *ID3 API*-Modul aus.

Wie ich zuvor schon erwähnt habe, ist die Klasse `Mp3DataObject` für die MP3-spezifischen Informationen und Methoden zuständig. Wir erweitern also diese Klasse um zwei Methoden, die den Zugriff sowohl auf das ID3v1 Tag als auch auf das ID3v2 Tag ermöglichen. Dabei ist es wichtig, dass wir die Tags erst beim Zugriff erstellen. Dies hat folgenden Grund: Öffnen Sie z. B. im FAVORITES-Fens-

44 | Beispielprojekt: MP3-Manager

ter einen Ordner mit einer Vielzahl von MP3-Dateien, wird für jede Datei ein `Mp3DataObject` erstellt. Würde dabei von jeder Datei das ID3 Tag ausgelesen, könnte dies natürlich zu Verzögerungen führen, die wir vermeiden wollen.

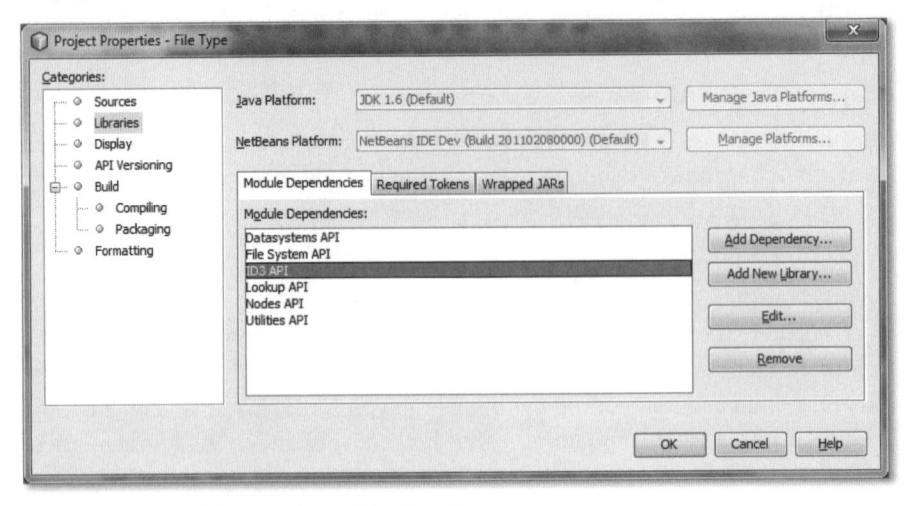

Abbildung 44.2 Abhängigkeit zur ID3 API definieren

```
import com.hboeck.mp3manager.id3.v1.ID3v1Tag;
import com.hboeck.mp3manager.id3.v2.ID3v2Tag;
...
public class Mp3DataObject extends MultiDataObject {
   private ID3v1Tag id3v1 = null;
   private ID3v2Tag id3v2 = null;
   public Mp3DataObject(FileObject pf, MultiFileLoader loader)
         throws DataObjectExistsException, IOException {
      super(pf, loader);
   }
   ...
   public ID3v1Tag getID3v1Tag() {
      if(id3v1 == null) {
         id3v1 = new ID3v1Tag(FileUtil.toFile(getPrimaryFile()));
      }
      return id3v1;
   }
   public ID3v2Tag getID3v2Tag() {
      if(id3v2 == null) {
         id3v2 = new ID3v2Tag(FileUtil.toFile(getPrimaryFile()));
      }
```

```
        return id3v2;
    }
}
```

Listing 44.4 Erweiterung der »Mp3DataObject«-Klasse um ID3-Support

Mit der `DataObject`-Methode `getPrimaryFile()` erhalten wir das `FileObject` der MP3-Datei, das von dieser `Mp3DataObject`-Instanz verwaltet wird (dies ist das Objekt, das dem Konstruktor vom Dataloader übergeben wird). Die Methode `FileUtil.toFile()` ermittelt das `File`-Objekt, das von diesem `FileObject` gekapselt wird, das wir dann direkt dem ID3-Tag-Konstruktor übergeben.

Es wäre auch denkbar, die `ID3v1Tag`- und `ID3v2Tag`-Instanzen über das Lookup des `Mp3DataObject` bereitzustellen. So wäre es dann möglich, diese auf einer einfachen `Node`- oder `DataObject`-Instanz ohne spezielle Typisierung abzurufen:

```
Node n = ...
ID3v1Tag id3v1 = n.getLookup().lookup(ID3v1Tag.class);
```

44.4.2 ID3-Editor

Jetzt benötigen wir noch eine Möglichkeit, mit der wir die ID3-Daten anzeigen und auch editieren können. Für diesen Zweck ist das **Properties**-Modul der NetBeans Platform in Verbindung mit unserem MP3 File Type geradezu prädestiniert. Das Bereitstellen von Eigenschaften, die an der Benutzeroberfläche dargestellt werden sollen, ist Aufgabe des Nodes. Deshalb erstellen wir nun die Klasse `Mp3DataNode`. In Verbindung damit müssen Sie die Methode `createNodeDelegate()` der `Mp3DataObject`-Klasse abändern. Denn dort wird nun eine `Mp3DataNode`-Instanz erzeugt.

In der neu erstellten Klasse `Mp3DataNode` überschreiben wir nun die `createSheet()`-Methode. Diese stellt die Eigenschaften des Nodes mit einer `Sheet`-Instanz zur Verfügung. Dabei kann es Eigenschaften geben, die nur gelesen oder aber auch geschrieben werden können. So ist es auch in unserem Beispiel: Die ID3v1-Daten sollen sowohl gelesen als auch geschrieben werden können, hingegen sollen die ID3v2-Daten nur gelesen werden.

Zunächst rufen wir die `createSheet()`-Methode der Basisklasse `DataNode` auf, die bereits ein `Sheet` erzeugt und diesem einige Basiseigenschaften wie Dateiname, Größe oder Änderungsdatum hinzufügt.

Wenn Sie diese Daten aber nicht darstellen möchten, können Sie auch direkt ein eigenes `Sheet` mit `Sheet.createDefault()` anlegen. Innerhalb eines `Sheet`-Objekts werden die Eigenschaften in `Set`-Objekten gruppiert. Diese Gruppen

44 | Beispielprojekt: MP3-Manager

können dann auch im P‍ROPERTIES-Fenster durch den Benutzer gezielt ein- oder ausgeblendet werden.

Ein Set wird mit der statischen Methode createPropertiesSet() erzeugt. Wir erstellen zwei, damit wir die ID3v1- und ID3v2-Daten separat verwalten und darstellen können. Wichtig ist, dass Sie jedem Set mit der Methode setName() einen eindeutigen Namen geben, da diese sonst innerhalb des Sheets überschrieben werden.

```java
import org.openide.nodes.PropertySupport;
import org.openide.nodes.Sheet;
public class Mp3DataNode extends DataNode {
   ...
   @Override
   protected Sheet createSheet() {
      Sheet sheet = super.createSheet();
      Sheet.Set set1 = Sheet.createPropertiesSet();
      Sheet.Set set2 = Sheet.createPropertiesSet();
      set1.setName("id3v1");
      set1.setDisplayName("ID3 V1");
      set2.setName("id3v2");
      set2.setDisplayName("ID3 V2");
      Mp3DataObject m = getLookup().lookup(Mp3DataObject.class);
      ID3v1Tag id3v1 = m.getID3v1Tag();
      ID3v2Tag id3v2 = m.getID3v2Tag();
      try {
         /* ID3v1 Properties */
         Property title1 = new PropertySupport.Reflection<String>
            (id3v1, String.class, "title");
         ...
         title1.setName("Title");
         set1.put(title1);
         /* ID3v2 Properties */
         Property album2 = new PropertySupport.Reflection<String>
            (id3v2, String.class, "getAlbum", null);
         ...
         album2.setName("Album");
         set2.put(album2);
```

```
        } catch (Exception e) { }
        sheet.put(set1);
        sheet.put(set2);
        return sheet;
    }
}
```

Listing 44.5 ID3-Informationen in einem Properties Sheet zum Anzeigen und Editieren bereitstellen

Über das Lookup des Nodes holen wir uns die `Mp3DataObject`-Instanz, die von diesem Node repräsentiert wird. Mit den zuvor erstellten Methoden `getID3v1Tag()` und `getID3v2Tag()` verschaffen wir uns Zugriff auf die ID3-Informationen der MP3-Datei.

Für jede einzelne Eigenschaft legen wir nun eine Instanz der Klasse `PropertySupport.Reflection<T>` an. Dabei bestimmen wir mit einem Template den Typ der Eigenschaft (hier im Beispiel `String`). Bei den Lese/Schreib-Eigenschaften geben wir den Namen der Methode (mit der die Eigenschaften gelesen und geschrieben werden kann) ohne das Präfix `get` und `set` an. Für den Titel, z. B. mit den Methoden `getTitle()` und `setTitle()`, übergeben wir dem Konstruktor `title`. Für die Eigenschaften, die nur gelesen werden sollen, verwenden wir eine Variante des Konstruktors, dem die Namen der `get`- und `set`-Methode separat übergeben werden können.

Damit die Eigenschaft nicht geändert werden kann, übergeben wir als `set`-Methode einfach `null`. Den so erzeugten Properties geben wir mit `setName()` jeweils einen Namen, mit dem sie im PROPERTIES-Fenster angezeigt werden, und fügen die einzelnen Instanzen mit `put()` dem `Sheet`-Objekt hinzu, das wir dann als Rückgabewert liefern.

Wenn wir nun die Anwendung starten und das FAVORITES- und PROPERTIES-Fenster über das Menü WINDOW öffnen und im FAVORITES-Fenster eine MP3-Datei selektieren, dann erhalten wir eine Ansicht wie in Abbildung 44.3.

Wie Sie für Eigenschaften, wie z. B. das Genre, das eine Reihe von vordefinierten Werten annehmen kann, einen speziellen Editor (wie z. B. eine Combobox zur Auswahl der Werte) bereitstellen können, erfahren Sie in Abschnitt 19.2, »Benutzerdefinierter Eigenschaftseditor«.

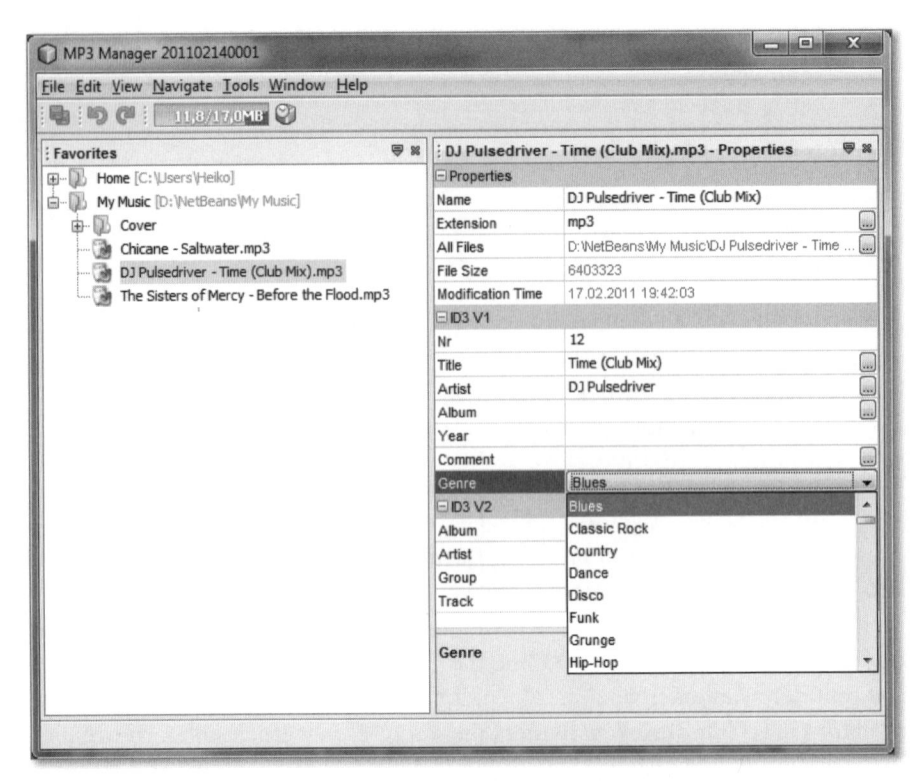

Abbildung 44.3 Das Properties-Fenster als ID3-Editor verwenden

44.5 Media Library

Bereits im vorhergehenden Abschnitt haben wir das *Favorites*-Modul verwendet. Dieses von der NetBeans Platform zur Verfügung gestellte Modul ist wiederum für den Einsatz innerhalb unserer Anwendung prädestiniert. Und zwar können wir dieses Modul als sogenannte Media Library verwenden. Denn der Benutzer kann dem *Favorites*-Modul auf ganz einfache Weise beliebige einzelne Dateien oder auch ganze Verzeichnisse hinzufügen. Dabei ist dies nicht nur auf MP3-Dateien beschränkt, sondern es können beliebige Dateitypen damit verwaltet werden. So können wir z. B. durch das Hinzunehmen des *Image*-Moduls aus dem *ide*-Cluster auch Albumcover im JPG-Format verwalten und anzeigen.

Dadurch, dass wir Aktionen über die Layer-Datei an einen bestimmten MIME Type binden können, ist es uns auch möglich, direkt mit den MP3-Dateien im FAVORITES-Fenster zu arbeiten. Das heißt, wir können z. B. Dateien durch einen

Doppelklick im FAVORITES-Fenster direkt abspielen oder aber auch per Drag & Drop auf ein separates Fenster (z. B. eine Playlist) ziehen.

Damit wir das *Favorites*-Modul bzw. -Fenster auch verwenden können, müssen wir sicherstellen, dass es in unserer Platform Application auch aktiviert und somit verfügbar ist. Dazu öffnen wir die PROPERTIES des MP3-Managers über das Kontextmenü und sehen dort unter LIBRARIES im *platform*-Cluster nach, ob das Modul *Favorites* aktiviert ist.

Wir können nun noch den Namen und die Menüs des *Favorites*-Moduls mithilfe eines *Branding*-Moduls anpassen. Dieses Modul wird von der NetBeans IDE automatisch erstellt. Wir müssen lediglich die gewünschten Texte im Branding-Dialog anpassen. Diesen öffnen Sie über BRANDING... im Kontextmenü der Platform Application. Im Register RESOURCE BUNDLES können wir nach den zu ersetzenden Texten suchen. Wir wollen den Namen des Fensters und die verschiedenen Menüeinträge so anpassen, wie es in Abbildung 44.4 dargestellt ist.

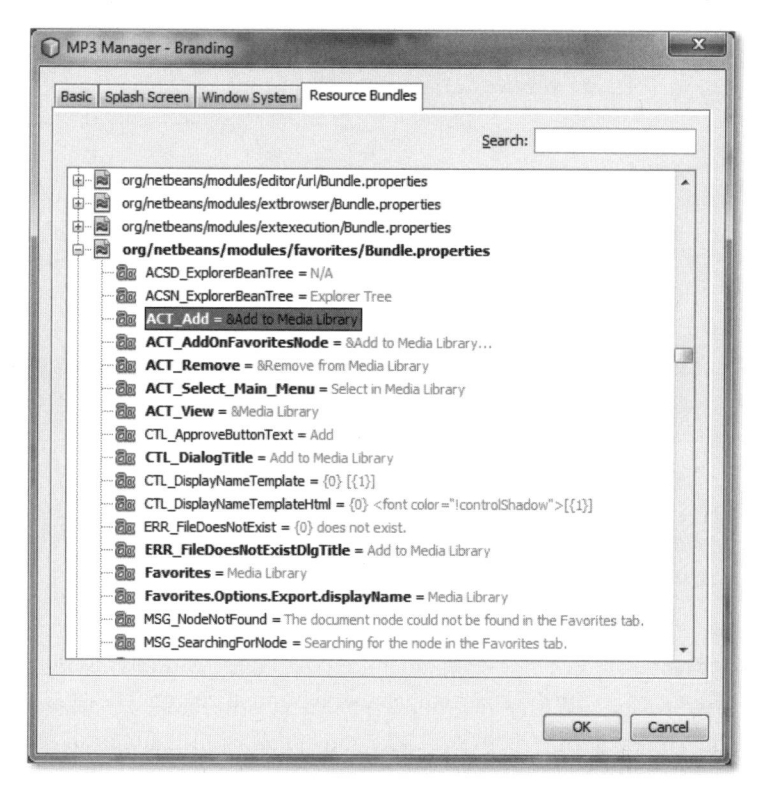

Abbildung 44.4 Branding des Favorites-Moduls zur Verwendung als Media Library

44.6 Services

Die zentrale Funktionalität der Anwendung, die wir im Folgenden nun implementieren werden, teilen wir in **Service Interface** und **Service Provider** auf. So können wir nämlich die Funktionalität in Verbindung mit dem Service-Provider-Registrationsmechanismus und dem Lookup völlig entkoppelt und unabhängig von konkreten Modulen verwenden.

Zu diesem Zweck legen wir ein neues Modul an, in dem wir die Service Interfaces bündeln und so zentral zur Verfügung stellen können (siehe auch Abbildung 44.1). Man kann dieses Modul so gesehen auch als Bindeglied zwischen verschiedenen Anwendungsmodulen betrachten. Wir legen dazu also wie gehabt über FILE • NEW PROJECT... ein neues Modul an. Wir nennen dieses zweckmäßig *Services* und geben ihm den Code Name Base com.hboeck.mp3manager.services.

Auch bei diesem Modul müssen wir wieder beachten, dass wir die Packages, die wir im Folgenden erstellen werden, auch freigeben (unter PROPERTIES • API VERSIONING). Nur so kann eine Abhängigkeit zum *Services*-Modul definiert werden und nur so können die Klassen verwendet werden.

44.7 Der MP3-Player

Im vorherigen Abschnitt haben wir uns mit dem *Services*-Modul bereits die Grundlage für den Entwurf des Players – aufgeteilt in **Service Interface** und **Service Provider** – geschaffen. Wir überlegen uns zunächst, welche Funktionalität, also welche Schnittstellen, der Player den anderen Komponenten unserer Anwendung bieten soll. Diese Schnittstellen beschreiben wir dann in einer abstrakten Klasse. Wir wählen deshalb eine abstrakte Klasse und kein Interface, da der Player ein zentraler, globaler Service sein soll. Mit anderen Worten: In aller Regel sind die anfragenden Module nur an einer einzigen Player-Instanz interessiert. Und dies lässt sich mit einer abstrakten Klasse, wie Sie gleich und auch in den folgenden Abschnitten noch sehen werden, leichter realisieren.

44.7.1 Service Interface

Wir legen im *Services*-Modul ein neues Package namens player an. In diesem erstellen wir eine abstrakte Klasse Mp3Player. Ein Player soll natürlich in der Lage sein, MP3-Dateien abzuspielen, anzuhalten und zu stoppen. Zudem soll dem Benutzer die Möglichkeit gegeben werden, den Ton komplett auszuschalten, die Lautstärke zu regeln, die Gesamtspieldauer und die aktuelle Laufzeit abzufragen. Es soll auch möglich sein, die aktuelle Wiedergabeposition der Datei zu beeinflussen. Alle diese gewünschten Funktionen, die der Player erbringen soll, spezifizieren wir mit abstrakten Methoden in dieser Klasse.

```java
package com.hboeck.mp3manager.services.player;
import com.hboeck.mp3manager.filetype.Mp3DataObject;
import java.util.ListIterator;
import org.openide.util.Lookup;
...
public abstract class Mp3Player {
   public static Mp3Player getDefault() {
      Mp3Player p = Lookup.getDefault().lookup(Mp3Player.class);
      if (p == null) {
         p = new DefaultMp3Player();
      }
      return p;
   }
   public abstract void play(Mp3DataObject mp3);
   public abstract void play(ListIterator<Mp3DataObject> mp3s);
   public abstract void pause();
   public abstract void stop();
   public abstract void previous();
   public abstract void next();
   public abstract void setMute(boolean mute);
   public abstract void setVolume(int volume);
   public abstract int getDuration();
   public abstract int getMediaTime();
   public abstract void setMediaTime(int seconds);
}
```

Listing 44.6 Definition der Schnittstellen des Players und Bereitstellen einer Implementation dieser Schnittstellen über die »getDefault()«-Methode

Der wichtigste Teil für die **Service Requester**, also die Module, die den Player nutzen wollen, ist die Methode `getDefault()`. Diese sucht nämlich über das Lookup nach einer registrierten `Mp3Player`-Implementation. Wurde eine Implementation gefunden, liefert uns das Lookup eine Instanz davon. Ist hingegen keine vorhanden, so wollen wir dennoch sicherstellen, dass ein Requester nie eine `null`-Referenz, sondern stets eine `Mp3Player`-Instanz erhält. Deshalb stellen wir innerhalb der abstrakten `Mp3Player`-Klasse selbst eine Standard-Implementation bereit. Dies ist die Klasse `DefaultMp3Player`, die im einfachsten Fall nichts macht und dies dem Benutzer freundlicherweise bekanntgibt. Eine weitere einfache und elegante Möglichkeit wäre z. B. das Weiterleiten der MP3-Datei an ein externes Programm.

```java
public abstract class Mp3Player {
    ...
    private static class DefaultMp3Player extends Mp3Player {
        public void play(Mp3DataObject mp3) {
            Logger.getLogger(Mp3Player.class.getName()).
                info("not supported");
        }
        public void stop() { }
        ...
    }
}
```

Listing 44.7 Bereitstellen einer Standard-Implementation innerhalb der abstrakten Klasse

Wenn wir uns jetzt ein Modul ausdenken, das den Player verwenden möchte, erkennen wir schnell, dass wir diesem die Möglichkeit bieten müssen, auf verschiedene Ereignisse des Players zu reagieren. So muss eine Benutzeroberfläche z. B. über das Ende einer abgespielten MP3-Datei informiert werden. Wir spezifizieren also ein Listener-Interface. Das `Mp3PlayerEventListener`-Interface könnte in einer einfachen Variante z. B. wie folgt aussehen:

```java
package com.hboeck.mp3manager.services.player;
import com.hboeck.mp3manager.filetype.Mp3DataObject;
import java.util.EventListener;
public interface Mp3PlayerEventListener extends EventListener{
    public void playing(Mp3DataObject mp3);
    public void stopped();
}
```

Die Möglichkeit, `Mp3PlayerEventListener` zum Player hinzuzufügen und aus ihm zu entfernen, können wir direkt in der abstrakten Klasse implementieren, so muss sich die konkrete Implementation nicht mehr darum kümmern. Außerdem stellen wir zwei, dem Listener-Interface entsprechende `fire`-Methoden bereit, mit denen die konkreten Klassen die Ereignisse den Listenern bekanntgeben können:

```java
import com.hboeck.mp3manager.filetype.Mp3DataObject;
import java.util.ListIterator;
```

```java
import javax.swing.event.EventListenerList;
import org.openide.util.Lookup;
public abstract class Mp3Player {
  ...
  private final EventListenerList listeners =
     new EventListenerList();
  public void addEventListener(Mp3PlayerEventListener l) {
     listeners.add(Mp3PlayerEventListener.class, l);
  }
  public void removeEventListener(Mp3PlayerEventListener l) {
     listeners.remove(Mp3PlayerEventListener.class, l);
  }
  protected final void firePlayEvent(Mp3DataObject mp3) {
     for(Mp3PlayerEventListener listener :
        listeners.getListeners(Mp3PlayerEventListener.class)) {
        listener.playing(mp3);
     }
  }
  protected final void fireStopEvent() {
     for(Mp3PlayerEventListener listener :
        listeners.getListeners(Mp3PlayerEventListener.class)) {
        listener.stopped();
     }
  }
}
```

Listing 44.8 Methoden für die Verwaltung von Listenern, die an Ereignissen interessiert sind

44.7.2 Der Service Provider

Damit hätten wir unseren ersten Service definiert und können nun mit der Implementierung des Service Providers beginnen. Im Folgenden werden wir also das JMF-Modul und dessen Funktionalität für die Wiedergabe von MP3-Dateien nutzen. Damit kommen wir dann auch wieder auf die Verwendung unseres MP3 File Types zurück.

Wie schon in Abbildung 44.1 angedeutet, implementieren wir den MP3-Player in einem separaten Modul. Wir erstellen also wieder ein neues Modul, das wir *Player* nennen wollen und dem wir den Code Name Base com.hboeck.mp3manager.player geben. Damit dieses Modul Zugriff auf den File Type, das JMF-Plugin und das Service Interface erhält, definieren wir unter PROPERTIES • LIBRARIES die entsprechenden Abhängigkeiten.

44 | Beispielprojekt: MP3-Manager

Wir erstellen im ersten Schritt eine Klasse `Mp3PlayerImpl`, die vom zuvor erstellten Service Interface `Mp3Player` ableitet. Dessen abstrakte Methoden implementieren wir hier mithilfe des **Java Media Frameworks** (JMF). Beginnen wir mit der `play()`-Methode, die eine MP3-Datei als `Mp3DataObject` übergeben bekommt. Zentrale Klasse des JMFs ist die `Manager`-Klasse. Über diese gelangen wir an systemabhängige Ressourcen. Dieser Manager erzeugt uns eine `Player`-Instanz für die MP3-Datei, deren URL wir übergeben. Bevor wir diesen `Player` mit `start()` starten, registrieren wir für ihn einen `ControllerListener`, mit dem wir über die verschiedenen Zustände des `Player` benachrichtigt werden.

```java
package com.hboeck.mp3manager.player;
import com.hboeck.mp3manager.filetype.Mp3DataObject;
import com.hboeck.mp3manager.services.player.Mp3Player;
import javax.media.ControllerEvent;
import javax.media.ControllerListener;
import javax.media.EndOfMediaEvent;
import javax.media.GainControl;
import javax.media.Manager;
import javax.media.Player;
import javax.media.RealizeCompleteEvent;
import javax.media.Time;
...
public class Mp3PlayerImpl extends Mp3Player
    implements ControllerListener {
  private static final Logger LOG =
      Logger.getLogger(Mp3PlayerImpl.class.getName());
  private Player       player         = null;
  private GainControl  volumeControl  = null;
  private int          volume = 20;
  private boolean      mute   = false;
  private Mp3DataObject              mp3  = null;
  private ListIterator<Mp3DataObject> list = null;
  public Mp3PlayerImpl() {
  }
  @Override
  public void play(Mp3DataObject mp3) {
    try {
      this.mp3 = mp3;
      if(player != null) {
        player.stop();
```

```java
            player.close();
         }
         player = Manager.createPlayer(
            mp3.getPrimaryFile().getURL());
         player.addControllerListener(this);
         player.start();
      } catch(Exception e) {
         LOG.log(Level.SEVERE, e.getMessage(), e);
      }
   }
   @Override
   public void play(ListIterator<Mp3DataObject> mp3s) {
      list = mp3s;
      if(list.hasNext()) {
         play(list.next());
      }
   }
   @Override
   public void pause() {
      if(player != null) {
         player.stop();
      }
   }
   @Override
   public void stop() {
      if(player != null) {
         fireStopEvent();
         player.stop();
         player.setMediaTime(new Time(0));
         player.close();
      }
   }
   @Override
   public void previous() {
      if (list != null && list.hasPrevious()) {
         play(list.previous());
      }
   }
   @Override
   public void next() {
      if (list != null && list.hasNext()) {
```

```
      play(list.next());
   }
}
```

Listing 44.9 Implementierung des Service Providers mithilfe des JMFs

Das `ControllerListener`-Interface definiert die Methode `controllerUpdate()`. Damit erfahren wir, in welchem Zustand der `Player` sich gerade befindet. Uns interessieren vor allem zwei Zustände: und zwar der, wenn der `Player` realisiert ist – dann erst bekommen wir nämlich Zugriff auf die Lautstärkeregelung. Gleichzeitig informieren wir die Listener unsererseits mit der `firePlayEvent()`-Methode, dass das Abspielen der MP3-Datei begonnen hat.

Das zweite Ereignis, auf das wir reagieren wollen, ist das `EndOfMediaEvent`. Damit stoppen wir den `Player` und setzen die Wiedergabeposition an den Anfang zurück. Wenn der `play()`-Methode eine Liste von MP3-Dateien übergeben wurde, starten wir die Wiedergabe erneut mit der nächsten Datei der Liste.

```
@Override
public void controllerUpdate(ControllerEvent evt) {
   if (evt instanceof RealizeCompleteEvent) {
      LOG.info("Realized");
      firePlayEvent(mp3);
      volumeControl = player.getGainControl();
      setVolume(volume);
      setMute(mute);
   } else if (evt instanceof EndOfMediaEvent) {
      LOG.info("End of Media");
      stop();
      if(list != null && list.hasNext()) {
         play(list.next());
      } else {
         list = null;
      }
   }
}
```

Listing 44.10 Auf die Ereignisse des JMF-Players reagieren

Zuletzt implementieren wir in unserer Service-Provider-Klasse noch die verbleibenden Steuer- und Informationsmethoden.

```
@Override
public void setVolume(int volume) {
   this.volume = volume;
```

```java
        if(volumeControl != null) {
            volumeControl.setLevel((float)(volume/100.0));
        }
    }
    @Override
    public void setMute(boolean mute) {
        this.mute = mute;
        if(volumeControl != null) {
            volumeControl.setMute(mute);
        }
    }
    @Override
    public int getDuration() {
        return (int)player.getDuration().getSeconds();
    }
    @Override
    public int getMediaTime() {
        return (int)player.getMediaTime().getSeconds();
    }
    @Override
    public void setMediaTime(int seconds) {
        player.setMediaTime(new Time((double)seconds));
    }
}
```

Listing 44.11 Methoden zur Steuerung der Lautstärke und Wiedergabeposition

Der Zugriff auf diese Implementation des MP3-Players soll über die `Mp3Player.getDefault()`-Methode erfolgen. Damit diese Methode die Implementation über das Lookup auch auffinden kann, müssen wir die `Mp3PlayerImpl`-Klasse noch registrieren. Dies erledigen wir über eine `ServiceProvider`-Annotation.

```java
import org.openide.util.lookup.ServiceProvider;
...
@ServiceProvider(service=Mp3Player.class)
public class Mp3PlayerImpl extends Mp3Player
   implements ControllerListener {
    ...
}
```

Listing 44.12 Registrieren des Mp3Player Service Providers

44.7.3 Wiedergabe von MP3-Dateien

Jetzt, da wir den MP3-Player-Service-Provider implementiert haben, können wir für unseren MP3 File Type eine Aktion registrieren. Damit ist es dann möglich, z. B. im Favorites-Fenster über das Kontextmenü oder einfach mit einem Doppelklick direkt eine MP3-Datei wiederzugeben.

Eine solche Aktion können wir ganz bequem mit dem NetBeans Action Wizard erstellen und registrieren. Dazu rufen wir File • New File... auf und wählen dann Module Development • Action. Als Action Type wählen wir Conditionally Enabled und `Mp3DataObject` als Context Interface. Auf der folgenden Seite können wir die Aktion einer bereits vorhandenen Kategorie oder aber auch einer neuen zuordnen. Wir weisen weiterhin die Aktion einem Menü zu. Damit die Aktion im Kontextmenü einer MP3-Datei erscheint, aktivieren wir die Option File Type Context Menu Item. Als Content Type wählen wir `audio/mpeg`, den wir bereits beim Anlegen des MP3 File Types definiert haben. Auf der letzten Seite des Wizards legen wir noch den Klassennamen, ein Label und ein Icon fest. Mit Finish schließen wir den Wizard ab.

Hier wird, wie ich finde, einmal mehr deutlich, welche Erleichterung die NetBeans IDE und NetBeans Platform mit sich bringt. Wir müssen praktisch nur noch eine Zeile in die `actionPerformed()`-Methode einfügen:

```java
import com.hboeck.mp3manager.filetype.Mp3DataObject;
import com.hboeck.mp3manager.services.player.Mp3Player;
import java.awt.event.ActionListener;
import java.awt.event.ActionEvent;
import org.openide.awt.ActionRegistration;
import org.openide.awt.ActionReference;
import org.openide.awt.ActionReferences;
import org.openide.awt.ActionID;

@ActionID(
        category = "File",
        id = "com.hboeck.mp3manager.player.PlayAction")
@ActionRegistration(
        displayName = "#CTL_PlayAction", iconBase=
        "com/hboeck/mp3manager/player/gui/icons/play16.png")
@ActionReferences({
    @ActionReference(path = "Menu/File", position = 0),
    @ActionReference(path = "Loaders/audio/mpeg/Actions",
                    position = 0)
})
public final class PlayAction implements ActionListener {
    private final Mp3DataObject context;
```

```
    public PlayAction(Mp3DataObject context) {
        this.context = context;
    }
    @Override
    public void actionPerformed(ActionEvent ev) {
        Mp3Player.getDefault().play(context);
    }
}
```

Listing 44.13 Kontextsensitive Aktion zum Wiedergeben von MP3-Dateien

Mit dieser Aktion können wir unmittelbar den MP3-Player testen. Starten Sie dazu die Anwendung, und öffnen Sie das FAVORITES-Fenster. Fügen Sie diesem eine MP3-Datei oder einen Ordner mit MP3-Dateien hinzu. Durch einen Doppelklick oder über das Kontextmenü können Sie die Datei wiedergeben.

44.7.4 Benutzeroberfläche

Mit dieser einen Aktion wollen wir uns natürlich noch nicht zufrieden geben. In diesem Abschnitt wollen wir eine komplette Benutzeroberfläche für einen MP3-Player erstellen. Diese nutzt dabei die Funktionalität, die ihr über den MP3-Player-Service bereitgestellt wird. Wir erzeugen dazu im Player-Modul ein neues Package namens `com.hboeck.mp3manager.player.gui`. In diesem legen wir mit dem **Window Wizard** eine `TopComponent`-Klasse an. Diesen Wizard starten Sie wie auch die bisherigen über FILE • NEW FILE... • MODULE DEVELOPMENT. Als Window-Position können wir z. B. `explorer` nutzen und als CLASS NAME PREFIX verwenden wir `Mp3Player`. Mithilfe des Form Designers erstellen wir dann eine Top Component, wie Sie sie in Abbildung 44.5 sehen.

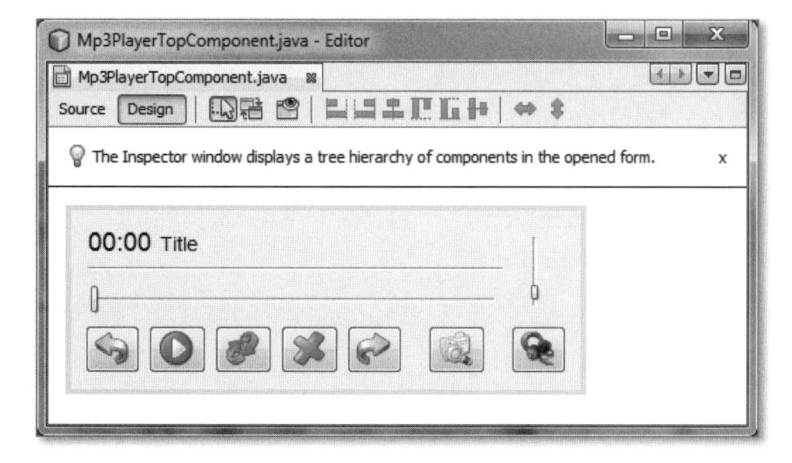

Abbildung 44.5 MP3-Player-Benutzeroberfläche

44 | Beispielprojekt: MP3-Manager

Zwar ist unsere Oberfläche kein optisches Highlight, dennoch ist sie zweckmäßig und ausreichend, um die Funktionen des MP3-Players zu bedienen. Die meiste Arbeit bei der Gestaltung der Top Component nimmt uns der Form Designer ab. Wir müssen nur noch die Aktionen implementieren.

Zunächst aber verschaffen wir uns im Konstruktor Zugriff auf eine `Mp3Player`-Instanz, die uns die `getDefault()`-Methode liefert. Für diese Instanz registrieren wir einen `Mp3PlayerEventListener`. Erinnern Sie sich an Abschnitt 44.7.1, »Service Interface«: Dort haben wir ein Interface für diesen Listener spezifiziert, damit wir über das Starten und Stoppen der MP3-Datei informiert werden. Das benötigen wir hier bei der Benutzeroberfläche zum Aktualisieren der angezeigten Informationen.

```
import com.hboeck.mp3manager.filetype.Mp3DataObject;
import javax.swing.JFileChooser;
import javax.swing.Timer;
import javax.swing.filechooser.FileNameExtensionFilter;
import org.openide.awt.ActionID;
import org.openide.awt.ActionReference;
...
@TopComponent.Description( preferredID = "Mp3PlayerTopComponent",
    iconBase="com/hboeck/mp3manager/player/gui/player.png",
    persistenceType = TopComponent.PERSISTENCE_ALWAYS)
@TopComponent.Registration( mode = "explorer",
    openAtStartup = true)
@ActionID( category = "Window",
    id = "com.hboeck.mp3manager.player.gui.Mp3PlayerTopComponent")
@ActionReference(path = "Menu/Window" /*, position = 333 */)
@TopComponent.OpenActionRegistration(
    displayName = "#CTL_Mp3PlayerAction",
    preferredID = "Mp3PlayerTopComponent")
public final class Mp3PlayerTopComponent extends TopComponent
    implements Mp3PlayerEventListener {
    private static final SimpleDateFormat SDF =
        new SimpleDateFormat("mm:ss");
    private JSlider       duration;
    private JSlider       volume;
    private JToggleButton mute;
    private JButton       next;
    private JButton       open;
    private JButton       pause;
    private JButton       play;
```

```java
private JButton       previous;
private JButton       stop;
private JLabel        time;
private JLabel        title;
private Timer     t     = null;
private Mp3Player player = null;
public Mp3PlayerTopComponent() {
   initComponents();
   ...
   player = Mp3Player.getDefault();
   player.addEventListener(this);
}
private void pauseActionPerformed(ActionEvent evt) {
   player.pause();
}
private void stopActionPerformed(ActionEvent evt) {
   player.stop();
}
private void nextActionPerformed(ActionEvent evt) {
   player.next();
}
private void previousActionPerformed(ActionEvent evt) {
   player.previous();
}
private void muteActionPerformed(ActionEvent evt) {
   player.setMute(mute.isSelected());
}
private void volumeStateChanged(ChangeEvent evt) {
   player.setVolume(volume.getValue());
}
private void durationMouseReleased(MouseEvent evt) {
   player.setMediaTime(duration.getValue());
}
```

Listing 44.14 Die meisten Aktionsmethoden sind denkbar einfach und leiten nur die entsprechenden Werte an den Mp3Player weiter.

In der playActionPerformed()-Methode, die beim Anklicken der PLAY-Schaltfläche aufgerufen wird, können wir von der TopComponent.Registry Gebrauch machen. Diese liefert uns nämlich die gerade aktivierten Nodes, unabhängig davon, in welcher Top Component sie sich befinden. Ist also in irgendeiner Top Component ein Mp3DataObject bzw. Mp3DataNode selektiert (gleichgültig ob in der Media Library oder z. B. in einer Playlist) und klicken Sie die PLAY-Schaltfläche des MP3-Players an, so wird diese Datei wiedergegeben.

```
private void playActionPerformed(ActionEvent evt) {
   Node n[] = getRegistry().getActivatedNodes();
   if(n != null) {
      Mp3DataObject mp3 = n[0].getLookup().
         lookup(Mp3DataObject.class);
      if(mp3 != null) {
         player.play(mp3);
      }
   }
}
private void openActionPerformed(ActionEvent evt) {
   JFileChooser c = new JFileChooser();
   c.setFileFilter(
      new FileNameExtensionFilter("MP3 Files", "mp3"));
   if(c.showOpenDialog(this) == JFileChooser.APPROVE_OPTION) {
      try {
         player.play(Mp3DataObject.find(c.getSelectedFile()));
      } catch(Exception e) {
         Exceptions.printStackTrace(e);
      }
   }
}
```

Listing 44.15 Mithilfe der TopComponent.Registry können wir die gerade selektierte MP3-Datei wiedergeben.

In der `playing()`-Methode, die vom `Mp3Player` aufgerufen wird, können wir dann Titel und Zeitinformationen auf der Benutzeroberfläche darstellen. Dabei lässt sich nicht nur der Dateiname anzeigen, sondern es kann auch auf das ID3 Tag zugegriffen werden, und daraus können Informationen angezeigt werden. Den Timer verwenden wir, um die Wiedergabezeit zu aktualisieren. In der `stopped()`-Methode, wenn also die wiedergegebene MP3-Datei angehalten wurde, setzen wir die angezeigten Informationen zurück und stoppen den Timer.

```
public void playing(Mp3DataObject mp3) {
   resetInfos();
   title.setText(mp3.getName());
   duration.setMaximum(player.getDuration());

   ID3v1Tag id3v1 = mp3.getID3v1Tag();
   title.setText(id3v1.getArtist()+" - "+id3v1.getTitle());
   ActionListener updateInfo = new ActionListener() {
```

```java
        public void actionPerformed(ActionEvent evt) {
            duration.setValue(player.getMediaTime());
            time.setText(SDF.format(
                new Date(player.getMediaTime() * 1000)));
        }
    };
    if (t != null) {
        t.stop();
    }
    t = new Timer(1000, updateInfo);
    t.start();
}
public void stopped() {
    resetInfos();
    if(t != null) {
        t.stop();
    }
}
private void resetInfos() {
    duration.setValue(0);
    time.setText("00:00");
    title.setText("Title");
}
}
```

Listing 44.16 Aktualisieren der angezeigten Informationen zur aktuellen MP3-Datei

44.8 Die Playlist

Das Ziel dieses Abschnitts ist die Erstellung einer Playlist. Der Benutzer soll mehrere Playlists parallel verwalten können. Außerdem soll es möglich sein, MP3-Dateien aus der Media Library per Drag & Drop der Playlist hinzuzufügen. Diese Funktionalität stellen wir ebenfalls in einem separaten Modul bereit. Wir erstellen also über FILE • NEW PROJECT... • NETBEANS MODULES • MODULE ein neues Modul, das wir *Playlist* nennen wollen. Als Code Name Base verwenden wir com.hboeck.mp3manager.playlist. Diesem Modul fügen wir eine Abhängigkeit zum *File Type-* und *Services*-Modul hinzu.

Die Playlist soll aus einer Top Component mit einer TreeTableView aus der Explorer API bestehen. Mit einer solchen View können wir nämlich auf einfache Weise MP3-Dateien mithilfe der Mp3DataNode-Klasse verwalten.

44.8.1 Node View

Beginnen wir mit der View für die Nodes. Wir verwenden eine `TreeTableView` und erstellen davon eine Subklasse `PlaylistView`, um darin die Konfiguration zu verbergen und eine handlichere Klasse zu bekommen. Das Einzige, was wir im Prinzip konfigurieren müssen, ist der sogenannte **Default Action Processor**. Denn standardmäßig würde bei einem Doppelklick auf einen Node in dieser View die Standardaktion des Nodes (also des `Mp3DataNode`) ausgeführt. Und das ist die `PlayAction`, die wir in Abschnitt 44.7.3, »Wiedergabe von MP3-Dateien«, erstellt haben. Damit würde nur die einzelne Datei wiedergegeben. Das gewünschte Verhalten bei einer Playlist ist aber, dass die gesamte Playlist selbsttätig abgespielt wird. Dafür implementieren wir die Methode `setDefaultActionProcessor()`, mit der eine `ActionListener`-Instanz übergeben werden kann, deren `actionPerformed()` (anstatt der Standardaktion des Nodes) bei einem Doppelklick oder dem Drücken der ⏎-Taste ausgeführt wird.

```
package com.hboeck.mp3manager.playlist;
import org.openide.explorer.view.TreeTableView;
public class PlaylistView extends TreeTableView {
    public PlaylistView() {
        setRootVisible(false);
    }
    public void setDefaultActionProcessor(
        final ActionListener action) {
        setDefaultActionAllowed(false);
        tree.addMouseListener(new MouseAdapter() {
            @Override
            public void mouseClicked(MouseEvent me) {
                if (me.getClickCount() == 2) {
                    action.actionPerformed(null);
                }
            }
        });
        treeTable.registerKeyboardAction(action,
            KeyStroke.getKeyStroke(KeyEvent.VK_ENTER, 0, false),
            JComponent.WHEN_FOCUSED);
    }
}
```

Listing 44.17 Diese View ist für das Darstellen der MP3 Nodes in einer Listenansicht verantwortlich.

44.8.2 Node-Container

Die Nodes, die wir mit der PlaylistView darstellen wollen, werden von einem Container verwaltet. Die Basis eines solchen Containers stellt die Klasse Children dar. Von dieser gibt es verschiedene Ausprägungen, die je nach Einsatzzweck ausgewählt werden sollten. Wir verwenden die Klasse Index.ArrayChildren. Die Nodes, die der Playlist hinzugefügt werden sollen, speichern wir in einem ArrayList-Objekt. Diese Liste liefern wir mit der Methode initCollection(), die zunächst noch leer ist. Denn die Nodes werden ja vom Benutzer per Drag & Drop aus der Media Library hinzugefügt. Mit der Methode getRemaining() liefern wir eine Liste der verbleibenden MP3-Dateien zurück, die dann später direkt an den Player weitergereicht werden kann, um die Playlist wiederzugeben.

```java
package com.hboeck.mp3manager.playlist;
import com.hboeck.mp3manager.filetype.Mp3DataObject;
import org.openide.nodes.Index;
import org.openide.nodes.Node;
public final class NodeContainer extends Index.ArrayChildren {
   private List<Node> list = new ArrayList<Node>();
   @Override
   protected List<Node> initCollection() {
      return list;
   }
   public ListIterator<Mp3DataObject> getRemaining(Node n) {
      List<Mp3DataObject> v = new ArrayList<Mp3DataObject>();
      for (Node n : list.subList(indexOf(n), list.size())) {
         v.add(n.getLookup().lookup(Mp3DataObject.class));
      }
      return v.listIterator();
   }
   public void add(Node n) {
      add(new Node[]{n});
   }
}
```

Listing 44.18 Container-Klasse zur Verwaltung der MP3-Dateien innerhalb der Playlist

44.8.3 Top Component

Jetzt können wir mit der Erstellung der eigentlichen Playlist beginnen, für die wir wieder eine Top Component benötigen. Diese erzeugen wir erneut mit dem Window Wizard über FILE • NEW FILE... • MODULE DEVELOPMENT • WINDOW. Die

44 | Beispielprojekt: MP3-Manager

Top Component weisen wir dem **editor**-Mode zu und vergeben das Präfix Playlist. Damit haben wir das Grundgerüst der Playlist zunächst erstellt.

Eine so erzeugte Top Component ist standardmäßig als Singleton-Instanz ausgelegt, d. h., es kann nur ein Fenster dieses Typs geöffnet werden. Da wir aber mehrere Playlists gleichzeitig verwalten möchten, müssen wir dies ändern. Dazu müssen wir lediglich das preferredID-Attribut der TopComponent.OpenAction-Registration-Annotation entfernen. Damit wird von der entsprechenden Aktion jeweils eine neue PlaylistTopComponent-Instanz erzeugt.

```java
package com.hboeck.mp3manager.playlist;
import com.hboeck.mp3manager.filetype.Mp3DataObject;
import com.hboeck.mp3manager.services.player.Mp3Player;
import org.openide.explorer.ExplorerManager;
import org.openide.explorer.ExplorerUtils;
import org.openide.nodes.AbstractNode;
@TopComponent.Description( preferredID = "PlaylistTopComponent",
   iconBase = "com/hboeck/mp3manager/playlist/playlist.png",
   persistenceType = TopComponent.PERSISTENCE_ALWAYS)
@TopComponent.Registration( mode = "editor",
   openAtStartup = false)
@ActionID( category = "Window",
   id = "com.hboeck.mp3manager.playlist.PlaylistTopComponent")
@ActionReference(path = "Menu/Window" /*, position = 333 */)
@TopComponent.OpenActionRegistration(
   displayName = "#CTL_PlaylistAction")
public final class PlaylistTopComponent extends TopComponent
   implements ExplorerManager.Provider {
   private static final String PREF_CURRENTDIR = "currentdir";
   private Preferences PREF =
      NbPreferences.forModule(PlaylistTopComponent.class)
   private ExplorerManager manager   = new ExplorerManager();
   private NodeContainer   container = new NodeContainer();
   private PlaylistView    playlist  = new PlaylistView();
   public PlaylistTopComponent() {
      initComponents();
      setName(NbBundle.getMessage(
         PlaylistTopComponent.class, "CTL_Playlist"));
      setToolTipText(NbBundle.getMessage(
         PlaylistTopComponent.class, "CTL_Playlist"));
```

```java
        manager.setRootContext(new AbstractNode(container));
        playlist.setDefaultActionProcessor(new Play());
        associateLookup(
            ExplorerUtils.createLookup(manager, getActionMap()));
    }
    private final class Play implements ActionListener {
        @Override
        public void actionPerformed(ActionEvent e) {
            Mp3Player.getDefault().play(
                    container.getRemaining(
                    manager.getSelectedNodes()[0]));
        }
    }
    public ExplorerManager getExplorerManager() {
        return manager;
    }
    ...
}
```

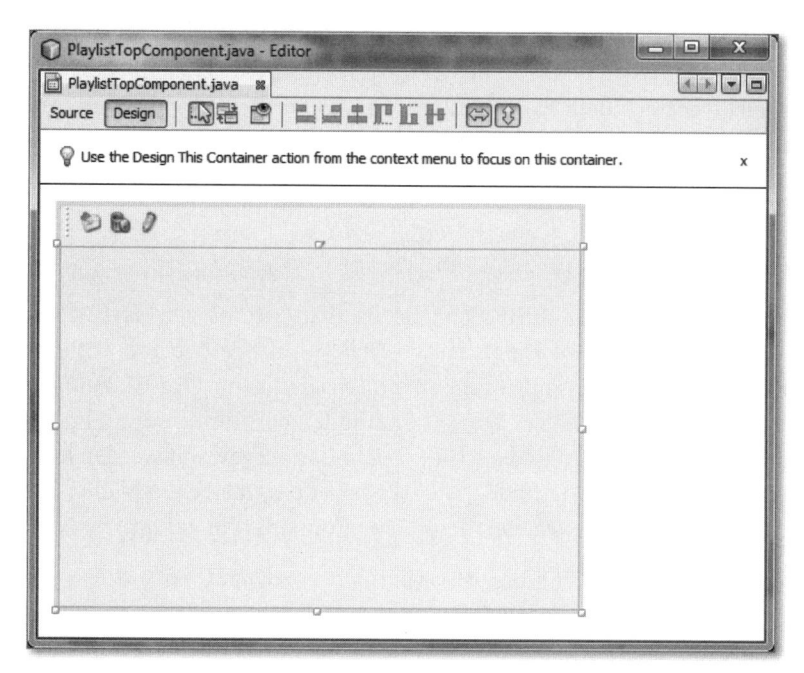

Abbildung 44.6 Playlist Top Component

Der Top Component fügen wir mit dem Form Designer eine Toolbar mit drei Buttons hinzu (siehe Abbildung 44.6). Damit können dann Dateien hinzugefügt und gelöscht werden. Der dritte Button dient dem Benennen der Playlist. Wir ergänzen lediglich noch ein Panel, das sich über die ganze Fläche erstrecken soll. Dessen Layout setzen wir auf `BorderLayout`. Dieses Panel dient als Container für die Node View.

Das Management der Nodes unserer `PlaylistView` übernimmt ein Explorer Manager. Deshalb implementieren wir das Interface `ExplorerManager.Provider`. Wir erstellen eine `ExplorerManager`-Instanz als privates Datenelement und liefern diesen Manager mit der `getExplorerManager()`-Methode. Zudem erzeugen wir eine `NodeContainer`-Instanz.

Jeder Manager besitzt einen Root Context, der ein Node ist, der als Wurzel für alle anderen Nodes dient. Diesen Context setzen wir mit der `setRootContext()`-Methode. Als Root Context verwenden wir einfach einen `AbstractNode`, da wir diesen ohnehin nicht darstellen wollen, und übergeben diesem den Container, der die MP3-Dateien der Playlist beinhaltet.

Zuletzt legen wir noch eine `PlaylistView`-Instanz an. Dieser übergeben wir nun mit der `setDefaultActionProcessor()`-Methode die Aktion, die bei einem Doppelklick auf eine MP3-Datei in der Playlist ausgeführt werden soll. Und zwar soll die gesamte Liste ab der selektierten Datei automatisch abgespielt werden. Dazu liefert uns die `getRemaining()` alle in der Liste verbleibenden Dateien. Die View müssen wir jetzt nur noch dem Panel hinzufügen, das wir bereits mit dem Form Designer angelegt haben. Rufen Sie dazu aus dem Kontextmenü des Panels CUSTOMIZE CODE auf, und fügen Sie nach dem Setzen des Layouts (*pre-population*) folgende Zeile ein:

`panel.add(playlist, BorderLayout.CENTER);`

Vergessen wollen wir natürlich auch nicht die Toolbar-Buttons der Playlist, mit denen MP3-Dateien über einen Dateiauswahl-Dialog hinzugefügt und entfernt werden können und auch die Playlist umbenannt werden kann. Das Hinzufügen von Dateien, das die `addActionPerformed()`-Methode übernimmt, soll so konzipiert sein, dass mehrere Dateien und auch Verzeichnisse ausgewählt werden können. Deshalb führen wir die Methode `addAllFiles()` ein, die rekursiv die Auswahl durchläuft und sämtliche Dateien dem Node Container hinzufügt.

Das Entfernen von Dateien, für das die Methode `removeActionPerformed()` zuständig ist, gestaltet sich sehr einfach, da der Explorer Manager sämtliche selektierten Einträge liefert und die `remove()`-Methode des Containers ein Array von Nodes auf einmal entfernen kann. Auf ebenfalls einfache Weise lässt sich das Benennen der Playlist `renameActionPerformed()` mithilfe der **Dialogs API** realisieren.

```java
public final class PlaylistTopComponent extends TopComponent
   implements ExplorerManager.Provider {
   ...
   private void addActionPerformed(ActionEvent evt) {
      JFileChooser fc = new
         JFileChooser(PREF.get(PREF_CURRENTDIR, ""));
      fc.setFileSelectionMode(
         JFileChooser.FILES_AND_DIRECTORIES);
      fc.setFileFilter(
         new FileNameExtensionFilter("MP3 Files", "mp3"));
      fc.setMultiSelectionEnabled(true);
      if(fc.showOpenDialog(this) ==JFileChooser.APPROVE_OPTION) {
         addAllFiles(fc.getSelectedFiles());
         PREF.put(PREF_CURRENTDIR,
            fc.getCurrentDirectory().getAbsolutePath());
      }
   }
   private void addAllFiles(File[] files) {
      for(File f : files) {
         if(f.isFile()) {
            try {
               container.add(
                  Mp3DataObject.find(f).getNodeDelegate());
            } catch(Exception e) {}
         } else if(f.isDirectory()) {
            addAllFiles(f.listFiles());
         }
      }
   }
   private void removeActionPerformed(ActionEvent evt) {
      container.remove(manager.getSelectedNodes());
   }
   private void renameActionPerformed(ActionEvent evt) {
      NotifyDescriptor.InputLine nf = new
         NotifyDescriptor.InputLine(
            "New Playlist Name", "Rename");
      nf.setInputText(getName());
      if(DialogDisplayer.getDefault().notify(nf) ==
         NotifyDescriptor.OK_OPTION) {
```

```
            setName(nf.getInputText());
        }
    }
}
```

Listing 44.19 Aktionen zum Bearbeiten der Playlist

Wir können die Anwendung nun starten, eine oder mehrere Playlists öffnen und auch über die Toolbar MP3-Dateien hinzufügen (siehe Abbildung 44.7).

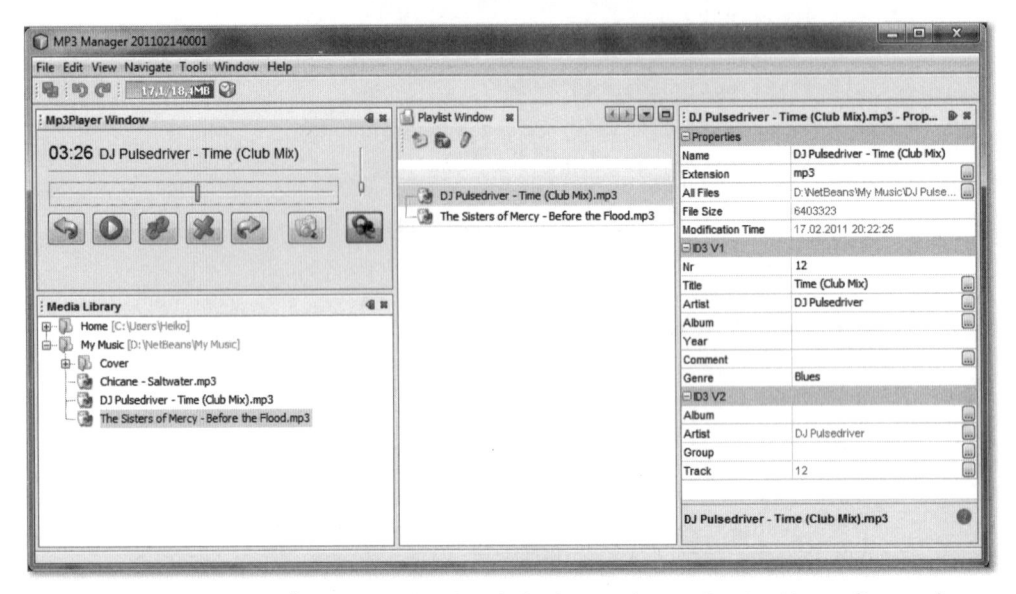

Abbildung 44.7 Über die Toolbar der Playlist können bereits Dateien hinzugefügt werden.

Wenn Sie jetzt versuchen, Dateien von der Media Library auf die Playlist zu ziehen, werden Sie merken, dass dies noch nicht geht. Denn dafür ist unsere Mp3DataNode-Klasse, deren Objekte zwischen den Fenstern transferiert werden sollen, und auch die PlaylistView-Klasse noch nicht ausgelegt. Diesem für die einfache und intuitive Benutzung sehr wichtigen Punkt wenden wir uns im folgenden Abschnitt zu.

44.8.4 Drag & Drop

Beginnen wir mit der Erweiterung der Mp3DataNode-Klasse. Die Basisklasse AbstractNode implementiert bereits die Methode drag(), die bei einem Drag-Ereignis – wie es auftritt, wenn Dateien von der Media Library in die Playlist gezogen werden – aufgerufen wird. Diese Methode muss eine Transferable-Instanz liefern. Wir implementieren also das Transferable-Interface und dessen

Methoden direkt auf der `Mp3DataNode`-Klasse. Die `drag()`-Methode überschreiben wir und liefern damit einfach die eigene Referenz. Für den Zugriff auf die Daten und zur Identifikation bei einer Drag&Drop-Operation erstellen wir einen `DataFlavor`, auf den auch von außen zugegriffen werden kann.

```java
package com.hboeck.mp3manager.filetype;

import java.awt.datatransfer.DataFlavor;
import java.awt.datatransfer.Transferable;
import java.awt.datatransfer.UnsupportedFlavorException;
...
public class Mp3DataNode extends DataNode
   implements Transferable {
   public static final DataFlavor DATA_FLAVOR =
      new DataFlavor(Mp3DataNode.class, "Mp3DataNode");
   ...
   @Override
   public Transferable drag() {
      return this;
   }

   @Override
   public DataFlavor[] getTransferDataFlavors() {
      return new DataFlavor[]{DATA_FLAVOR};
   }

   @Override
   public boolean isDataFlavorSupported(DataFlavor flavor) {
      return flavor == DATA_FLAVOR;
   }

   @Override
   public Object getTransferData(DataFlavor flavor)
      throws UnsupportedFlavorException {
      if(flavor == DATA_FLAVOR) {
         return this;
      } else {
         throw new UnsupportedFlavorException(flavor);
      }
   }
}
```

Listing 44.20 Erweiterung der Mp3DataNode-Klasse, um Drag & Drop zu ermöglichen

Jetzt kann zwar ein `Mp3DataNode` transferiert werden, allerdings kann er noch nicht von unserer Playlist entgegengenommen werden. Dazu müssen wir der `PlaylistView` ein `DropTarget` hinzufügen. Wir erstellen ein `DropTarget`-Objekt und übergeben diesem einen `DropTargetAdapter`. Mit diesem werden wir dann sowohl über die Drag- als auch über die Drop-Ereignisse informiert. Wir implementieren lediglich die Methoden `dragEnter()` und `drop()`. Die Methode `dragEnter()` wird aufgerufen, sobald eine Datei auf unsere Playlist gezogen wird. Da wir ein Drop natürlich nur für MP3-Dateien zulassen wollen, prüfen wir anhand des Data Flavors, um welche Daten es sich handelt. Ist es kein `Mp3DataNode`, so rufen wir die Methode `rejectDrag()` auf, um einen Drop zu verhindern. Die `drop()`-Methode wird beim Auftreten des eigentlichen Drop-Ereignisses aufgerufen. Hier extrahieren wir also den `Mp3DataNode` aus dem Parameter und fügen den Node dem für diese View zuständigen Explorer Manager bzw. Container hinzu.

```java
package com.hboeck.mp3manager.playlist;
import java.awt.dnd.DropTarget;
import java.awt.dnd.DropTargetAdapter;
import java.awt.dnd.DropTargetDragEvent;
import java.awt.dnd.DropTargetDropEvent;
...
public class PlaylistView extends TreeTableView {
    public PlaylistView() {
        setRootVisible(false);
        setDropTarget();
    }
    private void setDropTarget() {
        DropTarget dt = new DropTarget(this,
            new DropTargetAdapter() {
            @Override
            public void dragEnter(DropTargetDragEvent dtde) {
                if(!dtde.isDataFlavorSupported(
                    Mp3DataNode.DATA_FLAVOR)) {
                    dtde.rejectDrag();
                }
            }
            @Override
            public void drop(DropTargetDropEvent dtde) {
                try {
                    Mp3DataNode n =
                        (Mp3DataNode)dtde.getTransferable().
                        getTransferData(Mp3DataNode.DATA_FLAVOR);
                    ExplorerManager.find(getParent()).
                        getRootContext().getChildren().add(new Node[]{n});
```

```
            } catch(Exception e) {
               Exceptions.printStackTrace(e);
               dtde.rejectDrop();
            }
         }
      });
      setDropTarget(dt);
   }
}
```

Listing 44.21 Für das Hinzufügen von MP3-Dateien per Drag & Drop benötigt die PlaylistView ein DropTarget.

Somit sind wir nun auch in der Lage, MP3-Dateien von der Media Library oder auch anderen Quellen direkt auf eine Playlist zu ziehen.

44.8.5 Speichern der Playlist

Wie Sie vielleicht schon bemerkt haben, geht der Inhalt der Playlist bei einem Neustart der Anwendung verloren. Dies liegt daran, dass das Window System standardmäßig natürlich nur die Playlist selbst, nicht aber deren Daten speichern kann. Das heißt, wir müssen das Speichern und Laden anwendungsspezifisch erweitern. Wir wollen dazu die Listen in einer eingebetteten Datenbank speichern. Dafür eignet sich die **Java DB** bestens. Dieses clientseitig zu betreibende Datenbanksystem haben wir auch schon in Kapitel 26, »Java DB«, verwendet. Wir binden es mithilfe eines Moduls in unsere Anwendung ein und können die Datenbank außer für die Playlists auch noch zu vielen weiteren Zwecken verwenden.

Dazu nutzen wir ein Library Wrapper Module, das wir einmal mehr über FILE • NEW PROJECT... • NETBEANS MODULES • LIBRARY WRAPPER MODULE erstellen und dem wir die Dateien *lib/derby.jar* und *lib/derbyLocale_de_DE.jar* aus der Java DB-Distribution hinzufügen. Weitergehende Informationen zur Einbindung und auch zur Verwendung der Java DB und dazu, wo Sie eine Java DB-Distribution bekommen, finden Sie in Kapitel 26. Das Modul erhält den Namen *Java DB* und den Code Name Base `org.apache.derby`. Ist das Modul erstellt, fügen wir diesem einen **Module Installer** hinzu, der für das Initialisieren und den zentralen Zugriff zuständig ist. Einen solchen Installer können wir mit FILE • NEW FILE... • MODULE DEVELOPMENT • INSTALLER / ACTIVATOR anlegen. Diesen benennen wir mit REFACTOR • RENAME... in `Database` um.

In der `restored()`-Methode, die beim Starten des Moduls aufgerufen wird, setzen wir das Systemverzeichnis der Java DB und führen die `initTables()`-Methode aus. Diese prüft zunächst mit einer SELECT-Anfrage, ob die Tabelle playlist bereits existiert. Existiert sie noch nicht, so wird eine SQLException ausgelöst, die wir abfangen, und wir erzeugen dann die Tabelle. Mithilfe der Methode getConnection() erhalten wir eine Verbindung zur Datenbank, und die close()-Methode fährt das Datenbanksystem und damit auch alle Datenbanken beim Beenden der Anwendung ordnungsgemäß herunter.

```java
package org.apache.derby;
import java.sql.Connection;
import java.sql.DriverManager;
import java.sql.SQLException;
import java.sql.Statement;
import org.openide.modules.ModuleInstall;
import org.openide.util.Exceptions;
public class Database extends ModuleInstall {
    private static Connection conn = null;
    public void restored() {
        System.setProperty("derby.system.home",
            System.getProperty("netbeans.user",
            System.getProperty("user.home")) + "/databases");
        initTables();
    }
    private void initTables() {
        try {
            Statement stmt = getConnection().createStatement();
            stmt.executeQuery("SELECT id FROM playlist");
            stmt.close();
        } catch(SQLException e) {
            try {
                Statement stmt = getConnection().createStatement();
                stmt.execute("CREATE TABLE playlist (" +
                    "id VARCHAR(12)," +
                    "filename VARCHAR(100))");
                stmt.close();
            } catch(SQLException ex) {
                Exceptions.printStackTrace(ex);
            }
        }
    }
    public static Connection getConnection() throws SQLException{
        if(conn == null || conn.isClosed()) {
            conn = DriverManager.getConnection(
```

```
            "jdbc:derby:Mp3Manager;create=true",
            "user", "password");
      }
      return conn;
   }
   public void close() {
      try {
         conn.close();
         DriverManager.getConnection("jdbc:derby:;shutdown=true");
      } catch (SQLException ex) {}
   }
}
```

Listing 44.22 Die Database-Klasse sorgt dafür, dass die Datenbank initialisiert ist, und stellt eine Verbindung zentral zur Verfügung.

Wir dürfen nicht vergessen, das Package `org.apache.derby` mit der `Database`-Klasse freizugeben. Damit das Playlist-Modul darauf zugreifen kann, definieren wir in diesem eine Abhängigkeit zum Java DB-Modul. Die Bereitstellung der Nodes für eine View ist Aufgabe der `NodeContainer`-Klasse, wie Sie bereits wissen. Es ist also am einfachsten, wenn wir diese Klasse erweitern, sodass diese selbst den Inhalt der Playlist aus der Datenbank liest und dort auch wieder speichert, wenn die Anwendung beendet wird. Wir fügen dazu die Methoden `load()` und `update()` in die `NodeContainer`-Klasse ein. In der `load()`-Methode führen wir eine Abfrage durch, um alle Einträge für eine bestimmte Playlist zu ermitteln. Für alle diese Einträge erstellen wir jeweils ein `Mp3DataObject`, das selbst mit der `getNodeDelegate()`-Methode seinen zuständigen Node liefert.

```
package com.hboeck.mp3manager.playlist;
import java.sql.PreparedStatement;
import java.sql.ResultSet;
import java.sql.SQLException;
import org.apache.derby.Database;
...
public final class NodeContainer extends Index.ArrayChildren {
   ...
   public void load(String id) {
      try {
         String sql="SELECT filename FROM playlist WHERE id = ?";
         PreparedStatement stmt =
            Database.getConnection().prepareStatement(sql);
         stmt.setString(1, id);
```

```java
            ResultSet rs = stmt.executeQuery();
            while (rs.next()) {
               try {
                  add(Mp3DataObject.find(
                     rs.getString(1)).getNodeDelegate());
               } catch(Exception e) {}
            }
            rs.close();
            stmt.close();
         } catch(SQLException e) {
            LOG.severe(e.toString());
         }
      }
```

Listing 44.23 Die load()-Methode liest alle Einträge einer Playlist aus der Datenbank und fügt sie dem Container hinzu.

Zum Speichern der Playlist verwenden wir die update()-Methode. Zunächst löschen wir aber sämtliche Einträge für diese bestimmte Playlist, um keine verwaisten Einträge zu erzeugen. Dann können wir geschickt mit der Methode getNodes() alle Nodes dieses Containers abrufen. Für jeden dieser Nodes speichern wir den Pfad der sich dahinter verbergenden MP3-Datei.

```java
      public void update(String id) {
         try {
            String sql = "DELETE FROM playlist WHERE id = ?";
            PreparedStatement stmt =
               Database.getConnection().prepareStatement(sql);
            stmt.setString(1, id);
            stmt.execute();
            stmt.close();

            sql="INSERT INTO playlist (id, filename) VALUES (?, ?)";
            stmt = Database.getConnection().prepareStatement(sql);
            for(Node n : getNodes()) {
               stmt.setString(1, id);
               stmt.setString(2, n.getLookup().
                  lookup(Mp3DataObject.class).
                  getPrimaryFile().getPath());
               stmt.execute();
            }
            stmt.close();
         } catch(Exception e) {
            LOG.severe(e.toString());
         }
```

            }
        }
    }

Listing 44.24 Die update()-Methode speichert die Einträge des Containers in der Datenbank ab.

Jetzt fragt man sich natürlich nur noch, wer diese Methoden aufruft. Dazu gehen wir zur Playlist-Klasse. Denn die Basisklasse TopComponent definiert bereits die Methode componentOpened(), die beim Öffnen des Fensters aufgerufen wird. In dieser ermitteln wir also zunächst die eindeutige ID der Top Component und rufen dann zusammen mit der ID die load()-Methode des Containers auf. Wird die Anwendung beendet, so ist die Methode writeProperties() für das Speichern zuständig. Das heißt, an dieser schalten wir uns dazwischen und rufen mit der ID, die wir als privates Datenelement gespeichert haben, die update()-Methode auf.

```
public class PlaylistTopComponent extends TopComponent
    implements ExplorerManager.Provider {
    private String id = "";
    ...
    @Override
    public void componentOpened() {
        id = WindowManager.getDefault().findTopComponentID(this);
        LOG.log(Level.INFO, "Load playlist with ID: {0}", id);
        container.load(id);
    }
    void writeProperties(Properties p) {
        p.setProperty("version", "1.0");
        LOG.log(Level.INFO, "Save playlist with ID: {0}", id);
        container.update(id);
    }
}
```

Listing 44.25 Die Playlist-Klasse veranlasst das Laden und Speichern des Inhalts.

Anhang

A.1 Die wichtigsten Platform Extension Points

Extension Point	Verwendung
Actions	Über diesen Extension Point werden sämtliche Aktionen registriert, die innerhalb der Anwendung verwendet werden. Dies stellt also den zentralen Action Pool dar, auf dessen Inhalt von anderen Stellen aus referenziert werden kann (siehe Kapitel 6, »Aktionen«).
Loaders	Mit diesem Extension Point werden Data Object Factories für spezielle MIME-Typen registriert (siehe dazu Kapitel 7, »Daten und Dateien«).
Menu	Aus dem Inhalt dieses Extension Points wird das gesamte Menü einer Anwendung aufgebaut. Hier registrieren Sie also Ihre sämtlichen Menüeinträge (siehe Kapitel 9, »Menubar und Toolbar«).
Navigator/Panels	Mit diesem Extension Point registrieren Sie die zur Verfügung stehenden Navigator Panels, jeweils spezifisch für einen bestimmten MIME Type (siehe Kapitel 18, »Navigator«).
OptionsDialog	Hier werden Options-Panel mit eigener Kategorie festgelegt (siehe Kapitel 20, »Optionen und Einstellungen«).
OptionsDialog/Advanced	Die Options-Panel, die zu diesem Extension Point registriert werden, werden der Standardkategorie hinzugefügt (siehe Kapitel 20, »Optionen und Einstellungen«).
Services	Hier können Service Provider registriert werden, die über das Standard-Lookup verfügbar sind (siehe Kapitel 5, »Das Lookup-Konzept«).
Services/AutoupdateType	Hier werden Update-Center-Konfigurationen registriert (siehe Abschnitt 36.5.1, »Neues Update Center«).
Services/JavaHelp	Mit diesem Extension Point können Sie Ihr Helpset registrieren, das dann automatisch mit allen anderen Helpsets zusammengefügt und im Java-Hilfesystem dargestellt wird (siehe Kapitel 16, »Hilfesystem«).
Services/MIMEResolver	Dieser Extension Point wird für die Zuordnung von bestimmten Dateitypen zu einem spezifischen Dataloader verwendet, der für diesen Dateityp ein DataObject erzeugt (siehe Kapitel 7, »Daten und Dateien«).

Extension Point	Verwendung
Shortcuts	Hier können Sie für bestimmte Aktionen Shortcuts definieren. So haben Sie einen zentralen Überblick (siehe Abschnitt 9.1, »Menubar«).
TaskList/Groups	Definition von Task-Gruppen, die in der Task List verwendet werden (siehe Kapitel 23, »Task List API«).
TaskList/Scanners	Hier können Sie Ihre eigenen Scanner-Implementationen registrieren, die Tasks für das *Task List*-Modul liefern (siehe Kapitel 23, »Task List API«).
TaskList/Scopes	Hiermit können dem *Task List*-Modul zusätzliche Bereiche hinzugefügt werden, in denen nach Tasks gesucht werden soll.
Toolbars	Mit diesem Extension Point können Sie sowohl vorhandenen Toolbars Aktionen hinzufügen als auch eigene neue Toolbars anlegen (siehe Kapitel 9, »Menubar und Toolbar«).
WarmUp	Hier können Instanzen vom Typ Runnable registriert werden, die beim Hochfahren der Anwendung automatisch asynchron ausgeführt werden (siehe Kapitel 8, »Tipps und Tricks«).
Windows2/Components	Hier definieren Sie die von Ihrem Modul bereitgestellten Top Components (siehe Kapitel 10, »Window System«).
Windows2/Groups	Zu diesem Extension Point registrieren Sie Ihre eigenen Top Component-Gruppen (siehe Kapitel 10, »Window System«).
Windows2/Modes	Zu diesem Extension Point registrieren Sie Ihre eigenen Mode-Definitionen (siehe Kapitel 10, »Window System«).

A.2 Die DTDs der wichtigsten Konfigurationsdateien

A.2.1 Filesystem

```
<!-- -//NetBeans//DTD Filesystem 1.2//EN -->
<!-- XML representation of a fixed filesystem -->
<!-- as for example a module layer. -->
<!-- See: org.openide.filesystems.XMLFileSystem -->
<!ELEMENT filesystem    (file|folder|attr)* >
<!ELEMENT folder        (folder|file|attr)* >
<!ELEMENT file          (#PCDATA|attr)* >
<!ELEMENT attr          EMPTY >
```

```
<!ATTLIST filesystem >
<!ATTLIST folder
        name        CDATA #REQUIRED >
<!ATTLIST file
        name        CDATA #REQUIRED
        url         CDATA #IMPLIED >
<!ATTLIST attr
        name        CDATA #REQUIRED
        bytevalue   CDATA #IMPLIED
        shortvalue  CDATA #IMPLIED
        intvalue    CDATA #IMPLIED
        longvalue   CDATA #IMPLIED
        floatvalue  CDATA #IMPLIED
        doublevalue CDATA #IMPLIED
        boolvalue   CDATA #IMPLIED
        charvalue   CDATA #IMPLIED
        stringvalue CDATA #IMPLIED
        urlvalue    CDATA #IMPLIED
        methodvalue CDATA #IMPLIED
        newvalue    CDATA #IMPLIED
        serialvalue CDATA #IMPLIED
        bundlevalue CDATA #IMPLIED >
```

A.2.2 Mode-Definition

```
<!-- //NetBeans//DTD Mode Properties 2.2//EN -->
<!ELEMENT mode (
  module?,
  name,
  kind,
  state,
  constraints?,
  (bounds | relative-bounds)?,
  frame?,
  active-tc?,
  empty-behavior?,
  slidingSide?,
  slideInSize*) >
<!ATTLIST mode
  version CDATA #REQUIRED >

<!ELEMENT module EMPTY >
```

```
<!ATTLIST module
   name CDATA #REQUIRED
   spec CDATA #IMPLIED >


<!ELEMENT name EMPTY >
<!ATTLIST name
   unique CDATA #REQUIRED >


<!ELEMENT kind EMPTY >
<!ATTLIST kind
   type (editor | view | sliding) #REQUIRED >


<!ELEMENT slidingSide EMPTY >
<!ATTLIST slidingSide
   side (left | right | bottom) #REQUIRED >


<!ELEMENT slideInSize EMPTY >
<!ATTLIST slideInSize
   tc-id CDATA #REQUIRED
   size  CDATA #REQUIRED >


<!ELEMENT state EMPTY >
<!ATTLIST state
   type (joined | separated) #REQUIRED >


<!--Diese Angaben werden verwendet, wenn ein Fenster aus der
Anwendung mit "Undock" herausgelöst wird. -->
<!ELEMENT bounds EMPTY >
<!ATTLIST bounds
   x      CDATA #REQUIRED
   y      CDATA #REQUIRED
   width  CDATA #REQUIRED
   height CDATA #REQUIRED >
<!ELEMENT relative-bounds EMPTY >
<!ATTLIST relative-bounds
   x      CDATA #REQUIRED
   y      CDATA #REQUIRED
   width  CDATA #REQUIRED
   height CDATA #REQUIRED >
```

```
<!-- Aktueller Status des Fensters. Dieser Wert wird als bitweise
 markierter Integer repräsentiert. Mögliche Werte finden Sie in der
 Klasse java.awt.Frame. Standard: Frame.NORMAL (0) -->
<!ELEMENT frame EMPTY >
<!ATTLIST frame
   state CDATA #IMPLIED >


<!ELEMENT constraints (path*) >
<!ATTLIST constraints >


<!ELEMENT path EMPTY >
<!ATTLIST path
   orientation (horizontal | vertical) #REQUIRED
   number      CDATA                   #REQUIRED
   weight      CDATA                   #IMPLIED >


<!ELEMENT active-tc EMPTY >
<!ATTLIST active-tc
   id CDATA #IMPLIED > // ID der aktiven Top Component


<!-- Wenn permanent auf true gesetzt wird, so bleibt der Mode auch
 dann erhalten, wenn keine Top Component gedockt ist -->
<!ELEMENT empty-behavior EMPTY >
<!ATTLIST empty-behavior
   permanent (true | false) #IMPLIED >
```

A.2.3 Zuordnung von Top Component zu Mode

```
<!-- //NetBeans//DTD Top Component in Mode Properties 2.2//EN -->
<!ELEMENT tc-ref (
   module?,
   tc-id,
   state,
   previousMode,
   docking-status?,
   slide-in-status?) >
<!ATTLIST tc-ref
   version CDATA #REQUIRED>
```

```
<!-- Dieses optionale Element wird dazu genutzt, die Top Component-
Referenz zu entfernen, falls das angegebene Modul deaktiviert
wird -->
<!ELEMENT module EMPTY >
<!ATTLIST module
   name CDATA #REQUIRED   // Code Name Base des Moduls
   spec CDATA #IMPLIED > // Specification Version des Moduls


<!ELEMENT tc-id EMPTY >
<!ATTLIST tc-id
   id CDATA #REQUIRED >   // Eindeutige ID der Top Component


<!ELEMENT state EMPTY >
<!ATTLIST state
   opened (true | false) #REQUIRED >


<!—- Dieses Attribut wird bei Sliding Views verwendet, damit die Top
 Component im vorherigen Mode wiederhergestellt werden kann -->
<!ELEMENT previousMode EMPTY >
<!ATTLIST previousMode
   name CDATA
   index CDATA #IMPLIED>
<!ELEMENT docking-status EMPTY >
<!ATTLIST docking-status
   maximized-mode (docked | slided) #IMPLIED
   default-mode   (docked | slided) #IMPLIED >


<!ELEMENT slide-in-status EMPTY >
<!ATTLIST slide-in-status
   maximized (true | false) #IMPLIED >
```

A.2.4 Top Component-Gruppendefinition

```
<!-- //NetBeans//DTD Group Properties 2.0//EN -->
<!ELEMENT group (
   module?,
   name,
   state) >
```

```
<!ATTLIST group
   version CDATA #REQUIRED >


<!ELEMENT module EMPTY >
<!ATTLIST module
   name CDATA #REQUIRED
   spec CDATA #IMPLIED >


<!ELEMENT name EMPTY >
<!ATTLIST name
   unique CDATA #REQUIRED >


<!ELEMENT state EMPTY >
<!ATTLIST state
   opened (true | false) #REQUIRED >
```

A.2.5 Zuordnung von Top Component zu Gruppe

```
<!--//NetBeans//DTD Top Component in Group Properties 2.0//EN -->
<!ELEMENT tc-group (
   module?,
   tc-id,
   open-close-behavior) >
<!ATTLIST tc-group
   version CDATA #REQUIRED >


<!ELEMENT module EMPTY >
<!ATTLIST module
   name CDATA #REQUIRED
   spec CDATA #IMPLIED >


<!ELEMENT tc-id EMPTY >
<!ATTLIST tc-id
   id CDATA #REQUIRED > // Eindeutige ID der Top Component


<!ELEMENT open-close-behavior EMPTY >
<!ATTLIST open-close-behavior
   open      (true | false)    #REQUIRED
```

```
    close      (true | false)  #REQUIRED
    was-opened (true | false)  #IMPLIED >
```

A.2.6 Toolbar-Definition und -Konfiguration

```
<!-- //NetBeans//DTD Toolbar Configuration 1.1//EN -->
<!ELEMENT Configuration (Row+) >
<!ELEMENT Row (Toolbar*) >
<!ELEMENT Toolbar EMPTY >
<!ATTLIST Toolbar
    name      CDATA           #REQUIRED
    visible   (true | false)  #IMPLIED
    align     (left | right)  #IMPLIED
    draggable (true | false)  #IMPLIED >
```

A.2.7 Palette Item-Definition

```
<!-- //NetBeans//DTD Editor Palette Item 1.1//EN -->
<!ELEMENT editor_palette_item (
    (class|body),
    icon16,
    icon32,
    (description|inline-description)) >
<!ATTLIST editor_palette_item
    version CDATA #REQUIRED >

<!-- Der Name der Klasse, welche das Interface
 org.openide.text.Active EditorDrop implementiert -->
<!ELEMENT class EMPTY>
<!ATTLIST class
    name CDATA #REQUIRED >

<!-- Textuelle Beschreibung, die auch HTML beinhalten kann -->
<!ELEMENT body (#PCDATA)>

<!ELEMENT icon16 EMPTY>
<!ATTLIST icon16
    urlvalue CDATA #REQUIRED >
<!ELEMENT icon32 EMPTY>
```

```
<!ATTLIST icon32
   urlvalue CDATA #REQUIRED >

<!ELEMENT description EMPTY>
<!ATTLIST description
   localizing-bundle  CDATA #REQUIRED
   display-name-key   CDATA #REQUIRED
   tooltip-key        CDATA #REQUIRED >

<!ELEMENT inline-description (display-name, tooltip)>
<!ELEMENT display-name (#PCDATA)>
<!ELEMENT tooltip (#PCDATA)>
```

Index

@ActionID 116, 119, 120, 124
@ActionReference 120, 156, 161, 163, 213
@ActionRegistration 116, 120, 124
@After 570
@AfterClass 570
@Basic 403
@Before 570
@BeforeClass 570
@Column 404, 556
@Consumes 441
@EJB 431
@Entity 403, 439, 556
@HelpSetRegistration 286
@Id 403
@LocalBean 427
@ManyToOne 404
@OptionsPanelController.ContainerRegistration 316
@OptionsPanelController.SubRegistration 315
@OptionsPanelController.TopLevelRegistration 316
@Path 440
@PersistenceContext 427
@Produces 441
@ServiceProvider 93, 97
@Stateless 427
@Table 556
@Test 570
@TopComponent.Description 175
@TopComponent.OpenActionRegistration 176
@TopComponent.Registration 175
@WebMethod 431
@WebService 430
@XmlRootElement 444

A

Abfragedialog 228
Abhängigkeit 35, 41, 43, 48, 66
About Dialog 480
AbstractAction 121
AbstractFileSystem 130

AbstractLookup 105
AbstractNode 125, 210, 211, 216, 637
Action Performer 118
ActionListener 113
ActionMap 119
Action-Performer
  Registrierung 121
Actions API 119
Actions Folder 114, 117, 122
Activator 85
ActiveEditorDrop 339
AggregateProgressFactory 205
AggregateProgressHandle 205
Aktion 113
  Always Enabled 115
  AlwaysEnabled 113
  asynchronous 118
  Callback 113, 118
  Conditionally Enabled 123
  ContextAware 113, 123, 140, 142
  delegate 118, 123, 127
  displayName 118
  erstellen 114, 123
  fallback 123
  Fallback Implementation 119
  globale 118
  Icon 116
  iconBase 118
  injectable 127
  instanceCreate 118, 123, 127
  integrieren 115
  key 123
  Kontext 125
  kontextabhängige 118, 140, 142, 629
  noIconInMenu 118
  registrieren 117, 122, 126
  selectionType 127
  surviveFocusChange 123, 127
  type 127
Aktionsbehandlung 113
Aktualisierung → Update
Amazon E-Commerce Service 415
Amazon ECS API 416
Ant 503

Index

Anwendung
  beenden 148
  neustarten 149
Anwendung anpassen 479
  Icons 479
  Name 479
  Splash Screen 480
Anwendungs-Lebenszyklus 537
Apache Directory 450
Application Client 423
Assistent → Wizards
AsyncGUIJob 276
Asynchrones Initialisieren 147, 276
Authentifizierung 447, 452
Auto Update Service 489
Auto Update Services API 355
Autoload 45
Automatisches Update 356
  Neustart 358
AutoUpdate-Essential-Module 51
AutoUpdate-Show-In-Client 51

B

BeanNode 210
Beans Binding 554
  Converter 565
  Validator 563
BeanTreeView 220, 221
Benutzerdaten einrichten 451
Benutzerspezifische Anpassung 458
  Module System 462
  System Filesystem 459
Benutzerwechsel 449
Bibliothek 73
  direkt einbinden 76
binary-origin 76
Binding Expression 561
Binding Listener 563
Binding Source 560
Branding 479
  Modul 619
Breakpoints 594
  erstellen 595
  Typen 594
  Übersicht 595
Browser öffnen 273
Build-System 503

Bundle 81
  erstellen 84
  integrieren 86
  Manifest 82
Bundle.properties 61, 469
bundlevalue 59

C

ChangeListener 238, 244
ChildFactory 212, 326
Children 211, 635
ChoiceView 220
Class 89
Classloader
  Application 42
  Context 41
  Module 40
  Multi-Parent 40
  Original 40
  System 40, 41
Classloader → Classloader System
Classloader System 34, 40
CLASSPATH 42
Classpath 483
class-path-extension 76
Client-Datenbanklösung 367
Cluster
  erstellen 78
  hinzufügen 78
Conditionally Enabled 123
Context Classloader 41, 110
Context Interfaces 123, 125, 135, 138, 211
  dynamisch bereitstellen 141
  hinzufügen 138
  implementieren 138
  verwenden 140
ContextGlobalProvider 104
ControllerListener 626
CopyAction 122
CutAction 122

D

Data Object
  erstellen 145
Data Object Factory 143
Data Object vs. File Object 138

Index

Data Systems API 129, 130, 135
DataNode 210
DataObject 130, 135, 136, 610
DataObject.Factory 130, 135, 143
Dateisystem 131
Daten speichern 643
Datenverwaltung 129
Debugging 593
   Aktionen 599
   Aufrufhierarchie 593, 600
   Remote 598
   Threads 593
   Variablen 597
Debugging View 593
DeleteAction 122
Dependency→Abhängigkeit 66
Derby → Java DB
Desktop 273
Dialog 225
   Abfrage 228
   beim Start 230
   eigener 229
   Eingabe 228
   erstellen 385
   Hinweis 227
   Hinweiszeile 229
   Login 230
   Schaltflächen 226
   Standarddialog 225
   Typen 225
DialogDescriptor 229
DialogDisplayer 226
Dialogs API 225, 638
Directory Server 449
Distribution
   ZIP 486
Docking Container 185
DocumentListener 235
Drag & Drop 633, 640
DriverManager 644
DropDownButtonFactory 169
DropTarget 641
Drucken 274

E

Eager 45
Eclipse
   Activator versus Installer 531

Eclipse (Forts.)
   Keymap 530
   Plugin vs. Modul 530
   Views und Editors 538
Eclipse IDE 521, 529
   Abhängigkeiten hinzufügen 526
   Anwendung ausführen 526
   Anwendung erstellen 526
   Maven einrichten 521
   NetBeans Modul erstellen 524
   NetBeans Platform Application erstellen 522
   Run Configuration 527
EclipseLink 409, 425, 438, 559
   einbinden 412
Eigenschaften → Properties
Eingabedialog 228
Einstellung 311, 321, 536
EJB → Enterprise Java Beans
EndOfMediaEvent 626
Enterprise Java Beans 423, 426
Entität automatisch erstellen 555
Entitäten aus DB Schema 413
Entity Class Wizard 438
Entity Manager 427
EntityManager 403, 405, 406, 560
EntityManagerFactory 403, 405
Entkopplung 89, 104
Entkopplung von Modulen 607
Equinox 81
Explorer API 129, 214, 219, 633
Explorer Folder 214, 221
Explorer View 210, 221
ExplorerManager 220, 221, 636, 638
ExplorerManager.Provider 220, 221, 638
ExplorerUtils 221
Extension 93
Extension Point 53, 59, 90, 92, 183, 215, 606, 649
   Actions 649
   AutoupdateType 649
   benutzerdefiniert 181, 182, 214, 274
   Editors 341
   JavaHelp 649
   Menu 156, 157, 649
   MIMEResolver 649
   Navigator/Panels 302, 649
   OptionsDialog 317, 649
   QuickSearch 352

Index

Extension Point (Forts.)
　Services 100, 649
　Services/AutoupdateType 498
　Services/JavaHelp 286
　Shortcuts 160, 650
　TaskList/Groups 347, 650
　TaskList/Scanners 347, 650
　TaskList/Scopes 347, 650
　Toolbars 163, 165, 650
　WarmUp 147, 650
　Windows2 173
　Windows2/Components 177, 650
　Windows2/Groups 190, 650
　Windows2/Modes 177, 650

F

Factories Folder 144
Favorites 140, 618
Feld an Tabelle binden 561
Felix 81
Fenster 173
Fenstergruppe 189
File Object 131
　erstellen 131
　lesen und schreiben 133
　löschen 132
　überwachen 134
　umbenennen 132
　verschieben 132
File Object vs. Data Object 138
File Systems API 129, 130
File Type 135, 610
　Aktion 628
FileChangeAdapter 134
FileChangeListener 134
FileEntry 137
FileLock 133
FileObject 130, 131
FileSystem 129, 130
FileTaskScanner 344
FileUtil 132
FilterNode 210
Floating Windows 171
Forms 549
Free Design 550
Friend 65
Funktionaler Test 581
　Cluster aktivieren 585

Funktionaler Test (Forts.)
　Test implementieren 583
　Testumgebung einrichten 582

G

GlassFish Server 424, 437
Graph 266
Grid Bag Layout 550
Group Configuration 190
Group Reference Configuration 190
GroupLayout 549
GUI Builder → Swing GUI Builder
GUI Test 581
GUI-Aktion 552
GUI-Komponente 549

H

Hauptfenster 232
Heap Walking 601
HelpCtx.Provider 291
Helpset
　Erstellen 285
　Inhaltsverzeichnis 288
　Konfiguration 287
　Map 288
Hibernate 389
　Abhängigkeiten 392, 405
　Beispiel 391
　einbinden 390
　konfigurieren 393
　Mapping 394
　Objektabbildung 394
　Objekte speichern 398
hibernate.cfg.xml 393, 396
hibernate.properties 396
Hilfe
　kontextsensitiv 291
　öffnen 293
Hilfeseiten 289
　Links 289
　verlinken 290
Hilfesystem 31, 285
Hinweisdialog 227

Index

I

I/O APIs 295
ID3
  API 613
  Bibliothek 613
  Editor 615
  ID3v1 612
  ID3v2 612
  Support 612
Implementation Dependency 67
Implementation Version 48, 65
Index.ArrayChildren 635
IndexedNode 210
InitialDirContext 453
InplaceEditor 309
Installer erstellen 485
Installer → Module Installer
instance 55
instanceClass 56
InstanceContent 105
InstanceCookie 56
instanceCreate 56
instanceOf 57
Instanz
  registrieren 55
  überwachen 601
IntelliJ IDEA 539
  Abhängigkeiten hinzufügen 543
  Anwendung ausführen 543
  Anwendung erstellen 543
  Maven einrichten 539
  NetBeans Platform Application erstellen 540
  NetBeans-Module hinzufügen 542
  Run Configuration 544
Intermodulkommunikation 101, 103
Internationalisierung 469
Internationalization Wizard 471
IOProvider 296

J

JAAS
  Konfiguration 456
JAAS → Java Authentication and Authorization Service
JarFileSystem 130

Java Authentication and Authorization Service 453, 455
Java DB 367, 643
  Client-Treiber 372
  Datenbank anlegen 370
  Datenbank erstellen 368
  Datenbank herunterfahren 371, 376
  einbinden 367
  Fremdschlüssel 375
  hochfahren 368, 369
  NetBeans IDE-Unterstützung 371
  Primärschlüssel 375
  Serververbindung 373
  System herunterfahren 370
  Systemverzeichnis 368
  Tabellenstruktur ermitteln 374
  Treiber 368
  Verbindungsparameter 370
Java Enterprise Edition 423
Java Logging API 150
Java Media Framework 608, 624
Java Naming and Directory Interface 453
Java Persistence
  Annotations 401
Java Persistence API 401
  Annotations 404
  Entitäten 403
  Implementation 401
  Konfiguration 402
  Objekte speichern 407
  Objektrelationale Abbildung 401
  Query Language 401
Java Service Loader 110
Java Sound SPI 608
Java Web Start 487
JavaHelp → Hilfesystem
JAXB 423, 443
JAX-RS 442
JAX-WS 415, 423
JEE → Java Enterprise Edition
Jelly Tools Platform 581
Jemmy 581
JMF → Java Media Framework
JNDI → Java Naming and Directory Interface
JPA 401
JPQL 401, 407
JUnit-Testklasse 568

Index

K

Kapselung 34, 40, 47, 108
Keymap 530
Keystore 492
Kit-Modul 51
Kommandozeilenparameter 483
Kompatibilität 64
Kontextmenü 181
Kontextsensitive Aktion 123

L

Laufzeitkonfiguration 52
Launcher 40
Layer 44, 47, 52
   Attributwerte 58
   Reihenfolge 54
   Verknüpfung 57
layer.xml 43
Layer-Tree 55, 62, 160
Layout 549
Lazy Loading 90
LDAP → Lightweight Directory Access Protocol
Library Wrapper Module 73, 608, 613, 643
LifecycleManager 148, 230, 537
Lightweight Directory Access Protocol 449
Loaders Folder 144
Locale 469
Locale Einstellung 483, 484
Locale Extension Archive 41, 476
LocalFileSystem 130
Localizing Bundle 61
Logging 149
   API 150
   ein-/ausschalten 151
   Fehlermeldungen 152
   Handler 151
   Konfiguration 151
   Level 151
   Logger 150
   Manager 150
Login Dialog 447
Login Filesystem 461
LoginContext 458
Login-Dialog 230

LoginHandler 447, 458
Lokalisierung 469
   beliebige Dateien 474
   bereitstellen 476, 495
   Grafiken 474
   Hilfeseiten 472
   Manifest 471
   System Filesystem 475
   Textkonstanten 469
Look & Feel einstellen 483
Lookup 57, 89, 621
   Default 91
   dynamisch 109
   Funktionsweise 89
   globales 91
   globales Proxy 104
   lokal 102, 121, 126, 138
   Typsicherheit 89
   überwachen 104
Lookup.Provider 104
Lookup.Result 107
LookupListener 104, 106
Lose Kopplung 35, 89, 90, 102

M

M2Eclipse 522
Mac OS X-Distribution 487
MainWindowOperator 586
Major Release Version 64, 67
Manifest 43, 44, 46
   Attribute 46
Manifest-Palette 337
Maven 503
   Abhängigkeiten 509
   Abhängigkeiten hinzufügen 517
   Anwendung ausführen 518
   Anwendung erstellen 518
   Branding Modul 509
   Dependency Management 506
   funktionaler Test 589
   lokales Repository 507
   Module 504
   Modultest 588
   NBM Archetype 515
   NetBeans Module 507
   NetBeans Plugin 511
   NetBeans Plugin Goals 518
   Packages freigeben 517

Maven (Forts.)
  Repositories 506
  Standalone Projekt 511
Maven-Projekte 507
Maven-Testabdeckung 590
Media Library 618
Menü 156
  Menüeintrag erstellen 156
  Menüeinträge ausblenden 160
  Menüeinträge sortieren 158
  Separator 159
  Untermenü 157
Menu Folder 156
MenuBar 163
Menubar 115, 155
  erstellen 162
Menüeintrag
  Position 157
MenuView 220
META-INF/namedservices 99
META-INF/services 98, 110
methodvalue 57, 59
MIMEResolver Folder 144
MIME-Type 303
Mnemonics 162
MockService 578
Mode 173, 185
  benutzerspezifisch 188
  DTD 651
  Editor 171
  editor 186
  erstellen 185
  Größe und Position 187
  Konfigurationsdatei 185
  sliding 186
  View 171
  view 186
Modul 27, 33, 44
  Abhängigkeit 48, 63, 613
  betriebssystemabhängig 50
  deaktivieren 362
  erstellen 60
  Friends 65
  hinzufügen 78
  Informationen 533
  Konfigurationsdatei 44
  Lebenszyklus 47, 68
  Library Wrapper 73
  Ressourcen laden 535

Modul (Forts.)
  Sichtbarkeit 51
  Struktur 44
  Typ 45
  Versionen 48, 63
  verwenden 66
  wiederverwenden 77
  Wizard 60
Modulares System 63
Modularität 34
Module 27
  aktivieren 462
  deaktivieren 462
Module Classloader 40
Module Installer 39, 47, 68, 609, 643
Module POM-Datei 505
Module Registry 39, 72
Module Suite 79, 479
Module System 43
ModuleInfo 72, 533
ModuleInstall 68
Modullebenszyklus 47
Modultest 567
MP3 File Type 610
MP3-Dateien
  wiedergeben 628, 632
MP3-Manager 605
  Entwurf 605
Mp3Player 620, 621
MP3-Plugin 608
  registrieren 609
MP3-Unterstützung 608
Multi View Top Component
  erstellen 197
Multi Views API 193
MultiDataObject 136
MultiDataObject.Entry 137
MultiFileLoader 137, 143
MultiFileSystem 130, 461
Multi-Parent Classloader 40
Multi-User Login 447
MultiViewElement 193
MultiViewFactory 197
MultiViews 197
MySQL 409
  Datenbank einrichten 410
  Treiber einbinden 412

Index

N

Namensraum 41
Navigator 299
Navigator API 299
NavigatorLookupHint 303
NbBundle 469
NbModuleSuite 574
NBM-Paket 489, 490
   erstellen 491
   signieren 492
NbPreferences 321, 536
nbresloc-Protokoll 474
nbres-Protokoll 474
NbTestCase 574
NetBeans Maven Plugin 511
NetBeans Platform 30
   Architektur 33
   beenden 148
   Distribution 36
   Eigenschaften 30
   IDE Unabhängigkeit 521
   Module anpassen 481
   Neustart 149
   Oberflächengestaltung 30
   ohne NetBeans IDE 511
   Schritt für Schritt 605
   Texte ändern 481
   Vorteile 30
NetBeans Platform Application 60, 79, 479
   erstellen 608
NetBeans Runtime Container 34, 36, 38
   Bootstrap 38
   File System 39
   Lookup 39
   Module System 39
   Startup 38
   Utilities 39
NetBeans-Protokolle
   nbdocs 290
   nbres 474
   nbresloc 474
newvalue 59
Node 123, 130, 209, 210
   Aktionen 212
   aktive 631
   aktiver 220, 223
   Beispiel 214

Node (Forts.)
   Container 211
   Event-Handling 213
   Icons 212
   Kontextmenü 212
   Standardaktionen 223
Node Container 635
NodeAdapter 214
NodeListener 213
Nodes API 129, 130, 138, 209
NotificationDisplayer 202
NotifyDescriptor 225, 226

O

ObjectScene 264
Objektrelationale Abbildung 395
Objektrelationale Brücke 389
OpenIDE-Module 46
OpenIDE-Module-Build-Version 48
OpenIDE-Module-Deprecated 49
OpenIDE-Module-Deprecation-Message 49
OpenIDE-Module-Display-Category 47
OpenIDE-Module-Friends 47
OpenIDE-Module-Implementation-Version 48
OpenIDE-Module-Install 47, 70
OpenIDE-Module-Java-Dependencies 48
OpenIDE-Module-Layer 47
OpenIDE-Module-Localizing-Bundle 47
OpenIDE-Module-Long-Description 46
OpenIDE-Module-Module-Dependencies 48
OpenIDE-Module-Module-Dependency-Message 48
OpenIDE-Module-Name 46
OpenIDE-Module-Needs 50
OpenIDE-Module-Package-Dependencies 48
OpenIDE-Module-Package-Dependency-Message 49
OpenIDE-Module-Provides 49, 94
OpenIDE-Module-Public-Packages 47
OpenIDE-Module-Recommends 50
OpenIDE-Module-Requires 49, 94
OpenIDE-Module-Requires-Message 50
OpenIDE-Module-Short-Description 46

Index

OpenIDE-Module-Specification-Version 48
OperationContainer 355
Option 311
Options Dialog API and SPI 311
Options-Dialog
   Primary Panel 317
   Secondary Panel 318
   Secondary Panel Container 319
Options-Panel
   erstellen 312
OptionsPanelController 314
Original Classloader 40
originalFile 58
OSGi 36
OSGi Framework 81
Output Window 295
   Aktionen 297
   Hyperlinks 297

P

Palette 323, 337
   aus Nodes 326
   bestehende erweitern 342
   Controller registrieren 341
   Drag & Drop 331
   Einträge hinzufügen 324
   erstellen 325, 326
   HTML Label 329
   Item 338
   Item internationalisieren 338
   Item registrieren 340
   Item DTD 656
Palette API 340
PaletteController 323, 340
PaletteFactory 323, 340
Parent POM-Datei 503
Patch Archive 41
Persistence 406
Persistence Unit 402, 406, 438
persistence.xml 402, 406
Persistent Entity 424, 437, 438
Persistenzmodell 367, 401, 643
Perspectives 530
Plattformunabhängigkeit 29
Playlist 633
   speichern 643
Plugin Manager 36, 496

Plugin → Modul
POM-Datei 503
Preferences 321
Preferences API 311, 312, 321
Preview Design 549
Primary File 136
Progress API 203
Progressbar 203, 204
   Darstellungsvarianten 203
   einzelne Aufgaben 204
   integrieren 208
   komplexe Aufgaben 205
   überwachen 208
ProgressContributor 205
ProgressHandle 204
ProgressHandleFactory 204
ProgressMonitor 208
Project Metadata 77
Properties 305, 615
   benutzerdefinierter Editor 309
Properties Sheet 615
Property Editor 309
PropertyChangeListener 235, 245
PropertyEditorSupport 310
PropertySupport 308, 617
Proxy-Lookup 102, 104, 303

Q

Query 407, 560
Quick Search
   Provider ausblenden 353
   Provider implementieren 350
   Provider registrieren 352
   Toolbar 349
   UI integrieren 352
Quick Search API 349

R

RDBMS 367
Redo 279
Redo → Undo/Redo
Regular 45
Remote Debugging 598
Resource Bundle 469
Resource Management 129
   Aufbau 129
ResourceBundle 469

Index

Ressourcen laden 535
RESTful Web Services 437, 440
   Client 442
Rich-Client 27
   Eigenschaften 27
   Modul 27
Rich-Client-Plattform 28
   Architektur 28
   lose Kopplung 28
   Vorteile 29
Runtime Container → NetBeans Runtime Container
runtime-relative-path 76

S

Satellite View 262
Scene 261
   exportieren 263
   Satellite View 262
Secondary File 136
SecurityManager 454, 456
Service 90, 620
   anfordern 94
   auffinden 91, 93
   bereitstellen 91, 92
   globaler 94
   registrieren 97
   Standard-Implementation 621
Service Interface 90, 91, 607, 620
Service Loader → Java Service Loader
Service Provider 90, 91, 97, 620, 623
   entfernen 99
   registrieren 97, 627
   sortieren 99
Service Provider Configuration 98
Services Folder 100
Session 396, 397
Session Bean 426
SessionFactory 396
shadow 57
Sheet 306
Shortcut 115, 160
Shortcuts Folder 160
SOAP 435
Specification Version 48, 65
SPI 90
Splash Screen 480
SQL ausführen 373

Standard Folder 53, 62
Startbedingung 69
Statusbar 199
   Benachrichtigungen 201
   erweitern 200
   Handle 200
   Text löschen 200
   verwenden 199
StatusDisplayer 199
StatusLineElementProvider 200
stringvalue 57
Support-Klasse 139
Swing GUI Builder 545
   Aktion 552
   Anwendungsspezifischer Code 551
   Aufbau 545
   Ausrichtung 550
   Design 549
   Editor 546
   Inspector 547
   Komponenten anpassen 551
   Layout 549
   Palette 546
   Palette erweitern 547
   Properties 548
   Verankerung 550
SwingWorker 277, 419
System Classloader 40, 41
System Filesystem 52
   Reihenfolge 54
   Root 59
System Tray 274
   Icon hinzufügen 275

T

Tabelle an DB binden 555
Task 344
Task List 343
   API 344
   Extension Points 346
   Scanner 344
   Scanner registrieren 347
   Scope 343
   Task erstellen 344
Test
   hinzufügen 575
   ignorieren 575
   im Runtime Container 574

Test (Forts.)
    Lookup & Services 576
    System Filesystem 578
Test Wizard 568
Testabdeckung 581, 587
Testen 567
Testergebnis 573
Test-Vorbedingungen 571
Toolbar 115, 163
    anpassen 166
    Combobox 168
    Dropdown 169
    DTD 656
    dynamisch ändern 165
    eigene Steuerelemente 167
    eigene Toolbars 167
    Eintrag hinzufügen 163
    erstellen 163
    Konfigurationen 164
    kontextabhängig 181
Toolbar.Presenter 169
ToolbarPool 165
Toolbars Folder 163
Top Component 173, 176, 635
    erstellen 174
    in Mode docken 188
    Kontextmenü 181
    Persistenz 183
    Registry 183
    Verhalten 178
    Zustände 179
Top Component Group 189
    erstellen 190
    Verhalten 189
TopComponent.Registry 184, 631
TopComponentGroup 189
    DTD 654
TopComponentOperator 586
Transferable 331, 333, 640
TransferHandler 332
TrayIcon 275
TreeTableView 633
Tutorial 223

U

Undo/Redo 195, 279
    Manager 280
    Textkomponenten 282

UndoableEdit 279
UndoManager 279
UndoRedo.Manager 279
UndoRedo.Provider 279
Unit Test → Modultest
Untermenü 157
Update 29, 489
    automatisch installieren 499
    Installation starten 360
    installieren 358, 496
    suchen 356
Update Center 489, 494
    ausliefern 498
    Descriptor erstellen 495
    hinzufügen 498
Update Center Descriptor 494
UpdateElement 355
UpdateManager 355
updates.xml 496
UpdateUnit 355
urlvalue 57, 58
UserGroup 460
UserGroupFileSystem 458
UserGroupModuleSystem 458, 464

V

Version 48
Versionierung 64
Visual Library
    Aufbau 249
    Graph 266
    ObjectScene 264
    Scene 261
    VMD-Klassen 270
    Widgets 250
Visual Library API 249
Visual-Panel 233, 236

W

WADL 441
Warm-Up Tasks 147
Web Service Client 432
Web Services 415, 429
    Client 415
    verwenden 417
Widget 250
    Abhängigkeiten 253

Widget (Forts.)
  Aktionen 255
  Ereignisse 255
  Layout 254
  Rahmen 253
Wiederverwendbarkeit 30
Wiederverwendung 108
Window Manager 191
Window System 171
  anpassen 480
  benutzerspezifisch 173
  Konfiguration 173
WindowManager 184, 191
Windows2 Folder 173
Wizard 225, 232
  Architektur 232
  asynchron 247
  Daten auswerten 243
  Daten validieren 240
  Datenmodell 239, 242
  Ereignisse 239
  erzeugen und aufrufen 243
  Event-Handling 244
  Fehlermeldungen 238
  Fortschrittsanzeige 247
  Hilfe 238

Wizard (Forts.)
  Inhaltsverzeichnis 237
  Iterator 242, 247
  Panels erstellen 234
  Panels zusammenfügen 242
  Reihenfolge der Panels 247
  Visual-Panel 235
  vorzeitig beenden 246
  Werte prüfen 235
  zusätzliche Validierung 246
WizardDescriptor 232, 242
  Panel 233
Wizard-Panel 233, 236
Wrapped JARs 76
WSDL 415
wsgrp 190
wsmode 186, 187
wstcgrp 191
wstcref 178, 188

X

XMLFileSystem 130, 461

Z

ZIP-Distribution 486

www.galileocomputing.de

Programmieren mit der Java Platform, Standard Edition 6

Java von A bis Z: Einführung, Praxis, Referenz

Von Klassen und Objekten zu Datenstrukturen und Algorithmen

Christian Ullenboom

Java ist auch eine Insel

Das umfassende Handbuch

Das Java-Kultbuch in der 9. Auflage!
Es bietet alles, was man zum Programmieren mit der Java Standard Edition wissen muss. Das Buch wurde gründlich überarbeitet, die Grundlagen werden jetzt noch ausführlicher besprochen.
Die Insel ist erste Wahl, wenn es um aktuelles und praktisches Java-Wissen geht.

1480 S., 9. Auflage 2011, mit DVD, 49,90 Euro
ISBN 978-3-8362-1506-0

>> www.galileocomputing.de/2254

Galileo Computing

www.galileocomputing.de

Von der Idee bis zur Veröffentlichung

Zahlreiche Kochrezepte für alle Arten von Apps

Multimedia, Kamera, GPS, Kalender, GUIs, Datenbindung, Multitasking u. v. m.

Thomas Künneth

Android 3

Apps entwickeln mit dem Android SDK

Sie möchten Apps für Android 3 Honeycomb entwickeln? Wenn Sie über Java-Kenntnisse verfügen, werden Sie Ihr Ziel mit diesem Buch schnell erreichen. Durch die verständlichen Erklärungen und zahlreichen Praxisbeispiele bleibt keine Frage offen. Ob Entwicklungswerkzeuge, GUIs, Dateiverarbeitung, Datenbanken, Multitasking, Kamerazugriff, Multimedia, Sensoren oder GPS – hier erfahren Sie alles, was Sie wissen müssen!

ca. 550 S., mit DVD, 39,90 Euro
ISBN 978-3-8362-1697-5, Juli 2011

>> www.galileocomputing.de/2516

Galileo Computing

In unserem Webshop finden Sie unser aktuelles
Programm mit ausführlichen Informationen,
umfassenden Leseproben, kostenlosen Video-Lektionen –
und dazu die Möglichkeit der Volltextsuche in allen Büchern.

www.galileocomputing.de

Galileo Computing

Wissen, wie's geht.